मानस का हंस

राजपाल

अमृतलाल नागर

मानस का हंस

राजपाल

स्थापित 1912
100 वर्षों की
श्रेष्ठ प्रकाशन परम्परा
राजपाल

₹ 625

ISBN : 9788170282495

MANAS KA HANS (Novel) by Amritlal Nagar

मुद्रक : जी. एस. ऑफसेट, दिल्ली

राजपाल एण्ड सन्ज़

1590, मदरसा रोड, कश्मीरी गेट, दिल्ली-110006
फोन : 011-23869812, 23865483, 23867791
e-mail : sales@rajpalpublishing.com
www.rajpalpublishing.com
www.facebook.com/rajpalandsons

अनुज-सम प्रिय
धर्मवीर भारती
को

आमुख

गत वर्ष अपने चिरंजीवी भतीजों (स्व. रतन के पुत्रों) के यज्ञोपवीत संस्कार के अवसर पर बम्बई गया था। वहीं एक दिन अपने परम मित्र फिल्म निर्माता-निर्देशक स्व. महेश कौल के साथ बातें करते हुए सहसा इस उपन्यास को लिखने का संकल्प मेरे मन में जागा। महेश जी बड़े मानस-प्रेमी और तुलसी-भक्त थे। बरसों पहले एक बार उन्होंने उत्कृष्ट फिल्म सिनेरियो के रूप में 'रामचरितमानस' का बखान करके मुझे चमत्कृत कर दिया था, इसीलिए मैंने उनसे मानस-चतुश्शती के अवसर पर तुलसीदास जी के जीवनवृत्त पर आधारित फिल्म बनाने का आग्रह किया। महेश जी चौंककर मुझे देखने लगे, कहा—''पंडिज्जी, क्या तुम चाहते हो कि मैं भी चमत्कारबाज़ी की चूहादौड़ में शामिल हो जाऊं? गोसाईं जी की प्रामाणिक जीवन-कथा कहाँ है?"

यह सच है कि गोसाईं जी की सही जीवन-कथा नहीं मिलती। यों कहने को तो रघुबरदास, वेणीमाधवदास, कृष्णदत्त मिश्र, अविनाशराय और संत तुलसी साहब के लिखे गोसाईं जी के पांच जीवनचरित हैं। किन्तु विद्वानों के मतानुसार वे प्रामाणिक नहीं माने जा सकते। रघुबरदास अपने-आपको गोस्वामी जी का शिष्य बतलाते हैं लेकिन उनके द्वारा प्रणीत 'तुलसीचरित' की बातें स्वयं गोस्वामी जी की आत्मकथा-परक कविताओं से मेल नहीं खातीं। संत वेणीमाधवदास लिखित 'मूल गोसाईं चरित' में गोसाईं जी के जन्म, यज्ञोपवीत, विवाह, मानस-समाप्ति आदि से सम्बन्धित जो तिथि, वार और संवत् दिए गए हैं वे भी डॉ. माताप्रसाद गुप्त और डॉ. रामदत्त भारद्वाज की जांच-कसौटी पर खरे नहीं उतरते। इसी प्रकार गोस्वामी जी के अन्य जीवनचरित भी सच से अधिक झूठ से जड़े हुए हैं। परन्तु यह मानते हुए भी 'कवितावली', 'हनुमान बाहुक' और 'विनयपत्रिका' आदि रचनाओं में तुलसी के संघर्षो-भरे जीवन की ऐसी झलक मिलती है कि जिसे नज़र-अंदाज़ नहीं किया जा सकता। किंवदंतियों में जहाँ अंधश्रद्धा-भरा झूठ मिलता है वहाँ ही ऐसी हकीकतें भी नज़र आती हैं जिनसे गोसाईं जी की आत्मा-परक कविताओं का ताल-मेल बैठ जाता है। इसके अलावा मेरे मन में तुलसीदास जी का 'ड्रामा प्रोड्यूसर' और कथावाचक वाला रूप भी था, जिसके कारण मैं मित्रवर महेश जी की बात के विरोध में चमत्कारी तुलसी से अधिक यथार्थवादी तुलसी की वकालत करने लगा।

लगभग पांच-छः वर्ष पहले एक दिन बनारस में मित्रमण्डली में गोसाईं जी द्वारा आरम्भ की गई रामलीला से सम्बन्धित बातें सुनते-सुनते एकाएक मेरे मन में

यह प्रश्न उठा कि तुलसी बाबा ने किसी एक स्थान को अपनी रामलीला के लिए न चुनकर पूरे नगर में उसका जाल क्यों फैलाया—कहीं लंका, कहीं राजगद्दी, कहीं नककटैया—अलग-अलग मुहल्लों में अलग-अलग लीलाएँ कराने के पीछे उनका खास उद्देश्य क्या रहा होगा? शौकिया तौर से रंगमंच के प्रति कभी मुझे भी सक्रिय लगाव रहा है। एक पूरे शहर को रंगमंच बना देने का ख़्याल अपने-आप में ही बड़ा शानदार लगा, लेकिन मेरा मन यह मानने को तनिक भी तैयार नहीं होता था कि तुलसीदास जी ने 'प्रयोग के लिए प्रयोग' वाले सिद्धांत के अनुसार ऐसा किया होगा। खैर, तभी यह भी जाना कि रामलीला कराने से पहले गोसाईं जी ने बनारस में नागनथैयालीला, प्रह्लादलीला और ध्रुवलीलाएँ भी कराई थीं। इनमें ध्रुवलीला को छोड़कर बाकी लीलाएँ आज तक बराबर होती हैं। यह तीनों लीलाएँ किशोरों और नवयुवकों से सम्बन्धित हैं। यह बात भी उसी समय ध्यान में आई थी। अपने प्रियबंधु अशोक जी, जो इन दिनों लखनऊ से प्रकाशित होनेवाले दैनिक समाचारपत्र 'स्वतंत्र भारत' के संपादक हैं, से एक बार प्रसंगवश यह जानकारी मिली कि बनारस की रामलीला में केवट, अहिर, ठठेरे, ब्राह्मण, क्षत्रिय आदि सभी जातियों के लोग अभिनय करते हैं। काशी में अनेक हनुमान मन्दिरों के अलावा जनश्रुतियों के अनुसार कसरत-कुश्ती के अखाड़ों में भी बाबा की प्रेरणा से ही हनुमान जी की मूर्तियाँ प्रतिष्ठापित करने का चलन चला। मुझे लगा कि तुलसी और तुलसी के राम आचार्य रामचन्द्र शुक्ल के सुझाए शब्द के अनुसार निश्चय ही 'लोकधर्मी' थे। 'सियाराम मय जग' की सेवा करने के लिए गोस्वामी तुलसीदास संगठन-कर्ता भी हो सकते थे। रूढ़िपंथियों से तीव्र विरोध पाकर यदि ईसा आर्त जनसमुदाय को संगठित करके अपने हक की आवाज़ बुलन्द कर सकते थे तो तुलसी भी कर सकता था। समाज संगठन-कर्ता की हैसियत से सभी को कुछ न कुछ व्यावहारिक समझौते भी करने पड़ते हैं, तुलसी और हमारे समय में गाँधी जी ने भी वर्णाश्रमियों से कुछ समझौते किए पर उनके बावजूद इनका जनवादी दृष्टिकोण स्पष्ट है। तुलसी ने वर्णाश्रम धर्म का पोषण भले किया हो पर संस्कारहीन, कुकर्मी ब्राह्मण, क्षत्रिय आदि को लताड़ने में वे किसी से पीछे नहीं रहे। तुलसी का जीवन संघर्ष, विद्रोह और समर्पण-भरा है। इस दृष्टि से वह अब भी प्रेरणादायक है।

महेश जी की बात के उत्तर में यह तमाम बातें उस समय कुछ यों संवर के उतरीं कि खुद मेरा मन भी उपन्यास लिखने के लिए प्रेरित हो उठा। महेश जी भी ऐसे जोश में आ गए कि अपनी लाटसाहबी अदा में मुझे दो महीनों में फिल्म-स्क्रिप्ट लिख डालने का हुक्म फरमा दिया। मैंने कहा, "पहले उपन्यास लिखूँगा। तब तक तुम अपनी हाथ लगी पिक्चर 'अग्निरेखा' पूरी करो।" किन्तु नियति नें महेश जी को 'अग्निरेखा' लाँघने न दी। गत 2 जुलाई को उनका देहावसान हो गया। किताब के प्रकाशन के अवसर पर महेश कौल का न रहना कितना खल रहा है, यह शब्दों में व्यक्त नहीं कर पाता।

इस उपन्यास को लिखने से पहले मैंने 'कवितावली' और 'विनयपत्रिका' को खास तौर से पढ़ा। 'विनयपत्रिका' में तुलसी के अंतर्संघर्ष के ऐसे अनमोल क्षण संजोए

हुए हैं कि उसके अनुसार ही तुलसी के मनोव्यक्तित्व का ढांचा खड़ा करना मुझे श्रेयस्कर लगा। 'रामचरितमानस' की पृष्ठभूमि में मानसकार की मनोछवि निहारने में भी मुझे 'पत्रिका' के तुलसी ही से सहायता मिली। 'कवितावली' और 'हनुमानबाहुक' में खास तौर से और 'दोहावली' तथा 'गीतावली' में कहीं-कहीं तुलसी की जीवन-झांकी मिलती है। मैंने गोसाईं जी से सम्बन्धित अगणित किंवदंतियों में से केवल उन्हीं को अपने उपन्यास के लिए स्वीकारा जो कि इस मानसिक ढांचे पर चढ़ सकती थीं।

तुलसी के जन्म-स्थान तथा सूकरखेत बनाम सोरों विवाद में दखलंदाज़ी करने की जुरअत करने की नीयत न रखते हुए भी किस्सागो की हैसियत से मुझे इन बातों के सम्बन्ध में अपने मन का ऊँट किसी करवट बैठाना ही था। चूँकि स्व. डॉ. माताप्रसाद गुप्त और डॉ. उदयभानु सिंह के तर्कों से प्रभावित हुआ इसलिए मैंने राजापुर को ही जन्म-स्थान के रूप में चित्रित किया है।

उपन्यास में एक जगह मैंने नवयुवक तुलसी और काशी की एक वेश्या का असफल प्रेम चित्रित किया है। वह प्रसंग शायद किसी तुलसी-भक्त को चिढ़ा सकता है लेकिन ऐसा करना मेरा उद्देश्य नहीं है। 'तन तरफत तुव मिलन बिन' आदि दो दोहे पढ़े, जिनके बारे में यह लिखा था कि यह दोहे तुलसीदास जी ने अपनी पत्नी के लिए लिखे थे। जनश्रुतियों के अनुसार गोसाईं बाबा अपनी बीवी से ऐसे चिपके हुए थे कि उन्हें मैके तक नहीं जाने देते थे, फिर बाबा उन्हें यह दोहे वाली चिट्ठी भला क्यों भेजने लगे? खैर, यों मान लें कि जवानी की उमंग में तुलसी ने अपने बैठके में यह दोहे रचकर किसी दास या दासी की मार्फत किसी बात पर कई दिनों से रूठी हुई पत्नी को मनाने के लिए खुशामद में लिखकर अन्तःपुर में भिजवाए थे पर एक दोहे में प्रयुक्त 'तरुणी' शब्द मेरी इस कल्पना के भी आड़े आया। पत्नी के लिए लिखते तो शायद 'भामिनी' शब्द का प्रयोग करते, 'तरुणी' शब्द थोड़े अपरिचय का बोध कराता है। वैसे भी पंडित तुलसीदास ने, बकौल बंधुवर डॉ. रामविलास शर्मा, कालिदास को खूब घोंटा होगा। वे कभी रसिया भी रहे होंगे। 'विनयपत्रिका' में वे अपनी 'मदन बाय' से खूब जूझे हैं। कलियुग के रूप में उन्हें पद और पैसे का लोभ तो सता ही नहीं सकता, सताया होगा कामवृत्ति ने। मुझे लगता है कि तुलसी ने काम ही से जूझ-जूझ कर राम बनाया है। 'मृगनयनी के नयन सर, को अस लागि न जाहि' उक्ति भी गवाही देती है कि नौजवानी में वे किसी के तीरे-नीमकश से बिंधे होंगे। नासमझ जवानी में काशी निवासी विद्यार्थी तुलसी का किसी ऐसे दौर से गुज़रना अनहोनी बात भी नहीं है।

संत बेनीमाधवदास के सम्बन्ध में भी एक सफाई देना आवश्यक है। संत जी 'मूल गोसाईं चरित' के लेखक माने जाते हैं। उनकी किताब के बारे में भले ही शक-शुब्हे हों, मुझे तो अपने कथा-सूत्र के लिए तुलसी का एक जीवनी-लेखक एक पात्र के रूप में लेना अभीष्ट था इसलिए कोई काल्पनिक नाम न रखकर संत जी का नाम रख लिया। तुलसी के माता, पिता, पत्नी, ससुर आदि के प्रचलित नामों का प्रयोग करना ही मुझे अच्छा लगा।

यह उपन्यास 4 जून सन् 1971 ई. को तुलसी स्मारक भवन, अयोध्या में लिखना आरम्भ करके 23 मार्च '72, रामनवमी के दिन लखनऊ में पूरा किया। चि. भगवंतप्रसाद पाण्डेय ने मेरे लिपिक का काम किया।

इस उपन्यास को लिखते समय मुझे अपने दो परमबंधुओं, रामविलास शर्मा और नरेन्द्र शर्मा के बड़े ही प्रेरणादायक पत्र अक्सर मिलते रहे। उत्तर प्रदेश राजस्व परिषद् के अध्यक्ष श्रीयुत जनार्दनदत्त जी शुक्ल ने अयोध्या के तुलसी स्मारक में मेरे रहने की आरामदेह व्यवस्था कराई। बंधुवर ज्ञानचंद जैन सदा की भांति इस बार भी पुस्तकालयों से आवश्यक पुस्तकें लाकर मुझे देते रहे। इन बंधुओं के प्रति अपनी हार्दिक कृतज्ञता प्रकट करता हूँ।

डॉ. मोतीचन्द्र लिखित 'काशी का इतिहास' तथा राहुल सांकृत्यायन लिखित 'अकबर' पुस्तकों ने ऐतिहासिक पृष्ठभूमि संजोने में तथा स्व. डॉ. माताप्रसाद गुप्त की 'तुलसीदास' और डॉ. उदयभानु सिंह कृत 'तुलसी काव्य मीसांसा' ने कथानक का ढांचा बनाने में बड़ी सहायता दी। प्रयाग के मित्रों ने 'परिमल' संस्था में इस उपन्यास के कतिपय अंश सुनाने के लिए मुझे साग्रह बुलाया और सुनकर कुछ उपयोगी सुझाव दिए। मैं इन सबके प्रति कृतज्ञ हूँ।

अन्त में मित्रवर स्व. रुद्र काशिकेय का सादर सप्रेम स्मरण करता हूँ। वे बेचारे 'रामबोला बोले' अधूरा छोड़कर ही चले गए। रुद्र जी काशी के चलते-फिरते विश्वकोष थे। स्व. डॉ. रांगेय राघव भी 'रत्ना की बात' लिखकर तुलसी के प्रति अपनी निष्ठा व्यक्त कर गए हैं। मानस चतुश्शती मनाने का सुझाव सबसे पहले 'धर्मयुग' में देनेवाले डॉ. शिवप्रसाद सिंह और समारोह के आयोजक, काशी नागरी प्रचारिणी सभा के प्रधान मंत्री श्री सुधाकर पांडेय तथा वे परिचित-अपरिचित लोग जो गोस्वामी जी के सबल व्यक्तित्व को अन्ध श्रद्धा के दलदल से उबार कर सही और स्वस्थ रीति से जनमानस में प्रतिष्ठित कराने के लिए प्रयत्नशील हैं, चाहे आयु में मुझसे बड़े हों या छोटे, मेरी श्रद्धा के पात्र हैं।

अमृतलाल नागर

17, कैनिंग लेन
नई दिल्ली। (प्रवास)
29 अगस्त, 1972 ई.

1

श्रावण कृष्णपक्ष की रात। मूसलाधार वर्षा, बादलों की गड़गड़ाहट और बिजली की कड़कन से धरती लरज़-लरज़ उठती है। एक खण्डहर देवालय के भीतर बौछारों से बचाव करते सिमटकर बैठे हुए तीन व्यक्ति बिजली के उजाले में पलभर के लिए तनिक से उजागर होकर फिर अँधेरे में विलीन हो जाते हैं। स्वर ही उनके अस्तित्व के परिचायक हैं।

"बादल ऐसे गरज रहे हैं मानो सर्वग्रासिनी काम क्षुधा किसी संत के अंतर आलोक को निगलकर दम्भ-भरी डकारें ले रही हो। बौछारें पछतावे के तारों-सी सनसना रही हैं।...बीच-बीच में बिजली भी वैसे ही चमक उठती है जैसे कामी के मन में क्षण-भर के लिए भक्ति चमक उठती है।"

"इस पतित की प्रार्थना स्वीकारें गुरु जी, अब अधिक कुछ न कहें। मेरे प्राण भीतर-बाहर कहीं भी ठहरने का ठौर नहीं पा रहे हैं। आपके सत्य वचनों से मेरी विवशता पछाड़ें खा रही है।"

"हां ऽ, एक रूप में विवशता इस समय हमें भी सता रही है। जो ऐसे ही बरसता रहा तो हम सबेरे राजापुर कैसे पहुंच सकेंगे रामू?"

"राम जी कृपालु हैं प्रभु। राजापुर अब अधिक दूर भी नहीं है। हो सकता है, चलने के समय तक पानी रुक जाय।"

तीसरे स्वर की बात सच्ची सिद्ध हुई। घड़ी-भर में ही बरखा थम गई। अँधेरे में तीन आकृतियाँ मन्दिर से बाहर निकलकर चल पड़ीं।

× × ×

मैना कहारिन सबेरे जब टहल-सेवा के लिए आई तो पहले कुछ देर तक द्वारे की कुण्डी खटखटाती रही, सोचा नित्य की तरह भीतर से अर्गल लगी होगी, फिर औचक में हाथ का तनिक-सा दबाव पड़ा तो देखा कि किवाड़े उढ़के-भर थे। भीतर गई, 'दादी-दादी' पुकारा, रसोई वाले दालान में झांका, रहने वाले कोठे में देखा पर मैया कहीं भी न थीं। मैना का मन ठनका। बाकी सारा घर तो अब धीरे-धीरे खण्डहर हो चला है और कहाँ देखे! पुकारे से भी तो नहीं बोलीं। कहाँ गईं? मैना ने एक बार सारा घर छानने की ठानी, तब देखा कि वे ऊपरवाले अध-खण्डहर कमरे में अचेत पड़ी तप रही हैं।

मैना दौड़ी-दौड़ी श्यामो की बुआ के घर गई। श्यामो बरसों पहले अपने घरबार की होकर दूसरे गाँव गई, श्यामो के पिता भी पत्नी के मरने और उसके हाथ पीले करने के उपरांत कई बरसों से संन्यासी होकर चित्रकूट में गाँजा पिया करते हैं, पर उनकी विधवा बहन अब तक गाँव में श्यामो की बुआ के नाम से ही सरनाम है। सोमवंशी ठाकुर हैं पर धरमसोध में गाँव की बड़ी-बड़ी ब्राह्मणियों के भी कान काटती हैं। 75 के लगभग आयु है और रतना मैया को भौजी कहती हैं, उन्हें अपना गुरु मानती हैं।

''अरे बुआ, गजब हुइ गवा। दादी तो चलीं।''

''हाय-हाय, का कहती हौ मैनो। अरे कल तिसरे पहर तो हम उन्हें अच्छी-भली छोड़ के आए रहें।''

''कुछ पूंछौ नो बुआ, एकदम अचेत पड़ी हैं, लक्कड़ जैसी सुलग रही हैं। राम जाने ऊपर खण्डहरे में का करै गई रहीं। वहीं पड़ी हैं।''

''अरे तौ हम बूढ़ी-ठूढ़ी अकेले क्या करे सकेंगी। गनपती के बड़कऊ और मुल्लर होरन को लपक के बुलाय लाओ। हम सीधे भौजी के घरे जाती हैं।''

बादल करीब-करीब छँट चुके थे परन्तु सूर्य नारायण का रथ अभी आकाश मार्ग पर नहीं चढ़ा था।

रतना मैया की बहिर्चेतना लुप्तप्राय हो गई थी। साँसें उल्टी चल रही थीं। श्यामो की बुआ ने मैया की दशा देखकर मैना को नीचे के कमरे को झटपट गोबर से लीपने का आदेश दिया और आप द्वारे पे जाके आसपास के बन्द-खुले द्वारों की ओर मुँह करके गोहारने लगीं, ''अरे, गनपती की बहू, रमधनियाँ की अम्माँ, अरी बतासो, अरे जल्दी-जल्दी आओ सब जनी। भौजी को धरती पर लेने का बखत आय गया।''

''हैं। ये क्या कहती हो स्यामो की बुआ? अरे कल तो अच्छी भली रहीं।'' सुमेरू की अम्माँ, मुल्लर की महतारी, बतासो काकी देखते-देखते ही अपने-अपने द्वारे पै आके हाल-चाल पूछने लगीं, पर आने के नाम पर बाबा और मैया के पुराने शिष्य गणपति उपाध्याय की पत्नी, उनकी बड़ी पतोहू और रामधन की अम्माँ को छोड़कर और कोई न आया। किसी की झाड़ू-बुहारू अभी बाकी थी, किसी की जिठानी अभी जमना जी से नहीं लौटी थी। औरतें अपने-अपने घरों में सबेरा शुरू कर रही थीं। घर-गिरस्ती के नाना जंजालों का मकड़जाल बुनने का यही तो समय था। अभी से चली जायं और मैया सुरग सिधारें तो उनकी मिट्टी उठने तक छूतछात के मारे घर के सारे काम ही अटके पड़े रहेंगे। फिर भी इतनी स्त्रियाँ तो आ ही गईं। उन्होंने और श्यामो की बुआ ने मिलकर मैया को ऊपर से उतारा और गोबर-लिपी धरती पर लाकर लिटा दिया। राम-राम-सीताराम की रटन आरम्भ हो गई।

थोड़ी ही देर में कुछ मरद-मानुस आ पहुँचे। अंतिम क्षण की बाट में मैया के जीवन-वृत्त का लेखा-जोखा चार जनों की ज़बानों के बहीखातों पर चढ़ने लगा।

''बड़ी तपिश्या किहिन बिचारी।''

''हम जानी, साठ-पैंसठ बरिस तो हो गए होंगे बाबा को घर छोड़े।''

"अरे जादा, तीन बीसी और पांच बरिस की तौ हमारी ही उमिर हुई गई। सम्मत् 14 में भए रहेन हम। उसके पांच-सात बरिस पहले बाबा ने घर छोड़ा रहा।"

"हम तो कहते हैं कि ऐसी धरमपतनी सबको मिलै। औरों की तो फंसाय देती हैं पर दादी ने तो बाबा की बिगड़ी बनाय दी। हमरी जान में अब गाँव में बाबा की उमिर के..."

"काहे, बकरीदी बाबा और रजिया बाबा हैं। बकरीदी बाबा बताते तो हैं कि बाबा से चार दिन बड़े हैं। और राजा अहिर इनसे एक दिन छोटे हैं।"

"रजिया कक्का, बकरीदी चच्चा हम जानी सौ बरस के तो जरूर होयंगे।"

"नाहीं, बप्पा से दस बरिस बड़े हैं। अरे बुआ, क्या हाल है दादी का?"

"वैसने परी हैं अबहीं तो। बोल-वोल तौ पहले ही बन्द होइ चुका है। जाने काहे मां परान अटके हैं।"

"कुछ भी कहौ, बाकी एक पाप तो इनसे भया ही भया। पती देवता से कुवचन बोलीं, तौन वह घर से निकरि गए।"

"राम-राम, अनाड़ी जैसी बात..."

अचानक बकरीदी दर्ज़ी का छोटा बेटा बूढ़ा रमज़ानी दौड़ता हुआ आता दिखलाई दिया। निठल्ले शास्त्रार्थ में कौतूहलवश विघ्न पड़ा। 61-62 वर्ष के बूढ़े रमज़ानी का दौड़ना आश्चर्यकारी था। दूर से ही बोला—"ककुआ, ककुआ, होसियार। बाबा आय रहे हैं।"

"अरे कौन बाबा?"

"गुसाईं बाबा! गुसाईं बाबा! अरे अपनी रतना काकी के..."

दो शिष्यों, राजा अहिर, अपने जवान पोते की पीठ पर लदे बकरीदी दर्ज़ी, शिवदीन दुबे, नन्हकू, मनकू आदि गाँव के कई लोगों के साथ गोस्वामी तुलसीदास जी धीरे-धीरे आ रहे थे। बाबा के शिष्यों में से एक रामू द्विवेदी उनके साथ काशी से आया था। उसकी आयु तीस-बत्तीस के लगभग थी। दूसरे शिष्य वाराह क्षेत्र निवासी एक संत जी थे। आजानुबाहु, चमकते सोने-सी पीत देह, लम्बी सुतवां नाक, उभरी ठोड़ी, पतले होंठ, सिर और चेहरे के बाल घुटे हुए, माथे, बांहों और छाती पर वैष्णव तिलक था। काया कृश होने पर भी व्यायाम से तनी हुई भव्य लगती थी। लगता था मानो मनुष्यों के समाज में कोई देवजाति का पुरुष आ गया है। बाएँ हाथ में कमण्डलु, दाहिने हाथ में लाठी, गले में जनेऊ और तुलसी की मालाएँ पड़ी थीं। वे जवानों की तरह से तनकर चल रहे थे।

"भैया तुम बहुत झटक गए हो। कैसा राजा इन्नर-सा सरीर रहा तुम्हारा।" संत-गृहस्थ राजा जो बाबा से आयु में केवल एक दिन छोटे पर स्वस्थकाय थे, स्नेह से बाबा को देखकर बोले।

बाबा ने कहा—"पिछले आठ-नौ बरसों से वात रोग ने हमको ग्रस लिया है। बांह में पीड़ा हुई, फिर सारे शरीर में होने लगी। बस हनुमान जी और व्यायाम ही जिला रहे हैं हमको। बाकी बकरीदी भैया से हम बहुत तगड़े हैं। चार ही दिन तो बड़े हैं हमसे। और तुम्हारा जी चाहे तो तुम भी हमसे पंजा लड़ाय लेव राजा।"

एक हँसी की लहर दौड़ गई। उसी समय अपने घर से मुगटा पहने बाबा के पुराने शिष्य, अड़सठ-उनहत्तर वर्षीय पण्डित गणपति उपाध्याय नंगे पैरों दौड़ते हुए आए, भूमिष्ठ होकर प्रणाम किया। बाबा ने पहचानकर गले लगाया। गणपति ने मैया की गम्भीर दशा बतलाकर अचानक आगमन को चमत्कारी बखाना।

बाबा कहने लगे–"जेठ महीने में ही हम वाराह क्षेत्र में आ गए थे। चातुर्मास वहीं बिताने का विचार था। परन्तु कुछ दिन पहले हमें स्वप्न में हनुमान जी से ऐसी प्रेरणा मिली कि राजापुर होते हुए हम चित्रकूट जाएँ और वहीं चातुर्मास पूरा करें।"

राजा प्रेम से उन्हें एक बांह में भरकर बोले–"अरे अब भगवान ने तुमको अंतरजामी बनाय दिया है। बहुत ऊंची तपस्या भी किए हौ।"

श्यामो की बुआ देखते ही 'अरे मोर भैया!' कहकर बुक्का फाड़कर रोती हुई दौड़ीं और कहा–"भौजी के परान बस तुमरे बदे अटके हैं।" फिर उनके पैरों पर गिरकर और ज़ोर-ज़ोर से रोने लगीं।

वृद्ध संत ने उनके सिर पर दो बार हाथ थपथपाया और राम-राम कहा। रतना मैया के मरने की बाट जोहते खड़े हुए बूढ़ों, अधेड़ों और लड़कों ने बाबा के चरण छूने में होड़ लगा दी। अगल-बगल के घरों की औरतें चुटकी से घूंघट थामे एक आंख से उन्हें देखने लगीं। बच्चों की भीड़ भी बढ़ आई। श्यामो की बुआ गरजीं–"चलौ, हटौ, रस्ता देव। पहले भौजी से मिलै देव, जिनके परान इनके दरसन में अटके हैं।"

परम संत महाकवि गोस्वामी तुलसीदास उन्सठ वर्षों के बाद अपने घर की देहरी पर चढ़ रहे थे। उनका सौम्य-शांत-तेजस्वी मुख इस समय अपने औसत से कुछ अधिक गम्भीर था। उनके पीछे भीड़ भी भीतर आने लगी। चेहरे पर भीनी मुस्कान के साथ उनका कमण्डलुवाला हाथ ऊपर उठा, अँगूठे और तर्जनी के घेरे में कमण्डलु अटका था और तीन उंगलियाँ ठहरने का आदेश देते हुए खड़ी थीं। बाहरवालों ने एक-दूसरे को पीछे ढकेला। बाबा अकेले अन्दर गए। वही दहलीज़, वही दालान, आँगन के पारवाली कोठरियों और दालान का अधिकांश भाग अब ईंटों का ढेर बना था। जगह-जगह बरसाती घास और वनस्पति उग रही थी। परन्तु बाबा का मन इस समय कहीं भी न गया। ध्यानमग्न सिर झुकाए हुए उन्होंने दालान में प्रवेश किया। मैना हाथ जोड़कर झुकी और उनके चरणों के आगे भूमि पर सिर नवाया, फिर कहना चाहा कि इसी कमरे में हैं, किन्तु श्रद्धातंक के मारे बेचारी बाईस वर्षीया दासी के मुँह से बोल न फूट सके, केवल हाथ के संकेत से कमरा दिखला दिया। इसी बैठक वाले कमरे में कथावाचस्पति पण्डित तुलसीदास शास्त्री ने अपने गार्हस्थिक जीवन में अध्ययन और शास्त्रार्थ से भरे-पूरे नौ वर्ष बिताए थे। कमरे के भीतर जाकर ताज़ी लिपी भूमि पर निश्चेष्ट पड़ी हुई पत्नी को देखा, फिर बाबा ने किवाड़ों को थोड़ा उढ़काकर मानो मैना को भीतर न आने के लिए कहा। दाहिनी ओर चौकी पर रामचरितमानस का बस्ता रखा था। उस पर बासी फूल रखे हुए थे। दीवट में मोटे बत्तेवाला दीया जल रहा था।

बाबा एक क्षण तक खड़े रहे, फिर पत्नी के सिरहाने बैठ गए। छाती के बीच में प्राणों की धुकधुकी खरगोश की कुलांचों-सी रुक-रुककर चल रही थी। चेहरा शान्त

किन्तु कुछ-कुछ पीड़ित भी था। बाबा ने अपने कमण्डलु से जल लेकर मैया के मुख पर छींटा दिया। उनके सिर पर हाथ फेरकर, उनके कान के पास अपना मुख ले जाकर उन्होंने पुकारा—"रतन!" चेहरे पर हल्का-सा कम्पन आया पर आंखें न खुलीं। फिर पुकारा—"रतन!"

लगा कि मानो कमल खिलने के लिए अपने भीतर से संघर्ष कर रहा हो। बाबा ने राम-राम बुदबुदाते हुए उनकी दोनों आंखों पर अँगूठा फेरा। मैया की आँखें खुलने लगीं। पुतलियाँ दृष्टि के लिए भटकीं, फिर स्थिर हुईं और फिर क्रमशः चमकने लगीं। मुरझाया मुख-कमल अपनी शक्ति-भर खिल उठा। होंठों पर मुस्कान की रेखा खिंच आई। शरीर उठना चाहता है किन्तु अशक्त है। होंठ कुछ कहने के लिए फड़कने का निर्बल प्रयत्न कर रहे हैं किन्तु बोल नहीं फूट पाते। केवल चार आँखें एक-दूसरे में टकटकी बांधे बड़ी सजीव हो उठी हैं। पति की आँखों में अपार शान्ति और प्रेम तथा पत्नी की आँखों में आनन्द और पूर्ण कामत्व का अपार सन्तोष भरा है।

"राम-राम कहो रतना! सीताराम-सीताराम!"

होंठों ने फिर फड़कना आरम्भ किया। कलेजे की प्राण कुलाचें कण्ठ तक आ गईं।

"सीताराम! सीताराम!" बाबा के साथ-साथ मैया के कण्ठ से भी क्षीण अस्फुट ध्वनि निकली। बोलने के लिए जीव का संघर्ष और बढ़ा। बाबा ने मैया का हाथ अपने हाथ से उठाकर और प्रेम से दबाकर धीरे से कहा—"बोलो, बोलो, सीताराम!" "सी...ता...रा...।" एक हिचकी आई, मैया की आंखें खुली की खुली रह गईं और काया निश्चेष्ट हो गई। मृत देह पर जीवन की एक छाप अब तक शेष थी। विरह से सूनी रतना मैया सुहागिन होकर परम शान्ति पा गई थीं।

बाबा थोड़ी देर वैसे ही मैया का हाथ अपने हाथ में लिए बैठे रहे, फिर उठे और भीतरवाले द्वार की ओर जाने के बजाय सड़क-पड़ते तीन द्वारों में से बीच वाले का बेड़ना सरका कर उसे खोल दिया। बरसों बाद खुलने के कारण जड़काष्ठ ने भी खुलने में वैसा ही संघर्ष किया जैसा मैया ने सीताराम शब्द उच्चारण करते हुए किया था। बाबा शान्त भाव से बाहर चबूतरे पर आकर खड़े हो गए।

2

मैया की मौत से कुछ पलों पहले बाबा का अचानक आना गाँववालों के लिए एक चामत्कारिक अनुभव तो बना ही साथ ही बड़े गर्व का विषय भी बन गया था। गोसाईं महात्मा इस समय चाँद-सूरज की तरह लोक उजागर थे। उनके गाँव में पैदा हुए थे। जब हुमायूँ और शेरशाह की लड़ाई के पुराने दिनों की भगदड़ में इधर-उधर छितरा के भागने वाले मुगल लड़वैये डाकू बनकर लूटपाट और आतंक मचाने लगे,

तब यह विक्रमपुर गाँव पूरी तरह से लुट-पिट और खण्डहर बनकर सभ्यता के मानचित्र से मिट गया था। बस, दो-चार गरीब-गुरबे छोटे काम करनेवाले हिन्दू और पन्द्रह-बीस मुसलमानों के घर ही बच रहे थे। उस समय बाबा ने यहां आकर तपस्या की और संकटमोचन हनुमान को स्थापित किया। उन्हीं के आशीर्वाद से राजापुर नाम पाकर यह गाँव फिर से बसा था। उनके साथी-संगियों में दो लोग अभी मौजूद हैं। इसलिए लोगों में जोश था कि मैया की अर्थी बड़ी धूम-धाम से उठनी चाहिए, ज़रा सात गाँव लोग देखें और कहें कि बाबा सबसे अधिक उन्हीं के हैं। उनकी जन्मभूमि यहीं, घर यहीं, घरैतिन यहीं और आज इतने बड़े विरक्त महात्मा होकर भी वे अपने हाथों अपनी अर्द्धांगिनी का दाह संस्कार करेंगे। विक्रमपुर उर्फ राजापुर के लिए यह क्या मामूली घटना होगी।

जवानों में ही इस बात का सबसे अधिक जोश था, गाँव के करीब-करीब सभी बड़े-बूढ़े स्त्री-पुरुष भी लड़कों के इस जोश का जोशीला समर्थन करने लगे। तय हुआ कि रजिया कक्का और बकरीदी कक्का से कहलाया जाय। इनमें भी राजा भगत बाबा के विशेष मुंहलगे थे। बाबा अपनी जवानी में जब सोरों से आए थे तो राजा के घर ही ठहरे थे। उन्होंने ही गाँव-गाँव इनकी कथावाचन कला का माहात्म्य फैलाया था। जब दान-दक्षिणा अच्छी मिलने लगी और इनके ब्याह की बात चली तो राजा की हीं सलाह मानकर बाबा ने बकरीदी से यह ज़मीन खरीदी। राजा ने ही बाबा का यह घर बनवाया था। ब्याह-बरात का सारा प्रबन्ध भी उन्होंने ही किया और अब तक अपनी रतना भौजी के साथ उनका वैसा ही निभाव रहा था।

सबके आग्रह से राजा और बकरीदी बाबा के पास गए। बाबा चबूतरे पर कुशासन बिछाकर बैठे थे, पालथी मारे, मेरुदण्ड सहज तना हुआ, आँखें कहीं दूर अलक्ष्य में लगी हुई थीं, सुमिरनी अपने क्रम से चल रही थी। सूकरखेत निवासी शिष्य संत बेनीमाधव और काशी से साथ आए हुए शिष्य रामू द्विवेदी अगल-बगल बैठे बाबा को पंखा झल रहे थे। बकरीदी को सहारा देकर उनके सामने से ही चबूतरे पर चढ़ाकर लाते हुए राजा पर बाबा की दृष्टि बरबस पड़ी। चार दिन बड़े होने के कारण बाबा बकरीदी दर्जी को भैया कहकर पुकारते हैं, इसलिए उनके सम्मान में वे खड़े हो गए। बकरीदी दोनों हाथ उठाकर अपनी कमज़ोर आवाज़ में सांस का अधिक ज़ोर लगाकर बोले—"रहै देव, रहै देव, गमी-जनाजन में सील-सिष्टाचार का बिचार नहीं होता।" कहते-कहते साँस फूल आई, ख़ांसी का दौरा पड़ा और वे बैठा दिए गए।

"राम-राम। (राजा से) इन्हें क्यों लाए?"

"अरे गाँव के सब पंचों ने मिलके हमें औ इन्हें तुम्हारे पास भेजा है।"

"क्या बात है?"

एक हाथ से दम फूलते बकरीदी की पीठ सहलाते हुए होंठों पर व्यंग की हल्की-सी हँसी लाकर राजा बोले—"अरे तुम इस गाँव के महतमा हौ न, तौ तुम्हारी अवाई को सब पंच मिल कै क्यों न भुनावें?"

बाबा के चेहरे पर भी फीकी मुस्कान आ गई। तभी बकरीदी फिर जोश में बोल उठे—"यह बात नहीं है। हमारी भयेहू क्या कम महतमा रही। (खों-खों) तुम तौ हम पंचन को छोड़ि के चले गए, ऊ तौ जनम-भर हमारे ही साथ रही। सब लोग बाजे-गाजे से बिमान-उमान बनाय के जनाजा लै जैहें। देर-सबेर होय तौ बोलना मत। यह हमार अरदासौ है और हुकुमौ है।"

"तुम्हारा हुकुम हमारे लिए रामाज्ञा है। रामू!"

"आज्ञा, प्रभु!"

"समय का सदुपयोग करौ। राम-नाम सुनाओ, जिससे भीतर का मिथ्या क्रन्दन-कोलाहल बन्द हो।"

बाबा की अवाई सुनकर भीतर गाँव-भर की स्त्रियाँ जुट आई थीं, 'हाय अजिया, हाय मोर मैया' कहकर मैया से सम्बन्धित अपने-अपने संस्मरणों को सूत्रवत् बट-बट कर लुगाइयाँ आपस में रोने का दंगल चला रही थीं: "अरे नन्हुआ का जब जर चढ़ा रहा तब तुम्है बचायो, अब को बचाई?...हमार सोना औ रूपा के बियाहन मां सब भभ्भड़ तुमहें निबटायो। अब हमार मोतिया का को पार लगाई? हाय मोर अजिया। हाय तुम हमका छांड़िकै कहां चली गई ऽऽ।" इस तरह गाँव-भर के दुख-सुख का इतिहास रतना मैया से जुड़कर कोलाहल की ऊँची मीनार बना रहा था। उत्सुक स्त्रियों को मैना कभी रो-रोकर और कभी आँसू सोख स्वर में बतलाती थी कि कैसे बाबा के कमरे में घुसते ही उजाला हुआ और बाबा ने दादी से सीताराम-सीताराम बुलवाया। श्यामो की बुआ को यह कचोट थी कि अपनी भौजी की असल चेली तो जनम-भर वह रहीं और अंतिम चमत्कार देखने का सौभाग्य निगोड़ी मैना को मिला। इसी दुःख को दुहराकर रोती रहीं।

रामू द्विवेदी ने बड़े ही सुरीले और मधुर ढंग से गाना आरम्भ किया—

ऐसो को उदार जग माँही।
बिन सेवा जो द्रवै दीन पै राम सरिस कोउ नाहीं।...

राम शब्द का 'रा' मात्र सुनते ही उनका मुखमण्डल खिल उठा। धीरे-धीरे ताली बजाते हुए उन्होंने आँखें मूंद लीं। ध्यान-पट की श्यामता मन की तेज़ी से सिमटकर बीच में आने लगी। ध्यान-पट अरुण-पीत हो गया, जैसे किसी रंगमंच की काली जवनिका उठा दी गई हो। और जवनिका चारों ओर से गोलाकार होकर सिमटती हुई पीतपट के बीचोंबीच अधर में लटककर नाचने लगी। वह पीतपट ऐसा है जैसे विद्युत रेखा चौड़ी होकर फर्श की तरह फैल जाय और उसका अणु-अणु निरंतर कौंधने लगे। यह चमक श्याम बिन्दु के चारों ओर आ-आकर यों पछड़ती है जैसे तट पर सागर की लहरें पछाड़ खाती हैं। लहरों के छीटों से श्याम बिन्दु में एक आकार निर्मित होने लगता है। बिन्दु की श्यामता को वह आकार अपने आप में तेज़ी से समोने लगता है। अरुण पट के मध्य में कोटि मनोज लजावन हारे, सर्वशक्तिमान परम उदार सीतापति रामचन्द्र का आकार इस तरह झलकने लगा कि जैसे ब्राह्म वेला में दुनिया झलकती है। इस दृश्य का आनन्द हृदय में भरने लगता है, और अधिक स्पष्टता

से दर्शन कर पाने का आग्रह ध्यान को और एकाग्र करता है। बाबा को लगता है कि गंगा मानो उलटकर अपने उद्गम स्रोत श्रीरामचन्द्र के कंजारुण पद-नख में फिर से समा रही हो।

फिर और कुछ ध्यान नहीं रहा। भीतर-बाहर केवल भाव भगवान है, तुलसीदास की कंचन काया एकदम निश्चेष्ट है। वे समाधिलीन हैं।

दोपहर तक राजापुर गाँव में कहीं तिल रखने की भी जगह नहीं बची थी। हर व्यक्ति बाबा के दर्शन पाना चाहता था। धकापेल मच रही थी। 'तुलसी बाबा की जय, रतना मैया की जय, जय-जय सीताराम' के गगनभेदी नारों से किसी की बात तक नहीं सुनाई पड़ रही थी। गोस्वामी जी महाराज का आगमन सुनकर आस-पास के अनेक छोटे-बड़े ज़मीन्दार और सेठ-साहूकार भी आए थे। मखाने, तांबे के टके, चाँदी के दिरहम, सोने के फूल, पंचमेल रत्नों की खिचड़ी, जो जिससे बन पड़ा, अर्थी पर लुटाया। गरीबों-मंगतों की झोलियाँ भर गईं। विमान के आगे ढोल-दमामे, नरसिंहे, घंटा-शंख-घड़ियाल बजाते कोस-भर का रास्ता चार घंटे में पार हुआ। सूर्यास्त के लगभग बाबा ने मैया की चिता में अग्नि दी। उस समय विरक्त महात्मा की आँखों से आँसू टपकने लगे। यह देखकर आस-पास खड़े उनके भक्तगण भाव विगलित हो गए। जनसमाज 'सीताराम-सीताराम' की रटन में लीन हो गया।

सीताराम की गुहार बाबा के कानों में से ऐसे पड़ी जैसे कोई अंधा बन्द गली में चलते-चलते दीवार से टकराकर अपना सिर चुटीला कर ले। मन को पछतावा हुआ, 'हे प्रभु, तुम्हारी यह माया ऐसी है कि जन्म-भर जप-तप साधन करते-करते पच मरो तब भी इससे पार पाना उस समय तक महा कठिन है जब तक कि तुम्हारी ही पूर्ण कृपा न हो। सुनता हूँ, विचारता हूँ, 'समझता भी हूँ, यहाँ तक कि अब तो दूसरों को विस्तार से समझा भी लेता हूँ पर मौके पर यह सारा किया-धरा-चौपट हो जाता है। हे हरि, वह कौन-सी अनुभूति है जिसे पाकर मैं इस मोह-जनित भव-दारुण विपत्तियों के संत्रास से मुक्त हो सकूँगा। मेरे मन को वह ब्रह्म-पीयूष मधु शीतल रस पान करने का कब अवसर मिलेगा कि जिससे वह झूठी मृग-जल-तृष्णा से मुक्त हो सके।...अगले शुक्ल पक्ष की सप्तमी को आयु के नब्बे वर्ष पूरे हो जाएँगे। अब भला मैं और कितने दिन जिऊँगा जो तुम मुझे आशा-निराशा की चकरघिन्नी में नचाते ही चले जाते हो? दया करो राम, अब तो दया कर ही दो।' आँखें फिर भर गईं।

पीछे भीड़ में 'सीताराम-सीताराम' हो रहा था, कहीं बातें भी हो रही थीं।

''चुपाय रहौ, शास्त्री, अवसर देखो, यह प्रेमाश्रु हैं।''

''प्रेमाश्रु और ज्ञानी बहावे? अरे, भरी जवानी में हमारी दुइ-दुइ पत्नियाँ मरीं, और कैसी रहीं कि रस की गगरियाँ, मदनमोहिनी, जिन पर आठौ पहर हम प्रेम से अपने प्राण निछावर करते रहे, पर हम तो एक्कौ आँसू न बहाया। चट से तीसरी ब्याह लाए और आत्मसंयम के बदे गर्ग संहिता का उपदेश याद करै लगे कि–

दुर्जनाः शिल्पिना दासा दुष्टस्य पटहाः स्त्रियः
ताड़िता मार्दव यान्ति नते सत्कार भाजनम्॥

"तो इन्होंने भी लिखा है कि 'शूद्र, गंवार, ढोल, पशु, नारी, ये सब ताड़न के अधिकारी'।"

"लिखने से क्या होता है। जो अमल में लावै सो ज्ञानी।"

"पण्डितवर, अपने गाल बजाने के लिए क्या यही अवसर मिला है आपको?" उत्तेजनावश रामू का स्वर तनिक ऊँचा उठ गया।

"रामू!" बाबा ने पीछे घूमकर देखा। रामू और बेनीमाधव बाबा के पीछे खड़े थे। उनसे दस कदम पीछे कोने में अधेड़ वय के वैष्णव तिलकधारी शास्त्री और त्रिपुण्डधारी सुमेरु जी थे। बाबा की गर्दन पीछे मुड़ते ही वे दोनों चोर की तरह पीछे दुबक गए, यद्यपि उन्होंने उनकी ओर देखा तक न था। बाबा का आदेश पाते ही रामू का क्रोध से तमतमाया हुआ चेहरा विवश भाव से नीचे झुक गया।

श्मशान से लौटने पर बाबा की इच्छा था कि संकटमोचन हनुमान जी के चबूतरे पर सोएँ, पर बड़े-बड़े लोग उनके विश्राम के लिए राजसी सुख प्रस्तुत करने को आतुर थे। हर एक उन्हें अपने शिविर में ठहराना चाहता था। राजा अहिर इन बड़ों की बातों से बिगड़ गए, बोले–"भैया अंते काहे सोवै? अरे, हिंया उनका घर है, गाँव है, जलमभूमी है।"

घर, गाँव, जन्मभूमि, यह शब्द बाबा के मन में तीन फांसों से चुभे, व्यंग फूटा, हँसी आई, कहा–"घर घरैतिन के साथ गया। गाँव तुम्हारे नाम से बजता है और रही जन्मभूमि...वह तो सूकर खेत में है भाई...यहाँ से तो कुटिल कीट की तरह माता-पिता ने मुझे जन्मते ही निकाल फेंका था।"

राजा के चेहरे पर ऐसी झेंप चढ़ी कि मानो बाबा को घर-गाँव से निकाल फेंकने का अपराध उन्हीं से हुआ हो, किन्तु उनका मन बचाव के लिए तुरन्त ही एक सूझ पा गया, मुस्कराये, फिर कहा–"तो उसमें बुराई क्या भयी? गाँव से निकले तो राम जी की सरन में पहुँच गए।"

तुलसी बाबा भीतर ही भीतर कट गए, सिर झुकाकर कहा–"नीकी कही। तुम खरे गोस्वामी हो रजिया, मेरा बहका पशु पकड़ लाए। ठीक है, मैं उसी घर में रहूँगा जिसे तुम मेरा कहते हो।"

राजा और बाबा की बातों में ऐसी पहेली उलझी थी कि जिसे सुलझाए बिना न तो बेनीमाधव जी को चैन पड़ सकता था और न रामू द्विवेदी को। संत बेनीमाधव जी की आयु पचास-पचपन के बीच में थी और रामू पण्डित अभी इकतीस के ही थे। बेनीमाधव गत सात-आठ वर्षों से अपने-आपको बाबा का शिष्य मानते हैं। कुछ महीनों तक वे काशी में उनके पास ही रहे थे किन्तु उनके बेलगाम मन को बाबा के सिद्ध गोस्वामित्व से इतना भय लगता था कि उनमें प्रतिक्रियाएँ उठने लगी थीं। तब बाबा ने उनसे कहा–"वटवृक्ष के नीचे दूसरा पौधा नहीं उगता, बेनीमाधव, तुम वाराह क्षेत्र में रहो और मन को कमाओ। बीच-बीच में जब जी चाहे यहाँ आ जाया करो।" तबसे वे प्रति वर्ष अपना कुछ समय गुरु सेवा में बिताते हैं।

रामू बचपन से ही उनके साथ है। काशी की महामारी के दिनों में उसने बाबा के आदेशानुसार किशोरों का सेवकदल संगठित करके काशी में बड़ा काम किया,

फिर अपने पितामह के देहान्त के बाद वह उन्हीं के पास रहने लगा। बाबा ने ही उसे संस्कृत पढ़ाई है। अब वही उनकी देखभाल करता है, हरदम बाबा का मुखारविन्द ही निहारता रहता है। वह उनकी एक-एक भाव-भंगिमा को पहचानता है। उसकी अचूक और निष्कपट सेवा-भावना, अध्ययनशीलता और गायन तथा काव्य-प्रतिभा से प्रसन्न होने के कारण बाबा उसे पुत्रवत् चाहते हैं।

इन दोनों शिष्यों के साथ बाबा जब घर पहुँचे तो देखा कि लेटने के लिए उनकी चौकी बाहर चबूतरे पर लगाई गई है और गणपति उपाध्याय पास ही में खड़े उनकी बाट देख रहे हैं। घर का द्वार खुला देखकर वे भीतर चले गए। दालान से बैठक में झांककर देखा तो जहाँ उनकी पत्नी ने प्राण तजे थे वहीं श्यामो की बुआ दीये की बत्ती ठीक कर रही थीं। बाबा रात में पहचाने नहीं, पूछा—''कौन है माई?''

''अरे हमको चीन्हे नाहीं भैया, हम हैं सिउदत्त सिंह की बहिन गंगा।''

''भला-भला, यहाँ सोएगी तू?''

''हम न सोवैंगे तो दीया कौन देखी?''

''हम।''

''अरे इत्ते बड़े महात्मा हुइकै तुम हियाँ पौढ़ियौ? बड़ी ऊमस है।''

''और तेरे लिए ऊमस नहीं है?''

''हम तो भैया, तुम जानौ कि जबते तुम संन्यासी भये तब से यहीं पर भौजी की सेवा में ही रही हैं। भौजी कहैं, स्यामो की बुआ, तुम्हारी ऐसी सेवा कोई नहीं कर सकत है। हमही तो आज भिनसारे मैनो को हियाँ बैठाय के बहार लोगन का बुलावै की खातिर गई रहीं। इत्ते में तुम आय गयौ, औरन को भीतर आवै ने दियौ, मना किहैवे। हम आवै लागे तो सब पंच हमैं रोंकि लिहिन। कहार की पतोहू निगोड़ी अंतकाल के दरसन पाय गई। औ हम जो जनम-भर उनकी असल चेली रहीं सो बाहरै रह गईं।'' श्यामो की बुआ पछतावे के मारे रो पड़ीं।

भोले मन की शिकायत और रोना सुनकर बाबा को मन ही मन में हँसी आ गई, समझाते हुए कहा—''अच्छा, अच्छा, सोच न करो। तुम्हारी सेवा राम जी के खाते में लिखी है।''

श्यामो की बुआ आँसू पोंछते हुए बोलीं—''अरे उनके खाते से हमारा कौन परोजन। भला-बुरा कहै वाले तो सब पंच हियाँ रहते हैं। मैनो निगोड़ी दिन-भर सबते कहत फिरी कि उसने तुमरा चमत्कार देखा। सब जनी हमते कहैं कि बुआ, मैनो भागमान है, पुन्न लूट लै गई। तुमरे चरनन की सौंह भैया, आज दिन-भर हमको ऐसी रुवाई छूटी है ऐसी छूटी है कि...(रोने लगी, फिर रोते-रोते ही कहा) एक तो हमार भौजी चली गईं दूसरे राम जी ने हमरा भाग खोटा कर दिया।'' बुआ फूट-फूटकर रोने लगीं।

बाबा थके हुए थे। एक तो अर्द्धांगिनी के अवसान से उनका मन एक सीमा तक अवसन्न था और फिर दिन-भर अपने भक्तों की श्रद्धा के अंधाक्रमणों का त्रास भी सहा था। इसके अलावा आज उन्हें चलना भी अधिक पड़ा था। बाबा के आदेश से गणपति अपने घर चले गए। रामू चाहता था कि गुरु जी विश्राम करें और वह

पैर दाबे। आज उन्हें सोने में भी अबेर हो गई थी। रामू को गुरु का कष्ट सदा असह्य था। वह उन्हें श्यामो की बुआ के व्यर्थ क्रन्दन से मुक्त कराना चाहता था।

बेनीमाधव जी भी पहली बार गुरु जी की जन्मभूमि में आए थे। गुरु के संबंध में कुछ बातें आज वे अकस्मात् ही जान गए थे और बहुत कुछ जानने के लिए उत्सुक थे। उनका संघर्षशील मानस एक महापुरुष के संघर्षशील जीवन से अपने लिए बल ग्रहण करना चाहता था। थोड़ी देर पहले ही गुरु जी महाराज ने अपने बालमित्र की बात का उत्तर देते हुए बड़ी कचोट और व्यंग के साथ कहा था कि जन्मते ही घर से कुटिल कीट की तरह निकाल फेंके गए थे। इस बात का क्या रहस्य है? उनका जीवन-वृत्त क्या है? वाराह क्षेत्र इनकी गुरुभूमि है। कौन थे इनके गुरु? वाराह क्षेत्र में बेनीमाधव बाबा ने जब एक दिन उनसे पूछा था तो उत्तर मिला था कि नररूप में नारायण मेरी बाँह गहने के लिए आ गए थे। फिर प्रश्न किया तो कहा कि अवसर आने पर सुनाएँगे। इसके कुछ ही दिनों बाद अचानक राजापुर आने का कारण बतलाए बिना ही वे ऐसा संयोग साधकर यहाँ के लिए चले कि अपनी जीवनसंगिनी का अन्तिम क्षण मोक्षकारी बना दिया। क्या महाराज पहले ही से जान गए थे?...इस प्रकार बेनीमाधव जी अपने भीतर अनेक प्रश्नों से पीड़ित थे और उनका समाधान पाने को आतुर भी। पर यह बुढ़िया तो पीछा ही नहीं छोड़ रही, क्या किया जाय।

श्यामो की बुआ बाबा के चरण पकड़कर बैठ गई थीं। वह रोए ही जा रही थीं, हठ साधकर अपनी ही कहती चली जा रही थीं। बाबा के दोनों चेलों ने उनसे विनती करनी चाही पर वे और भी चढ़ गईं, रामू के पैर को एक हाथ से ढकेलने का आवेश दिखलाकर क्रोध में बोलीं—"दूर हटौ। तुम कौन हो हमको समझावै वाले? यह हमारे भैया हैं। हजारन को राम जी के दरसन कराइन है, मरती बिरियाँ हमारी भौजी को भी कराए। निगोड़ी मैनो हमको धोखा देके पुन्यात्मा बन गई। (रोकर) हम अपनी भौजी की असल चेली, और हमहीं दरसन न कर पाईं। हम अब इनके चरन न छोड़ैंगे। इन्हें हमारा उद्धार करना ही पड़ेगा। भौजी कह गई हैं हमसे कि स्यामो की बुआ, तुमही असल चेली हौ।" श्यामो की बुआ ने बाबा के पैर पकड़कर क्रन्दन ताण्डव मचा डाला।

बाबा बेचारे उन्हें कैसे मना करें। काल, समाज अथवा अपने ही मन से आघात खाकर वे भी तो अपने आराध्य से ऐसा ही हठ करते हैं। ऐसे ही विनय, ऐसा ही विलाप, अश्रुवर्षण उन्होंने भी बार-बार किया है। अपने भीतर राम-भरोसा पाने से पूर्व वे भी श्रद्धावश ऐसे ही अनेक साधु-संतों के पैर पकड़कर राम जी का दर्शन कराने के लिए गिड़गिड़ाते थे। उन्होंने भी गहरी उपेक्षा, तीखे-कड़वे वचन, भूख-दारिद्रय क्या नहीं सहा? आज राम-नाम के प्रताप से वे यह दिन भी देख रहे हैं कि राव-रंक सब उनके आगे भिखारी बनकर चिरौरियाँ करते हैं। फिर भी उन्हें लगता है कि श्रीराम के चरणों में उनकी प्रीति-प्रतीति अभी पूरी नहीं हुई।...परन्तु दुनिया समझती है कि वे श्रीराम सरकार के दर्शन करा सकते हैं। 'हे राम, तुम्हारे नाम की महिमा और

तुम्हारे ही शील से तो आज मुझे यह गौरव देखने को मिला है उसे देखकर मैं बहुत संकुचित हो रहा हूँ।'

भावों ने उद्वेलित होकर अपनी अन्तर्लय का स्पर्श पाया, मन में चलते हुए शब्द अब लयात्मक गति पाने लगे–

"द्वार द्वार दीनता कही काढ़ि रद, परि पाहूँ।
हे दयालु दुनी दस दिसा दुख दोष दलन छम..."

"भैया!"

"...कियो न संभाषन काहू। द्वार द्वार–"

"भैया, हमार..."

"जा बहिनी जा। राम-राम रटती आँगन में सो जा। राम जी तुझे सपने में दर्शन देंगे।"–फिर गाते हुए बैठक में प्रवेश कर गए। मृतका के रिक्त स्थान पर दीया जल रहा था। एक क्षण उसे देखते खड़े रहे, फिर बाहर का द्वार खोला और चबूतरे पर आ गए।

रामू को एक आदत पड़ गई है, गुरु जी जब बिना कागद-कलम लिए ही भाववश होकर गुनगुनाने लगते हैं तो उनके पीछे-पीछे वह आप भी उन्हीं शब्दों को उसी गायन पद्धति से दोहराने लगता है। उसे एक बार का सुना याद हो जाता है।

बाबा चौकी पर बैठ गए। पर गुनगुनाते दोहराते हुए रामू झट से अपने कंधे पर रखा अंगौछा उतारकर गुरु जी के चरण पोंछने लगा। गुरु के चलित अन्तर्भाव का झटका बाहर पैरों में प्रदर्शित हुआ। एक चरण का झटका रामू के हाथों को और दूसरा घुटने को लगा। बहते भाव को अपनी इस बाहरी हरकत से ठेस न पहुँचे इसलिए उसने बड़ी फुर्ती और मुलायमियत से गुरु का लटका हुआ बायाँ चरण अपने दाहिने हाथ से दबा लिया और गुनगुनाहट को तनिक ऊँचा उभार देकर गुरुमुख की ओर आदतवश देखने लगा, यद्यपि अँधेरे पाख की रात में इतनी दूर से उसे बारीकी से कुछ सूझ नहीं सकता था। बाबा की भाव-धारा अबाध गति से बढ़ रही थी, किन्तु अब स्वर में रोष भी प्रकट हो रहा था...

तनु जन्यो कुटिल कीट ज्यों तज्यो मातु पिताहूँ।
(स्वर का रंग बदला)...काहे को रोष?...
काहे को रोष दोष काहि धौं मेरे ही,
अभाग मोसों सकुचत छुइ सब छाहूँ।...

रोष का शमन होते ही शेष सारी पंक्तियाँ धाराप्रवाह गति से गाई गईं। रामू को एक बार भी अपना स्वर उठाकर बाबा की सहायता नहीं करनी पड़ी। बाबा का स्वर आत्म-निवेदन-रस में भीगता ही चला गया। अंत तक आते-आते इतना कोमल हो गया था कि करुणा और आनन्द में भेदाभेद करना ही कठिन था।

गुरुमुख गंगा में दोनों शिष्य भी तैरते और डुबकियाँ मारते हुए छक रहे थे। लेकिन सबसे अधिक सुख तो भौजी की असल चेली ने पाया। बैठक के द्वारे वे चौखट से टेक लगाए बैठी थीं। बड़ी ठसक-भरे सन्तोष के साथ अपने उठे हुए घुटनों पर मुट्ठी बंधी बाहें टेककर उनपर अपनी ठोढ़ी टिकाकर सुन रही थीं।

संत बेनीमाधव ने उठकर गुरु जी के चरणस्पर्श करके कहाः "कृतार्थ भया महाराज। आपके जन्म-काल के त्याग वाली बात हमारे मन में चल रही थी। उसे आपने कृपापूर्वक अपनी वाणी से और उत्तेजित कर दिया है। और जब इतनी ऊमस बढ़ाई है तो कृपापूर्वक मेह भी अवश्य ही बरसाइएगा। मेरे और लोक-कल्याण के लिए अनुचर की झोली में आपका जीवन-वृत्त पड़ जाए तो सेवक का यह जन्म सफल हो जाय। वे संत कौन थे जिन्होंने..."

श्यामो की बुआ खुद भी अपने भैया से कुछ निवेदन करना चाहती थीं। उन्हें भय हुआ कि एक शिष्य जब इतनी लम्बी बकवास कर रहा है तो निगोड़ा दूसरा भी कहीं न लपक पड़े, इसलिए झट से उठीं और चलती बात में भैया के पैरों पड़कर कहना चालू किया—"भैया, तुम पूरे अन्तरजामी हो। हमार जिउ जुड़ाय गया। अरे हम अपनी भौजी की असल चेली और चमत्कार देखिस निगोड़ी मैनो। अब हम कहैंगी कि हमरी खातिर भैया ऐसा भजन रुचि के सुनाइन कि सुनतै एकदम से हमार मोच्छ हुइ गई। अरे, हम तो तुम्हारी दया से तर गईं भैया। चलती बिरियाँ भौजी हमैं इन चरनन की सरग-सीढ़ी दे गईं।" भावावेश में आकर श्यामो की बुआ रोने लगीं।

बाबा ने बुआ की झुकी पीठ पर हल्की उंगली कोंचकर छेड़ा—"अरी तू तौ यहाँ तर के बैठ गई, वहाँ तेरी भौजी का दीया बुझ गया।"

"हाय राम।" कहके बुआ उठने को हुईं कि बाबा ने उनके सिर को अपने हाथ से थपथपाकर कहा—"रहने दे, हमने तो ऐसे ही छेड़ दिया। रतना का दीपक तौ हमारे हिरदै में दीपित है। जा, सो जा। और अब भौजी-भैया रटना छोड़कर सीताराम-सीताराम रट। जा।"

पद-रचना के समय पैर पोंछने का काम रुक गया था, वह रामू ने बुआ-बाबा संवाद की अवधि में कर डाला। अब इस प्रतीक्षा में था कि बाबा लेटें और वह चरण चांपना आरम्भ करे, किन्तु बाबा पैर पर पैर रखे वैसे ही बैठे रहे।

रामू ने गद्‌गद स्वर में कहा—"विनय के 275 पद आज रच गए प्रभु।"

खोई हुई हाँ कहकर बाबा मस्ती में आकर धीरे-धीरे गाने लगे—

साथी हमरे चलि गए, हम भी चालनहार।
कागद में बाकी रही ताते लागत बार॥

बाबा ने इतने करुण स्वर में गाया कि शिष्यों की आँखें भरने लगीं। बेनीमाधव बोले—"हम तो आपका ग्रन्थावतार कराने के लिए आतुर हो रहे हैं और आप कबीर साहब के शब्दों की आड़ लेकर मरण कामना कर रहे हैं। अपने अनुचरों पर इतना अन्याय न करें गुरु जी।"

''अवतार धारण करने पर अनिवाशी ईश्वर को भी मृत्यु के माध्यम से ही अपनी लीला संवरण करनी पड़ती है। मैं तो प्रभु का एक तुच्छ सेवक मात्र हूँ।''

''तो क्या मेरी इच्छा पूरी न होगी, महाराज?''

''रामभद्र जानें। सब कुछ उन्हीं की इच्छा से होता है। किन्तु हमारे जीवन-वृत्त में धरा ही क्या है। जन्म-काल से लेकर अब तक केवल अपार दुःख-दुर्भाग्य ही मेरे साथ रहा है। लोक में कहीं ठौर-ठिकाना न मिला, परलोक की जानता नहीं। मेरे जीवन में जो सारतत्व है वह केवल राम-नाम ही है।''

''वही तो दर्शाना चाहता हूँ, गुरु जी।''

''चरितों में रामचरित ही श्रेष्ठ है।''

रामू बोला—''आप ही ने बखाना है प्रभु, कि राम के दास का महत्त्व राम से भी अधिक होता है। संत जी की इच्छा लोक की इच्छा है।''

''मानस में, विनय के पदों में, कवितावली और दोहों में—अपनी अनेक रचनाओं में मैंने अपने जीवन की अनुभूतियाँ ही तो समर्पित की हैं।...आज श्मशान में उस पण्डित ने दम्भ वश मुझपर यह लांछन लगाया कि नारी के प्रति मेरे मन में घृणा और उपेक्षा का भाव है।''

''यदि हो भी तो इसमें अनुचित क्या है प्रभु? विरक्त को सांसारिक कामनाओं और कामिनियों से मन मोड़ने के लिए उनकी उपेक्षा करनी ही पड़ती है।''

''सत्य है महाराज, भगवान शंकराचार्य भी कह गए हैं कि नारी नरक का द्वार है। इस वासना के...''

बाबा ने टोका—''यह चर्चा फिर कभी हो सकती है। विश्राम करो बेनीमाधो। रामू, भीतर का दीप जला दे पुत्र, मैं वहीं सोऊँगा।''

''जो आज्ञा प्रभु, किन्तु भीतर तो बड़ी गर्मी है।''

''भीतर की गर्मी बाहर की गर्मी को दबा देती है।''

रामू को फिर कुछ कहने का साहस न हुआ। वह भीतर वाले दालान के आले से दीया उठा लाया, कमरे का बुझा दीप आलोकित किया। फिर मृतका के स्थान का दीप भी जलाने चला तो बाबा बोले—''उसे रहने दे। दालान का दीया यहीं रख दे और विश्राम कर।''

''आप अकेले रहेंगे, प्रभु?''

''अकेला क्यों, मेरी बुढ़िया मेरे साथ रहेगी, भाई।''

''तो चौकी...''

''चौकी-बिछावन की दरकार नहीं। उसके धरती पर छूटे हुए प्राण मुझे यहीं मिलेंगे। जा।''

3

रामू आधे क्षण तक स्तब्ध खड़ा रहा। फिर कुछ कहने-पूछने का साहस न बटोर सकने के कारण दीया बालकर द्वार बन्द कर दिये। चबूतरे वाले द्वार के सामने बेनीमाधव खड़े थे। बाबा ने उधर के द्वार भी बन्द कर लिए और उस स्थान पर जा बैठे जहाँ उनकी पत्नी ने अपनी देह त्यागी थी। थोड़ी देर सिर झुकाए बैठे अपने दाहिने हाथ से उस जगह की मिट्टी सहलाते रहे, जहाँ रत्ना का मस्तक था। ध्यान में प्रिया का अन्तिम रूप-दर्शन था और मनोदृष्टि में चार आँखें एक-दूसरे में लीन होकर आनन्दमग्न थीं।

"सीताराम! सीताराम!"—रत्ना का स्वर है। कहाँ से आ रहा है? सबेरे धरती पर दिखलाई पड़ती अर्द्धांगिनी अब माया की तरह विलुप्त है। "सीताराम! सीताराम!" कहाँ है? मन के झरोखे से झाँक रही है—दीये की लौ में झलक रही है। धरती पर टिकी हथेली उठकर गोद में बाएँ हाथ की खुली हथेली पर आ जाती है, काया में सधाव आता है, आँखें दीये की लौ पर टिक जाती हैं। दोनों भौंहों के बीच बाबा के ध्यान-बिन्दु से उनका सूक्ष्म मन जुगनू-सा उड़ता हुआ प्रकट होता है और सीधा दीये की लौ में समा जाता है। उनकी अन्तर्दृष्टि में लौ लघु से विराट होती जाती हैं। उनकी कल्पना में पूरा कमरा अनंत विद्युत प्रकाश से ऐसा जगमगा जाता है, मानो कमरे का फर्श और दीवारें ईंट-चूने की न होकर मणिजटित हों।

"सीताराम! सीताराम!"—कानों में गूंज समाई है, जिसमें अपना और रत्ना का स्वर गंगा-यमुना के समान एक में घुला-मिला है। गूंज की गति तीव्र से तीव्रतर हो रही है, शब्द शब्द न रह मधुर वाद्यध्वनि से गुंजरित हो रहे हैं। मणि-मणि में धनुषधारी राम और जगदम्बा सीता प्रसन्नबदन अभय मुद्रा में खड़े हैं। बाबा का मुख-मण्डल आनन्दलीन है। छोटे-छोटे अनंत विद्युत् कण तीव्र गति से घुलते-मिलते एकाकार धारण करते इतने बढ़ जाते हैं कि अन्तर्दृष्टि में केवल युगल चरण ही दिखलाई दे रहे हैं—और फिर दृष्टि को एक मीठा झटका लगता है, रत्ना माँ के चरणों में झुकी बैठी है—"पर मैं कहाँ हूँ?"

नई ब्याहुली-सी अलंकृत रत्ना तनिक चेहरा घुमाकर इन्हें देखती है, फिर नटखट गुमानी मुद्रा में पूछती है—"मुझे साथ लाए थे?"

प्रश्न मन को सकुचाता है, फिर किंचित उत्तेजित होकर स्वर फूटता है। "तुम कब मेरे साथ नहीं रहीं?"

"तुम मुझे भला क्यों रखोगे, नारी-निन्दक!" रत्ना ने मीठी आँखें तरेरीं।

"कौन कहता है?"

"सारा जग!"

"पर क्या यह सत्य है?"

"शूद्र, गंवार, ढोल, पशु, नारी..."

"मात्र यही क्यों और भी अनेक वाक्य हैं, परन्तु वे कथा-प्रसंग में आए हुए पात्रों के विचार हैं?"

"और तुम्हारे?"

"जिनके श्रीचरणों में मेरी आसक्ति है उन्हीं के श्रीमुख से वे विचार भी प्रकट हुए हैं। तुम्हारे विरह और प्रेम के उद्‌गार इतने शुद्ध थे कि वे राम के उद्‌गार बनकर जानकी माता के प्रति अर्पित हो गए–

देखहु तात बसंत सुहावा,
प्रिया हीन मोंहि भय उपजावा।

'देखहु' शब्द की ध्वनि मात्र से नया बिम्ब जाग्रत् हो उठता है–वन में तापस राम तुलसी के स्वर में लक्ष्मण से कह रहे है–

लछिमन देखत काम अनीका।
रहहिं धीर तिन्ह कै जग लीका।
एहिके एक परम बल नारी।
तेहिं ते उबर सुभट सोइ भारी।

"उबर कर अपना पल्ला छुड़ा तो लिया मुझसे। फिर मैं कहाँ?"

"तुम्हारी वासना से उबरा किन्तु तुम्हारे प्रेम में डूब भी गया, और ऐसा डूबा कि..."

"पता ही न चला।" (हँसती है)

"प्रेम हो और पता न चले?" अशोक वाटिका में राम-विरहिणी सीता के पास कपीश्वर श्रीराम का संदेश लेकर पहुँचते हैं–मन के संकेत मात्र से कल्पना का दृश्य उभर आता है। हनुमान के हृदय में खड़े राम अशोक वन में बैठी सीता को देख रहे हैं और कपि कह रहे हैं–

कहेउ राम वियोग तब सीता। मोंकहूँ सकल भए बिपरीता॥
नवरतरुकिसलय मनहुँ कृसानू। काल निसा सम निसि ससि भानू॥
कुवलय बिपिन कुंत बन सरिसा। वारिदा तपत तेल जनु बरिसा॥
जे हित रहे करत तेई पीरा। उरग स्वास सम त्रिविध समीरा॥
कहेहू ते कछु दुख घटि होई। काहि कहहूँ यह जान न कोई॥
तत्व प्रेम करि मम अरु तोरा। जानत प्रिया एक मन मोरा॥

अशोक वाटिका ध्यान-पटल से ओझल हो गई है। एक ओर काशी के भदैनी क्षेत्र की एक कोठरी में मानस लिखते हुए स्वयं और दूसरी ओर इस घर के ऊपर वाले कमरे में उदास रत्ना, जो मानो शब्द-प्रवाह में बहकर आती है और लिखते हुए तुलसीदास के हृदय में विराज जाती है। फिर बिन्दुवत श्री सीताराम की इष्ट मूर्ति ध्यान-पट पर आती और क्रमशः इतनी विराट हो जाती है कि अब केवल युगल चरण ही दृष्टि के सामने हैं, उसमें प्रणत रत्ना है और वे हैं। बिम्ब में ठहराव आ

गया है। बिन्दु फिर बिन्दु हो जाता है। बाबा की बाहरी काया आनन्द विभोर मुद्रा में मूर्ति-सी निश्चल है।

बाहर बादलों की गड़गड़ाहट है, तेज़ तूफान और वर्षा की सांय-सांय है। बिजली का भयानक धमाका होता है। कमरा हिल उठता है, ध्यान भंग हो जाता है। ''भैया, भैया, प्रभु जी, गुरु जी,'' शब्दों की घबराहट और दालानवाले द्वार के किवाड़ों की भड़-भड़ सुनकर वे उठे और द्वार खोले। कमरे के भीतर तीन आकारों से पहले हवा के झोंकों ने प्रवेश किया और दीया बुझ गया।

''घर गिर रहा है, भैया, भागौ भागौ। ऊपर वाले कमरे पै गाज गिरी, सब भरभराय पड़ा।'' कहकर श्यामो की बुआ छाती पीटती हुई 'राम-राम' बड़बड़ाने लगीं।

बाबा कमरे से बाहर निकलकर दालान में आ गए। तीखी बौछारों से वह जगह भीग रही थी। दीवार से चिपककर खड़े होने पर भी पानी से बचाव नहीं हो सकता था। आँगन में घना अंधेरा होने के कारण ठीक तरह से यह अनुमान ही नहीं लग पाता था कि कितना भाग टूटा।

बाबा बोले—''यहाँ कब तक खड़े रहेंगे, भीतर चलो।''

''अरे भैया, जो यह भी भरभरा के गिर पड़ा तो क्या होयगा?'' श्यामो की बुआ घबराकर बोलीं।

''तो हम सब ढोल बजाते भये एक साथ बैकुण्ठ पहुँचेंगे और कहेंगे कि राम जी, इस डरपोक डोकरिया को लै आए।''

रामू और बेनीमाधव हँस पड़े। बिजली फिर चमकी; जल्दी-जल्दी दो बार उजाला हुआ, सारा आँगन ईंटों से भरा पड़ा था। बाबा का ध्यान बीती स्मृतियों के स्पर्श से बच न सका। जब गृह-प्रवेश हुआ था कितनी धूमधाम थी! पण्डितों की पूजा, ज्यौनार...फिर गाँव की स्त्रियों ने मंगल-गीत गाते हुए नववधू को प्रवेश कराया था—गाय थी, दो दास थे, रत्ना सारे घर में काम-काज करती-कराती व्यस्त डोला करती थी...पति-पत्नी हिंडोले में सोते नन्हे तारापति को मुग्ध दृष्टि से देखकर फिर एक-दूसरे को देख रहे हैं...फिर कुछ ध्यान न आया, कलेजे में साँस भर आई और ठण्डी होकर बाहर निकल गई, भीतर जाते हुए बोले—''वाह रे भाग्य। कभी घर न बसने दिया मेरा।''

''अरे प्रभु जी, आपका घर तो अब जन-जन के हृदय में बस गया है।''

''सुखी रहो बच्चे, तुमने मेरी भूल सुधारी। राम जी की उदारता को क्षणभर के लिए भी बिसारना नमकहरामी है। इतना साधते-साधते भी मन मोह की कीच में फिसल ही जाता है। राम-राम।''

इतने ही भें गणपति और उनके कुछ बाद राजा के लड़के-पोते अपने साथ में कुछ और लोगों को लिए हुए आ पहुँचे। गाज गाँव में ही गिरी है, कहाँ गिरी, इसका सही अनुमान न होने पर भी राजा ने अपने बेटों को बाबा की कुशल-मंगल पूछने के लिए भेजा। कुछ पास-पड़ौसी भी टाट के बोरे ओढ़े आ पहुँचे, फिर पड़ोस से दो मशालें आईं। कमरे-दालान की स्थिति देखी गई। यह भाग भी अधिक सुरक्षित न था।

बाबा बोले—"जो भाग गिरना था वह गिर चुका। तुम लोग भी चिन्ता-मुक्त होकर अपने-अपने घर जाओ। तुलसी को एक रात शरण देने के लिए यह स्थान अभी सक्षम है।"

बाकी सब तो बाबा की आज्ञा से लौट गए पर गणपति ने वहीं रात बिताने का हठ किया। ऐसे हठ से भौजी की असल चेली का हठ भी भला क्योंकर न प्रेरित होता। बहुत कहने पर भी वह न गईं, रतजगा करने का निश्चय हुआ और कीर्तन होने लगा।

4

दो दिनों तक बाबा भक्तों की भीड़ से इतने घिरे रहे कि उन्हें दिन में तनिक भी विश्राम न मिला। सबेरे संकटमोचन पर कथा सुनाते और दिन-भर अपने घर पर रोग-शोकधारी नर-नारियों को धीरज और विश्वास देते हुए किसी को काशी विश्वनाथ की भभूत और किसी को मंत्र देकर अपनी बला प्रेम से हनुमान जी के चरणों में फेंकते हुए उन्होंने दो दिनों में हज़ारों की भीड़ निबटाई। दूसरे दिन सायंकाल घोषित भी हो गया कि बाबा कल यहाँ से चले जाएँगे। कहाँ जाएँगे यह पूछने पर भी किसी को न बतलाया गया।

नब्बे वर्ष के तपस्वी के चेहरे पर रोग-जर्जरता की हल्की छाप तो थी पर थकावट का नाम न था। इसे देखकर गाँववाले तो चकित हुए ही बेनीमाधव जी भी चकित हो गए। सूकर खेत में भी बाबा के दर्शनार्थ बड़ी भीड़ आया करती थी, पर वहाँ हवा फैल गई थी कि बाबा चार महीने रहेंगे इसलिए दर्शनार्थियों की दैनिक संख्या में संतुलन आ गया था। उन्हें विश्राम करने का अवसर मिल जाता था। बेनीमाधव जी ने बाबा के प्रति काशीवालों की भक्ति-भावना के भी अनेक प्रदर्शन देखे हैं। काशी में भीड़ तो नित्य ही रहती पर बाबा चूँकि वहीं के निवासी है, गलियों-मुहल्लों में प्रायः डोल भी आते हैं इसलिए वह दाल में नमक की तरह उनके जीवनक्रम में रमी हुई है। परन्तु राजापुर का यह विशाल जनसमूह तो बेनीमाधव जी के लिए अपूर्व था। हिन्दू, मुसलमान, अमीर, ग़रीब में कोई भेद नहीं, सबकी जात और वर्ग एक है, वे आर्तजन हैं। उनके तन-मन नाना बाधाओं से पीड़ित होकर घबरा उठे हैं, उन्हें सहारा और प्रेम चाहिए। तुलसी, राम का ख़ास गुलाम, अथक भाव से रामजनों की सेवा करता रहा। संयोग यह भी रहा कि बदली रही पर पानी न बरसा।

तीसरे दिन तड़के मुँह अँधेरे गणपति जी और रामू पण्डित अपनी नियम पूजा से खाली हो चुके थे किन्तु बाबा का ध्यान पूरा होने में अभी देर थी। बेनीमाधव जी भी लम्बी माला जपते हैं पर उनका जप बाबा से पहले पूरा हो जाता है। उस

समय तक स्नानार्थी आने लगते हैं। आज भी आने लगे थे। ध्यानमग्न बाबा की तनी हुई देह और शान्त मुखमुद्रा को कुछ देर तक बड़े भाव से देखते रहने के बाद गणपति बोले—''यह आयु और उसपर भी जवानों की-सी फुर्ती! नियम से व्यायाम करना और बिना थकावट इतनी भीड़ से निपटना इन्हीं का काम है। हम तो इनके बच्चे समान है पर इस उनहत्तर-सत्तर की आयु में ही थक गए।''

रामू सोत्साह बोला—''अरे काशी के अकाल और गिल्टी की महामारी के दिनों में इन्हें देखते आप। दसों दिशा डोल-डोल कर काशी का हाहाकार अपने भीतर के राम बल से रौंदते चलते थे।''

''सुना, उन दिनों यह आप भी गिल्टी से पीड़ित रहे थे?''

''वह तो वात रोग हुआ था। इन्होंने बड़ा दुख झेला पर उसमें भी जब तक शरीर चले तब तक दूसरों का दुख भी झेलते ही रहते थे। इन्हीं के उत्साह से हम सैकड़ों जवान थककर भी न थक पाए। दिन-रात रोगियों की सेवा करते, शव ढो-ढो कर फूंकते और आठों पहर सीताराम की गुहार लगाकर अपना मनोबल बढ़ाया करते थे। और सचमुच हममें से दो लड़कों को छोड़कर कोई न मरा।''

तब तक बेनीमाधव जी भी आ पहुँचे। बातों का रस गहरा हो चला। बेनीमाधव जी की कथा-जिज्ञासा अब बड़ी बेसबर हो चुकी थी। रामू से चिरौरी करने लगे कि किसी जुगत से बाबा को अपनी जीवन कथा सुनाने के लिए प्रेरित कर दो। गणपति जी को सहसा एक सूझ आई, बोले—''अच्छा, हम आपकी बात बनाय देंगे। हम जाते हैं और रजिया काका, बकरीदी काका को लेकर पहुँचते हैं। रजिया काका को साथ लेंगे तो बात का प्रसंग अपने-आप सध जायगा।''

बेनीमाधव उपकृत नयनों से उन्हें देखने लगे। गणपति जी तीव्र गति से दो डग चले फिर पलटकर रामू से कहा—''रामू जी, जाते समय गुरु जी के फलाहार के लिए हमारे घर पर एक आवाज़ लगाते जाइएगा। तैयार तो सब रहेगा ही।''

आधी-पौन घड़ी बाद ही बाबा का आधा आँगन गुलज़ार हो गया; आधा गिरे मलबे से भरा था। चटाइयों पर बकरीदी, राजा भगत, संत बेनीमाधव, गणपति उपाध्याय तथा गाँव के दो-एक सम्भ्रांत लोग बैठे थे। तुलसी के गमले के पास बाबा का आसन लगा था, पास ही बायीं ओर के दालान में रतना मैया का ठाकुरद्वारा था। चौकी पर मैया द्वारा पूजित बाबा की चरणपादुकाएँ रखी हुई दिखलाई दे रही थीं। उसी दालान के दूसरे छोर पर कोने में चूल्हा बना था और रसोई के कुछ बर्तन रखे थे। चूल्हे से कुछ हटकर कोठरी का बन्द द्वार भी दिखलाई दे रहा था। बारिश और धूप से बचाव के लिए जिस ओर चूल्हा बना था उसके सामने वाले दालान का द्वार फूस की छपरी से ढँका हुआ था। दाहिनी ओर का सारा भाग ध्वस्त पड़ा था। बाबा का मुख और दूसरों की पीठ बैठकवाले दालान की तरफ थी।

बात राजा भगत ने आरम्भ की, बोले—''हमारा तो यह मन होता है कि दुइ दिन हमारी अमराई में बिताओ। हम तुम्हारी मालिस करेंगे। संग-संग कसरत करेंगे, डोलेंगे, आम खाएँगे, दूध पिएँगे और मगन हुइकै भजन-भाव करेंगे। यह लड़के, चेला-चाटी कोई वहाँ न रहेगा।''

"वाह काका, तुम्नने तो अपने ही स्वारथ की बात सोची।" गणपति जी ने मीठी शिकायत की।

राजा बोले—"हमारा यह स्वारथ भी बड़ा है पण्डित। जब तक भौजी की जिम्मेदारी रही तब तक तो मन में कहीं चिन्ता नागिन जरूर रेंगती रही पर अब दसो दिसा से मन मुकुत है। दुइ दिन इनके चरन और सेइ लें तो हमारी सब साधैं पुर जायं।"

बाबा प्रसन्न मुद्रा में बोले—"ठीक है तो आज चलो।"

"आज तो भैया, हमारे घर में तुम जूठन गिराओगे, बाल-बच्चों का यह सुख हम न छीनेंगे।"

"आज यहाँ रहेंगे तो कल तुमको हमारे संग चित्रकूट चलना पड़ेगा। वहैं सतसंग होगा।"

राजा भगत प्रसन्न होकर बोले—"यह तो और अच्छी बात है। अरे अब हम घर से मुकुत हैं। लड़के-बाले घर-गिरस्ती सम्भालते हैं। एक भौजी का बंधन रहा तो वह रामपुर चली गईं, अब हम तुम्हारे संग-संग ही डोलेंगे भैया।...पर इन बातों से पहले अब हम गाँव के मतलब की एक बात पूँछ लें कि अब यह घर तुम किसे सौंप रहे हो?"

अपनी काया की ओर इंगित करके मुस्कराते हुए बाबा बोले—"हमार घर तो यह है, वह भी जब लग राम न छड़ावें।"

बकरीदी बोले—"यह घर तो भैया अब गाँव भरे की अमानत है। हमारी तो फकत यह राय है कि ई में मन्दिल अस्थापित कर दिया जाय। और तुलसीदास महाराज के बैठका में लड़के पढ़ैं।"

सभी ने एक स्वर में समर्थन किया। राजा बोले—"तो फिर हम एक बात और कहेंगे। गनपती महराज को पुजारी बनाय के ई जगह सौंप देव। इनके घर-भर ने लगन ते भौजी की सेवा की है, और भैया के भी पुराने चेले हैं।"

"हाँ, रत्ना के लिए भेजी गई यह रामचरित मानस की प्रति और उनके व्यवहार की वस्तुएँ इसी के पास रहने से मुझे भी सन्तोष होगा। तारापति न रहा, गणपति तो है।"

बेनीमाधव जी के चेहरे पर भी अपने शिष्यत्व का फल प्राप्त करने की उतावली झलक उठी। बड़ी चतुराई से बात उठाई, पूछा—"यह घर आपका पैतृक निवास है?"

"नहीं। वह पुराने बिक्रमपुर गाँव के खंडहर तो आधे से अधिक जमना जी में तभी समा गए थे जब हम पंच नान्हें-नान्हें रहे। महराज की जलमभूम भी जमना जी में समा गई। पुरखे बताते रहे कि तुलसी भैया को लैके मुनियाँ कहारिन जब गाँव ते चली गई तौ एक साधू आया और कहिसि कि आज ई गाँव का सर्वनास होयगा, जिसे बचना होय वह गाँव छोड़ि के चला जाय। उसके दुइ घड़ी बाद मुगलों की दौड़ आई। बड़े महाराजा, भैया के पिता, मारे गए। सब गाँव स्वाहा हुइगा। हम लोगों के पुरखे हम सबको लैके तारीगाँव भागे रहैं। बड़ी परलै मची रही। राम-राम।" राजा भगत ने बतलाया।

"बेनीमाधव, तुम्हारी इच्छा पूरी होने का अवसर आ गया है। मेरे राम जी का पावन ज़ीवनचरित महादेव भोलानाथ ही उद्‌घाटित कर सकते थे किन्तु मुझ अकिंचन की जन्मकथा यह बकरीदी भैया और राजा भगत ही सुना सकते हैं।"

बाबा की बात पर राजा भगत भी बोल उठे—"बकरीदी भइया ने एक बार हमें-तुम्हें सुनाया भी रहा। तुमको याद है न, भइया?"

"इसी जमीन का सौदा करने राजा के साथ इनके यहाँ गया था। तब इन्होंने ऐसे रोचक ढंग से पिछले समय की बातें सुनाई थीं कि मेरी आँखों के आगे उनके सजीव चित्र उभर आए थे।"

गणपति जी भी उत्साह-भरे स्वर में बोले—"बकरीदी काका, यह लोग बड़ी दूर से सुनने की खातिर आए हैं।"

बकरीदी काका ने एक बार अपनी झुकी कमर को तानकर सीधी करने का प्रयत्न किया, कहने का जोश छाती में फूला, धुंधली आँखें दूर अतीत में सधीं पर वैसे ही खांसी आ गई। बूढ़ी काया के भीतर जागती जवानी का संघर्ष उनके चेहरे पर तमककर उभरा और खांसी को रुकना पड़ा। कुछ क्षण अपने गले की खराश पर विजय पाने में लगे, जिससे आवाज़ का जोश फिर कुछ थका-थका-सा हो गया। धीरे-धीरे बात उठाई, कहा—"अब हमारे भीतर वैसा जवानी का जोस तो रहा नहीं बच्चा, बाकी यह बात है कि हमारे अब्बा बताते रहे कि गोसाईं महराज का जनम भया रहा तौने दिन, वही बिरियाँ अब्बा बड़े महराज के पास हमारे गिरौ-नछत्तर पूँछने के बदे गए रहे...।"

"बकरीदी भैया, राजकुंअरी और बेड़नियों की बात बताओ पहले। तभी तो इन पंचों को गाँव की विपदा का अंदाज लगेगा।"

राजा भगत की बात पर बकरीदी मियाँ ने समर्थनसूचक सिर हिलाया और नये जोश में कहना शुरू किया—"हाँ, तो ये भया कि हुमायूँ बास्साय रहे। तौन उनके बाप पठानों से दिल्ली फतह कर लिहिन और फिर चारों अलंग देस में कयामत आय गई। मुगल ऐसी जोर से आए कि कुछ न पूंछौ। कहीं रजपूतों से ठनी, कहीं पठानों से कटाजुज्झ हुआ। बस लूटपाट, मारकाट, आगजनी, यहै हाल रहा। हमारे राजा साहेब जैसपुर के पठानों के साथ रहे। तौन मुगल राजा साहेब की गढ़ी घेरि लिहिन—आसपास के गाँवन माँ गुहार पड़ गई। हमरे गाँव की सरहद पर बाह्मन, छत्तरी, अहिर, जुलाहा सातो जात के सूरमा हरदम डटे रहे।"

× × ×

पेड़ों के झुरमुट के पीछे छिपकर खड़े हुए सौ-सवा सौ बहादुर उत्तर दिशा की ओर देख रहे हैं। उस दिशा में लगभग कोस-भर की दूरी पर एक विशाल जंगल जल रहा है। लड़वैयों की गरज हुंकार कानों के पर्दे फाड़ रही है और उससे भी अधिक हज़ारों मनुष्यों का आर्तनाद-भरा कोलाहल इन बहादुरों के चेहरों पर निराशा, क्षोभ और जोश की उड़न-परछाइयाँ डाल रहा है। कोई किसी से बोल नहीं रहा। मिलने पर आँखें प्रश्नों के उत्तर में प्रतिप्रश्न ही झलकाती हैं। आवाज़ें सुन-सुनकर

इन लड़वैयों में किसी-किसी का ध्यान बरबस अपने हथियार लाठियों-भालों और तीर-कमानों पर जाता है, कलेजों से हताश निसासें ढल पड़ती हैं।

गाँव में माई के थान पर कुछ बूढ़ियाँ आपस में खुसुर-फुसर बातें कर रही हैं, "अरे ई दैउ के बज्जर अस जौन-जौन गरज रहे हैं उनसे कौन जीत सकत है भला।"

"हमें-तुम्हें तो आत्मा की बहुरिया ने अटकाय लिया। नहीं तो अपनी बिटियन-बहुरियन के साथ हम भी जमना पार हुइ जातीं अब तलक।"

"अब भाई, जलम-मरन तो कोऊ की बात है नाहीं। हुलसी बिचारी तो आपै दुखियाय रही है। कल संझा के बखत इत्ते-इत्ते दरद उठे पर फिर बन्द हुइ गए। रात से तौ बिचारी के जर भी चढ़ि आया है। हमते रोय के कहैं कि भौजी जाने कौन बरम-राकस हमरे पेट में आयके बैठा है।"

"अरे, महराजिन, यू लड़ाई-झगड़ा, जीना-मरना तो रोज का खिलवाड़ है। हमरी जिठानी के भी बाल-बच्चा होय वाला है आजकल में। हम भी तो अटके बैठे हैं, का करैं। हुसैनी जोलहा आय रहा है। इसकी घरैतिन ने भी तो परौं कि नरौं बेटा जना है।" सुकरू अहिर की घरैतिन बोली।

हुसैनी जुलाहा अपनी बगलों में बैसाखियाँ लगाए इधर ही आ रहा है। चेहरे से खाता-पीता खुश और आयु में 35-40 के बीच का लगता है। माई के चबूतरे पर बैठी महराजिनों में से एक बूढ़ी ने पूछा—"हुसैनी, लड़ाई का समाचार कुछ पायो?"

"सलाम बुआ। धौकलसिंह गद्दारी कर गए। गढ़ी टूट गई। राजा साहेब मारे गए। अब लूट मची है।"

"तब तो जानो कि हमारा गाँव बचि गया। मुगल अब इधर न आवैं साइत।"

"हाँ, कह तो यही जाय रहा है, बाकी बुआ, लुटेरे-जल्लादन का कौन ठिकाना।"

माई-थान से लगे हुए घर के द्वार से एक कुरूप प्रौढ़ा दासी निकली और हुसैनी द्वारा बुआ कही जाने वाली बूढ़ी से घड़बड़ाहट-भरे स्वर में कहा—"पंडाइन भौजी, चलौ-चलौ, दाई बुलावत है, बखत आय गया।"

पंडाइन जल्दी से उठीं। हुसैनी बोले—"हम भी महराज के पासै आए हैं। चलौ।"

छोटी-सी कच्ची बैठक में पच्चीस-तीस बरस की आयु वाले दुबले-पतले चिन्ताजर्जर ज्योतिषी आत्माराम चटाई पर छोटी-सी चौकी रखे कभी पोथी के पन्ने और कभी पंचांग पर दृष्टि डालकर मिट्टी की बत्ती से पाटी पर कुछ गणित भी फैलाते जाते हैं। तभी हुसैनी की बैसाखियाँ दरवाज़े पर खटकती हैं।

"सलाम महराज!"

"आशीर्वाद। बैठो-बैठो।"

"हमारे लड़के के नछत्तर बिचारे महराज?"

"हूँ:-हूँ:, अभी बताते हैं।" हिसाब पूरा किया और आत्माराम ने हताश होके पाटी और बत्ती चटाई पर एक ओर सरकाकर निसांस ढील दी।

"क्या कोई असगुन बिचार में आया महराज?"

"तुम्हारे लड़के की बात नहीं। राजा साहेब न बचेंगे..."

"वह तो जूझि गए, महाराज!"

"क्या, खबर आ गई है?"

"हाँ, इत्ती बिरिया तो गढ़ी में लूटपाट चल रही है, कत्लेआम मचा है। अल्ला मियाँ की मरजी।...अच्छा अब हमको आप बताए दें तो हम भी भागें। तारीगाँव में खाला के घर पर सब बाल-बच्चन को छोड़ आए हैं, वहीं लौट जाएँ।"

"तेरा बिटौना तो सौ बरस का आयुर्बल लैके आया है भागवान। जमीन-जैजाद पुत्र-कलत्र जावत सुख भोगैगा। हमने आज भोरहरे ही विचार किया था।"

दासी ने दरवाज़े पर आकर उत्साह से थाली बजाई। सुनकर हुसैनी और आत्माराम पण्डित के चेहरे चमचमा उठे। हुसैनी ने कहा—"मुबारक होय महराज, हम अच्छी साइत से आए।"

पण्डित आत्माराम तब तक अपनी जलघड़ी वाली कटोरी के भीतर बनी रेखाओं को देखने में दत्त-चित्त हो गए थे। जलघड़ी का बारीकी से परीक्षण करके पंचांग पर नज़र डाली और उदास स्वर में कहा—"हमारा बेटा बुरी साइत में आया।"

"हैं, महाराज?"

"अभुक्तमूल नक्षत्र! महतारी-बाप के लिए तो काल बनि के आवा है, काल।"

द्वार पर खड़ी दासी का चेहरा भय से जड़ हो गया। वह भीतर भागी। कोने की कोठरी के आगे पंडाइन दीवार से टिकी बैठी हुई ज़ोर-ज़ोर से पंखिया झल रही थीं। उन्हें देखकर दासी वहीं आकर धम्म से यों बैठ गई मानो उसका दम निकल गया हो।

"क्या भया, मुनियाँ?"

"का कही। महराज कहत हैं कि महतारी-बाप के बदे काल आया है।"

उसी समय सुकरू अहिर की अम्मां झपाटे के साथ घर में घुसी और दरवाज़े से ही चिल्लाकर कहा—"राजकुंवरी को पकड़ लइ गए भौजी।"

"हैं? और रानी जू?"

"कुयें में फाँदि परीं। महल की औरतों का बड़ा बुरा हाल हुइ रहा है।"

× × ×

जंगल में लगी आग की पृष्ठभूमि में बंधी हुई राजमणियों के साथ छकड़ों और खच्चरों पर लदा हुआ लूट का माल लेकर मुगल सिपाही जीत और लूट की मस्ती में गाते, बीच-बीच में एकाध बन्दी अथवा बन्दिनी पर चाबुकें बरसाते अपने पड़ाव के सामनेवाले बड़े तम्बू की तरफ बढ़ रहे हैं। तम्बू में सरदार मसनद पर बैठ बेड़िनों का नाच देख रहा है।

सिपाही तम्बू में लूट की मूल्यवान वस्तुएँ लाकर सामने रखते हैं। फिर औरतें लाई जाती हैं और अंत में एक अति सुन्दरी नवयौवना। उसे देखते ही नाचना भूलकर बेड़िन के मुँह से बेसाख्ता निकल गया—"कुंवरीजू!"

सरदार ने राजकुमारी के सौन्दर्य को उपेक्षा-भरी दृष्टि से देखा, पूछा—"तू कौन है?"

"राजकुंवरी, सरकार।" बेड़िन ने राजकुमारी का परिचय दिया।

"खामोश, इसे बोलने दे। नाम बतला।"

राजकुमारी तमतमाया मुख झुकाए मौन खड़ी रही। सरदार ने नाचनेवाली से कहा–"झोंटा खींचकर इसका सिर उठा।"

बेड़िन झिझकी, फिर कुंवरी की ओर बढ़ी ही थी कि उसने हाथ बढ़ाकर बेड़िन के गाल पर ज़ोर से एक थप्पड़ मारा। बेड़िन चकराकर गिर गई।

सरदार ने दूसरी बेड़िन से कहा–"देखती क्या है, शाहज़ादी साहबा की लातों से ख़ातिर कर, ये बातों से नहीं मानेगी।"

दोनों बेड़िनें राजकुमारी पर टूट पड़ीं। सरदार सोने के गगरे से जवाहरात निकालकर देखने लगा।

राजकुमारी के अपमान की खबरें गाँव में पहुँची। बरगद तले इस समय अधिक लड़वैयों की भीड़ थी। आस-पास के दो-तीन गाँवों के लोग जुट आए थे।

"सुना है मुगल लोग धौकलसिंह को राजगद्दी देंगे।"

"ये धौकल और अब्बू खां पठान तो बड़े दगाबाज निकले। बिचारे राजा साहेब का लड़वाय दिया और आपके बैरियों में मिल गए।"

"कोऊ इन गद्दारन की गरदनैं काट लावै तो हम वहिकै चरन धोय-धोय कै पियब। सारे हमार कुंवरीजू का बेड़निन ते पिटवाइन!"

"पिटवाया ही नहीं, उन्हें बेड़नियों के हाथों सौंप भी दिया है। इस अपमान का बदला जरूर लिया जाएगा। हम लोगों में तो कौल-करार हुइ चुका है। आज रात मुगलों की छावनी पे हमारा धावा होगा। जिसमें अपनी मर्दानगी का मान होय वो हमारे साथ आवै। और हम ज़ो आज धौंकलबा सारे का मूड़ अपने हाथ से न काटा तो असल छत्री के बेटा नहीं।"

"औ राजकुंवरी कहाँ हैं?"

"धौकल सिंह के कब्जे में हैं। सुना है बेड़नियों को दुइ सौ मोहरैं दै के उनको खरीद..."

"क्या? ये धौकेलवा अब इतना गिर गवा है? हम तुमरे साथ हैं चंदनसिंह। आज बिकरमपुर के सूर-बीरों की तलवार का पानी देखना।

बहुत दूर नहीं, गाँव की सीमा के भीतर ही कहीं झांझ-ढोलक-मजीरों और बधावे के गीतों की आवाज़ आने लगी।

"हैं, मरघट में दीवाली! ये बधावे कौन बजवाय रहा है?"

"अरे, अब कलजुग है चन्दनसिंह। परमेसरी पंडित अब्बू खां पठान के जोतसी भये हैं। आत्माराम महराज के घर बेटा हुआ है न, इसीलिए पंडिताइन ने भाई के घरै बधावा भेजा है।"

"अरे, तो आज का मनहूस दिन ही मिला रहा इन्हें?"

"परमेसुरीदीन के लिए मनहूस थोड़े हैं। अब्बू खां पठानों से गद्दारी करके मुगलों में मिल गए और परमेसुरी अपने साले आतमा महाराज को धोखा देके, अब्बू खां के जोतसी बन गए, लम्बी भेंट पाय गए।"

आत्माराम जी के बैठके में पंडाइन भौजी आँसू पोंछती सिर झुकाए खड़ी थीं। उकड़ू बैठे आत्माराम जी का मुखमण्डल क्रोध और क्षोभ से विफर रहा है। उनके

बहनोई ने उनसे ही अब्बू खां ज़मींदार के भविष्य की खैर-खबर पूछी और उन्हें कोरा सवा टका देकर बाकी दक्षिणा आप हड़प गए। अब अपनी सम्पन्नता और उनकी विपन्नता का ढोल पीटने के लिए इतनी धूमधाम से बधावा भेज रहे हैं। आत्माराम की आँखें क्रोध के मारे छलक पड़ीं, कहा—"सत्यानाश जाय इस दुष्ट का। हमारे दुर्भाग्य पर हँसने के लिए यही अवसर मिला था उसे? वह सन्निपात में पड़ी है, गाँव शोक-मग्न है और यह गद्दारों का हिमायती बाजे बजवा रहा है!"

"अरे परमेसुरी को तो सात गाँव के लोग जानते हैं। भूलो उस नासपीटे को, भीतर आओ। हुलसिया हमार अब जाय रही है। ऐसा हत्यारा जनमा है कि बिचारी को न बैद मिला न दवा-दारू हुइ सकी। हाय राम जी, यह क्या गजब कर डाला है ईसुरनाथ।" पंडाइन फिर रो पड़ी और पल्ले से आँखें ढँक लीं।

"जाय के क्या करूंगा भौजी? (आकाश की ओर दृष्टि-संकेत करके) अब तो वहीं भेंट होगी।" कहते हुए आँखें फिर छलछला उठीं। बाजे और पास सुनाई पड़ने लगे थे।

"जाओ, तुम्हें हमारी सौंह। चमेली जिजिया, तुम इनको भीतर लिवा ले जाओ। हम इनको भागाय के आती हैं।" पंडाइन भौजी क्रोधावेश में बैठक से बाहर निकल आईं। घर के उढ़के हुए द्वार खोलकर माई के चबूतरे पर चढ़कर खेत के पार बरगद के नीचे जुटे हुए पुरुष समाज को गुहारा—"ए भैरोसिंह, सुकरू, बचवा के बप्पा! अरे दुइ-तीन जने हियाँ आवौ हाली-आली!—ए बचवा के बप्पा ऽऽ!"

उधर से भी गुहार का जवाब सुनकर पंडाइन चबूतरे से उतरी और सीढ़ियों पर मत्था टेककर कहा—"है मैया, अब अपना कोप बांधि लेव महतारी। गाँव की ये विपदा हरौ जगदम्बा। अब तो करेजा काँप उठा है हमार। का होई महरानी?"

बाजे बहुत पास आ चुके थे और उसकी प्रतिक्रियावश पंडाइन का भयकम्पित अश्रु-विगलित स्वर क्रोधावेश में सहसा प्रचण्ड हो गया। वे कोसने कोसती हुई बाजेवालों की तरफ लपकीं—"अरे सत्यानास जाय, गाज गिरे तुमरे ऊपर और तुमको भेजनेवाले के ऊपर। चुपाओ सबके सब, हुआँ त्राह-त्राह मची है और तुम..."

घर के अन्दर से दो-तीन नारी-कण्ठों के कल्हाटे सुनाई पड़ने लगे। पंडाइन डाँटना भूल गईं। "हाय मोर हुलसिया। अरे मोर मूंबोली ननदिया! अरे हमको छोड़के तुम कहाँ गईं, रा ऽऽ म!" पंडाइन वहीं की वहीं धम्म से बैठ गईं और दोनों हाथ अपनी आँखों पर रखकर विलाप करना आरम्भ कर दिया। मंगने बाजा बजाना बन्द करके किंकर्तव्यविमूढ़ से खड़े-खड़े कभी पंडाइन और कभी आपस में एक दूसरे को मुँह बाये ताकने लगे। इसी समय पंडाइन के पति यानी बचवा के बप्पा और भैरोसिंह भी दौड़ते हुए आ पहुँचे। पण्डित आत्माराम भी उसी समय अपने घर के द्वार पर दिखलाई दिए। दोनों हाथों से किवाड़ों का सहारा लेकर वे ऐसे खड़े हुए मानो कोई बेजान मूर्ति खड़ी हो। आँखें शून्य में खोते-खोते सूज गई थीं। पुरुषों का साहस न हुआ कि मुँह से कुछ कहें, नारीक्रन्दन बाहर-भीतर एक-सी ऊंची गति पर चढ़ रहा था।

अधेड़ आयु के हट्टे-कट्टे पांडे यानी बचवा के बाप, आत्माराम जी के पास जाकर खड़े हो गए। भैरोसिंह उनके पीछे-पीछे चले आए। बधावा बजाने वाले चुपचाप

सिर लटकाकर उल्टे पावों लौट चले। पंडाइन धरती पर हाथ पटक-पटककर विलाप करती रहीं। पांडे की आँखें कटोरियों-सी भर उठीं, भरे कण्ठ से कहने लगे—"चार बरसों में 'भैया-भैया' पुकार के मोह लिया और अब आप चली गई निगोड़ी! अब कौन राखी बांधेगा मुझे? हुलसिया, तू कहाँ गई री! हाय, ये क्या हो गया राम!" दीवार से सिर टिकाकर पांडे फूट-फूटकर रोने लगे। आत्माराम वैसे ही खड़े रहे।

दो-तीन और लोग भी आए...

"हरे राम। आज तो गाँव की विपदा का अंत नहीं है।"

"पांडे जी, यह रोने-धोने का समय नहीं है। बेड़िनें कुवंरीजू को लेके मसान की राह से ही जमनापार जाएँगी। अभी पता लगा है कि चार नावें रोकी गई हैं। हम सबको लेके उधर ही जाते हैं। चार-पाँच जने यहाँ हैं। जल्दी-जल्दी अर्थी लेके पहुंचो। और मेहरारू सब जमना जी नहाय के वहीं कोनेवाले टुटहे सिवाले में जायके बैठें, जरूरत पड़े तो सिवाला के नीचे जोगी बाबा की गुफा है, चमेलिया जानती है, वहाँ छिपके बैठ जाना। अच्छा तो हम...आतमा...क्या कहैं भैया? ऐसा अभागा जन्मा तुम्हारे घर कि घर ही उजड़ गया।"

पंडाइन उठकर रोती-बिलखती भीतर चलीं। आत्माराम एक ओर सरक गए और उनसे कहा—"भौजी, मुनियाँ को भेज देना।"

बाहर खड़ा पुरुषवर्ग टिकठी बनाने के लिए बाँस काटने चला गया। आत्माराम दरवाज़े से बाहर आकर खड़े हो गए। गाँव एकदम सूना, घर सूने और आत्माराम के लिए तो बाहर-भीतर सब सूना ही सूना था, सब मनहूस था।

मुनियाँ दासी आँसू पोंछती हुई बाहर आई। आत्माराम ने उसे एक बार देखा, फिर मुँह घुमाकर दूसरी ओर देखते हुए कहा—"उस अभागे को गाँव से बाहर फेंक आव मुनियाँ।"

"कहाँ फेंकब महाराज?"

"जहाँ जी चाहे। उसकी महतारी का कहा कर!"

"जमना पार हमारी सास रहती हैं। आप कहो तो उनकी..."

"जौन उचित समझ वही कर। हम तुझे चाँदी के पाँच सिक्के देंगे। अपनी सास को दे देना। जा, उसकी महतारी की मिट्टी उठने से पहले ही उस अभागे को दूर ले जा, जिससे उसकी पाप छाया अब किसी को न छू पावे।"

× × ×

नब्बे वर्षीय महामुनि महाकवि गोस्वामी तुलसीदास के शान्त-सौम्य मुखमण्डल पर बकरीदी द्वारा कहे गए अपने पिता के इन शब्दों को सुनकर पीड़ा की लहराती छाया पड़ने लगी। वे आँखें मूँदे ध्यानावस्थित मुद्रा में बैठे थे। रामू उन्हें पंखा झल रहा था। बकरीदी मियाँ सुना रहे थे—"बड़े महराज तो मसान ही से क्या जाने कहाँ चले गए। बुजुरुगन का कहना रहा कि संन्यासी हुइ गए औ मुनियाँ जब इन महाराज को अपनी सास के पास छोड़के गाँव लौटी तब तलक हियाँ तो कयामत आय चुकी रही। मुगल और अब्बू खां के सिपाहियों ने मिलके बिकरमपुर गाँव को मिट्टी में मिला

दिया। राजकुंवरी ने जमना में डूबके अपनी इज्जत बचाय ली और जो महराज तब अभागे बताए गए रहें उनके दरसन करके अब सारी खिलकत अपना भाग सराहती है।"

बाबा सुनकर मुस्काए, मस्ती में दाहिना हाथ बढ़ाकर सुनाने लगे—

जायो कुल मंगन, बधावनो बजायो, सुनि
भयो परितापु पापु जननी-जनक को।
बारेतें ललात-बिललात द्वार-द्वार दीन,
जानत हो चारि फल चारि ही चनक को।
तुलसी सो साहेब समर्थ को सुसेवकु है,
सुनत सिहात सोचू विधिहू गनक को।
नामु राम, रावरो सयानो किधौं बावरो,
जो करत गिरीतें गरु तृन तें तनक को।

सुनकर सभी गद्‌गद् हो उठे। राजा भगत ने कहा—"खरे सोने-सी बात कही भैया, जिसके राम रखवारे हों, उसका ग्रह-नछत्र भी कुछ नहीं बिगाड़ सकते हैं।"

5

चित्रकूट क्षेत्र में प्रवेश करते ही बाबा के जरा-जीर्ण गात में मानो फिर से तरुणाई आ गई। उनके मानस-लोचनों में सीता सहित तापस-वेषधारी धनुर्धुर राम-लक्ष्मण ललक-ललककर उभरने लगे। दूर हरे-भरे पर्वतों की चोटियाँ, जगह-जगह झरते हुए मनोरम झरने, धनुष की कमान-सी बहती हुई पयस्विनी नदी...बाह्य दृष्टि को जिधर भी सौन्दर्य लुभाता था उधर ही उन्हें अपने आराध्य दिखलाई पड़ने लगते थे।

राम सौन्दर्य-पुँज हैं। बाबा ने जब-जब जितनी सुन्दरता देखी है तब-तब उनकी कल्पना का राम-सौन्दर्य अवचेतना के कुहासे से और अधिक निखरकर प्रकट हुआ है। यह भाव-विकास का क्रम पिछले 40-45 वर्षों से आगे बढ़ा है। सारा चित्रकूट क्षेत्र राम में रमा हुआ आत्मविस्मृतिकारी लग रहा है। बाबा चल रहे हैं पर बाहरी गति में उनका ध्यान इस समय तनिक भी नहीं है। वह खुली आँखों देख भी रहे हैं पर दृष्टि बाहर से भीतर तक प्रशस्त राजमार्ग-सी दौड़ रही है।...हरीतिमा है, कालिमा है, अनन्त प्रकाशमय नीलिमा है जो स्मृति के क्षेत्र में साकार होते हुए भी विस्मृति का छोर छूकर निराकार हो जाती है। कुछ बखानते नहीं बनता। गूंगा गुड़ खाए पर बताए कैसे। यह सौन्दर्य नदी-सा तरल, फूल-पत्तों-सा कोमल, झरनों-सा प्रवहमान और पर्वतों-सा अडिग वज्र-कठोर है। वह कुसुम और वज्र दोनों के छोर छूकर सर्वशक्तिमान-सा आभासित हो रहा है।...

सैलाब-सा उमड़कर भाव अपनी उमड़न में अब सहज हो चला। पशु-पक्षियों से भरा-पूरा वन जिसमें यत्र-तत्र सिद्धों और साधकों की पर्णकुटियाँ बनी हैं, बाबा को प्रगाढ़ श्रद्धा के नशे में अपने वृक्षों की तरह झुमाने लगा। पर्वत की ओर देखते हुए हाथ बढ़ाकर अपनी ही कविता की पंक्तियाँ सुनाने लगे—

चित्रकूट अचल अहेरी बैठ्यो घात मानो,
पातक के ब्रात घोर सावज सहारिहै।

ऐसा लगता है कि मानो कलियुग आज तक यहाँ प्रवेश करने का साहस भी नहीं कर पाया है। यहाँ अब भी जगदम्बा सहित रामभद्र निवास करते हैं और लखनलाल सदा वीरासन पर बैठकर पहरा दिया करते हैं।

रामू ने पूछा—"क्या अयोध्या में भी आपको ऐसा ही अनुभव होता है प्रभु?"

बाबा क्षण-भर के लिए मौन हो गए। फिर गम्भीर स्वर में कहा—"सियाराम तो हिये में समाए हैं, जहाँ जाता हूँ वहीं वे ही वे दिखलाई पड़ते हैं। फिर भी अयोध्या सदा मुझे अगम कूप के समान लगी जिसमें बूड़कर बैठ रहने को जी चाहता है। अयोध्या का अनुभव मूक, पर चित्रकूट सदा मुखर है। (भाव-विभोर होकर गाने लगे)—

"राम कथा मंदाकिनी चित्रकूट चितचारु।
तुलसी सुभग सनेह बस सिय रघबीर बिहारु॥"

रामघाट पर पहुँचते ही राजा भगत को तो बहुत-से लोग पहचान गए परन्तु बाबा को अपना कोई पूर्व परिचित न दिखाई दिया।

"अरे भगत हैं, आओ-आओ, जै सियाराम।" एक अधेड़ वय के घटवाले ने राजा भगत से रामजुहार करते हुए गोसाईं बाबा और उनके दोनों शिष्यों की ओर देखा, दृष्टि हटती भी नहीं और मिलती भी नहीं। कौन महात्मा हैं?'

"जै सियाराम, जै सियाराम। रामजियावन महराज, तुमरे बप्पा कहाँ हैं?" राजा भगत ने अपने कंधे पर पड़ी हुई चादर उतारकर तखत झाड़ना आरम्भ कर दिया।

"बप्पा तो राम जी के घर गए। यह तीसरा महीना चल रहा है।"

"अरे!" बाबा से कहकर राजा भगत रामजियावन घटवाले से बोले "भैया, बिराजो।"

"यह तो ब्रह्मदत्त का तखत है।" बाबा ने पहचानते हुए कहा, फिर घटवाले को ध्यान से देखकर बोले—"रामजियावन..."

"अरे बाबा! आपकी जटा-दाढ़ी न रहै से पहिचान न पाए।" कहते हुए गद्गद भाव से झपटकर रामजियावन उनके पैरों गिर पड़ा। आशीर्वाद पाकर फिर रोते हुए बोला—"इत्ती बेला बप्पा होते तो..." गला भर आया, कुछ कह न सका। आँसू पोंछने लगा।

"क्या कुछ माँदे हुए थे?" राजा भगत ने पूछा।

"नहीं, अरे भले-चंगे, दरसन करिकै आए, हियाँ बैठे, सबसे बोलते-बतियाते रहे। फिर बोले कि जी होता है कासी जी जाएँ, बिस्वनाथ बाबा के दरसन करें, औ

बाबा का नाम लिया कि इनके आसरम में अपना अंत समय बितावें। अरे, बोलते-बोलते उनका दम घुटै लाग। हम पूछा, बप्पा का भवा। तब तक उइ लुढ़कि पड़े।"

"राम-राम।"

"बड़े भले रहे बरमदत्त महराज। तुमरे बड़े भगत रहे भैया।"

"ब्रह्मदत्त मेरे परममित्र और उपकारी थे। जब यहाँ आया तब उन्हीं के घर पर रहा।" बाबा ने कहा।

गद्‌गद स्वर में जियावन बोला—"आपकी कुठरिया तो महराज हमारे घर में अब दरशन का अस्थान बन गई है। रामनौमी को भीड़ की भीड़ आती है। आपकी चौकी, पूजा का आसन, पंचपात्र, सब जहाँ का तहाँ धरा है।"

"ठीक है, वहीं रहूँगा।"

"अरे बाबा, हम सब पंचों का भाग जागा जो आप पधारे।"

घटवाले के घर के बाहरी भाग में एक बड़ा-सा कच्चा आँगन था। उसी में कुछ कोठरियाँ भी बनी थीं जो सम्भवतः यात्रियों के ठहरने के लिए ही बनवाई होंगी। बाबा की कोठरी कोने में थी। भीतर कच्चे अहाते की ओर भी उसका एक द्वार खुलता था इसलिए हवादार थी। बाबा की चौकी, पूजा का स्थान आदि सब वैसा का वैसा ही था, स्वच्छ और सुव्यवस्थित। वहाँ प्रतिदिन प्रातःकाल राम जियावन की बेटी गौरी और भतीजी सियादुलारी सस्वर रामायण पाठ करती हैं। दो तीर्थवासिनी विधवा रानियाँ तथा चित्रकूट के सेठ परिवार की स्त्रियाँ, सब मिलाकर आठ-दस सम्भ्रान्त महिलाओं का जमाव होता है। रामजियावन के परिवार को उससे अच्छी वार्षिक आय भी हो जाती है। लड़कियाँ आठ-नौ साल की हैं, कण्ठ बड़ा ही मधुर है। स्व. ब्रह्मदत्त ने अपनी पोतियों को बचपन से ही रामायण रटाना आरम्भ करा दिया था। किसी राम-भक्त धनी यजमान से दक्षिणा लेकर उन्होंने राजा भगत की मार्फत ही रत्नावली जी की प्रति से मानस की एक प्रतिलिपि तैयार कराई थी। मानस-पाठ की कृपा से उन्होंने बहुत कमाया। वे राम से अधिक तुलसी भक्त थे। सोरों से विक्रमपुर आकर बसने पर बाबा जब पहली बार राजा के साथ चित्रकूट आए थे तभी से उनका नेहनाता बंध गया था। रामघाट पर ही उन्होंने वाल्मीकीय रामायण बाँची थी। संसारी होने के बाद एक बार फिर कथा बाँचने के लिए यहाँ बुलाए गए थे। तब पत्नी के साथ आए थे और ब्रह्मदत्त के यहाँ ही टिके थे। संसार-त्याग करने के बाद बाबा जब यहाँ आए तब पहले तो गुप्तवास किया परन्तु ब्रह्मदत्त ने एक दिन उन्हें देख लिया और घेरकर अपने घर ले आए। तदुपरान्त मठ का गोस्वामी पद ग्रहण करने से पहले एक बार फिर आए। ब्रह्मदत्त के घर पर ही टिके और रामघाट पर रामचरित मानस सुनाया था। अपनी इस यात्रा में बाबा चित्रकूट के जन-मानस में ऐसे बस गए थे, कि उनको यहाँ से जाने के बाद भी उनकी स्मृति रूपी पतंग को किंवदंतियों की लम्बी डोरी बांधकर लोग-बाग आज भी उड़ाया ही करते हैं।

रामजियावन ने बाबा के शुभागमन का समाचार जब अपने घर भेजा तब गौरी और सियादुलारी रामायण बाँच रही थीं और नियमित रूप से आनेवाली स्त्रियाँ सुन रही थीं। स्त्रियों में बात पहुँची तो बिजली बनकर घर-घर पहुँच गई। घाट पर कानोंकान

उड़ी तो दम-भर में जनरव बन गई। हाट-बाट, गली-गली, जहाँ देखो वहीं यह चर्चा थी कि गोसाईं जी पधारे हैं। पिछली पीढ़ी वालों का पुराना नेह और नई पीढ़ी का कौतूहल उमड़ा। बहुत-से लोग तो अपना काम-धाम छोड़कर रामघाट की ओर लपके। जिस समय बाबा स्नान करने के लिए नदी में पैठे उस समय घाट पर पचासों जन जुट आए थे। इधर-उधर से भीड़ बराबर आती ही जा रही थी। "वो रहे महाराज—वो! इन्हें राम जी साच्छात दरसन देते हैं। यहाँ बहुत दिनों तक रह चुके हैं। बरसों बाद आए हैं। अहा, कैसा तेज है !"...और इस हल्ले-हुल्लड़ में रामजियावन का स्वमहत्त्व भाव जो उमड़ा जो ऊँचे स्वर में लहककर गाने लगे—

चित्रकूट महिमा अमित, कही महामुनि गाय।
आइ नहाये सरितवर सिय समेत द्वै भाय॥

किसी का भाव से राम-महिमा को छेड़-भर देना ही बाबा को बहिर्लोक से अंतर्लोक में ले जाने के लिए यथेष्ट होता है। पयस्विनी की धारा में राम-लक्ष्मण उन्हें तैरते हुए अपने पास आते दिखाई देने लगे। गद्‌गद होकर हाथ जोड़े हुए उन्हें मार्ग देने के लिए वे जो हड़बड़ाकर पीछे हटे तो पैर लड़खड़ाया और वे जल में ही फिसल पड़े।

घाट पर हाहाकार मच गया। नदी गहरी नहीं; डूबने का भय नहीं, पर चोट लगने का तो है। कई लोग उन्हें बचाने के लिए जल में कूद पड़े, किन्तु बाबा के पास ही खड़े रामू ने चट से उन्हें थाम लिया। तब तक और लोग भी पहुँच गए थे। उसी समय चित्रकूट नगर के महासेठ भी तामझाम पर बैठकर आ पहुँचे। बाबा थोड़ा पानी पी गए थे और एक पैर में मोच भी आ गई थी, वैसे वे मन से स्वस्थ थे। लगभग सत्तर वर्ष की आयु के रौबीले सेठ जी नें घटवाले के तखत तक सहारा देकर लाए जाते ही बाबा को घुटने टेककर प्रणाम किया। पहचानने की मुद्रा के साथ बाबा ने पूछा—"जगन्नाथ साहु के पुत्र हैं?"

"जी हाँ महाराज, वैदहीशरण मेरा नाम है। आप ही का दिया..."

"हाँ, याद आया। आपके विवाह के समय की बात है, पहले आपका नाम..."

सेठ जी हँसकर बोले—"अरे अब उसकी याद भी न दिलाइए महराज जी, नाम का बड़ा प्रभाव होता है। चलिए आपको लेने आया हूँ। घटा बड़ी जोर से घिर आई है, जाने कब बरस पड़े।"

बाबा मीठे भाव से बोले—"आपके घर फिर कभी अवश्य आऊँगा। इस समय तो मैं अपने स्वर्गवासी मित्र ब्रह्मदत्त के घर जाकर अपनी राम कोठरिया में ही विश्राम करूँगा।"

"जहाँ महराज जी की इच्छा हो, रहें। इनके यहाँ भी सब प्रबन्ध हो चुका है। (आकाश की ओर देखकर) घटा घिरी है, दिन भी चढ़ रहा है, भोजनविश्राम की बेला हुई। आपके वास्ते तामझाम आया है।"

मोच के कारण गोस्वामी जी ने सेठ जी की यह सेवा स्वीकार कर ली। गंगाजमुनी तामझाम पर विराजमान, भीड़ से घिरे हुए बाबा प्रसन्न मुद्रा में भी ऐसे अलिप्त भाव

से चले जा रहे थे कि मानो वह अपनी काया में रहते हुए भी उससे बाहर हों। चामत्कारिक रूप से अपनी ख्याति के बढ़ने पर बाबा को प्रायः अपने ऊपर गर्व हो जाया करता था। इस खोखले अभिमान के नशे से वे बहुत जूझे हैं, और सधते-सधते अब मन ऐसा हो गया है कि जप की गुफा में बैठकर उनका मन बेहोशी का पत्थर ढाँक लेता है। फिर बाहर सड़क चलती रहे, या हज़ारों के मजमे में रहें लेकिन उससे मन के निरालेपन को कोई आँच नहीं आती। वह अपने में मगन रहता है, न देखता है, न सुनता है। केवल गगन शब्द सुनता है। सधते-सधते नाम-जप अब बाबा का विश्राम बन गया है।

घर पहुँचते-न पहुँचते तक बादल गड़गड़ाने लगे थे। रामजियावन के घर के लम्बे चबूतरे पर, छतों पर स्त्रियाँ ही स्त्रियाँ खड़ी थीं। रामजियावन की ओर देखकर बाबा हँसते हुए बोले–"आज तो तेरे घर पर धावा हुआ है रे! महात्माओं को ठहराने का यही फल मिलता है।" बाबा के इस कथन पर रामजियावन समेत आस-पास के सभी लोग हँस पड़े।

तामझाम ज़मीन पर उतारा गया। राजा भगत बोले–"अरे, अभी भीड़ कहाँ भई है भैया। कल-परसों से देखना, धरती पर तिल रखने को भी जगह न मिलेगी।"

बाबा उतरने लगे। सेठ जी ने आगे बढ़कर सहारा दिया। भीड़ और निकट खिंच आई, चरणरज के भूखे भिखारी झपटे। रामजियावन ने अपने भाई को ललकारा। बीस-पच्चीस जवानों ने भीड़ से जूझते हुए बाबा को अपने घेरे में ले लिया। वे चबूतरे की ओर बढ़े। छाया की भाँति साथ रहनेवाला रामू पण्डित, सेठ, राजा भगत, रामजियावन आदि भक्तों की सेवा-उमंग का मान रखते हुए भी बाबा की सुविधा-असुविधा पर पूरा ध्यान रखे हुए था। सेठ जी सहारा तो दे रहे थे परन्तु घेरा तोड़ने के लिए निकट आती भीड़ के रेलों से चौंक-सहमकर आगे-पीछे भी हो जाते थे। इससे बाबा के कंधे को झटका लगता था। रामू ने बड़ी विनम्रता के साथ सेठ को अलग करके बाबा का भार ले लिया। वे सुख से सीढ़ियाँ चढ़ गए। सैकड़ों कण्ठों का जयघोष जैसे ही निनादित हुआ वैसे ही बादल भी गरज उठे। बाबा चबूतरे पर खड़े हो गए और दोनों हाथ ऊपर उठाकर जनता को शान्त किया, फिर कहा–"देखो, चित्रकूट वालों की रामगुहार सुनकर गगन भी गूँज उठा। अब आप सब अपने-अपने घर जाओ। परसों से हम रामायण सुनाएँगे। और कल हम यहाँ दिन-भर रहेंगे नहीं, इसलिए कोई न आए। जै-जै सीताराम।"

भीड़ का पिछला भाग रामघोष करता हुआ बिखरने लगा, लेकिन आगे के लोग अब अपने-आपको चरणरज पाने का अधिक हकदार समझकर चबूतरे पर चढ़ने का प्रयत्न करने लगे। संत बेनीमाधव, रामजियावन आदि ने तुरन्त घेरा कसने के लिए ललकारा। बाबा ने फिर सबको थामा, ज़ोर से कहा–"हमारे पैर में मोच आ गई है। आज सब जने हमें क्षमा करें। जै-जै सियाराम।" बाबा ने स्त्री-पुरुषों की भीड़ को हाथ जोड़कर प्रणाम किया। इस समय जपविश्राम और बिम्बसिद्धि का कर्म दोनों ही गतिशील थे। बाबा के सामने अनेक सीताएँ और अनेक राम थे–एक रूप रूपाय–मानो मन का एक-एक अणु धरती-आकाश के ओर से छोर तक अपनी

बिम्बशक्ति से जाग्रत् और सक्रिय हो उठा था। दृष्टि बाहर से भीतर तक एक सीधे राजपथ जैसी हो गई थी। जुड़े हुए भीतर नाम-जप से मुड़कर मानो मन का प्रतीक बन गए थे।

कोठरी में प्रवेश किया। वही पुरानी जगह, वही कुशासन बिछा पीढ़ा और सामने रखी हुई चौकी। उसपर उनकी मिट्टी की पुरानी दवात और सरकंडे की कलम भी वैसे ही रखी थी, लेकिन उसके पास ही चाँदी का पीढ़ा, चौकी, चाँदी की दवात और नई कलम भी रखी थी। पीढ़े पर रखी पुरानी खड़ाउएँ एक ओर रखी हुई थीं। चौकी के सामनेवाली दीवाल पर चूने से सूर्य का गोला बनाकर बाबा ने कभी गेरू से सीताराम लिख दिया था। फीके पड़ने से बचाने के लिए बार-बार पोते जाने से लिखावट और गोला तनिक विरूप तो अवश्य हो गया था किन्तु मौजूद था। चौकी पर रेशमी चादर और गद्दा बिछा था। बाबा सन्तुष्ट मुद्रा में चारों ओर देखकर चौकी की ओर बढ़े। चादर-गद्दे को एक कोने से उठाकर देखा। नीचे बिछी हुई अपनी पुरानी चटाई को देखकर प्रसन्न हुए।

"रामू, ये गद्दा इत्यादि ठाठ-बाट हटाओ।"

सेठ जी के चेहरे पर फीकापन भाँपकर राजा भगत बोले—"अब बिछा है तो बिछा रहने देव। तुम्हारी बूढ़ी हड्डियों को सुख मिलेगा।"

बाबा ने बच्चों की तरह से मचलकर कहा—"नहीं, अंतकाल में अपनी आदत क्यों बिगाड़ूँ।"

रामजियावन के घरवालों ने तब तक गद्दा-चादर उठा डाला था। चौकी पर बैठकर बाबा अपनी पुरानी चटाई पर हाथ फेरते हुए बोले—"ब्रह्मदत्त दमड़ी-दमड़ी की दो लाए थे। बारीक बुनी है। एक हमको दी और एक घाट पर बिछाई। हमारी तो जस की तस धरी है।"

"हाँ, हमें याद है महाराज, घाट पर ऐसी ही चटइया रही, मुदा वह तो कई बरस भए, टूट गई।"

"दास कबीर जतन ते ओढ़ी, ज्यों की त्यों धरि दीनी चदरिया।" कहकर बाबा हँसने लगे। उन्हें हँसते देखकर सभी खिलखिला पड़े।

बरसाती मक्खियों-सी चिपकी भीड़ बड़े मनुहावन के बाद गई। सेठानी जी चाहती थीं कि उनके द्वारा रखी हुई पादुकाओं को गोसाईं जी यदि यहाँ रहते हुए निरन्तर न पहनें तो कम से कम एक बार उसमें पैर ही डाल दें जिससे कि वे सेठानी की पूजा की वस्तु हो सकें। रानी साहबा का मन रखने के लिए नई कलम और चाँदी की दवात भी रखनी ही पड़ी। इस प्रकार कुछ देर के बाद सन्नाटा हो सका, बाबा तथा उनकी मण्डली के भोजन करते-न करते ऐसी मूसलाधार वर्षा आरम्भ हुई कि थोड़ी ही देर में पनाले बह चले।

भोजन करके बाबा फिर अपनी कोठरी में आ गए। बेनीमाधव जी तथा राजा भगत दूसरी कोठरी में टिकाए गए थे। रामू बाबा के साथ था। उससे पैर दबवाते हुए बाबा को झपकी आ गई। थोड़ी देर बाद रामू का ध्यान बाबा के सिरहाने दीवार के कोने पर गया। दीवार के सहारे छत से पानी की लकीर बह रही थी। इससे रामू

को विशेष चिन्ता व्यापी और वह अपने गले से तुलसी माला उतारकर कन्धे पर पड़े अंगोछे में हाथ छिपाकर जप करने लगा। थोड़ी देर में 'खल-खल' की आवाज़ कानों में पड़ी। आँखें खोलकर पहली दृष्टि सोते हुए गुरु जी पर और दूसरी बहती दीवार पर डाली। पानी अब अधिक तेज़ी से बह रहा था। धन्नी के कोने से मटियाला पानी मोटी धार में बह रहा था और उसी से 'खल-खल' की ध्वनि हो रही थी। रामू की आँखें अब उधर ही टिक गईं। सहसा धन्नी के सिरे से एक बड़ा मिट्टी का लोंदा पानी के साथ धप्प-से फर्श पर गिरा। ऊपर से आनेवाले पानी की धार और मोटी हुई। द्वार से आँगन में झाँका, पानी बहुत ज़ोरों से बरस रहा था। अब रामू से बैठा न रहा गया। बिना आहट किए चौकी से उठा और सोते हुए महापुरुष के चेहरे पर एक दृष्टि डालकर फिर द्वार से बाहर निकलकर, छप्पर पड़े, जगह-जगह से चूते हुए दालान से होकर आगे वाली कोठरी के द्वार पर पहुँचा। देखा कि राजा भगत सो रहे हैं और बेनीमाधव जी आँगन की ओर मुँह किए बैठे सुमिरनी के घोड़े दौड़ा रहे हैं। रामू ने संकेत से उन्हें बाहर बुलाया और कहा—"ब्रह्मचारी जी, आप तनिक प्रभु के पास बैठ जाएँ। वे सो रहे हैं और कोठरी में पानी चूते-चूते अब पनाला बह चला है। मैं भीतर कहने जा रहा हूँ।"

बेनीमाधव जी तुरन्त बाबा की कोठरी की ओर चल पड़े। जाकर देखा कि दीवार से बहकर आते हुए पानी से कोठरी के गोबराए हुए फर्श पर तलैया बन रही है। वे द्वार के पास ही खड़े हो गए। गुरु जी गहरी नींद में थे। कुछ देर बाद वे अचानक बड़बड़ाए—"राम-राम", फिर बेचैनी से करवट बदली। 'खल-खल खल-खल' ध्वनि से आँखें खुल गईं। तकिए से सिर उचकाकर बहता कोना देखा, फिर छत देखी, फिर बेनीमाधव की ओर ध्यान गया, बैठ गए, कहा—"रामू इसी के उपचार की चिन्ता में गया होगा।"

"हाँ गुरु जी, मिट्टी की दीवार है, कहीं अधिक पोल हुई तो ये झांपें फिर रोक न पाएँगी। पानी बड़ी जोरों से पड़ रहा है।"

"हाँ, जब स्वप्न में उत्पात हो रहा था तो जाग्रतावस्था में भी उसका कुछ न कुछ प्रमाण तो मिलना ही चाहिए। राम करे सो होय।"

"क्या कोई बुरा स्वप्न देखा था आपने?"

"स्वप्न में हम काशी में थे। विश्वनाथ जी के दर्शन करके गली में आए तो सहसा उनका नन्दी हमें सींग मारने के लिए झपटा। हम राम-राम गोहराने लगे, तभी नींद खुल गई। ऐसा लगता है कि अब हमारी आयु शेष हो चली है।"

सुनते ही बेनीमाधव जी सहसा भावुक हो गए। आँखे छलछला उठीं, हाथ जोड़कर बोले—"अपने श्रीमुख से ऐसे अशुभ वचन न कहें गुरु जी। आपका जीवन हमारी छत्रछाया है।"

तब तक रामू, रामजियावन और उनके छोटे भाई रामदुलारे आ पहुँचे। बहती दीवार के कोने का निरीक्षण करके रामदुलारे बोला—"ई मूसन की करतूत है। ऊपर नाज सुखावा गवा रहै ना। अबहीं ठीक होत है दादा, महराज जी का दूसर कोठरी माँ लै जाव।"

रामू और बेनीमाधव जी उन्हें सहारा देकर उठाने के लिए झुके, सरककर आगे आते हुए बाबा ने हँसकर कहा—"अरे बेटा, बालपने में तो हम ऐसी झोंपड़ी में रहे हैं कि पानी गलावे और धूप तपावे। हमारी पार्वती अम्माँ कहें कि जिससे राम जी तपस्या कराते हैं उसे ऐसा ही महल देते हैं।" हँसते हुए यह कहकर वे सहारे से उठे।

कोठरी में भीड़-भाड़ होने से राजा भगत की आँख खुल गई। उन्हें इस कोठरी में अचानक आने का कारण बतलाया गया। तब तक बेनीमाधव जी भी चौकी पर बैठ गए। बेनीमाधव जी ने छूटा हुआ प्रसंग फिर उठाया—"पार्वती माँ कौन थीं गुरु जी?"

"मेरी शरणदायिनी, जगदम्बारूपिणी बूढ़ी भिखारिन।"

"आपके घर की मुनियाँ दासी की सास?"

"हाँ, ऐसी झोंपड़ी में रहती थीं जिसमें वह सीधी खड़ी भी नहीं हो सकती थीं। पेड़ों की टूटी हुई टहनियों को ज़स-तस बाँधकर सरपत घास और ढाक के पत्तों से बनाई गई, और वह भी अनपढ़ हाथों की कला। आँधी या लू चले तो पत्ते उड़-उड़ जाएँ, कभी चरमरा कर गिर भी पड़े। आए दिन उसकी मरम्मत करनी पड़ती थी, फिर भी उसकी दीन-हीन दशा कभी सुधर न पाई। बरसात-भर भीगी-धरती पर वह हमें कलेजे से लगाकर और अपने आँचल से ढाँककर बौछारों से बचाने का निरर्थक प्रयत्न करती थीं।"

"तब तुम बहुत नान्हें-से रहे होगे भैया?" राजा भगत ने पूछा।

"चार-पाँच बरिस की आयु से तो हमको याद है, फिर वे बिचारी मर गईं।... ऐसे ही एक बरसात के दिन हम भिक्षा माँगकर लौट रहे थे कि एकाएक बड़ी जोर से आँधी और पानी आ गया।"...

6

मन-पटल पर बीते दृश्य सजीव हो उठे। चार-पाँच वर्ष का नन्हा-सा बालक कन्धे पर झोली लटकाए आँधी-पानी में बढ़ा चला जा रहा है। भागने का प्रयत्न करे तो फिसलने का भय लगता है और धीरे चले तो आँधी-पानी के तेज़ झोंके उसे डगमगा देते हैं। सहसा देर से कड़कड़ा रही बिजली बच्चे से दो-तीन सौ कदम दूर एक पेड़ पर गिरी। बच्चा भय के मारे दौड़ने लगता है और चार-पाँच कदम के बाद ही फिसल के गिर पड़ता है। झोली का अन्न बिखर जाता है। बच्चा उठता है। हवा-पानी और कीचड़ उसे उठने नहीं दे रहे हैं। झोली की टोह लेता है, वह कुछ दूर पर छितरी पड़ी है। उसकी बड़ी मेहनत की कमाई, दिन-भर की भूख का सहारा पानी में बहा

जा रहा है। वह उठने की कोशिश में बार-बार फिसलता है। भीख में पाया हुआ आटा गीला और बहता हुआ देखकर वह रो पड़ता है। 'हाय-हाय-हाय' बिलखता हुआ फिर सरक-सरककर तेज़ी से अपने झोली के पास जाता है और उसे उठाकर झटपट कन्धे पर टाँगता है। कीचड़-सनी थैली से आटे का पानी चू-चूकर उसकी पसली पर बह रहा है। आकाश फिर गरजता है। सहमा बच्चा उठकर चलने के लिए खड़ा होने का प्रयत्न सावधानी से करता है और अपने-आपको घर की ओर बढ़ाने में सफल भी हो जाता है। घर बहुत दूर नहीं। पर घर है कहाँ?

झोंपड़ियों के मानदण्ड से भी हीनतम आठ-दस छोटी-छोटी झोंपड़ियों की बस्ती के लिए यह तूफान प्रलय बनकर आया था। अधिकांश झोंपड़ियाँ या तो उड़ गई थी या फिर ढही पड़ी थीं। भिखारियों के टोले में सभी अपने-अपने राजमहलों की रक्षा करने के लिए जूझ रहे थे। उन्हीं में से एक कोने पर बना पार्वती अम्माँ का घास-फूस और ढाक के पत्तों का राजमहल भी ढहा पड़ा था। बहुत से ढाक के पत्ते और गली हुई फूस टट्टटर में से निकल चुकी थी। उसके बचे-खुचे भाग के नीचे पार्वती अम्माँ कराह रही थीं। उनकी गृहस्थी के मटके, कुल्हड़ फूटे पड़े थे।

बच्चा 'अम्माँ' कहकर झपटता है। टट्टर के नीचे दबी पड़ी हुई बुढ़िया का आगे निकला हुआ हाथ पकड़कर खींचने का निष्फल प्रयत्न करता हुआ रो उठता है। बुढ़िया ने कराहकर आँखें खोलीं, बुझे स्वर में कहा—"किसी को बुलाय लाओ, तुमसे न उठेगी।"

बच्चा बस्ती-भर में दौड़ता फिरा—"ए मंगलू काका, तनी हमारी अम्माँ को निकाल देव। उनके ऊपर छप्पर गिर पड़ा है—ए भैंसिया की बहू, ए सलौनी काकी, ए झबुआ की आजी, ए फेंकवा भैया..." परन्तु न काका ने सुना, न भैया ने, न आजी ने। पूरी बस्ती इस प्रलय प्रकोप के कारण त्रस्त है। गोदी के बच्चे और अन्धे-लँगड़े-लूले असहायजन हर जगहर रिरिया रहे हैं। बहुत-से भिखारी इस समय आसपास के गाँवों में अपनी कमाई करने गए हुए हैं। अत्यन्त अशक्त जन ही पीछे छूट गए हैं। जैसे-तैसे करके वे अपने ही ऊपर पड़ी निबट रहे हैं, फिर कौन किसकी सुने।

मूसलाधार पानी में भीगता निराशा में डूबा हुआ रामबोला कुछ क्षणों तक स्तब्ध खड़ा रहा, फिर धीरे-धीरे अपनी गिरी हुई झोंपड़ी के पास आया। देखा, पार्वती अम्माँ का हाथ वैसे ही बाहर निकला भीग रहा था। उनके मुँह और शरीर पर भीगते छप्पर का बोझ भी यथावत् ही था। रामबोला की मनोपीड़ा कुछ कर गुज़रने के लिए चंचल हो उठी। इधर-उधर सिर घुमाकर काम की खोज की। छप्पर का जो भाग फूस-पत्ते विहीन होकर पड़ा था, उसके एक सिरे पर बाँस का एक छोटा टुकड़ा बड़े बाँस से जुड़ा हुआ बँधा था। बालक को लगा कि यही काम है...'बाँस के इस टुकड़े को खींच लिया जाए, फिर इससे अम्माँ की देह पर पड़े हुए छप्पर को ऊँचा उठा दिया जाय जिससे कि अम्माँ उसके नीचे सरक कर पौढ़ें।' उपाय सूझते ही काम चल पड़ा। बाँस का टुकड़ा खींचना शुरू किया तो टट्टर की पुरानी सुतली ही टूट गई। टूटने दो, अभी तो इस सिरे का छप्पर उठाना है। छप्पर के एक सिरे के नीचे बाँस का टुकड़ा अड़ाकर उसे उठाना आरम्भ किया। छप्पर का कोना तो तनिक-सा ही उठ

पाया पर ज़ोर इतना लगा कि कीचड़ में पाँव फिसल गया। गिरा, फिर उठा, अबकी बार घुटने टेककर बैठा और फिर बाँस अड़ाया। छप्पर कुछ उठा सही पर नन्हें हाथ बोझ न सम्भाल पाए। बालक को अपनी पराजय तो खली ही पर अम्माँ ऊपर का बोझ तनिक-सा उठकर फिर मुँह पर गिरने से जब कराहीं, तब उसे अनचाहे अपराध की तरह और भी खल गया। ताव में आकर, 'जै हनुमान स्वामी, जोर लगाओ' ललकार कर दूसरी बार छप्पर उठाने में रामबोला ने अपनी पूरी शक्ति लगा दी। छप्पर लड़खड़ाया, पर उसे गिरने न दिया, और भी जोशीले हुँकारे भर-भरकर वह अन्त में एक कोना उठाने में सफल हो ही गया। फिर दूसरे कोने को उठाने की चिन्ता पड़ी। 'इसे काहे से उठाएँ?' कोई मतलब की चीज़ दिखलाई न पड़ी। पड़ोसी के यहाँ कुछ खपाचियाँ पड़ी थीं, एक बार मन हुआ कि उठा लाए पर कुछ ही देर में गाली-मार के भय से वह उत्साह उड़नछू हो गया। टहनी काम के योग्य सिद्ध न हुई। छप्पर के नीचे अम्माँ की लठिया झाँकती नज़र आई। उसे लपककर खींच लिया और उसके सहारे से किसी प्रकार दूसरा सिरा भी ऊँचा उठा ही लिया। दो-एक क्षणों तक अपने श्रम की सफलता को विजय-पुलक-भरे-सन्तोष से निहारता रहा, फिर पार्वती अम्माँ के सिरहाने की तरफ बढ़ा।

भीगते हुए भी अम्माँ निर्विकार मुद्रा में काठ-सी पड़ी थीं। उनके कान से मुँह सटाकर रामबोला ने ज़ोर से कहा—''अम्माँ, वैसी सरक जाओ तो भींजोगी नहीं।''

''मोरि देह तो पाथर हुई गई है रे, कैसे सरकी?'' सुनकर रामबोला हताश हो गया। एक बार शिकायत-भरा सिर उठाकर बरसते आकाश को देखा, फिर और कुछ न सूझा तो अम्माँ से लिपटकर लेट गया। स्वयं भीगते हुए भी उसे यह सन्तोष था कि वह अपनी पालनहारी को वर्षा से बचा रहा है। पर यह सन्तोष भी अधिक देर तक टिक न पाया। पार्वती अम्माँ तब भी पानी से भीग रही थीं।

आकाश में बिजली के कौंधे बीच-बीच में लपक उठते थे। बादलों की गड़गड़ाहट सुनकर रामबोला को लगा कि मानो चैनसिंह ठाकुर अपने हलवाहा को डाँट रहे हैं। रामबोला अनायास ही ताव में आ गया। उठा और फिर नए श्रम की साधना में लग गया। दूसरे छप्पर के ढीले पड़ गए अंजर-पंजर को कसने के लिए पास ही खलार में उगी लम्बी घास-पतवार उखाड़ लाया। रामबोला ने भिखारी बस्ती के और लोगों को जैसे घास बँटकर रस्सी बनाते देखा था वैसे ही बँटने लगा। जैसे-तैसे रस्सियाँ बँटी, जस-तस टट्टर बाँधा। अब जो उसकी आधी से अधिक उघड़ी हुई छावन पर ध्यान गया तो नन्हें मन के उत्साह को फिर काठ मार गया। घास-फूस, ज्यौनारों में जूठन के साथ-साथ बाहर फेंकी गई पत्तलों और चिथड़े-गुदड़ों से बनाई गई वह छोटी-सी छपरिया फिर से छाने के लिए वह सामान कहाँ से जुटाए? उड़ा हुआ माल वह इस बरसात में कहाँ-कहाँ ढूँढ़ेगा। दैव आज प्रलय की बरखा करके ही दम लेंगे। हवा के मारे औरों के छप्पर भी पेंगें ले रहे हैं। अभी तक अपनी-अपनी छावनों को बचाने के लिए सभी तो तूफान से जूझ रहे हैं...'तब हम अब का करी? हमारे पैट भुखान है। हम नान्हें से तो हैं हनुमान स्वामी! अब हम थक गए भाई! अब हम अपनी पार्वती अम्माँ के लगे जायके पौढ़ेंगे। दैउ बरसे तो बरसा करै। हम क्या करैं

बजरंगबली, तुम्हें बताओ! तुमसे बने भाई तो राम जी के दरबार में हमारी गुहार लगाय जाओ, औ न बने तो तुमहूँ अपनी अम्माँ के लगे जायके पौढ़ी।'

रामबोला खिसियाना-सा होकर रेंगकर अपनी छपरिया में घुसा। उसने खींचकर पार्वती अम्माँ का हाथ सीधा किया तो वे पीड़ा से कराह उठीं, पर बड़ी देर से एक ही मुद्रा में पड़ी हुई जड़ बाँह सीधी हो गई। स्नायुकंपन हुआ, जिससे उनके शरीर का आधा भाग थोड़ी देर तक काँपता रहा। बालक के लिए यह आश्चर्यजनक, भयदायक दृश्य तो अवश्य था पर उसे यह कंपित देह पहले की मृतवत् देह की स्थिति से कहीं अधिक अच्छी भी लगी। सूझ आई...

"पार्वती अम्माँ! पार्वती अम्माँ!!"

"हाँ, बचवा।" पार्वती अम्माँ का वेदना में बुझा स्वर सुनाई दिया।

"हम तुमको आगे ढकेलेंगे। तुम एक बार जोर से कराहोगी तो जरूर, मुल तुम्हारी ये जकड़ी देह खुल जायगी। बरखा से तुम्हारा बचाव भी हुइ जायगा।"

बुढ़िया माई 'ना-ना' कहती ही रहीं पर रामबोला ने उनकी बगल में लेटकर कोहनी से ढकेलना आरम्भ कर दिया। 'जय हनुमान स्वामी' का नारा लगाकर, दाँत भींच और सिर झटकाकर रामबोला ने अपनी पूरी-पूरी शक्ति लगा दी। पार्वती अम्माँ कराहती हुई पीछे सकिल गईं। बालक अपनी जीत से खुश हुआ। गौर से देखा पर इस बार पार्वती अम्माँ के क़िसी भी अंग में कम्पन न हुआ। उन्हें खाँसी अवश्य आई और वे देर तक 'राम-राम' शब्द में कराहती रहीं, बस। परन्तु अब वे भींग तो नहीं रही हैं। बरसात झेलने के लिए रामबोला की पीठ है। खाँसती-कराहती अम्माँ की पीठ सहलाते हुए, विजयी पूत ने इठलाते स्वर में ऐसे चुमकारी भरे अन्दाज़ से पूछा कि मानो बड़ा छोटे से पूछ रहा हो—"पार्वती अम्माँ, बहुत पिराता है?"

"चुपाय रहौ बच्चा, राम-राम जपौ।"

"राम-राम..."

× × ×

"राम-राम राम-राम रटते ही मैंने दुखों के पहाड़ ढकेले हैं।" स्मृतियों में खोकर बोलनेवाला बाबा का करुण स्वर अब वर्तमान की पकड़ लेकर बातें करने लगा—"अपना-पराया दुख देखता हूँ तो मन अवश्य ही भर उठता है। पर उस कोमलता में भी मेरी सहनशक्ति राम के सहारे ही अडिग बनी रहती है...

"आपने तो एक अवलम्बू अम्ब डिंभ ज्यों
समर्थ सीतानाथ सब संकट बिमोच है।
तुलसी की साहसी सराहिए कृपाल राम
नाम के भरोसे परिनाम को निसोच है॥"

वातावरण बाबा के ओजस्वी स्वर के जादू से बँध गया था। मन्त्र-मुग्धता के क्षणों को कथारस के आग्रह से भंग करते हुए बेनीमाधव जी ने विनयपूर्वक पूछा—"आप उन्हें अम्माँ न कहकर पार्वती अम्मा क्यों कहते थे गुरु जी?"

"उन्होंने ही सिखलाया था। बड़े होकर एक बार हमने पूछा तो कहा कि ब्राह्मण के बालक हो। हमें अम्माँ कहते हो यही बहुत है, बाकी हमारा नाम भी लिया करो।"

"फिर उनका क्या हुआ प्रभु? वे स्वस्थ हो गईं?" रामू ने पूछा।

"अभागे का करम-खाता क्या कभी सरलता से चुकता है? बिना किसी औषधि के, बिना खाए-पिए राम-राम करती वे फिर चँगी हो गईं। उस घटना के कदाचित् चार-छह महीनों के बाद तक वे जीवित रही थीं। पर उन अन्तिम महीनों में भीख माँगने के लिए मैं ही जाया करता था। बीच में कभी एक-आध बार कदाचित् वह मेरे साथ गई हों तो उसका कोई विशेष स्मरण अब नहीं रहा।"

"आपका रामबोला नाम उन्होंने ही रखा था?" रामू ने फिर प्रश्न किया।

"राम जाने, बेटा। हाँ, पार्वती अम्माँ से यहाँ अवश्य सुना था कि मैंने बोलना राम शब्द से ही आरम्भ किया था। भिखारिन की गोद में पला, भीख के हेतु सहानुभूति जगाने का साधन बनकर अपना चेतनाक्रम पानेवाला बालक भला और बोल ही क्या सकता था! कदाचित् पार्वती अम्माँ ने या मेरी तोतली वाणी से राम-राम सुनकर किसी और ने इस विशेषण को मेरी संज्ञा बना दिया। जो हो, किन्तु इतना हमको याद है कि रामबोला नाम धारण करके कँधे पर छोटी-सी गाँठ बँधी झोली लटकाए हाथ में एक संटी लिए हम ऐसे ठाठ के साथ भीख माँगने के लिए पार्वती अम्माँ के संग जाया करते थे कि मानों त्रैलोक्य विजय के लिए जा रहे हों।..."

स्मृतिलोक की झाँकी लेने के लिए आँखें फिर मुँद गईं।

× × ×

एक गाँव के घर के द्वार पर रामबोला और पार्वती अम्माँ सुर में सुर मिलाकर कह रहे हैं: "राम के नाम पै कुछ मिल जाय–ए मा ऽ ऽ ई ऽ ऽ।"

शिशु रामबोला अपने तोतले किन्तु मीठे स्वर में भजन गाता है–

राम कहत चलु राम कहत चलु राम कहत चलु भाई रे।

द्वार के भीतर से एक छोटी आयु की कुलवधू कटोरी-भर आटा लेकर आती है। रामबोला गाना बन्द करके उसके सामने अपनी झोली फैला देता है। युवती मुस्कराकर कहती हैः "गाना काहे बन्द किया रामबोला?" बच्चा झोली फैलाए चुपचाप खड़ा रहा, पार्वती अम्माँ ने अपना हाथ रामबोला के सिर पर प्यार से फेरते हुए युवती से कहा–"अभी इसे याद नहीं बहुरिया। अभी नन्हां-सा तो है।"

"पर बड़ा मीठा गाता है। तुम्हारा पोता है न, पार्वती।"

"हाँ जब पाला है तो जो चाहे समझो। बाकी ब्राह्मन पण्डित का पूत है। इसके जनमते ही इसकी महतारी मर गई। बाप बड़े जोतसी रहे तो पत्रा विचार के बोले कि इसे घर से निकालो, यहाँ रहेगा तो सबका जिउ लेगा। हमारी पतोह उनके हियाँ टहल करती रही तो वह हमें दे गई। हम कहा कि हमें मरे-जिए की चिन्ता नहीं, अभागी वैसे ही हैं, पाल देंगे। बुढ़ापा काटने का एक बहाना मिल गया।"

× × ×

अतीत में लीन होकर बाबा कह रहे थे—"पार्वती अम्मा हमें भजन याद कराती थीं। महात्मा सूरदास, कबीरदास और देवी मीराबाई आदि संतों के भजन उस समय बड़े प्रचलित थे। मुझे सब याद हो गए। यद्यपि भिक्षा देनेवालों के आग्रह पर गाना मुझे प्रायः अच्छा नहीं लगता था। मेरे ब्राह्मण संन्तान होने और मेरे दुर्भाग्य की बातें सुना-सुनाकर वे मेरे प्रति सहानुभूति जगाया करती थीं। यह बात आरम्भ ही से मेरे स्वाभिमान को धक्के मारती थी। बड़ी कठिन तपस्या थी यह। जब मैं अकेला जाने लगा तो यह अनुभव और भी अधिक तीव्र हुआ...।"

× × ×

शिशु भिक्षुक गा रहा है...

हम भकतन के भक्त हमारे।
सुन अर्जुन परतिग्या मेरी यह ब्रत टरत न टारे।
टरत न टारे...टरत न टारे-रे-रे।

सिर में ज़ोर से खुजली मची। 'टारे' शब्द की रे-रे ध्वनि भी सिर के साथ ही हिलने लगी। "भक्तै काज साज..." नाक पर मक्खी बैठ गई। उसे उड़ाने में गला बेसुरा हो गया और नाक भी खुजला उठी। कभी एक टाँग उठाकर उसे सुस्तानें का अवसर दिया और कभी दूसरी को। चेहरे पर ऊब और क्षोभ की मचलती परछाइयों में, 'हे माई, दाया हुइ जाय। बड़ी देर ते ठाढ़े हैं।' की सदा भी लग जाती। बीच-बीच में जुमुहाइयाँ भी आ जातीं। धरती आकाश पर सूनी दृष्टि घूमने लगती। फिर किसी मक्खी के उत्पात से 'हम भक्तन के भक्त हमारे' भजन की पुनरावृत्ति हो जाती; फिर 'ये मा ऽ ई दाया हुइ जाय।' इस उबा देनेवाली दीर्घकालीन तपस्या के बाद एक कर्कशा प्रौढ़ा कटोरी में चुटकी-भर आटा लेकर भीतर से आती है। उसका देनेवाला हाथ बित्ता-भर ही आगे बढ़ता है मगर ज़बान गज़-भर की हो जाती है: "मुँह जला हमारी ही देहरी में टें-टें करत है जब देखौ तो...। भवानियौ नाहीं खात हैं ई दहिजार का। ले मर।"

रामबोला का चेहरा विवश तमतमाहट से भर उठा। झोली आगे बढ़ाने की इच्छा तो न हुई पर बढ़ानी ही पड़ी। यह रोज़ का क्रम है। इससे छुटकारा नहीं मिल सकता।

ब्राह्मणपाड़े के नुक्कड़ पर पीपल के पेड़ के पास दो-तीन लड़कों के साथ रामबोला गुल्ली-डण्डा खेल रहा था। पीपल के चबूतरे पर उसकी झोली और संटी रखी थी। रामबोला डण्डे से गुल्ली फेंक रहा था। तभी खेतों की ओर से विद्वान से अधिक पहलवान लगनेवाले पुत्तन महाराज पधारे। रामबोला को देखते ही वे अपने लड़कों पर बमके—"फिर ईके साथ खेलै लगे, ऐं। ससुर नीच जात भिखारी, जिसकी देह से बास आती है, उसके साथ ब्राह्मण-छत्री के बेटे खेलते हैं, जो है सो हजार बार मना किया ससुरों को।"

पुत्तन महाराज के आते ही रामबोला खेल छोड़कर चबूतरे से अपनी झोली और संटी उठाने लगा था, लड़के घर के भीतर भाग गए थे। पुत्तन महाराज की बात रामबोला को अच्छी न लगी, कँधे पर झोली टाँगते हुए उसने कहा—"हम रोज नहाते हैं महाराज। हम भी ब्राह्मण के बेटा..."

"हाँ-हाँ साले, तू तो बाजपेई है बाजपेई। हमसे जबान लड़ाता है, जो है सो! ऐं!" पुत्तन महाराज रामबोला के पास आकर खड़े हुए उसे अपनी लाल आँखें दिखला रहे थे। बच्चा उस क्रोध मुद्रा को देखकर सहम तो अवश्य ही गया पर मन का सत्य दबा न सका, उसने फिर कहा—"हम झूट नाहीं बोलते महराज।"

"साले, सत्तवादी हरिश्चन्द्र का नाती बनता है (बच्चे के सिर और गालों पर दो-तीन करारे तमाचे पड़ गए। वह लड़खड़ा गया) भाग। और फिर जो तोको हियाँ खेलते देखा तो मारते-मारते हड्डी-पसली की चटनी बनाय देंगे। खबरदार, जो अब हमारे घर पे भीख माँगने आया।"

रामबोला रोता हुआ सरपट भागा। वह सीधे अपनी झोंपड़ी पर आकर ही रुका और एक पड़ोसिन लड़की के सिर की जुएँ बीनती हुई पार्वती अम्माँ से लिपटकर फूट-फूटकर रोने लगा।

"अरे क्या भया बचवा?"

रामबोला बिलखकर बोला—"अम्माँ अब हम कब्भी-कब्भी भीख माँगने नहीं जाएँगे।"

"अरे, तो पेट कैसे भरेगा बचवा?"

"हम खेती करेंगे, जैसे और सब करते हैं।"

बुढ़िया पार्वती सुनकर हँसने का निष्फल प्रयत्न करती हुई रुककर बोली, "अरे बेटा, हम पंचों को जमीन कौन देगा? खाने को तो मिलता नहीं है, हल-बैल कहाँ से मिलेगा?"

"पर हमको भीख माँगना नहीं लगता है, अम्माँ। द्वारे-द्वारे रिरियाओ, गिड़गिड़ाओ, कोई सुनै, कोई न सुनै, गाली दे। यह रोज-रोज का दुख हमसे सहा नहीं जाता है।"

बच्चे के सिर और पीठ पर प्रेम से हाथ फेरकर बुढ़िया बोली—"यह दुख नहीं, तपस्या है बेटा। पिछले जनमों में जो पाप किए हैं वो इस जनम में तपस्या करके हम धो रहे हैं कि जिससे अगले जनम में हमें सुख मिले।"

"तो क्या सारे पाप हमने ही किए थे अम्माँ? औ ये सुखचैनसिंह ठाकुर, पुत्तन महराज, जो हम गरीबों को मारते-पीटते हैं; वो क्या पाप नहीं कर रहे हैं अम्माँ?"

बच्चे का तेहा देखकर अम्माँ बोली—"बाम्हन के पूत हौ ना!...अच्छा, एक कहानी सुनोगे रामबोला?"

"इसी बात पर?"

"हाँ।"

"सुनाओ।"

"एक आदमी रहा और एक कुत्ता रहा। तो कुत्ता किनारे पर सोता रहा और आदमी अपने रास्ते जा रहा था। तो ठलुहाई में उस आदमी ने पत्थर उठाके कुत्ते

को मार दिया। कुत्ता सीधा राम जी के पास गया और कहा कि राम जी हमारा न्याव करो। राम जी ने पूछा—हम तुम्हारा क्या न्याय करें? कुत्ता बोला कि राम जी इस आदमी को खूब दण्डो। कैसे दण्डौं कुतवा? राम जी ने पूछा। तो कुत्ता बोला कि इसे किसी मठ का महंत बनाय देव राम जी। राम जी बोले, अरे, तू तो इसे बड़ा सुख देने को कह रहा है रे! कुत्ता बोला, नाहीं राम जी, पिछले जनम में हम भी महंत थे तो खूब खा-खा के मोटाए और दीन-दुर्बलों को दबाने लगे। हमने सबके ऊपर अत्याचार किया, उसी का दण्ड भोग रहा हूँ। तो राम जी बोले कि अरे कुतवा, इसे दण्ड न कह, यह तेरी तपस्या है। इससे तुम्हें ज्ञान मिलेगा।''

× × ×

तुलसी बाबा बतला रहे थे, ''मेरी आदि गुरु परम तपस्विनी पर्वती अम्माँ ही थीं। मानो शंकर भगवान ने मुझे जिलाए रखने के लिए ही जगदम्बा पार्वती को भिखारिन बनाकर भेज दिया था। दरिद्रता में इतना वैभव, दुर्बलता में इतनी शक्ति और कुरूपता में इतनी सुन्दरता मैंने पार्वती अम्माँ के अतिरिक्त औरों में प्रायः कम ही देखी।''

''तो क्या यही पार्वती जो तुम्हें पढ़ाइन-लिखाइन भैया?'' राजा भगत ने पूछा।

''पार्वती अम्माँ तो बेचारी मुझे इतना ही पढ़ा गईं कि जब-जब भीर पड़े तब-तब बजरंगबली को टेरो। कहो कि हे हनुमान स्वामी, तुम हमें राम जी के दरबार में पहुँचा दो जिससे कि हम अपनी भली-बुरी उनसे निवेदन कर लें। वर्षा में भीगने के बाद मेरी पालनहार बहुत खींच-खाँचकर भी कदाचित् पाँच-छः महीने से अधिक नहीं जी पाई थीं। एक दिन जब मैं भिक्षाटन से लौटकर आया तो...''

× × ×

बच्चा रामबोला भीख-भरी झोली लिए अपनी कुटिया में प्रवेश करता है और देखता है कि पार्वती अम्मा ठण्डी पड़ी हैं। उनके मुख पर मक्खियाँ आ-जा रही हैं और वह बुलाए से भी नहीं बोलती हैं। शिशु रामबोला घबराया हुआ पड़ोस की झोंपड़ी में जाता है, वहाँ जाकर आवाज़ देता है—''फेंकुआ की अजिया, मेरी अम्माँ को क्या हो गया? बोलती ही नहीं है। आँख भी नहीं खोल रही हैं।''

फेंकुआ की आजी रामबोला के साथ उनकी झोंपड़ी में आती है। पार्वती अम्माँ की देह टटोलती फिर मुँदी आँखें खोलकर निहारती है और कहती है—''गईं तोरी पार्वती अम्माँ, अब का धरा है!''

''कहाँ गईं?''

''राम जी के घर और कहाँ! जाओ बस्ती से सबको बुला लाओ।''

बस्ती के लोग आते हैं। फिर कहीं से बाँसों की भीख माँगकर लाई जाती है। लकड़ियों का दान माँगा जाता है। बुढ़िया फुँकती है और शिशु रामबोला पत्थर होकर सब देखता है। बड़े लोग जो कहते हैं वही करता है। अपनी पालनहारी को ठिकाने लगाकर अपनी कुटी में आकर अकेला बैठ जाता है। 'अब हमारा क्या होगा बजरंगी स्वामी? राम जी के दरबार में हमारी गोहार लगा दो। हे राम जी, अम्माँ

बिना अब हम क्या करें?' बच्चा फूट-फूटकर रोने लगता है, धरती से चिपट-चिपटकर रोता है मानो धरती ही उसकी अब पार्वती अम्माँ है। फिर वही रोज़ का भीख माँगने का क्रम—राम जपाकर, राम जपाकर, राम जपाकर भाई रे।

"ए रामबोला, हियाँ आओ।"

"नहीं हमें काम है।"

"अब क्या काम है! तेरी झोली में इतनी तो भीख भरी है। आओ, हमारे साथ खेलो। हम तुम्हें अम्माँ से कहके दो रोटी ला देंगे।"

"हम अब तुम्हारे यहाँ से भिक्षा नहीं लेते। तुम्हारे बप्पा ने हमको डाँटा था।"

"अरे हमने तो नहीं डाँटा था। आओ खेलें।"

"नहीं। तुम्हारे बप्पा ने मना किया है। मारेंगे।"

"बप्पा हैं नहीं। दूर गए हैं। आओ खेलें। आओ। आओ न।"

रामबोला झोली कन्धे से उतारकर पीपल के चबूतरे पर रखता है और लड़के से डण्डा लेने के लिए हाथ बढ़ाता है। वह गढ़े पर गुल्ली रखकर रामबोला से कहता है—"पहला दाँव मेरा होगा।"

रामबोला कहता है—"नहीं भाई, तुम अपना दाँव लेकर भाग जाते हो, मैं नहीं खेलूँगा, जाता हूँ।"

"अरे नहीं, हम तुम्हें दाँव जरूर देंगे।"

"अच्छा खाओ सौंह।"

"तुम्हारी सौंह खाता हूँ।"

"हमारी सौंह तुम क्या मानोगे, राम जी की सौंह खाओ तब हम मानें।"

"राम जी की सौंह, हम तुम्हें जरूर दाँव देंगे।"

खेल होने लगा। एक बार हारकर भी उस लड़के ने अपनी हार न मानी। रामबोला मान गया, फिर खिलाने लगा। लड़का दुबारा हारा। उसने फिर हार न मानी और अपना गुल्ली-डण्डा उठाकर जाने लगा। रामबोला को ताव आ गया। उसकी शिकायत थी कि लड़के ने राम जी की शपथ खाकर भी धोखा दिया, यह क्या भले घर के लोगों का कार्य है! रामबोला ने छीना-झपटी में गुल्ली और डण्डा दोनों ही उससे छीन लिया। लड़का क्रोध में बावला होकर उसे मारने झपटा। सामने से जाते हुए दो हलवाहों ने मना भी किया किन्तु वह और भी उलझ पड़ा। रामबोला ने उसकी बाँह पकड़ ली और मरोड़ने लगा। लड़के ने अपने बचाव के लिए रामबोला की बाँहों पर अपने दाँत चुभो दिए। रामबोला पीड़ा से कराह उठा और साथ ही उसे ऐसा क्रोध आया कि बाएँ हाथ से काटनेवाले लड़के के जबड़े पर ही मुक्का मारा। हाथ मुक्त हो गया। अपनी बाँह से बहते हुए लहू को देखकर रामबोला की आँखों में खून उतर आया। लड़के को पटककर उसने उसकी अच्छी तरह से कुन्दी बनानी आरम्भ की। पस्त होकर अपने बचाव के लिए जब वह ज़ोर-ज़ोर से डकराने लगा तभी उसे छोड़ा। चबूतरे से अपनी झोली उठाकर चल दिया।

उस दिन झुटपुटी शाम के समय रामबोला अपनी झोंपड़ी पर तवा चढ़ाकर कच्ची-पक्की रोटियाँ सेंक रहा था। तभी उसे झोंपड़ी के बाहर दो-तीन आवाज़ें सुनाई

पड़ीं। उसी बस्ती में रहनेवाला भिखारी युवक भैंसिया किसी से कह रहा था–"अरे, यह रामबोला बड़ा चोर और बेईमान है। गाँव-भर के लड़कों से झगड़ा करता है।"

"आज हम साले की हड्डी-पसली तोड़कर रख देंगे। फेंको इसकी झोंपड़ी। निकल साले बाहर!"

रामबोला घबराकर बाहर निकल आया। उसने स्वर से पहचान लिया था कि दूसरा आदमी उस लड़के का पिता पुत्तन महराज ही है। झोंपड़ी से बाहर निकलते ही लड़के के पिता ने उसे ऐसा करारा झापड़ मारा कि आँखों के आगे तारे चमकने लगे। रामबोला धरती पर गिर पड़ा। उसपर लातें पड़ने लगीं। बेचारा बच्चा 'राम रे' करके चीख उठा।

"साले, भिखारी की औलाद! भले घर के लड़कों पर हाथ उठाता है? अरे हम तुम्हारा हाथ तोड़ डालेंगे।" रामबोला की बाँह पकड़कर उस व्यक्ति ने उसे फिर उठाया और उसकी बाँह मरोड़ते हुए धम्म से पटक दिया। बच्चे में रोने की शक्ति भी बाकी न रही। उस व्यक्ति ने बच्चे की उस टूटी शरणस्थली झोंपड़ी को भी तहस-नहस कर दिया और कहा–"यह साला हमें गाँव में अब जो कहीं दिखाई पड़ा तो हम इसकी हड्डी-पसली तोड़ के फेंक देंगे।"

गिरे हुए छप्पर ने चूल्हे की आग पकड़ ली। सूखी फूस मिनटों में लपटें उठाने लगी, उस आग से अपनी झोंपड़ियाँ बचाने के लिए आसपास के भिखारी भिखारिन निकल आए। जलते छप्पर के दूसरे सिरे का बाँस निकालकर एक भिखारिन आग को अपनी झोंपड़ी की ओर से बचाने के लिए जलते हुए छप्पर को आगे ढकेलने लगी। फूस ने पूरे छप्पर के फूस-पत्तों में भी लपटें उठा दीं। तनिक-सी झोंपड़ी कुछ पलों में ही जल-भुनकर अपना अस्तित्व खो बैठी। झोंपड़ी के अन्दर गठरी-मोठरी जो कुछ था, जलकर स्वाहा हो गया। रामबोला धरती से चिपका मुर्दे की तरह पड़ा रहा। पुत्तन महाराज चलते समय उसे एक करारी ठोकर और लगा गए। बस्ती की अन्य भिखारिनें और भिखारी जो तमाशा देखने के लिए और अपने घरों को बचाने के लिए आ गए थे, चें-चें-में-में करने लगे। दो-एक स्त्रियों ने सहानुभूति भी प्रकट की। अधिकतर लोग रामबोला को ही दोष दे रहे थे कि भिखारी के बच्चों को भले घर के बच्चों के साथ खेलने की आखिर ज़रूरत ही क्या थी! एक लड़के ने कहा भी कि हम अपने मन से उन लोगों के साथ नहीं खेलते पर जब वह लोग हमें खेलने के लिए कहते हैं तो हम क्यों करें? लेकिन जबरे का न्याय दीनों और दुर्बलों का पक्षपाती नहीं होता।

मार से पीड़ित रामबोला धरती से चिपका पड़ा रहा। उसमें उठने की ताब भी न थी। भैंसिया ने कहा–"अब इसको बस्ती में नहीं रहने देंगे, इसके कारण किसी दिन हम पंचों पर भी विपदा आ सकती है।"

एक भिखारिन ने दया बिचारते हुए कहा–"अरे तो कहाँ जाएगा बिचारा? अभी नन्हाँ-सा तो है।"

"भिखमंगों के बच्चों को कौन चिन्ता, कहीं भी जाके माँग के खाएगा।"

भीड़ अपने-अपने घरों में चली गई। बच्चा वहीं पड़ा रहा। जब सन्नाटा हो गया तो आकाश की ओर देखकर बोला—"बजरंगबली स्वामी, राम जी क्या अपने दरबार में कुण्डी चढ़ा के बैठे हैं? हमारी तरफ से बोलनेवाला क्या कोई भी नहीं है? तुम भी नहीं बोलोगे? अब हम कहाँ रहें बजरंगी?"

बदली से चाँद निकल आया। दूर पर गाँव के पेड़ राक्षसों की तरह खड़े दिखाई दे रहे हैं। अपनी झोंपड़ी राख बनी बिखरी पड़ी है। कुत्ते कहीं पास ही में जूझते हुए शोर मचा रहे हैं। बच्चा उठता है। अपनी जली पड़ी हुई झोंपड़ी को कुरेदकर सामान निकालना चाहता है, पर उसमें बचा ही क्या है! हताश बच्चे के मुँह से गर्म-गर्म साँसें निकलती हैं, जी चाहता है कि उसमें ऐसी शक्ति आ जाए कि वह भी उसी तरह इन दुष्ट गाँव वालों के घरों में आग लगा दे जैसे कि बजरंगबली ने लंका फूंकी थी। वह नन्हा-सा है, नहीं फूँक सकता तो हनुमान स्वामी ही आके उसका बदला ले लें। 'आओ। इन दुष्टों से हमारा बदला लेओ। आओ भगवान।' पार्वती अम्माँ ने हनुमान के द्वारा लँका फूँके जाने की कहानी कभी बच्चे को सुनाई थी। लेकिन इस समय बार-बार गिड़गिड़ा-गिड़गिड़ा कर गुहारने के बावजूद हनुमान जी ने इस गाँव की लंका न फूँकी। वह उत्तर की ओर गाँव से लपटें उठने की बाट देखता ही रह गया पर कुछ न हुआ। हताश् होकर रामबोला उठा और गाँव की सीमा की ओर चल पड़ा।

× × ×

गोस्वामी तुलसीदास जी के चेहरे पर भूतकाल, मानो वर्तमान बनकर अपनी छाया छोड़ रहा था। वे कह रहे थे—"पार्वती अम्माँ सच ही कहती थीं कि जिससे राम जी तपस्या कराते हैं उसे ही दुख-दुर्भाग्य के अथाह समुद्र में भयंकर क्रूर तिमि-तिमिंगलों के बीच में छोड़ देते हैं। उनसे अपनी रक्षा करना ही अभागे की तपस्या कहलाती है। अब सोचता हूँ कि राम जी ने मुझपर अत्यन्त कृपा करके ही यह सारे दुख डाले थे। इन्हीं दुखों की रस्सी का फन्दा डालकर मैं राम-नाम की ऊँची अटारी पर आज तक चढ़ता चला आया हूँ। दुख का भी एक अपना सुख होता है।"

बेनीमाधव जी बोले—"इसी घटना के बाद आप सूकर खेत पहुँचे थे गुरु जी?"

"हाँ, किन्तु इधर-उधर भटकते, भीख माँगते, बिललाते-बिलखाते हुए ही उस पावन भूमि तक पहुँच पाया था। घाघरा और सरयू के पावन-स्थल पर महाबीर जी का जो मन्दिर है न, मैं अन्त में वहीं का बन्दर बन गया। भक्त लोग बन्दरों के आगे चने और गुड़धानी फेंका करते थे। जाति-कुजाति, सुजाति के घरों से माँगे हुए टुकड़े खाते और अपमान सहते मैं उस जीवन से इतना चिढ़ उठा था कि अन्त में किसी से भी भिक्षा न माँगने का निश्चय किया।"

× × ×

रामबोला हनुमान जी के आगे नमित होकर बार-बार कह रहा है—"अब हम तुम्हीं से माँगेंगे हनुमान स्वामी, अब किसी के पास नहीं जाएँगे। तुम हमारा पेट भर दिया करो। हम तुम्हारा स्थान खूब साफ कर दिया करेंगे।"

बच्चा वहीं रहने लगता है। रोज़ सबेरे उठकर हनुमान जी का चबूतरा बुहारता है। फिर नहाने जाता है। लौटकर चबूतरे पर ही बैठ जाता है और भजन गाता है। बन्दरों के लिए फेंके जानेवाले चनों को बीनता है और उन दानों के लिए उसे बन्दरों से संघर्ष भी करना पड़ता है। दोनों हाथों में संटियाँ लेकर वह बन्दरों से जूझता है। ''आय जावो जरा। आओ तो सही। अरे तुम्हरी यूँ खीसें न तोड़ डालीं तो हमार नाम रामबोला नहीं। खौखियात है ससुर? हम तुमसे जोर से खौखिया सकते हैं।'' बन्दरों की तरह ही खों-खों करता हुआ बालक रामबोला दोनों हाथों में संटियाँ लेकर उनपर झपटता है। बन्दर जब दूर जाते हैं तो एक हाथ की संटी रखकर अपने अँगौछे में भुने हुए गेहूँ आदि रखता जाता है, बन्दरों को भी देखता जाता है, फिर हनुमान जी की दीवाल का सहारा लेकर बैठ जाता है और ठाठ से चने चबाता है।

एक दिन रामबोला मुँह अँधेरे ही चबूतरे पर झाड़ू लगाता हुआ बड़बड़ा रहा था—''हे हनुमान स्वामी, देखो अब तुम्हारा चबूतरा कितना साफ-सुथरा रहता है। हम बड़े मन से सेवा करते हैं बजरंगबली। अब तो तुम राम जी के दरबार में हमारी अरदास पहुँचा दो। हम भी और दूसरे लड़कों की तरह अ-आ-इ-ई पढ़ें और हमको दुइ रोटी का सहारा होइ जाय। ये चने-गुड़धानी चाभ-चाभ के कब तक पेट भरें? रोटी खाए बहुत दिन हो गए। देखो कल तुम्हारे होंठकटवा बन्दर ने हमको कैसा पंजा मारा है! खून झलझलाय उठा। हमारी बाँह ऐसी पिराय रही है कि तुमसे क्या कहें। तब भी हम तुम्हारी सेवा कर रहे हैं। अब तो तुम जरूर सुन लो नाथ। पार्वती अम्माँ कहती रहीं कि दीन-दुर्बलों की गुहार तुम्हीं सुनते हो। सुन लो बजरंगबली हनुमान स्वामी। हम तुम्हारी हा-हा खाते हैं, चिरौरी करते हैं। सुन लो नाथ। अरे सुन लो।''

रामबोला अब कहीं भिक्षा माँगने के लिए नहीं जाता। वह सबेरे उठकर हनुमान जी के स्थान को बुहारता है और नहा-धोकर चबूतरे पर बैठे-बैठे भजन गाया करता है। बच्चे के सरल कंठ-स्वर और हनुमान जी के प्रति उसकी सेवानिष्ठा ने दर्शनार्थियों के मन में उसके प्रति थोड़ा-बहुत प्रेमभाव जगा दिया है। कुछ भगत-भगतिनियाँ बन्दरों के साथ-साथ रामबोला को भी चने और गुड़धानी दे दिया करते हैं। बन्दरों से रामबोला की दोस्ती भी हो गई है। ललकवा सरदार अब कभी-कभी रामबोला के पास चबूतरे पर आकर बैठ भी जाता है। बन्दरों के बच्चे स्वच्छन्दतापूर्वक उसके साथ खेलने लगते हैं। इससे रामबोला का मन अब आठों पहर सुखी रहता है।

जब कभी एकाध फल मिल जाता है तो रामबोला उसी में से आधा भाग सदा ललकऊ सरदार को देता है। यदि कोई उसके माता-पिता के सम्बन्ध में पूछता है तो उत्तर में वह उसे सीता और राम के नाम बतलाता है। बच्चे की इस हाज़िर जवाबी से लोग प्रसन्न होते है। यदि कोई यह पूछता है कि दाल-भात-रोटी खाने को तुम्हारा जी नहीं करता, तो उसे चट से यह उत्तर मिलता है कि बरजंगबली हमें जो कुछ खाने को देंगे वही तो खाऊँगा।

एक दिन रानी साहब ने ब्रह्मभोज दिया। उसकी धूम कई दिनों पहले से ही बँध गई थी। गोण्डा और अयोध्या के हलवाइयों की एक पूरी सेना बुलाई गई है। बड़ा शोर है कि राजमहलों में मिठाइयों पर मिठाइयाँ बन रही है। आस-पास के गाँवों

के हर ब्राह्मण परिवार को न्योता मिला है। भिखमंगों में उत्साह की लहर दौड़ गई है। चींटियों की तरह से रेंगते हुए जाने कहाँ-कहाँ से झुण्ड के झुण्ड भिखारी अभी से ही आने लगे है। बहुतों ने हनुमान जी के चबूतरे के आस-पास भी डेरा डाल दिया है। उनके कारण बन्दरों और रामबोला को अपना दैनिक भोजन भी नहीं मिल पाता। एक मुड़चढ़ा भिखारी कल से बराबर इसी घात में रहता है कि कोई भगत हनुमान जी की खोंची डाले और वह उसे हड़प जाय। रामबोला ने जब आपत्ति की तो मार खाई। कल सारा दिन रामबोला और बन्दर भूखे ही रहे। दूसरे दिन से ही बन्दर तो वहाँ से हट गए पर सबेरे जब दर्शनाथी आए तो रामबोला ने गुहार लगाई—"देखो, ये पंच हमें मारते हैं। कल से न हमने ही कुछ खाया है और न हमारे बन्दरों को कुछ मिला है। यह सब पंच मिलके हनुमान जी का स्थान भ्रष्ट करते हैं। उनको आप सब यहाँ से हटा दें।"

अपनी शिकायत सुनकर भिखारी और भिखारिनें रामबोला को चें-चें करके कोसने लगती हैं। भिखारी दल किसी भी दर्शनार्थी के वश का नहीं था और हनुमान जी के नाम पर निकाले जाने वाले चने आदि को चबूतरे पर डाले बिना घर लौट आना भी उनकी धार्मिक भावनाओं के प्रतिकूल था। हनुमान जी की खोंची डाली गई और भिखमँगों ने उसे लूट लिया। यह देखकर रामबोला को बड़ा ताव आ गया। उसने बजरंगबली से शिकायत की, "हनुमान स्वामी तुम साखी हो, हम कल से इनके कारन बड़े दुखियाय रहे हैं। तुम्हारे बन्दरों को भी खाने को नहीं मिलता, और ऊपर से ये हमको मारते हैं। अच्छा अब हम भी बदला लेंगे...।" लेकिन बदला लेने का कोई उपाय न सूझा। सारे दिन भिखारी-भिखारिनों से लड़ते-झगड़ते और खींखियाते ही बीत गया। नींद भी न आई। सबेरे चबूतरे पर झाड़ू लगाने लगा तो भिखारी बच्चों ने उसे चिढ़ाने के लिए गन्दगी का अभियान चलाया। रामबोला तप गया—"बदला लेंगे। जरूर लेंगे। कैसें लेंगे, बताएँ? अच्छा तो ठहरो, हम तुम्हें दिखाते हैं। अब या तो ये दुष्ट राक्षस लोग ही यहाँ रहेंगे या फिर हम और हमारे बन्दर।"

बड़े ताव से रामबोला चबूतरे से उतरकर अनाज मण्डी की ओर चल पड़ा। परसों से बन्दर वहीं डेरा डाले पड़े हैं। मन्डीवाले अनाज की फटकन और थोड़े बहुत चने भी उनके आगे डाल देते हैं। रामबोला बन्दरों के ललकऊ सरदार को खोजता हुआ वहाँ पहुँचा। पीपल के पेड़ के नीचे बानर परिवार को बैठा देखकर वह बड़े ताव से ललकऊ से बोला—"वाह, अच्छे साथी हो, हम वहाँ मार खायँ और तुम हियाँ बैठे-बैठे माल खाओ! वाह-वाह-वाह!" ललकऊ सरदार ऐसे चुप होकर बैठ गया कि मानों उसे रामबोला की शिकायत सुनकर लाज लगी हो। वह अपनी कनपटी खुजलाने लगा, फिर जल्दी-जल्दी दोनों हाथों से आसपास के पड़े दाने बीन-बीनकर रामबोला के आगे रखने लगा। वह बोला—"ये नहीं, तुम सब जने हमारे साथ चलो और राक्षसों को वहाँ से भगाओ। देखो ललकऊ, हम हनुमान स्वामी से बद कर आए हैं। हमारी नाक नीची न होय। आओ चलो।"

भारी-भरकम शरीर वाला ललकऊ रामबोला का मुँह देखने लगा। वह फिर बोला—"हमें क्या देखते हो, आओ। हमारी बात की लाज रख लो भैया, नहीं तो

ललकऊ, हम सच्ची कहते हैं कि हम आज ही तुम सबको छोड़कर यहाँ से चले जाएँगे। आओ...आओ...आओ न!" सरदार इस बार सचमुच चल पड़ा और उसके पीछे-पीछे चालीस-पचास बानरों की टोली भी दौड़ने लगी। आगे-आगे रामबोला और ललकऊ, उनके पीछे तथा आसपास बन्दरों की टोली दौड़ती चली। हनुमान जी के चबूतरे पर घमासान मचा हुआ था। रामबोला के हुस्काते ही बन्दर चबूतरे पर चढ़ी हुई भिखारिनों पर टूट पड़े। थोड़ी देर में ऐसी ले-दे मची कि भिखारियों की टोली वहाँ से संत्रस्त होकर भागी। रामबोला पड़ा प्रसन्न हुआ। चबूतरे पर चढ़कर हनुमान स्वामी से बोला—"देख लियौ हनुमान स्वामी, अरे हमारे ललकऊ सरदार बड़े बीर हैं। और तुम देख लेना, ललकऊ अब किसी को यहाँ पैर तक न रखने देगा। (मुड़कर अपनी जुएँ बिनवाते हुए ललकऊ को देखकर) ललकऊ ने सुना, हनुमान स्वामी क्या कह रहे हैं! अब यहाँ कोई आने न पावे। परसों राजा के घर चलेंगे, मजे से माल उड़ाना। हम? नहीं हम तो न जाएँगे भाई। हमें न्योता कहाँ मिला है! फिर बिना बुलाए हम किसी के घर क्यों जायँ! राजा होंगे तो अपने घर के होंगे। हमारे राजा रामचन्द्र जी से बड़े तो हैं नहीं। अरे, हमारे हनुमान स्वामी आज ही जाके राम जी से कहेंगे कि राम जी, तुम्हारा रामबोलवा कल से भूखा है। उसे ऐसी कसके भूख लगी है कि तुम उसे खाने को न दोगे तो वह रो पड़ेगा।"

रामबोला ने देखा नहीं था, उसके पीछे एक वयोवृद्ध सौम्य साधु आकर खड़े हो गए थे। वे हनुमान जी तथा ललकऊ सरदार से होनेवाली उसकी बातें सुन-सुनकर आनन्दमग्न हो रहे थे। रामबोला की बात समाप्त होने पर वे सहसा बोले—"बेटा, राम जी ने तुम्हारे लिए यह पेड़े भेजे हैं। लो खाओ।"

इतने ही में कुछ दूर पर पेड़ के नीचे जुएँ बिनवाते हुए ललकऊ ने साधु को देखा। वह आनन्द से चिचियाते हुए छलाँग मारकर उनके पास आ पहुँचा और उनकी टाँग पकड़कर खूब उमँग से चिचियाने लगा। सरदार को यह करते देखकर कई बन्दर साधु के आसपास पहुँच गए। साधु अपनी दाढ़ी-मूँछों में मुस्कान बिखेरकर बोले—"हाँ-हाँ, जान गए, तुम सबको आनन्द हुआ है। ठहरो-ठहरो, तुम सबको भी मिलेगा। पहले इस बाल संत को दे लें। तुम सब तो हनुमान जी के बन्दर हो, पर यह बालक तो साक्षात् राम जी का बन्दर है।" कहते हुए अपने झोले से अंगौछा निकालकर उसके एक छोर पर बँधे लगभग पाव-डेढ़ पाव पेड़ों में से बाबा ने कुछ तो बन्दरों के आगे डाल दिए और एक मुट्ठी रामबोला के हाथों में देकर बोले—"लो खाओ, खतम करौ तो और दें।"

रामबोला कृतज्ञ दृष्टि से साधु को देखने लगा। भूख बड़ी ज़ोर से लगी थी, उसने जल्दी-जल्दी तीन-चार पेड़े मुँह में भर लिए, फिर एकाएक उसे ध्यान आया, उसने साधु के पैर नहीं छुए। हड़बड़ाकर उठा और साधु के सामने धरती पर अपना मस्तक टेककरउसने भरे मुँह से कहा—"बाबा-बाबा, पाँव लागी।" पेड़ों भरें मुँह से शब्दों का अशुद्ध उच्चारण सुनकर तथा बच्चे का भाव देखकर साधु हँस पड़े। पेड़ों से पेट भरा, फिर नदी से पानी पिया और जब लौटकर आया तो उसने देखा कि चबूतरा खाली था और मन्दिर के पासवाली बन्द कुटी के द्वार खुले हुए थे। बच्चे

को लगा कि हो न हो कृपालु साधु इसी कुटी के अन्दर हैं। वह भीतर चला गया। साधु अपनी कुटी बुहार रहे थे। रामबोला आगे बढ़कर उनके हाथ की झाड़ू पकड़कर बोला—"आप बैठो बाबा जी, हम सब साफ किए डालते हैं।"

"रहै दे-रहै दे, तुझसे नहीं बनेगा। अभी नन्हां-सा ही तो है।"

"अरे, हम रोज हनुमान जी स्वामी का चबूतरा बुहारते हैं। आप किसी से पूँछ लें। आप खुद ही देख लेना कि हम कैसा बुहारते हैं।"

बच्चे के आग्रह को देखकर साधु ने उसे झाड़ू दे दी। रामबोला बड़े उत्साह से अपने काम में जुट गया। बच्चा झाड़ू लगाते हुए एकाऐक बोला—"हम रोज-रोज अपने मन में सोचें कि कुटिया बन्द क्यों पड़ी है। यहाँ कौन रहता है। एकाध जने से पूँछा तो उन्होंने कहा कि नरहरि बाबा रहते हैं। तो क्या आप ही नरहरि बाबा हैं?"

"हाँ, तू कहाँ से आया है रे?"

"हम बहुत दूर रहते रहे बाबा! फिर हमारी पार्वती अम्माँ मर गई और उसके बाद पुत्तन महराज ने हमें मारा-पीटा। हमारी झोंपड़ी गिरा दी और खूब जोर-जोर से आँखें निकालकर कहा कि अब जो तू कल से हमारे गाँव में दिखाई पड़ा तो हम ऐसे ही तेरी हड्डी-पसली भी तोड़ डालेंगे।"

बच्चे ने पुत्तन महाराज के क्रोध और अकड़ का ऐसे अभिनय किया कि नरहरि बाबा दुखी होने पर भी हँस पड़े। कहा—"तुमसे कुछ अपराध अवश्य हुआ होगा, नहीं तो वे तुम्हें क्यों मारते!"

"अपराध हमारा नहीं, उनके अपने लड़के का रहा। ससुर अपना ही खेले और दूसरे को दाँव न देवे। तो हमने उसका हाथ पकड़ लिया और कहा कि दाँव देव। तो वह हमको मारै-पीटै लगा। तब हमें भी गुस्सा आ गया। हमसे वह बड़ा रहा बाबा, लेकिन हमने उसको उठायकर पटक दिया और खूब मारा। जो अन्याय करे उसे तो दण्ड देना चाहिए, है न बाबा? राम जी ने रावण को इसीलिए तो मारा था, है न बाबा?"

नरहरि बाबा हँस पड़े, कहा—"अरे, तू बड़ा विद्वान है रे! तू तो खास राम जी का बन्दर है!"

कोने में सिमटा हुआ कूड़ा अपनी नन्ही-नन्ही हथेलियों से समेटते हुए थमकर बच्चे ने साधु की ओर देखा। चार आँखें दो दिलों के अन्दर बैठ गईं। रामबोला खिलखिला कर हँस पड़ा। पार्वती अम्माँ के मरने के बाद रामबोला को ऐसी मुक्त हँसी कभी नहीं आई थी।

बाबा नरहरिदास का उस क्षेत्र में बड़ा मान था। वे कथा बाँचा करते थे, और एकतारे पर ऐसे तन्मय होकर भजन गाते थे कि सुननेवाले आत्मविभोर हो उठते थे। उनकी जाति-पाँति का किसी को पता न था। उनके भक्त उन्हें ब्राह्मण कहते और विरोधी उन्हें हनुमानवंशी डोल बतलाया करते थे। बाबा नरहरिदास जी ने पूछने पर भी कभी अपनी जाति नहीं बतलाई। वे कहते थे कि पानी की कोई जाति नहीं होती, जो रंग मिलाओ वह उसी रंग का हो जाता है। बाबा नरहरिदास यद्यपि ब्रह्मभोज में सम्मिलित होने के लिए राजमहल में न गए पर रानी साहबा ने उनके लिए ढेर

सारी भोजन-सामग्री भिजवा दी। रानी का विश्वास था कि नरहरि बाबा के आशीर्वाद से उन्हें ऊँची उमर में पुत्र का मुख देखने का सौभाग्य प्राप्त हुआ है। बाबा ने रामबोला और अपने बन्दरों को छक-छक कर खिलाया, फिर स्वयं सारी भोजन-सामग्री को एक में मींज कर तथा उसे पानी में सानकर वे आप खा गए। रामबोला को उनकी भोजन-पद्धति देखकर बड़ा ही आश्चर्य हुआ। बाबा जब खा-पीकर चैन से बैठे तो रामबोला ने उसने पूछा—"बाबा, एक बात बताओगे?"

"पूछौ बेटा।"

"यह इतने बढ़िया-बढ़िया मोतीचूर के लड्डू, पूरी, खस्ता-कचौरी, रायता सब एक में मिलाके गाय-बैल की सानी की तरह आप खा गए तो इसका स्वाद क्या मिला?"

नरहरि जी मुस्कराए, कहने लगे—"भोजन से पेट भरता है कि स्वाद?"

"दोनों भरते हैं।"

"अच्छा तो स्वाद भर दिया जाय किन्तु पेट न भरा जाय तो क्या तुमको तृप्ति हो जाएगी, रामबोला?"

रामबोला इस प्रश्न से चक्कर में पड़ गया, फिर सिर हिलाकर बोला—"नाहीं।"

"बस, तो फिर यही बात है। पेट को कोई स्वाद न चाहिए। यह तो बीच की दलाल जिह्वा ही है जो स्वाद की दलाली लेती है।"

रामबोला चक्कर में पड़ गया, उसने कहा—"पेट तो बाबा हमारा भी रोज भर रहा था, परन्तु ऐसा स्वाद हमने कभी नहीं पाया। हमारा तो जी होता है कि हम रोज-रोज ऐसा ही सुन्दर भोजन करें।"

"रोज-रोज यह खटरस भोजन तुम्हें कहाँ से मिलेगा! क्या चोरी करोगे रामबोला!"

"नाहीं।"

बाबा बोले—"राम जी जब तुम्हें दे तो खाओ, न दें तो न खाओ। स्वाद के पीछे न जाओ, पेट की चिन्ता करो।"

"अच्छा, बाबा।"

रामबोला बाबा नरहरिदास के साथ ही रहने लगा। वह हनुमान जी का चबूतरा बुहारता, बाबा की कुटिया और आगे की छोटी-सी फुलवारी वाला भाग स्वच्छ करता, और दिन में विश्राम के समय वह अपने नन्हे-नन्हे हाथों से बाबा के पैर दबाता था। नित्यप्रति मण्डी के एक अनाज के व्यापारी के घर से बाबा के लिए सीधा आने लगा था। नरहरि बाबा बच्चे को रोटियाँ बनाना और पोना सिखलाते थे। रामबोला धीरे-धीरे अच्छा भोजन बनाने लगा। उसे खिलाकर तथा बन्दरों के आगे टुकड़े डालकर शेष सामग्री वे सानी बनाकर नित्य खाते थे।

एक दिन रानी साहब अपने राजकुँवर को लेकर बाबा के दर्शन करने आईं। बाबा के बन्दरों के लिए और घाघरा-सरयू के संगम-तट पर बसने वाले कंगलों के लिए वे लड्डू-कचौड़ियाँ बनवाकर लाई थीं। नरहरि बाबा को वे एक गाय भी पुन्न करके दे गईं। गाय पाकर रामबोला को ऐसा उत्साह आया कि वह उसे तथा उसके बछड़े को देखते नहीं अघाता था। नरहरि बाबा से बोला—"हम औरों के यहाँ गाय

देखें तो दूध और छाँछ पीने को हमारा भी जी करे। अब बाबा हम रोज-रोज दूध दुहेंगे और फिर मजे से हम-तुम दोनों छक के पिया करेंगे। वाह रे, हनुमान स्वामी, तुमने हमारी खूब सुनी।''

नरहरि बाबा बच्चे की भोली बातें सुनकर हँस पड़े, फिर पूछा—''हनुमान स्वामी कहाँ हैं रे?''

''वह क्या चबूतरे पर खड़े हैं गदा-पहाड़ लेके।...अच्छा बाबा एक बात बताएँगे आप?''

''पूछौ।''

''यह तो संजीवनी बूटी का पर्वत है। है न?''

''तुमको कैसे मालूम, रामबोला?''

''हमारी पार्वती अम्माँ ने एक बार हमको बताया रहा। ठीक बात है न बाबा?''

''हाँ, ठीक बात है।''

''पर संजीवनी बूटी से लछिमन जी तो पहले ही ठीक हो गए, अब वे क्यों पर्वत लिए खड़े हैं?''

बच्चे के इस प्रश्न पर नरहरि हँस पड़े, बोले—''इसलिए खड़े हैं कि और किसी को जरूरत पड़े तो उनसे संजीवनी बूटी ले ले। तुमको चाहिए संजीवनी बूटी?''

''हमको शक्ति थोड़े लगी है बाबा, हम मरे थोड़े हैं।''

''जिसके हृदय में राम जी नहीं रहते वही मरे के समान होता है, बेटा। तुम तो साक्षात् रामबोला हो।''

''नाम से क्या होगा बाबा, हम जरूर मरे हुए हैं, बाबा।''

''काहे?''

''अरे हम नान्हे से लड़के, हमारे पास न ओढ़ने को है और न बिछाने को। हमारे हिरदै में सियाराम जी काहे निवास करेंगे? और फिर राम जी तो बाबा बहुत बड़े हैं और हमारा हिरदै तो अबही नान्ह-सा है।''

''तो राम जी भी नन्हे से बनकर निवास करते हैं।''

रामबोला सुनकर स्तब्ध हो गया। आँखें फाड़कर बाबा को देखने लगा। फिर बोला—''पर हमने तो बाबा उनको कभी देखा नहीं। क्या राम जी छोटे भी होते हैं?''

''हाँ-हाँ, वे छोटे से छोटे हो सकते हैं, इतने छोटे, कि किसी को न दिखाई पड़े। और इतने बड़े भी हो जाते है कि कोई उनको पूरा देख नहीं सकता है।''

''राम जी कैसे है बाबा? आप देखे हो?''

नरहरि बाबा बच्चे के प्रश्न पर एक क्षण के लिए चुप हो गए, फिर अदृश्य में आँखे टिकाकर कहा—''एक बार झलक-भर देख पाया था उन्हें। तब से बराबर एक बार फिर देखने की ललक में हम पड़े हैं बचवा।''

''पर बाबा, आप तो बड़े हैं, आपका हिरदैं भी बड़ा है।''

''काया बड़ी हो जाने से तो हृदय थोड़े बड़ा हो जाता है रे। वह तो राम जी की दया से ही होता है।''

रामबोला चुप हो गया। बात उसकी समझ में ठीक तरह से न आई। फिर कुछ सोचकर पूछा—"अच्छा बाबा, राम जी कैसे हैं?...बड़े सुन्दर होंगे!"

"हाँ, बहुत सुन्दर।"

"जैसे अपनी फुलवारी में फूल सुन्दर लगते हैं, वैसे होंगे?"

"इस जगत में जितने सुन्दर-सुन्दर फूल हैं उन सबको मिला दो तो उनसे भी अधिक सुन्दर हैं राम जी।"

सुनकर बच्चा हताश हो गया—"हम तो सब फूल भी नहीं देखा बाबा, हम कैसे जानें। (फिर एकाएक आँखें सूझ से चमक उठीं।) राजा जी की फुलवारी में सब सुन्दर-सुन्दर फूल होंगे। है न बाबा?"

"हमको नहीं मालूम बचवा। हम कभी राजा जी की फुलवारी में नहीं गए हैं। परन्तु जब इतनी बड़ी फुलवारी है तो वहाँ बहुत-से फूल भी होंगे। अच्छा, अब तुम हनुमान जी के चबूतरे पर जाकर बैठो और 'राम-जी-राम-जी' जपो। हम भी अब जप करेंगे।"

रामबोला जब बाहर आने लगा तो नरहरि बाबा ने उससे कुटिया का द्वार बाहर से उड़का जाने का आदेश दिया। आदेश का पालन करके रामबोला बाहर आया। बाड़े में एक ओर गाय-बछड़े को बंधे देखकर वह थम गया। देख-देखकर उसके मन में हर्ष नहीं समाता था—'कैसा नीक लगता है! कैसे सुन्दर हैं! एक तरफ यह फूल खिल रहे हैं और एक तरफ यह गाय-बछड़ा है। अरे बहुत सुन्दर हैं। ऐसा सुख मुझे कभी नहीं मिला।' बाहर आते हुए बाड़े का टट्टर बन्द किया और फिर चबूतरे पर जाकर बैठ गया, मूर्ति को देखते हुए मगन मन उससे बतियाने लगा। "हनुमान स्वामी, आप बड़े अच्छे देवता हो। हमको बाबा से मिला दिया, इससे हमें बड़ा सुख मिल गया। इतनी बड़ी मड़ैया है कि पानी नहीं पानी का बाप भी बरसे तो भी हमें नहीं भिगो सकता है। हमारी पार्वती अम्माँ बिचारी ऐसी झोंपड़ी में नहीं रह सकीं।...यह हमारी फुलवारी और गाय-बछड़ा कैसा सुन्दर लगता है। जो सारे फूलों के बीच यह गाय-बछड़ा खड़ा कर दिया जाए। तो बहुत ही अच्छा लगेगा। पर हमने तो कभी सब फूलों को देखा ही नहीं है। एक बार देख लें।" सब फूलों को एक साथ देखने की इच्छा रामबोला के मन में इतने उत्कट रूप से जागी कि उन्हें देखने के लिए वह उतावला हो उठा। राम बोला चबूतरे से उठा और राजा जी की फुलवारी की ओर दौड़ पड़ा।

फुलवारी बहुत बड़ी थी। उसके चारों ओर इतनी ऊँची-ऊँची दीवारें थीं कि हाथी पर बैठा हुआ आदमी भी फुलवारी के भीतर का दृश्य न देख सके। रनिवास की स्त्रियाँ इस प्रमद वन में मनोविनोद के लिए प्रायः आती थीं। फाटक पर कड़ा पहरा रहता था। रामबोला फाटक के तगड़े मुछाड़िए सिपाहियों को देखकर सहम गया। उधर से निराश होकर लौट आया। चहारदीवारी के किनारे-किनारे चलते हुए बार-बार नज़र ऊँची उठाकर देखे, पर कुछ भी दिखाई न पड़े। बच्चे को फूल देखने की हुड़क-सी लग गई...'हे राम जी कैसे देखें, कैसे तुम्हारा सरूप दिखाई पड़े? अब तो हमसे देखे बिना रहा ही नहीं जाता है। क्या करें?'

रामबोला अपने भीतर ही भीतर बावला हो उठा था। दीवार के सहारे-सहारे वह चलता ही चला गया। दूसरे सिरे पर पहुँचकर उसे एक जगह से बाहर आती हुई एक बड़ी नाली का मुहाना दिखाई दिया। नाली सूखी पड़ी थी और रामबोला का मन अपने उत्साह में बह रहा था। उसने एक बार नाली के मुहाने में झाँककर भीतर देखा, फिर जोश में आकर वह उसमें घुस गया। बदन ईंटों से छिला, कष्ट भी हुआ परन्तु ज्यों-त्यों करके बच्चा नाली के भीतर से रेंग ही गया। अन्दर पहुँच उसे अपार सन्तोष हुआ। वह घूम-घूम कर देखने लगा। भाँति-भाँति के रंग-बिरंगे मनोहर पुष्पों के वृक्षों और क्यारियों को देखकर उसका मन मगन हो गया। सचमुच ऐसी सुन्दरता उसने अब तक नहीं देखी थी। सरोवर में कमल खिले थे। उसके किनारे मोर चहलकदमी कर रहे थे। सामने हिरनों का एक जोड़ा घास चर रहा था। वृक्षों पर पक्षी चहक रहे थे। सब कुछ बड़ा ही अच्छा था, बस, दूर-पास पर यदि उसे किसी मनुष्य की आहट सुनाई पड़ती थी तो वह डर के मारे चौंककर दुबक जाता था। अपनी यह स्थिति ही उसे असुन्दर लगी थी, बाकी सब कुछ सुन्दर था। चलते-चलते वह एक सरोवर के निकट पहुँच गया। यह स्थान एकान्त में था और चारों ओर कई फूल वृक्षों से घिरा हुआ था। उसके बीच में संगमरमर का एक छोटा-सा सिंहासन नुमा चबूतरा बना हुआ था। बच्चा वहाँ खड़ा हो गया। चारों ओर फूलों की शोभा देखकर फूल चुनने आरम्भ कर दिए। रंग-बिरंगे फूल चुन लिए, फिर उन्हें चबूतरे पर सजाने लगा। रामबोला सजाता जाय और फिर खड़ा होकर उनकी शोभा निहारता जाय। कभी एक रंग के फूल एक जगह से उठाकर दूसरे फूलों की गड्डी के पास रख दे और फिर शोभा निहारे। पर उसका जी न भरा। उसने अलग-अलग रंग के फूलों के गोले-दर-गोले बनाने आरम्भ किए। फिर शोभा देखी, सोचा, और थोड़े फूल समा सकते हैं। बच्चा उस कुन्ज से बाहर निकलकर और भी रंग-बिरंगे फूल तोड़ लाया। फिर सजाकर देखा। बच्चे के चेहरे पर वह पहले से अधिक सन्तोष झलका। फिर लगा कि इतने सन्तोष से भी उसका मन अभी भरा नहीं है। बाबा कहते थे कि सब फूलों को मिला दो तो राम जी उससे भी ज़्यादा सुन्दर साबित होंगे, 'पर सब फूल कहाँ से पाऊँ? अच्छा, वो जो सरोवर में कमल खिले हैं उनको ले आऊँ।' बच्चा सरोवर के किनारे-किनारे के छोटे-छोटे कमल भी तोड़ लाया। गोलों के बीच में उन कमलों से उसने दो आँखें बनाईं, होंठ बनाए, कान और नाक भी बनाई, फिर देखा। अच्छा लगा। मगन मन फूलों की शोभा निरखता जाय और सन्तोष-भरी 'हूँ-हूँ' करता जाय। 'राम जी का पूरा मुख कमल जैसा होगा? वह जो आगे बड़े-बड़े कमल खिले हैं उन्हें तोड़कर लाऊँ।' यह सोचकर फिर सरोवर में घुसा। पानी में थोड़ा ही आगे जाने पर पानी गहरा हो गया। पैरों में कमलों की जड़ें भी उलझीं। आगे बढ़ने की हिम्मत न हुई, लौटने लगा। लौटते हुए एक जगह उसका पैर कमल की जड़ों के जाल में ऐसा उलझा कि वह डर गया। पैर निकाले पर न निकले। प्रयत्न से खींचतान करने पर उसका दूसरा पैर भी फँस गया। बच्चा भय और घबराहट के मारे चीख पड़ा।—"बचाओ, बचाओ।"

किसी माली के कानों में आवाज़ पड़ी। वह झपटकर आया। रामबोला पानी से बाहर निकलने के प्रयत्न में बार-बार उठता और गिर पड़ता था। गनीमत यही थी कि वह बहुत गहराई में नहीं था। गिरने पर दोनों हाथों के टेके लगाकर सिर ऊँचा कर लेता था। पर अपने पैर के फँसाव और फिसलन के कारण वह अपने-आपको पूरी तरह से सँभाल नहीं पा रहा था।

"तू कौन है रे? यहाँ घुस कैसे आया?" कहते हुए माली ने पानी में अपना पाँव जमाकर रखा और उसका पाँव पकड़कर ज़ोर से खींच लिया। फिर तो रामबोला को बहुत मार पड़ी। उसने बार-बार रोते हुए यह सिद्ध करने का भरसक प्रयत्न किया कि वह चोर नहीं है, राम जी की सुन्दरता का अनुमान पुष्पसमूह से लगाने की लालसावश ही उसने इस फुलवारी में प्रवेश किया था। माली को विश्वास न हो तो वह चलकर चबूतरे पर देख ले। राम जी की सौंह, हनुमान स्वामी की सौंह, वह चोरी करने नहीं आया था। वह नरहरि बाबा की कुटिया में रहता है। नाली के मुहाने से घुसकर भीतर आया था। इस प्रकार मार खाते हुए अपनी ईमानदारी सिद्ध करने के लिए उसने सभी दलीलें रो-रोकर पेश कर दीं। दो-एक माली और भी आ गए। चबूतरे पर बनाया हुआ बच्चे का खेल देखा। नरहरि बाबा का नाम सुना, तो दो-चार हाथ मारकर फिर उसे बाहर निकाल दिया।

× × ×

"इस प्रकार राम-मुख-छवि निहारने की पहली ललक पर मुझे मार खानी पड़ी। जब पिट-कुट के घर पहुँचा तो बाबा के चरणों में गिरकर खूब रोया। मुझे याद है। बाबा का वह वाक्य भी मुझे कभी नहीं भूलता जो उन्होंने मेरे सिर पर हाथ फेरते कहा था। बोले, कि पराए फूलों से अपने राम को देखेगा? पहले अपने मन की बगिया लगा ले फिर तुझे राम अवश्य दिखाई पड़ेंगे।"

"पर अब तो आपने राम जी के दर्शन अवश्य पा लिए होंगे प्रभु जी!" रामू ने प्रश्न किया।

सुनकर बाबा कुछ बोले नहीं, केवल मुस्करा दिए, उनकी दृष्टि प्रश्नकर्ता रामू के चेहरे के पार कहीं दूर जाकर टिक गई। फिर राजा भगत ने पूछा—"राम जी क्या बहुत सुन्दर हैं?"

"सौन्दर्य व्यक्त भी है और अव्यक्त भी। साकार की सीढ़ियों पर चढ़कर तुम निराकार सौन्दर्य को निहार सकोगे। अच्छा, कल मेरे साथ चलना। रामसौन्दर्य देखने के लिए तुम्हें इस चित्रकूट से बढ़कर भला और कहाँ अवसर मिलेगा? यहाँ पत्थर भी छवि-अंकित होता है।"

7

जन्माष्टमी का दिन है। रामजियावन महराज के कच्चे आँगन में बच्चे लोग मण्डप सजा रहे हैं। पत्थरों के ढोकों से पहाड़ बनाए जा रहे हैं। पत्थरों की आड़ में एक बड़ा टोंटीदार गंगाल रखा जा रहा है। दो नवयुवक ऊँची चौकी पर गंगाल जमा रहे हैं। दो लड़के उसके अगल-बगल खड़े होकर पत्थरों के ढोकों से गंगाल का वह भाग ढंक रहे हैं जो सामने से दिखाई पड़ सकता है। एक लड़का सामने खड़ा होकर आलोचक की दृष्टि से निहार रहा है, "हाँ, अभी बाईं तरफ का भाग दिखाई दे रहा है। दो पत्थर और रखो तो बात बन जाय।" गंगाल की बाईं ओर खड़े पहाड़ बनाते लड़के ने दो ढोके और चढ़ाए और पूछा—"अब बताओ?"

"हाँ, अब ठीक है। अब नीचेवाली गुफा में शंकर भगवान लाकर रख दें, मनोहर भइया?"

"अभी ठहर जाव भाई, यह पर्वत अच्छी तरह से बन जाय। एक-एक पत्थर जम जाय तब ले आना। पुरानी मूरत है, खूब सम्भाल के रक्खी जायगी।"

दो लड़के बाँस के छोटे-बड़े कई पोले टुकड़े और छोटी पत्तियों वाली कई टहनियों का एक ढेर लिए बैठा था। वह बाँस के टुकड़ों के आधे-आधे भाग में चारों ओर चक्कू से छेद बना-बनाकर रखता जाता था और दूसरा उन छेदों में छोटी-छोटी टहनियाँ काटकर घोंसता जा रहा था। वे बाँस के पीले डण्डे विभिन्न प्रकार के वृक्षों के लघु संस्करण बनते चले जा रहे थे। यह पेड़ पर्वत की शोभा बढ़ाने के लिए जगह-जगह खोंसे जा रहे थे। मण्डप के ऊपर भी बल्लियाँ गाड़कर तख्ते बिछाए गए थे और उनपर गोले पत्थरों की बटियाँ लुढ़का कर बादलों की गरज का ध्वनि-आभास दिया जा रहा था। जमुना की लहरें और घटाओं की छटा दिखलाने के लिए पुराने रंगे हुए घटाओं के पर्दे और झालरें टाँगी गई थीं। बड़ी तैयारियाँ हो रही थीं। एक लड़का हँसकर बोला—"हम तौ हियाँ नकली पानी बरसाइत है और जो ऊपर ते राजा इन्नर फाटि पड़े तौ का होई?"

पेड़ बनाता हुआ लड़का बिगड़ उठा—"ए सुखिया, अण्ड-बण्ड न बोलो भाई, अबकी परसाल की तरह दुर्दशा न होने पावे। अबकी हमारे घर बाबा आए हैं। झाँकी देखने के लिए सैकड़ों आदमी आएँगे हमारे यहाँ, देख लेना।"

"तब बाबा से कहो जाके कि राम जी से कह दें कि राम जी आज पानी न बरसाना।"

सुखिया फिर हँसा बोला,—"राम जी कहेंगे कि हमें क्या पड़ी है? पानी बरसे, चाहे न बरसे, हमारा जनमदिन थोड़े है।"

"वाह, भगवान-भगवान एक, राम जी ऐसी बात कभी नहीं कहेंगे।"

"एक कैसे हो सकते हैं। राम जी का जन्मदिन रामनौमी को पड़ता है और कृष्ण जी का आज पड़ रहा है। जो एक होते तो एक जनमदिन न पड़ता?"

"एक हो ही नहीं सकते हैं।" एक दूसरे लड़के ने ज़ोरदार समर्थन किया।

"अच्छा तो चलों पूंछौ बाबा से कि भगवान एक है या दो।" एक छोटी आयु का लड़का पूछने के लिए कोठरी की ओर भागा। रामसुखी चिल्लाया—"ए खबरदार, यह न पूँछौ। ए सुगनवा, सुनता नहीं है!" लेकिन रामफेर उर्फ सुगना बाबा की कोठरी में पहुँच गए।

कोठरी में बाबा चौकी पर विराजमान थे। उनकी आँखें खुली होने पर भी बाहर नहीं, भीतर देख रही थीं। रामू दीए के प्रकाश में बैठा तख़्ती पर लिखे लेख को कागज़ पर उतार रहा था। बेनीमाधव जी गोमुखी में हाथ डालकर माला जपते-जपते रुककर बोले—"गुरु जी, जपते-जपते मन कभी-कभी सहसा शून्य हो जाता है। पहले भी एक बार ऐसा ही अनुभव हुआ था परन्तु सतत् अभ्यास से वह सम्भल गया था। पर अब तो ऐसी विस्मृति चढ़ती है कि कुछ समझ में ही नहीं आता है। कभी-कभी अत्यन्त लज्जा का बोध होता है महाराज।"

"लज्जा क्यों आई? तुम्हारा जप तुम्हें प्रज्ञा के क्षेत्र में प्रवेश कराता है और तुम उसकी नई गति को पहचान भी नहीं पाते। तुम्हारी श्रद्धा कहाँ है, बेनीमाधव?"

"मेरी श्रद्धा आप में है।"

"कौन-सी श्रद्धा? सात्विक या राजसिक, तुम मेरे बारे में चिन्तन करते हो या मेरे जीवन-चरित-लेखन के?"

बेनीमाधव झेंप गए, कहा—"आपने मेरे चोर को ठीक जगह पर पकड़ा है गुरु जी, आपकी जीवन-कथा लिखकर अमर हो जाना चाहता हूँ।"

"स्वर्ग की सीढ़ियाँ सूक्ष्म होती हैं वत्स, तुम स्थूल पर ही क्यों टिके हो?"

"वस्तु जगत के धरातल पर अभी जिज्ञासाएँ शान्त नहीं हुईं, गुरु जी।"

"बेनीमाधव, तुम मेरा जीवन-चरित जिस उद्देश्य से लिख रहे हो वह परिपूरित होकर भी न होगा।"

बेनीमाधव हड़बड़ाकर आगे झुके और अपने गुरु जी के सामने भूमि पर मत्था टेककर कहा—"ऐसा शाप न दें गुरु जी, मेरे यह लोक और परलोक दोनों ही बिगड़ जायँगे।"

बाबा हँसे, कहा—"तुम्हारी श्रद्धा सात्विक होती तो मेरी सीधी-सादी बातों में तुम्हें शाप-भय न दिखाई पड़ता।"

बेनीमाधव सतर्क होकर बाबा का मुख देखने लगे। वे कह रहे थे—

"श्रद्धा के सात्विक न होने के कारण तुम्हारे द्वारा लिखा हुआ मेरा जीवन-चरित मृत देह के समान ही काल की चिता पर भस्म हो जायगा। यह यथार्थ है।"

बेनीमाधव के चेहरे पर परेशानी झलकी। किन्तु उन्होंने मन की उमड़ती घबराहट को थामकर कहा—"जिस काव्य के सहारे इस अकिंचन के अमर होने की बात आप कहते हैं वह कार्य ही यदि नष्ट हो गया तो फिर अमरता कैसे सुलभ होगी गुरु जी?"

"तुमने खण्डहर हवेलियाँ अवश्य देखी होंगी, बेनीमाधव। वे खण्डहर होकर अपने आकार के वैभव को तो खो देती हैं किन्तु नाम चलता रहता है कि यह अमुक व्यक्ति की हवेली थी। इसी प्रकार तुम्हारा काव्य खो जायगा और उसकी स्मृतियों के खण्डहर में तुम्हारे नाम पर टटपुंजियों के भाव जम जायंगे।"

"नहीं गुरु जी, मेरी श्रद्धा राजसी भले ही हो किन्तु उसमें मेरी सात्विकता भी निश्चित रूप से निहित है। मैं लोक-मंगल की भावना से भी यह कार्य कर रहा हूँ।"

"यह 'भी' ही तो तुम्हें खा रहा है बेनीमाधव। तुम एक ओर तो प्राण की सूक्ष्म गति करना चाहते हो और दूसरी ओर उसकी स्थूलता को एक क्षण के लिए भी क्षीण करने का प्रयत्न नहीं करते। मेरा जीवन-चरित यदि स्वयं तुम्हारा मंगल नहीं कर सकता तो वह लोक-मंगल कैसे कर पाएगा भाई?"

सुनकर बाबा बेनीमाधव स्तब्ध हो गए। उनका बंधा मन अपनी थाह पाने के लिए तेज़ी से गहराई में बूड़ चला। तभी रामफेर कोठरी में घुसकर वहाँ के वातावरण को अनदेखा करके अपनी बात सीधे बाबा से कहने लगा–"बाबा, बाबा, राम जी और कृष्ण जी दो हैं कि एक हैं?"

बाबा समेत सबका ध्यान रामफेर की ओर गया। सबके चेहरे मुस्कान से खिल उठे। बाबा ने हँसकर कहा--"यह बताओ कि रामफेर और सुगना एक ही लड़का है कि दो हैं?"

बाबा का प्रश्न सुनकर वह झेंप गया और फिर मानों उस झेंप को मिटाने के लिए उसने कहा–"हम भी तो यही कह रहे थे सुक्खी भैया से कि दोनों एक ही हैं। मुदा बाबा जब एक ही भगवान हैं तो उनके जनमदिन काहे को अलग-अलग पड़ते हैं?"

"अरे भाई, भगवान तो पल-पल में जनम लेते हैं। तुम लोग भला पल-पल में उनकी झाँकी-झूला मना सकते हो?"

"नहीं।"

"बस, इसीलिए साल में दो बार जनमदिन मनाया जाता है। भगवान तो एक ही हैं।"

"तो बाबा तुम भगवान जी से कह देव कि आज पानी न बरसावैं। आज हम लोग बड़ी बढ़िया झाँकी सजा रहे हैं। खूब घटा-उटा बनाए हैं। कैलाश पर्वत बनाया है, चित्रकूट बनाया है, चित्रकूट पर राम जी बैठाए हैं।"

बच्चे की भोली-भोली बातें सुनकर बाबा बड़े मगन हुए, बोले–"वाह-वाह, बड़ी सजावट की है तुम लोगों ने, लेकिन एक बात बताओ, तुम लोग हमको भगवान जी की झाँकी दिखाओगे?"

"हाँ-हाँ, हमारी अम्माँ कह रही थीं कि आज बाबा भगवान का जनम करवाएँगे। और हमारी आजी क्या बनाय रही हैं, जानते हो बाबा?"

"क्या बना रही हैं भाई?"

"अरे बड़े-बड़े माल बन रहे हैं। बीजपापड़ी, चिरौंजी-मखाने की पापड़ी और तुमका का-का बताएँ बाबा! चरणामिर्त बनेगा।"

"अच्छा, भला उनको कौन खायगा रामफेर?"

"भगवान जी खायंगे और फिर हम पंचन को प्रसाद मिलेगा।"

"और भगवान जो सब माल खाय गए रामफेर, तो तुम पंच क्या करोगे?"

"वाह, तुम इतना भी नहीं जानते हो बाबा, भगवान जी अपने खातिर बनवाते हैं और सबको खिलाते हैं।"

बाबा ने बेनीमाधव की ओर देखा और कहा—"यह बालक सत्य को पहले प्रतिष्ठित करके ही सत्य को स्वीकारता है। यह सत्य को पहचानता है।"

"अच्छा बाबा, पहले आप हमारा काम कर देव, पीछे इनसे बात करो। हमको बहुत काम पड़ा है।"

बच्चे की गम्भीरता ने बाबा का मन मोद से भर दिया। बोले—"हाँ-हाँ, अपना काम बताओ, वह जरूर महत्वपूर्ण होगा। क्या काम है, सुगना?"

"हमारा काम यह है कि हम पंच मिलकर झाँकी सजा रहे हैं और आप यहाँ बैठकर भगवान जी से कहिए कि आज पानी न बरसावैं।"

"काहे न बरसावैं भाई, पानी न बरसैहैं तो अन्न कैसे होगा?"

"अरे बस छठी तक न बरसै, इतना तो बरस चुका है। आगे चाहे और जोर से बरसै। हमारा सब सुख बिगड़ जायगा।"

बच्चे की बात सुनकर सब हँस पड़े। बाबा ने कहा—"अच्छा भाई सुगनाराम, तुम्हारी आज्ञा का पालन करूँगा। कृष्ण भगवान, आप हमारे सुगना-रामफेर की अरज सुन लेव। राजा इन्द्र को बाँधकर रखो, जिससे कि हमारे बच्चों का मजा न बिगड़ पावै। जयकृष्ण परमात्मा। जय योगेश्वर नटनागर बालमुकुन्द।"

बच्चा सन्तुष्ट होकर चला गया और उसे सन्तोष देने के लिए बाबा आँखें मूँदकर जो प्रार्थना भाव में आए तो फिर उसी में रम गए। मनोलोक में बाल मुकुन्द की झाँकी सज गई। सुगना उर्फ रामफेर की बातों से उपजा सुख आनन्द बनने लगा। सुगना-मुख कृष्ण-मुख बना। कृष्ण अपनी चिर-परिचित बालरूप राम की मनोछवि में प्रतिष्ठित होकर बाबा का मन मोहने लगे। वात्सल्य भाव की गूँज में यशोदा मैया का आकार उभरने लगा। अपनी जाँघ कर थपकी देते हुए उछाह-भरे स्वर में वे गा उठे...

(माता) लै उछंग गोबिन्द मुख बार-बार निरखै।
पुलकित तनु आनंछदन छन छन मन हरषै।
पूछत तोतरात बात मातहिं जदुराई।
अतिसय सुख जाते तोहि मोहिं कहु समुझाई।
देखत तब बदन कमल मन अनंद होई।
कहे कौन रसन मौन जानै कोई कोई।

रामू लिखना रोककर बाबा के साथ ही साथ उनके शब्दों को धीरे-धीरे गुनगुनाने लगा। बेनीमाधव जी भी भावमग्न होकर अपने पैरों पर थाप दें रहे थे। बाबा के स्वर के माधुर्य में इस आयु में भी ऐसा चुम्बक है कि वातावरण का चेतना स्वरूप मुग्ध होकर बँध जाता है। गायन समाप्त करने के बाद बाबा कुछ देर तक उसी प्रकार ध्यानावस्थित मुद्रा में बैठे रहे। जब उन्होंने आँखें खोलीं तो बेनीमाधव जी

ने उनसे सविनय प्रश्न किया—"कृष्ण भगवान को आपने केवल ब्रज-जनहितकारी क्यों माना गुरु जी?"

"मेरे लिए श्रीकृष्ण अथवा श्रीराम की जन्म-भूमियों के नाम एक सीमित क्षेत्र का अर्थबोध नहीं कराते। यह समस्त सचराचर जगत ही भगवान का ब्रज-अवध है। कौन-सी भूमि भगवान की जन्मभूमि नहीं है वत्स? रूप, रस, गंध, स्पर्श, शब्द नाना आकार-प्रकारों में मेरे रामभद्र को छोड़कर प्रतिपल के सहस्रांशों में भला और कौन जन्मता है?"

रामघाट पर नित्य बाबा रामचरित मानस सुनाते हैं। कोल-किरात आदि गण दूर-दूर से आकर आजकल चित्रकूट में ही अपना डेरा जमाए हुए हैं। वे बाबा के लिए फल, फूल, कन्द, मूल, दूध, दही आदि लेकर आते हैं। इस समय रामजियावन के घर में मानो आठों सिद्धि नवोनिधियों का वास है। तीसरे पहर कथा होती है और फिर भक्तों की भीड़ रामजियावन के घर में सजी हुई झाँकी देखने के लिए आती है। चित्रकूट की गली-गली में भक्तों की भीड़ यत्र-तत्र अपने बसेरे बसाए पड़ी है। पक्षियों का कलरव तो रात को थम जाता है पर यह जनरव मध्यरात्रि से पहले कभी शान्त नहीं होता।

तुलसीदास जी के दर्शन करने अथवा रामकथा सुनने की श्रद्धा के साथ-साथ ही उनका समस्त माया-प्रपंच भी अभिन्न रूप से जुड़ा हुआ है। इधर वे भक्ति भावना से उद्दीप्त होते हैं और उधर पारस्परिक ईर्ष्या-द्वेष से उतने ही संकीर्ण भी हो जाते हैं। न वे उदात्त हैं न संकीर्ण, वे दोनों का मिश्रण हैं। कभी एक रस उमगता है कभी दूसरा। वे मानो सागर की लहरें मात्र हैं जो उछलना-भर ही जानती हैं, उनमें गहराई तनिक भी नहीं होती।

एक दिन कथा के उपरान्त बाबा घर लौट रहे थे तो आती-जाती भीड़ को देखकर बोले—"अयोध्या में ऐसी भीड़-भाड़ अब नहीं होती। वहाँ दर्शनार्थी अब प्रायः नहीं के बराबर ही आते हैं।"

बेनीमाधव जी ने पूछा—"पहले किसी समय वहाँ भीड़ आती रही होगी, बाबा?"

"हाँ-हाँ, बचपन में जब हमारे पंच संस्कार कराने के लिए गुरु जी हमें अयोध्या ले गए थे उस वर्ष अन्तिम बार रामभक्तों और राजसेना के बीच में बड़ी करारी झड़प हुई थी। हमें स्मरण है अयोध्या रणभूमि बन गई थी।"

बेनीमाधव जी बोले—"एक बार मुझे भी अयोध्या में जन्मस्थान के संघर्ष का स्मरण है। उसमें मैंने भी चार-पाँच लाठियाँ खाई थीं, महाराज। परन्तु ऐसे छोटे-मोटे संघर्ष तो वहाँ प्रायः हुआ ही करते हैं।"

"हाँ, मेरे भी देखने में आए हैं किन्तु जैसा संघर्ष मैंने बचपन में वहाँ पर देखा था वैसा फिर कभी नहीं देखा। उस समय हुमायूँ बादशाह शेरशाह पठान से हारे थे, चारों ओर भगदड़ पड़ी थी। तभी कुछ विरक्त साधुओं ने जन्मस्थान के उद्धार करने की योजना बनाई। अपार भीड़ थी। गुरु जी हमें लेकर अयोध्या पहुँचे।

× × ×

दिन का चौथा पहर है। नरहरि बाबा, रामबोला को साथ लेकर सरयू के एक घाट पर नाव से उतर रहे हैं। घाट पर सन्नाटा है, बस, दो-चार व्यक्ति इधर-उधर आते-जाते दिखाई पड़ रहे हैं। नाव से उतरी हुई आठ-दस सवारियाँ स्थिति को देखकर चिन्तित हो रही हैं। एक कहता है–"जान पड़ता है कोई उत्पात होनेवाला है। बड़ा सन्नाटा है।"

ऊपर आकर तख्त पर बैठे एक बुड्ढे साधु से नरहरि बाबा पूछते हैं–"आज बड़ा सन्नाटा है बाबा जी, कोई उत्पात हुआ है यहाँ?"

अपने पोपले मुँह से कुछ-कुछ अस्पष्ट स्वर में उस चिन्तामग्न बूढ़े साधु ने कहा–"हुमायूंशाह हार गया। मुगल और पठान लोग कल और परसों यहाँ दिन-भर एक-दूसरे से गुँथे रहे। देखो, क्या होता है। तुम लोग जल्दी-जल्दी अपने-अपने स्थानों पर चले जाओ भाई। आजकल किसी बात का ठिकाना नहीं है कि कब क्या हो जाय।"

घाट से आगे बढ़ने पर शृंगारहाट नामक मुख्य बाज़ार में आए। निर्जनता के कारण वह चौड़ी सड़क और भी अधिक चौड़ी लग रही थी। कुत्ते तक उस मार्ग पर नहीं दिखलाई पड़ रहे थे। रामबोला ने इतना बड़ा नगर, पक्के मकान, पक्की सड़क और घाट-बाट जीवन में पहली ही बार देखे थे। इस दृश्य से वह चमत्कृत भी हुआ, मन में बतियाता चला। 'राजा रामचन्द्र जी की अयोध्या है, इसे तो ऐसे ठाठ-बाट का होना ही चाहिए था। मुदा यह बीच-बीच में इतने खण्डहर क्यों पड़े हैं? राम जी की अयोध्या में मुगल-पठान क्यों लड़ रहे हैं? किसी और बादशाह की हार-जीत का प्रश्न क्यों उठ रहा है?" ऐसे कौतूहल, भरे प्रश्न उसके अबोध मन को चौंकाने लगे।

एक जगह आठ-दस लड़वैये तीर-कमान लिए कमरे में तलवारें बाँधे एक चबूतरे के पास खड़े थे। नरहरि बाबा ने उनसे कहा–"जै सियाराम!"

"जै सियाराम, बाबा, अरे नान्हे से बच्चे को लेकर काहे घूम रहे हो आप?"

"बाहर से आए हैं भगत। ठिकाने पर जा रहे हैं। यह प्रलय काल कब तक रहेगा भाई?"

एक सिपाही ने खिसियाई हुई हँसी हँसकर उत्तर दिया–"कौन जाने महराज, राम जी तो अजुध्या छोड़ि कै वैकुण्ठवासी हो गए। अब जो न हो जाय सो थोड़ा है।"

"यह हवेली कौन सेठ की है?"

"बिस्सूमल जौहरी की। वह तो फटे-पुराने चिथड़े पहनकर भाग गए हैं और हमें मरने के लिए यहाँ छोड़ गए हैं। माया उनकी और रच्छा हम करें! हः-हः-ह।"

दूसरा सिपाही बोला–"तो क्या उपकार कर रहे हो तुम!"

एक तीसरे सिपाही ने कहा–"यह घुरहुना सार जब बोलता है तब अण्डबण्ड ही बकता है। अरे पापी पेट की गुलामी कर रहे हैं हम लोग। जिसका नमक खाते हैं उसके लिए जान भी देंगे।"

नरहरि बाबा शान्त स्वर में बोले–"पेट ही तो राम जी की माया है। पेट और नारी इन्हीं दो से संसार नाचता है। तो सब सेठ-साहूकार भाग गए होंगे?"

"हाँ, महराज, बस एक रतनलाल सेठ मूँछों पै ताव दिए डटे हैं। दो हजार बैरागी लड़वैये उनके साथ हैं। कोई मुगल-पठान उधर मुँह करने की हिम्मत नहीं करता है।"

इस हवेली को पार करके बाबा एक गली में मुड़े। गली यहाँ से वहाँ तक सूनी पड़ी थी। सारे द्वार-खिड़कियाँ-झरोखे बन्द थे।

रामबोला ने पूछा—"बाबा, राम जी मुगल-पठानों को अपनी अयोध्या में दँगा काहे मचाने देते हैं?"

"अरे भाई, राम जी के तो सभी लड़के हैं। और लड़के दंगा भी करते हैं। क्या तुम नहीं दंगा करते हो?"

रामबोला झेंप गया। बाबा ने कनखी से उसकी ओर देखा और मुस्कराकर कहा—"तुम भले लड़के हो, कभी-कभी दंगा करते हो।" हल्का विनोद का पुट देकर बाबा ने बच्चे का मन थाम लिया। एक बड़े फाटक के सामने आकर बाबा रुके। उन्होंने फाटक का कुण्डा ज़ोर से खड़खड़ाया और आवाज़ दी—"अंजनीशरण, ऐ अंजनीशरण!" भीतर से कोई आवाज़ नहीं आई। कहीं दूर पर 'जय-जय-सीताराम' का युद्धघोष गूँजा। नरहरि बाबा ने फिर कुण्डा खटखटाया और ज़ोर-ज़ोर से अंजनीशरण को पुकारा। फाटक की खिड़की के पीछे से आवाज़ आई—"कौन है?"

"हम, नरहरिदास।"

"कौन दास, कहाँ से आए हैं?"

"वाराहक्षेत्र से नरहरिदास।"

"तुम्हारे साथ कोई और भी है?"

"अरे, द्वार तो खोलो भाई, हमें पहचाना नहीं, अंजनीशरण कहाँ हैं? सियारामशरणदास हैं? जाके उनसे कहो कि वाराहक्षेत्र से नरहरि बाबा आए हैं।"

फाटक के पीछे से एक नया स्वर सुनाई दिया—"हाँ, हम चीन्हि गए। फाटक खोल दे जयरमवा।"

कुण्डी खटकी। खिड़की का एक पल्ला तनिक-सा खुला। दो आँखों ने झाँक कर देखा और पल्ले झट से खुल गए। "आओ, बाबा। अरे, ऐसी प्रलय में आप कैसे आकर फँस गए बाबा? जय सियाराम।"

"जय सियाराम। बड़ा उत्पात मचा है यहाँ तो!"

"कुछ समझ में नहीं पड़ता है महराज, क्या होगा? जिस बब्बरशाह ने जन्मभूमि को नष्ट-भ्रष्ट किया उन्हीं का बेटा आज दण्ड पा रहा है। हार के भागा बिचारा। अब यह पठान क्या करेंगे सो कौन जाने।"

"राम करे सो होय, कलिकाल है भाई।"

रामबोला बड़ों की बातें सुन-सुनकर अपने मन में कुछ विचित्र-सा अनुभव कर रहा था। उसके हृदय में कौतूहल-भरी सनसनाहट और आतंक की उठती-गिरती तरंगें भरी हुई थीं। नई जगह का अनजानापन भी मन को अस्थिर बना रहा था। उसके मन में शब्दों का भण्डार मानो चुक गया था, मन का यह गूंगापन रामबोला को और भी आतंकित कर रहा था।

भीतर दालान में एक वृद्ध साधु चौकी पर बैठे माला जप रहे थे। नरहरि बाबा को देखते ही वे उठ खड़े हुए और प्रेम से उनकी अभ्यर्थना की। बातों के दौर में बाबा ने रामबोला का परिचय दिया। पैनी दृष्टि से बालक को देखकर महन्त जी बोले—"यह तो जन्म से ही यज्ञोपवीत धारण करके आया है बाबा, इसे आप क्या संस्कार देंगे!"

"सांसारिकता निभानी ही पड़ती है महन्त जी, स्वयं राम जी को भी पृथ्वी पर आकर संस्कार-सम्पन्न होना पड़ा था।"

"हाँ, यह तो ठीक है। तो क्या परसों रथयात्रा के दिन इसे संस्कार देंगे?"

"हाँ।"

"अब तो अयोध्या से रथयात्रा का उत्साह ही समाप्त हो गया, बाबा। श्रीराम की अयोध्या रावण की लंका हो गई है।"

"लंका तो यहाँ नहीं बन सकती। अब तक दिल्ली में थी, अब चाहे जौनपुर में बने। राम जी की इच्छा, क्या कहा जाय।"

दो दिन बीत गए। अयोध्यापुरी आतंक और अफवाहों से तो भरी रही किन्तु कोई घटना न घटी। रथयात्रा के दिन ब्रह्म मुहूर्त में ही रामबोला का मुण्डन और फिर उपनयन संस्कार हुआ। रामबोला को गायत्री मन्त्र की दीक्षा स्वयं नरहरि बाबा ने दी। संस्कार समाप्त होने के बाद रामबोला को तुलसी मण्डप के नीचे काठ के छोटे-से पलके में विराजमान राम जी को प्रणाम करने के लिए भेजा गया। रामबोला जब भगवान को साष्टांग प्रणाम कर रहा था तब तुलसी की एक पत्ती वृक्ष से भरकर उसके मस्तक पर गिरी। उसे देखकर महन्त जी प्रसन्न मुद्रा में बोले—"उठ, उठ बच्चा, तेरा कल्याण हो गया। राम जी ने तेरे मस्तक पर भक्ति-भार डाल दिया है।"

सुनकर नरहरि बाबा पास आए। बालक के मस्तक पर चिपकी तुलसी की पत्ती को देखकर वे बोले—"आपने सत्य ही कहा महन्त जी, श्रीराम ने इसे निःसन्देह स्वभक्ति का ही वरदान दिया है। आज से इसका नाम तुलसीदास हुआ।"

उसी दिन महन्त जी ने बालक का अक्षरारम्भ संस्कार भी कराया। रामबोला उर्फ तुलसीदास अब विधिवत् पंच संस्कार पाकर ब्राह्मण वटुक बन गया था। महन्त जी ने बाबा से पूछा—"बालक को क्या आप अयोध्या में ही छोड़ जाना चाहते हैं?"

"इसे काशी ले जाऊँगा महन्त जी, आचार्य शेष सनातन ही इसे पण्डित बनाएँगे।"

"हमारा विचार है कि अभी आप कुछ दिनों तक अयोध्या न छोड़ें। राजनीतिक स्थिति शान्त हो जाने पर ही यात्रा करना उपयुक्त होगा।"

"राजनीतिक स्थिति अब तो सदा ऐसी ही रहेगी महन्त जी। शेर खाँ आवे चाहे चीता खाँ। वस्तुतः धर्म धर्म से नहीं लड़ रहा है, यह बात अब सिद्ध है। नहीं तो पठान भला मुगलों से लड़ते? राम जी कालदधि मथकर मानव-मन का माखन निकाल रहे हैं।"

संस्कार तथा नया नाम पाकर तुलसी के जीवन में सहसा एक विराट परिवर्तन आ गया। वह बड़ी लगन से पढ़ता। उसे जो कुछ भी पढ़ाया जाता वह दिनभर उसे

ही याद करता था। यज्ञोपवीत के सात-आठ दिन बाद ही नगर में डौंडी पिटी—''खल्क खुदा का, मुल्क शेरशाह का अमल...।'' स्थानीय पठान शासनाधिकारी के नाम की घोषणा हो जाने के बाद सबको अपनी दूकानें खोलने और कारोबार चलाने का आदेश दिया गया। समय देखकर नरहरि बाबा ने काशी जाने की योजना बनाई। तुलसी बोला ''बाबा, तुम तो कहते थे कि अयोध्या जी में राम जी का महल है। हमें भी दिखाय देव।''

सुनकर बाबा की आँखें उदास हो गईं। होंठों पर खिसियान-भरी पराजित मुस्कान की रेखा खिंच गई, वे बोले—''राम जी का पुराना महल टूटकर अब नया बन रहा है बेटा।''

''तो राम जी आजकल कहाँ रहते हैं?''

''मेरे-तेरे अपने चाहनेवालों के हृदय में रहते हैं।''

बात इतनी गम्भीरतापूर्वक कही गई थी कि बच्चा उसका प्रतिवाद करने का साहस तक न कर सका। यद्यपि उसके मन में गहरा प्रश्नचिह्न बना ही रहा।

मार्ग इस समय निरापद था। जगह-जगह पठानों की चौकियाँ थीं। वे लोग व्यापारी काफिलों को आने-जाने के लिए प्रोत्साहन दे रहे थे। बाबा नरहरिदास जी के साथ ही काशी जाते हुए एक अन्य साधु ने यह देखकर कहा--''यह पठान मुगलों से अधिक प्रबन्धपटु लगते हैं। इनका ब्यौहार भी मीठा है।''

नरहरि बाबा हँसे, कहा—''नया धोबी कथरी में साबुन। अभी कुछ दिनों तक तो यह अच्छे प्रबन्धक बने ही रहेंगे। उन्हें अपना शासन जमाना है।''

''आपने सत्य कहा महात्मा जी, पर अब क्या रामराज्य कभी लौटकर नहीं आएगा?''

''जब रामकृपा होगी तब रामराज्य भी आ जायगा।''

''रामराज्य कैसा होता है बाबा?'' बालक तुलसी ने प्रश्न किया।

''बाघ और बकरी एक ही घाट पर पानी पीते हैं। राह में सोना उछालते चलो तो भी कोई तुमसे छीनेगा नहीं। जैसा न्याय राम जी करते हैं वैसा कोई नहीं कर सकता है बेटा। रामराज्य में कोई दीन-दुर्बलों को सता नहीं सकता। कोई भूखा नहीं रहता, कहीं भी चोरी-चकारी और अन्य अपराधजनित कार्य नहीं होते।''

''ऐसा रामराज्य कब आएगा बाबा?''

नरहरि बाबा मुस्कराए, कहा—''तुम आठों पहर अपने मन में प्रेम से गोहराओ, राम जी आओ, राम जी आओ, तो राम जी तुम्हारी गोहार अवश्य सुनेंगे।''

''राम जी आओ, राम जी आओ, राम जी आओ।''...बालक का भोला मन गुरु से राह पाकर सीधा-सरपट दौड़ चला। मार्ग-भर वह इधर-उधर से मन हटाकर बार-बार यही रटता चलता था। उसकी बुदबुदाहट पर बड़ी देर बाद नरहरि बाबा का ध्यान गया। तब तक वे अपनी कही बात को भूल भी चुके थे। उन्होंने पूछा—''क्या बुदबुदाता है रे?''

''राम जी को गोहरा रहा हूँ, बाबा।''

तुलसी के सिर पर प्रेम से हाथ रखकर बाबा बोले—"गोहराए जाओ, रुकना नहीं। कभी तो गरीब निवाज के कानों में भनक पड़ ही जाएगी।"

एक व्यापारी काफिला इन साधुओं के साथ चल रहा था, इसलिए इन्हें मार्ग में भोजन-पानी की तनिक भी चिन्ता न करनी पड़ी। वे सकुशल काशी पहुँच गए।

8

बाबा का मन अपनी जीवन कथा की तटस्थ होकर पुनरावृत्ति करते हुए एक जगह पर शून्य-स्थिति में आ गया और जब सूनापन आता है तो आदत से सधा हुआ राम शब्द तुरन्त उस शून्य का केन्द्र-बिन्दु बन जाता है। कुछ क्षणों तक वे शब्द रूपी कमल की केसर में मधुप बनकर चिपके रहे फिर कहा—"अच्छा, बेनीमाधव आगे की कथा अब कल होगी।"

रात में स्वप्न देखा कि एक सर्पिणी अपना फन कुंडली में दबाए पड़ी है और बाबा उसे ध्यान से खड़े हुए देख रहे हैं। अकस्मात् उन्हें ऐसा लगता है कि जैसे उनका हृदयाकाश असंख्य बाद्य ध्वनियों की गूँज से भर उठा है। उन्हें स्वप्न में भी ध्यान आने लगा कि जो बाजे उन्हें अब तक राम ध्वनि के साथ कानों में ही सुनाई पड़ा करते थे वे अब हृदय की धड़कनों में ऐसे अद्भुत नाद करते सुनाई दे रहे हैं कि वे स्वयं ही उसके जादू से बँध गए हैं। उन्हें ऐसा लगता है कि जैसे वे एक बहुत बड़े सोने के फाटक के सामने खड़े हैं। अपने साहब की ड्योढ़ी देखकर उनके हृदय को आह्लाद का दौरा पड़ा। वे डरते हैं और अपनी राम-आस्था से सम्भलते हैं।

'प्रभु जी की ड्योढ़ी पर आना क्या कोई हँसी-ठट्ठा है! कैसा चमत्कार है। भय तो लगेगा ही। पर भय तेरा क्या कर लेगा, रे तुलसी! तू जिसका खास गुलाम है यह उसी मालिक गरीब-निवाज तुलसी-निवाज की ड्योढ़ी है।'

द्वन्द्व यहाँ भी न छूटा, दूसरा मन खिल्ली उड़ाते हुए पूछ बैठा—'क्या प्रभु भी तुझे अपना मानते हैं?'

'मानते हैं।'

'फिर खुलती क्यों नहीं? खास गुलाम को भला ड्योढ़ी पर रोक-टोक?"

पहला मन इस प्रश्नाघात से स्तम्भित होता है। आह्लाद रुक गया। मन की खीझ बढ़ी। फिर वह सिसक उठा। नींद खुल गई। वे उठकर बैठ गए। आँखों में आँसू छलछला आए, होंठ काँपने लगे। दोनों हाथ जोड़कर प्रार्थना की। करुणा में बह चले—

राम! राखिए सरन, राखि आए सब दिन।
विदित त्रिलोक तिहुं काल न दयालु दूजो,

आरत-प्रनत-पाल को है प्रभु बिन॥
स्वामी समरथ ऐसो, हौं तिहारो जैसो तैसो
काल चाल हेरि होति हिए घनी घिन॥
खीझि-रीझि, विहँसि-अनख क्योंहूँ एक बार।
'तुलसी तू मेरो,' बलि, कहियत किन?
जाहिं सूल निर्मुल, होहिं सुख अनुकूल,
महाराज राम, रावरी सौं तेहि छिन॥

रामू झपटकर उठकर बैठ गया। वह सहसा मन में लज्जा का अनुभव करने लगा। कई वर्षों के साथ में यह पहला ही अवसर था जब रामू अपने प्रभुजी के जागने के बाद जागा। बाबा का भजन चलता रहा। वह पीछे खड़ा-खड़ा होंठों में दुहराता रहा। प्रभु जी के स्वर में आज कैसी अगाध करुणा है। बाबा फिर जब चैतन्य होकर भीतर मुड़े तो उसने बाबा के चरणों में अपना प्रणाम निवेदन किया और फिर अपना टाट समेटकर उसे रखने के लिए बाहर दालान में चला गया।

बाबा उसके पीछे ही पीछे बाहर दालान में आ गए, आकाश देखा, बोले—"लगता है कि हम जल्दी उठ आए। स्वप्न में सर्पिणी को देखा तो आँख खुल गई।" बात कहते हुए उन्हें लगा कि वे चीखकर स्वर निकाल रहे हैं। और कान में बजने वाले ढोल-दमामे की गूँज में जैसे उनका स्वर अपने ही में दबा जा रहा है। उन्हें लगा कि उनके प्राणों में बाढ़ आ रही है और प्रवाह के वेग से वे स्वयं भीतर ही भीतर कहीं बहे चले जा रहे हैं।

"रामू!" गूढ़ किन्तु धीमे स्वर में पुकारा।

"जी, प्रभु जी।"

"लगता है कि जीवन में अभीप्सित क्षण आ पहुँचा है। सावधान रहना। मेरे शिशु मन की परीक्षा का कठिन क्षण भी है। कुछ भी हो सकता है।"

सुनकर रामू का मन काँप उठा। लड़खड़ाए, घबराहट-भरे, सिसकते स्वर में मुँह से निकला, "प्रभु जी..."

"मृत्यु नहीं पगले, जीवन की बात सोच। चल, अब उठ पड़े हैं तो घाट पर ही चलें।"

"भगत जी और सन्त महाराज को जगा लूँ तो..."

"वे अपने समय से जागेंगे। तू मुझे ले चल।" रामू के लिए बाबा की बात कुछ पहेली-सी तो थी किन्तु वह इतना अवश्य समझ गया कि बाबा के भीतर कोई रहस्यमय परिवर्तन हो रहा है। उनके स्वर में कुछ भारीपन और खिंचाव भी था। ऐसा लगता था कि वे भीतर कहीं पीड़ित हैं परन्तु वह पीड़ा उनके लिए दुखदायिनी होते हुए कहीं पर सन्तोष-भरी और सुखदायिनी भी है। वे चेहरे पर ही खोए-खोए-से लग रहे हैं। स्वर, चाल-ढाल सबमें यही बात है। ऊपरी तौर से वह दिन अनमना बीता। बाहर से मानो उनकी सारी क्रियाएँ शिथिल पड़ गई थीं। बोलना-चालना, भीड़-भड़क्का, खाना-पीना कुछ भी रुचिकर नहीं लग रहा था। रामजियावन ने वैद्य

को लाने की बात कही किन्तु बाबा ने मना कर दिया, बोले—"मेरे वैद्य स्वयं पधार रहे हैं।"

रामू अनुभवसिद्ध भले ही न हो किन्तु काशी में जन्मा है। ऐसे वातावरण में पला-बढ़ा है जहाँ आध्यात्मिक प्रसंग जनसाधारण की गप्पों तक में सुने-बखाने जाते हैं। चौदह-पन्द्रह वर्ष की आयु में बाबा के पास आया था और इन्हीं की सेवा में जवान हुआ। अनेक सन्त-संन्यासियों और ज्ञानियों के साथ बाबा की बातें भी सैकड़ों बार सुनी हैं इसलिए रात में जब बाबा लेटे तो पैर दबाते हुए उसने कुछ-कुछ सहमे हुए स्वर में पूछा—"प्रभु जी, काया में कोई आध्यात्मिक परिवर्तन?"

"हूँ। किसी से कहने-सुनने की आवश्यकता नहीं है।"

दूसरे दिन रात में फिर उसी समय शक्ति जागी। इस बार बाबा भी जाग पड़े। बैठने लगे तो भीतर से आदेश गूँजा : 'शवासन साधे पड़े रहो।' बाबा अचम्भे में आ गए। सोचते, 'यह स्वर है तो मेरा ही पर इतना गम्भीर और गूँज-भरा है कि मानो रामजी का ही स्वर हो।' अभ्यास-भरी साँस राम-राम जप रही है, अन्तर्दृष्टि के आगे दृश्य आ रहे हैं...

उन्हें भासित हो रहा था कि उनका मन मानो एक गुफा है। जिसमें बीचोबीच एक दीया जल रहा है। वह गुफा राम-रमी वाद्यध्वनियों से गूँज रही है, और वह गूँज बढ़ती ही जा रही है। फिर उन्हें लगा कि प्राण मानो उनके नाभिचक्र से नाचते हुए ऊपर उठ रहे हैं, पंचेन्द्रियाँ अजीब सनसनाहट से भर उठी हैं। सारे राग एक सम्मिलित नाद बनकर उन्हें अपने-आप में लपेटते ही चले जा रहे हैं, नाद बवण्डर की तरह उनके मन के चारों ओर नाच रहा है। दीप-शिखा नाद के बवण्डर को नागिन की जीभ बनकर छू लेती है। जैसे ही उसका स्पर्श होता है वैसे ही नादमयी काया आह्लाद की विवश गुदगुदी, कौतूहल और भय की सनसनाहट से भर उठती है। मन-गुफा के कण-कण से ऐसा रस झरने लगता है कि वह ऊभचूभ हो जाते हैं, आनन्द और भय में ऐसा द्वन्द्व हो रहा है कि ऊपर से कुछ कहते नहीं बनता, पर मन में कहीं से बात भी उठ रही है कि धैर्य धरो, प्रतीक्षा करो।

मन-दीप की शिखा मीनार-सी ऊँची उठती है और उसकी नोंक से एक नन्हा ज्योति-बिन्दु भरकर गुफा के शून्य में नाचने लगता है। वह क्रमशः बड़ा होता है और बन्द कमल कली-सा नीचे उतर आता है। कली खिलती है, खिले कमल से तुलसीदास ही का एक आकार पद्मासन साधे बैठा हुआ प्रकट होता है।

फिर उसके स्पर्श से एक दूसरा ज्योति-बिन्दु उठकर नाचता है और वैसे ही संक्रमण करते हुए क्रमशः कमल और कमलासीन तुलसी प्रकट होकर बाबा के बाएँ विराजते हैं। क्रमशः आकार से आकार निकलते चले आते हैं। प्रत्येक आकार पहले से अधिक झीना होता है और इन सात आकारों के गोष्ठचक्र के बीच में एक नन्हा-सा सूक्ष्माकार विराजमान हो जाता है। किन्तु यह किसी का आकार नहीं, यह सूर्य है जिसकी किरणें सुनहरी नागिनों-सी चारों ओर बढ़ रही हैं। मन चकित और बड़ा ही विकल है। सूर्य उनके आकारों को आत्मसात करता हुआ बढ़ रहा है।

रामू जाग पड़ा। उसने आश्चर्य से देखा कि अँधेरे में बाबा की काया तहखाने में रखे सोने जैसी लग रही है। झिलमिल देह मानो यथार्थ से एक उच्च यथार्थ है।

कुछ देर तक अन्तर्पट के दृश्यों को देखते रहे। और फिर वह दृश्य भी तिरोहित हो गए। केवल काला अँधेरा बचा और शेष रहा कपाल-बिन्दु पर एक अनोखा और सचल भारीपन। बाबा को उन दृश्यों के खो जाने का बड़ा दुख था। उन्हें वैसा ही लग रहा था जैसे उनका पैसा गाँठ से खिसककर कहीं गिर गया हो। दुख को शब्दों का जामा पहन लेने की आदत पड़ गई है। लेटे ही लेटे बाबा अपने आप ही से बोलने लगे–

"कह्यो न परत, बिनु कहे न रह्यो परत
बड़ो सुख कहत बड़े सों बलि दीनता।
प्रभु की बड़ाई बड़ी, अपनी छोटाई छोटी,
प्रभु की पुनीतता, आपनी पाप-पीनता।
दुहू और समुझि सकुचि सहमत मन,
सनमुख होत सुनि स्वामि-समीचीनता।
नाथ-गुननाथ गाए, हाथ जोरि माथ नाये,
नीचऊ निवाजे प्रीति-रीति की प्रबीनता।

हाथ जोड़कर प्रणाम किया और उठ बैठे। उन्हें बैठते देखकर रामू ने तुरन्त चरणों में माथा टेककर प्रणाम किया।

"रामू!"

"हाँ, प्रभु जी।"

"घाट पर चल बेटा।"

"जैसी आज्ञा प्रभु जी, किन्तु अभी तो रात शेष है।"

"हुआ करे, मुझे ले चल।" इस लालच से रामू के कन्धे पर हाथ रखकर बाबा आँखें मींचे हुए ही चल रहे थे कि कदाचित् वे प्रकाश-दृश्य फिर उनके अन्तर्पट पर आ जायं।...पर नहीं आ रहे। 'तुलसीदास, इस नब्बे वर्ष की आयु में भी तुमने बच्चों जैसी उतावली दिखलाई? याद रख रे मूढ़, यही तो वह दरबार है जहाँ गर्व से सर्व हानि होती है! यहाँ तो अपनी आध्यात्मिक गरीबी एवं मिस्कीनता को प्रदर्शित करने में ही कुशल-क्षेम है। मूर्ख तू भूल जाता है कि राम सरकार रावण जैसे मद-मोटों को नहीं वरन् विभीषण जैसे दीन-दुर्बल पुरुष को शरण देते हैं। इस दरबार में तू जो चतुर बनकर आता है तो तुझसे बढ़कर मूर्ख और कोई नहीं है। हे अज्ञानी, तूने जटायु, अहल्या और शबरी की कथाएँ क्यों बिसार दीं जिनमें अहंकार रहित प्रेम भाव लहराता है। वे ही प्रभु को प्यारे हैं। रामभद्र मुझे क्षमा करें। मैंने बड़ी चूक की।

सकल कामना देत नाम तेरो कामतरु,
सुमिरत होत कलिमल-छल-छीनता॥

करुनानिधान, बरदान तुलसी चहत,
सीतापति-भक्ति-सुरसरि-नीर-मीनता॥'

दो दिनों से भगत जी और बेनीमाधव जी पिछड़ जाते हैं। बेनीमाधव जी को इस बात से गहरा दुख और लज्जा का बोध होता है। कल जब घाट पर आए थे तब बाबा नहाकर व्यायाम कर रहे थे किन्तु आज तो वे अपने ध्यान में भी बैठ चुके हैं। बाबा का विचित्र हिसाब है। नहाकर व्यायाम करते हैं और उस समय वे गणेश-भैरव-शिव-सरस्वती-हनुमान और प्रभु सीतापति समेत चारों भाइयों की वन्दना में अपने अथवा पराए रचे हुए श्लोकों का मानसिक पाठ भी करते चलते हैं। उनकी डण्ड-बैठक की अवधि उनके भजन क्रम के लम्बे पाठ के साथ ही साथ पूरी हो जाती है। तन-मन के इस व्यायाम में उनका आधी घड़ी से कुछ अधिक समय ही लगता है। फिर वे ध्यान में बैठ जाते हैं। बाबा का यह दैनिक कार्यक्रम जब पूरा हुआ और जब भगत आदि भी अपने दैनिक क्रम से मुक्त हुए तो घाट पर चहल-पहल बढ़ चुकी थी। रामजियावन नहा-धोकर अपना चन्दन घिसने बैठ चुके थे। घर लौटने से पहले शिव जी के दर्शन करने जाया करते थे। आज मार्ग में भगत जी ने बाबा को टोका—"भैया, का हम दीन-दुर्बलों को हियैं छोंड़ि के सरग जाओगे?"

सुनकर बाबा खिलखिलाकर हँस पड़े और भगत जी के कन्धे पर हाथ रखकर बोले—"तुमको छोड़ के जाएँगे तौ स्वर्ग में हमारे हेतु राजापुर कौन बसाएगा? चिन्ता काहे करते हो!"

"चिन्ता बस इसी बात से भई कि दुइ दिनों से हमको सोता छोड़ि के तुम चले आते हो।"

"नहीं भाई, इसमें हमारा कोई विशेष प्रयोजन नहीं। दो दिनों से अपने भीतर कुछ ऐसे अलौकिक अनुभव पा रहा हूँ कि उनकी चकाचौंध के मारे फिर लेटा नहीं जाता। इसी से चला आता हूँ।"

राजा की शिकायत मिटी, कौतूहल जागा, पूछा—"कैसे अनुभव पा रहे हो, भैया?"

बाबा हँसे, कहा—"मन अभी गूँगा है राजा। वह गुड़ का स्वाद जानता तो है पर बखान नहीं पाता।"

राजा कुछ समझे, कुछ न समझे पर बाबा की बात से उन्हें यह सन्तोष अवश्य हो गया कि वे उनसे असन्तुष्ट नहीं हैं। किन्तु बेनीमाधव जी मन ही मन में राजा भगत से भी अधिक कुण्ठित थे। उन्हें रामू के प्रति ईर्ष्या थी। वे मन से चाहने पर भी बाबा की वैसी सेवा नहीं कर पाते जैसी रामू करता है। उन्हें कहीं यह गुमसुम शिकायत भी थी कि बाबा रामू को अधिक चाहते हैं।

बाबा को लगा कि बेनीमाधवदास का मन उनके मन के भीतर बोल रहा है। उन्होंने बेनीमाधव जी के मुख पर एक सतर्क दृष्टि डाली। उनके म्लान मुख पर अपनी नवानुभूति का समर्थन पाकर बाबा को लगा कि उनके मन ने अब दूसरों के मन की तरंगों को आत्मसात करने की शक्ति पा ली है। अभी तक वे दूसरों

की आँखें देखकर उनके मन के भाव ताड़ा करते थे, राम ने इस दिशा में भी कृपा करके उनका एक डग और बढ़ा दिया है। उनका मन अब निर्मल हो गया है। अपने मन की अवस्था को और भी सही प्रमाणित सिद्ध करने के लिए उन्होंने बेनीमाधव जी से कहा—"यह लड़का मुझसे कुछ नहीं चाहता। इसमें अपना नाम अमर करने की आकांक्षा तक नहीं है। फिर इससे ईर्ष्या क्यों करते हो बेनीमाधव? मैं पक्षपात नहीं करता। न्याय करता हूँ। अपने मन को निर्मल करो, तब समझ जाओगे।"

बेनीमाधव जी बात सुनकर चौंक पड़े। झटपट हकलाकर कहा—"मे-मे-मेरे मन में कोई ईर्ष्या..." बाबा से आँखें मिलीं तो कहते-कहते चुप हो गए, फिर सिर झुकाकर अपराध-जड़ित स्वर में कहा—"अपराध हुआ गुरु जी, क्षमा करें।"

बेनीमाधव के चेहरे पर लहराती हुई पश्चात्ताप की कठिन पीड़ा बाबा की पैनी दृष्टि से बच न सकी। कामदनाथ महादेव के दर्शन करके मन्दिर से बाहर निकलते हुए उन्होंने बेनीमाधव के कन्धे पर हाथ रखकर राजा भगत से कहा—"रजिया, तुम और रामू घर चलो। मैं थोड़ी देर के बाद आऊँगा। मुझे बेनीमाधव से कुछ काम है।"

पहाड़ी के पीछे एक छोटे-से झरने के पास बैठ गए। आकाश पर बादल मंडरा रहे थे। मौसम सुहाना था। पक्षियों का कल कूजन बेनीमाधव जी के मन की तरह नाना स्वरों में बोल रहा था, अन्तर केवल इतना ही था कि पक्षियों के स्वर में जहाँ आनन्द था वहीं बेनीमाधव के मन की तहों में भय, करुणा, दीनता, क्षोभ और कुण्ठाएँ बोल रही थीं। 'गुरुजी सब जानते हैं। यह मुझे यहाँ क्यों लाए हैं? मैं पापी अवश्य हूँ पर उसके लिए इतना विवश हूँ कि क्या करूँ। मुझे यह निरर्थक जीवन क्यों मिला राम! अब मैं बहुत दुखी हूँ...बहोत-बहोत, बहोत ही दुखी हूँ राम। मुझपर दया करें, दया करें।'

"बेनीमाधव तुम्हारे भीतर कोई अनबुझी चाहना है। वही विद्रोह करती है और फिर कुण्ठित भी होती है।"

बेनीमाधव चुप रहे। सिर झुकाए सुनते रहे। बाबा ने आगे कहा—"धन तुम्हारा लोभ नहीं, नारी है। मैंने तम्हारी आँखों से कामना के तीर चलते देखे हैं।...तुम विवाह कर लो। गृहस्थ होकर तुम राम-पद-नेह इस स्थिति से अधिक सुगमता से..." कहते-कहते वे सहसा रुक गए। सहसा बेनीमाधव के कन्धे पर हाथ रखकर कहा—"इधर देखो!"

गुरु-आज्ञा टाल न सकने की मजबूरी में बेनीमाधव जी ने उनसे आँखें तो मिलाईं पर ऐसा करते हुए वे अपने आँसू रोक न सके। उनकी दृष्टि मिलकर फिर झुक गई। बाबा गम्भीर स्वर में बोले—"लगता है नारी को लेकर तुम्हारे मन में श्रद्धा और अश्रद्धा का भयंकर द्वन्द्व निरन्तर चलता रहता है। मैं ठीक कह रहा हूँ न?"

"हाँ गुरु जी!"

"कारण?"

बेनीमाधव जी निरे बचपन में ही अनाथ हो गए थे। चाचा-चाची ने पाला। बेचारे कुत्ते की तरह दुरदुराए गए। सोलह-सत्रह वर्ष की आयु थी जब इनके गाँव में एक संन्यासिनी आई। परम तेजस्विनी थी। गाँव-भर उसका भक्त हो गया।

बेनीमाधव भी माता के सेवक हो गए। उन्हीं के साथ-साथ वे गाँव से निकल गए। जिस माता स्वरूपिणी संन्यासिनी ने उन्हें आरम्भ में भक्ति का ऐसा प्रबल भाव दिया कि बेनीमाधव अपने भीतर एक चामत्कारिक परिवर्तन का अनुभव करने लगे थे, वही संन्यासिनी कुछ महीनों बाद तपोभ्रष्ट हुई। एक रात सोते हुए बेनीमाधव पर उसने ऐसा कामुक आक्रमण किया कि वे जीवन-भर के लिए झटका खा गए। संन्यासिनी से भागे लेकिन अपने मन से भागकर कहाँ जायँ! ब्रह्मचर्य साधते हैं, सध नहीं पाता। ब्रह्मचारी के रूप में प्रसिद्धि पाई है इसलिए साधु-सेवा की भूखी बदनाम कामिनियों को भजने में भय लगता है। काम के प्रबल हठ से जब-जब ऐसे संयोग लुक-छिपकर साधे हैं तब-तब उन्हें अपने-आप से घोर ग्लानि हुई है। राम और नारी की खींचतान में स्तब्ध होकर खड़े-खड़े उनका मन अब काठ हो गया है। अहर्निशि उनकी आत्मा सिसकती है, कहीं जी नहीं लगता।

बेनीमाधव जी के आत्मसंघर्ष को बाबा यों तो वर्षों से देख रहे थे किन्तु उनका मर्म वे आज समझ सके। गम्भीर हो गए। बेनीमाधव फूट-फूट कर रो रहे थे। कुछ देर विचार करने के बाद वे बोले—"पुत्र, काम ने मुझे भी बहुत सताया है किन्तु तुम्हारे प्रति तो उसने अत्याचार किया है। मैं समझ गया, गृहस्थ बनकर अब तुम्हें सुख नहीं मिल सकता। जिस मार्ग पर अब तक इतनी ठोकरें खाकर भी तुम चलते रहे हो उसी का अनुसरण करके तुम्हें सद्गति प्राप्त हो सकती है। अन्य उपाय नहीं। पश्चात्ताप के पाप को सतत प्रार्थना का पुण्य बनाओ। मैंने यही किया है—

सतकोटि चरित अपार दधिनिधि मथि
लियो काढ़ि बामदेव नाम-घृतु है।
नाम को भरोसो-बल, चारिहूँ फल को फल,
सुमिरिए छांड़ि छल, भलो कृतु है।"

"आपने शतकोटि चरित्रों का दधि मथकर जिस कामारि अर्द्धनारीश्वर को पाया वह मुझे एक आप ही के पावन चरित से प्राप्त होने की आशा है। मैं यह भलीभाँति समझ चुका हूँ कि आप ही मेरा बेड़ा पार लगाएँगे।" बेनीमाधव जी बाबा के चरणों में झुक गए।

उनके सिर पर स्नेह से हाथ फेरते हुए बाबा कहने लगे—"जप में ध्यान रमाओ। नाम ही का आधार लो। तुम्हें गति मिलेगी।"

"नहीं मिलती गुरु जी। वर्षों से प्रयत्न कर रहा हूँ। धरती पर पानी डालने से वह सोखती है, मैं तो चिकना पत्थर हूँ। पत्थर, पानी बह जाता है।" गीली आँखें फिर कटोरी-सी भर उठीं।

बाबा ने स्नेह से झिड़का—"कैसे मर्द हो बेनीमाधव? दीवार से बार-बार गिरनेवाली चींटी की कथा सुनी है न। उस अदम्य अपराजेय नन्हें-से जीव से शिक्षा ग्रहण करो। नाम-जप एकाग्रता सिद्ध कराता है। भाव की एकाग्रता अंतश्चेतना का वह द्वार खोलती है जिसमें सत्य सार्थक होकर बसता है।" कुछ क्षणों तक रुककर वे झरने की ओर देखते रहे—झरना नहीं रंग बह रहे थे। रंग आपस में मिलते तो

नया रूप लेते, बिछुड़ते तो नया रूप लेते और जब सब रंग मिलते तो झरना बिजलियाँ बहाने लगता था। बाबा उमंगों से भर उठे, खड़े हो गए, कहने लगे—"अपने जीवन-भर के संघर्ष का सुख मैंने अब पाना आरम्भ किया है। आओ चलें।"

उस रात फिर उसी समय शक्ति जागी। बाबा को लगा कि कोई उन्हें झिंझोड़ कर जगा रहा है। वे उठ बैठे। देखा कि सामने एक प्रकाश पुरुष खड़ा है। पुरुष के चरण-नख-बिन्दु से एक ज्योति निकलकर उनकी काया के चारों ओर इन्द्रधनुष की तरह फैल गई। ज्योति-रेखा जब उनके हृदय को स्पर्श करती है तो वह उन्हें दाहक नहीं लगती वरन् उसका ताप उनके हृदय को गुदगुदा रहा है।

उनकी साँसों में समाई रामधुन बढ़ती जा रही है। उन्हें ऐसा लगता है कि मानो उनकी देह संगीत-लहरियों से भर उठी है। उनकी दृष्टि के आगे फैले प्रकाश का अणु-अणु उसकी गूँज से निनादित हो रहा है। इस गूँज से घिरा राम-नाम सुनने में अलौकिक लग रहा है। ज्योति चारों ओर से सिमटकर फिर बिन्दु बन रही है और उनकी काया की ओर बढ़ रही है। बिन्दु उनकी नाभि, हृदय और कण्ठ को छूता हुआ ऊपर बढ़ रहा है, उनकी भवों के केन्द्र को स्पर्श कर रहा है। उन्हें अपने कपाल के मध्य में गुदगुदी-सी अनुभव होती है और वह गुदगुदी बढ़ते-बढ़ते असह्य हो जाती है। बार-बार जी चाहता है कि सिर रगड़ लें परन्तु हाथ उठ जाने पर भी वे उसे हठपूर्वक रोक लेते हैं। उन्हें लगता है कि उनका सारा शरीर भीतर से खोखला हो उठा है, सांय-सांय कर रहा है। प्राण केवल भृकुटी में भंवर बनकर चक्कर काट रहे हैं, यह चक्कर तीव्र से तीव्रतर होता चला जा रहा है। कण्ठ से लेकर मस्तक तक ऐसा तनाव बढ़ गया है कि उनसे सहन नहीं हो पा रहा है। मन को बहुत कड़ा करके बाबा अपना राम-जप निरन्तर साधे रखते हैं। श्रद्धा के भीतर द्वन्द्व छिड़ गया है। उफनकर काव्य शब्द फूटते हैं—

स्वारथ-साधक परमारथ-दायक नाम,
राम-नाम सारिखो न और हितु है।
तुलसी सुभाव कही सांचिए परैगी सही,
सीतानाथ नाम नित चितहू को चितु है।

चेतना सिमटकर शून्य बन जाती है। इन्हें ऐसा लगता है कि राम शब्द मानो कील की नोंक बनकर उनकी भृकुटी में धंसता ही चला जा रहा है। वे केवल भीतर से ही नहीं, बल्कि बाहर से भी अचेत हो जाते हैं।

उस दिन बाबा सारे दिन मौन रहे। हर वस्तु से अलिप्त और अपने में तन्मय रहे। बातों का उत्तर भी सिर को 'हाँ-ना' में ही हिलाकर दिया। भक्तों की भीड़ यथावत् ही आई। उन्होंने सबको मौन भाव से ही ग्रहण किया। उन्हें भीतर से लगता था कि जैसे उनके बोलने की शक्ति और इच्छा ही चुक गई है। किन्तु तीसरे पहर कथा सुनाते समय उनका स्वर अचानक खुल गया।

उस दिन नर-नारियों को कथा में अपूर्व-अलौकिक रस मिला। प्रत्येक जन यही अनुभव कर रहा था कि मानो चित्रकूट में राम जी का अतिथि-समाज इसी समय

उनके बीच में उपस्थित है और फलाहार कर रहा है। लोग भव-मन्दाकिनी में बह रहे थे। उस दिन कथा समाप्त होने पर भक्तों की भीड़ भौंरा बनकर तुलसी-चरण-कमल-स्पर्श का रसपान करने के लिए बावली बनकर उमड़ी। बाबा का आह्लाद वेग भी साथ ही साथ उमड़ पड़ा, मानो मन रूपी समुद्र में ज्वार आ गया हो। आँखों के सामने नर-नारी साधारण जन न रहकर सीता-राम की छवि से भासित हो रहे थे। बाबा की आँखें छलछला आईं, कण्ठ गद्गद हो गया और 'सीताराम-सीताराम' कहते-कहते ही वे सहसा अचेत हो गए।

बाबा को भीड़ से बचाकर एकान्त में लाना सहज काम नहीं था, किन्तु रामू, बेनीमाधव और रामजियावन आदि की तत्परता से बाबा को व्यासपीठ से उठाकर घाट के तखत पर लाया गया। बाबा को अचेत देखकर भीड़ व्याकुल हो उठी थी। वह सारा दिन चिन्ताकारक रहा। बाबा दो बार और अचेत हुए। सहसा बातें करते, जहाँ उनकी आदत के अनुसार मुख पर राम शब्द आ जाता था वहीं वे भाव-विगलित होकर गिर पड़ते थे। हरबचन वैद्य बुलाए गए थे पर वे उसमें भला क्या टोह पाते, माथे पर बादाम-रोगन की मालिश की जाने लगी। उस दिन सभी व्याकुल रहे। बाबा की खाने की इच्छा ही मानो समाप्त हो चुकी थी। उन्हें अपना पेट भरा-भरा लगता था। तबीयत का हाल जब पूछा जाता तभी वे झूमकर कह देते, "चिन्ता न करो, बहुत अच्छा हूँ।" उनका स्वर मानो किसी खोह से ऐसा झूमकर आता था कि लगता था उन्होंने मटकों भाँग पी ली हो।

उस दिन बाबा की कोठरी में रामू किसी को आने न देता था। मात्र राजा भगत अड़ गए, बोले—"हम तुम्हारे जी का मरम समझते हैं, बाकी तुम अभी निरे बच्चे हो महराज। हम हियैं पौढ़ेंगे।" कहकर वे कोठरी के द्वार पर आए, देखा कि बाबा तकिए का टेका लगाए मग्न अधलेटे-से पड़े हैं। ऊँची आवाज़ में भगत जी ने पूछा—"भैया, भीतर आय जायं?"

"आव, आव, राजा।"

"भैया, हमारी अस इच्छा है कि आज तुम्हारे ही पास रहें। हम सब समझ गए हैं। हमारा हियाँ रहना जरूरी है।

"रहौ, रहौ," गहरा और झूमता हुआ स्वर फूटा—"सब कोई रहौ, हमें क्या? हमारे तो एक रामचन्द्र हैं...

राम रावरो नाम साधु सुर तरु है...
राम रावरो नाम साधु सुर तरु है...
सुमिरे त्रिबिधि घाम हरत, पूरत काम,
सकल सुकृत सरसिज को सरु है।"

भगत जी, बेनीमाधव जी, रामजियावन, हरबचन वैद्य और रामदुलारे उस छोटी-सी कोठरी में भीड़ बनकर जम गए। रामू उनकी चरण सेवा में लग गया। बीच में दो-एक बार बाबा ने अपने दोनों हाथ उठाकर अपना सिर दबाया। देखकर बेनीमाधव और राजा भगत साथ ही साथ उठे। उस समय भगत जी में नवजवानों

की-सी फुर्ती आ गई थी। सन्त जी के कन्धे पर हाथ रखकर उन्हें धीमे से ढकेलते हुए वे बोले—"बैठो-बैठो, सन्त जी, हमने जवानी में भैया की बहुत मालिस की है।" कहकर वे बाबा के सिरहाने बैठकर उनका सिर दबाने लगे।

"कौन? भगत हैं...अच्छा...अच्छा...भगत।"

"हाँ, भैया।"

"हम छोटे-से रहे तो हमारा सिर बहुत पिराता था। पार्वती अम्माँ ऐसे ही दबाती थीं। वह अमृतरस आज फिर पाया। राम तुम्हारा भला करें। हमारी पार्वती अम्माँ साक्षात् पार्वती जी रहीं। उनकी बड़ी याद आती है।"

संत बेनीमाधव का कथा-रस कुछ पूछने को उत्सुक हुआ। भगत जी का बायाँ हाथ दबाते-दबाते रुक गया, नाक पर उँगली रखकर उन्होंने चुप रहने का संकेत किया।

सन्त जी मन ही मन बड़े कुण्ठित हो गए। उन्हें लगता था कि तुलसीदास जी पर मानो दो ही व्यक्तियों का पूर्णाधिकार है। उनका दुख और क्षोभ मन के मान से फूलने लगा।

बाबा का झूमता स्वर फिर मुखरित हुआ, "बेनीमाधव!"

"जी गुरु जी!" उत्तर देते हुए सन्त जी के स्वर में उत्साह और आनन्द आया। बाबा ने पुकारकर उन्हें मानो आश्वस्त किया था कि वे उन्हें भी अपना ही मानते हैं। बाबा कहने लगे—"तुम्हारा मन क्या कहता है, हमारी पार्वती अम्माँ मुक्त हो गई होंगी? बड़ा कष्ट पाया बेचारी ने। इतनी तपस्या की और फल क्या मिला?"

"उनकी तपस्या का फल आप हैं गुरु जी।"

"हाँ हम हैं, राम हैं-राम हैं।" थोड़ी देर में ही लोगों को लगा कि बाबा को झपकी आ गई है। धीरे-धीरे ऊँघ गए। केवल रामू ही अथक-अपलक बैठा उन्हें देखता रहा। चेहरा कितना शान्त है, कितना देदीप्यमान है।

रात के तीसरे पहर फिर शक्ति जागी। बाबा की आँखें एक बार खुलीं, अपने आसपास देखा। रामू को तख्त पर ही सजग बैठा देखकर वे मुस्कराए, अपना बायाँ हाथ उठाकर उसके घुटने पर रख दिया और फिर आँखें मूँद लीं। भीतर प्रकाश भर रहा था, इन्द्रधनुषी प्रकाश-कूप के तल में दस बत्तियों वाला दीप चमक रहा था। उस इन्द्रधनुषी कूप से स्वर उमगता है—'अब क्या देखोगे तुलसी? तुम्हारी इच्छाशक्ति अब तुम्हें सब कुछ प्रदान कर सकती है, क्या लोगे?'

प्रश्न के उत्तर में आह्लाद उमड़ पड़ा। ऊपरी तन में एकाएक पार्वती अम्माँ के दर्शन करने की धुन समाई, परन्तु भीतर मन गरज उठा—'रे मूढ़, राम भज! राम भज!' राम और पार्वती अम्माँ, या राम या पार्वती अम्माँ?...

इन्द्रधनुषी कूप से क्रोध-भरा स्वर आया—"मैं अब नहीं आऊँगा।' बालू की ऊँची कगार-सा अन्तर्दृश्य ढह गया, अन्धकार की नदी में छपाछप विलीन हो गया। बाबा एकाएक घबराकर उठ बैठे। "यह क्या हुआ राम?" सारी देह काँपने लगी, पसीना-पसीना हो गई। आँखें छलछला उठीं। विगलित स्वर फूटा—

"दीनबन्धु, दूरि किए दीन कोन दूसरी सरन। आपको भले हैं सब, आपने को कोऊ कहूँ। सबको भलो है राम रावरो चरन।"

उनकी मंजे हुए ताँबे की-सी चमचमाती देह बुझी राख जैसी लग रही थी। बाबा के चौंकने से सभी जाग पड़े थे। बाबा की यह विकलता लोगों के लिए चिन्ताकारक बन गई।

अगली रात मन की तीव्र उत्सुकतावश बाबा तो जाग गए, पर शक्ति न जागी। बार-बार आग्रह करके भीतर की दुनिया देखनी चाही पर वह न दिखलाई दी। बहुत राम-राम जपा, बहुत चिरौरी की पर कुछ न हुआ। उस दिन वे सारा दिन बहुत उदास रहे। अपनी चूक पर उन्हें रह-रह कर पछतावा हो रहा था, 'क्या मेरे पातक मुझे यहाँ तक ले डूबेंगे। सचमुच मैं इतना अभागा हूँ?' आँखें भर-भर आती थीं, कलेजे में साँस फूल-फूल उठती थी, 'हे प्रभु, अपनी ड्योढ़ी तक लाकर मुझे यों न दुतकारिए।'

श्रद्धालु भीड़ नित्य की तरह उनके चबूतरे पर जुड़ी हुई थी। सब अपनी चिन्ताओं की गठरी लेकर इस महान सन्त के द्वार पर दुख भार छोड़ने के लिए आए थे। परन्तु यह कौन जानता था कि दूसरों का कष्ट हरनेवाला महापुरुष इस समय अपनी ही मानसिक यन्त्रणाओं से अत्यधिक त्रस्त था। ऐसा लगता था कि दण्ड देने के लिए नियति ने एक ऐसे अदृश्य यन्त्र में बाबा को बन्द कर दिया है जिसमें उतनी ही सुइयाँ जड़ी हैं जितने कि शरीर में रोम छिद्र होते हैं। ऐसी चुभन है कि न कहते ही बनता है और न सहते ही। किन्तु सेवा से सेवक का निस्तार नहीं, उसे अपना कर्तव्य तो निभाना ही होगा। जो अनेक बार प्रतीति पाकर अपने-आपको खास सेवक समझता रहा है वही इस समय अपने साहब के द्वारा त्यक्त और तिरस्कृत है।...क्या जीवन के अन्त में अब निराशा ही निराशा हाथ लगेगी?

सन्त बेनीमाधव बाहर लोगों को मना करने चले कि आज बाबा अस्वस्थ होने के कारण किसी से नहीं मिलेंगे, परन्तु जैसे ही वे चले वैसे ही बाबा के मन में उनके मन की बात दर्पण-सी प्रतिबिम्बित हुई। वे हाथ उठाकर बोले—"नहीं, बेनीमाधव, मालिक के काम की अवहेलना करने का साहस यह गुलाम कभी, नहीं कर सकता। अनेक रुप रुपाय राम प्रभु लोक-यन्त्रणा को दर्शा कर मेरी यन्त्रणा की लघुता सिद्ध करने के लिए पधारे हैं।"

किसी के बच्चे को तिजारी का ज्वर नहीं छोड़ता, किसी का बेटा घर त्यागकर चला गया है। किसी की सास कष्ट देती है तो किसी की बहू कर्कशा और जादूगरनी है। किसी निर्बल की जमा ज़मीन किसी सबल ने हड़प ली है और कोई सबल किसी दुर्बल की भामिनी को बलात् हर ले गया है। किसी को भूत सताता है तो किसी को चुड़ैल। रोग, शोक, अत्याचार, पाप-शाप आदि त्रिविध तापों की कष्ट-कथा बहती चली जा रही है और वे झाड़-फूँक करते, भभूत-गण्डे बाँटते हनुमान जी और राम जी के प्रति निष्ठा जगाते हुए मध्यान्ह तक अपने तन-मन को यन्त्रवत् परिचालित करते रहे। उन्हें देखकर रामू को ऐसा लगता था कि मानो किसी संगमरमर की मूर्ति में बोलने और अपने हाथों को गति देने की शक्ति अवश्य आ गई है, किन्तु है वह निष्प्राण। इतने वर्षों के साथ में रामू ने बाबा के उल्लास, उमंग, वेदना-भरे मन की सैंकड़ों झाँकियाँ देखी थीं पर ऐसा उदास कभी नहीं देखा। रामू अत्यधिक चिन्तित

था, कहीं कुछ गड़बड़ी तो नहीं होने वाली है। कुंडलिनी की ऊर्ध्व गति में क्या कोई बाधा आई है? कौन जाने। प्रभु जी अपने श्रीमुख से ऐसे गोपन अनुभवों की बातें कभी-किसी को नहीं बतलाया करते, फिर जानने का उपाय ही क्या है। किन्तु ऐसा हो नहीं सकता। प्रभु जी के समान शुद्ध मन और आचरणवाला एक भी व्यक्ति रामू ने नहीं देखा। प्रभु जी अपने मुख से यद्यपि बार-बार अपने-आपको अति अधम और पातकी आदि कहा करते हैं, किन्तु रामू ने उन्हें न तो किसी के प्रति नीचता बरतते हुए देखा है और न कोई पाप करते ही। उसके मन में वर्षों से यह पहेली बनी हुई है कि आखिर पुण्यात्माओं का पातक होता किस प्रकार का है। बाबा दूसरों का दुख-दर्द मेटने के लिए वर्ष की कुछ विशिष्ट तिथियों पर यन्त्र-तन्त्रादि सिद्ध करते हैं लेकिन रामू ने आज तक कभी यह नहीं देखा कि बाबा ने किसी को मारने या बदला लेने की भावना से कभी ऐसे प्रयोग किए हों। फिर भला यह कौन-सा कष्ट सह रहे हैं। इस नब्बे वर्ष के सरल-निर्मल शिशु से भला कौन-सा पाप हो सकता है? रामू सोच-सोच कर रह गया पर उसे कुछ न सूझा।

दिन में बाबा ने भोजन न किया। बहुत चिरौरी करने पर एक अमरूद के दो टुकड़े खा लिए, तीसरे पहर कथा भी कही, पर खींचकर कही। शाम को दर्शन के लिए पधारी हुई रानियों, सेठानियों को भी उपदेश दिया। रात में केवल तनिक-सा दूध-साबूदाना लेकर ही रह गए।

अगली रात भी सूनी हो गई, शक्ति न आई। बाबा अपने-आप से बड़े दुखी थे : 'मैंने पार्वती अम्माँ का आग्रह क्यों किया? श्रीचरण भक्ति छोड़कर मैंने और कुछ क्यों चाहा? सेवक को भला क्या अधिकार है कि वह अपने स्वामी से किसी वस्तु की माँग करे! स्वामी की जो मर्ज़ी होगी वही मिलेगा। तुलसी जो बात स्वयं तूने अपने से तथा दूसरों से बारबार कही है, उसी जाने-समझे सत्य को नकार कर तूने अपने प्रभु को क्यों अप्रसन्न किया?...मन का अवसाद काव्य-तरंगों में लहराने लगा—

''जानि पहिचानि मैं बिसारे हौं कृपानिधान
एतौ मान ढीठ हौं उलिटि देत खोरि हौं।
करन जतन जासों जोरिबे को जोगी जन
तासों क्योंहू जुरी, सो अभागो बैठो तोरि हौं।
मोसो दोस कोस को भुवन कोस दूसरो न
आपनी समुझि-सूझि आयो टकटोरि हौं।
गाड़ी के स्वान की नाईं, माया मोह की बड़ाई
छिनहिं तजत छिन भजत बहोरि हौं।

मन की ग्लानि उमड़ती ही गई।...'हे प्रभु, मैं आपके सुनाम की करोड़ों कसमें खाकर अब तो यही कहूँगा, मुझ जैसे लबार, लालची और प्रपंची को अपने द्वार से दूर फेंकवा दीजिए, नहीं तो मैं कहीं इस सुधा सलिल के समान चमकते हुए आपके पवित्र द्वार-पथ को सूकरी की भाँति गन्दा कर दूँगा। हे प्रभु, सत्य कहता हूँ, अब

मुझे इस धरती से उठा लीजिए। अब जीने की लालसा नहीं और यदि आपने ढील दे दी, मैं जीवित रह गया तो आपके सुयश को अपने पातकों से मैं निश्चय ही कहीं गहरे में डुबो दूँगा।' अपने को प्रभु से दण्ड दिलाने की तीव्र चिढ़-भरी इच्छा करते-करते बाबा की आँखों से गंगा-जमुना बह चलीं।

उनके शब्दों को मन में दोहराते हुए अश्रु-विगलित स्वर के प्रभाव से रामू भी बिलख-बिलखकर रो पड़ा।

बाबा की दोनों जाँघों में कई दिनों से गिल्टियाँ निकल आई हैं। उनमें से दो अब पक भी चली हैं। पीड़ा भोगते हुए बाबा के मन में बार-बार आया कि जागी किन्तु रूठी हुई शक्ति के कोप के कारण ही उनकी काया पर यह विकृत प्रभाव पड़ा है, किन्तु राजा भगत, सन्त बेनीमाधव जी तथा रोज़ आने-जाने वालों में से कई अनुभवी लोगों का यह विचार था कि बलतोड़ के फोड़े हैं। कई लोग रामू को दोष देते थे कि उसने मालिश करने में असावधानी बरती। वह बेचारा सुनकर लज्जित हो जाता था। रामू पिछले दस-बारह वर्षों से बाबा की मालिश करता आया है। अपनी प्रबल श्रद्धा एवं सेवा-भाव के कारण उसने मालिश की विद्या को अब ऐसी बना लिया है कि बाबा परमप्रसन्न होते हैं। उसने अपनी जानकारी में ऐसी रगड़ नहीं की कि बाबा के बलतोड़ हो जाते, वह भी एक-दो नहीं चार-पाँच। फिर भी जब बड़े-बुज़ुर्ग कहते हैं तो कदाचित् उससे चूक हो गई हो। बाबा इन दिनों अधिक बातें नहीं किया करते थे। वे प्रायः उपदेश ही दिया करते थे, किन्तु अब कथा के समय को छोड़कर बाकी समय 'राम कहो' अथवा 'रामराम जपो' से बड़ा वाक्य नहीं कहते थे, एक ओर वे अपने तन की पीड़ा तथा दूसरी ओर आशा और प्रार्थना को अनवरत सहते-साधते हुए अन्तर्लीन ही रहा करते थे। चित्रकूट में सभी लोग बाबा के इस परिवर्तन से चकित थे। भादों मास के शुक्लपक्ष की नवमी को रामचरित मानस का पाठ पूरा हुआ। अन्तिम दिन आरती में डेढ़ हज़ार रुपयों से कुछ अधिक ही रकम चढ़ी। बाबा ने वह चित्रकूट के आदिवासियों और भिखारियों की टूटी झोंपड़ियों को छवाने और उन्हें आगामी सर्दी के कपड़े दिलाने के लिए दान कर दी।

इसके बाद ही बाबा बोले—"अब हम काशी ही जाएँगे। गंगामैया की याद आ रही है। बाबा विश्वनाथ बुलाते हैं।"

त्रयोदशी के दिन बाबा ने चित्रकूट से प्रस्थान किया। हज़ारों जन उन्हें सीमा तक छोड़ने के लिए आए। एक छोटी बैलगाड़ी पर उनकी यात्रा के लिए व्यवस्था की गई थी। विदा का दृश्य बड़ा मार्मिक था। चित्रकूटवाले बाबा को अपना ही समझते थे। सबको ऐसा लग रहा था मानो परिवार का बड़ा-बूढ़ा अपने अन्तकाल में गृह त्यागकर काशी लाभ करने जा रहा हो। अधिकतर लोगों के मन से यह पुकार उठ रही थी कि बाबा का यह अन्तिम दर्शन है। भगवान अपने परम भक्त को भाव-भीनी विदाई दे रहे थे।

9

क्षितिज पर काशी दिखलाई पड़ने लगी। गंगा दूर से रुपहली गोटे की पट्टी जैसी चमक रही थी। देखते ही बाबा आत्मविभोर हो गए। गंगा की ओर हाथ बढ़ाकर मस्ती में कविता फूट पड़ी–

देवनदी कहँ जो जन जान किए मनसा, कुल कोरि उधारे।
देखि चले भँगरैं सुरनारि, सुरेस बनाइ विमान सँवारे।
पूजा को साजु बिरंचि रजैं तुलसी, जे महातम जाननिहारे।
ओक की नीव परी हरिलोक बिलोकत गंग! तरंग तिहारे।

गाड़ी ज्यों ही कुछ और आगे बढ़ी त्यों ही सबको सामनेवाले पेड़ पर एक शव लटकता हुआ दिखलाई दिया।

रामू बोला–"लगता है किसी को फाँसी दी गई है।"

और आगे बढ़ने पर सारा दृश्य स्पष्ट रूप से दिखलाई देने लगा। तीन सिपाही वेषधारी और एक मूल्यवान वेषधारी सरदार की लाशें पड़ी थीं। उनसे कुछ हटकर लहू के ताल में डूबी एक स्त्री की लाश थी। फाँसी पर लटका हुआ शव भी जगह-जगह से रक्तरंजित था। कौवे वृक्ष पर काँव-काँव मचा रहे थे और कुत्ते लाशों से जूझ रहे थे। आकाश पर कहीं से उड़कर आते हुए गृद्धों का छोटा-सा झुण्ड भी दिखलाई दे रहा था। दृश्य देखकर हरएक का मन भारी हो गया था। गाड़ी लाशों से ज़रा सरकाकर निकाली जाने लगी। बाबा अत्यन्त करुण स्वर में निरन्तर राम-राम जपने लगे। गाड़ी स्त्री के शव से ज़रा आगे ही निकली थी कि बाबा तनिक हड़बड़ाकर बोले–"गाड़ी रोक दो। रामू, यह लड़की पानी माँग रही है। अभी मरी नहीं है।" कहने-भर की देर थी कि रामू चट से गाड़ी पर से कूद पड़ा और उस स्त्री के सिरहाने के पास पहुँचा। सचमुच वह पानी माँग रही थी। तब बेनीमाधव लोटा लिए पास आ गए।

"पानी-पानी।"

कराहता हुआ धीमा स्वर दोनों के कानों में पड़ रहा था। बेनीमाधव ने झुककर चुल्लू से उसके अधखुले होंठों में पानी डाला। पानी का स्पर्श पाते ही गर्दन थोड़ी हिली।

राम-राम जपते हुए बेनीमाधव ने उसके मुँह पर पानी का एक हल्का-सा छींटा दिया। युवती ने आँखें खोलीं।

"राम-राम जपो बिटिया।"

गाड़ीयान और भगत जी का सहारा लिए हुए बाबा गाड़ी से उतरकर लँगड़ाते हुए इसी ओर आ रहे थे।

युवती ने बेनीमाधव से पूछा–"उइ मरि गए?"

बेनीमाधव ने समझा कि युवती शत्रुओं के सम्बन्ध में पूछ रही है। प्रेम से

आश्वासन दिया—"हाँ, बिटिया, अब तुम्हारा कोई भी शत्रु बाकी नहीं बचा। राम-राम जपो।"

युवती की आँखें मुँद गईं, हँफनी तेज़ हो गई। बाबा तब तक निकट पहुँच चुके थे। बेनीमाधव जी निरन्तर ज़ोर-ज़ोर से राम-नाम जप रहे थे। बाबा जब उसके सिरहाने पहुँचे तब उसके होंठ फिर पानी के लिए बुदबुदाए। बेनीमाधव अपनी रामधुन में युवती के होंठों की हरकत पर ध्यान न दे पाए। रामू ने लोटे से एक चुल्लू जल लेकर उसके होंठों में डाला। पानी का स्पर्श पाते ही होंठ कुछ और खुले और पानी के गले से नीचे जाते ही आँखें भी एक बार खुलीं। बाबा को देखा, आँखें कुछ और ऊपर उठीं, पेड़ पर लटकती लाश की पीठ दिखलाई दी। युवती बिलखी—"रा-आ-आ..."

उसके सिर पर हाथ फेरते हुए बाबा बोले—"सुख से जाव बेटी, तुम्हारा पति अमर गति पा गया। राम-राम भजो।"

युवती की आँखें बाबा को एकटक निहारते हुए ही थम गईं; उनकी ज्योति बुझ गई। बाबा बोले—"कलिकाल में यह आए दिन का खेल हो गया है। वीर थी वह स्त्री जिसने आततायियों द्वारा अपवित्र होने से पहले ही अपनी हत्या कर ली। वीर था उसका पति भी जिसने अकेले ही इतने आदमियों को समाप्त कर दिया।"

"तब इस व्यक्ति को फाँसी किसने दी होगी?"

"कुछ और सिपाही भी रहे होंगे जो बदला लेकर चले गए। लेकिन उनकी स्वामिभक्ति देखो, अपने सरदार तक का शव ठिकाने नहीं लगा गए। वस्त्र मूल्यवान हैं किन्तु रत्नालंकार एक भी नहीं दिखलाई दे रहे हैं। दुष्ट उन्हें लेकर आगे बढ़ गए। वाह रे स्वार्थी दुनिया, अब मैं इन शवों की सद्‌गति हुए बिना आगे नहीं जाऊँगा। बेनीमाधव! रामू! तनिक गाँव में जाकर दो-चार व्यक्तियों को बुला लो, बेटे। इन यवनों को धरती तथा इस वीर दम्पति को अग्नि के सुपुर्द किया जाए।"

भगत जी बोले—"अच्छा अब तुम तो चलकर गाड़ी पर बैठो, भइया, ई कूकरन और गिद्धन ते हम पंच जूझि लेब।"

गाड़ीवान बोला—"आप सब महात्मा लोग बराजौ, हम हियाँ खड़े हैं।"

गाड़ी पर बैठे हुए बाबा गम्भीर भाव से कहीं अदृश्य में देख रहे थे। भगत जी बोले—"हमार तो जनम बीत गवा इहै सब कलिकाल के अत्याचारन का देखत-देखत। मनई के प्राणन का मानो कौनो मूल्य नाहीं रहा।"

बाबा बोले—"अकबरशाह के समय में थोड़ा-बहुत सुशासन आया था, अब वह भी समाप्त हो गया। शासक दिल्ली में रहता है। उसे नित्य हीरे, मोती, जवाहिर और सोना चाहिए। स्त्री और धन की लूट का नाम ही कलिकाल है। सारे पाप यहीं से आरम्भ होते हैं। हम जब पहली बार गुरु परमेश्वर के साथ यहाँ आए थे तब तो और भी बुरी दशा थी।"

पन्द्रह-बीस व्यक्ति रामू के साथ आ पहुँचे। लाशों पर उचकती दृष्टि डालकर पहले वे गाड़ी की ओर ही भागते हुए आए। रामू ने उन्हें बतला दिया था कि गोस्वामी तुलसीदास जी महाराज ने उन्हें बुलाया है। सबने गाड़ी को छूकर सिर नवाया। दो बुड्ढे भी साथ आए थे, उन्होंने सबसे कहा—"जाव-जाव, इन बीर पति-पत्नी की चिता तैयार करौ और दुष्टन सारेन को पड़ा रहै देव। खाँय गिद्ध-कौवा।"

बाबा ने तुरन्त ही हाथ उठाकर कहा—"ना-ना, मनुष्य मनुष्य है। काया को सद्गति मिलनी ही चाहिए।"

बुड्ढा बोला—"अरे महराज, हम तौ इनकी सद्गति करें और जो अभी इनके साथी-सँगी लौट आवें तो सब मिलके हमारी ही गति बना डालेंगे।"

"राम है, भइया, राम है। कभी होम करते हाथ जल अवश्य जाता है पर राम जी सबकी दया बिचारते हैं।"

बुड्ढा बोला—"यह दुष्ट किसी की दया नहीं बिचारते।"

उत्तर सुनकर बाबा हल्की-सी हँसी हँसकर बोले—"दुष्ट यह हो या वह, वे किसी की दया नहीं बिचारते।"

काशी नगर की सीमा में प्रदेश करते देखकर दूर से ही कुछ पण्डा प्रतिनिधियों ने उन्हें 'एहर आवा हो जजमान' कहकर ललकारना आरम्भ किया। दो पण्डे दौड़ते पास भी आ गए। लढ़िया में बाबा को बैठा हुआ देखकर एक प्रौढ़ पहलवाननुमा पण्डे ने घृणा से मुँह बिचकाकर कहा—"अरे ई तौ गुसैंया हौ सरवा।"

रामू , बेनीमाधव आदि के चेहरों पर तमक आ गई, किन्तु बाबा खिलखिलाकर हँस पड़े। कहा—हाँ रे, अब तुम्हारे यजमान करवत लेने के बजाय राम-नाम लिया करेंगे।"

"अरे तुम्हें भवानी खायं, अधर्मी, तोरे रोम-रोम मां..."

"राम रमै।" बाबा ने पण्डे की गाली को अपने भाव से मढ़ दिया और कहा—"राम कहा कर बचवा। इस शंकर जी की नगरी में भला काली गुण्डई का क्या काम है?"

"अरे जा सारे। सबेरे-सबेरे तुम्हार राम-मुख देखकर हमार तो बोहनी बिगड़ गई।" कहते हुए वे लौट गए। दूसरा युवक पग-दो पग उसके साथ जाकर फिर लौटा और हाथ जोड़कर बाबा से कहा—"ई मंगली के कारण आप हम सबको सराप न दीजिएगा। महराजौ, आप ऐसे महात्मा से कुबचन बोलकर जाने कौन से नरक में ठिकाना मिलेगा इस नीच को। बाकी हमें आप छिमा कर दीजिए।"

करवत का वह कटुभाषी पण्डा अपनी जगह से ही चिल्लाया—"अबे आता है कि नहीं। सारे, जिजमान न मिला तो तुझे ही ले जाके करवत दे दूँगा और तेरी बिटिया-मेंहरुआ को बेंचकर अपने दक्षिणा के पैसे वसूल कर लूँगा।"

दूसरा पण्डा उसकी ओर बढ़ते हुए चिल्लाकर बोला—"अरे, जा-जा, तेरे बाप-दादे सात पीढ़ी तक के आवें तो भी हमारा कुछ भी नहीं बिगाड़ सकते।" दोनों पण्डे आपस में गाली-गलौज करते हुए तेज़ी से दौड़ पड़े। और बाबा की लढ़िया भी उन्हीं के पीछे-पीछे धीरे-धीरे बढ़ती गई।

गंगा और अस्सी के संगम पर घाट के ऊपर एक पक्की इमारत बनी थी। उसके पहले एक अखाड़ा भी था जिसके ऊपर छप्पर छाया हुआ था और कई बालक, युवक और प्रौढ़ लोग वहाँ डण्ड बैठकें लगाते, मुग्दर घुमाते अथवा मालिश करवाते या फिर अखाड़े में कुश्ती लड़ते दिखलाई पड़ रहे थे। घाट पर भी थोड़ी-बहुत भीड़-भाड़ थी। अधिकतर लोग घाट की सीढ़ियों अथवा चबूतरों पर बैठे पूजामग्न थे। दूर से

आए हुए कुछ देहाती स्त्री-पुरुषों का स्नान भी चल रहा था। बाबा को देखकर अखाड़े के लड़कों ने 'बाबा आ गए, बाबा आ गए' कहकर वैसे ही चिल्लाना आरम्भ किया जैसे सूर्य भगवान को देखकर चिड़ियाँ चहकती हैं। थोड़ी ही देर में बाबा अपने भक्तों से घिर गए। रामू और बाबा दोनों ही बनारस वापस आकर अत्यन्त मगन थे। बेनीमाधव और राजा भगत को मकान के ऊपरी भाग की दो कोठरियों में बसाने का आदेश देकर बाबा अपनी कोठरी की ओर बढ़े। कोठरी का द्वार सफेदी से पुता हुआ था। द्वार के चारों ओर रामनामी से अंकित गणेश जी बने हुए थे। द्वार के अगल-बगल दीवारों पर ऐसे ही राममय स्वस्तिक और कमल बने थे। कई युवक बाबा को सहारा देते अथवा उनके आगे-पीछे लगे हुए उनके साथ बढ़ रहे थे। बाबा ने कोठरी में प्रवेश किया। कोठरी लिपी-पुती स्वच्छ थी। उनकी अनुपस्थिति में किसी भक्त ने चारों ओर गेरु और चूने से राम शब्द के बड़े ही कलात्मक और सुन्दर बेल-बूटे चीत दिए थे। चौकी के सामने की दीवार पर राम-नाम की तरंगों में एक रामनामी हंस भी बनाया गया था। और जिधर बाबा की चौकी लगी थी उधर दीवाल में हनुमान की एक विशालकाय मूर्ति भी राम शब्दों से अंकित हो गई थी। चारों ओर देखकर बाबा मगन हो गए। बोले—"वाह, तुम लोगों ने तो इस कोठरी को बैकुण्ठ बना दिया, किसने किया यह सब?"

बाबा को सहारा देकर चौकी पर बैठाते हुए एक युवक बोला—"कन्हई इसे एक दिन पुतवा रहे थे तभी सुमेरू रंगसाज इधर आए। उन्होंने आपके नाम की कुछ मानता मानी थी सो पूरी हो जाने पर बड़ा परसाद-वरसाद लेकर आपके दर्शन करने आया था। उसी ने कहा कि हम इस कोठरी का राम-शृंगार करेंगे।"

"वाह, बड़ा रामभक्त है। उसका सदैव मंगल हो।"

आने के दूसरे दिन बाबा ने विश्वनाथ और बिन्दुमाधव के दर्शन की तीव्र इच्छा प्रकट की। उन्हें ले जाने के लिए, डोली का प्रबन्ध हुआ। काशी का मध्य भाग अन्तर्गृही कहलाता था और श्रेष्ठ पण्डितों, सेठ, साहूकारों तथा सम्पन्न हाट-बाटों से सदा जगमगाया करता था। क्षत्री, ब्राह्मण और बनियों की बस्ती इस भाग में अधिक थी। लगभग छत्तीस-सैंतीस वर्ष पहले राजा टोडरमल के पुत्र राजा गोवर्धनधारी ने सुलतानों के समय तोड़े गए काशी विश्वेश्वर के मन्दिर को फिर से बनवाकर नगर का तेज बढ़ा दिया था। भक्तों की भीड़ से मन्दिर में बड़ी चहल-पहल थी। ब्राह्मणों के समवेत मन्त्रोच्चार से वह विशाल मन्दिर गूँज रहा था। काशी विश्वेश्वर की पावन मूर्ति के पास पुजारियों और दर्शनार्थियों की भीड़ लगी हुई थी। "गोसाईं जी महाराज आ रहे हैं। रामबोलवा बाबा आ रहे हैं। हर-हर महादेव, जै-जै सीताराम" आदि ध्वनियों से मन्दिर का आँगन गूँज उठा। कइयों ने घृणा और उपेक्षा से मुँह भी बिचकाए किन्तु बाबा के लिए मार्ग बनता गया और वे मन्दिर में पहुँच गए। मन्दिर के पुजारियों में बाबा के विरोधी अधिक थे किन्तु महन्त जी उनका बड़ा आदर करते थे। कुछ दूर से ही उन्हें देखकर महन्त जी का मुख खिल उठा। बाबा सहारा लेकर बढ़ रहे थे किन्तु शंकर जी की मूर्ति को देखते हुए वे बड़े आनन्दमग्न थे। दर्शन करते ही वे हाथ बढ़ाकर सस्वर काव्यपाठ करने लगे—

खायो कालकूटु, भयो अजर अमर तनु,
भवनु मसानु गथ गाठरी गरद की॥
डमरू कपालु कर, भूपन कराल ब्याल,
बावरे बड़े की रीझ बाहन बरद की॥
तुलसी बिसाल गोरे गात विलसित भूति,
मानो हिमगिरि चारु चाँदनी सरद की॥
अर्थ-धर्म-काम-मोच्छ बसत बिलोकनि में,
कासी करामाति जोगी जागति मरद की॥

अपना दुख-दरद आसपास के वातावरण को अन्तर के उभरे भावावेश से रंगकर मानो सूर्य के प्रकाश में अन्धकार-सा विलीन हो गया। दृष्टि के सम्मुख केवल विश्वनाथ थे और वह भी भाव-सरिता के मस्त प्रवाह में बहकर अपना प्रत्यक्ष स्थापित रूप परिवर्तित कर चुके थे। भाव के दूध में उमंग रूपी चीनी जैसे-जैसे घुलती गई वैसे-वैसे ही आँखों का स्वाद बदलता चला गया। मूर्ति के स्थान पर जागते जोगी मरद की आकृति अपने-आप उभरती ही चली गई। पिंगल वर्णी मस्तक पर जटाजूट से प्रवाहित पावन गंगाजल, विशाल अरुणाभ नेत्रों की ज्योति की दमक, ललाट पर द्वितीया का चन्द्र, भस्मीभूत, सर्पभूषित, दिगम्बर वेशधारी, परम कल्याणकारी शिव भोलानाथ गोसाईं बाबा की आँखों के आगे खड़े श्रृंगी बजा रहे थे, जिसकी गूँज उनके रोम-रोम में अद्‌भुत नाद जगा रही थी। बाबा एक के बाद एक दो-तीन कवित्त सुनाते ही चले गए। सारा वातावरण बँधकर महाभावयुक्त हो गया। उनके विरोधियों के मन का लोहा तक उनकी भावशक्ति के ताप से पिघलकर रस बन गया था।

''अहो! ए ई शाला भोण्डो गोशाईं ए बार फिर एशे देखे ची।''

लगभग साठ-पैंसठ वर्ष के प्रकाण्ड तान्त्रिक पण्डित रविदत्त लाल वस्त्र पहने, लाल टीका लगाए, लाल-लाल आँखों से आग बरसाते हुए मन्दिर में प्रविष्ट हुए। महन्त जी ने हाथ उठाकर उन्हें शान्त करना चाहा किन्तु रविदत्त जी का क्रोध उस समय और भी अनर्गल हो गया। वे बोले–''हामको आप चुप नहीं कोरने शकता मोहोंत जी। हामको माँ बोला जे तुलशीदाश भोण्डो दगाबाज के दोण्ड दाओ रोबीदत। ए बार आमि एक दुष्ट के निश्चोई मारबो।'' अपने कमंडलु से चुल्लू में जल लेकर 'ओम्-ओम्, आगच्छ-आगच्छ, मारय-मारय...।' मन्त्र का पाठ ज़ोर से आरम्भ करके फिर धीरे-धीरे होंठों में बुदबुदाते हुए अन्त में कर्कश 'स्वाहा' शब्द के साथ झटके से हाथ उठाकर बाबा पर जल छिड़कना चाहा, किन्तु पहले से ही सावधान रामू ने छपाक्-से आगे बढ़कर उनके उठे हुए चुल्लू को ऐसा झटका दिया कि पानी स्वयं रविदत्त के मुख पर ही पड़ गया। अब तो रविदत्त के रोष का ठिकाना न रहा। साँप का विषदन्त मानो उसके ही शरीर में संयोग से चुभ गया। महन्त जी उठे, बाबा ने भी दृष्टि फेरकर देखा, रविदत्त रामू को मारने के लिए झपटे। बेनीमाधव और बाबा के आगे जो युवक खड़े थे वे भी उनकी ओर बढ़े। दर्शनार्थियों की कौतूहल-भरी दृष्टि उस नाटक को खड़ी देखती रही। पंडित रविदत्त बावले की तरह से प्रलाप कर

रहे थे। बाबा शान्त स्वर में बोले—"रविदत्त जी शान्त हों। आप जैसे सुप्रतिष्ठित तन्त्रविद्या-विशारद..."

"चुप कोर, चुप कोर...शाला भोण्डो।"

एक युवक ने तैश में आकर पंडित रविदत्त की दाढ़ी पकड़ ली। बाबा ने उसे बरजा—"कन्हई, दूर हटो।" फिर विनम्र स्वर में रविदत्त जी से कहा—"देवस्थान में क्रोध प्रदर्शन न करें। मैं जा रहा हूँ। चलो हो, राजा।" कहकर बाबा ने भोले बाबा को प्रणाम किया और रविदत्त की तनिक भी परवाह न करके लंगड़ाते हुए बाहर निकल गए। रविदत्त चिल्लाते रहे। उन्होंने तुलसीदास को पृथ्वी से उठा देने की प्रतिज्ञा की।

मन्दिर के आँगन में अनेक भक्त गोस्वामी जी महाराज की महत्ता बखान रहे थे और रविदत्त की निन्दा कर रहे थे। एक ने कहा—"अरे, जब बटेश्वर महाराज जैसे प्रकाण्ड तान्त्रिक गोस्वामी बाबा का कुछ न बिगाड़ सके तो ई रविदत्तवा का उखाड़ लेगा?"

मन्दिर के भीतर समझानेवालों की भीड़ से घिरे पंडित रविदत्त यह सुनकर बड़ी ज़ोर से उखड़े। अपने शुभचिन्तकों का घेरा तोड़कर बाढ़ के प्रचंड प्रवाह की तरह बाहर निकले—"हाम क्या उखाड़ शोकता, देख!" कहकर वे द्वार तक पहुँच जाने वाले बाबा की ओर, एक बूढ़े का लट्ठ उसके हाथ से छीनकर, झपटे किन्तु हड़बड़ी में चौखट लाँघते हुए ठोकर खाकर धड़ाम से गिर पड़े। भीड़ में कुछ लोग उन्हें फर्श पर गिरा देखकर एकाएक जोश में बजरंगबली और बाबा विश्वनाथ की जै-जैकार कर उठे।

थोड़ी ही देर में काशी की गली-गली में यह खबर गूँज गई कि विश्वनाथ बाबा के मन्दिर में गोस्वामी तुलसीदास जी पर आक्रमण करनेवाले रविदत्त पंडित को हनुमान जी ने उठाकर पटक दिया। बाबा की महिमा इस कारण से और बढ़ गई। नगर में तरह-तरह की बात सुनकर कई शुभचिन्तक बाबा के दर्शनार्थ आए। पंडित गंगाराम ज्योतिषी, पंडित काशीनाथ, कवि कैलास, सेठ जैराम, आदि लोग यह खबर सुनकर आए थे कि रविदत्त पंडित ने बाबा पर लाठी से प्रहार किया और प्रहार होते ही उन्होंने हनुमानजी को गोहराया।

सुनकर बाबा खिलखिलाकर हँस पड़े, बोले—"अरे भैया, बजरंगबली के मारने के लिए अनेक दुष्ट पड़े हैं, बेचारे रविदत्त का तो केवल एक यही दोष है कि वह निर्बुद्धि है। बेचारा अपने ही आवेश में गिरकर चुटीला हो गया। राम करे शीघ्र ही स्वस्थ हो जाए।"

"स्वस्थ? अरे महाराज उसकी तो हड्डी-पसलियों तक का चूरा हो जाना चाहिए। दुष्ट दिन-रात माँ-माँ चिल्लाकर ढोंग रचाया करता है और इस उमर में भी महरियों और मेहतरानियों के पीछे मारा-मारा डोलता है।"

कैलास कवि की बात सुनकर पंडित गंगाराम मुस्कराकर बोले—"आप तो बहुत चढ़ा-चढ़ाकर बात कर रहे हैं कवि जी। रविदत्त के कतिपय विरोधियों ने उसके विरुद्ध

बहुत-सी झूठी बातें उड़ा रखी हैं। रविदत्त निर्बुद्धि-अहंकारी अवश्य है, जगदम्बा के नाम पर वारुणी का सेवन भी करता है। किन्तु वह कट्टर धर्माचारी तान्त्रिक है, व्यभिचारी कदापि नहीं। मैं जानता हूँ।''

रामू बोला–''तब तो महाराज उसे अपने ही मन्त्रपूत जल के छींटों से मर जाना चाहिए।'' पूछे जाने पर उसने सारी कथा सुनाई।

पंडित काशीनाथ बोले–''अरे भाई उसके मन्त्रपूत जल से शक्ति उत्पन्न नहीं होती। हाँ, वारुणी की एक चुल्लू से ही कदाचित्...''

''उल्लू भले ही बन जाता हो पर मरता तब भी नहीं काशीनाथ जी। वह बड़ा ही चीमड़ है।'' कैलास जी ने हँसते हुए कहा।

बाबा बोले–''इसके पिता मेरे और गंगाराम के सहपाठी थे। ज्योतिष विद्या में हम लोगों के आगे जब उसकी दाल न गली तब वह हम लोगों से चिढ़ कर तान्त्रिक बना था। भोला और भड़भड़िया था।''

''किन्तु यह रविदत्त परम कुटिल है, तुलसीदास! स्मरण करो कि इसकी तामसिक सिद्धियों ने तुम्हें कितना सताया है।'' गंगाराम ने कहा।

''अरे हमका का सतइहैं! भूत-पिशाच निकट नहि आवै, महावीर जब नाम सुनावै। संकटमोचन के आगे कौन खड़ा हो सकता है।''

''धन्य हैं महात्मन्, आपकी अटल श्रद्धा से हम सदा हाँ-ना में झूलनेवाले मोहत्माओं को ऐसा लगता है जैसे बन्द तहखाने में ताज़े पवन-झकोरे आने लगे हों।'' जैराम सेठ ने गद्‌गद् भाव से कहा।

''वाह कैसी बढ़िया बात कही जैराम। हमें गर्व है कि गोस्वामी जी महाराज के निकट आने का सौभाग्य पा सके। पिछले चालीस बरसों से यही तो हमारी संजीवन बूटी है। राम तुम्हारी जय हो!''

पंडित काशीनाथ की बात से गर्व-स्फूर्ति लेकर कैलास जी बोले–''अरे, हमें तो तिहत्तर वर्षों से यह वरदान प्राप्त है। हम इनसे चार वर्ष छोटे हैं। पहली बार मेघा भगत के यहाँ बात भई रही, फिर तो साथ-साथ बदरी-केदार, मानसरोवर, द्वारका तक की यात्रा की।''

कैलास जी की बातें सुनते हुए गंगाराम जी मन्द-मन्द मुस्कराते रहे। जब उनकी बात समाप्त हुई तो धीरे-से-गर्दन उठाई और कहने लगे–''इन देवता को मित्र मानकर तुलसी, तुलसिया, रामबोला आदि कहकर पुकारने का सौभाग्य आप लोगों के बीच में सबसे पहले मुझे ही मिला था। बारह-तेरह वर्ष की आयु से हम दोनों साथ-साथ पढ़े हैं। राम-भक्ति तो मानो इनकी घुट्टी में ही पड़ी है। पर भाई भूत से ये भी कुछ कम नहीं सताए गए हैं। हः-हः-हः, कहौ तुलसी, बतावैं तुम्हरे हाल?''

बेनीमाधय की उत्सुकता उनकी आँखों में गेंद-सी उछली। बाबा बड़ी स्नेह भरी दृष्टि से अपने सहपाठी को देखते हुए बोले–''सुनाओ-सुनाओ। इन सब का मनोरंजन और मेरा आत्मालोचन होगा।''

10

पंडित गंगाराम ज्योतिषी का मुखमंडल हर दृष्टि के लिए चुम्बक बन गया। पालथी पर बायाँ हाथ आड़ा रखकर उसपर अपनी दाहिनी कोहनी टिकाकर अधबढ़ी दाढ़ी पर मुलायमित से उँगलियाँ फेरते हुए पण्डित गंगाराम पिचहत्तर-छिहत्तर वर्ष पूर्व के अपने स्मृति-आकाश में शब्दों के पंख लगाकर उड़ने लगे।

बाबा ने अपनी आँखें मूँद लीं। सहपाठी के शब्दों का लंगर बाँधकर उनकी ध्यानमग्न काया स्मृति के समुद्र में गहरी पैठने की तरह उबारकर लाने में तल्लीन हो गई।

गंगाराम जी कह रहे थे—"हमारी इनकी भेंट पूज्यपाद प्रातःस्मरणीय शेष जी महाराज की पाठशाला में हुई थी। शीघ्र ही हम लोग ऐसे गहरे मित्र बन गए कि अपने मन की एक-एक बात एक-दूसरे के आगे कहने लगे। उन्हें गुरुजी महाराज के घर में छत पर बनी एक छोटी-सी कोठरी रहने को मिली थी। उस कोठरी की दीवार पर एक विशाल पीपल की टहनियाँ जब हवा से डोलतीं तब झाड़ू लगाया करती थीं। तुलसी भृत्य शिष्य थे। गुरुजी के घर का सारा काम-काज भृत्य के रूप में करते, तीसरे पहर गुरुजी से शिक्षा ग्रहण करते और रात में पतली सीढ़ियाँ चढ़कर हथेली की ओट से दिए की लौ को सुरक्षित करके यह तिमंजिले की छत पर पहुँचते।

× × ×

छत के द्वार पर बारह-तेरह वर्ष का एक गौरवर्ण बटुक दीया लिए हुए खड़ा है। अभी ही उसने सीढ़ियाँ चढ़कर द्वार पर पहला कदम रखा है। सामने पीपल की टहनियाँ उसकी कोठरी की छत से लेकर इस छत की मुंडेर तक दीवार तक हवा के झोंको से ऐसे झाड़ जाती हैं मानो किसी के बोझ से इतनी नीचे झुकती हों। बालक की भावना में एक विशालकाय मनुष्याकार झलकता है जो क्रमशः बड़ा होते हुए आकाश को छू लेता है और फिर तिरोहित हो जाता है। कलेजे के अन्दर धमाके की गूँज अब भी सनसनाहट भर रही है। बच्चे का चेहरा फीका पड़ गया, काया काठ हो गई, केवल हाथ-पैर भय की सनसनाहट से जल्दी जल्दी काँप उठते, जिससे हाथों का दीया हिल-हिल जाता था।

अपने भय-जड़ित स्वर को क्रमशः खोलने के प्रयास में ऊँचा उठाते हुए बालक के हाथ-पैरों में गति आई। कदम आगे बढ़ा 'जै बजरंग...,' दूसरा कदम बढ़ा 'बजरंग-बजरंग', दो सहमे डग और आगे बढ़ गए, बढ़ने से भय कुछ-कुछ पीछे हटा किन्तु अभी तो भय का आगार, वह दीवार ठीक सामने थी जिसके सहारे दस-पाँच पल पहले बच्चे ने अति विशालकाय काया देखी थी। भय अपने-आप में हाँफने लगा, साथ ही उसमें फिर से एक नई तेज़ी भी आई, "भूत-पिशाच निकट नहिं आवै, महाबीर जब नाम सुनावै।" अपने शब्द अपने ही लिए नई आस्था बनकर बच्चे को आगे बढ़ाने लगे। वह डरता जाता है और डर को जीतते हुए बढ़ता भी जाता है।

वह अपनी कोठरी के द्वार तक पहुँच ही गया। दीये को हवा से बचानेवाला दाहिना हाथ दरवाज़े की कुण्डी तक लड़खड़ाता हुआ उठा। काँपते हाथों कुण्डी खुली फिर झटके से द्वार खुला। बच्चा हवा की तरह भीतर घुस गया और द्वार उड़काकर उसपर अपनी पीठ टेककर अपनी हथेली के दीये को सम्भालने और अपने-आपको निरापद महसूस करने की स्वचालित प्रक्रिया में रम गया।

दूसरे दिन पाठशाला में रामबोला ने अपने मित्र गंगाराम से कहा—"गंगा, भूत-प्रेत सचमुच होते हैं। कल मैंने पीपलवाले ब्रह्मराक्षस को अपनी आँखों से देखा है।"

सायंकाल के समय तुलसी और गंगाराम दोनों ही पाठशाला के आगे का आँगन बुहार रहे हैं। दोनों सूखे पत्ते, गर्द आदि सारा कूड़ा एक जगह लाकर एकत्र कर रहे हैं, हथेलियों से कूड़ा एक जगह डाल रहे हैं और बातें कर रहे हैं। तुलसी कह रहे हैं—"हमारी कुठरिया की छत पर पीपल की डाल पकड़े हुए बैठा था। उसने जो हमको देखा तो ऐसी जोर से टहनी को झकझोर उठा कि मानो हमें देखकर उसे बड़ा क्रोध आ गया हो और वो बड़ा होने लगा। मैंने भी जोर-जोर से राम-राम, बजरंग-बजरंग जपना आरम्भ कर दिया। एक पंक्ति भी बन गई, 'भूत-पिशाच निकट नहीं आवै, महाबीर जब नाम सुनावै।"

बालक गंगाराम बोले—"हमारी तो भैया ऐसे में सिट्टी-पिट्टी ही गुम हो जाय। काशी में विश्व-भर के भूत आते हैं।"

तुलसी बोला—"हमारे बाबा कहते थे कि राम मन्त्र सिद्ध मन्त्र है। हमको तो वही फलता है। जिसके हनुमान और अंगद जैसे महावीर सैनिक हैं, जो नाथों के नाथ विश्वनाथ के भी इष्टदेव हैं, उनके चरण भला क्यों न गहैं! अरे, हम तो कहते हैं गंगा कि, ऐसे बड़े मालिक को कष्ट देने की भी आवश्यकता नहीं, उनके परम सेवक बजरंगबली से ही हमें रक्षा मिल जाती है! 'भूत-पिशाच निकट नहीं आवै, महाबीर जब नाम सुनावै। नासै रोग हरै सब पीरा, जपत निरन्तर हनुमत बीरा। संकट से हनुमान छुड़ावै, मन-क्रम-वचन ध्यान जो लावै।"

पास ही से दो विद्यार्थी साग-भाजी लेकर आँगन में प्रवेश कर रहे थे। उन्होंने सुना। एक ने मुस्कराकर कहा—"अरे वाह, आश कवि जी, बड़ी जोर से कविताई हो रही है!"

तुलसी झेंप गया, गंगा ने हँसकर कहा—"भूत-बाधा दूर करने का मन्त्र बना रहे हैं।"

दूसरा लड़का हँसकर बोला—"हैंः-हैं-हैंः, अभी नाक पोंछना तो आता नहीं, मन्त्र बनावैंगे। अभी पिछवाड़े का पीपलवाला जो इनके सामने आकर खड़ा हो जाय तो डर के मारे इनके वस्त्र बिगड़ जायं। हिंः, मन्त्र बनाने चले हैं।"

तुलसी को ताव आ गया। उस लड़के की ओर देखकर कहा—"देखा है, देखा है उस पीपलवाले को भी। मेरी कोठरी की दीवार पर ही तो बैठता है। पर मैं जैसे ही जाकर हनुमान जी का नाम लेता हूँ। वैसे ही भाग जाता है।"

लड़के आँगन में खड़े हो गए। एक ने कहा—"अरे जा रे लबार। झूठ-मूठ की न हाँक।"

"मैं गुरु जी के चरणकमलों की सौगंध खाकर कहता हूँ। मैंने पीपलवाले को कई बार कई रूपों में देखा है।"

इतनी बड़ी शपथ का प्रभाव उन विद्यार्थियों पर पड़े बिना न रह सका। एक बोला–"अपना बटेश्वर प्रत्येक अमावस्या की रात को श्मशान पर एक कापालिक से भूत-विद्या सीखने के लिए जाता है। वह कहता था कि आधी रात को वहाँ शिव जी के मन्दिर में सारे भूत एकत्र होते हैं और भूतनाथ की आरती उतारते हैं। वह कहता था कि उस समय जो कोई वहाँ जाकर शंख बजा दे तो सारे भूत उसके वश में हो जाएँ। पर कोई बजा ही नहीं सकता। बड़े-बड़े सिद्ध भी यह साहस नहीं कर सकते।"

गंगा बोले–"हमारा तुलसी जा सकता है। यह बड़ा राम-भक्त है।"

"हिंः, देखी-देखी इसकी भक्ति।" एक ने कहा।

तुलसी की आँखें स्वाभिमान से चमक उठीं। कूड़े वाली डलिया उठाकर उसने कहा–"बटेश्वर अमावस्या की रात्रि में वहाँ जाते हैं न? उनसे कहना कि अबकी अमावस्या की रात्रि में मेरा शंखघोष वे राम जी की दया से सुन लेंगे।"

"अरे जा, जा, बड़ी राम जी की दयावाला बना है। हग भरेगा बच्चू, हग भरेगा।"

तुलसी के चेहरे पर निश्चय की स्फटिक शिला जम गई थी। उसने अपने सिर पर कूड़े की डलिया रखी और सधे पाँव बाहर की ओर चला। गंगा भी उसके साथ ही साथ चला। कुछ-कुछ सहमे-से स्वर में उसने पूछा–"तुलसी, क्या तुम सचमुच अमावस्या की रात में वहाँ जावोगे! मैंने बड़ी गलती की जो आवेश में आकर कह गया। तुम्हें भी जल्दी आवेश में नहीं आना चाहिए था। हम दोनों से चूक हुई।"

तुलसी चुप रहा। घूरे तक वे लोग चुपचाप आए। तुलसी ने कूड़ा घूरे पर डालकर डला झाड़ा फिर संयत स्वर में कहा–"अब तो अमावस को जाऊँगा, गंगा। नहीं जाऊँगा तो मेरे राम जी, हनुमान जी झूठे सिद्ध होंगे।"

गंगा बोला–"राम जी समर्थ हैं। अपनी निन्दा-बड़ाई को वह आप सम्भाल सकते हैं। तुम भूत-प्रेतों से मत खेलो तुलसी।"

"नहीं, अब तो बात दे चुका। मैं जाऊँगा।"

"भाई, मेरे मते तुम्हें पहले आचार्यपाद से आज्ञा ले लेनी चाहिए।"

"हाँ-हाँ, निश्चिन्त रहो। गुरु जी से पूछकर ही जाऊँगा। मेरा विश्वास है कि वे आज्ञा दे देंगे।"

"अभी से यह भरोसा न बाँधो। गुरु जी ज्ञान नारायण को धारण करनेवाले साक्षात् शेष भगवान हैं।"

"तभी तो विश्वासपूर्वक यह कह रहा हूँ कि वे आज्ञा दे देंगे।"

× × ×

नीम के पेड़ तले मिट्टी के चबूतरे पर कुशासन बिछाए विराजमान, ज्ञानमूर्ति, तपोपुंज आचार्यपाद शेष सनातन जी महाराज अपने सामने बेंत की बुनी हुई चौकी पर रखी पोथी के कुछ पन्ने हाथ में उठाए हुए बांच रहे थे। बालक तुलसी दबे पाँव

वहाँ पहुँचा और चुपचाप हाथ बाँधे खड़ा हो गया। गुरु जी कुछ समय के अन्तराल में पोथी के पन्ने पढ़कर पलटते हैं और आगे पढ़ने में तल्लीन हो जाते हैं। तुलसीदास की ओर उनका ध्यान तक नहीं जाता। बालक सिर झुकाए हाथ बाँधे खड़ा रह जाता है। गुरु जी जब उन पृष्ठों को पढ़कर पोथी में मिलाते हुए आगे के पृष्ठ उठाते हैं तो उनका ध्यान एकाएक तुलसी की ओर जाता है। पूछा—"क्या है?"

हाथ जोड़कर तुलसी ने कहा—"एक आज्ञा लेने के लिए सेवा में आया हूँ गुरु जी।"

"कहो।" गुरु जी ने नए पृष्ठ हाथ में उठा लिए।

"दो दिन पहले हरि और केशव से मेरी बदाबदी हो गई थी। वे भूतों का भय दिखला रहे थे। मैंने कहा कि भूत-पिशाच बजरंगबली से बढ़कर शक्तिशाली नहीं है। जिसकी भक्ति राम के चरणों में अटल है वह भूतों से कदापि नहीं डर सकता। इसपर हरि ने कहा कि जो ऐसे भक्त हो तो हरिश्चन्द्र घाट पर शिव जी के मन्दिर में अमावस्या को आधी रात के समय शंख बजा आओ जब हम जानें। बटेश्वर वहाँ किसी भूत-विशारद से भूत-विद्या सीखने के लिए जाते हैं। वे मेरे शंखवादन के साक्षी होंगे। यदि आप आज्ञा दें तो चला जाऊँ।"

गुरु जी मौन रहे, फिर पूछा—"अपनी कोठरी में कभी डरे हो कि नहीं?"

"कुछ-कुछ तो अवश्य डरता हूँ गुरु जी, परन्तु श्री केसरीकिशोर के ध्यान से मेरे भय के भूत भाग जाते हैं। आपके उपदेश भी मेरे मन को बल देते रहते हैं।"

पैनी परख-भरी दृष्टि से अपने शिष्य का मुख निहारकर फिर पोथी की ओर देखते हुए गुरु जी गम्भीर स्वर में बोले—"पीपलवाला तो बड़ा सभ्य भूत है, केवल दुष्टों को ही सताता है, परन्तु सब भूत-प्रेत ऐसे नहीं होते। कुटिल और क्रूर भूतों की कमी नहीं है। हरिश्चन्द्र घाट भूतों की अति भयावनी लीलास्थली है।"

"बालक की वाचालता क्षमा हो गुरु जी, बटेश्वर भी तो वहाँ जाते हैं।"

"बटेश्वर मंत्र-कवच-मंडित है। तुमको तो भूत फाड़ खाएँगे।"

तुलसी एक क्षण तक स्तंभित खड़ा रहा, फिर सिर में कुछ तनाव आया, झटके से स्वर उठा, कहा—"राम जी के रहते मेरा कोई कुछ नहीं बिगाड़ सकेगा। आपके चरणों का ध्यान ही मेरा रक्षा कवच बनेगा।"

"यह तुम्हारा अटल विश्वास है?"

गुरु के चरणों में शीश नवाकर तुलसी ने कहा,—"हाँ, गुरु जी, मेरी परीक्षा ले लें।"

"तुम्हें स्वयं अपनी ही परीक्षा लेनी है तुलसी। यदि तुम्हारी भक्ति अटल है तो भय भूतनाथ तुम्हारी रक्षा करेंगे। जाओ, मेरा आशीर्वाद है।"

× × ×

बाबा ध्यानमग्न बैठे अपने पूर्वानुभव के मनोदृश्य देख रहे थे। पं. गंगाराम का स्वर उन दृश्यों को गति दे रहा था। पण्डित जी कह रहे थे—"पाठशाला में सभी छात्रों को धीरे-धीरे यह बात विदित हो गई। पाठशाला में केवल हम चार-पाँच छात्र

ही छोटी आयु के थे। उनमें भी केवल तीन बालक गुरु जी के घर में रहकर सेवा-वृत्ति से शिक्षा ग्रहण करते थे, बाकी सब स्थानीय निवासी थे और दक्षिणा देकर पढ़ा करते थे। उनकी संख्या आठ थी, उनमें भी छः विद्यार्थी सत्तरह-अठारह से बीस-पचीस की आयु वाले थे। बटेश्वर मिश्र की आयु 23-24 वर्ष के लगभग थी। वह श्याम वर्ण का दुबला-पतला क्रोधी और अहंकारी युवक था। गुस्सा सदा उसकी नाक पर ही धरा रहता था। धनी पिता का पुत्र था इसलिए अपने आगे किसी को कुछ समझता नहीं था। ज़री काम का दुशाला और लाल मखमल की मिर्ज़ई पहनकर वह पढ़ने के लिए आया करता था। हरि, केशव दोनों ही सदा उसकी चाटुकारी में रहा करते थे। चतुर्दशी के दिन गुरुजी महाराज किसी नरेश के यहाँ बुलावे पर गए थे। हम सब लोग उस दिन प्रायः अनुशासन-मुक्त थे। तभी हरि ने छेड़-छाड़ की।

× × ×

हरि, केशव, बटेश्वर तथा उनके समवयस्क दो और छात्र दालान में गुरु जी की सूनी चौकी के पास बैठे हुए थे। तीन बड़े छात्र एक अलग कोने में बैठे हुए आपस में साहित्य-विवेचना कर रहे थे।

तुलसी, गंगाराम और उनके समवयस्क दो छात्र बैठे हुए आपस में ज्योतिष सम्बन्धी चर्चा कर रहे हैं। एक ने पूछा—"अच्छा तुलसी, बताओ, व्यापार के लिए कितने नक्षत्र अच्छे होते हैं?"

तुलसी बोला—"बारह! श्रवण के तीन, हस्ति के तीन, फिर पुष्य और पुनर्वसु, इसके बाद मृगशिरा, अश्विनी, रैवती तथा अनुराधा—इन बारह नक्षत्रों में धन-धान्य, धरोहर-धरती का लेन-देन करो तो लाभ होगा।"

उसी समय कुछ दूर पर बैठे केशव ने बटेश्वर से हँसकर कहा—"ये तुलसिया परसों अमावस्या को अर्धरात्रि के समय हरिश्चन्द्र घाट के मन्दिर में शंखघोष करने जाएगा।"

सुनकर तुलसी और उसकी मण्डली के बालक चुप हो गए। बटेश्वर उपेक्षाभरी हँसी हँसा, किन्तु कहा कुछ भी नहीं। हरि ने बात आगे बढ़ाई, बोला—"कहता था, राम शब्द से अधिक सिद्ध और कोई मन्त्र ही नहीं है।" कहकर वह ज़ोर से खिलखिलाकर हँस पड़ा।

तुलसी आवेश में आ गया। वहीं से बोला—"हाँ-हाँ, अब भी कहता हूँ और कल जाकर रामकृपा से अवश्य ही शंकर जी के मन्दिर में शंखनाद करूँगा। देखूँगा कि भूत बड़े हैं या रामसेवक कपि केसरीकिशोर।"

तुलसी का तैश देखकर हरि और केशव दोनों ही हो-हो करके हँस पड़े। "अरे वाह रे कपि केसरीकिशोर के भक्त। जब शंखिनी-डंकिनी दहाड़ेंगी तब कहना।" हरि ने व्यंग्य कसा और फिर हँस पड़ा।

तुलसी फिर तैश खा गया, झटके से उठकर खड़ा हो गया और हरि की ओर देखते हुए हाथ बढ़ाकर बोला—"भूत-पिशाच निकट नहीं आवै, महाबीर जब नाम सुनावै। एक भी भूत-चुड़ैल मेरे सामने नहीं ही आवैगी। देख लेना।"

बटेश्वर क्रोध में आँखें निकालकर गरजा—"अच्छा बक-बक बन्द कर। ससुरा भिखारी की औलाद टहल-मजूरी करके पढ़ता है और हम विद्वानों से उलझता है? बड़ा हौसला होय तो आना बेटा कल रात में। परसों सबेरे मन्दिर के नीचे से डोम ही तेरा शब उठाएँगे और वही लोग फूँकेंगे।"

तुलसी भी ताव खा गया, बोला—"जाको राखे साइयाँ, मार सकै नहि कोय। बाल न बाँका कै सकै जो जग बेरी होय। तुमसे जो बने सो कर लेना। मरना बदा होगा तो राम जी के नाम पर मर जाएँगे। कौन हमें रोने को बैठा है!"

कहकर तुलसी दालान से बाहर चला आया। गंगा भी उसके पीछे ही पीछे आया। आवेश में भरे तुलसी के कन्धे पर प्रेम से हाथ रखकर गंगा ने कहा—"तुलसी, मेरे पिता मणिकर्णिका घाट के योगीजी को जानते हैं। मुझे भी उनके कारण योगीजी जानते हैं। चलो चलकर उनसे सारी बात कहें। वे निश्चय ही कोई सिद्ध जड़ी-बूटी अथवा मन्त्र तुम्हें दे देंगे।"

"राम सिद्धमन्त्र है। बन्धु, मुझे अपने स्वर्गवासी गुरु बाबा की बात ही राजमार्ग जैसी सरल और सुखद लगती है। तुम जानते नहीं हो, हनुमान जी बचपन से ही मेरी बाँह गहे हुए हैं। अच्छा, अब चलूँ, गायों की सानी करनी है, फिर माता जी के सायं स्नान के हेतु दो गगरी गंगाजल लाना है।"

उस रात तुलसी जब सब कामों से छुट्टी पाकर अपना दीया लिए हुए ऊपर चला तो सीढ़ियों में ही हवा का ऐसा गूँज भरा थपेड़ा आया कि दीप की लौ झोंका खाकर बुझी-अब बुझी जैसी हो गई। मन सहम उठा, राम-राम का जप स्वर में हल्की कंपकंपी के साथ तीव्र गतिशाली हुआ। बत्ती की लौ नन्ही बूँद जैसी बन गई पर बुझी नहीं, फिर क्रमशः उसमें उजाला बढ़ने लगा। उस उजाले से बालक के चेहरे पर आत्मविश्वास का उजाला बढ़ गया। सीढ़ी पर जमे डग फिर उठे। तुलसी छत के द्वार तक पहुँच गया। रात घनी काली थी किन्तु सर्दी की स्वच्छ रात में तारों की चमक लुभावनी लग रही थी। नीचे गली से लेकर कोठरी की छत को छूता हुआ पीपल रात की कालिमा में अँधेरे की एक और गहरी पर्त बनकर खड़ा था लेकिन आज वह तुलसी के लिए रुकावट न बना। उसकी कोठरी की छत पर आज उसे कोई दीर्घाकार न बैठा दिखलाई दिया, न वह छत पर धम् से कूदा, न कोई आवाज़ ही सुनाई दी। बालक उत्साह में तनिक ज़ोर से बड़बड़ा उठा—"जै बजरंगबली। हे बजरंगबली, आज हमने तुम्हें सारे दिन-भर ध्याया है। भला कौन भूत अब मेरे सामने आने का साहस करेगा?" बड़बड़ाते हुए कुंडी खोलकर जो कोठरी में कदम रखा तो ऐसा लगा कि उसकी चटाई पर कोई लेटा है। सारी आस्था, मन का चैन लड़खड़ा गया। एक बार उल्टे पैरों लौटा, फिर देखा तो लगा कि कहीं कछ भी नहीं है। बालक के मन में नए सिरे से उत्साह आया। उसने अपनी कोठरी में पुनः भीतर तक प्रवेश किया। दीये के प्रकाश में कोठरी के चारों कोने और फर्श से लेकर छत तक, सतर्क नज़रों से सब छान मारा, कहीं कुछ भी न था। मन का विश्वास फिर लौटा। दीया आड़ में रखा। द्वार खुले होने से ठंडी हवा भीतर आ रही थी। तुलसीदास ने दरवाज़े अन्दर से बन्द कर लिए। छोटी-सी कोठरी की अकेली दुनिया कुछ अजीब-सी लगी।

कुछ भय, कुछ अभय मिलकर तरुण मन को सनसनाहट से भरने लगा। भरी सर्दी में भी माथे पर पसीने की बूँदें चुचुआ उठीं। फिर आप ही बड़बड़ा उठा—"धत् तेरे की रामभगतवा। हनुमान जी का ध्यान कर!"

वह अपनी चटाई पर बिछी हुई कथरी पर बैठ गया। मिट्टी की दवात और सरकंडे की कलम सामने रख ली। कागज़ उठा लिया और लिखना आरम्भ किया:

जै हनुमान ज्ञान-गुन-सागर।
जै कपीस तिहुँ लोक उजागर॥

मध्य रात्रि तक हनुमान चालीसा पूरी की। तुलसी ने अपने अब तक के जीवन में यह पहला लम्बा काव्य रचा था। वह बड़ा ही मगन था। जोश में आकर उसने दो-तीन बार अपने चालीसा काव्य को पढ़ा। दो-एक जगह संशोधन भी किए, फिर ऐसे सुख से टाँगें पसारकर सोया मानो उसने कोई बड़ी भारी दिग्विजय कर ली हो।

दूसरे दिन सुबह जब वह गंगाजल की गगरियों को घर के भीतर पहुँचाने के लिए गया तो गुरु-पत्नी ने पूछा—"रामबोला, हमने सुना है, तुम आज मसान जाने वाले हो?"

तुलसी झेंप गया, फिर कहा—"हम राम जी की शक्ति को भूतों की शक्ति से बड़ी मानते हैं, आई। क्या गलती करते हैं?"

"नहीं बेटा, भूत तो बनते-बिगड़ते रहते हैं, वह तुम्हारे मन के विकारों की तरंगें मात्र ही हैं। उनकी चिन्ता कभी न करना।"

गुरु-पत्नी की बात अच्छी तो लगी पर मन को जैसे विश्वास न हुआ, पूछा—"अइया जी, रात में पीपल तले कभी-कभी ऐसा उजाला दिखलाई देता है कि हम आपसे क्या बतलाएँ। आकार भले भय के हों, पर यह उजाला कौन करता है? कभी-कभी हवा शरीर का ऐसे स्पर्श करती है कि लगता है कोई हमारी देह रगड़ता हुआ चला गया है। यह सब क्या होता है आई?"

"अपने गुरु जी से पूछना।"

"साहस नहीं होता। गुरु जी कहेंगे, तुम्हें अभी इन बातों से क्या प्रयोजन। फिर राम जी भी तो हैं।"

गुरु-पत्नी हँसी, कहा—"तुमने राम जी को देखा है रामबोला?"

"नहीं, आई।"

"तुमने भूत को नहीं देखा और राम जी को भी नहीं देखा। जिस पर चाहो विश्वास कर लो। मन माने की बात है।"

तुलसी बोला—"तब फिर मैं राम जी को क्यों न मानूँ! भूत मेरा कुछ नहीं बिगाड़ सकता है।"

तुलसी की गम्भीर किन्तु भोली बातें गुरु-पत्नी को भली लगीं। स्निग्ध दृष्टि से उसकी ओर देखते हुए कहा—"तुम बड़े अच्छे लड़के हो। भगवान तुम्हारा सदा मंगल करें।"

गुरु-पत्नी के आशीर्वाद ने तुलसी के मन को बड़ा बल दिया। किन्तु पाठशाला के बड़े विद्यार्थी विशेष रूप से उसे दिन-भर डराते और चिढ़ाते रहे। शुभचिन्तक साथियों ने न जाने के लिए आग्रह किया। तुलसी के मन में उनको तर्कों से भूत कभी वास्तविकता का आभास कराते थे और कभी अपने हठवश वह उसे नकारने लगता था। गुरु जी से पूछने की इच्छा बार-बार मन में जागी परन्तु उनके सम्मुख होने पर उसका सारा साहस मानो समाप्त हो जाता था। वे कहेंगे कि जब जाने की आज्ञा ले ही चुके हो तो स्वयं अनुभव करना। अब शास्त्रार्थ की क्या आवश्यकता है! उनका तेजस्वी, शान्त और गम्भीर मुखमंडल देखते ही उसे मानो अपने न पूछे हुए प्रश्न का उत्तर मिल जाता था किन्तु ऊहापोह फिर भी शान्त न हुआ और बालक मन हाँ और ना के झूले में झूलता ही रहा। यह होते हुए भी जितना ही उसे डराया या समझाया जाता था उतना ही उसका हठ और दृढ़ होता जाता था।

शाम आई, तुलसी ने गुरु जी के घर का सारा काम-काज पूरा किया, फिर गुरु-पत्नी से कहा—''आई, हमें आज रात के लिए शंख दे दीजिए।''

''तो तुम जाओगे ही रामबोला?''

''हाँ, आई।''

''कोई भी बाधा आए पर डरना मत बेटा।''

''नहीं आई, डरूँगा तो फिर मेरे बजरंगबली रूठ जाएँगे। मुझे उनके रूठने का भय है। रावण का मानमर्दन करनेवाले रामप्रभु मुझसे न रूठें, केवल इसी की चिन्ता है।'' अपने इस उत्तर से उसे सहसा वह आस्था मिल गई जिसे वह इतने दिनों से पाने और संगठित करने के लिए सतत् प्रत्यनशील था।

शंख लेकर तुलसी अपनी कोठरी में आया। आज उसके हाथ में दीया नहीं था। वह बाहर के अँधेरे से लड़ने के लिए अपने भीतर के प्रकाश का सहारा ले रहा था।

रात का पहला पहर समाप्त हुआ। कसौटी पर चढ़ने का क्षण आ गया। तुलसी ने शंख उठाया, अँधेरे में शंख के स्पर्श मात्र से उसके मन में एक विचित्र-सी सनहसाहट भर गई। हृदय धड़-धड़ करने लगा, किन्तु उसे लगा कि यह धड़कन भयकारी नहीं वरन् उत्साहवर्धक है। हृदय 'राम-राम' बोल रहा है, 'उठ-उठ' कह रहा है। तुलसी खड़ा हो गया। कोठरी से बाहर निकला, कुंडी चढ़ाई। आगे की छोटी-सी छत अन्धकारमय थी। बाईं ओर का पीपल अँधेरे में भय की सघन छायामूर्ति बनकर खड़ा था। तुलसी स्तब्ध होकर उधर ही देखता रहा। मन तेज़ी से कल्पना करने लगा कि नीचे से बड़े-बड़े दाँतों और सींगों वाला ब्रह्मराक्षस अपना आकार बढ़ाता हुआ मानो अब उठने ही वाला है। वह आएगा और उसके हाथ से शंख लेकर चूर-चूर कर डालेगा। वह धक्का देगा और तुलसी छत से गिर के नीचे गली में जा पड़ेगा। उसकी एक-एक हड्डी-पसली चूर-चूर हो जाएगी। इस दुनिया से उसका नाम-निशान तक मिट जाएगा। लेकिन तुलसी की कल्पना शक्ति ने उसके भय का साथ न देकर एक नया रूप ही धारण कर लिया। ब्रह्मराक्षस के बजाय उसे हनुमान जी अपनी कल्पना में बढ़ते हुए दिखाई देने लगे। हनुमान जी के दाहिने कन्धे पर राम और

बाएँ पर श्री लक्ष्मण जी विराजमान हैं। दोनों ही अपने-अपने धनुषों पर बाण चढ़ाए मानो तैयार बैठे हैं। बालक का मन अपनी कल्पना से प्रसन्न हो गया। 'जहाँ राम हैं वहाँ भय कहाँ? भय ही तो भूत है। चल रे रामबोला, चल, आज यह दिखा दे कि तेरा रामबल अनन्त भूतों से अधिक शक्तिशाली और विशाल है। जय बजरंग।'

संकरी घुमावदार सीढ़ियों पर वह उतरने लगा। उतरने की सतर्कता में एक वार भय फिर उमगा। अपने ही मन के धक्के से उसकी देह दीवार से जा टकराई। वह सहमा और फिर सम्भल गया—"राम-राम जप रे मन। कहाँ लड़खड़ाता है?'

सीढ़ी का एक द्वार पीपलवाली गली की ओर पड़ता था। वह द्वार यों तो बन्द रहता था किन्तु गुरु-पत्नी से आज्ञा लेकर उस द्वार का ताला तुलसी ने आज शाम ही को खुलवा लिया था। तुलसी उसी से होकर बाहर आया। द्वार बन्द किए, कुन्डी चढ़ाई, ताला बन्द किया, कुन्जी अँगोछे में बाँधी और अँगोछे को कमर पर कसकर बाँध लिया, 'जय गणेश, जय भूतेश्वर, बजरंग, रामभद्र जय जय-जय-जय।' तुलसी पीपल के नीचे से ही गली पार कर रहा है। शीत उसकी रुई की मिर्ज़ई को भेदकर उसके भीतर कँपकँपी भर रहा है। ऐसा लगता है कि तुलसी की परीक्षा लेने को सरदी भी आज अपने चरम बिन्दु तक पहुँच रही है। पर अब तो चाहे सर्दी सतावे या स्वयं भूत ही आकर उसका हाथ क्यों न पकड़े, तुलसी अपने निश्चय से डिग नहीं सकता। वह सदा आगे ही बढ़ेगा।

अँधेरी-सूनी गलियाँ पीछे छूटती जाती हैं। शीत के मारे कुत्ते भी इधर-उधर दुबके हुए बैठे हैं, केवल आहट पाकर जहाँ-तहाँ भौं-भौं कर उठते हैं। गलियों में यत्र-तत्र बैठे हुए सांड भी तुलसी के चलने की आहट पाकर अथवा शीत की प्रतिक्रियावश अपनी साँसों की फुफकारें-सी छोड़ते हुए मिल जाते हैं। सँकरी गलियों में बन्द घरों की दीवारें मानो साँय-साँय बोल रही हैं। एक जगह पर छत्ते के नीचे एक सांड पूरी गली घेरे हुए पड़ा था। घने अँधेरे में वह तुलसी को दिखलाई न पड़ा। वह जैसे ही आगे बढ़ा तो ठोकर खाई। पैर लड़खड़ाया और वह बैल पर ही गिर पड़ा। शंख की नोक बैल के शरीर में चुभी और उसने फुँफकारते हुए अपने सींग इधर घुमाए। तुलसी घबरा गया। बैल भी घबराकर उठने का उपक्रम करने लगा। उसकी पीठ पर गिरे हुए बालक की घबराहट इस कारण से और भी बढ़ी। भूत भले न हो पर भूतनाथ के इस नन्दी ने यदि आक्रमण कर दिया तो तुलसी की जान की खैर नहीं। इस भय ने सुरक्षा की भावना तीव्र कर दी। बैल के पिछले पैरों के पूरी तरह उठने के पहले ही वह फुर्ती से फिसल पड़ा और फिर घुटनों तथा बाएँ हाथ के पंजे के बल पर उठकर वह तेज़ी से भागा। अपने भय के भाग जाने पर पशु वहीं का वहीं खड़ा रह गया। आगे थोड़ी ही दूर पर गली समाप्त हो गई, खुला मैदान आ गया, तुलसी की साँस में साँस आई।

कितनी शीत है। सीलन-भरी गलियों की बन्दिनी शीत से यह मैदान की मुक्त ठिठुरन तुलसी को अपेक्षाकृत भली लगी। तीन साल पहले गुरु जी के एक धनी यजमान के द्वारा विद्यार्थियों को दान में मिली हुई मिर्ज़इयाँ अब अपनी गर्मी प्रायः खो चुकी थीं। तुलसी को लग रहा था कि शीत महाबली योद्धा बनकर हवा के सनसनाते

तीर छोड़ रहा है। मिर्ज़ई का कवच उसकी रक्षा नहीं कर पा रहा है। दौड़ने से गर्मी बढ़ती है और वही उसकी रक्षा भी कर सकती है।

श्मशान तट पास आ गया। विशाल वट-वृक्ष की अनगिनत जटाएँ हवा में झूलती हुई ऐसी लग रही थीं मानो सैंकड़ों फाँसी के फन्दे लटक रहे हों। बरगद पर कोई पक्षी इस तरह रिरिया रहा था कि मानो कोई बच्चा पीड़ा से कराह रहा हो। तुलसी के पाँव भय से थम गए पर यह अब उसके लिए चुनौती बन गया था। वह श्मशान में आ पहुँचा है। बटेश्वर निश्चय ही यहाँ उपस्थित होगा। वह अपने कापालिक गुरु से मन्त्र-विद्या सीख रहा होगा। यहाँ तक पहुँचकर अब यदि तुलसी घबराया तो उसकी लोक हँसाई होगी। कल विद्यार्थियों के सामने बटेश्वर दम्भ-भरे ठहाके लगाएगा। नहीं, ऐसा कदापि नहीं होगा। तुलसी के पाँव अब पीछे नहीं लौट सकते। यह श्मशान उसके शंखघोष से गूँजना ही चाहिए। तुलसी वट के नीचे से निर्भय होकर गुज़रने लगा। लटकती जटाएँ उसके सिर और कन्धों को छू जाती हैं लेकिन अब वह उनसे तनिक भी भयभीत नहीं हो सकता।

श्मशान की जलती-बुझती चिताएँ दिखलाई पड़ रही हैं। एक चिता की लपटों से उसे तरह-तरह के आकार भी दिखाई देते हैं लेकिन तुलसी अब भयभीत नहीं हो सकता। भूत चाहे उसका गला ही क्यों न दबोच दें पर जब तक वह शिव जी के मन्दिर में शंखघोष नहीं कर देता तब तक उसके प्राण कदापि नहीं निकलेंगे। "जय हनुमान ज्ञान-गुन-सागर, जय कपीस तिहुँ लोक उजागर।"

तुलसी शिव मन्दिर की सीढ़ियाँ चढ़ता गया। सामने गंगा तट पर जलती हुई चिता के पास उसे दो आकृतियाँ बैठी हुई दिखलाई दीं। निश्चय ही बटेश्वर और उसके गुरु कापालिक की आकृतियाँ होंगी। इस विचार ने तुलसी के भीतर मानो नए प्राण फूँक दिए। पैर तेज़ी से ऊपर चढ़े। भूतनाथ अपने इष्टदेव के इस भक्त को कदापि हतोत्साहित नहीं कर सकते—"जय भूतेश्वर, जय बजरंग, जय-जय-जय सीताराम।"

तुलसी ने विशाल शिवलिंग के समक्ष खड़े होकर पूरी शक्ति के साथ अपना शंख बजाया, एक बार नहीं, पूरे तीन बार बजाया। बाहर दूर से एक कड़कड़ाती हुई आवाज़ आई—"कौन है रे?"

"राम जी का खास सेवक तुलसीदास।" शिव जी के चबूतरे से ही आत्मविश्वास से जगमगाए हुए बालक ने कड़क कर जवाब दिया।

"ठहर तो सही, रे भण्ड।" दूर की आवाज़ फिर गरजी, लेकिन तुलसी उस चुनौती का सामना करने के लिए फिर खड़ा न रहा। जल्दी से शिवलिंग की परिक्रमा करके सीढ़ियों से उतरकर वह भागा। इस समय भूतों से अधिक किसी जीवित मनुष्य की मार खाने का भय ही उसे अधिक सता रहा था। श्मशान से बाहर निकलकर वह थम गया और दम-भर खड़े होकर हाँफते हुए वह श्मशान की ओर देखने लगा—"आव बच्चू, बटेश्वर होवैं, चाहे उनके गुरु हौवें, चाहे गुरु के भूत हौवें, हमार कोऊँ का बिगाड़ि सकत है? अरे हम तौ राम जी का जयघोष करि आयेन।" तुलसी श्मशान से यों घर लौट रहा था मानो त्रिलोकविजय करके आ रहा हो। इस समय

न तो उसे जाड़ा ही सता रहा था और न किसी प्रकार का भय। आस्था प्रबल होकर उसे राममय बना रही थी।

× × ×

भूत-भय-विजय का यह वृत्तान्त सुनाकर पंडित गंगाराम बोले—"ऐसे विकट साहसी हैं हमारे यह परममित्र। इनके कारण हम लोगों का भय भी निर्मूल हो गया। उस समय मेरी जान में हम लोग पन्द्रह-सोलह वर्ष के बालक रहे होंगे किन्तु हमसे बड़ी आयुवाले विद्यार्थी भी उसके बाद से इनका विशेष आदर करने लगे। और गुरु जी का मन तो इन्होंने फिर ऐसा जीत लिया कि वे इन्हें पुत्रवत् प्यार करने लगे। उसके बाद आई अर्थात् हमारे गुरु जी की पूजनीया पत्नी ने इनसे भृत्य का काम लेना प्रायः बन्द ही कर दिया। वे इन्हें अधिकाधिक अध्ययन करने के लिए प्रोत्साहन देने लगीं।"

पण्डित गंगाराम के द्वारा कथा-संग्रह जब पूरा हुआ तो कवि कैलास मगन मन अपनी पालथी बदलकर पास ही धरती पर रखे अपने अंगोछे की गाँठ खोलते हुए बोले—"आस्था में तो यह आरम्भ ही से अंगद का पाँव रहे हैं। तभी तो इनकी भावना और काव्य-प्रतिभा मिलकर इन्हें महाकवियों में 'बजरंगबली के समान उड़ानें भरने की शक्ति देती है।" वृद्ध कविवर की प्रशंसा का औरों पर अच्छा प्रभाव पड़ा। जब तक बात की सराहना में 'वाह-वाह' हुई तब तक कैलास जी के अँगोछे की गाँठ से पान का दोना निकल आया। गोस्वामी जी के सामने बैठकर पान खानेवाला कवि कैलास जी को छोड़कर इस नगर में और कोई व्यक्ति नहीं था। दो बीड़े पान जमाए गए और फिर दूसरी छोटी-सी पुड़िया हाथ में उठाकर बोले—"हमारा हृदय तो इस समय यह कह रहा था कि पवनसुत केसरीकिशोर की जब कवि बनने की इच्छा हुई तो वे हमारे इन मित्र के रूप में अवतार धारण करके हमारे बीच में आ गए।"

श्रोतामण्डली यह सुनकर भाव-विभोर हो गई। सामने मूर्तिवत् बैठे हुए महापुरुष की स्तुति के खिले-अधखिले शब्द फूल कई मुखों से झरने लगे। रामू बोला—"अंधभूतविश्वास के प्रति प्रभु जी का एक दोहा भी तो है—

तुलसी परिहरि हरि हरहिं, पाँवर पूजहिं भूत।
अन्त फजीहत होंहिंगे गनिका के से पूत॥
सेये सीताराम नहिं, भजे न संकर गौरि।
जनम गँवायो बादिहीं, परत पराई पौरि।

फिर वाहवाही का भ्रमर गुंजन हुआ। कवि कैलास की छोटी पुड़िया खुल चुकी थी। एक चुटकी तमाखू उठाकर अपने मुँह में डालते हुए वे बोले—"जोतसी जी, अब तमाल पत्र छोड़ो, ये खाया करो—तम्बाकू।"

पं. गंगाराम मुस्कराए बोले—"हम केवड़ा डालके ये सुरती खाते हैं कविवर। फिरंगी अच्छी वस्तु लाए। सुना रहा कि पहले कोई एक फिरंगी लायके अकबर बादशाह

को नजर किहिसि और अब तो हमारे देखते-देखते पिछले बीस-बाईस वर्षों में इस विश्वनाथपुरी में बस सुरती ही सुरती छाय गई है। बाकी तमालपत्र चूर्ण को स्वास्थ्य की दृष्टि से हम अब भी इससे श्रेष्ठ मानते हैं।" बातचीत हल्के लौकिक रंग पर उतर आई थी। एक गम्भीर प्रसंग के बाद दूसरा उठने के बीच में विनोद की लहर पट-परिवर्तन के रूप में मुसाहिबी कला का विशिष्ट गुण बनकर आ ही जाती है।

बाबा बड़ी देर से बाहरी प्रसंगों से अलग अपने मन की गुफा में बैठे थे। प्रशंसा, प्रशंसा और प्रशंसा...

11

लोगों के जाने के बाद सन्नाटा होने पर भी बाबा के मन से प्रशंसा का हिमालय न उतरा। वह बोझ उन्हें भारी लग रहा था। अपने दैनिक कामकाज करते हुए भी वे प्रायः गुमसुम ही रहे। भोजनोपरान्त बेनीमाधव जी ने पूछा—"आप उदास हैं गुरु जी। कोई बात मन को मथ रही है कदाचित्?"

बाबा हँसे—"हाँ, मन्मथ की बातें मथ रही हैं। दिन में जब तुम सब मेरी प्रशंसा के पुल बाँध रहे थे तब मेरे मनोलोक में आकर रत्ना मुझसे पूछ रही थी—'भूत से जीते पर क्या अपने गुरु से भी जीत सके?' मैंने सोचा, बेनीमाधव के मनोसंघर्ष को मेरे प्रथम नारी-आकर्षण का अनुभव कदाचित् प्रेरणादायक सिद्ध हो सके। लो सुनाता हूँ।"

× × ×

गुरुपाद शेष सनातन महाराज की वही पाठशाला, वही सारा वातावरण। अन्तर केवल इतना ही हो गया था कि रामबोला तुलसीदास शास्त्री हो गया था। उसकी आयु अब तेईस-चौबीस के लगभग पहुँच चुकी थी। छोटी-सी दाढ़ी, नोकीली नाक, रहस्यमय अगम में झाँकती हुई प्रश्न-भरी आकर्षक पुतलियों और लहराते बालों वाला उसका उन्नत कपाल ऐसा चमक रहा है कि पूरी पाठशाला में केवल एक नन्ददास को छोड़कर और कोई भी इतना तेजवान स्वरूप नहीं दिखलाई देता। नन्ददास के चेहरे पर केवल कोमलता है, किन्तु नवयुवा तुलसी के चेहरे पर वज्र की कठोरता और कुसुम की कोमलता एक साथ झलकती है। और यही उसके चेहरे को सबसे अलग विशिष्ट बना देती है।

तुलसी अब पाठशाला के नए विद्यार्थियों को पढ़ाते हैं। वाराहक्षेत्र में उनके भाग्य-विधाता गुरु का देहान्त हो चुका है। गुरुपाद शेष सनातन महाराज ही अब उनके अभिभावक हैं। उनका तथा उनकी धर्मपत्नी का तुलसी के प्रति पुत्रवत् मोह

है। तुलसीदास काशीनाथ के नए पंडितों में प्रशंसा पा रहा है, इससे गुरु जी अत्यधिक सन्तुष्ट हैं। गुरु जी के साले—घर और पाठशाला के व्यवस्थापक—भाँग, भोजन, और बातों के अनन्य प्रेमी थे। वे तुलसी के विवाह का डौल भी बैठाने लगे थे पर तुलसी का कहना था कि अभी उसका अध्ययन समाप्त नहीं हुआ।...मामा जी, इस कारण से आजकल कुछ रुष्ट हैं। तुलसी-विवाह हो तो मामा जी को समधी के घर ज्यौनार का सुख मिले।

गुरु जी की पाठशाला में भी किसी का न्यौता स्वीकार न करने का अधिकार मामा जी को ही था। मोटा थुलथुल शरीर, गौरवर्ण, बड़ी-बड़ी सफेद मूँछें। छात्रों के मामा होने के कारण ये अब जगत मामा हो गए थे। उनका आसन ड्योढ़ी के पास आँगन में ही जमता था। वहीं से वे सारे दिन बैठे-बैठे हुकुम चलाया करते थे।

सबेरे का समय था। एक ब्राह्मण युवक न्यौता देने आया था—"मामा जी दण्डवत् प्रणाम करता हूँ। विद्यार्थियों को न्यौता देने आया हूँ।"

सामने चौकी पर ढेर सारे ठाकुर जी फैलाए, उनपर चन्दन की बिन्दियाँ लगाते हुए बात सुनकर मामा जी ने चन्दन की कटोरी चौकी पर रख दी। एक नज़र उठाकर यजमान को देखा, फिर जनेऊ से पीठ खुजलाते हुए पूछा—"कितने विद्यार्थी चाहिए?"

"कितने विद्यार्थी हैं महाराज?"

"तुम्हें किस मेल के चाहिए, पहिले यह बतलाओ। द्रविड़, महाराष्ट्र, पुष्करिया, गुर्जर, मैथिल, उड़िया, कनौजिया, सारस्वत कौन से मेल का ब्राह्मण जेंवावोगे?"

"अरे मामा जी, हम सब मेल के ब्राह्मणों को निमन्त्रण देंगे। पन्द्रह-बीस जितने विद्यार्थी आपके यहाँ हों सबको लेकर पधारिए। आज मेघा भगत का भंडारा है।"

ठाकुरों पर फिर से चन्दन की बिन्दियाँ टपकाने की क्रिया आरम्भ करते हुए मामा जी बोले—"बड़ी तेजी से पुजने लगा है यह लड़का मेघा भी। अच्छा-भला पण्डित था, अब भगताई सूझी है, राम-राम। हमारे तुलसी को भी एक दिन यही पागलपन लगेगा। खैर, तो कौन भंडारा दे रहा है?"

"जैराम साव।"

"कहाँ होयगा भण्डारा? राजघाट में, त्रिलोचन में, कि दुर्गाघाट, मंगलाघाट रामघाट, अग्नीश्वरघाट, नागे...?"

"बिन्दुमाधव घाट पर होयगा, मामा जी।"

"हूँ-ऊँ हूँ, तो बिन्दुमाधव में कहाँ पर होयेगा? लक्ष्मीनृसिंह के पास, कि पंचगंगेश्वर, आदि-विश्वेश्वर, दक्षेश्वर, कि दूधविनायक, कि कालभैरव, कहाँ होयगा यह भण्डारा?" पूछकर मामा फिर से चांदनी सम्भालकर एक-एक ठाकुर पर चन्दन थोपते हुए महल्लों के नाम लेते चले।

"दूधविनायक के पास।" मामा ने बचे-खुचे ठाकुरों को जल्दी से चन्दन लेपकर अब उनपर फूल चिपकाना आरम्भ करते हुए कहा—"हाँ तो निमन्त्रण देने आए हो? हमारी पाठशाला के विद्यार्थी कुछ ऐसे-वैसे नहीं हैं, जो हर जगह पहुँच जायँ। क्या समझे? कोई तन्त्र में, कोई मन्त्र में, कोई ज्योतिष, छांदस, निरुक्त, व्याकरण में, कोई वैशेषिक तर्क, योग मीसांसा, काव्य, नाटक, अलंकार आदि में..."

न्यौता देने के लिए आए हुए ब्राह्मण युवक ने हाथ जोड़कर मामा जी की बात काटते हुए उत्तर दिया—"मामा जी, मैं केवल आपके विद्यार्थियों को ही नहीं बल्कि उनके साथ आपको भी सादर निमन्त्रण देने आया हूँ।"

मामा जी का मन तरी में आया। मान-भरे स्वर में बोले—"तो पहले क्यों नहीं बताया? क्या नाम है तुम्हारा?"

"महाराज, इस अकिंचन का नाम अलर्षियुध्यमगजपुरंदरगरुड़ध्वज बाजपेई है।"

मामा नाम सुनते ही सकते में आ गए। मुँह और आँखें फाड़कर उसे देखते हुए कहा—"इतना बड़ा नाम! दक्षिणा तो अच्छी मिलेगी न? समझ लो, आचार्यों के आचार्य परमपंडित शेष सनातन जी के शिष्य, और क्या नाम है कि उनके माननीय साले अर्थात्..."

"मामा, सारी बातें अपने इस भानजे के ही ऊपर छोड़ दीजिए। मैं आपके लिए विजया का गोला भी पीसकर ले आया हूँ। यह लीजिए, यह भाँग, यह बादाम और यह रही केसर की पुड़िया और दूध के पैसे..."

"रहने दे, रहने दे, दूध तो घर में बहुत है। अच्छा तो हम सबको लेकर समय से पहुँच जाएँगे।"

निमन्त्रण के दिन छात्र वर्ग में एक विशेष आनन्द की लहर दौड़ जाया करती थी। कुछ बातूनी विद्यार्थियों के लिए तो न्योता पाकर जीमने से पहले तक का समय निमन्त्रणकर्ता की हैसियत का अनुमान लगाकर उस हिसाब से मिठाई, पकवानों और तरह-तरह के स्वादिष्ट व्यंजनों की कल्पना करने में बीतता था। न्यौते के पहले मुँह से लार टपकाना और उसके बाद सन्तोष से डकारें ले-लेकर भोजन का रसालोचन करने में ही वे अपने ज्ञान की चरम सिद्धि मानते थे।

इनकी भीड़ से अलग बड़े आँगन के एक धुर कोने में तुलसी और गंगाराम एक गम्भीर विचार में लीन थे। तुलसीदास कह रहे थे—"गंगाराम, आज बड़े भोरहरे ही मैंने पहले नीलकंठ के दर्शन किए और फिर संयोग से एक चकवे को भी देखा। यों तो इस घर में न्योले प्रायः ही देखने को मिल जाया करते हैं, फिर भी संयोग की बात है कि आज मैंने उसे बार-बार देखा। बोलो, इन सबका अर्थ क्या हुआ?"

गंगाराम अपने पालथी बंधे दोनों पैरों के तलवों को अपने दोनों हाथों से मस्ती में मींजते हुए मुस्कराकर बोले—"फिर क्या, आनन्द ही आनन्द है।"

तुलसी को उत्तर से अधिक सन्तोष नहीं हुआ। वह स्वयं ही विचार करते हुए बोले—"शुभ शकुन तो है ही, किन्तु जब अलग-अलग विचार करके तीनों को एक चित्र में बाँधता हूँ तो अर्थ निकलता है कि नीलकंठ विष को पचाने वाला है, चकवा विरही है और नकुल सर्प-संहारक है। सब मिलाकर अर्थ यह हुआ कि आज का दिन मेरे लिए संघर्ष करने, विष पीने और पचाने तथा विरह ज्वाला में दहकने का दिन है। फिर शुभ कहाँ हुआ?"

गंगाराम मस्ती में थे। मित्र को झिड़कते हुए कहा—"तुम कवि लोग अपनी कल्पनाशीलता में अति पर पहुँच जाते हो। यह शकुन शुभ न होते तो पुराने ज्योतिषाचार्य लोग क्या यों ही इन्हें गिना जाते?"

उस समय धोंडू फाटक नाम का एक छात्र आया और बड़े उत्साह से बोला—"अहो तुलसी जी, शुभ सूचना सुनी काय?"

"कौन-सी?"

"दूधविनायक पर मेघा भगत का भण्डारा म्हणजे किसी धनी ने अकरा प्रकार चे मिष्ठान आणि नाना प्रकार के बररस व्यंजन जिमाने का उत्साह दिखलाया है। हाँ, जरा हमारा प्रश्न विचारो तो सही गंगाराम भैया, कि मिठाइयों में कौन-कौन-सी वस्तुएँ हो सकती हैं?"

गंगाराम मुस्कराए बोले—"धोंड्या फाटक, अभी ज्योतिष-ज्ञानरूपी किले के मिठाई वाले फाटक में मेरा प्रवेश नहीं हुआ है। रामबोला से पूछो। इनकी जिभ्या से राम बोलते हैं।

"खर आहे। ते मी विसरलोच हो तो। तुलसी भैया, हमारा प्रश्न तो तुम्हीं विचारो। छात्र मंडली में तुम्हारे विचारने से चाँगला प्रभाव पड़ेगा। विचारो, झटपट। हमकूं चौक जाना है।"

तुलसी उस समय अपने ही गुंताड़ में थे, बोले—"धोंडू फाटक, और चाहे जो व्यंजन हों, पर तुम्हारे महाराष्ट्र के वह लक्कड़तोड़ दंत-भंजक लड्डू कदापि नहीं होंगे, इतना मैं तुम्हें विश्वास दिलाता हूँ। अच्छा अब स्वाद-चर्चा यहीं समाप्त करो।"

फाटक चिढ़ गया, बोला—"तुम रसहीनों को, सच पूछा जाए तो भोजन कराना ही पाप है।"

"अरे हमारी रोटी-दाल का तो पुण्य बना रहने दो भैया।" गंगाराम ने विनोद में गिड़गिड़ाने का स्वांग किया।

"नको। तुम्हीं ज्ञानाची रोटी आणि ज्ञानाची डाल खाओ। अरे स्वाद-चर्चा ब्रह्म-चर्चा से तोल में कदापि कम नहीं बैठती महाराज, समझते क्या हो? और एक तरह से देखिए तो स्वाद-सुख रति-सुख आणि ब्रह्म-सुख, इन तीनों प्रकार के सुखों में स्वाद-सुख ही मानव के साथ जन्मता और मरता है। बाकी दोनों सुख तो यहीं के यहीं पड़े रह जाते हैं।"

गंगाराम ने गम्भीरता का ढोंग करते हुए कहा—"यथार्थ है। किन्तु सतमार्ग पर निकल भागने वाले मनुष्य के मगज में यह गूढ़ सत्य कभी समा ही नहीं पाता। मैं भी तुलसी को समझा-समझाकर हार चुका हूँ।"

"अच्छा चलूँ, पाचक ले आऊँ। मैं सदा थोड़ा अधिक ही ले आता हूँ। गंगाराम भैया, जिस किसी को आवश्यकता हो वह दस कौड़ी पर हमसे पाचक खरीद सकता है।"

गंगाराम बोला—"तब तो तुलसी के कारण तुम्हें अवश्य घाटा होगा, फाटक। इन्होंने हाल ही में ढेर सारा लवणभास्कर चूर्ण बनाकर रखा है।"

"बेचने के लिए?"

"नहीं, भोजन भट्टों को दान करके पुण्य कमाएँगे।"

धोंडू फाटक तुलसी को गम्भीर रहस्यभेदी दृष्टि से घूरने लगा। फिर एकाएक गिड़गिड़ाहट वाली मुद्रा में आ गया और कहने लगा—"अरे भैया, हमारी द्रव्यहानि काहे कराते हो? थोड़ा-बहुत यही सब करके मैं अपना खर्चा-पानी निकाल लेता हूँ।"

तुलसी बोले—"खर्चे-पानी के लिए तुम्हें विशेष द्रव्य की आवश्यकता ही क्यों होती है धोंडू?"

अर्थ-भरी दृष्टि से फाटक को देखकर गंगाराम बड़ी ज़ोर से खिलखिलाकर हँस पड़े, कहा—"तुम समझते नहीं तुलसी, दशाश्वमेध पर एक धोबिन से यह अपनी धुलाई कराने लगे हैं। धुलाई के पैसे भी देने पड़ते हैं न।"

तुलसी ने घृणा से नाक-भौं सिकोड़ी और कहा—"विद्यार्थी जीवन में यह सब...।"

फाटक ताव खा गया, बोला—"बस-बस, ज्यादा ज्ञान मेरे आगे न बघारना। तुलसी भैया, काशी मधे दोने पंडित, मी अणि माझा भाऊ। शास्त्रार्थ में सबको हरा सकता हूँ।"

"हमारे सामने सिंह की तरह दहाड़ने का स्वांग मत करो फाटक। अभी परसों-नरसों जब तुम्हारी संन्यासिनी प्रिया तुम्हारे कान उमेठ रही थी..."

"भैया गंगाराम जी, मैं तुम्हें और तुलसी भैया को, यह लो साष्टांग दंडवत् किए लेता हूँ, यह लो नाक भी रगड़ता हूँ। यह बात किसी से मत कहना। पिता जी आजकल मेरे विवाह की बात चला रहे हैं। व्यर्थ में मेरी बदनामी फैल जायगी। अच्छा तो चलूँ, पाचक ले आऊँ। मोहन भोग, श्रीखंड और देखो क्या-क्या उत्तम सामग्री मिलती है। विश्वनाथ बाबा मेघा भगत की भक्ति, उसके यजमान के धन में बढ़ोत्तरी करें। नित्य ब्रह्मभोज हो।"

फाटक के जाने के बाद तुलसी बोले—"यों तो भोजन भट्ट है, पर है बड़ा निष्कपट।"

गंगाराम बोले—"घाघ है घाघ। बस देखने में ही भोला-भाला लगता है। उस संन्यासिनी के पास सुना है कि एक हंडिया भरके सोने की अशर्फियाँ हैं। वह अधेड़ संन्यासिनी विलासिनी और महाकंजूस है। उसने इसके जैसे दो-तीन बटुक प्रेमी पाल रखे हैं। उनकी दक्षिणा की सारी राशि वही छीन लेती है और सबको ही लालच देती है जिसकी सेवा से मैं अधिक सन्तुष्ट होऊँगी उसी को अशर्फियाँ दे दूँगी।"

तुलसीदास ठठाकर हँस पड़े, कहा—"माया महा ठगिनि मैं जानी। कबीर साहब सत्य ही कह गए हैं। पर यह मेघा भगत कौन हैं गंगाराम? आजकल बड़ा माहात्म्य सुनाई पड़ता है इनका!"

गंगाराम बोले—"भाई, मैंने स्वयं तो उन्हें देखा नहीं है, पर सुना अवश्य है कि बड़े काव्य-मर्मज्ञ हैं और मेधावी छात्र थे। कहते हैं कुछ महीनों पहले अयोध्या में इन्हें चैतन्य महाप्रभु के समान ही अचानक आनन्द का दौरा पड़ा। कहते हैं उस समय वाल्मीकीय रामायण का कोई प्रसंग पढ़ रहे थे। बस तब से राममय हो रहे हैं। सस्वर भजन सुनकर प्रसन्न होते हैं, उन्हीं के सम्बन्ध में प्रवचन करते हैं। आठों पहर रामदीवाने बने रहते हैं। कहते हैं कि उनकी वाणी पर सरस्वती विराजती हैं। किसी को यदि वे वरदान दे देते हैं तो वह अवश्य पूरा होता है।"

सुनकर तुलसी के मन में मेघा भगत के प्रति कौतूहल जागा और स्पर्द्धा भी। मन कहने लगा, मैं भी ऐसा राम-राम जपूँ कि सारी दुनिया ऐसे ही मुझे भी देखे।

होड़ लेने की इस इच्छा के साथ ही साथ नई उमर की बेताबी ने उनके भीतर डाह भी जगाई। सोचने लगे कि अब भी उसकी राम-भक्ति में कोई कमी तो है नहीं। वह अपने आस-पास की सारी दुनिया को दिन-रात देखा करते हैं, पर कोई भी उन्हें अपने समान राम-प्रेमी अब तक मिला नहीं है। मुँह से झूठ-झूठ 'राम-राम, शिव-शिव' कह लेने से कहीं भला भक्तिभाव जागता है? फिर अपने घमण्ड पर ध्यान गया, मन को डाँटा—'धत् तेरे की रामभगतवा, झूठ-झूठ ही खिलवाड़ करता है। अभी देखेंगे कि मेघा जी का भक्तिभाव कितना गहरा है।'

सेठ जी की हवेली के एक बड़े कमरे में भीड़ भरी थी। तुलसी झाँकने लगे। कुछ हुआ है, सब लोग बीच ही में क्यों झुके हैं! पता लगा कि भक्तवर को मूर्च्छा आ गई।

केवड़ाजल के छींटे दिए जा रहे थे। दो व्यक्ति अपने-अपने अंगोछों से हवा कर रहे थे। तुलसी अपनी उत्सुकतावश उस छोटी भीड़ में घुसकर मेघा भगत के पास तक तो अवश्य पहुँच गए परन्तु हवा डुलाने वाले अंगोछों के कारण उन्हें युवा भगत जी का चेहरा दिखलाई नहीं पड़ रहा था। उनका मन अंगोछा झलने वालों पर झुंझला उठा। गरदन कभी दाहिनी ओर झुकाई, कभी बाईं ओर। कभी एड़ियाँ उचकाकर तथा आगे की ओर अधिक झुककर देखा। हल्की ललाई लिए गोरा वर्ण और भूरे बालों वाले मुखमंडल की सुन्दरता कुछ-कुछ झलकी। तभी भगत का शरीर हिला। अंगोछे का झला जाना बन्द हुआ। भगत जो अब तक बाईं करवट से पड़े हुए थे अब चित हो गए। छोटी-सी दाढ़ी वाला लम्बा चेहरा अपनी सारी पीड़ा के बावजूद बड़ा तेजस्वी और शान्त था। तुलसी उस चेहरे को अपलक दृष्टि से निहारते रहे, मन बार-बार भाँपता रहा और अपने-आप से यह कहता भी रहा कि मूर्च्छित व्यक्ति सचमुच भक्त है, अवश्य है।

मूर्च्छा टूटी। आँखें खुलीं। मेघा भगत उठने का उपक्रम करने लगे तो भक्तों ने उन्हें सहारा देकर बैठा दिया। तुलसी अपनी दृष्टि से उस चेहरे को पीने लगे। कैसी आत्मलीन दृष्टि है इनकी! देख सामने रहे हैं पर ऐसा लगता है कि मानो वे यहाँ नहीं बल्कि कोसों दूर किसी ऐसी वस्तु को देख रहे हैं जो दूसरों को नहीं दिखलाई देती। क्या यह भगत की अभिनय मुद्रा है? तभी तुलसी ने देखा कि मेघा भगत की आँखें झील-सी भर आई हैं और उनके होंठ कुछ बुदबुदा रहे हैं। वे बड़ी छटपटाहट के साथ अपने दाएँ-बाएँ देखने लगते हैं मानो उन्हें किसी चीज़ की तलाश हो। एक बूढ़े-से व्यक्ति ने पूछा—"क्या चाहिए महाराज?"

"कुछ नहीं...क्या चाहता हूँ, कैसे बतलाऊँ? राजमहलों में रहनेवाले सैंकड़ों दास-दासियों से सेवित राजकुमार वन की कंकड़-काँटों भरी राह पर चले जा रहे हैं और मैं कुछ भी नहीं कर सकता—निःसहाय।...जिनकी इच्छाओं का पालन करने के लिए सैंकड़ों दास-दासियाँ सदा हाथ बाँधे खड़े रहते थे, बड़े-बड़े सेठ-साहूकार, राजे-सामन्त जिनकी कृपादृष्टि के प्यासे बने सदा उत्सुक नेत्रों से देखा करते थे उनसे इस गहन वन में कोई यह भी पूछने वाला नहीं कि नाथ, आपको क्या चाहिए?..."

मेघा भगत रोने लगे। कुछ थमे तो फिर कहना शुरू किया। सीता जी थके-काँपते लड़खड़ाते पैरों का करुण वर्णन, उनकी प्यासजनित व्याकुलता, उनका बार-बार पूछना कि हे स्वामी अब वन कितनी दूर है, कुटी कहाँ छवाई जायगी इत्यादि बातों की कल्पना कर-करके मेघा भगत धारोंधार रो पड़ते हैं। उनका कंठ भर आता है और वे दुख की सजीव मूर्ति बने ऐसे विवश हो जाते हैं कि उनसे बोलते भी नहीं बनता। इस कमरे में ऐसा कोई नहीं जिसकी आँखों से गंगा-जमुना न बह चली हो। सभी रो रहे हैं। उनके साथियों में गंगाराम और नन्ददास भी आँसू बहा रहे हैं।...लेकिन तुलसी की आँखों में पानी क्या सीलन तक नहीं है। मन की गुफा गूँजती है, देखा, यह है राम-भक्ति! तुलसी अपराधी-से झुक जाते हैं। दृष्टि पालथी पर रखी हथेलियों पर सधकर अन्तर्मुखी हो जाती है...मन मानो एक गुफा है जिसमें सिर झुकाए खड़े हुए तुलसी एक ओर जहाँ अपराध भावना से सिहरते हैं वहाँ दूसरी ओर इच्छा की तीव्रता से भी काँप-काँप उठते हैं, 'हे राम जी, मेरे मन में भी आपके प्रति ऐसी ही चाहना है। भले ही मेरी आँखों से इस समय आँसू न बह रहे हों पर मेरा कलेजा आठों याम आपके लिए ऐसे ही तड़पता है।' यह कहते हुए मन यह भी अनुभव कर रहा था कि उसका स्थूल रूप अब भी उसी तरह भावशून्य पत्थर बना हुआ है जैसा कि अभी तक था। उसमें किसी भी प्रकार का करुण स्पंदन नहीं है—"इस समय न सही, पर क्या मेरे हृदय में राम जी के प्रति ऐसा विरहभाव नहीं जागता? जागता है...जागता है...पर इस ऐन परीक्षा के अवसर पर वह भट्ठर हो गया है, तनिक-सी कुनमुनाहट तक नहीं हो रही।...हे प्रभु, मैं बड़ा अपराधी हूँ। मेरा कलेजा बड़ा ही कठोर है जो ऐसा निर्मल भक्तिभाव-भरा वातावरण पाकर भी अब तक उमड़ न सका।'

सारा वातावरण करुणा के अपार सागर में डूब गया है। तुलसी से कुछ ही दूर बैठी कुछ स्त्रियाँ रो रही हैं। पुरुषों में अनेक चेहरे अश्रु-विगलित दिखाई दे रहे हैं। मेघा भगत के करुणा सागर में डूबे हुए स्वर का प्रभाव सभी के चेहरों पर बोल रहा है। लेकिन तुलसी की आँखें मरुभूमि-सी उजाड़ हैं। मेघा भगत के मौन भावमग्न होते ही सभी कुछ क्षणों तक तो भावावेश में गूँगे बने रहे फिर हल्की हलचल होने लगी।

दर्शनार्थी भक्तमंडली में एक तरुणी अपनी माँ के साथ बैठी हुई थी। तुलसी और गंगाराम और नन्ददास उससे कुछ ही दूर पर बैठे थे। एक प्रौढ़ व्यक्ति ने प्रौढ़ा से कहा—"मोहिनी से कहो एक भजन गाए। महराज को शान्ति मिलेगी। मेघा भगत आँखें मूँदे करुणा में डूबे हुए बैठे हैं। तरुणी गायिका ने अपनी प्रौढ़ा माँ के संकेत पर कुछ क्षणों तक गुनगुनाते रहने के बाद मीराबाई का एक भजन गाना आरम्भ कर दिया—सुनी री मैंने हरि आवन की आवाज।

स्वर मीठा, तड़प-भरा था। गाने वाली कला-निपुण थी और मनमोहक भी। थोड़ी ही देर में गीत और गायिका की मधुरिमा वातावरण पर जादू बनकर छा गई। मेघा भगत के भक्तों में आधे से अधिक लोग राम को भूलकर रागरंजित हो गए। गानेवाली के भावमग्न चेहरे पर अनेक आँखें लालच के गोंद से चिपक गईं। स्वर

सभी के मनों की भौतिक सतह को छेदकर कहीं अदृश्य गहराई में हवा की तरह छू रहा था। लोगों की रसमग्न आँखों में गायिका का रूप किसी हद तक समाया तो था, किन्तु कानों में गूँजने वाली मिठास रूप के मोह को बहा ले जाती थी। ऐसा लगता था कि गायिका के स्वर और मीरा के शब्दों ने जन-मानस को त्रिशंकु की तरह अधर में औंधा लटका दिया है। केवल मेघा भगत आँखें मूँद पत्थर की मूर्ति बने ध्यानावस्थित हो गए थे।

गायिका का स्वर पवन झकोर बनकर तुलसी के हृदय के पर्दे हिलाने लगा। हरि आवन की आवाज़ ही मानो गायिका के स्वर में सुनाई पड़ रही थी। कठिन कलेजा पिघलकर ऐसा तरंगित हो उठा था कि तुलसी का मानस इच्छित गति पाकर बड़ी शान्ति और सुख का अनुभव कर रहा था। उस दुःख के बहाव में ही गाने वाली के लिए प्रशंसा की बिजली भी कौंधी। 'कितना मधुर गा रही है! भक्तराज इससे अवश्य ही प्रभावित हो रहे हैं। धन्य है यह रूपसी, जो वेश्या होकर भी इतनी भक्तिभावपूर्ण है। मेरे मन में भी राम रमते हैं। मेघा जी भक्त हैं, अब यह भी मानी जायगी। इसमें भक्तिभाव जो है सो है पर यह कला-कुशल है। मेरे मन में भाव भी है और मैं गा भी सकता हूँ। ऐसे ही गा सकता हूँ।'

मन गायिका के स्वर में स्वर मिलाकर बहने लगा, आँखें मुँद गईं। गानेवाली तुलसी के मन की गुफा में श्रद्धा दीप के पास बैठी गा रही थी। और मन वाले तुलसी का स्वर मानो गुप्त सरस्वती की भाँति उसके स्वर में अन्तर्धारा बनकर प्रवाहित हो रहा था।

तुलसी एक ऐसे मोड़ पर पहुँचकर स्तब्ध हो गए थे जहाँ फूलों के रंगों से भरी हरीतिमा उनके आभ्यंतर को अपने में लपेट रही थी। उनके मन-प्राण में केवल स्तर और शब्द ही थी, और कुछ भी न बचा था।

गायिका का स्वर ज्यों ही अपने पूर्ण विराम पर थमा त्यों ही तुलसी का स्वर अनायास गतिमान हो गया—सुनी री मैंने हरि आवन की आवाज़।

गायन शैली वही थी, शब्द भी वही किन्तु स्वर नया था। सुनने वालों को लगता था कि वे जैसे अपने अन्तर में हरि के आने की आहट पा रहे हैं। हरि से मिलने की छटपटाहट पर प्राण में बस गई। लोग मुग्ध होकर इस अनजाने युवक को देख रहे थे। गायिका चकित और रसमग्न दृष्टि से एकटक होकर तुलसी को निहार रही थी। तुलसी मेघा भगत की ओर देखते हुए गा रहे थे—मीरा के प्रभु गिरधर नागर बेगि मिलो महराज।

महराज तक पहुँचते-पहुँचते वातावरण प्रायः सभी के लिए आत्मविस्मृतकारी बन गया था। गायिका के स्वर को सुनते हुए जहाँ मेघा भगत की आँखें मुँद गईं थीं वहाँ तुलसी का स्वर आँखें खोल देने वाला बन गया। स्वर में एक ऐसी सच्चाई थीं जो कोरी कला के सिद्ध से सिद्ध रूप की भी पहुँच के बाहर थी। भजन समाप्त होने पर मेघा भगत गद्गद स्वर में बोले—"कहाँ से आ गया रे, तू मेरे स्वरूप? तू तो मेरी अनचाही चाह बनकर आया है रे! आ, मैं तेरी बलैया ले लूँ।" मेघा भगत

भावावेश में उठकर तुलसी के पास आ गए और उसे अपने कलेजे से चिपटाकर रोने लगे। बोले–"मैं जिसे अपने भीतर पुकार रहा था वह यों बहाने से मुझे बाहर प्रत्यक्ष होकर मिल रहा है! तू बड़ा दयालु है–बड़ा ही दयालु है मेरे राम।"

सब दृष्टियाँ भगत और तुलसी के मिलनदृश्य पर लगी थीं। मेघा की आँखें बरस रही थीं।

तुलसी की आँखें प्रयत्न करने पर भी न बरसीं। जिसे रिझाने के प्रयत्न में उनका कलेजा उमड़ा था उससे इच्छित प्रशंसा पाकर मानो वह फिर घमण्ड की ठसक में ठोस बन गया। अपने प्रति किए गए भगतजी के सम्बोधन और प्रशंसा का विचित्र प्रभाव नवयुवा तुलसी के सद्यःसफलता से उल्लसित मन को पहेली-सा उलझा गया। काया पर प्रसन्नता और विनय मुद्रा, मन में घमण्ड। अंतश्चेतना में घुड़की की गूँज–'सावधान, घमंड नहीं।' मन अपराध भावना से सकुच गया और उससे कतराने के लिए ही तुलसी की दृष्टि भीतर से बाहर आ गई। सामने गायिका उन्हें अपलक दृष्टि से देख रही थी।

उसकी आँखों में अपने लिए चमकता हुआ प्रशंसा का भाव पाकर वे लोहे की तरह उस चुम्बक की ओर खिंचते ही चले गए। उन्हें ऐसा लगा कि मानो मेघा से अधिक उन्हें गायिका की प्रशंसा की ही चाह थी और उसे उसकी आँखों में पाकर वे निहाल हो गए हैं।

ज्योनार का समय हो गया था। बुलावा आने पर शेष जी की शिष्य मण्डली के साथ ही कुछ और ब्राह्मण गृहस्थ भी मेघा भगत को प्रणाम करके उठ खड़े हुए। जब तुलसी उनके आगे नतमस्तक हुए तो मेघा ने उनका हाथ पकड़कर उठा लिया और उनकी आँखों में आँखें डालकर देखने लगे। तुलसी का मन अचम्भे से बँध गया–'यह इतने ध्यान से मेरी आँखों में क्या देख रहे हैं? मैं तो कुछ भी नहीं समझ पाता।'

मेघा बोले–"अब तुम बराबर आना भाई। तुम्हारे बिना यह मेघ छूँछा रहेगा। तुम्हीं मेरी वर्षा हो। वचन दो, कि तुम नित्य आओगे।"

अपनी प्रशंसा से तुलसी सकुच गए, कहा–"गुरु जी से आज्ञा लेकर अवश्य आऊँगा।"

"कौन हैं तुम्हारे गुरु?"

"परमपूज्यपाद आचार्यपाद शेष सनातन जी महाराज।"

"तुम्हारा नाम क्या है?"

"रामबोला तुलसी।"

अन्य विद्यार्थी कमरे से बाहर निकलकर दालान में खड़े थे। मामा जी की भूख भाँग के नशे के साथ ही भड़क चुकी थी। उन्हें तुलसी का मेघा से खड़े-खड़े बतियाना उबा रहा था। तुलसी मेघा को प्रणाम करके जो चले तो द्वार की चौखट पर फिर अटक गए। किवाड़ से टिकी हुई गायिका खड़ी थी। पास पहुँचने पर उसने तुलसी को आँखों ही आँखों में प्रणाम किया। तुलसी का मन गुदगुदी से भर उठा। आपे से बाहर होकर वे उसके रूप में लीन हो गए।

"आप बहुत सुन्दर गाते हैं, किससे सीखा?"

"आपसे।"

"जाइए।" कहते हुए गायिका की आँखों की पुतलियाँ शोखी से फिरीं। उन्हें देखते ही तुलसी का मन कुछ से कुछ होने लगा। उन्हें लगा कि उनका सारा कलेजा उनके भीतर से निकलकर सामने वाली की आँखों में समाया जा रहा है। अपनी इस विवश मुग्धता पर वे ठगे से उसे देखते ही रह गए।

बाहर से मामाजी चिल्लाए–"अरे अब आओ भी कि खाली पतुरिया के रूप से ही पेट भरोगे?"

तुलसी हड़बड़ाकर चले तो चौखट की ठोकर लगी। लड़खड़ाए तो गायिका ने उन्हें थामने के लिए हाथ बढ़ाया। उँगलियाँ तुलसी की कलाई से छू गईं। सारा शरीर बिजली की सनसनाहट से भर गया। यह एकदम नवअनुभव था, मन चक्कर में पड़कर चौकन्ना हो गया। तुलसी के कसरती कुश्तीबाज शरीर ने उसी बिजली से फुर्ती लेकर ऐसी सफाई से पैंतरा लिया कि तभ और मन दोनों ही गिरने से बच गए। दूर छिटककर खड़े होते हुए उन्होंने फिर मुड़कर भी न देखा। अनुभवहीन नवयुवा मन इस अपूर्व आनन्द से दहल गया था। मोहिनीबाई की सभा-चोर आँखें मृग मरीचिका की-सी प्यास से बँधी टकटकी से अपने जाते हुए मन-भावन को कनखियों से ताक रही थीं।

12

उस दिन सारी दोपहर, साँझ और रात तुलसी ज़िधर देखते थे उधर ही उन्हें एक सलोना-सा चेहरा दिखलाई देता था। कानों में केवल एक ही स्वर गूँज रहा था–'सुनी री मैंने हरि आवन की आवाज'। इसके अतिरिक्त उस दिन उनके लिए इस दुनिया में देखने या सुनने को और कोई वस्तु मानो शेष ही नहीं बची थी। उस दिन वे ऊपरी तौर पर सब कुछ देखते-सुनते हुए भी मानो बेहोश रहे। रह-रहकर मन अपने-आप ही आनन्द हिलोर से भर उठता था। ऐसा लगता था कि जन्म के अभागे दरिद्र युवक को आज त्रिलोक की सम्पदा मिल गई है। वह सब कुछ कह सकने में समर्थ, वे बड़ी-बड़ी चुम्बक-सी आँखें, कानों पर झूलती हुई घुँघराले बालों की लटें, साँवला-गेहुँआ रंग, ठमका कद, भोला-हंसमुख-गोल चेहरा हर पल-हर छिन आँखों में, मन में, रोम-रोम में, क्षण के प्रत्येक अणु में तुलसी के साथ था। समाज में, अकेले में, कहीं भी उनका मन रह-रहकर आप ही आप चहक उठता था। पुराने से पुराने भजन वे आज दिन-भर प्रायः गाते-गुनगुनाते रहे। दिल और दिमाग संगीत से भरा रहा।

मेघा भगत के द्वारा की जानेवाली तुलसी की प्रशंसा का प्रसार पूरी पाठशाला में हो चुका था।

दूसरे दिन अपने विद्यार्थियों को समय से पहले ही पढ़ाने के लिए बुला लिया। आज सबेरे ही से उनके मन में उत्साह की हिलोरें ही हिलोरें उठ रही थीं। मन में भाव-सूत्र अभी सब गड्ड-मड्ड थे। तुलसी का मन अपनी खोह में नन्हा-मुन्ना बनकर गेंद-सा उछलकर अपने श्रद्धा दीप के चारों ओर नाच रहा था। मगन था। उसके मगनपने में राम थे। उसकी भक्ति पर प्रश्नचिह्न लगाने का प्रश्न अभी तुलसी के मन में उदय नहीं हुआ था। मोहिनी इन सबके बीच में एक विशेष आभा लेकर उभर आई थी, यह बात उनके भीतर-बाहर की चेतना में स्पष्ट रूप से ज़रूर उभर आई थी। मोहिनी की आकर्षक छवि भी उनकी बिम्ब-गुफा में उनके साथ ही साथ श्रद्धा दीप के चारों ओर नाचने लगती है। मोहिनी अपनी यथार्थ आयु में और तुलसी बालक के रूप में एक साथ एक ही लय और गति में यह आनन्द ताण्डव कर रहे थे। उसी उल्लास में जब वे पढ़ाने बैठे तो कालिदास के मेघदूत वर्णन में ऐसे तन्मय हुए कि विद्यार्थी तन्मय हो गए। विद्यार्थी यों भी पंडित तुलसीदास की अध्यापन कला पर मुग्ध रहते हैं किन्तु आज तो वे छक-छक गए। तुलसीदास की इस तन्मयता को भंग करनेवाली क़ेवल एक ही वस्तु थी...छत की धूप। समय के संकेतों पर उनका ध्यान बीच-बीच में अपने-आप ही जा पड़ता था। चलते हुए विचारों के रंगीन पर्दों के भीतर मोहिनीबाई की आकर्षक छवि बार-बार झाँककर उनका मोद बढ़ा जाती थी।

तुलसीदास ने समय से ही अपने सारे कार्य उत्साहपूर्वक निबटा लिए और मेघा भगत के यहाँ जाने के लिए गुरु जी की आज्ञा लेने जा पहुँचे। तब तक उनके शिष्यों ने पाठशाला के समस्त विद्यार्थियों के आगे अध्यापक तुलसी की ऐसी महिमा बखान दी थी कि उसकी भनक गुरु जी के कानों में भी पड़ चुकी थी।

गुरु जी बोले–"हमने सुना है कि आज तुमने अपनी व्याख्यान कला से पार्थिव और अपार्थिव के बीच में प्रेम रज्जु का लक्ष्मण झूला निर्मित कर दिया है।" सुनकर तुलसी गद्‌गद हो गए। गुरु जी के चरणों में तुरन्त अपना सिर नवाकर वे बोले–"आप मुझसे ये न कहें। सबकुछ आप ही का प्रसाद है और स्वर्गीय बाबा जी के दिए हुए संस्कार हैं। मैं तो आपका अनुचर मात्र हूँ।"

तुलसी की पीठ अपने दोनों हाथों से थपथपाकर गुरु जी बोले–"विश्वेश्वर तुम्हें अपने इष्टदेव के प्रसाद का सर्वश्रेष्ठ वितरक बनाए। महामृत्युन्जय तुम्हारी रक्षा करे। सर्वत्र विजयी हो, सिद्ध हो।"

तुलसी के उल्लास को ऐसा लगा जैसे गुरु के आशीर्वाद से कवचमंडित होकर वह प्रेम के कुरुक्षेत्र में महारथी अर्जुन की तरह फूलों का धनुष टँकारते चले जा रहे हैं, किन्तु इस युवा तुलसी रूपी अर्जुन का सारथी मोहन नहीं मोहिनी है। रास्ते में पाँव ऐसी तेज़ी से चले कि मानो वे अपने-आप में पक्षी के पँखों की उड़ान भी बाँध लाए हों।

मेघा भगत के यहाँ आज भी कल जैसा ही संसार जुड़ा था। मोहिनीबाई अपनी माता के साथ पहले ही आ चुकी थी। उसका रथ और सरकारी प्यादे गली के मुहाने पर ही खड़े दिखाई दिए। देखते ही तुलसी का उल्लास रंगीन होकर चमक उठा। लेकिन प्रवेश करते समय से अपने-आपको संयत बना लेने का होश रहा। मोहिनीबाई ने वातावरण से बेहोश होकर भर नज़र तुलसी को देखा। एक उचकती कनखी से इस आनन्द के कण समेटकर तुलसी बराबर मेघा भगत से अपनी श्रद्धापूरित आँखें मिलाए रखने में सतर्क रहे। मेघा भगत के चरण छूते समय उनके मन ने सहसा व्यंग्य किया। 'जो भाव कल तक सहज था उसमें आज सतर्कता क्यों बरती जा रही है?'

मेघा भगत ने तभी दोनों हाथों से प्रेमपूर्वक तुलसी के दोनों कन्धे हिलाते हुए कहा—"आ गया आत्मन्? अरे तुझे तो मैं अपने साथ ही भगा ले जाऊँगा। राम और भरत में कोई अन्तर नहीं है। वे एक ही अनुशासन के दो परस्पर पूरक रूप हैं। अच्छा, चल बैठ। भाई आज तो तू ही पहले कोई भजन सुना। कल से कोतवाल साहब की गायिका इस भक्तिन के स्वर ने मेरे राममोह में एक दिव्य मादकता भी भर दी है। तेरा स्वर उस तरल मद को मेरे लिए प्रगाढ़ कर देता है। गा भइया, गा। अभी वातावरण शान्त है। भीड़ नहीं हुई है। मेरी आत्मचेतना के कभी-कभी उठ आनेवाले झोंकों को सुलाने के लिए तू अपने स्वर और भाव से उसे कवचमंडित कर दे भैया, फिर इस देवी से सुनूँगा। एक जगह पर इसका स्वर इसके अनुपम रूप से अधिक सच्चा है।"

अब पहली बार तुलसी और मोहिनी की आँखें मिलीं। चारों आँखें एक-दूसरे की प्रशंसा में निछावर हुई जाती थीं। मोहिनीबाई ने हँसकर कहा—"आपका स्वर तो अगम सरोवर का कमल है पंडित जी, कल से मेरे कानों में भी अब तक गूँज रहा है।"

तुलसी लजा गए, बैठते हुए बोले—"आप जैसी शास्त्र-निपुण कुशल गायिका के आगे भला मेरी हस्ती ही क्या है। एक भिखारिन की गोद में पला, उसने जो भजन सिखा दिए वही जानता हूँ। फिर थोड़ा स्वर का अभ्यास पूज्यपाद गोलोकवासी नरहरि बाबा ने करा दिया था।" यह कहकर तुलसी अपनी गुनगुनाहट में रम गए। आँखें मुँदने लगीं और नरहरि बाबा द्वारा गाया जानेवाला सन्त रैदास का एक भजन वे अपने ध्यान में स्व. नरहरि बाबा की छवि लाकर गाने लगे—

प्रभु जी तुम चन्दन हम पानी।
जाकी अँग-अँग बास समानी॥

यह तुलसीदास नहीं गा रहे थे, उनके ध्यान में बैठा हुआ उनका जीवनदाता गा रहा था। इस समय तुलसी का स्वर गोलोकवासी गुरु के भाव और स्वर का वाहक मात्र था। मेघा भगत आत्मविभोर हो गए। उनकी बन्द आँखों से अश्रु झर रहे थे। बीच-बीच में उनके होंठ कुछ बुदबुदाहट-भरी फड़कन से भी भर जाते थे। बाकी सारी काया निश्चेष्ट थी।

मोहिनीबाई की काया उसके अन्तर-उल्लास की प्रतिमूर्ति बन गई थी। उसकी चमकती हुई आँखें जैसे अपने से निकलकर तुलसी में समा गई थीं। कल जैसे तुलसी मोहिनी के स्वर से आत्मविभोर होकर उसके साथ गा उठे थे वैसे ही मोहिनीबाई भी आज स्वतःस्फूर्त होकर तुलसी के स्वर में स्वर मिलाकर गा उठी—प्रभुजी तुम मोती हम धागा।

तब तक कुछ और लोग भी आ गए। मेघा भगत आज संगीत सुनने की मौज में थे, इसलिए मोहिनीबाई ने संगीत का समाँ बाँध दिया। उसकी आँखों का यह भाव तुलसी के मन में स्पष्ट था कि यह केवल उनके लिए गा रही है। तुलसी आनन्दमग्न थे। स्वयं भी जयदेव रचित एक गीत गाया। उस दिन भक्तों में मोहिनीबाई सरीखी सरनाम गायिका से टक्कर लेनेवाले नए पुरुष-स्वर की धूम मच गई। सभी कोई कहे, 'वाह तुलसीदास जी, वाह तुलसीदास जी।'

मोहिनीबाई की सयानी माँ ने शीघ्र ही उठने का अन्दाज़ साधा। तुलसीदास मुग्धा मोहिनी अनख कर उठी। मेघा भगत के चरणों में प्रणाम अर्पित करने के बाद द्वार तक जाते-जाते उसने कई बार बड़ी सफाई से तुलसी पर अपनी कनखियाँ और चितवनें डालीं। द्वार के हल्के अँधेरे में चलने से पहले वे चितवनें ढीठ होकर टकटकी बनकर तुलसी के चेहरे पर सध गईं।

उस दिन तुलसी बीते दिन से भी अधिक गहरे नशे में घर लौटे। रात में अपनी कोठरी के एकान्त में जब उन्होंने अपने मन को देखा तो लगा कि श्रद्धा दीप के चारों ओर अपनी मोहिनी के साथ आरम्भ करते ही मानो किसी जादुई स्पर्श से अपना बाल रूप खोकर युवा बन गए थे। उनके मनोलोक में आज दोनों का आनन्द ताण्डव अधिक कलापूर्ण और रागरंजित था।

तीसरे दिन मेघा भगत के यहाँ मोहिनीबाई और शेष महाराज के एक शिष्य के भक्ति संगीत होने की चमत्कारी प्रशंसाएँ सुनकर जन समुदाय अपने लिए एक नया आकर्षण पाकर, अधिक संख्या में आया।

इस तरह आते-जाते लगभग छः दिन बीत गए। तुलसी के लिए मेघा भगत का स्थान दोहरा आकर्षण बन गया था। तुलसी को अब यह भी स्पष्ट हो गया था कि दोनों में मोहिनी के प्रति ही उनका आकर्षण अधिक तीव्र है। यही नहीं, कहीं पर वह तीव्र से तीव्रतर भी हो उठता है। आज जब पहुँचे तो भक्तवर ने उन्हें बड़े प्रेम से देखा, लेकिन तुलसी की आँखें उन्हें न देखकर कुछ और देखना चाहती थीं। भक्तराज की प्रशंसक मण्डली में बहुत से लोग बैठे थे पर वह न थी जिसे देखने की लालसा उन्हें यहाँ ले आई थी। मेघा भगत मुग्धभाव से तुलसी को ही देख रहे थे। उनका इस प्रकार देखना तुलसी के मन में संकोच भर रहा था। उनका मन कचोट रहा था कि वह ऐसे सात्विक भक्त को धोखा दे रहे हैं। पहले जिस उत्सुकता को लेकर वे यहाँ पर मेघा भगत के दर्शनार्थ आए थे वह उत्सुकता अब उनके प्रति न होकर किसी और के प्रति थी। बीच-बीच में चौंककर चोरी से द्वार की ओर ताक लेते थे, मानो उन्होंने मोहिनी आवन की आवाज़ सुन ली हो।

मेघा पूछ रहे थे—"वाल्मीकीय रामायण पढ़ी है तुलसी?"

"हाँ महाराज, मेरा रसस्रोत उसी से फूटा है।"

"धन्य हो, मेरी दृष्टि में रामायण से बढ़कर और कोई काव्य नहीं, महाकवि इतने महान् थे कि अन्य कोई भी कवि मुझे उनके आगे ऊँचा-पूरा ही नहीं लगता।"

"आप ठीक कहते हैं महाराज।"

"मेरी इच्छा होती है कि वाल्मीकि जी की रामायण का पाठ हो। तुम पाठ करो, मैं सुनूँ।"

"इसके लिए मुझे गुरु जी से आज्ञा लेनी होगी महाराज।"

"ओह, अभी कितने वर्ष और पढ़ोगे?"

"राम जाने महाराज, वैसे तो अब गुरु जी की पाठशाला में पढ़ाता हूँ। वही मुझ अनाथ के पिता भी हैं।"

"आखिर कब तक तुम वहीं रहोगे?"

तुलसी मुस्कराए, कहा—"जब तक राम रखेंगे।"

"तुम मेरे साथ रहो। हम दोनों भाई राम और भरत के समान रह लेंगे। क्या तुम विश्वास मानोगे तुलसी कि इतने ही दिनों के संग में तुम अब दिन-रात मेरे और मेरे राम के साथ ही रहने लगे हो। कल सपने में भी प्रभु ने मुझसे यही कहा कि मेघा, मेरी इस धरोहर को तुम बहुत सहेजकर रखना। क्या जाने तुम में ऐसा क्या है जो मेरे राम तुम्हारे प्रति इतने रीझ गए हैं। देखो तो सही, तुम्हारी आँखों में कैसी अलौकिक मोहनी छिपी है।"

मेघा भगत अपने बावले उत्साह में तुलसी की बाँहें अपने हाथों से थामकर उनकी आँखों में आँखें डालकर देखने लगे। तुलसी संकोच से जड़ीभूत हो गए। सारी भक्त मण्डली उधर ही देख रही थी।

और तुलसी की आँखों में सूरज चमक उठा। द्वार पर वह खड़ी थी जिसे देखने के लिए प्राण तड़प रहे थे। ऐसा लगा कि मानो कमरे में प्रकाश ही प्रकाश भर उठा हो। लगा कि वह मुक्त प्रकृति के वातावरण में पहुँच गए हैं जहाँ सैंकड़ों फूल अपने रंग लुटाते हुए आनन्द के झोंकों से झूम रहे हैं। बेसुधी को मन की चतुराई ने झकझोर कर चेताया। 'सावधान, ध्यान कर कि तू किसके दरबार में बैठा है।'

चोर चोरी से तो गया, पर हेराफेरी से भला क्योंकर हटे। मोहिनी और उसकी माता ने मेघा भगत के चरणों में झुककर प्रणाम किया। माँ ने दासी को संकेत किया। सींक की बनी हुई रंगीन डोलची में सुन्दर गूँथी हुई फूल-माला के साथ रखे फल लेकर वह चट से सामने आ गई। माँ ने उसके हाथों से डोलची ली और भक्तराज के चरणों में उसे रखकर फिर सिर झुकाकर प्रणाम किया। बच्चे के समान भोले आनन्द से वह माला अपने हाथ में उठाकर मेघा भगत देखने लगे। मुग्ध स्वर में बोले—"वाह, कैसी सुन्दर है यह माला। तूने गूँथी है बहन?" उन्होंने मोहिनी की ओर देखकर पूछा।

मोहिनी ने लजाकर अपनी आँखें झुका लीं। माँ बोली—"कल आपके दरबार में गाकर मानो इसके भाग्य की रेखाएँ ही बदल गईं महाराज। कल शाम ही जौनपुर

के राजा साहब के यहाँ से साई मिली। आपके आसिरबाद से बड़े राजदरबार का यह पहला बुलावा मिला है।"

मेघा भगत का ध्यान प्रौढ़ा की बातों पर नहीं, माला की सुन्दरता पर था। फूलों में राम ही राम झलक रहे थे। कुछ देर बाद अपने-आप ही कहने लगे—"बहन, तेरा यह श्रम और कला मुझसे अधिक तुलसी के लिए है। इसे पहना दूँ?" स्वीकृति के लिए मेघा रुके नहीं, वह माला तुलसी के गले में डाल दी। आनन्द और संकोच से ऊभचूभ रामबोला की आँखें एक बार झुकीं फिर बरबस उठकर मोहिनी की आँखों से जा अटकीं। वह बड़े चाव से इन्हीं की ओर देख रही थी।

आज फिर गाना हुआ। मोहिनी ने गाया, तुलसी ने गाया और फिर मेघा भगत भी आनन्दमग्न होकर गाने लगे—

आशा नाम नदी मनोरथजला तृष्णा तरंगाकुला।
रामग्राहवती वितर्क विहगा धैर्य द्रुमध्वंसिनी॥
मोहावर्त सुदुस्तरातिगहना प्रोत्तुंग चिन्तालसी।
तस्याः पारगताः विशुद्ध मनसा नन्दन्ति योगेश्वराः॥

मेघा भगत के द्वारा गाया गया श्लोक तुलसी के अबीर-गुलाल-भरे बसन्ती मन पर पानी-सा पड़ा। रंग उजड़ गए, कीचड़ हो गई। मेघा भगत से दृष्टि मिलाने में भय लगता था। मोहिनी के मुख कमल पर पुतलियों के भौंरे जा चिपकने के लिए मचलते तो बहुत थे पर इस श्लोक ने सब कीचड़ कर दिया था। सिर झुकाए हुए युवा तुलसी अपने ही में मन मारे बैठे अपने पश्चात्ताप और सत्याचरण के मतवाले मुर्गे लड़वाते रहे। मन नीचे से ऊपर की ओर खौल रहा था, ज्यों चूल्हे की आग पर चढ़ा पतीली का पानी खौलता है।

मेघा भगत ने फिर क्रमशः अपनी भाव वाचालता में आना आरम्भ कर दिया। अपनी कल्पना स्वयं अपने ही को सुनाने में तन्मय होकर यों सीता के खो जाने के बाद श्रीराम के विरह-प्रसंग को लेकर वे अपने जी का दुखड़ा बाँधने लगे—"कुटिया सूनी है। राम का मन भी कुटी की तरह ही सूना हो गया है। भीतर-बाहर के यह सूनेपन एक जैसे ही भयावह हैं। कहाँ गईं सीता महारानी? क्या हो गया उनको?"—राम के भय आँसू और विरह की बेसुधी से भरे हुए प्रलापों का वर्णन मेघा भगत की वाणी में चलने लगा। बीच-बीच में प्रसंग से सम्बन्धित वाल्मीकि के श्लोक भी गाने लगते थे। विरहरूपी रामकीर्तन बढ़ रहा है। "श्रीराम जैसा कर्मयोगी केवल आँसू बहाता तो बैठ नहीं सकता। विरह भी उनके लिए शक्ति और कर्मदायक ही बनता है। वे सीता महारानी को खोज कर ही रहेंगे। उनकी बुद्धि उन्हें यह निश्चय भी कराती है कि शूर्पणखा के अपमान और उसके पति की हत्या का बदला लेने के लिए ही किसी ने उनकी प्रिया को हर लिया है। विचारों की इन्हीं उथल-पुथल में उन्हें जटायुराज मिलते हैं जो सीता को हर ले जानेवाले रावण से लड़े थे।..."

आरम्भ में तुलसी अपने भीतर के दुःख से सने हुए अनमने बैठे रहे, फिर क्रमशः मेघा भगत के शब्द चित्र उनके कानों में गूँजने लगे। कल्पना के पट पर

मनोपीड़ा अपने चित्र आँकने लगी। कभी मेघा भगत के शब्द के सहारे हुबहू उन्हीं के मन की तरह से छटपटाते हुए श्री राम झलकते और कभी जंगले के आरपार अपने और मोहिनी के बिम्ब। राम और तुलसी...मन ने पूछा, 'इनमें कौन रहे?'

मन ने ही अपने कठिन मोह जाल को भेदकर सत्य को सकारा और फिर कुछ पल पश्चात्ताप में गूँगा हो गया। आँखें बरसने लगीं। मोहिनी की ओर दृष्टि गई।

यह टप-टप आँसू टपकाता हुआ गोरा, सुन्दर, कुँवारा चेहरा मोहिनी की आँखों में अटक गया। जो क्षण मेघा भगत के लिए श्रीराम की विरह ज्वाला में और रामबोला के अपने पहले-पहले विरह ज्वाल में जलने का था, वही क्षण मोहिनी के मन मिलन का भी था। संयोग की विद्युत् त्रिकोण के तीनों कोनों से नाग-नागिनों की तरह अपनी जीभें लपलपा रही थी।

आयु में मोहिनी तुलसी से लगभग दो-चार वर्ष बड़ी ही थी और मन से अभी तक कुँवारी भी। उसका तन काशी के बूढ़े कोतवाल का जुठारा हुआ था। चिर अतृप्तिदायक बूढ़े हाकिम की गुलामी में घुटी-घुटी दार्शनिकता और भक्ति-भावना में वह मेघा भगत का माहात्म्य सुनकर उनके दर्शन करने आती थी। सहज प्यास में तुलसी जैसे सुन्दर जवान का रूप-कूप अचानक मिल गया। 'हाय, कितना प्यारा, कितना सुहाना चेहरा है। ये सपन-भरी बड़ी-बड़ी काली पुतलियों वाली आम की फाँकों जैसी आँखें, ये लम्बी सुतवाँ नाक, ठोड़ी, रोएँदार जवानी-भरा भोला-भोला सुहाना मुखड़ा, ये कसरती बदन! हाय, जो कहीं इसे वह खाना नसीब हो जो हमारे बुढऊ सैंया को खाने और फेंकने के लिए रोज़ मिलता है तो चार ही दिन में ये गबरू जवान हुस्न के मैदान में रुस्तम की तरह जूझने लगे। हाय, गाता भी खूब है।'

मेघा भगत के वर्णन में विरही राम और सेवक हनुमान की भेंट हो चुकी है। तुलसी के आँसू सूख चुके हैं। झुका सिर उठकर मेघा भगत को एकटक निहारने लगा है। मेघा के चेहरे का आधार उनकी कल्पना को रामबिम्ब में रहने के लिए आत्मबल देकर साधता है। इस समय जैसे मेघा भगत के मन में, वैसे ही तुलसी के मन में भी हनुमान हाथ जोड़े हुए वीरासन पर विराजमान हैं। उनके पास ही पीपल तले बने अनगढ़ पत्थरों और मिट्टी के चबूतरे पर शोक-चिन्ता मग्न श्री राम विराजमान हैं। उनके पास ही पीपल तले बने अनगढ़ पत्थरों और मिट्टी के चबूतरे पर शोक-चिन्ता मग्न श्री राम विराजमान हैं। बाईं ओर चबूतरे से सटकर वीर लखनलाल क्रोध और चिन्ता से भरे हुए खड़े हैं। और मेघा भगत के हनुमान जी कह रहे हैं, तुलसी के हनुमान जी सुन रहे हैं—"नाथ, आपके चरणों की कृपा से एक रावण तो क्या मैं सौ रावणों से एक साथ जूझकर जगज्जननी को छुड़ा लाऊँगा।" आश्वासन पाक मेघा के राम की आँखें आनन्द से छलछला उठती हैं—"मेरी प्रिया अब मुझे अवश्य मिल जाएगी। हनुमान के लिए कुछ भी असम्भव नहीं है।"

तुलसी के मनोबिम्ब में अपने लाडले वीर हनुमान के पीछे तुलसी भी हाथ जोड़ अर्ज़ी लगाए बैठ गए हैं। वह कहना भी चाहते हैं कि हनुमान जी, ज़रा भी विरह ताप हरो। पर सहसा हिचक जाते हैं। मनोबिम्ब में तुलसी चोरी-से हनुमान

के पीछे से गायब हो जाते हैं और उनके गायब होते ही सारा मनोबिम्ब अँधेरे में डूब जाता है, मन सूना हो जाता है।

उधर मेघा की वाणी में श्रीराम सहारा पाकर अपनी प्रिया के शोक-भरे चिन्तन में डूब जाते हैं—"न जाने कैसे होगी, कहाँ होगी मेरी प्राणवल्लभा जानकी, जिसे मैंने अपनी पलकों की सेज पर सदा सुलाया, सहलाया, जिसकी एक दृष्टि में ही मुझे अनन्त ब्रह्माण्डों का साम्राज्य प्राप्त हो जाता था, वह प्रिया की हँसती हुई आँखें इस समय दुःखों का अपार सागर बनकर कहाँ लहरा रही होंगी? प्रिये, प्राणवल्लभे, मैं कैसे तुम्हारा दुःख हरूँ? कैसे तुम्हें झटपट अपने अंक में भरकर तुम्हारा और अपना दुर्भाग्य मोचन करूँ? सिया सुकुमारी, तुम्हारे बिना यह राम जंगल के ठूँठ की तरह जल रहा है। तुम कब वर्षामंगल मनाने आओगी?"

मोहिनी का मनभावना मुखड़ा फिर आँसू टपका रहा है। हाय, कितना भावुक है यह जवान! ऐसा सलोना मर्द हो रहा है, हाय,...जी चाहता है, यहाँ अकेलापन हो जाय और मैं इसे लिपटाकर चूम लूँ।

मेघा भगत का राम-विरह वर्णन पूर्ण हो चुका था। आँखें बन्द किए आँसू बहाते हुए वे होंठों ही होंठों में बुदबुदा रहे थे। उनका मुख अपार शोकमग्न होकर और भी अधिक तेजस्वी हो उठा था। सहसा तुलसी ने धरती पर साष्टांग लेटकर भगत जी को प्रणाम किया और उठकर चल पड़े।

मोहिनी की प्यासी आँखें अपने पानी के पीछे-पीछे तड़पकर भागीं। तुलसी दरवाज़े तक पहुँच गए थे। मोहिनी ने अपना सबसे तीव्र शक्तिशाली तीर चलाया। तड़पकर सन्त रैदास का भजन गाने लगी—अब कैसे छूटै राम, नाम रट लागी—नाम रट लागी।...

प्रभुजी तुम चन्दन हम पानी।
जाकी अँग अँग बास समानी॥
प्रभुजी तुम घन हम बनमोरा।
जैसे चितवत चन्द चकोरा॥
अब कैसे छूटै राम नाम रट लागी।...

मोहिनी के स्वर ने तुलसी के पाँव बाँध दिए। वह वहीं के वहीं खड़े हो गए। गाते हुए मोहिनी के मुखड़े पर हँसी खिल उठी। सभा-चतुर आँखें मेघा भगत के चेहरे से लेकर भीड़ में जिस-तिस की आँखों की ढइयाँ छूती हुई अपने मनभावन की आँखों से जा टकराती थीं और उन टकराहटों से राम का तुलसी मोहिनी का तुलसी बना जा रहा था—'मोहिनी, तुम चन्दन हम पानी, जाकी अँग-अँग बास समानी।...छिः, कोई देख लेगा। क्या कहेगा? भागो।' और तुलसी तेजी से बाहर निकल गए।

गलियाँ पार करते जाते हैं। अपने घर भी पहुँच जाते हैं। दोस्तों की जिस-तिस बातों का जवाब देने के लिए मजबूर होते हैं। नन्ददास अपनी किसी दार्शनिक गुत्थी को लेकर आ गया, वह भी सुलझानी पड़ी। उसके जाने के बाद किताब खोलकर

पढ़ने का प्रयत्न किया, मगर सब कुछ करते-धरते हुए भी तुलसी के कानों में अपने मन बसी मोहिनी की आवाज़ ही सुनाई पड़ती जा रही है—'अब कैसे छूटै राम, नाम रट लागी।' और यह नाम राम नहीं, मोहिनी है। 'मोहिनी! मोहिनी!! मोहिनी!!! अब कैसे छूटै राम...'

शाम को गुरु-पत्नी ने कहा—"जान पड़ता है, यह भी एक दिन मेघा जैसा ही राम बावला हो जायगा।" रात में अपनी कोठरी में आने से पहले नित्य नियम के अनुसार मामा जी के लिए जब वह दूध का गिलास लेकर पहुँचा तो वे बोले—"अबे, अभी से ज्यादा भगतबाजी के फेर में न पड़। मेघा के यहाँ जाना छोड़। सरयू मिश्र की लड़की पर तेरे लिए मैं आँख गड़ाए बैठा हूँ बे। इकलौती लड़की है, देखने में भी तेरे ही जैसी गोरी-चिकनी है। अबे बीस-पच्चीस हजार से कम की माया नहीं होगी सरयू की विधवा के पास। यहाँ से जाने पर सीधा अपने ही घर घरनी और हजारों की सम्पदा का मालिक बनकर बैठ जायगा। काशी के पंडितों में पुज जायगा। पहले दस-पाँच चेले और दस-पाँच बाल-बच्चे तो पैदा कर ले रे, फिर भगतबाजी करना।"

भाँग के नशे में तुलसी के प्रति अपनी चिन्तनाओं का प्रसार करते हुए मामा जी ज़रा गहरे रस के बहाव में भी बह आए, कहने लगे—"अबे, जवानी में मर्द को औरत की छाती में ही शरण मिलती है। राम की शरण तो बुढ़ापे में ही खोजनी चाहिए। अभी तूने दुनिया देखी ही कहाँ है बेटा।"

तुलसी के लिए यह सारी बातें दोहरी मार थीं। ऊपर अपनी कोठरी में जब वह अकेले बैठे तो मुक्त निरालेपन में अपनी ओर प्यार-भरी दृष्टि से ताकती हुई मोहिनी झलक-भर के लिए माँसल होकर उनकी आँखों के सामने उभर आई। मन की बाँछें खिल गईं—'मोहिनी, तुम चन्दन हम पानी...नहीं राम!...नहीं! यह धोखा है। मैं जग को धोखा दे रहा हूँ। लोग समझे हैं कि यह मेरा रामविरह है। मुझे ऐसा ढोंग भी नहीं करना चाहिए।'

परन्तु मन के भीतर वाला अतृप्त कामी तुलसी विद्रोह करता है। कहता है 'मोहिनी मुझे चाहती है। नगर की सर्वश्रेष्ठ गायिका, हाकिम के ऊपर भी राज करनेवाली सलोनी प्रियतमा मुझे चाहती है। तब मैं क्यों न उसे चाहूँ! प्रेम का प्रतिदान देना क्या पाप है?'

विवेकी तुलसी समझता है, 'वह कोतवाल की चहेती है। उससे आँख लड़ाओगे तो कोड़े बरसेंगे कोड़े। दुनिया तब तेरे मुँह पर थूकेगी। तेरी यह सारी धोखाधड़ी लोक-उजागर हो जायगी।' सुनकर विरही तुलसी का विद्रोह ठिठक गया। लोहे की मोटी सांकल में फँसे हुए पैर वाला जंगली गजराज बरगद के मोटे तने से बँधी अपनी ज़ंजीर को तोड़ने के लिए रात-भर मचलता रहा—'अब कल से वहाँ नहीं जाऊँगा। नहीं जाऊँगा। नहीं जाऊँगा।'

लेकिन दूसरा दिन आया, समय हुआ तो तुलसी के पैर अपने आप ही मेघा भगत के घर की ओर भागने लगे। जब सड़क पार कर वे गली की ओर मुड़ने लगे तो रथ से उतरकर मोहिनी अपनी एक दासी के साथ गली की ओर बढ़ रही थी।

मोहिनी ने तुलसी को देखा तो खिल उठी। आँखों की पुतलियों से खुशी के सुनहरे तारे चमक उठे। देखते ही सब कुछ भूलकर तुलसी भी मोहिनी-मग्न हो उठे। सामने मोहिनी थी। उसकी जादू-भरी हँसी थी और मन में अनमोल उपलब्धि का अपार आनन्द था। मोहिनी आतुर डग भरकर पास आई। आँखों में आँखें डालकर कहा—"आपका कण्ठ बड़ा ही सुरीला है। कानों में अमरित घोल देते हैं।"

मोहिनी की बात ने तुलसी के कानों में अमृत घोला और आँखों ने उसकी आँखों में रस के सागर पर सागर उंडेल डाले। हर्षातिरेक में तुलसी का रोयाँ-रोयाँ खड़ा हो गया। भाव रुद्ध हो गए। गद्‌गद वाणी में कहा—"गाती तो आप हैं। मैं...मैं...मैं..."

कदम आगे बढ़ाकर तुलसी को अपने साथ-साथ चलने के लिए उकसावा देती हुई मोहिनी बोली—"थोड़ा संगीत का अभ्यास कर लें तो तानसेन और बैजूबावरा की शोहरत आपके आगे फीकी पड़ जायगी। कसम भगवान की, मैं तनिक भी झूठ नहीं कहती।"

अपनी प्रिया की बात सुनकर तुलसी का सारा अन्तर जोश और आनन्द से ऐसा उमड़ा कि उनका वश चलता तो वहीं के वहीं संगीत के उस्ताद बनकर अपनी मनमोहिनी की तुष्टि के लिए तानसेन और बैजूबावरा को पछाड़ देते पर...बेबसी में झेंपकर वह बोले—"मुझ निर्धन को भला कौन सिखाएगा?"

"मैं! मेरे यहाँ आया करो।" शब्दों के न्यौते से अधिक उतावले आग्रह भरा निमन्त्रण मोहिनी की आकर्षक आँखों में था। देखकर तुलसी का मन रीझकर उमड़ा। चलते-चलते बेहोशी में वह मोहिनी के इतने पास सरक आए कि बाँह से बाँह छू गई। संस्कारी ब्रह्मचारी का मन सिहर उठा, वे हट गए, विवश स्वर में कहा—"कैसे आऊँ? विद्यार्थी हूँ।"

ब्रह्मचारी तुलसी के संकोच को देखकर मोहिनी इठलाकर चली। "अच्छा, मैं उपाय करूँगी।" धीरे से कहा और कनखी का बाँका तीर मारा कि उसी दिन तुलसी से मेघा भगत के यहाँ अधिक देर तक बैठा न गया। मेघा भगत का रामप्रेम तुलसी के मन के नारी-प्रेम को कोड़े मारता हुआ-सा लगता था और मोहिनी का गायन तथा उसकी प्यासी ललचाने वाली आँखें तुलसी का पीछा नहीं छोड़ती थीं। भरी भीड़ में सबकी दृष्टियों को छलकर चतुर नगरवधू नौजवान तुलसी की आँखों में आँखें डालकर ऐसा मादक संकेत करती थी कि तुलसी का मन उमड़-उमड़ पड़ता था। वह सारी दुनिया को यह घोषित करने के लिए उतावले हो उठते थे कि दुनियावालों सुन लो, मैं मोहिनी का दास हूँ। मोहिनी मेरी है, मेरी है, मेरी है।

उस दिन नगर में कुछ मुगल सिपाहियों ने दर्शनार्थ जाती हुई कुछ स्त्रियों को देखकर छेड़छाड़-भरे गन्दे शब्द कहे थे। एक अहिर युवक सिपाहियों की इस अभद्रता को सहन न कर सका। उसने अपनी लाठी तानकर उन्हें चुनौती दी। गली में आते-जाते कुछ भद्र पुरुष आगे बढ़कर सझावन-बुझावन करने लगे। उन्होंने मुगलों से क्षमा माँगी और अहिर युवक को डाँट-डपटकर भगा दिया। एक व्यक्ति ने मेघा भगत के सामने इस प्रसंग की चर्चा की। इस पर कई लोग कलिकाल का रोना रोने लगे। मेघा भगत

ने इसी प्रसंग को लेकर राम के शौर्य को बखानना आरम्भ कर दिया। राम अनाचार को कदापि सहन नहीं कर सकते। उन्होंने ऋक्ष, वानर जैसी अर्ध-सभ्य जातियों का सहयोग लेकर प्रबल प्रतापी, अनाचारी रावण को दण्ड दिया था। मेघा भगत के प्रवचन में आज करुणा नहीं वरन् ओज बरसा। उन्होंने राम-रावण के युद्ध का ऐसा चामत्कारिक वर्णन किया कि कमरे मैं बैठे हुए हर व्यक्ति को उनके शब्दों की सम्मोहिनी शक्ति ने बाँध दिया। हर दृष्टि मेघा भगत के मुख पर मानो टँग गई थी। केवल तुलसी की टकटकी मोहिनी के मोहक मुखड़े से ही बँधी रही। नवयुवक तुलसी के लिए संसार में मानो मोहिनी को छोड़कर और कुछ भी देखने योग्य न था।

मोहिनी चतुर खिलाड़िन थी, किन्तु आज वह भी कहीं पर अपने-आप से खेलने गई थी। बीच-बीच में उसकी दृष्टि घूमकर तुलसी को देखने लगती। दृष्टि मिलते ही तुलसी के चेहरे पर मुस्कुराहट खिल उठती थी। मोहिनी कभी मुस्कराती और कभी उसकी आँखें तुलसी को मुस्करा के बरजने लगती थीं। उसके नयन संकेतों के सावधान होकर तुलसी भी मेघा की ओर देखने लगते, किन्तु कुछ ही क्षणों में फिर यह मोहिनी के मोहजाल में फँस जाते थे। अब तक जीवन में चोरी शब्द का अर्थ न जाननेवाला नवयुवक आज मन से चोर हो गया, ढीठ चोर। उपस्थित मण्डली में कुछ नज़रें इधर से उधर डोलने की आदी भी थीं। उन्हें आचार्यपाद शेष सनातन जी के एक ब्रह्मचारी की यह ताक-झाँक मेघा भगत के ओजस्वी प्रवचन से अधिक लुभा रही थी। ऐसे लोगों में एक तरुण कवि भी था। वह भी नित्य के आनेवालों में था। नाम था कैलासनाथ। वह अपने पास बैठे एक अन्य युवक को कोंचकर तुलसी-मोहिनी का नयन-समर दिखलाने लगा। उन दोनों के चेहरों पर रसीली मुस्कानें और आँखों में जासूसों जैसी सतर्कता बार-बार उभर आती थी। मोहिनी की माँ भी अपनी बेटी के इस खेल से अनभिज्ञ न रह सकी। उसने अपनी बेटी के घुटने को दबाकर उसे बरज दिया और मोहमुग्ध तुलसी की दृष्टि को अपनी आँखों की कठोर मुद्रा से डाँटा।

मन के रंगीन आकाश में स्वच्छन्द उड़ानें भरते हुए नवयुवक की आँखों के आगे सहसा अँधेरा छा गया। ऐसा लगा मानो सतखंडी हवेली की छत पर खड़े होकर पतंग उड़ानेवाला बच्चा अचानक ही नीचे गली में आ गिरा हो। तुलसी आत्मग्लानि से भर उठे, उनका सिर फिर ऐसा झुका कि मानो उनके गले में किसी ने भारी बोझ लटका दिया हो। 'मेरा पाप पकड़ा गया। अब वह अवश्य ही गुरु जी के पास जाकर मेरा अपराध बखानेगी। कैसा गहरा धक्का लगेगा गुरुजी को! विद्यार्थी समुदाय मेरी खिल्ली उड़ाएगा। मैंने यह क्या किया राम! मुझसे ऐसा अपराध क्यों हुआ? पर-नारी को क्यों ताका?...पर मोहिनी पराई कहाँ, वह तो मेरी है। छिः, अपने को छलते हो, रामबोला? उसका स्वामी कोतवाल है। देख पाए तो मेरी बोटी-बोटी कटवाकर कुत्तों के आगे फेंक दे। तेरे कारण मोहिनी की भी यही दुर्दशा होगी।' इस विचार मात्र से तुलसी का मन थरथरा उठा, 'नहीं, यह प्राणप्यारा रूपकमल कभी न मुरझाए। ऐसा कभी न हो राम!' आँखें मोहिनी के मुखड़े को देखने के लिए मचलने लगीं,

पर कैसे देखें? अपनी बेबसी में तुलसी के अरमान घुटने लगे! साँस लेना पहाड़ ढकेलने के बराबर हो गया।

मेघा भगत बोलते-बोलते सहसा मौन हो गए थे! मोहिनी ने दबी कनखी से तुलसी को देखा, पीड़ा के समुद्र में तल पर बैठा मोती-सा वह प्रिय भला मोहिनी से क्योंकर देखा जा सकता था। न किसी ने कहा, न सुना, पर मोहिनी अपनी तड़प में आप ही आप गाने के लिए मचल उठी–

हरि तुम हरो जन की पीर।
द्रोपदी की लाज राखी, तुम बढ़ाए चीर॥

मोहिनी के स्वर में ऐसी टीस थी कि किसी का भी मन उससे अछूता न बच सका। तुलसी शब्दों से अधिक स्वर से बँधे थे। उन्हें लग रहा था कि जो पीड़ा वह भोग रहे हैं वही पीड़ा उनकी प्राणप्रिया को भी सता रही है। 'हे राम अपनी चाहत में बाँधकर मैंने यह क्या अन्याय किया? जिसे सुखी देखने के लिए मैं अपने प्राण तक निछावर कर सकता हूँ उसे ही इतना दुःख पहुँचाया। मैं सचमुच बड़ा अभागा हूँ। मेरे छू-भर लेने से सोना मिट्टी बन जाता है।' तुलसी की आँखें भर आईं। मन ऐसा उमड़ा कि फूट-फूटकर रोने को जी चाहा। तुलसी से फिर वहाँ बैठा न जा सका। गायन समाप्त भी नहीं हुआ था कि सारे शिष्टाचार भुलाकर वह सहसा उठकर बाहर चले आए। उन्हें ऐसा लगा कि उनके बाहर आने से गाने वाली का स्वर लड़खड़ा गया है। उन्हें लगा कि वह स्वर उन्हें पुकार-पुकारकर कह रहा है, 'मत जाओ।' लेकिन पश्चात्ताप का आवेश इतना प्रबल था कि तुलसी के पैर तेज़ी से आगे बढ़ते ही रहे। वह घर, वह गली, दो-तीन और गलियाँ भी पार हो गईं परन्तु तुलसी के कानों को मोहिनी का स्वर वैसे ही सुनाई पड़ता चला जा रहा था। जितनी ही तेज़ी से जाते उतनी ही तेज़ी से वह स्वर उनका पीछा करता चला जा रहा था।

घर आया। मामा जी ड्योढ़ी के भीतर वाली अपनी कोठरी में चौकी पर बैठे हुए किसी दासी पर गरमा रहे थे। आँगन के चारों ओर बने दालानों में विद्यार्थीगण पाठमग्न थे। तुलसी इस समय न किसी को देखना चाहते हैं और न किसी से बोलना ही चाहते हैं। सबकी नज़रें कतरा कर वह सीधे तिमंजिले की सीढ़ियों पर चढ़ गए। अपनी कोठरी में पहुँचकर उन्होंने भीतर से किवाड़ बन्द कर लिए और धम्म से अपनी बिछावन पर बैठ गए। मोहिनी का स्वर उनका पीछा नहीं छोड़ रहा था।...'हरि तुम हरौ जन की पीर।'

भोजन का समय हुआ पर तुलसी भोजनशाला में न पहुँचे। मामा जी ने दासी की लड़की बेला को उन्हें बुलाने के लिए भेजा। कोठरी के बाहर एक महीन-मीठी आवाज़ सुनाई दी–"भैया, मामा बुलाय रहे हैं।"

तुलसी के कानों में शब्द तो पहुँचे ही नहीं और स्वर भी दासी-पुत्री का होकर न पहुँच सका। उन्हें लगा कि द्वारे खड़ी हुई मोहिनी पुकार रही है।...नहीं...नहीं, यह छलावा है। उठ, देख कौन आया है। तुलसी बड़ी कठिनाई से उठे। इस समय उनके मन पर एक सुन्दर कोमल फूल का इतना भारी बोझ लदा था कि तन उठ ही न

पाता था। बाहर से बेला की आवाज़ पर आवाज़ चली आ रही थी, ''भैया! भैया! भैया!''

तुलसी उठे, द्वारे का बेड़ना हटाया और एक कपाट खोलकर बेला से कहा—''कह दे बेला कि आज हम भोजन नहीं करेंगे।''

''काहे भैया?''

''हमारा सिर पिरा रहा है बेला। इत्ती बेरिया न खाऊँगा तो तबियत ठीक हो जाएगी। जा कह दे।''

तीसरे पहर गुरु जी ने एक विद्यार्थी को भेजकर तुलसी के हालचाल पुछवाए। अपने होश में पहली बार तुलसी ने झूठ बोला। उन्होंने असह्य शिरोपीड़ा का नाटक साधा। गुरु जी से झूठ बोलने की ग्लानि मन पर अवश्य चढ़ी किन्तु इस समय तुलसी अपने गुरु जी का सामना नहीं कर सकते थे। पाप और पुण्य की ऐसी गहरी खींच-तान उनके मन में चल रही थी कि वह उस समय आचार्य जी से दृष्टि मिलाने का साहस कर ही नहीं सकते। दूसरे, मोहिनी के ध्यान से अलग होकर किसी और बात में मन रमाना उन्हें तनिक भी नहीं सुहाता था। यह निरालापन और उसमें मोहिनी का ध्यान अपने-आप में रमाए रखने का हठ कर रहा था।

13

दूसरे दिन तुलसी अपने मन की छटपटाहट को हठपूर्वक बरज कर मेघा भगत के यहाँ न गए। उन्होंने सारे दिन अपने-आपको अध्ययन में व्यस्त रखने का भरसक प्रयत्न किया पर अनमने ही बने रहे। पोथियों के पृष्ठों पर उन्हें अक्षर नहीं, मोहिनी दिखलाई पड़ती थी। कहीं झप् से आँखों में आँखें डालकर मुस्कराती हुई वह अपना रुख पलट देती थी, कहीं तिरछी कनखियों की मिठास छितराकर उनके सारे तन-मन को अनुराग-रंजित कर देती थी, कहीं आँखों ही आँखों में अपनी ओर न देखने के लिए बरज कर वह तुलसी का मन मोह लेती थी। प्रबल आकर्षण में प्रिया के अनेक रूप आँखों के सामने आ-आकर तुलसी को अपने जादू से बाँध जाते। पोथियों पर लिखे शब्द अपना धर्म त्यागकर रसधर्मी हो जाते थे। 'अथातो ब्रह्म जिज्ञासा' तुलसी के लिए 'अथातो मोहिनी जिज्ञासा' बन जाता था। प्यार की दुनिया में व्यवहार की दुनिया अपना रूप और ध्वनि बदलकर कुछ और ही हो जाती। कभी आह, कभी मुस्कान और कभी मिलने की चाह से तुलसी तड़प-तड़प उठते थे।

नन्ददास, गंगाराम आदि निकटतम मित्रों ने दो-एक बार पूछा भी परन्तु उन्होंने कोई उत्तर न दिया। उनके उतरे हुए चेहरे को देखकर मामा जी बोले—''जान पड़ता है, मेघा के छुतहे रोग ने हमारे रामबोला को भी ग्रस लिया है। अबे, फिर कहता

हूँ, इस भगतबाजी की चकल्लस में मत पड़! यों कहने-सुनने की बात और है पर व्यवहार की दृष्टि से देखा जाय तो भगवान की भक्ति और परनारी प्रेम में पड़कर मनुष्य की एक ही-सी दशा होती है, वह निकम्मा हो जाता है।"

नन्ददास सुनकर हँस पड़ा, बोला–"धृष्टता क्षमा करें मामा, जान पड़ता है आपने कभी-न कभी परनारी से अवश्य ही प्रेम किया होगा, अन्यथा ऐसे गहरे भेद की बात भला आप क्योंकर बतला सकते थे।"

मामा हँसने लगे, कहा–"अबे गाँव नहीं गया पर कोस तो गिने हैं। बताए देता हूँ बेटो, यदि दुनिया में सफल होकर रहना चाहते हो तो इन दो बातों पर कभी गम्भीरतापूर्वक अमल न करना।"

तीसरे दिन तुलसी ने अपने मन को बहुत-बहुत बरजा किन्तु उनके पैर अपने आप ही मेघा भगत के निवास की ओर बढ़ गए। उस दिन आँखें बार-बार द्वार की ओर दौड़ती रहीं पर मोहिनी न आई। लोगों के आग्रह से उन्होंने मीरा और कबीर के भजन भी गाए पर आज उन्हें गायन में सुख न मिला। तुलसी के कण्ठ में विरह-पीड़ा व्याल-सी लिपटी थी। भक्त मण्डली सुनकर आत्मविभोर हो गई परन्तु मेघा भगत ने स्वगत भाव से केवल इतना ही कहा–"हे राम, नारी के विरह में जैसी टीस कामी के कलेजे में उठती है वैसी ही मेरे कलेजे में भी अपने लिए भर दो।"

तुलसी को लगा कि भगत जी ने उसके मन का पाप पहचान लिया है। इससे मन में अपार लज्जा और असह्य ग्लानि का बोध हुआ–'कहाँ जा रहा है रे रामबोला, हीरा छोड़कर काँच की चमक ने लुभाया है?' सोचकर आँखें भर आईं। कल्पना में विराजी सीताराम की छवि ऐसे हिल रही थी जैसे पानी में परछाईं, और उस परछाईं के तल में एक और स्पष्ट प्रतिबिम्ब था जो तुलसी की भावना के अनुसार भय से काँप रहा था। कानों में एक वाक्य भी सुनाई पड़ा, 'मैं तुम्हारे राम को तुमसे नहीं छीनूँगी। तुम अपने को मुझसे छीनो।'

"छल है। छल है। चेत रे मन, चल। इस नगरी में तुझे वह वस्तु नहीं मिलेगी जिसे तू चाहता है।...प्रेम किए जा रे दीवाने। यह मत सोच कि जिसे तू चाहता है वह भी तुझे चाहता है या नहीं। प्रेम तो अपने-आप में ही एक अनुभव है रे। वह देना जानता है और लेने की कल्पना तक नहीं करता। प्रेम ऐसी मूसलाधार बरसात है जिसमें बरसात का पानी दिखलाई तक नहीं पड़ता पर धरती तर हो जाती है, सूर्य का ताप अग्नि की लपटों-सा लगता अवश्य है पर वह जलन शीतल है, उर्वरा है। चल रे मेघ, कहीं और बरस। इस नगरी में सबके मन पत्थर हैं। वह भले ही मणि-माणिक से चमकते हों पर पत्थरों पर तेरे बरसने से क्या भला कुछ उपज सकेगा? नहीं-नहीं, राम, अब लोकेषणा में नहीं फँसूँगा। यह नारी के रूप के समान भले ही कितनी लुभावनी क्यों न हों, पर विष है विष।" मेघा भगत अपने आप से बतियाते हुए आँखें मूँदे बैठे थे। उनके भक्तों के लिए उनकी यह बातें एक ऐसा ही रहस्य मात्र थीं जिसे भेदकर मर्म पहचानने की विशेष लालसा किसी भी लोकव्योहारी पुरुष में नहीं होती। थोड़ी ही देर में भक्त मण्डली अपनी बातों में रम गई–"आज कुतवाल साहब की लड़ैतिन नहीं आई?"

"कोतवाल साहब ने मना कर दिया होगा।"

"काशी में इसके टक्कर की दूसरी गानेवाली नहीं है।"

"क्या कहें, ये मोहिनिया अब तक हमारी हो चुकी होती। मैंने दस हजार सोने की अशर्फियों पर इसका सौदा कर लिया था। पर तब तक कोतवाल निगोड़ा, बूढ़ा बैल, इसपर जान देने लगा। मैं हाथ मलकर रह गया। बस तभी से तो मेरे मन में वैराग उपजा। सब माया-मोह छोड़ दिया। बाकी मोहिनी मन से अब भी नहीं उतरती।"

"यह विद्यार्थी भी बड़ा रामभगत है। एक दिन मेघा जी के समान ही नाम करेगा, देख लेना।"

"ये रामभगत नहीं मोहिनीभगत है। बूढ़े की रखैल इसकी चढ़ती जवानी को दाना चुगा रही है।"

"सच?"

"हमने अपनी आँखों से देखा है। मोहिनी इस लड़के को देख-देखकर आँखें मारती है, मुस्कुराती है।"

तुलसी अपने पीछे बैठे हुए दो मनुष्यों की यह दबे-दबे स्वरों वाली बातें सुन रहे थे। मेघा की बातों से इन बातों तक ग्लानि का अथाह सागर फैला हुआ था। मन कहने लगा, 'तुलसी, तेरी बदनामी फैल चुकी है। दुनिया कहने लगी कि तू रामभगत नहीं हें।' 'छिः-छिः, क्या मोहिनी सचमुच मुझे जानबूझ कर अपने आकर्षण-पाश में फँसाना चाहती है?' 'वह चाहे या न चाहे, तू तो फँस ही गया।' 'नहीं, मैं नहीं फँसा। मेरा मन अब भी राम-चरण-लीन है। मैं यह कभी नहीं सह पाऊँगा कि लोग-बाग मुझ पर अँगुली उठाकर कहें कि यह किसी अन्य का दास है। यह ग्लानि, यह पश्चात्ताप मैं कदापि नहीं सह पाऊँगा। हे राम, मुझे इस पाप पंक में पड़ने से बचाओ। राम, मैं तुम्हारा हूँ और किसी का नहीं।'

पर इन पश्चात्ताप भरे शब्दों की तह में भी मोहिनी का आकर्षण अंगद के पाँव की तरह जमा हुआ था। तुलसी को स्वयं ही लगता था कि उनके ग्लानि और पछतावे के भाव मोहिनी के ध्यान के सामने यदि झूठे नहीं तो फीके अवश्य ही हैं। ऊहापोह में फँसते-फँसते मन यहाँ तक पहुँच गया कि राम का ध्यान करें तो छवि मोहिनी की दिखलाई पड़े—'छिटक, छिटक, कहाँ जा रहा है रे मन? भाग, भाग।' तुलसी सचमुच भाग खड़े हुए। वह वातावरण उन्हें काट रहा था।

गली के मोहाने पर एक युवक ने बड़े आदर से उन्हें प्रणाम किया किन्तु तुलसी ने ध्यान न दिया। युवक ने उनके कन्धे को छूकर उनका ध्यान आकर्षित किया और कहा—"आज आप बड़ी जल्दी चल दिए।"

इस युवक को तुलसी ने मेघा भगत के यहाँ देखा कई बार है किन्तु परिचय नहीं था। एक अपरिचित-परिचित के टोकने से तुलसी ने सहसा कड़े संयम से मन की लगाम साधी, यथाशक्ति प्रसन्न मुख बनाकर कहा—"मुझे एक काम है।"

"आपने जब से बटेश्वर के भूतों को मिथ्या सिद्ध कर दिया तभी से मैं आपसे मिलना चाहता था। भगत जी के यहाँ अब आपकी उच्चकोटि की भावुकता से भी

प्रभावित हुआ हूँ। कई दिनों से सोच रहा था कि आपसे बातें करूँ। पर वहाँ तो रस ऐसा गाढ़ा बरसता है कि मन में उठनेवाली और बहुत-सी बातें बिसर-बिसर जाती हैं।''

ध्यान साधते-साधते भी उड़-उड़ जाता था; कुछ सुना, कुछ न सुना। चेहरे पर रूखी यान्त्रिक मुस्कान आई, हाथ जोड़े, कहा—''अच्छा तो चलूँ।''

उड़ी-उड़ी आँखें, खोया-खोया चेहरा देखकर युवक ने अचानक मुस्कुराकर कहा—''जान पड़ता है, आज आपकी जोड़ीदार नहीं आई। इसी से आपका मन ठिकाने नहीं है।''

तुलसी ने चौंककर युवक को देखा। वह हँसकर बोला—''हमारी आयु में ऐसे खेल पाप नहीं हैं। वह भी आप पर जान देती है। मैंने देखा है। हः-हः, आपकी तरह मैं भी अभी हाल ही में पापड़ बेल चुका हूँ न, सो सब समझता हूँ। वैसे भी कवि हूँ मेरा नाम कैलासनाथ है।''

चोर के आगे चोरी बखानकर कवि जी और भी घुटन दे गए। यह सारी दुनिया तुलसी को एक पिंजरे जैसी घुटन-भरी लग रही थी। उन्हें ऐसा लगता जैसे गलियों में आता-जाता हुआ हर व्यक्ति पिंजरे में बन्द तुलसी रूपी केहरी को निन्दा-भरी, नोकीले भालों-सी दृष्टि से देख रहा हो। गलियों में व्यापा जगत कलरव अपने मन के भीतर उन्हें पश्चात्ताप और निन्दा भरे शोर सा लग रहा था, 'यह देखो श्री राम के चरण-कमल छोड़कर वेश्या के तलवे चाटनेवाला यह तुलसी चला जा रहा है। यह तुलसी जूठी पत्तल चाटनेवाला कुत्ता है। यह अपने पूज्यपाद गुरुओं को कलंकित करनेवाला अधम कीड़ा है। इसे जीवित नहीं रहना चाहिए। इसे मर जाना चाहिए। डूब मर रामबोला, डूब मर!' मन अपनी ही प्रताड़ना से बिलख पड़ा।

गलियों में लोग देख रहे थे कि एक सुन्दर युवक अपने-आप में रोता-बड़बड़ाता चला जा रहा है। वह अपने आप में नहीं है। राह चलते मनुष्यों से टकरा जाता है। कोई झिड़कता है, कोई समझाकर कहता है कि देख के चलो, बचकर चलो।

''अरे, तुलसी, इधर कहाँ जा रहे हो?''

गंगाराम का स्वर मानो तुलसी तक पहुँच न सका। जो गली गुरु जी के घर जाती थी उसे छोड़कर वह सामने गंगा जी की ओर जानेवाली गली की दिशा में बढ़ रहे थे। जब गंगाराम ने अपनी बात तुलसी के कानों में पड़ती न देखी तो उनका ध्यान भंग करने के लिए तेज़ी से आगे बढ़कर उनका रास्ता रोक लिया। गति में बाधा पड़ने से तुलसी की बहकी आँखें सधकर ऊपर उठीं। गंगाराम का चेहरा उनकी चौंक में समाया?

''यह कैसी धज बना रखी है तुमने? इधर कहाँ जा रहे थे?''

''कहीं नहीं। मुझे जाने दो।''

''पागल तो नहीं हो गए हो तुलसी? रो क्यों रहे हो? कोई देखेगा तो क्या समझेगा? क्या हुआ?''

तुलसी तब तक बहुत कुछ सावधान हो चले थे। प्रिय मित्र को देखकर उन्हें एक सहारा मिला था फिर भी मन का ग्लानि-प्रवाह अभी पूरी तरह से थम नहीं पाया था। कहने लगे—''मुझे जाने दो, गंगा।''

"अरे, पर कहाँ जाओगे? अच्छा चलो, कहीं एकान्त में चलें। यहाँ कोई देख लेगा तो क्या कहेगा? सभी तो पहचानते हैं!" गंगाराम ने उनका हाथ झिंझोड़कर कहा—"आँसू पोंछो और सावधान होकर हमारे साथ चलो। आज तुम्हें हो क्या गया है?"

मित्र के आग्रह से बँधे हुए तुलसी ऐसे चल पड़े जैसे किसी का नटखट पालतू बछड़ा रस्सी में बँधा हुआ उसके साथ खिंचा चला जा रहा हो। गंगा-तट पर पहुँचकर दोनों मित्र नाव पर सवार हुए और उस पार पहुँच गए। निर्जन एकान्त में तुलसी ने मित्र के आगे अपना मन पूरी तरह से खोलकर रख दिया। बड़ी देर तक तुलसी ने मित्र के आगे अपना मन पूरी तरह से खोलकर रख दिया। बड़ी देर तक तुलसी अपना मन सुना-सुना कर हल्का करते रहे और गंगाराम गम्भीर भाव से सुनते रहे। फिर अकस्मात् उंगली से बालू पर कुछ अंक लिखे, हिसाब फैलाया और कहा—"विषय चिन्तनीय नहीं है मित्र। अपने उस दिन के शुभ शकुनों का ध्यान करो जिस दिन तुम इस मिथ्या मोहपाश से नियति के द्वारा जकड़े गए थे। तुम्हारा भविष्य बहुत उज्ज्वल है।"

गंगाराम के मिथ्या मोह कहते ही तुलसी के मन को धक्का लगा। जिस पाप-पंक को वह अभी स्वयं ही अपने मुख से नकार रहे थे उसे ही उनका अहंकार ज़ोर-ज़ोर से सकारने लगा—'मिथ्या नहीं! मोहिनी सत्य है। मैं मोहिनी को ही चाहता हूँ। उसके बिना यह जीवन निःसार है।' हृदय की धड़कन में ध्वनि गूँजी—'राम-राम-राम।' तुलसी एक क्षण के लिए निस्तब्ध हुए, हतप्रभ हुए, फिर आँखें भर आईं। पूरी तड़प के साथ अपनी धड़कनों की गूँज पर अपनी दीवानी अहंता को आरोपित करते हुए उनका मन मोहिनी-मोहिनी कहकर विलाप करने लगा। उन्हें लगा कि बिम्ब-दृष्टि में एक ओर राम-जानकी-लक्ष्मण और हनुमान खड़े हैं और दूसरी ओर मोहिनी बड़ी ही आकर्षक मुद्रा में खड़ी है। उन्होंने देखा कि श्रीराम के संकेत पर हनुमान जी उनकी हृदयहारिणी को निर्मम भाव से झोंटे पकड़कर बाहर निकाल रहे हैं और विवश-विरही तुलसी प्रभु के आगे कुछ कहने का साहस न करके चुपचाप खड़े चौधार आँसू बहा रहे हैं। प्राण गूँजते हैं, 'क्या चाहते हो? मोहिनी या राम? मोहिनी या राम?' तुलसी विकल होते हैं, 'राम को कदापि नहीं छोड़ूँगा पर मोहिनी को भी कैसे छोड़ दूँ?' अपने प्रबलतम मनोद्वंद्व को खोई हुई दृष्टि से निहारता हुआ रामबोला काठ के पुतले-सा बैठा रहा।

कुछ दिनों तक तुलसी के मन, कर्म और वचन त्रिशंकु की तरह आठों याम अधर ही में लटके रहे। तन सूखकर काँटा होने लगा। आँखें ऐसे डोला करतीं जैसे उन्हें किसी खोई हुई वस्तु की तलाश हो। गुरु-पत्नी पूछतीं—"तुझे क्या हो गया है रे रामबोला? दिनोंदिन सूखता चला जा रहा है।" उत्तर में 'कुछ नहीं, आई' कहकर वह आँसुओं को अपनी आँखों में आने से रोकने का प्रयत्न करने लगते। कुछ सहपाठी उनके मुख पर और पीठ पीछे भी प्रमाण सहित यह कहते नहीं थकते थे कि बटेश्वर मिश्र ने तुलसी पर उच्चाटन मन्त्र का प्रयोग किया है। कुछ ही दिनों में यह बावले होकर गली-गली डोलेंगे। मामाजी का यह विचार और भी दृढ़ हो गया था था कि इसे मेघा भगत का छुतहा रोग लग गया है। उन्होंने अपनी बहन से कई बार कहा

कि इसका विवाह हो जाना चाहिए। मैंने लड़की ठीक कर ली है। इसे घर भी मिलेगा और धन-सम्पत्ति से भी हैसियत बढ़ेगी। जीजी, तुम जीजा जी से कहो कि इसे विवाह करने की आज्ञा दें। शेष गुरु जी की पत्नी ने अपने पति से इस सम्बन्ध में चर्चा भी चलाई। वे बोले—"खिलती कली को तोड़कर हार में गूँथना बुद्धिमत्ता नहीं होती। अभी इसका अन्तः सौन्दर्य विकसित होने दो।"

तुलसी के अनन्य साथी गंगाराम ने ज्योतिष से विचार करके एक दिन तुलसी से कहा—"मित्र, तुम्हारे जीवन में एक विराट परिवर्तन आनेवाला है। तुम निश्चय ही अपनी इष्ट वस्तु को पाओगे।"

'इष्ट वस्तु! क्या सचमुच ही मुझे मोहिनी मिल जाएगी?—अरे पगले, झूठा मोह क्यों करता है? वह हाकिम की प्राणवल्लभा, सुख से सोने की सेज पर सोती है। हीरे-जवाहरातों से मढ़ी है। वह तेरे जैसे दीन-हीन भिक्षुक के पास भला क्यों आने लगी?...नहीं-नहीं, वह मेरी प्राणवल्लभा है। असुर कोतवाल अनाचार करके उसे अपने बन्धन में बाँधे हुए है। वह मुझे मिलेगी। जिसका जिस पर सत्य स्नेह होता है वह उसे अवश्य मिलता है, इसमें तनिक भी सन्देह नहीं।' तुलसी दिन-रात ऐसी बातें सोचा करते। कभी अन्तश्चेतना भड़कती और प्रश्न करती, 'क्या यही है तेरी इष्ट वस्तु? छिः, तू रहा भिखारी का भिखारी ही। जनम-भर जूठन खाता रहा और अब जबकि सोने के थाल में छप्पन भोग तेरे सामने आए हैं तब भी तू अभागा जूठी पत्तल की ओर ही ताक रहा है। धिक् तेरा जीवन! धिक् तेरे संस्कार! तू डूबकर मर क्यों नहीं जाता रामबोला?'

आत्महत्या का विचार उनके मन में रह-रहकर बादलों का घटाटोप बनकर छाने लगा। मोहिनी को देखे दस दिन बीत चुके थे। वह मेघा भगत के यहाँ जानबूझ कर नहीं गए थे। उन्हें पूरा विश्वास था कि भगत जी उनके मन की बात जान गए हैं। यही यहीं, भगत जी के यहाँ आने-जाने वाले लोगों में से भी कुछ व्यक्ति उनका मोहिनी-प्रेम पहचान गए हैं।

दो-तीन दिनों के बाद मामा जी के आदेशानुसार इच्छा न होते हुए भी तुलसी को एक निमन्त्रण में जाना पड़ा। मार्ग में कैलास से भेंट हो गई। उनसे पता चला कि मेघा भगत इस नगर को छोड़कर अचानक अयोध्या चले गए हैं। तुलसी को इस सूचना से अपार शान्ति मिली, यद्यपि इस शान्ति की तह दर तह में मोहिनी की याद का भूत अब तक लिपटा हुआ था।

एक महीने से ऊपर दिन बीत गए। तुलसी के मन की हलचल अब प्रायः थम चुकी थी। दिल का दर्द अब विवशता में कुछ-कुछ दूर का दर्द लगने लगा था। मन अभी बहला नहीं था पर चुप अवश्य हो गया था।

गुरु जी के घर के पास ही रहनेवाले सोमेश्वर उपाध्याय नामक एक धनाढ्य और प्रतिष्ठित ब्राह्मण के घर पर पौत्र-जन्म की खुशी में एक प्रीतिभोज और गायन का प्रबन्ध हुआ। पीपलवाली गली में मंडप सजाया गया। तोशक-तकिए लगे, चहचहाते पंछियों के पिंजरे टाँगे गए, बड़ी सजावट हुई। शाम से ही सुनने में आ रहा था कि कोतवाल साहब स्वयं पधारेंगे और उनकी रखैल मोहिनीबाई का गाना होगा। खबर

सुनकर तुलसी धक् से रह गए। महीने-भर के सारे व्रत-नियम बालू की दीवार-से ढह गए। मेघा भगत उन्हें धिक्कारेंगे। गुरु जी महाराज सुनेंगे तो उन्हें कितना कष्ट होगा! आई को कितना कष्ट होगा! बजरंगबली धिकारेंगे, राम जी सदा के लिए विमुख हो जाएँगे—आदि बातों से चेताकर साधा गया मन इस सूचना से क्षण-मात्र में फुर्र हो गया। परन्तु अंतश्चेतना शिकारी कुत्ते की तरह अहम् का पीछा कर रही थी। 'मैं क्या करूँ राम, कैसे छुटकारा पाऊँ? हे बजरंगबली, हे संकटमोचन, दलदल में फँसे हुए इस जीव को उबारो। को नहिं जानत है जग में प्रभु संकटमोचन नाम तिहारो।'

रात को महफिल हुई पर कोतवाल और—'और' नहीं आई। कहाँ तो मोहिनी के आने की सूचना से वह भड़क रहा था और कहाँ अब उसके न आने से छटपटा उठा। किसी करवट चैन नहीं।

एक पखवारे का समय तुलसी के लिए अनेक लम्बे-लम्बे युगों का योग बनकर बीता। फिर एक दिन मेघा भगत के दरबार में मिलनेवाले एक नवयुवक कवि कैलासनाथ दोपहर के समय उनके पास आए। उनकी गंगाराम से भेंट हुई। गंगा ने कहा—"वह आजकल एकान्त सेवन कर रहा है, हम लोगों से भी प्रायः नहीं मिलता, आप उससे क्या चाहते हैं?"

"तुलसी जी से कहिएगा कि भगत जी अयोध्या से लौट आए हैं और उन्हें देखने के लिए तड़प रहे हैं।"

गंगाराम कवि कैलास को लेकर तुलसी की कोठरी में गए, किन्तु कोठरी सूनी थी।

उस समय तुलसी अपनी प्रिया मोहिनी के प्रति कल रात रचे गए, दो दोहे एक पर्ची पर लिखकर उन्हें स्वयं अपने हाथों चुपचाप अर्पित करने की तीव्र कामना लिए उसकी कोठी के द्वारे पर चक्कर काट रहे थे। बूढ़े कोतवाल उसमान खाँ ने मोहिनी के लिए बस्ती से कुछ हटकर गंगा-तट पर एक बगीचीदार हवेली बनवा दी थी। वह ऊँची संगीन चहारदीवारी से घिरी थी। द्वार पर यमदूत से पहरेदार डटे हुए थे। तुलसी मन ही मन में छटपटा रहे थे—'मैं क्या करूँ, कैसे करूँ कि मुझे इसके भीतर प्रवेश मिल जाय? मोहिनी देखेगी तो कितनी प्रसन्न होगी! फिर दोनों बैठकर गान गाएँगे, हँसेंगे, बोलें-बतियाएँगे। अरे, फिर तो धरती पर स्वर्ग ही उतर आयगा। जाऊँ, पहरेदार से कहूँ कि भीतर की ड्योढ़ी में सन्देशा भिजवा दे कि तुलसी आया है।'—पर हिम्मत नहीं पड़ी। उनकी दीन-हीन दशा देखकर पहरेदार ने यदि उन्हें झिड़क दिया तो? 'अरे नहीं रे, इतना कायर न बन। जिन खोजा तिन पाइयाँ गहरे पानी पैठ। तू चलकर सन्देशा तो भिजवा। मोहिनी मिलेगी।' अपने-आप को बार-बार हौसला दिलाकर तुलसी फाटक पर पहुँचे, पहरेदार से कहा—"मोहिनीबाई से कह दो कि शेष महाराज की पाठशाला से तुलसी आया है।"

"क्या काम है?"

"मिलना है।"

"कुछ दान-दच्छना लेने आए हो?"

तुलसी के अहंकार को इससे ठेस लगी। वह औरों की तरह साधारण भिक्षुक

न थे वरन् कोतवाल उसमान खाँ की तरह ही मोहिनी के प्रेम-भिखारी थे। मोहिनीबाई ने अपनी चाहत-भरी दृष्टि से देखकर उन्हें संसार का सर्वश्रेष्ठ धनी बना दिया था। यह मूर्ख पहरेदार उन्हें समझता क्या है? किन्तु मन के इस तेहे को दबाकर तुलसी ने बात बनाने के लिए झूठ का सहारा लिया, कहा—"वह मुझे मेघा भगत के यहाँ मिली थीं। उन्होंने मुझे मिलने के लिए यहाँ बुलाया था।"

"वह घर पर किसी से मिलती नहीं हैं। दान-दच्छना लेनी हो तो कल सबेरे आकर दीवान जी से मिल लेना।"

"मुझे दान-दक्षिणा नहीं चाहिए, मोहिनीबाई से मिलना है।"

"अरे तो मिलके क्या करोगे भाई? आँखें लड़ाओगे?"

दरबान ने ऐसी भद्दी हँसी हँसकर यह प्रश्न किया कि तुलसी को ताव आ गया। बोले—"मैं ब्रह्मचारी हूँ। मोहिनीबाई ने मुझे संगीतशास्त्र की चर्चा के लिए यहाँ बुलाया था। तुम जाकर उन्हें खबर तो दे दो।" पहरेदार ने एक बार बड़ी तीखी दृष्टि से तुलसी को देखा और फिर बगीचे में काम करते हुए माली को गुहारकर बोला—"बाई जी को खबर कराय देव कि मेघा भगत के हियाँ से कोई आया है।"

तुलसी के मन में पहले तो ठंडक पड़ी कि मिलन-क्षण बस आने ही वाला है, फिर ऊहापोह मचने लगा, 'बुलाएगी या नहीं? जिसके इतने नौकर-चाकर हैं, इतनी बड़ी जायदाद है, यह क्या मुझे इतने दिनों तक याद रख सकी होगी। वह नहीं बुलाएगी तब तो इन पहरेदारों के आगे तेरी बड़ी किरकिरी हो जाएगी तुलसी...। नहीं-नहीं, बुलाएगी। अवश्य बुलाएगी। कितनी प्यारी दृष्टि से उसने मुझे देखा था।' बड़ी देर तक प्रतीक्षा करने के बाद भीतर से खबर आई कि भेज दो। तुलसी का मन यह सुनकर धड़-धड़ करने लगा।

फुलवारी पार करके कोठी में प्रवेश किया। कोठी के नीचे का खण्ड सूना था। बाईं ओर के दालान में बड़े-बड़े झाड़-फानूसों पर लाल कपड़े के गिलाफ चढ़े हुए थे। दीवारों पर बड़े-बड़े आईने लगे हुए थे। रंगीन बेल-बूटों की चित्रकारी हो रही थी। फर्श पर कोई बिछात न थी। संगमरमर और संगमूसा के चौके अपने सूनेपन में भी चमक रहे थे। आँगन के दाहिनी ओर वाला दालान भी ऐसी ही सजावट का था और सूना था। आँगन में शतरंज की बिसात-से जड़े काले-सफेद पत्थर तुलसी को मानो चुनौती दे रहे थे कि आओ, हम पर शतरंज खेलो। इस वैभव से गुज़र कर ऊपर चढ़ते हुए तुलसी की अन्तश्चेतना गूँजी—'देखा! भला बौना कभी चन्द्रमा को छू सकता है?'

चेतना की ललकार ने तुलसी की आँखों को झील बना दिया। तभी ऊपर से मोहिनी की आवाज़ सुनाई दी—"अम्माँ, आज हम भगत जी के दर्शन करने ज़रूर जाएँगे, हमें कोई रोक नहीं सकेगा।" प्रिया के स्वर ने तुलसी के रोम-रोम को उन्मत्त बना दिया। मन बोला—'तेरे ही लिए जा रही थी वहाँ। वह भी तुझे चाहती है। बस, अभी भेंट होने वाली है, तुझे अपना मन चाहा वैभव बस अब मिलने ही वाला है।"

ऊपर एक बड़े कमरे में तुलसी को बैठा दिया गया। कमरा खूब सजा हुआ था। दीवालों पर सुनहले-रुपहले रंगों से पच्चीकारी हो रही थी। फर्श पर बेदाग चाँदनी

बिछी हुई थी, उसपर ईरानी कालीन तथा तोशक-तकिए लगे हुए थे। झाड़-फानूसों और बड़े-बड़े दर्पणों की सजावट हो रही थी। कमरे के बाहर दालान में चहचहाते पक्षियों के पिंजड़े लटक रहे थे। नौकरानी तुलसी को कमरे का द्वार दिखाकर भीतर यह कहती हुई चली गई कि यहाँ बैठिए बाई, जी अभी आती हैं।

तुलसी को अपने धूल-भरे गन्दे पैरों का ध्यान हो आया। यहाँ पैर धोने के लिए पानी तो मिलने से रहा। वह भीतर कैसे जाएँ? क्या करें? कन्धे पर रखे अँगोछे पर उनका ध्यान गया। वह उससे अपने पैरों की धूल झाड़ने लगे। उन्होंने अपने तलवों को खूब रगड़-रगड़कर पोंछा। इतने में मोहिनीबाई की माँ आ गई। उन्होंने हाथ जोड़कर कहा—"पालागन महाराज, कहो कैसे पधारे?"

तुलसी सकपका गए। घबराहट में हकलाते हुए कहा—"अ...उ-उ-उ उन्होंने गाना सिखाने के लिए कहा था।"

बड़ी बाई जी हँसीं, बोलीं—"अरे वो तो अभी आप ही बच्ची है, गाना सीख रही है। तुम ऐसा करो महाराज कि मदनपुर चले जाओ। वहाँ पर एक उस्ताद जी रहते हैं, मीर जशन नाम है। वह तुम्हें सिखायेंगे। अभी जाओ तो हम अपना आदमी तुम्हारे साथ कर दें।"

तुलसी का मन मुरझा गया, बुझे हुए स्वर में कहा—"कल जाऊँगा। आज वहाँ आने-जाने में देर हो जायगी।"

पैनी दृष्टि से बड़ी बाई जी तुलसी को ऐसी उपेक्षित मुद्रा में ताक रही थीं जैसे समुद्र किसी ऐसे तुच्छ नाले को देख रहा हो, जो बरसाती पानी की बाढ़ में फैलकर उससे मिलने के लिए आया हो। वह बोलीं—"अच्छा कल ही सही। मैं आज उन्हें कहला दूँगी। तुम्हें कुछ देना-लेना नहीं पड़ेगा। गन्डा बँधवा लेना और बाकी सब मैं देख लूँगी। तुम्हें और जो कुछ चाहिए सो हमें बता देना, भला।" कहकर बड़ी बाई जी ने फिर हाथ जोड़े और चलने के लिए उद्यत होते हुए कहा—"अच्छा, तो मैं चलूँ महाराज, मुझे काम है, पालागन।"

बेचारे तुलसी की आशा पर तुषारापात हो गया। बड़े ही मरे हुए स्वर में कहा—"अच्छा।" बड़ी बाई जी ने जाने के लिए पीठ मोड़ी ही थी कि तुलसी ने फिर कहा—"ए-ए-ए-एक बार मोहिनीबाई जी से मिल लेता..." तुलसी के स्वर में दीनता-भरी गिड़गिड़ाहट आ गई थी।

बाई जी के होंठों पर एक कुटिल मुस्कान खेल गई। बड़े हीरेवाली अपनी नाक की लौंग को बड़ी अदा से घुमाते हुए प्रौढ़ा ने कहा—"ब्रह्मचारी को नारी से दूर रहना चाहिए महाराज। पालागन।" बाई जी ने फिर पीठ मोड़ ली और दालान की ओर चली गई।

तुलसी की आँखों में क्रोध और क्षोभ झलक उठा। मन बदला लेने के लिए बावला हो गया। इस दुष्टा को दण्ड देना चाहिए। 'तुलसी, ऊँचे स्वर में गाना आरम्भ कर! वह अभी दौड़ी हुई चली आएगी।' और दीवाने आवेश में तुलसी गाने भी लगे—"सुनी री मैंने हरि आवन की..."

बड़ी बाई जी त्यौरियाँ चढ़ाकर झपटती हुई आईं। उनकी दृष्टि ने मानो तुलसी का गला घोंट दिया। वह भय की टकटकी बँधी आँखों से बड़ी बाई जी को वैसे ही देखने लगे, जैसे खूंख्वार शेर के सामने उसका शिकार भयस्तब्ध होकर टकटकी बाँध लेता है। तभी कुछ दूर से आवाज़ आई—"कौन आया है, अम्माँ?"

"कोई नहीं! तू अपना काम कर" फिर तुलसी की ओर बढ़ते हुए बाई जी ने धीमे किन्तु कठोर स्वर में कहा—"खबरदार, जो फिर कभी इस घर में आए। कोतवाल साहब को खबर लग जायगी तो तुम्हारी इस सुन्दर काया से तुम्हारा सिर काटकर पल-भर में ही अलग जा पड़ेगा। विधर्मियों को ब्रह्महत्या का दोष भी नहीं लगता। जाओ, भागो। पालागन। जोगी-ब्रह्मचारियों की सिद्धी में देवता विघ्न भी डालते हैं। विश्वामित्र मुनि को जैसे मेनका से फँसाकर कुत्ता बनाया था वैसे ही रान्ड मेरी लड़की तुम्हारे पीछे पड़ गई है। जाओ, जाओ। भागो, भागो।" कहकर चली गई।

तुलसी के स्वाभिमान को वर्षों से ऐसा करारा आघात नहीं लगा था। बचपन में जब मारपीट कर, मड़ैया उजाड़कर, वह गाँव से निकाले गए थे, तब उनका मन जैसे लड़खड़ाया और छटपटाया था, ठीक वैसा ही अनुभव इस नए परिवेश में इस क्षण हुआ। उनकी सम्पूर्ण चेतना एकदम से जड़ हो गई थी। वह काठ का पुतला बने खड़े के खड़े रह गए। मुट्ठी में अनमोल रतन की तरह बड़े प्यार से सम्भाली हुई छोटी-सी कागज़ की पर्ची कंकड़ की तरह बेमोल होकर फर्श पर गिर गई। एक बार सिर में तेज़ चक्कर आया, दूर पर माँ-बेटी की तीखी बातों के कुछ स्वर सुनाई दिए। आस्था की डिगी हुई नींव को मानो हल्का-सा सधाव मिला। उनकी आँखों में आँसू आ गए। यह आँसू मानो उनकी जड़ काया के लिए नए प्राण थे। तुलसी अपने यथार्थ-बोध में आ गए और तेज़ी से सीढ़ियाँ उतरकर ड्योढ़ी-फाटक पार कर बाहर निकल आए।

14

मोहिनीबाई के घर से निकलते समय तुलसी का बावला मन कह रहा था—'अब यह जीवन निःसार है। यह अपमान असह्य है, अब नहीं जीऊँगा—कदापि नहीं जीऊँगा।' आँखें पोंछते, किन्तु वे फिर भर उठती थीं—'डूब मर रामबोला, डूब मर! तू सचमुच अभागा है। डूब मर! तुझे गंगा ही शरण देंगी और कोई नहीं।'

तुलसी दशाश्वमेध धाट के पास पहुँच गए। वहाँ एक गली से बाहर निकलते हुए उनके पुराने सहपाठी महाराष्ट्रीय मित्र धोंडू फाटक ने उन्हें देखकर आवाज़ लगाई—'अहो, तुलसी भैया! तुलसी भैया!"

स्वर ने कानों को झटका दिया। उन्होंने चाहा कि वह फाटक के स्वर को अनुसुना करके आगे बढ़ जाएँ पर धोंडू फाटक भला मानने वाला था। उसने फिर हाँक लगाई—"अरे सुनो तो, सुनो तो। मैं आ रहा हूँ।" फाटक लपककर पास आ गया। तुलसी की दशा देखकर पूछा—"क्या बात है मित्र, चेहरा क्यों तमतमाया हुआ है? तुम्हारी आँखें भी भरी हुई हैं। क्या किसी से लड़ाई हो गई है?"

"कुछ नहीं, कुछ नहीं।" फिर आँखें पोंछते हुए एकाएक नाटकीय ढंग से हँसकर बोले—"पीछेवाली गली में इतना धुआँ था, इतना धुआँ था कि आँखें भर आईं। तुम कहाँ से आ रहे हो?"

धोंडू फाटक मुस्कराया, बोला—"अपनी धोबिन के यहाँ से। उस दिन गंगाराम ने बड़ी सच्ची बात कही थी मित्र। प्रेमिका सचमुच धोबिन ही होती है। वह कामी पुरुष के मन को ऐसे पछाड़-पछाड़कर धोती है कि बस पूछो मत। तुम कभी इसके फेर में न पड़ना तुलसी भैया। श्रीमद्शंकराचार्य भगवान सत्य ही कह गए हैं कि—द्वारं किमेकन्नरकस्य..."

"नारी की व्यर्थ ही निन्दा क्यों करते हो फाटक?"

"काए कूँ? म्हणजे—कोई धोबिन-वोबिन हो गई है काय?" कहकर धोंडू फाटक हो-हो करके हँस पड़ा। वह हँसी तुलसी के कलेजे पर हाथी के पाँव-सी धमाधम पड़ी। धोंडू का वाक्य मानो सदेह होकर उन्हें बड़ी सतर्कता के साथ घूर रहा था। तुलसी दोनों ही प्रकार के मानसिक खिंचावों से अत्यधिक पीड़ित हुए। बात का उत्तर दिए बिना फिर आत्महत्या की धुन में फाटक से पीछा छुड़ाकर तुलसी ने गंगा जी की ओर कदम बढ़ाया ही था कि पास की एक दूसरी गली से उनके नव परिचित कैलासनाथ आते हुए दिखलाई दिए। दोनों की दृष्टि एक-दूसरे पर प्रायः साथ ही साथ पड़ी। तुलसी की आँखों में कतरा जाने का पैंतरा चमका और कैलास की आँखों में मिलने की ललक उदय हुई। दूर ही से वे उत्साहित स्वर में बोले—"नमस्कार! वाह, इस समय आपसे खूब भेंट हो गई। मैं आपको ढूँढ भी रहा था। इधर कहाँ जा रहे हैं?"

झूठ बोलने के पहले तुलसी का मन तेज़ी से ऊँचा-नीचा हुआ, पर झूठ का सहारा लिए बिना उन्हें गति न मिल सकी, कुछ हकलाकर कहा—"ऐसे ही, बस खाली मन की बहक में इधर आ निकला।"

"खाली हैं तो हमारे साथ चलिए। भगत जी के यहाँ जा रहा हूँ। आज तो मैं आपके यहाँ गया भी था, आप मिले नहीं। भगत जी अयोध्या से लौट आए हैं, आपको बुलाया है, आइए!"

कहीं भी, विशेष रूप से मेघा भगत के यहाँ जाने के लिए तुलसी का मन इस समय राज़ी न था, बस, मरने के लिए धुन समाई थी। पर कैलास ने उनके मुख से कोई बात निकलने से पहले ही उछाह भरे स्वर में कहा—"भगत जी ने आपके सम्बन्ध में कल एक बड़ी ही विचित्र बात कही।"

तुलसी का मन धड़का कि कहीं उन्होंने उसके मन का चोर न उद्घाटित कर

दिया हो। तभी कैलास ने गद्गद स्वर में कहा–"वे बोले कि पहली बार देखने पर मुझे लगा कि मानो परशुराम के सामने राम आ गए हैं।"

धोडू फाटक सुनकर ज़ोर से हँस पड़ा, कहा–"लो, तुलसी भइया, तुम तो रामचन्द्र के अवतार हो गए। जाओ-जाओ, भगतबाजी करो। आज वहाँ भोजन-दक्षिणा का डौल तो है नहीं, अन्यथा मैं भी तुम्हारे साथ चलता।"

कैलास की आँखों से यह भाव स्पष्ट था कि उसे धोंडू फाटक की हँसी अच्छी नहीं लगी। उसने बड़ी आत्मीयता से तुलसी का हाथ पकड़ते हुए कहा–"आइए, आइए।"

कैलास के द्वारा हाथ पकड़कर खींचे जाने पर तुलसी ऐसे बढ़े जैसे बलि का बकरा कसाई के द्वारा खींचे जाने पर अड़-अड़ कर बढ़ता है। उसका मन इस समय केवल मृत्युमोहिनी की भावना से अभिभूत है। वह राम से कतराना चाहता है। किसी प्रकार का अपराध करने के बाद घर से भागा हुआ दंगई बच्चा जैसे लौटकर घर जाने में हिचकता है, वैसे ही तुलसी भी हिचक रहे थे। रास्ते-भर कैलास उनसे मेघा भगत की चर्चा ही करता रहा। बातों के प्रसंग में उसने कहा–"नदिया के चैतन्य महाप्रभु के कृष्ण प्रेम की चर्चा बहुत सुनी थी, परन्तु भगत जी का राम-प्रेम तो प्रत्यक्ष देख रहा हूँ। इस कलिकाल में ऐसा भगवत-प्रेम मुझे तो कहीं देखने को नहीं मिला। क्या आपने कोई ऐसा दूसरा व्यक्ति देखा है?"

तुलसी की अहंता को चुभन हुई। 'मेरा राम-प्रेम क्या किसी से कम है?' फिर आत्म-ग्लानि उपजी–'अब कहाँ रहा वह अनन्य भाव! मोहिनी मेरे रामप्रेम का हिस्सा बँटा ले गई। मेघा भगत खरा सोना है जबकि मुझमें ताँबा मिल चुका है।...राम के आगे मोहिनी? परब्रह्म मर्यादा पुरुषोत्तम के आगे वेश्या? छिः-छिः। तुलसी, गंगा-स्नान करने के बाद कीच-कूड़ा भरे नाले में डुबकी लगाने की ललक रखते हो? किन्तु मोहिनी...हाय मोहिनी। नहीं, नहीं। राम-राम-राम-राम मोह...रा...मोह...राम।' ऊहापोह चलता रहा, कदम आगे बढ़ते रहे।

जिस समय तुलसी और कैलास भगत जी के यहाँ पहुँचे उस समय संयोग से सेठ जैराम को छोड़कर वहाँ और कोई न था। भगत जी तकिए के सहारे अधलेटे आँखें मींचे धीमे स्वर में संस्कृत का कोई श्लोक गुनगुना रहे थे। जैराम सेठ चुपचाप बैठे सूनी दृष्टि से छत की ओर ताक रहे थे। कैलास को देखकर जैराम बोले–"आओ-आओ, कविराज..."

मेघा भगत ने आँखें खोलकर आगन्तुकों को देखा। तुलसी कैलास की पीठ की आड़ में अपना चेहरा भरसक छिपाने का प्रयत्न करते हुए कमरे में आगे बढ़ रहे थे। मेघा भगत उन्हें देखकर आह्लादित हो गए। झटपट बैठते हुए कहा–"अरे-अरे, मेरे स्वरूप, तू कहाँ भटक गया था?"

तुलसी को बड़ी लज्जा लग रही थी। भगत जी की बात सुनकर उन्हें लगा कि वे अपनी किसी अलौकिक सिद्धि के द्वारा उसके मन का सारा हाल जानते हैं। इससे उनका लज्जाबोध और अधिक गहरा हो गया। कैलासनाथ तेज़ी से डग बढ़ाकर भगत जी के पास तक पहुँच चुका था इसलिए उसकी पीठ की आड़ लेकर अपना

मुँह छिपाना अब सम्भव न था। आत्मग्लानि से पीड़ित तुलसी लज्जावश आँखें झुकाए हुए भगत जी की ओर बढ़े। कैलास उनके पैर छूकर पीछे हट चुका था। तुलसी ने आगे बढ़कर उनके पैरों में अपना सिर झुका दिया। मेघा भगत ने झटपट अपने दोनों हाथों से उनके दोनों कन्धे छूकर गद्गद स्वर में कहा—"बस रे बस भाई, तू मेरे पैर छूएगा तो मैं भी तेरे पैर छूने लगूंगा। प्रेम में कोई छोटा-बड़ा नहीं होता।...

"दोऊ परैं पैयाँ, दोऊँ लेत हैं बलैयाँ।
उन्हें भूलि गईं गइयाँ, इन्हें गागरी उठाइबो॥"

तुलसी तब तक भगत जी के चरणों में अपना मुँह छिपा चुके थे। तुलसी को पैर छूने से रोकने के लिए कन्धों पर रखी हथेलियाँ फिसलकर उनकी पीठ पर आ चुकी थीं। अपनी बात पूरी करने पर उनकी पीठ थपथपाकर भगत जी बोले—"अरे बस करो, उठो मेरे रामरूप, अपना मुखड़ा तो दिखाओ। तुझे तो मैं बहुत याद कर रहा था भइया। मैं कहूँ कि जल तो मछली से खेल रहा है फिर मेघ बरसे कैसे? देख, अरे मेरी आँखों में आँखें डालकर देख, तेरी सिद्धि का प्रसाद मुझे भी तो मिले भाई।"

भगत जी के आग्रह पर तुलसी अपनी आँखें उठाने का जितना प्रयत्न करते हैं उतनी ही वह और भी झुकी-झुकी पड़ती हैं। भगत जी के अत्याग्रहवश उनकी आँखें मिलीं तो अवश्य, पर इस तरह, जैसे तुरन्त पकड़ा गया पक्षी बहेलिए को देखता है। भगत जी मुस्कराए, कहने लगे—"अरे चार ही दिनों में तेरी आँखों की मोहिनी बदल गई है रे? इनमें तो एक पूरा ब्रह्माण्ड चमकने लगा है!"

मन की भयजनित शंका तुरन्त आँखों में चमकी, क्या यह इनका व्यंग्य है? विवशता में आँखें भर आईं, कहा—"मैं बड़ा अपराधी हूँ, महाराज।"

भगत जी हँसे, कहा—"अरे मेरे भोले भइया, तू पानी के बहाव को न देखकर उसके ऊपर तैरने वाले मैल को क्यों देख रहा है? बहाव देख, बहाव। यह मैल तो लहरों के थपेड़ों से आप ही आप बह जायगा।" यह कहकर भगत जी जैराम सेठ की ओर देखते हुए बोले—"सेठ, मेघा रहे न रहे पर तुम अवश्य देखोगे कि संसार मेघा को भूल जायगा और तुलसी को याद करेगा। भक्ति तो कोई मेरे इस छोटे भाई से सीखे। यह पृथ्वीवासियों के हेतु स्वर्ग से आया हुआ राम का प्रसाद है।"

तुलसी अब रोने लगे थे। सिसककर बोले—"अब नहीं महाराज। आपकी बातों से मैं अत्यधिक दण्डित अनुभव करता हूँ। मैं बहुत ही अधिक पीड़ित हूँ।" कहकर उनकी आँखें सोतों-सी फूट पड़ीं।

"यह लो, तुम तो रोने लगे। फिर मेरी आँखें भी बरस पड़ेंगी, भइया। ये आँसू बड़े छुतहे होते हैं। आँसू पोंछ, पोंछ! मैं रात-भर रोया हूँ रे, मेरी थकी आँखों को तनिक विश्राम करने दो।"

तुलसी ने अपनी आँखे पोंछ लीं। कैलास बोला—"महाराज, अभी थोड़ी देर पहले इनके एक मित्र ने नारी को, कदाचित् अपनी प्रेमिका को, धोबिन कहकर उसे गहरा अर्थ दे दिया था।"

मेघा भगत हँसे, कहा—"वाह, यह कवियों जैसी बात है। ठीक कहा, माया सचमुच धोबिन ही है। यह जीव में लिपटे अज्ञान रूपी मैल को धोकर उसका निर्मल रूप निखार देती है।"

कुछ देर रुक भगत फिर कहने लगे—"मैं अभी अयोध्या गया था। वहाँ पर, जहाँ पावन जन्मभूमि का मन्दिर तोड़कर बाबर बादशाह ने एक पावन मस्जिद बनवाई है, उसी के पास एक टीले पर एक नवयुवा रामदीवाना मिला। अरे, बड़ा ही सुन्दर और सौम्य मुख वाला था, रामबोला। फीकी काया में से ऐसा दिव्य तेज मैंने पहले कभी नहीं देखा था। और उसकी आँखें क्या थीं मानो चुम्बक थीं। उनसे दृष्टि मिल जाय, फिर तो नज़र छुड़ाए नहीं छुटती थी। आयु में वह मुझसे लगभग 5-6 वर्ष छोटा था। बस वह समझ लो कि तुम्हारी ही आयु का था। तुम्हें देखकर मुझे बरबस उसकी याद हो आती है। वह सूर्योदय से सूर्यास्त तक पेड़ की आड़ में बैठा हुआ मस्जिद की ओर टकटकी बाँध कर देखा करता था। कभी हँसता, कभी रोता, और कभी योगी-सा समाधिस्थ हो जाया करता था। तो, मेरी उससे भेंट हुई, फिर आकर्षण हो गया। मैं रोज सूर्यास्त के बाद उसके पास जाने लगा। एक दिन मैंने उससे पूछा कि तुमने कौन-सा योगसाधन कर ऐसा उत्कट राम-प्रेम सिद्ध किया? कहने लगा 'किसी वस्तु पर रीझ जाओ और फिर रीझते ही चले जाओ, तुम्हें तुम्हारा अभीष्ट मिल जायगा।' इसके बाद प्रसंग बढ़ने पर उसने मुझे अपनी कथा सुनाई। कहने लगा कि 'एक राजरमणी मुझपर रीझ गई थी। मैं भी उसके रूप सौन्दर्य, हाव-भाव, उसकी प्रेमल दृष्टि और दासियों द्वारा भेजे गए गुप्त सन्देशों को पाकर ऐसा मस्त हुआ कि राम-रहीम सब भूल गया। उसने मुझसे कहलाया कि तुम अपना धर्म परिवर्तित कर लो और मेरे चाकर बनकर दिल्ली चलो। मैं बिलकुल तैयार हो गया था। वह रीझकर मुझे देखती, मैं उसे देखता। वह हँस पड़ती, मैं भी उसका प्रतिबिम्ब बनकर हँस पड़ता। दूर से देख-देखकर मिलन-आकांक्षा में वह आहें भरती, मेरी भी सांसें भर उठती थीं। उसकी आँखों में आँसू देखकर मेरी आँखों की भी वही दशा हो जाती थी। अपनी तन्मयता में वह कभी भय से चौंक उठती थी कि किसी ने देख न लिया हो, मैं भी वैसे ही चौंक उठता था। उसके विरह में आठों याम बावला बना रहता था। एक दिन वह तो चली गई और मैंने विरह ज्वाला में जलते-जलते यह देखा कि मैं अपने राम के संकेतों को बूझने लगा हूँ। कभी-कभी बातों के अर्थ और यथार्थ में अद्भुत अन्तर होता है।"

आभ्यन्तर चौकन्नी एकाग्रता के साथ तुलसी ने यह कथा सुनी। मन बोला, 'यह तो तत्काल गढ़े हुए रूपक-सा लगता है। भगत जी कदाचित् मेरे ऊपर बीती हुई को लेकर ही यह रूपक सुना गए। मोहिनी का प्रेम क्या मुझे भी रामभक्ति का मर्म समझा देगा? मोहिनी सुन्दर है। गुणवती है। वेश्या होते हुए भी शीलवती है। वह बहुत मोहक है।'...अंतश्चेतना गूँजी, 'श्री राम तेरी मोहिनी से भी कई गुना अधिक सुन्दर और मोहक हैं। काया का सौन्दर्य मोहक होता अवश्य है परन्तु वह सुन्दरता मन ही की होती है जो काया की सुन्दरता पर अपने-आप को मढ़कर उसे असंख्य गुना अधिक सुन्दर बना देती है।'...'क्या किसी स्त्री से प्रेम किए बिना राम को पाया

जा सकता है?' यह बात मन में उठते ही चेतना ने सहज प्रश्न किया, 'क्या स्त्री ही राम तक पहुँचने का साधन है?' चंचल मन पर्त दर पर्त में प्रश्नों से जूझने लगा।

भगत जी ठठाकर हँस पड़े, कहा--"नहीं, नहीं। मुझे तो श्रीमद्वाल्मीकीय रामायण के शक्ति, शील और सौन्दर्यमय काव्य पर रीझकर राम की ड्योढ़ी तक पहुँचने की राह मिली। तब से अब तक वहीं पर बैठा अपना सिर धुन रहा हूँ कि राम जी द्वार खोलो, दर्शन दो। पर कुसुम से कोमल मेरे राम प्रभु वज्र से अधिक कठोर भी हैं। शासकों में भी वे मर्यादा पुरुषोत्तम हैं। देखो, कब मेरी गोहार उनके दरबार तक पहुँचती है। कब मुझे वह शक्ति और सौन्दर्य पुँज देखने को मिलता है जिसके आगे उत्तम से उत्तम कविता भी लजा जाती है। कब वह दिन लाओगे राम? अब तो ले आओ रे, मेरे राम! तुम्हारे बिना मैं बड़ा दुःखी हूँ। बड़ा ही दुःखी हूँ।" मेघा भगत आँसू बहाने लगे।

कुछ देर बाद कैलास ने तुलसी के हाथ पर हाथ रखकर धीरे से झिंझोड़ा। तुलसी भगत जी की विरह वेदना में तन्मय हो गए थे। विरह समान था पर विरह के आलम्बनों में अन्तर था। भगत जी के और स्वयं अपने भी राम के आगे उन्हें अपनी मोहिनी की कल्पना तक इस समय अच्छी नहीं लग रही थी। मक्खी और क्षेमकरी पक्षी की उड़ान में अपार अन्तर का बोध उन्हें अब हो रहा था। अपनी मोहिनी की यह क्षुद्रता एक ओर जहाँ तुलसी की अहम्भाव-रहित चेतना को अपार आनन्द दे रही थी, वहीं उनकी अहन्ता की तह दर तह में नन्हीं फाँस की तरह तीखी चुभन भी दे रही थी। उनका अति मोह कहीं पर अपनी प्रबुद्ध चेतना से कुंठित था। कैलासनाथ के द्वार अपने हाथ का झिंझोड़ा जाना पहली बार तो उन्हें व्याप ही न सका, फिर जब दुबारा उनका हाथ दबाया गया तो वह चौंककर कैलास की ओर देखने लगे। कैलास ने उनके कान में कहा, "ऐसा भजन सुनाओ जिससे इनका रस अश्रु-भँवर से निकल कर आगे बहे।"

तुलसी सोचने लगे, फिर आँख मूँदकर मीरा का एक भजन गाना आरम्भ किया—"हे री मैं तो प्रेम दीवानी मेरो दरद न जानै कोय।"

उस दिन तुलसी को ऐसा लगा कि जैसे उनके मन का मैल कट गया है। मन की सारी थकन मिट गई है। ऐसा लगता है कि जैसे एक रम्य किन्तु कठिन यात्रा के बाद नहा-धोकर चंगे हो गए हों। मोहिनी मन में टीस की तरह सतत् विराजमान थी किन्तु राम की याद वे सप्रयत्न बढ़ा रहे थे।

मेघा भगत के यहाँ उनका नित्यप्रति जाना फिर से आरम्भ हो गया। गुरु जी के नए विद्यार्थियों को पढ़ाने में उनका मन अब पहले से अधिक सावधान हो गया था। इसी बीच में मामा ने दोबारा और गुरु-पत्नी 'आई' ने भी एक बार तुलसी के आगे विवाह का पुराना प्रस्ताव दोहराया। तुलसी के मन में बसी एक नारीछवि अभी इतनी धुंधली नहीं हुई थी कि उसके ऊपर किसी अन्य जीवन-संगिनी की कल्पना को आरोपित कर पाते। यह बात उनके मिज़ाज में तुनुक भर देती थी। उन्होंने आई से कहा—"मेरी जन्मकुण्डली में साधु होने का योग लिखा है, आई। विवाह करूँगा तो भी मुझे सुख नहीं मिलेगा।"

बात आई-गई हो गई। तुलसी दृढ़तापूर्वक अपने-आपको साधकर राम के प्रति अपनी अनुरक्ति बढ़ाने की साधना में लगे। उन्होंने इस बीच में अध्यात्म रामायण पढ़ना आरम्भ कर दिया। इन पाँच-छः दिनों में वह पहले से अधिक गम्भीर हो गए थे।

15

साधक तुलसीदास एक दिन बड़े भोरहरे जब गंगास्नान के लिए नन्ददास के साथ घाट पर पहुँचे तो एक अनजानी स्त्री ने उनके पास से गुज़रते हुए अचानक धीरे से कहा—"एक बात सुन लीजिए।" कहकर वह घाट पर बनी बुर्जी की आड़ में चली गई।

तुलसी क्षण-भर के लिए ठगे से खड़े रह गए। 'जाऊँ या न जाऊँ' का प्रश्न उठा। फिर उनके पैर आप ही आप उधर बढ़ गए। मोहिनीबाई की दासी ने कहा—"बाई जी आपसे मिलने के लिए तड़प रही हैं। आज दिया-बत्ती जले दुर्गाकुण्ड पर पहुँच जाइएगा। उत्तर के कोने में भेंट होगी।" सुनकर तुलसी के मन में एक बार फिर अँधेरे-उजाले की लुका-छिपी चल पड़ी। राम धुँधले पड़ने लगे, मोहिनी चमकने लगी।

नहाने के लिए सीढ़ियों पर उतरे तो नन्ददास ने पूछा—"तुलसी भैया, यह कौन थी?"

"माया!" तुलसी ने गहरे डूबे हुए स्वर में उत्तर दिया। वे पानी में उतर रहे थे। एकाएक उनके सामने ब्राह्म वेला के गहरे धुंधलके में पानी की सतह पर रहस्यमय रूप से चमकते हुए एक ओर दीर्घाकार राम और दूसरी ओर नन्ही-सी मोहिनी खड़ी झलकने लगी। मोहिनी मुग्ध दृष्टि से तुलसी को अपलक देखकर मुस्करा रही थी, आँखों-आँखों में बुला रही थी। राम के मुख की ओर एक बार आँखें उठाकर देखा पर वह सहसा अति दीर्घाकार हो जाने से तुलसी के लिए लगभग अदृश्य हो गए थे। इधर मोहिनी और भी अधिक आकर्षक लगने लगी थी। ध्यान में उसे देख-देखकर वे मुस्कराने लगे थे। गंगा में वह ऐसी तेज़ी से तैरकर आगे बढ़े मानो मोहिनी के बुलावे पर वे अभी ही मिलने के लिए जा रहे हों। भोला मन साधना से छिटककर फिर खिलवाड़ में रम गया। नन्ददास भी उन्हीं के साथ तैर चले। बिलकुल पास ही में किसी के तैरने की ध्वनि व छपाके सुनकर तुलसीदास की मनोबिम्ब-लीला बिखर गई। कानों में नन्ददास की आवाज़ भी पड़ी—"तुलसी भइया, कबीर साहब कह गए हैं कि माया महाठगिनि मैं जानी। इसपर तुम्हारा विचार क्या कहता है?"

तुलसी सकपका गए। फिर कुछ उखड़े-से स्वर में उत्तर दिया—"जब माया मुझे ठग लेगी तब बतलाऊँगा।"

"तुलसी भइया, किसी के द्वारा अपना ठगा जाना तुम्हें अच्छा लगेगा?"

तुलसी ने उत्तर न दिया। पानी के भीतर बुड़की मारकर तैरते हुए आगे निकल गए। नहाकर जब दोनों घाट पर पहुँचे तो देह पोंछने के लिए अपना अँगोछा उठाते हुए नन्ददास ने कहा—"हमारे नटनागर ब्रजचन्द को भी परकीया राधा की माया ने ही लुभाया था। ऐसा लगता है भइया कि प्रेम में चोरी का भाव उद्दीपन रस बन जाता है। पर भइया, ज्ञान और मोह का साथ कैसा? उजाले और अँधेरे का योग कैसा? माया का खेल समझ में नहीं आता। अपने नन्ददुलारे के साथ वृषभानु-किशोरी का नाता मेरे मन में बड़े प्रश्न उठाता है।"

तुलसी अपनी देह पोंछते-पोंछते सहसा रुक गए, गम्भीर स्वर में कहा—"नन्ददास, इन प्रश्नों का जाल फैलाकर मेरे रहस्य को पकड़ने का प्रयत्न न करो। यदि तुम कुछ जान भी गए हो तो मेरे हित में उसे गोपन ही रहने दो।"

"तुलसी भइया, मेरे रसिया गोपीरमण राधावल्लभ तो क्षमा भी कर सकते हैं, पर तुम्हारे मर्यादा पुरुषोत्तम इष्टदेव ऐसे खेल कदापि सहन नहीं करेंगे। बिचारी सूर्पणखा उनसे अपना प्रेम निवेदन करने गई तो नाक-कान कटा के ही लौट पाई थी।"

तुलसी चुप रहे। उनका मन गहरे ऊहापोह में फँस गया था। इससे वे कुछ-कुछ चिड़चिड़ा भी उठे। इस समय वह निर्द्वन्द्व होकर मोहिनी-मुग्ध बने रहना चाहते थे। 'उसने मुझे बुलाया है, क्या कहेगी? कदाचित् यही कहेगी कि मेरे साथ भाग चलो। भागकर कहा जाएँगे? कोतवाल पकड़वा मँगाएगा। काशी के बाहर कोतवाल का राज्य थोड़े ही है। काशी के बाहर यदि निकल गए तो फिर कौन पकड़ेगा। कहीं किसी अन्य गाँव या नगर में जाके रहेंगे। मैं कथा बाँचूँगा, लड़के पढ़ाऊँगा और थोड़ा-बहुत ज्योतिष का चमत्कार फैलाकर दोनों के गुजारे लायक कमा लिया करूँगा। इसमें कौन झंझट है...पर मान लो काशी से बाहर हम लोग न निकल पाए, पकड़ लिए गए! तब क्या होगा? अरे बड़ी मार पड़ेगी। मार तो खैर सही भी जा सकती है पर जो बदनामी होगी, विशेष रूप से गुरु जी की बदनामी होगी, वह कैसे सही जाएगी? मोहिनी की तो वह गरदन ही कटवा डालेगा। हाकिम बड़े जल्लाद होते हैं। फिर उसमान खाँ तो कोतवाल ठहरा, शहर का राजा। अरे राम बचा लेंगे।...राम? कठोर, संयमी, अनुशासक, जिन्होंने रावण को मारने के बाद यह कहा था कि अब सीता के प्रति मेरा लोभ नहीं रहा। मैंने क्षत्रिय के नाते अपनी पत्नी का हरण करने वाले दुष्ट को मारकर अपना बदला ले लिया है, उसे भरत या लक्ष्मण कोई भी ग्रहण कर सकते हैं।—मेरा मन यह सहन नहीं कर सकता कि मेरी प्रिया को फिर कोतवाल ग्रहण कर ले, अथवा उसे मेरी आँखों के आगे ही मरवा डाले।...पर कोतवाल समर्थ है और मैं असहाय। खैर, मेरे ऊपर जो बीते सो जाय पर बेचारी मोहिनी को मुझे चाहने के लिए प्राणदण्ड क्यों मिले?...नहीं-नहीं, व्यर्थ का मोह बढ़ाना ठीक नहीं। यदि मैं ब्रह्म के राम-रूप को छोड़कर श्रीकृष्ण के शृंगारी रूप को भजूँ तो क्या वे मुझे बचा लेंगे? छिः-छिः, तुलसी, मिथ्या मोह में पड़कर तू इतना निर्बुद्धि हो गया है कि ऐसी अकल्पनीय बातें तक सोच डालता है! खबरदार, जो मोहिनी से मिलने गया तो! अपना मन सावधान कर, राम-राम जप!'

उस दिन न तो उनका पूजा-अर्चना में ध्यान लगा, न पढ़ने-पढ़ाने या मित्रों से बात करने में ही। दिन-भर मोहिनीरूपी अपनी पीठ की खुजली को वे राम-रट रूपी जनेऊ से खुजलाते रहे। मन के हाथ हार गए पर खुजली मिटाए न मिटी। साँझ होते-न होते वे स्वयं अपनी ही चेतना से लुक-छिप कर जाने के लिए मतवाले हो उठे।

दुर्गाकुण्ड के उत्तरी कोने पर वे झुटपुटा समय होने से कुछ पहले ही पहुँच गए थे। आँखें चौकन्नी होकर चारों ओर निहारतीं कि मोहिनी अब आई, अब आई। प्रतीक्षा में एक-एक क्षण पहले एक-एक युग-सा लम्बा बीता फिर शताब्दियों जैसा और फिर सहस्राब्दियों के समान बीतने लगा। फिर समय का बीतना भी मानो बन्द हो गया था। समय पहाड़ हो गया था जो ढकेले नहीं ढकिलता था। आँखें बिना पानी की मछली जैसी तड़पती रह गईं। मोहिनी न आई। अँधेरा होने के बहुत देर बाद भी तुलसीदास वहाँ बैठे रहे पर आस पूरी न हो सकी। सुख लेने गए थे दुःख पाकर ही लौटे। घर के पाठशाला वाले आँगन में प्रवेश करते ही मामा बोले—"रामबोला! अरे कहाँ चला गया था रे?"

"कहीं नहीं।"

"बस, यह 'कहीं नहीं' में रहकर ही तू अपना भविष्य चौपट करेगा। मेरी तो एक ज्योनार ही जाएगी किन्तु तेरा सब कुछ चौपट हो जाएगा। कहता हूँ जवानी में बहुत अधिक भगवत्-भजन करना अच्छा नहीं होता। यह सब तो हम जैसे बूढ़ों के लिए है। अरे, कोतवाल साहब ने तुम्हारा कीर्तन सुनने खातिर आदमी दौड़ाकर यहाँ भेजा, पर तू तो अभी से 'सब तज हर भज' के फेर में 'कहीं नहीं' में रहने लगा है। छिः-छिः, बिन मौसम की बरसात भला कहीं अच्छी लगती है!"

मामा जी की झिड़कियों से तुलसीदास ने यह समझा कि अपने यहाँ कोतवाल के अचानक आ जाने के कारण ही मोहिनीबाई उससे दुर्गाकुण्ड पर मिलने न आ सकी। हाय कैसा बुरा संयोग था कि मोहनी मुझे न यहाँ मिल सकी न वहाँ। अभागे का भाग्य बड़ी कठिनाई से खुलता है।

उस रात उन्हें एक पल के लिए भी नींद न आई। हाँ, मोहिनी से न मिल पाने के कष्ट में उनकी आँखें बार-बार भर आती थीं। अपने जीवन का सारा अभागापन सिमटकर मोहिनी की आड़ में उन्हें रात-भर रुलाता रहा। भरे-पूरे होश में अपने दुर्भाग्य के कारण तुलसी कभी इस प्रकार नहीं रोये थे। सबेरा होने तक उनका निश्चय फिर मोहिनी का आकर्षण-पाश तोड़कर राम-शरण में आ गया था और अब मोह की पीड़ा से कुंठित थे।

अगले दिन गंगा जी के लिए नियत रागय पर तुलसी भइया जब नीचे न आए तो नन्ददास अँधेरे में सीढ़ियाँ टोते हुए उनकी कोठरी में पहुँच गए। तुलसीदास उस समय तन्मय होकर सूरदास का एक पद गा रहे थे—

मेरो मन अनत कहाँ सुख पावै।
जैसे उड़ि जहाज को पंछी पुनि जहाज पै आवै॥

नन्ददास द्वार पर खड़े-खड़े सुनते रहे। तुलसी के स्वर में इतनी करुणा थी कि नन्ददास भावविभोर होकर आँसू बहाने लगे। गायन समाप्त होने पर बाहर ही से नन्ददास ने कहा—"तुम्हारे राम-प्रेम की सौं भइया, मैं अपने नन्द के दुलारे से लड़-झगड़कर अब तो ऐसी ही प्रीति माँगूँगा। प्रेम उपजे तो ऐसा ही उपजे।"

झटपट द्वार खोलकर तुलसी ने कहा—"आज तुम्हें आना पड़ गया नन्द! मैं तो माया में सब कुछ बिसार बैठा।"

"माया बिना हरि नहीं मिलते, भैया। मेरा श्याम राधा बिना आधा है।"

कोठरी के अन्दर से अपना अँगोछा और लंगोट उठाकर कोठरी के द्वार बन्द करके कुंडी चढ़ाते हुए तुलसी ने कहा—"किन्तु तुम्हारे श्याम और मेरे राम की माया बड़ी कठिन है नन्ददास। उसपर रीझते भी दुःख और उसे रिझाते हुए भी दुःख! केवल दुःख ही दुःख व्यापता है।" फिर सीढ़ी के पास पहुँचकर वे थम गए। सिर झुकाकर गहरे स्वर में कुछ स्वगत और कुछ-कुछ नन्ददास को भी सुनाते हुए तुलसी ने कहा—"जी चाहता है, डूब मरूँ। आयु के यह पहाड़ से चौबीस वर्ष ढकेलते-ढकेलते मैं अब ऊब गया हूँ। न माया मिलती है न राम। मैं बहुत अभागा हूँ।" दुःखावेश में उनका कंठ भर आया और आँखें छलछला उठीं। इस मनःस्थिति के बहाव में आकर वह तेज़ी से सीढ़ियाँ उतरने लगे।

घाट पर पहुँचने में आज नित्य से कुछ विलम्ब हो गया था। रोज़ जब आते हैं तो तारों-भरा आकाश काला रहता है किन्तु इस समय वह खुलता साँवला लग रहा था। वस्तुएँ और चेहरे कुछ-कुछ स्पष्ट हो चले थे। घाट पर फिर कल वाली दासी मिली—"आपसे एक बात कहनी है।"

कल दासी की सूरत ठीक तरह से नहीं देखी थी। केवल उसके स्वर के सहारे ही तुलसीदास ने उसे पहचाना, चेहरा तमतमा उठा, कहा—"जो कुछ कहना है यहीं कह दो।"

दासी हिचकी। नन्ददास तुलसी को वहाँ छोड़कर आगे बढ़ गए। दासी ने कहा—"बाई जी ने कल के लिए क्षमा माँगी है। उनके मालिक अचानक आ गए थे।"

'मालिक' शब्द सुनकर सहसा ईर्ष्या और फिर क्रोध उमड़ा। अपनी मुद्रा को कठिनाई से संयत करते हुए तुलसीदास ने कहा—"तो? इन बातों से मुझे क्या प्रयोजन?"

चतुर दासी ने एक बार आँख उठाकर पैनी दृष्टि से तुलसी की मुखमुद्रा को ध्यानपूर्वक देखा फिर स्वर में गिड़गिड़ाहट लाकर कहा—"अबला पर यों गुस्सा न हों महाराज! मेरी मालकिन आपके दर्शनों के लिए ऐसी तड़प रही हैं जैसे पानी बिना मछली। कल रात उनकी पलक तक नहीं लगी। बहुत तड़पी हैं।" कहते हुए दासी का गला और आँखें भर गईं।

तुलसीदास का क्रोध सहानुभूति में कुछ थमा तो अवश्य किन्तु मन का भाव न गया। मुँह फुलाकर कहा—"तो यहाँ ही किसे नींद आई है?"

पीछे की सीढ़ियों पर पाँच-छः आदमियों की टोली नीचे उतर रही थी। दासी ने उधर देखकर हड़बड़ी में कहा—"कोतवाल साहब आज फिर आपको बुलाएँगे।

आपके लिए रथ आएगा। मालकिन ने कहा है कि जो आपने उन्हें दर्शन न दिए तो रात में वह जहर खा लेंगी।" कहकर वह प्रणाम करने के लिए झुकी। तुलसीदास की ईर्ष्या फिर चढ़ गई, बोले—"मैं किसी सेठ, अमले या हाकिम के लिए तुम्हारी बाई जी की तरह गाना नहीं गाता। ऐसा प्रस्ताव फिर कभी मेरे सामने न लाना।" कहकर वे तेज़ी से सीढ़ियाँ उतरने लगे। भावों की हलचल में तुलसी का मन फिर राम-दास से मोहिनी-दास हो चला था। मोहिनी उनके कलेजे में गुलाबी गुदगुदी बनकर आनन्द उमंगाने लगी। राम अब बहुत दूर की गुहार बनकर उन्हें सुनाई पड़ रहे थे। उनका मन मोहिनी के प्रति सहानुभूतिवश राम को अनसुना करके राग-रंजित हो गया, 'बेचारी पर नाहक ही क्रोध किया। वह म्लेच्छ तो बहाना-भर ही है, मेरा गायन सुनकर जो रीझती और फिर मुझे रिझाती वह तो मोहिनी ही होती। मैंने चूक की। मैं बड़ा मूर्ख हूँ। बड़ा अभागा हूँ।'

स्नान, व्यायाम और सन्ध्या आदि प्रातःकर्मों से छुट्टी पाकर तुलसी और नन्ददास जब घर की ओर चले तब तक तुलसी का मन फिर मोहिनी के फन्दे से मुक्त होने के लिए अपने-आपको कसने लगा था। अन्तर्द्वन्द्ववश वे उस समय अत्यधिक गम्भीर हो गए थे।

सीढ़ियाँ पार कर चुकने के बाद गली में आने पर नन्ददास ने एकाएक कहा—"अब मेरा मन काशी से ऊब गया भइया। सोरों जाना चाहता हूँ।"

"अपना अध्ययन तो समाप्त कर लो?"

"पढ़ लिया जो कुछ पढ़ना था। अब ऊब गया हूँ। पढ़ने का अन्त नहीं। अब केवल कृष्ण-नाम ही पढ़ूँगा। तुम भी मेरे साथ सोरों चलते तो मुझे बड़ा सुख मिलता।"

"तुम्हारा तो वहाँ घर है। मेरे लिए भला कौन-सा आकर्षण है?"

"मेरे लिए चलो भइया। मेरे मन के लिए श्रीकृष्ण परमात्मा के बाद तुम ही सबसे बड़ा सहारा बन गए हो। तुम भी मिथ्या माया से छूटोगे। वहाँ चलकर घर बसाना। नृसिंह चौधरी महाराज नाम के एक बड़े ही राम-भक्त विद्वान वहाँ रहते हैं। काशी आने से पूर्व मैं उन्हीं की पाठशाला में पढ़ता था। वे अब बहुत वृद्ध हो गए हैं। अपनी पाठशाला चलाने के लिए उन्हें एक अच्छा विद्वान मिलेगा और तुम्हारी जीविका का सहारा हो जाएगा। चलोगे भइया?"

"तुम्हारे इस आग्रह का मर्म तो पहचानता हूँ नन्दू, किन्तु क्या कहूँ? नन्दू, तुम मुझे बड़े भाई की तरह मानते हो, मेरा एक आदेश भी मानोगे?"

"कृष्ण को छोड़कर राम भजने को मत कहना, बस, और तो तुम्हारी आज्ञा पर सिर कटाने को भी तैयार हूँ।"

"मेरा भेद किसी से न कहना।"

"मुझे लगता है यह तुम्हारा असली भेद नहीं है भइया। तुम अपने राम को छोड़कर रह नहीं सकते।"

"यह प्रसंग न छेड़ो नन्दू। मैं इस समय कुछ नहीं सुनना चाहता।" तुलसीदास के स्वर में चिड़चिड़ाहट भर गई थी। स्वयं उन्हें भी लगा कि यह चिड़चिड़ापन अनावश्यक और अप्रत्याशित था।

लगभग डेढ़ पहर दिन चढ़े घर के भीतर से आई का बुलावा आया। तुलसीदास उस समय दो विद्यार्थियों को कालिदास का मेघदूत पढ़ा रहे थे। गुरु-पत्नी का आदेश पाते ही वे अपना आसन छोड़कर उठ खड़े हुए। भीतर की ड्योढ़ी में प्रवेश करते ही उनके कानों में जो स्वर तरंगित होकर आया वह...वह...तुलसी नाम न लेंगे, उस नाम की मिठास को गूंगे के गुड़ की तरह वह अपने रोम-रोम में चखेंगे। मोहिनीबाई गुरु-पत्नी को जयदेव रचित एक गीत सुना रही थी--"नाथ हरे। सीदति राधा वास गृहे।"

मोहिनी के स्वर ने तुलसी को न तुलसी ही रहने दिया और न रामबोला। उनका अस्तित्व ही मानो उस स्वर-रस-धार में घुलमिल कर बह गया। मोहिनी का स्वर बाढ़ के पानी की तरह उनकी चेतना पर आच्छादित हो गया। सब कुछ डूब गया, सिर्फ दहलीज़ में एक काया खड़ी थी और उसमें मोहिनी का स्वर गूँज रहा था। कई दिनों के बाद उनके लिए ऐसा आनन्ददायक क्षण आया था।

मोहिनीबाई ने गुरु-पत्नी को रिझा लिया। उसने चिरौरी करके, आँखों में आँसू भरके गुरु-पत्नी को यह भी समझा दिया था कि यदि तुलसीदास ने कोतवाल महोदय को अपना कीर्तन न सुनाया तो वे मोहिनी से अवश्य ही रुष्ट हो जाएँगे। तुलसी जब भीतर पहुँचे तो अपनी दृष्टि भरसक मोहिनी से दूर ही रखी। यद्यपि वह उसका मुखचन्द्र देखने के लिए चकोर की तरह तड़प रहे थे। उन्होंने पूछा—"आई मुझे बुलाया?"

"रामबोला, इस स्त्री का अपराध केवल इतना ही है कि इसने कोतवाल साहब से तेरी गायन-कला की प्रशंसा कर रखी है। सुना है कि तू किसी हाकिम के लिए न गाने की बात इससे कह चुका है। भविष्य में भले ही ऐसा न करना, पर आज तो इस लड़की के मान और प्राण की रक्षा के लिए तुझे इसके यहाँ जाना ही पड़ेगा। तेरा भोजन भी वहीं होगा। मैं तेरी ओर से निमन्त्रण स्वीकार कर चुकी हूँ।"

आई का आदेश सुनकर तुलसीदास को सचमुच खरा आश्चर्य हुआ, उस आश्चर्य में वे मोहिनी के प्रति अपने आकर्षण की बात तक भूल गए। उन्होंने कहा—"आई, काशी के गौरव, गुरुपाद का कोई शिष्य भला..."

"मैं तुम लोगों की आई हूँ। तुम्हारी और कर्ता महाराज की मान-प्रतिष्ठा का ध्यान रखना मेरा कर्तव्य है। जो मैंने कहा है वही कर। प्रतिष्ठा हृदय की होनी चाहिए, जवाहर वही है। बुद्धि-अहंकार आदि तो केवल जौहरी मात्र हैं।" तुलसी से इतना कहकर आई ने मोहिनी से कहा—"जा मंगलामुखी, तेरी मानरक्षा हो गई। भविष्य में कभी किसी ब्रह्मचारी के प्रति ऐसा आग्रह न करना। तुलसी को छोड़कर मैं अपनी पाठशाला के अन्य किसी युवक को तेरी जैसी रूपसी और चतुर गायिका के घर भेजने की बात तक नहीं सोच सकती थी। उसके लिए आचार्य जी से आज्ञा लेनी पड़ती। किन्तु तुलसी पर मुझे पूरा भरोसा है। वह समुद्र-तल में डूबकर भी उबर

सकता है और आग की लपटों में घिर करके भी सुरक्षित बाहर निकल सकता है। तुलसी मेरा बेटा है।" कहकर आई ने तुलसी को ऐसी स्नेह दृष्टि से देखा कि उसे देखते ही तुलसी का दुलार-भूखा मन नन्हा-मुन्ना बालक बनकर आनन्दमग्न हो गया। यह एक ऐसा आनन्द था जो तुलसी को रसातीत लगा।

परन्तु रास्ते तक आते ही मन फिर से अपने खिलवाड़ में बँध गया। दो रथ पूरी सड़क छेंककर मन्थर गति से दौड़ रहे थे। चार घुड़सवार आगे, चार पीछे चल रहे थे। एक रथ पर मखमली ज़री काम के पर्दे के झरोखे से दो आँखें चमक रही थीं जो अपनी चाहत उंडेलकर दरिद्र, अभागे, ब्रह्मचारी रामबोला की अहंता को एक अतुलनीय वैभव से समृद्ध कर रही थीं। चलती सड़क, हाट-बाज़ार वालों की नज़रों और अपने ब्रह्मचारी वेश की मान-रक्षा के प्रति सतर्क रहकर, अपने-आपको उन नज़रों से बचाकर, तुलसी संयत रहने के अपार जतन तो करते थे मगर शृंगार रस उन्हें बराबर बहा-बहा ले जाता था। आँखों से आँखें चुराते-चुराते भी कनखियाँ मिलते ही बनती थीं। दो चेहरों पर एक साथ मुस्कुराहट की बिजलियाँ कौंध जातीं। दो रथों की दूरी, पर्दे की आड़, राह चलतों की नज़रों का ध्यान, सब कुछ पल-भर में विलीन हो जाता। मोहिनी तुलसी के मन-प्राण और काया में रमकर गुनगुना रही थी—"नाथ हरे, सीदति राधा वास गृहे।"

कोठी पर पहुँचे। इस बार पहरुओं का कोई डर नहीं था। रथ से उतरते ही वे तुलसी को झुक-झुककर जुहारें करने लगे। तुलसीदास ने त्रिलोकीनाथ के समान अपनी माया मोहिनी के साथ अपने 'वैकुंठ' में प्रवेश किया। दहलीज़ में घुसकर, फिर सीढ़ियों में चढ़ते हुए मोहिनी ने अपनी आँखों में तुलसी के प्रति ऐसी गहरी रीझ उंडेली कि वह बिन मोल उसके हाथों बिक गए। बीच सीढ़ियों पर वह ऐसे चढ़ी कि हाथ से हाथ टकराए। तुलसी की काया को स्पर्श से संकोच हुआ। दूसरी सीढ़ी पर बाँह से बाँह रगड़ गई, तुलसी के मन में गुदगुदाहट हुई। फिर ऊपर के द्वार का उजाला आने के पहले मोहिनी ऐसे चली कि मानो पैर की लड़खड़ाहट में बरबस उसकी देह तुलसी की देह से सट गई हो। मेंहदी रची हथेली ने तुलसी के कन्धे का सहारा लिया, आँखें आँखों से ऐसे लिपटीं जैसे वृक्ष से लता लिपटी हो। तुलसी के मन में बिजलियाँ कौंध गईं, जीवन को एक नया अर्थ मिल गया। अब तुलसी की आँखों में भी वही नंगी तृष्णा थी जो मोहिनी की आँखों में आरम्भ ही से झलक रही थी। तुलसी ने मोहिनी की कलाई धीरे से दाब ली। तभी ऊपर के उजाले से अम्माँ की आँखें मानो छनकर टपक पड़ीं। दोनों, विशेष रूप से तुलसी सहम गए। अम्मा ने कहा—"उसमान मियाँ आ गए हैं।"

चार नज़रों का खेल खत्म हो गया, लेकिन उससे दो दिलों में इतनी ताज़गी आ गई थी कि वे अब देर तक मुरझा नहीं सकते थे।

लगभग साठ-पैंसठ की आयु वाले लम्बे-चौड़े, मोटे-थुलथुल शरीर के मंगोल मुखी उसमान खाँ मसनद के सहारे अधलेटे हुए गंडेरियाँ चूस रहे थे। उन्होंने तुलसीदास को पैनी नज़र से देखा। कमरे में तुलसी के साथ केवल अम्माँ ही आई थी, मोहिनीबाई पोशाक बदलने के लिए दूसरे कमरे में चली गई थी। अम्माँ ने कमरे में पहले ही

से लाकर रखी हुई, कुशासन मृग-छाला बिछी चौकी पर तुलसीदास को सादर बिठलाया। फिर कोतवाल से कहा, "हुजूर इनके गुरु महाराज काशी के पंडितों के सिरमौर हैं। बड़ी मुश्किल से मोहिनी इनके गुरु की इजाज़त लेकर इन्हें यहाँ लाई है। वैसे संगीत तो इन्होंने किसी से नहीं सीखा, मगर क्या गाते हैं कि, अब आप से क्या अर्ज करूँ सरकार।" कोतवाल से कहकर अम्माँ फिर तुलसी की ओर मुड़ी और हाथ जोड़कर गिड़गिड़ाते हुए कहा—"हुजूर के बहाने हमको भी आपके संगीत की प्रसादी मिल जाएगी। महात्माओं की भभूत जहाँ झड़ जाती है वही बैकुंठ बस जाता है। पहले वही मीरा का भजन सुनाएँ महाराज, 'हरि आवन की अवाज' ।...आप देखेंगे हुजूर कि हुबहू हमारी मोहिनी के अन्दाज में गाया है और उसमें भी एक अनोखी बात पैदा कर दी है।"

मोहिनी कमरे में न थी, पर तुलसी के लिए मोहिनी के सिवा कमरे में और कोई न था। तुलसी की दृष्टि में उसमान खाँ कमरे में खटमल की तरह मसनद से चिपका था और अम्माँ मक्खी की तरह भनभना रही थी। पर इक्का-दुक्का मक्खी-खटमल के अस्तित्व का कोई विशेष बोध नहीं होता। रस के कसाव में ध्यान छोटी-मोटी चीज़ों पर जम ही नहीं पाता। तुलसीदास गा तो रहे थे 'हरि आवन की आवाज़' पर उनका मन मोहिनी आवन की अवाज़ सुनने की आशा कर रहा था और उस आशा में उनका स्वर-आग्रह रस में भीगकर भारी होता चला गया। एक भजन समाप्त होने तक मोहिनी कमरे में न आई। उसमान खाँ ने गंडेरी चूसते हुए कहा—"माशाअल्लाह खूब गाते हो।"

प्रशंसा सुनकर तुलसी की अहंता को मद चढ़ आया, सदम्भ बोले—"अपने राम को रिझाने के लिए गाता हूँ।" मन ने झिड़का 'यह क्यों नहीं कहते कि मोहिनी को रिझाने के लिए गाता हूँ।' तभी मन पर उसमान खाँ का दम्भ-भरा रोबीला स्वर आरोपित हुआ। उसमान खाँ ने गंडेरी उठाते हुए कहा—"हम तुम्हारी तालीम के लिए कुछ वज़ीफा मुकर्रर कर देंगे।"

तुलसी के स्वाभिमान को ठेस लगी। मन में ताव आया कि, 'अबे खटमल, तू मुझे क्या दे सकता है? मैं किस बात में कम हूँ? जिसके पीछे तू आला हाकिम होकर भी कुत्ते की तरह दुम हिलाता डोलता है वह मुझ भिखारी को रिझाने के लिए दीवानी बनी डोलती है। तेरे पास तलवार है, मेरे पास ज्ञान है। तेरा भरोसा दिल्ली के बादशाह पर है और मैं निर्द्वन्द्व राम के भरोसे रहता हूँ।' मन अपने तेहे में खटाखट चढ़ते हुए दम्भ की ऊँची अटारी पर पहुँच गया। उसमान खाँ के चुप होकर गंडेरी चूसने की मुद्रा में आते ही तुलसीदास ने सिर तानकर कहा—"कोतवाल साहब, जैसे आप बादशाह के चाकर हैं वैसे मैं राम का चाकर हूँ। मेरा मालिक मुझे अपने गुजारे के लिए सब कुछ देता है। फिर भी आपकी इस उदारता के लिए मैं आपका बड़ा-बड़ा शुक्रिया अदा करता हूँ।"

सुनते हुए उसमान खाँ की आँखें लाल हुईं, पैनी हुईं और फिर गंडेरियों-सी ठंडी-मीठी हो गईं, बोले—"अच्छा है बरखुरदार, आज़ाद रहोगे, वरना इस दुनिया में रहकर सभी को चाकरी करनी पड़ती है। एक सलाह तुम्हें और दूँगा। किसी औरत

के गुलाम मत बनना। हर तरह की आजादी पसन्द करनेवाले लोग भी अक्सर अपनी बेहोशी में औरत के गुलाम बन जाते हैं। तुम जवान हो, तन्दुरुस्त और खूबसूरत हो और फिर माशाअल्लाह, गला भी खूब सुरीला पाया है। लेकिन तुम्हारी इन्हीं खूबियों की तीलियाँ बनाकर कोई हुस्नवाली तुम्हारे वास्ते खूबसूरत पिंजड़ा भी बना सकती है। फिर जब होश में आओगे तो पछताओगे।''

तुलसीदास को लगा कि यह बूढ़ा अपनी कोतवाली के रोब में मेरा शिक्षक बनने की चेष्टा कर रहा है। यह आजन्म भोग-विलास में डूबा रहनेवाला व्यक्ति भला मेरे जैसे पंडित और तपस्वी को शिक्षा देने का अधिकार रखता है! मूर्ख कहीं का...पर क्या मुँह लगूँ इसके। खीर में कंकड़ की तरह आकर पड़ा है। कैसा अन्याय-भरा है विधि का विधान, कि मेरे जैसे गुणी व्यक्ति के लिए तो मोहिनी का प्रेम चोरी की वस्तु है और इसके समान मूर्ख और दम्भी पुरुष सीनाज़ोरी से उसके ऊपर अधिकार करता है। मेरे गुणों की आभा दब गई। कैसे करूँ कि इसके सामने से हट जाऊँ? मोहिनी के घर में रहकर मोहिनी से दूर रहना मुझे अच्छा नहीं लगता। देखो, पड़े-पड़े गधे-सा झपकने लगा। सुना है, अफीम बहुत खाता है। असुर कहीं का।

तुलसीदास का मन ईर्ष्या, दम्भ और मोहिनी की प्रतीक्षा में बीतता रहा। उसमान खाँ अपनी तोंद पर दोनों हाथ रखे मुँह फाड़े अधलेटी मुद्रा में ही खुर्राटे भरने लगा था। अम्माँ पहले ही कमरे से गायब हो चुकी थी। तुलसीदास ऊब चले थे। उसमान खाँ का मुख देखना उन्हें अच्छा नहीं लग रहा था। वह शिष्टाचारवश कोतवाल की ओर पीठ घुमाकर तो न बैठे पर मुँह मोड़ लिया। फिर भी तुलसी के शृंगार पर वीभत्स रस का घिनौना आवरण पड़ा ही रहा।

सहसा 'आयं! क्या कहा?' बड़बड़ाते हुए उसमान खाँ चौंककर जाग पड़े। तुलसीदास को मजबूरन उधर मुँह घुमाना पड़ा। उन्होंने पूछा—''श्रीमान् ने मुझ से कुछ कहा?''

अपनी दोनों आँखें मलते हुए उसमान खाँ बोले—''नहीं।'' फिर सुचिन्त होकर आवाज़ लगाई—''कोई है!'' तुरन्त ही दरवाज़े का परदा हटाकर एक दासी ने प्रवेश किया। ''मोहिनीबाई कहाँ रह गईं?'' कोतवाल ने पूछा।

दासी अदब से आगे बढ़ी और धीमे स्वर में उसमान खाँ से कुछ कहा। उसमान खाँ सुनकर बैठते हुए गम्भीर स्वर में बोला—''अच्छा, हमारा घोड़ा कसने के लिए कह दो।'' अब हम जाएँगे। इस ब्रह्मचारी को कुछ खिलाओ-पिलाओ भाई। इसकी कुछ खातिर करो। वो बूढ़ी, खुर्राट कहाँ है? उसे बुलाओ।'' दासी अदब से सिर झुकाकर बाहर चली गई। मोहिनी की अम्मा के लिए उसमान खाँ के द्वारा खुर्राट शब्द कहा जाना तुलसीदास को बड़ा अच्छा लगा। उन्हें वह दिन याद आया जब मोहिनी से मिलने की तड़प में वह यहाँ आए थे और अम्माँ के खुर्राट स्वभाव का पहला अनुभव पाया था।

खुर्राट ने कमरे में प्रवेश किया। आते ही पूछा—''हुजूर ने मुझे याद फरमाया था?''

''अरे, भई इस बेचारे बरमचारी की कुछ खातिर-तवाज़ोह तो करो। इससे मिलकर मुझे बहुत खुशी हुई। लेकिन मेरी यह समझ में नहीं आता कि मैं इसको

किस तरह से खुश करूँ। किसी ने सच कहा है कि शाह की हैसियत अगर हारती है तो फकीर की हैसियत से ही हारती है।''

''सरकार बेफिक्र रहें। ये महाराज जी यहाँ से खुश होके आपको दुआएँ देते हुए ही जाएँगे।'' कहकर अम्माँ ने तुलसीदास की ओर ऐसी कड़ी दृष्टि से देखा कि वह सहसा कुन्द हो गए। तभी एक दासी ने कोतवाल को घोड़े के तैयार होने की सूचना दी। कोतवाल जाने के लिए उठा। तुलसीदास को भी उसे विदा देने के लिए चौकी से उठना पड़ा। चलते हुए बूढ़ा उसमान खाँ जब बुढ़िया अम्माँ के पास से गुज़रा तो तुलसी को लगा कि उसकी तुलना में अम्माँ की मुखमुद्रा ही अधिक कठोर और आसुरी है। उसमान खाँ की बातों ने सब मिलाकर तुलसी के मन में उसके प्रति एक कोमल भाव उत्पन्न कर दिया था।

उसमान खाँ चला गया। अम्माँ उसे विदा करने के लिए गई। दासी भी चली गई। कमरा सूना हो गया; तुलसीदास का सूना मन उतावली से भर उठा, अब वह निश्चय ही आएगी...कब आएगी?...आई...वह आई।...नहीं आई। मन ऊपर-नीचे होने लगा। तुलसीदास ने झरोखे से देखा, कोतवाल अपने घोड़े पर सवार हो चुका था। फाटक पर लगभग पन्द्रह-बीस घुड़सवार सिपाही खड़े थे जो उसमान खाँ के बाहर निकलते ही उसके पीछे-पीछे घोड़े दौड़ाने लगे। सरकारी रोब की आवाजाही की हलचल मिटते ही बगिया में चिड़ियों की चहचहाहट की गूँज फिर कानों में जाग उठी। तुलसीदास ने जो झरोखे की ओर से मुड़कर देखा तो द्वार पर सोलहों सिंगार सजी स्वर्ग की अप्सरा-सी मोहिनी दिखलाई दी। तुलसी का रोम-रोम खिल उठा। ऐसा लगा कि उनका हृदय हिरनों का झुण्ड बनकर दसों दिशाओं में एक साथ कुलाचें भर रहा है।

''अरी, अपने ज़रा से स्वार्थ के पीछे काहे इस बिचारे भोले बामन का धरम बिगाड़ती है? तेरा कुछ भी नहीं जायगा, उस बेचारे का लोक-परलोक सभी बिगड़ जायगा।'' मोहिनी कमरे के भीतर आई भी न थी कि पीछे से अम्माँ का कड़ा स्वर सुनाई पड़ा।

मोहिनी ने माँ की ओर मुड़कर देखा तक नहीं। हाँ, चेहरे पर तेहा ज़रूर चमक उठा। तुलसीदास की आँखों में आँखें डालकर मोहिनी ने उनसे पूछा—''मैं क्या आपका लोक-परलोक बिगाड़ सकती हूँ? यदि ऐसा हो तो...''

''प्रेम शुद्ध हो तो लोक और परलोक दोनों सुधर जाते हैं। और तुम्हारे बिना तो मेरे अब बिगड़ ही जाएँगे, मोहिनी। मैंने अपने मन के सत्य को पहचान लिया है।''

मोतियों टँके धूपछाँहीं रंग के लहराते घाघरे-चोली और ओढ़नी में हीरे, पन्नों और मानिकों से मढ़ी हुई मानवती मोहिनी के चेहरे पर यह सुनकर सुहाग चढ़ गया। दर्प-भरी मुस्कराहट, रीझ-भरी आँखें मद-भरी लचकती इठलाती काया ज्यों-ज्यों तुलसी की ओर बढ़ती चली त्यों-त्यों तुलसी का मनोवेग बढ़ने लगा। उन्हें ऐसा लगता था मानो मोहिनी उनकी साँस के फर्श पर पैर रखती हुई चली आ रही है। एकटक, सपनों-भरी नज़र से वह मोहिनी का रूप पीने लगे। दरवाज़े पर अम्मा आ खड़ी हुई। उसने वहीं से कुछ ऊँची और कड़कदार आवाज़ में कहा—''कान खोलकर सुन लो

महराज, जवानी का यह मद उतर जाने के बाद फिर यह मत कहना कि वेश्या ने तुम्हें ठग लिया। मैं विश्वनाथ बाबा की साक्षी में यह बात तुमसे कहे जाती हूँ। और तू भी सुन ले मोहिनी, मेरा अन्तकाल अब जरूर पास आ चला है, पर जल्लाद के हाथों अपना सिर, कटाकर नहीं मरूँगी। दो रोटियों के लिए गंगा जी के किसी भी घाट की सीढ़ियाँ मेरी अन्नपूर्णा बन जाएँगी। मैं तेरा घर छोड़कर जाती हूँ।'' कहकर अम्माँ तेज़ी से बाहर निकल गई।

तुलसीदास का मन कुछ-कुछ भयभीत हो गया। मोहिनी ने इठलाते हुए उनका हाथ पकड़ा और आँखों की मोहिनी से बाँधकर उन्हें उनके आसन पर बैठा दिया। हाथ का स्पर्श मन से चाहते हुए भी, तुलसी को आनन्द के बजाय भय से चौंकाने लगा। मस्तिष्क की शिराओं में ऐसा विचार कम्पन हो रहा था कि जैसे बिजलियाँ लपलपा रही हों। मस्तिष्क में एक साथ बहुत कुछ गूँज रहा था। अर्थ शब्दों के बिना भी अपना बोध करा रहे थे। उन्होंने दाहिने हाथ से अपनी वह बाईं कलाई धीरे-धीरे रगड़ना आरम्भ कर दिया था, मानो वह मोहिनी के स्पर्श को मिटा रहे हों। उनकी आँखें कहीं अदृश्य में टँग गई थीं। मुखमुद्रा भी प्रसन्नता और गम्भीरता में बँटकर बिखर गई थी।

मोहिनी की प्यासी आँखें अपने प्रिय के मुख को मृग-मरीचिका के समान निहार रही थीं। प्रिय का ध्यान अपनी ओर आकर्षित करने के लिए उसने सहसा गाना आरम्भ कर दिया–

तन तरफत तुव मिलन बिन अरु दरसन बिन नैन।
श्रुति तरफत तुव बचन बिन सुन तरुणी रसऐन॥

आनन्द और आश्चर्य से ऊभचूभ, तुलसी मानो ठगे-से देखते रह गए। जो दोहे वह कभी मोहिनी को अर्पित करने लाए थे, उसे मिल गए थे। अपने शब्दों को दूसरे के द्वारा गाए जाते हुए सुनने का उन्हें यह पहला ही अवसर मिला था। वह अपने आनन्द और गर्व में उस समय दिल्ली के मुगल बादशाह से भी बड़ी गद्दी पर बैठे थे। गाते हुए मोहिनीबाई ने तुलसी के 'तरुणी' शब्द को बदलकर बड़ी छेड़-भरी अदा के साथ 'सुन्दर' और 'तुलसी' की जगह 'मम मन' शब्द जोड़कर बड़े नखरे के साथ गाया–

बड़ो नेह तुलसी लग्यो और न कछू सुहाय।
तुलसी चन्द्र-चकोर ज्यों तलफत रैन बिहाय॥

मोहिनी के जादू-भरे स्वर की डोर के सहारे तुलसी का ध्यान मानो घुटन भरी भूलभुलैया से निकलने की राह पाकर उतावली से दौड़ा हुआ बाहर चला आया। मोहिनी के स्वर में सचमुच ही बड़ा आकर्षण था। तुलसी के प्राण संगीत के स्वर में लहरा उठे। एक साथ एक स्वर में चहकते ही दोनों खिलखिला उठे। हँसी का यह छोटा किन्तु भरा-पूरा दौर बीता।

मोहिनी को मानो सब कुछ मिल गया था। पूर्ण तृप्ति के साथ प्रिय को देखती हुई वह खिलकर बोली—"इन दोहों में आपने मेरा मन ज्यों का त्यों दर्शा दिया है।"

तुलसी हँसे, कहा—"अब मेरा और तुम्हारा मन अलग तो रहा नहीं मोहिनी।"

"कम से कम मैं तो यही अनुभव करती हूँ। अच्छा उठिए, भोजन कर लीजिए। असुर का राज्य है। यह सारे दास-दासी उसी के हैं, मैं शीघ्र से शीघ्र आपको लेकर यहाँ से निकल जाना चाहती हूँ।"

सुनते ही तुलसी चौंक उठे, पूछा—"हम कहाँ जाएँगे?"

"काशी राज्य की सीमा से बाहर, जहाँ उसमान खाँ का शासन न हो।"

तुलसी और गम्भीर हो गए, कहा—"पानी सब जगह है एक ही, फिर एक सिरे की शक्तिशाली तरंग को दूसरे सिरे पर तरंगे उठाते देर नहीं लग सकती। मैं अपने प्राण देकर भी तुम्हारे शक्ति-सम्पन्न संरक्षक से तुम्हें मुक्ति नहीं दिला सकता।"

मोहिनी का आनन्द से चमकता मुख इस यथार्थ-बोध से स्याह पड़ गया। आँखों की ज्योति बुझ-सी गई। परन्तु मन के उल्लास ने इतनी जल्दी सहसा अपने ऊपर भय का आरोपण पसन्द नहीं किया। अपनी बेबसी पर क्रोध चढ़ आया, झुँझलाकर उत्तर दिया—"हम यदि सुख से साथ जी नहीं सकते तो मर तो सकते हैं। तुम्हारे साथ रहकर मरने में भी मुझे सुख है।"

तुलसी अब तक गहरे विचारों में उतर चुके थे। मोहिनी की बात सुनकर कहा—"व्यर्थ में मरकर तुम्हें भला क्या सुख मिलेगा? यह धन-वैभव, यह मानसंभ्रम तुम्हें भले ही मेरे साथ न मिले पर यदि हम सुख से जी सकें तब तो भाग चलने में सार्थकता भी है, अन्यथा हमारा भागना एक निरी मूर्खता का काम होगा।"

मोहिनीबाई सुनकर एकाएक बड़े आवेश में आ गई। कड़वा मुँह बनाकर व्यंग्य-भरे स्वर में बोली—"मैं यह भूल ही गई थी कि पंडित लोग बड़े ही कायर होते हैं।"

तुलसी को बुरा लगा, आत्मतेज जागा, किन्तु शान्त स्वर में समझाते हुए, कहा—"प्रश्न कायरता का नहीं, तुम्हारी रक्षा का है मोहिनी। जिसे मैंने चाहा है, उसे विवश मरते या अपमानित होकर बन्दी बनते देखना क्या मेरे या किसी के लिए सुखकर हो सकता है?"

मोहिनी चुप रही। उसका चेहरा आवेश से फड़फड़ा रहा था। आँखें ऐसी लग रही थीं जैसे पानी में आग लगी हो। तुलसी का हृदय उसे देखकर सहानुभूति से उमड़ पड़ा। मन उसे अपने कलेजे से लिपटा लेने के लिए लपका, दो डग आगे बढ़ भी गए, फिर संस्कारों ने पैरों के आगे मानो लक्ष्मण-लीक खींच दी। ठिठककर रह गए, मन फिर विचारमग्न हो गया। मोहिनी के आँसू आँखों से ढुलक पड़े, गालों पर बहने लगे, होंठों के किनारों पर सुबकियों की फुदकन बढ़ने लगी।

तुलसी उसे देखकर बोले—"तुम्हारी विवशता निश्चय ही किसी भी न्यायशील व्यक्ति के हृदय में सहानुभूति जगा देगी। मैं छोटा-मोटा राजा-सामन्त होता, मेरे पास सौ-पचास लठैत होते तो एक बार तुम्हें लेकर निकल चलने की बात सोच भी सकता था। धन और प्रभुता के दुर्ग में तुम्हारे रूप, गुण और यौवन को भलीभाँति सुरक्षित

कर लेता...किन्तु इस स्थिति में तो प्राण देकर भी तुम्हें न बचा पाऊँगा। तुमने अभी मेरी कायरता की बात कही। हाँ, मोहवश मनुष्य कायर भी हो जाता है। अपने सामने तुम्हारे प्राण जाते मैं कदापि नहीं देख सकूँगा।''

चुपचाप खड़ी आँसू बहाती हुई मोहिनी का कलेजा फिर तड़पा। रुँधे हुए कण्ठ से बोली—''प्रेम विचार-विचरण मात्र से नहीं होता ब्रह्मचारी जी, वह मनुष्य को कर्म-संलग्न करना जानता है।''

इस व्यंग्य से तुलसी का आत्मतेज भड़क उठा, बोले—''तुम्हारा कृतज्ञ हूँ मोहिनीबाई, तुम्हारी इस बात ने मेरे मन में प्रेम का स्वरूप उजागर कर दिया।...नहीं, मैंने तुमसे प्रेम नहीं किया। मैं वस्तुतः तुम्हारे रूप और गायन कला पर आसक्त होकर तुमसे वह अनुभव पाने का अभिलाषी हूँ, जिसे पाकर ब्रह्मचारी गृहस्थ हो जाता है। और तुम भी निश्चय ही काम-क्षुधावश मुझ पर आसक्त हो। यह प्रेम नहीं है, तृष्णा है। प्रेम मैं राम से करता हूँ। तुम्हें पाकर कदाचित् शीघ्र ही मेरे मन में यह असन्तोष भड़केगा कि नारी तृष्णा के कारण मैंने राम को खो दिया।''

मोहिनी दीवानी-सी दौड़कर तुलसी से लिपट गई और बिलखकर कहने लगी—''यह न कहो प्राणधन! मेरे मोह-मंडित काँच के महल को संन्यास के पत्थर न मारो। यह रूप, यह यौवन, यह देह भोगने के लिए है। इसे भोगकर ही प्रेम उपजता है।''

नारी का प्रथम आलिंगन तुलसी को मदमत्त बनाने लगा, साथ ही नयेपन का अनुभव उन्हें भयभीत भी करने लगा। मन की इस दोहरी स्थिति में ऊहापोह की प्रक्रिया को जाग उठने का सहज अवसर मिल गया। सुख की बेसुधी के वातावरण में उनके अन्तर का स्वर नरहरि बाबा का स्वर बनकर बोल उठा—'कौड़ी के लालच में अपनी गाँठ-बन्धी मोहर गवाँएगा मूर्ख? वेश्या के लिए राम को त्यागेगा?'—''ना, ना। मुझे जाने दो मोहिनीबाई। मैं अप्राप्य वस्तु के प्रलोभन में अपने-आपको कदापि नहीं डालूँगा।'' कहकर अपने-आपको बाँहों के बन्धन से मुक्त कर लिया और एक डग पीछे चले गए, कहा—''तुम अपनी अभिलाषाएँ किसी और से पूरी करो मोहिनीबाई। मैं राम का गुलाम हूँ, तुम उसमान खाँ की चाकर। हम दोनों अपने-अपने बन्धनों से बँधे हैं। तुम मेरे लिए इस समय भले ही अति आकर्षण-भरी हो, किन्तु तुम्हारे लिए अपने जीवन का श्रेष्ठतम आकर्षण-भाव छोड़ना मेरे वास्ते असम्भव है। यदि मैं अपनी और तुम्हारी कायिक भूख के वश में होकर उसे इस समय भूल जाऊँ तो भविष्य में मैं उसके कारण निश्चय ही पछतावे में आकर तुमसे घृणा भी कर सकता हूँ। यह अनुचित होगा। किसी भी कारण से सही, हमने एक-दूसरे को चाहा है। इतने दिनों में हमारे बहुत-से क्षण एक-दूसरे के प्रति समर्पित सुन्दरतम भावों में बहते हुए बीते हैं। मैं साँस लेता था तो लगता था कि जैसे हवा में बहकर तुम्हारी ही साँसें मेरे प्राणों में आकर समा रही हैं। तुम्हारे संगीत ने आठों पहर मेरे कानों में गूँज-गूँज कर इतना सौन्दर्य जगाया है कि उसे भूलने को जी नहीं चाहता। मैं यह कदापि नहीं चाहता कि मेरा वह सोना कल मिट्टी साबित हो जाए। दुविधा में माया और राम दोनों ही चले जाएँ।''

रोते हुए मोहिनी ने कहा—"मनुष्य के मन से सुन्दर और कुछ भी नहीं होता। ईश्वर यदि हैं तो मनुष्य के मन में ही समाए हैं। उसे तोड़कर जाओगे पण्डित जी तो तुम्हें राम कदापि नहीं मिलेंगे। एक अबला का शाप तुम्हें खा जायगा।"

तुलसी को बुरा लगा। व्यंग्य-भरी हँसी हँसकर बोले—"जब महाश्मशान के सारे भूत मिलकर मेरे राम-प्रेम को न खा सके तो तुम्हारा वासना-प्रेरित शाप भला मेरा क्या बिगाड़ लेगा? अब मुझे और अपने को व्यर्थ के छलावे में न बाँधो।...मैं जाता हूँ। जै सियाराम।"

तुलसी की गम्भीर बातों के यथार्थ में मोहिनी बँध गई थी। उसकी मनोदशा उस शेरनी के समान थी जो जंगल के प्रेम में अपना पिंजड़ा तुड़ाकर भागी हो और फिर पकड़ी जाकर दोबारा पिंजरे में बन्द करने के लिए बाध्य की जा रही हो। अपनी विवशता के बोझ से अभागी मोहिनी का मन आँसुओं के समुद्र में डूबने लगा। वह अपने आपे में नहीं थी। एक सीमा के बाद तुलसी के शब्द भी उसके लिए निकम्मे हो गए थे। बाहर से सब कुछ जल रहा था और भीतर आँसुओं का सागर था। तुलसी जाने लगे तो उसकी आँसू-डूबी आँखों पर छाया पड़ी, चौंककर होश आया, हाथ बढ़ाकर आगे बढ़ी, भर्राए हुए स्वर में कहा—"भोजन तो करते जाइए।"

तुलसी रुके, मुस्कराए, कहा—"आज की यह पार्थिव भूख ही मेरा वैचारिक भोजन बन गई है। तुम हर तरह से सुखी रहो शुभ-मोहिनी, मुझे तुमसे बहुत कुछ मिला है। मैं तुम्हें भूल न सकूँगा।"

तुलसी ने सीढ़ियाँ पार कीं, ड्योढ़ी, बगीचा और फाटक पार किया, बाहर निकल आए। सड़क पर कुछ दूर जाकर उन्होंने एक बार और उस घर पर दृष्टि डाली। लगा कि जैसे जीव का अपने एक जन्म से साथ छूट रहा हो। मन अब भी सब कुछ वही चाहता है, किन्तु ज्ञान यथार्थ-बोध कराता है। जो मनुष्य बनकर जन्मता है उसके मन को यह हक है कि वह असम्भव से असम्भव वस्तु की चाहना भी कर ले, पर उसे पाने की शक्ति और औचित्य के बिना क्या वह हक यथार्थ है? अपनी परिस्थितियों पर विचार न करनेवाला व्यक्ति मूर्ख होता है। तुलसीदास इस समय मन के दर्द में ज्ञान की गूँज से बचना चाहते थे। इससे तो अच्छा था कि मन राम में रमता...पर अभी राम लौटकर नहीं आते और मोहिनी छूटकर भी नहीं छूटती। तुलसी का अहम् बुरी तरह सिसक रहा था और इस सिसकन में ज्ञान की गूँज सहारा-सी बनकर आती थी। तुलसीदास अटूला अधीरा-सा मन लेकर सीधे मेघा भगत के यहाँ ही पहुँचे।

दिन का समय था। मेघा भगत भोजन करके अपने भीतर वाले कमरे की चौकी पर लेटे कुछ गुनगुना रहे थे। बाहर से किसी भक्त की आवाज़ कानों में आई—"नहीं, नहीं, यह उनके विश्राम का समय है। इस समय कष्ट न दीजिए।"

"कौन है, संकठा?" मेघा भगत ने तकिए के सहारे बैठते हुए पूछा।

"तुलसी पंडित हैं, महाराज।"

"अरे आ रे, मेरे भइया।" कहकर मेघा भगत उछलकर अपनी चौकी से उठ खड़े हुए और बदहवास से आगे बढ़े। उसी समय तुलसी ने भीतर प्रवेश किया।

एक बार आँखों का आमना-सामना हुआ। तुलसी की आँखें छलछला आईं, फिर नीची हो गईं, फिर जैसे भटका बच्चा अपनी माँ की गोद में आया हो वैसे ही झपटकर वे आगे बढ़े। थोड़ी देर तक दोनों एक-दूसरे से चिपके आँसू बहाते रहे।

ऐसे ही कुछ क्षण बीत जाने पर मेघा भगत ने हँसकर कहा—"कहते हँसी आती है, पर मेरे राम प्रभु अनन्त ब्रह्माण्डों के स्वामी होकर भी अपने भक्तों के लिए काम धोबी का करते हैं। जीव को, जहाँ उसमें मैल होता है, ऐसा पछाड़-पछाड़ कर धोते हैं कि बस देखते ही बनता है। मैं तो उनके इसी सौन्दर्य पर रीझा हूँ रे। बोल, तुलसी, आज चलूँ पूज्यपाद शेष महाराज जी के यहाँ? तेरी ओर से मैं आज्ञा मागूँगा। चल तीर्थाटन कर आएँ।"

तुलसी बोले—"आप मेरे जी की बात कह रहे हैं। इस समय काशी में मेरा मन नहीं लगेगा। मेरा वातावरण बदलना ही चाहिए।"

× × ×

स्मृति-पट से मोहिनी का प्रसंग बीत जाने के बाद बाबा को ऐसा लगा मानो उनका एक जन्म बीत गया हो। ध्यान में फिर से एक बार मोहिनी के वर्षों पुराने चेहरे को खींचकर लाने का प्रयत्न करने लगे। वह बाँकी चितवनों से तुलसी को ताकने वाली मीनाक्षी मोहिनी अब सजीव देहधारी न होकर मात्र एक मूर्ति भर ही रह गई थी, जिसमें प्राण नहीं केवल कलात्मक शक्ति से उत्पन्न प्राण का आभास मात्र ही था। तुलसी अब उससे वीतराग हो चुके थे। आकर्षण अब वहाँ नहीं वरन् ज्योति के फर्श पर टिके हुए श्यामल-गौर, पाद-पद्मों पर था। सीता माता के अलक्तक से रंगे हुए अरुणाभ चरणों में मणियों जड़ा आभूषण तुलसी की आँखों में अपनी कौंध भर रहा था। पैरों की दसों उँगलियों-अँगूठों में सोने के जड़ाऊ छल्लों और टखनों पर बँधी पायलों में पिरोई हुई हीरे-मोती जड़ी सोने की लड़ियों की चमक में बाबा को अपने ही चेहरे दिखलाई देते थे। जगदम्बा ने मानो अपने चरणों में तुलसी को गहना बना पहन रखा हो। पास ही दाहिनी ओर धरती पर टिके हुए धनुष के पास ही वे तेजपुंज श्याम चरण थे जिन्हें देखते ही बाबा की आनन्द समाधि लग गई।

सन्त बेनीमाधव का निरन्तर जूझता रहनेवाला मन बाबा की आत्मकथा के इस प्रसंग को सुनकर गम्भीर हो गया।

16

सूर्यनारायण धीरे-धीरे अस्ताचलगामी हो रहे थे। आकाश रंगीन बादलों की चित्रपटी बन गया था। बाबा अस्सी घाट के एक तखत पर सूर्य भगवान से टकटकी

लगाए, हाथ जोड़े बैठे हुए मौन प्रार्थना-लीन थे। घाट पर उनके साथ बेनीमाधव विराजमान थे। रामू गंगाजल के निकट सीढ़ी पर बैठा हुआ ताँबे की कलसी को बालू से चमचमा रहा था। एक-दो व्यक्तियों को छोड़कर घाट प्रायः सूना था। स्नान करनेवालों की भीड़ से मुक्त होने के कारण गंगा इस समय वैसे ही सन्तोषभरी शान्त लग रही थी जैसी कि दुहे जाने के बाद गाय लगती है। अस्त होते हुए सूर्य की ओर दूर पर एक नाव जा रही थी। परन्तु उससे नदी और वातावरण पर छाई हुई मनोरम शान्ति को कोई व्याघात नहीं पहुँच रहा था। रामू से दो सीढ़ी ऊपर बैठा भाँग घोंटता हुआ एक अधेड़ व्यक्ति किसी पहले से चलती हुई बात के प्रसंग में कह रहा था—"अरे, हमने अपनी आँखों से देखा है। ये कोने वाली दीवाल से सटा हुआ वह रात-भर एक टाँग पर खड़ा रहता था। बस हाथ जोड़े हुए ध्यानमग्न होकर जप किया करै, न हिलै न डुलै—ऐसा कठोर तपस्वी रहा।"

उस व्यक्ति के पास ही, गीले बादामों से छिलके उतारते हुए दूसरे अधेड़ व्यक्ति ने कहा—"दिन में भी वह अपनी कुठरिया में बैठे-बैठे जप किया करता था। मैंने तो उसे कभी सोते हुए देखा नहीं भैया। ऐसी कठिन तपस्या करके भी बड़ा अभागा रहा बेचारा।"

कलसी को पानी से धोते-धोते तनिक रुककर रामू ने बातें करनेवाले व्यक्तियों की ओर सिर घुमाकर पूछा—"अभागा क्यों था, मुन्नू काका?"

"अरे, एक सेठ की जवान-जवान विधवा लड़की रही। वह उसके पीछे लगी। रोज आवै, फल-फलारी मेवा मिष्ठान्न लावै। बिचारा बहुत भागा उससे, पर उस लौंडिया ने छोड़ा नहीं। ऐसी दीवानी बनके उसकी सेवा में लगी कि उसका जोगजप सब उस लौंडिया की मद-भरी आँखों में बूड़ गया।"

बादाम छीलनेवाला व्यक्ति बोला—"राम जी जिस-तिस को अपनी भक्ति भी नहीं देते हैं भैया। जो ऐसा होता तो सब कोई हमारे गुसाईं बाबा की तरह से न हो जाते। क्या हम कुछ झूठ कहा बाबा?" अपने से दो-तीन सीढ़ियाँ ऊपर तखत पर बैठे बाबा की ओर देखकर उसने पूछा। बाबा बोले—'राम तो सब पर कृपा करते हैं देवतादीन। हानि-लाभ, जीवन-मरण, जस-अप-जस बिधि हाथ। अपने प्रतिफलन के लिए पूर्वजन्म के शुभाशुभ कर्मों का भी हमारे इस जीवन के कर्म में प्रबल आकर्षण होता है। यही तो माया है। इस माया का विषैला तीर एक-न एक बार सभी को लगता है—

"श्रीमद् वक्र न कीन्ह केहि
प्रभुता बधिर न काहि,
मृगनयनी के नयनसर
को अस लाग न जाहि।"

दोहा पढ़ते हुए बाबा की आँखों में एक बार वर्षों पहले की मोहिनी छवि माँसल होकर उभर आई। उसने दोनों हाथ नृत्य की मुद्रा में ऊँचे उठाए और देखते ही देखते मोहिनी चाँदी चमकती सीढ़ी बन गई। जिसपर चढ़ते हुए तुलसीदास अपने राम के पास आधी दूरी तक पहुँच गए। राम अब भी आकाश में थे किन्तु सीढ़ी चुक गई थी। बाबा के ध्यान-पट पर अपना युवारूप सीढ़ी के आखिरी डण्डे पर खड़ा हुआ

अपने राम तक पहुँचने के लिए अधीर दिखलाई दिया। युवा तुलसी के अपने और अपने इष्टदेव के बीच में रहस्य की सतरंगी पारदर्शी घटाओं में रतना का चेहरा चमक उठा।

अपने अन्तर्दृश्य को देखकर बाबा मुस्कराए। पैर के तलुए पर धीमे से हथेली रगड़ते हुए मुख से भाव-भरा 'श्रीराम' शब्द उच्चारित किया। तभी नीचे से देवतादीन सिल की भाँग समेटकर उसका गोला बनाते हुए बोले—"साँच कह्यो बाबा, जवानी ससुर बवंडर होत है बवंडर। जेहिका राम बचाय लै जायँ वहै भागमान है। हम लखनऊ मां रहत रहे, महराज। तब हमैं कसरत-कुस्ती का बड़ा सौख रहा। तौन एक नउनियाँ हमारे ऊपर आसिक हुइ गई। वहै हमका यू भाँग का सौख लगाइस रहै। राम जी की किरपा भई, हम एक बैपारी की नौकरी पाय गयन, तब हियाँ चले आयन। उइ निगौड़ी का साथ छूटा। पर ई महारानी बिजया महामाया हमरे संगे ऐस लिपट गईं कि देखौ, आपौ कै लाज-सरम हम नाहिं करिति है। मुदा एक बात है बाबा, हम जब भाँग पीसित हई, तो 'ओम नमः शिवाय, ओम नमः शिवाय' जपत रहिति है। यहिते माया हमका लिपटाय न सकी।"

"लिपटाए तो हुए है। बरसों से देखता आ रहा हूँ साँझ-सबेरे दो घड़ी का समय तुम अपनी उस माया से लिपटने में नष्ट कर देते हो। तुम जो इतना समय अकेले मन्त्र जपने में लगाते तो तुम्हें उस समय के सदुपयोग का अधिक सुफल मिलता।"

बाबा की बात सुनकर देवतादीन, अपनी झेंप को अपनी मस्ती से दबाकर बोला—"अरे बाबा, अब दोख है तो दोखै सही हमार, का करी? जोरू न जाता, राम जी से नाता। ई नातेदारी के कारन हमका आपके नित्य दरसन मिलत हैं और आपैके चरनन में हम भाँग घोंटिति है। दिन मां चार घण्टा गल्ले की दलाली और हियाँ ते जाइके दुई घड़ी..."

"अरे बस कर अपनी बक-बक! नहीं तो आज ओम् नमः शिवाय के बजाय यह बक-बक ही भाँग के साथ तेरे पेट में जाएगी।"

सब लोग हँस पड़े। सन्त बेनीमाधव ने बाबा से पूछा—"गुरु जी आपने यह व्यसन कभी नहीं किया?"

नटखट बच्चे की तरह बेनीमाधव की ओर देखकर बाबा मुस्कराए, फिर अपनी उँगलियों से अपनी छाती को छूकर कहा—"अरे यह काया भाँग का पौधा बनकर ही उपजी थी, तुलसी तो राम-कृपा से हुई है। हमारी पाठशाला के व्यवस्थापक मामा जी की भाँग घोंटते-घोंटते ही मुझे उसका इतना नशा चढ़ गया कि फिर पीकर क्या करता।" कहकर बाबा हँसे। बेनीमाधव जी ने पूछा—"आपने कहाँ-कहाँ तीर्थाटन किया प्रभु?"

"अरे राम भगत कहाँ तक हिसाब बतावें। तब हमारी मन की आँखें कुछ काल के लिए अन्धी हो गई थीं। मेघा भगत, अन्धे की लाठी के समान थे। आयु में भी हमसे लगभग आठ-दस वर्ष बड़े थे।...राम जी ने अपनी ड्योढ़ी तक लाने के लिए हमारे लिए नेह-नातों की जो सीढ़ियाँ बनाई थीं उनमें पार्वती अम्माँ थीं, सूकरखेत वाले बाबा थे और यहाँ पूज्यपाद गुरु जी महराज के रूप में मुझे पिता

मिले। बजरंगबली को मैंने सदा अपना सगा बड़ा भाई करके ही मन से माना है। बड़ी घुटन में उनसे गिड़गिड़ाकर कहता था कि कभी प्रत्यक्ष होकर भी मेरी बाँह गह लो...मैं यह मानता हूँ कि मेरे लिए बजरंगी ही मेघा भगत का रूप धरकर मुझे नए प्राण देने के लिए आ गए थे।''

''आप भगत जी से बहुत अभिभूत हैं?''

''अभिभूत तो इस भूतभावन की परमपावन काशी नगरी से हूँ। काशी के वायुमण्डल ने ही तुलसी को तुलसीदास बनाया। इसने मुझे गुरु, माता-पिता, मित्र, भाई, यश, अपयश और राम-पद-नेह सभी कुछ दिया।'' कहकर बाबा रुके। फिर हँसकर कहा—''हम तुम्हारे जी की उतावली जान रहे हैं बेनीमाधव। तुम्हारा मन हमारे तीर्थाटन का वृत्तान्त जानने में लगा है। किन्तु भाई, हमारा भी तो मन है। जब हम उन बीते क्षणों का द्वार खोलते हैं तो एक-एक क्षण के अनन्त भण्डारों से तुम्हारे प्रश्न के उत्तर खोज लाने के सिवा हमें और भी बहुत कुछ आकृष्ट कर सकता है। अब हमारा अन्तकाल आ गया समझो। बहाने-बहाने से पुराने दिन, पुराने लोग, इन नब्बे वर्षो के अनगिनत क्षणों का हिसाब लगाने को जी अधिक चाहता है। कितना करना था, कितना किया, आगे के लिए धर्म को और किस तरह से साधें कि जिससे इसी जन्म में अधिकाधिक सिद्धि मिल जाय। राम-पद-नेह प्राप्त करने का उछाह मेरी साँसों में एकरस होकर ही इस देह से बाहर जाय, बस यही एक कामना है।... अँधेरा झुक आया है, रामू आ जाय तो भीतर चलें। पहर-भर रात बीते आ जाना बेनीमाधव, आज रात तुम्हें और रामू को अपने बीते क्षण अर्पित करूँगा।''

× × ×

रात के समय बाबा अपनी चौकी पर सुख से लेटे हुए थे। बेनीमाधव चौकी के नीचे आसन पर बैठे थे और रामू उनके पैर दबा रहा था। दीवाल पर पड़ते हुए दिए के प्रकाश में हनुमान की मूर्ति चमक रही थी। बाबा कह रहे थे—''जब मैंने काशी छोड़कर तीर्थाटन करने का निश्चय किया तो मेरी अइया, गुरु भगवान की सहधर्मिणी बहुत दुखी हुई थीं। मामा ने तो क्रोध में आकर मुझे और मेरी ही लपेट में भगत जी को भी शाप तक दे डाला था। (खिल-खिलाकर हँस पड़ते हैं) कैसे-कैसे निर्मल लोग थे! मामा तो, बस क्या कहें, उनमें बाल, युवा, प्रौढ़ और वृद्ध सभी रूप ऐसे स्पष्ट होकर आविर्भूत होते थे कि देख-देखकर मन खिल उठता था। हम आई की चौकी के नीचे दालान में बैठे थे। आई कह रही थीं

× × ×

''मेरी इच्छा तो यही थी कि तुम यहीं रहते। एक बार तुम्हारे गुरु महाराज ने मुझसे कहा था कि रामबोला के संरक्षण में बड़े मुनुवाँ, छोटे मुनुवाँ हमारे बाद भी सुरक्षित रहेंगे। हम दोनों का तुम्हारे प्रति जो मोह है वह तुम जानते ही हो।''

गला और आँखें भर आईं। अइया पल्ले से आँसू पोंछ रही थीं कि मामा भीतर आए। उनके हाथ में सोंटा भी था। आते ही परशुरामी मुद्रा में तुलसी को देखकर

अपनी बहन से कहा—"तुम इस मूर्ख के लिए रोती हो जीजी! हजार उल्लू के पट्ठे जब पैदा होकर मरते हैं तब उनकी मिट्टी गूँथकर भगवान एक तुलसी गढ़ता है। अच्छा-भला विवाह तै किया इसका। लड़की ऐसी सुन्दर कि रूप में उस कोतवाल की चहेती को भी लजवावै। और वेद पढ़ने में तो मानो सुग्गा है सुग्गा। बीस-पच्चीस हजार की माया—रूप, गुण, लक्ष्मी, सरस्वती सब एक साथ। और एक सास-ससूर घेलुवे में। सो इनसे सहा नहीं गया। अब मेघा भगत के साथ गाँव-गाँव डोलेंगे। लाख दुख सहेंगे। कलिकाल के लड़कों की बुद्धि बिलकुल भ्रष्ट है जिज्जी। इनसे बात करना ही वृथा है।"

अइया बोलीं—"इसकी बुद्धि नष्ट तो नहीं है, भइया, यह राम-मार्ग पर जा रहा है बेचारा।"

"राम नहीं भाँड़-भड़साँई-मार्ग कहो। अरे घर गृहस्थी लेकर क्या लोग राम-राम नहीं जपते हैं? अब मेघा और तुलसी जैसे लड़के घर गृहस्थी की राह छोड़कर भगतबाजी की बात करेंगे, तो इनसे पूंछो की सरऊ पढ़े क्यों थे फिर? राम-राम तो मूरख भी रट सकता है।"

"क्या कहूँ मामा, श्रीगुरु-चरणरूपी पारसमणि का स्पर्श पाकर भी यह अभागा जंग लगा लोहा ही बना रहा।"

मामा लाठी तानकर आँखें निकालते हुए बोले—"देख बे, मेरे सामने जो तूने दर्शन-ज्ञान बघारा तो मारते-मारते अभी भुरकुस निकाल दूँगा तेरा।"

"रहै देव भइया, अपनी भाँग का क्रोध इसके ऊपर न डालो।"

"अरे क्या जिज्जी, मैं सरजू मिसिर की पत्नी से पक्का कर आया था कि चाहे और कुछ न देना-लेना पर बड़हार में ग्यारह मिठाइयाँ परोस देना। हम सन्तुष्ट हो जाएँगे। चुन्नी साव से पक्का किया रहा कि सरऊ उस दिन जो तू हमें कस्तूरी में भाँग छनाय देओगे, तो तुम्हें हम शुद्ध अन्तःकरण से बेटा होने का आशीर्वाद देंगे। सो वह हाथ जोड़कर राजी हो गया था। अब यह हमारी सारी योजना मिट्टी में मिलाकर घर से भागा चला जा रहा है। जा अभागे, अब इस ब्राह्मण का भी शाप है कि तू गृहस्थ न बनकर भगत ही बनेगा।"

तुलसी हँस पड़े, मामा के पैर छूकर कहा—"गुरुजन प्रेमवश जब शाप भी देते हैं तो ऐसा कि वह वरदान बन जाता है।"

17

रामू पैर दबाते हुए अचानक उत्साह में बोला—"एक बार आप बताते रहे कि तीर्थाटन में भगत जी के साथ आपको मुगल फौज ने बेगार में पकड़ा था।"

बाबा मुस्कराए, आँखों में स्मृतियाँ झलझला उठीं। बोले—"हाँ रे, उसकी तो याद मात्र से ही मेरी पीठ इस समय भी भारी हो उठी है। हमारे उत्साह के कारण बेचारे भगत जी को भी बोझा ढोना पड़ गया था।"

बेनीमाधव जी के चेहरे पर उत्सुकता झलक उठी, कहा—"हमें उस प्रसंग को सुनाने की कृपा करेंगे गुरु जी।"

बाबा बोले—"जब जीवन का मूल्यांकन करने बैठा हूँ तो उसे भी सुना दूँगा। जीवन-माला की प्रत्येक मंजिल पर मुझे श्री रामचरणानुराग मिला। अतः कथा मेरी न होकर भक्ति-धारा के प्रवाह की ही है। फिर उसे सुनाने में मुझे संकोच क्यों हो।" कहकर बाबा चुप हो गए। क्षण-भर ऐसे ही बीता, फिर वे रामू के हाथों से अपना पैर झटका देकर छुड़ाते हुए सहसा उठ बैठे। उनकी दृष्टि किसी दूरागत दृश्य को देख रही थी। स्मृति लोक में नगाड़े बज रहे थे और अन्धकार क्रमशः उजाले में परिवर्तित होता चला जा रहा था। मनोदृष्टि में हिमाच्छादित कैलास पर्वत और मानसरोवर का परमपावन और सुहावना दृश्य झलका। नगाड़ों की ध्वनि मानो हर-हर कर रही थी।

× × ×

तुलसी मेघा भगत और कैलासनाथ के साथ मानसरोवर के किनारे खड़े थे। कैलास बोले—"अपने नाम के पर्वत को तो दूर से देख रहा हूँ, किन्तु यदि इसके ऊपर डमरू-त्रिशूल-धारी गंगाधर चन्द्रशेखर जी मुझे दिखलाई पड़ जायँ तो फिर यह यात्रा ही नहीं यह सारा जीवन सफल हो जाय।"

"अपनी इच्छा को तीव्र करो कैलास, जिस वस्तु पर जिसका सत्य स्नेह होता है वह उसे अवश्यमेव मिलती है।"

तुलसी मेघा भगत की बात सुनते हुए झील के प्रवाह को देख रहे थे। हिलोर लेती हुई लहरें सहसा नाचते हुए नर्तकी के पैरों की घुँघरू-सी लगने लगती हैं। नृत्यरत पगों में बड़ा चांचल्य, बड़ी मादकता, बड़ी कविता है। पैर झील की लहरों पर नाचते-नाचते मोहिनी के पैर बन जाते हैं। ऐसा लगता है जैसे मोहिनी मानस-झील का मूर्तिमान सौन्दर्य बनी, लहरों पर नाचती हुई तुलसी को रिझा रही है। 'सुनी री मैंने हरि आवन की अवाज।' तुलसी के बिम्ब और गूँज दोनों ही मोहिनीमुग्ध हो रहे हैं। चेहरे पर अपार सुख बरस रहा है। तभी मेघा भगत का स्वर कानों में पड़ता है, वे कह रहे थे—"मेरे लिए यह मानसरोवर राम उजागर बन गया। लहर-लहर में सीताराम-सीताराम-सीताराम..."

तुलसी की अंतश्चेतना गूँजी—'देखा, यह है सत्य स्नेह! तू झूठे ही रामभक्त बनने का ढोंग करता है।'

तुलसी की मनमोहिनी नृत्यरता कामिनी खंडित मूर्ति की तरह छपाक् से पानी में गिरकर ओझल हो गई। तुलसी की पलकें नीचे झुक जाती हैं, दृष्टि आत्मस्थ हो जाती है। अपना ही होश डाँटता है—'मोह भंग कर रामबोला! तेरी प्रीति क्या क्षणभंगुर पर है?'

'नहीं-नहीं,' प्राणों के भीतर विकल सत्य गूँज उठा।

'तब फिर राम को देख! जैसे प्रबल उत्साह से तेरे भीतर यह मोहिनी झाँक उठती है ऐसे जब राम के दर्शन होने लगेंगे तब मेरा जन्म सार्थक हो जाएगा। राम को देख!'

तुलसी सावधान होकर राम का ध्यान करते हैं। पहले ध्यान-पट पर कुछ भी नहीं आता, फिर एक धनुर्धारी आकर झाईं-सा झलकता है। क्रमशः उभरता है किन्तु पूर्ण रूप से नहीं और जब उभरता है तो वह आकार अचानक हँसती हुई मोहिनी का बन जाता है। मन गूँजा 'राम-राम'। तुलसी की काया पर सिहरन आ गई। ध्यान-पट फिर शून्य हो गया। मनोलोक में नया दृश्य आरम्भ हुआ। तुलसी अपने हाथों मानो एक मूर्ति गढ़ रहे हों। मूर्ति बिजली की रेखाओं से गढ़ती चली जाती है। सारी मूर्ति गढ़ गई। धनुष, तीरों-भरा तरकश, मुकुट, राजसी वेश--किन्तु चेहरा फिर मोहिनी का बन गया। ना-ना-ना। तुलसी की बहिर्चेतना तक थरथरा उठी। उनकी यह नकारने की ध्वनि इतनी स्पष्ट थी कि कैलास और मेघा भगत चौंककर उनकी ओर देखने लगे।

"क्या हुआ तुलसी?" कैलास ने पूछा।

"कुछ नहीं।"

"कुछ तो अवश्य था तुलसी। किसको घबरा के न-न कहा?"

"किसी को नहीं।" तुलसी ने घबराहट-भरा उत्तर दिया।

"छलना बड़ी विकट होती है राम। बड़ा नाच नचाती है।" मेघा भगत मानो अपने-आप ही से कह उठे।

हारे, घबराए हुए तुलसी उन्हें करुण दृष्टि से देखने लगे। दृष्टि मिलते ही उन्होंने कहा—"घबरा मत मेरा भइया! सत्य भी सहसा प्रकट नहीं होता। एक बार तो वह मन में ऐसा प्रकट होता है कि जैसे प्रत्यक्ष ही हो, परन्तु फिर उस प्रत्यक्ष को वस्तुतः प्रत्यक्ष करने में मनुष्य को लोहे के चने चबाने पड़ते हैं। जिन खोजा तिन पाइयाँ गहरे पानी पैठ।"

तुलसी गम्भीर भाव से सिर झुकाकर सुनते हैं। इस समय उनके प्राण राम ही राम रट रहे हैं।

× × ×

'राम-राम!' बाबा अपने गम्भीर चिन्तनलोक से उबरकर बहिर्चेतना के धरातल पर आ गए। एक बार रामू की ओर देखा फिर बेनीमाधव से दृष्टि मिलाते हुए बोले--"मन अपनी गहरी थाह लेने चला गया था। अस्तु...तो मैं क्या कह रहा था?"

"मुगलों के द्वारा बन्दी किए जाने की बात उठी थी।"

"हाँ ऐसा हुआ था कि हम लोग मानस होकर, बदरिकाश्रम आदि होते हुए हरद्वार पहुँचे। यहाँ सुनने में आया कि हुमायूँ बादशाह ने दिल्ली फिर से जीत ली थी, किन्तु उसकी मृत्यु हो चुकी थी। लोदियों के पठान तथा हिन्दू सैनिकों ने मिलकर अपने सेनापति हेमू बक्काल को दिल्लीश्वर की गद्दी पर आसीन कर दिया था। पृथ्वीराज

चौहान के उपरान्त तीन सौ वर्ष बाद दिल्ली पहली बार स्वतन्त्र हुई थी। हरद्वार में अनेक साधु और ब्राह्मण बड़े उत्साहित हो रहे थे कि अब फिर से साधु-सन्तों की प्रतिष्ठा होगी तथा गो-ब्राह्मणादि को संरक्षण मिलेगा। कई लोग नए दिल्लीश्वर महाराज हेमचन्द्र विक्रमादित्य को आशीर्वाद देने के लिए दिल्ली जाने को ललक रहे थे। कैलास भी उत्साहित हुए। परन्तु मेघा भगत बोले :

× × ×

"वहाँ जाना मेरी समझ में उचित नहीं होगा। अभी मुझे स्थायित्व का आभास नहीं होता है। लगता है, युद्ध होगा। कदाचित् अन्य प्रकार की आपदाएँ भी वहाँ जाकर हमें भोगनी पड़ें।"

कैलासनाथ आवेश में आ गए, बोले—"विपत्तियों से क्या डरना महाराज! युद्ध होगा तो उसे भी देखेंगे। क्यों तुलसी?"

"हाँ, वीरभूमि के दर्शन करना तीर्थ-दर्शन समान ही पुण्यदायक होता है।"

तुलसी की बात सुनकर मेघा भगत मुस्कराए, बोले—"जो अपना युद्ध छोड़कर पराए युद्ध का तमाशा देखने जाता है वह निकम्मा और निर्बुद्धि होता है।"

कैलास इस उपदेश से कुछ-कुछ चिढ़ गए, बोले—"कभी-कभी सत्य को विचार में देखकर भी यह इच्छा होती है कि उसे प्रत्यक्ष ही देखा जाए तो भला!"

मित्र की इच्छा देखकर तुलसी ने कहा—"मेघा भाई, यदि हम लोग युद्ध में फँस भी गए तो आपको वहाँ से किसी सुरक्षित स्थान पर हटा देंगे। हमारे कवि जी के अन्दर वीर भाव जागा है, इनका हौसला बढ़ना ही चाहिए।"

भगत जी हँसे, कहा—"होतव्यता होकर ही रहती है। चलो, जो दुख झेलना बदा है वह तो झेलना ही पड़ेगा। हम सोचते थे कि यदि उससे बच जाते तो अच्छा था।"

"मुझे अपने मन में इतना बच-बच के चलना पड़ रहा है मेघा भाई कि अपनी अति सतर्कता से घुटने लगा हूँ। बाहर का संघर्ष और कुछ नहीं तो मन तो तगड़ा ही करेगा।"

"बाहर का संघर्ष चाहते हो तुलसी? अच्छा, तो वही सही। तुम्हें अपने जीवन में बाहर का इतना संघर्ष झेलना पड़ेगा कि पग-पग पर तुम्हें राम ही राम याद आएँगे।"

तुलसी हँस पड़े। कहने लगे—"मेघा भाई, यदि आप मुझे यह शाप दे रहे हैं, तो भी मेरे लिए यह परम कल्याणकारी है। जिस विधि से राम अधिकाधिक याद आवें वह विधि कष्टकारी होते हुए भी मुझे मान्य होगी। अपने भीतर की अकेली जूझ से उबर तो सकूँगा।"

कुरुक्षेत्र में उन दिनों बड़ा भीषण अकाल पड़ रहा था। दिल्ली, आगरा, मथुरा आदि सभी जगह प्रजा त्राहि-त्राहि कर रही थी। खेतीविहीन उजड़ा भूखण्ड, रूखी काया, फीके कष्ट और चेहरों वाली कंकालवत् कायाएँ इधर-उधर डोलती थीं। इन्हें देखकर लोग घेरते—"बाबा भूखे हैं, बाबा रोटी। रोटी।"

"कहाँ है रोटी मेरे भइया? चलो हेमचन्द्र महाराज से माँगें। हिन्दू राजा है, निश्चय ही तुम्हारी दशा पर दया करेगा।"

एक खिचड़ी बालों वाला जीर्ण-शीर्ण व्यक्ति अपने कमज़ोर स्वर में भी यथाशक्ति ज़ोर से हँस पड़ा, बोला—"हिन्दू! हः-हः-हः, अरे बाबा, हिन्दू-मुसलमान तो हम-तुम पंच होते हैं, राजा-राजा होता है। हेमू के साथी चावल-चीनी और घी के लड्डू खा-खाकर मरने-मारने के लिए तैयार हो रहे हैं। वह बस लड़वइयों को ही भर पेट खिला सकता है। हमारा कोई नहीं। राम भी नहीं।"

× × ×

सुनाते हुए बाबा बोले—"अकाल के क्षेत्र में हमने बड़े ही विषम दृश्य देखे। एक जगह चार-चार मुट्ठी गेहूँ-चावल के लिए लोग-बाग अपनी जवान स्त्रियाँ, लड़के-लड़कियाँ तक बेच रहे थे। करुण कराहें सुन-सुनकर मुझे बस राम ही राम याद आते थे। मन से शृंगार रस सूख गया था। सर्वत्र करुणा ही करुणा देखकर ऐसा लगता था कि मानो पृथ्वी पर आनन्द का अस्तित्व नहीं है। वह केवल एक शब्द मात्र है जिसे पेट भरे हुए लोग ही आपस में कह-सुन लेते हैं।"

बाबा के चेहरे पर गम्भीर उदासी छा गई थी। कहते-कहते कुछ पलों के लिए वे थम गए। फिर कहना आरम्भ किया—"मेरे अन्तर में यदि राम न रमते तो यह जीवन अपने और परायों के दुःखों की कथा मात्र बनकर ही रह जाता। अस्तु। हेमचन्द्र महाराज उन दिनों भरतपुर के पास एक स्थान पर अपना पड़ाव डाले पड़े थे इसलिए हम लोग भी उधर ही चले। दिन ढला तो एक गाँव में डेरा डाला। वह गाँव हेमचन्द्र की सेना को रसद पहुँचाता था, अन्न-धन से गंज रहा था। वहीं हमें पता चला कि हेमू महाराज अपनी सेनाएँ लेकर पानीपत की ओर बढ़ गए हैं। पंजाब से मुगलों की सेना उधर ही बढ़ रही है। यही सब कहते-सुनते रात हुई। हम लोग एक शिवालय में सो गए।"

× × ×

आधी रात का समय था। अचानक बड़ी ज़ोर का हल्ला मचा। आहें, कराहें सुनाई देने लगीं। तुपकचियों की फटाफट और मशालों के चमकते हुए लुक्के जहा-तहाँ दिखलाई पड़ने लगे। लाठी, तलवार, बल्लम, गंडासे चारों ओर चल रहे थे। थोड़ी ही देर में वह गाँव जिसमें कि हमने रैनबसेरा किया था मुगल सेना की एक टुकड़ी के कब्जे में आ गया। गाँव का अन्न भण्डार मुगलों की सम्पत्ति हो गया। छोटे-बड़े, सम्पन्न-विपन्न सभी प्रकार के ग्रामवासी नर-नारी मुगलों के द्वारा बन्दी बना लिए गए। मेघा, तुलसी और कैलास की भी वही दशा हुई। सबेरे पता चला कि मुगलों की बेगमों और सरदारनियों के खेमें युद्ध क्षेत्र से दूर इस गाँव में लगाए गए हैं। इस प्रकार एक पंथ दो काज सिद्ध किए गए हैं। स्त्रियाँ सुरक्षित जगह पर टिक गईं। साथ ही शत्रुओं का रसद भण्डार भी मुगलों के हाथ में आ गया।

गधों और खच्चरों के साथ उनके चरवाहों की निगरानी में इन तीनों को भी

अन्य बन्दियों के साथ छोड़ दिया गया था। विचित्र वातावरण था। मनुष्य दासता की विवशता में पशु बना दिए गए थे। उनका हाकिम अब्दुल्ला बेग नामक एक तुर्क था। वह दो पीढ़ियों से यहाँ बसा था, हमारी भाषा ही अधिक बोलता था। बड़ा जल्लाद था वह अब्दुल्ला।

इन तीनों को कुछ और भी व्यक्ति वहाँ बैठे हुए मिले। बातें होने लगीं। वे लोग मथुरा, वृन्दावन के निवासी थे और लगभग एक महीने से बन्दी होकर बेगार ढो रहे थे। दिन-भर वे या तो सामान की ढुलाई करते अथवा छावनियों में सफाई आदि अनेक काम करते हुए अपने दिन बिता रहे थे। उन्होंने बतलाया कि रात में रूखी-सूखी खिलाकर उन्हें गधों के घेरे में छोड़ दिया जाता है।

तुलसी बोले—"तब तो हमारी भी यही दशा होने वाली है कैलास। भाई जी ने सच ही कहा था। अपना रण छोड़कर हमें पराए रण-क्षेत्र में नहीं आना चाहिए था।"

मथुरावासी बन्दी बोला—"हम लोग भी पछता रहे हैं भइया। ऐसी मनहूस साइत में द्वारका जी की यात्रा करने चले कि मार्ग में एक नहीं सैकड़ों छोटी-बड़ी विपत्तियाँ सामने आईं। हमारे एक साथी को बाघ खा गया। हम दो-चार आदमी उससे लड़ने-झगड़ने में घायल हुए। एक गाँव के लोग हमें उठाकर ले गए। अपने वहाँ रक्खा। दवा-दारू से हमारा चोला चंगा किया। वहाँ एक सुन्दर खतरानी पर हमारे एक साथी लट्टू हो गए। हमने लाख समझाया कि नन्ददास ऐसा न करो, पर जब किसी की आँखें किसी से लड़ जाती हैं तो वह फिर थोड़े कुछ सुनता है भैया, हमने सोचा कि इसके फेर में हम सभी मारे जाएँगे। आखिर गाँव वालों का हम लोगों पर बड़ा उपकार था। सो प्रेमदीवाने साथी को वहीं छोड़कर चले आए। फिर इन सिपाहियों की पकड़ाई में आ गए, तब से बेगार ढो रहे हैं। तीरथ-यात्रा का यह फल पाया।"

तुलसी ने कहा—"आपने एक स्त्री पर आसक्त हो जाने वाले अपने साथी का नाम नन्ददास ही बतलाया न?"

"हाँ!"

"वह कवि भी है?"

"हाँ, हाँ, बड़ी अच्छी कविताई करता है और गाता भी खूब है। अरे उसकी संगत में रस बरसता था भइया, रस! क्या कहें अपनी आबरू बचाने के लिए हमने उसका साथ छोड़ा। पर यह अच्छा नहीं किया। उसी का दण्ड अब बन्दी बनकर पा रहे हैं।"

तुलसी ने फिर प्रश्न किया—"वह गोरा-गोरा बड़ी-बड़ी आँखों वाला है न?"

"हाँ। सनाढ्य ब्राह्मण है, सोरों के पास कहीं का रहने वाला है।"

"रामपुर का है! तुम उसे जानते हो?" एक अन्य बन्दी ने पूछा।

"वह मेरा गुरुभाई है। काशी जी में साथ पढ़ता था।"

"ठीक है। वह काशी पढ़ने गए थे। हमें मालूम है। बाकी नाम सुनके तुम हमारे साथी को पहचाने खूब महराज!"

"वह अब भी उसी गाँव में है?"

"अगर मार-पीट कर निकाल न दिया होगा तो वहीं होगा।"

"क्या कहा जाय, भले घर का लड़का, पर प्रेम तो उल्लू बना देता है उल्लू।"

तुलसी गम्भीर हो गए, पूछा—"उस गाँव का क्या नाम है?"

"सिंहपुर! यहाँ से लगभग पच्चीस कोस पूरब में है।"

तुलसी ने फिर कुछ न पूछा। वह विचारमग्न हो गए। कुछ देर के बाद उन्होंने कैलास से कहा—"अब तो कुछ भी हो कैलास, यहाँ से मुक्त हुए बिना हमारा काम चल ही नहीं सकता। नन्ददास को बचाना ही है। तुम्हें भगत जी के पास छोड़कर मैं एक बार नन्ददास की खोज में अवश्य जाऊँगा। वह मुझे भाई के समान प्रिय है।"

कैलास बोले—"यह तो ठीक है, पर मुख्य प्रश्न तो म्याऊँ के ठौर का है। मुक्त होने का उपाय क्या हो सकता है?"

"एक ही उपाय है। मैं किसी पर अपनी ज्योतिष की माया फैलाता हूँ। आड़े समय में यह विद्या बड़े काम आती है। कल से छोटे-मोटों के हाथ देखकर, उनके प्रश्नादि विचार कर मैं उन्हें सहज ही में अपना प्रचारक बना लूँगा और फिर शीघ्र ही किसी बड़े ओहदेदार तक मेरी पहुँच अवश्य हो जाएगी।"

पानीपत का युद्ध समाप्त हुआ। रात में हरम के पड़ाव पर समाचार आया कि मुगल सेना जीत गई। हेमचन्द्र विक्रमादित्य पकड़ा और मारा गया। दासों और बन्दियों के यमराज अब्दुल्ला को पानीपत से आए हुए किसी व्यक्ति ने हेमू की लड़ाई का वर्णन किया। उससे खबरें ही खबरें फैल गईं। हेमू अपने हवाई नामक हाथी पर सवार हो सेना के मध्य खड़ा सैन्य संचालन कर रहा था। मुगल सेनापति खानेजमा अपनी जगह पर खड़ा दूरबीन से देख रहा था। उसने हेमू को देखा। एकाएक सेना को ललकार कर खानेजमा ने उसपर हमला किया। हेमू हाथियों की दूसरी पाँत में था। उसके चारों ओर बहादुर पठानों का झुण्ड था। खानेजमा ने फिर घेरे को ही तोड़ने का निश्चय किया। तुर्क तीरों की बौछार करते हुए बढ़े। हाथियों के हमले को हौसले और हिम्मत से रोका। वे तैयार होकर आगे बढ़े। जब देखा कि घोड़े हाथियों से बिदकते हैं तो कूद पड़े और तलवारें खीचकर शत्रु की पंक्तियों में घुस गए। उन्होंने बाणों की बौछार से हाथियों के मुँह फेर दिए और उन काले पहाड़ों को मिट्टी का ढेर-सा बना दिया। अद्भुत घमासान रन पड़ा। हेमू की बहादुरी तारीफ के लायक थी। हौदे के बीच में नंगे सिर खड़ा वह सेना की हिम्मत बढ़ा रहा था...

शादीखान पठान हेमू के सरदारों की नाक था। वह धरती पर गिर पड़ा। सेना अनाज के दानों की तरह बिखर गई। फिर भी हेमू ने हिम्मत न हारी। हाथी पर सवार चारों तरफ फिरता था, सरदारों के नाम ले-लेकर हौसले बढ़ाता था। वह अपनी भागती सेना को फिर से एकत्रित करने के लिए भरसक प्रयत्न कर रहा था। इतने में एक तीर उसकी आँख में लगा। तब भी वह हिम्मत न हारा। उसने अपने हाथ से तीर खींचकर निकाला और आँख पर रूमाल बाँधते हुए भी अपनी सेना को हौसला देता रहा। मगर घाव इतना भीषण था कि कुछ ही पलों में बेहोश होकर हौदे में

गिर पड़ा। यह देखकर उसके अनुयायियों की हिम्मत टूट गई, सब तितर-बितर हो गए।

दूसरे ही दिन दिल्ली के लिए कूच का हुकुम हुआ। शाही हरम और उसके साथ ही बड़े-बड़े सरदारों की पत्नियों, रखैलों तथा दासियों, नाचने-गानेवालियों और कुछ दूसरे-तीसरे दर्जे के ओहदेदारों की स्त्रियों के खेमे थे। उनके अगले पड़ाव के लिए तम्बू-कनात आदि गृहस्थी का बोझ ढोकर बन्दी लोग भोर पहर ब्राह्मवेला में ही चल पड़े। इन राम-श्याम-भक्त बन्दियों का स्नान-ध्यान कुछ भी न होने पाया। तुलसी और कैलास मेघा भगत के लिए चिन्तित थे। वे बेचारे इनके सुकुमार और क्षीण गात थे कि उनके लिए बोझ ढोना असम्भव था। इसके अतिरिक्त वे चलते-चलते ही भाव-समाधि-लीन होकर गिर पड़ते थे, जिसके कारण अब्दुल्ला, यमराज का सिपाही, उन्हें कोड़े लगाने से न चूकता था। तुलसी और कैलास इस कारण से विशेष दुखी थे।

सिपाही उजबक जाति का था। वह मुसलमान ही था किन्तु उसके देश में प्रचलित सनातन बौद्ध संस्कार भी उसमें थे। तुलसी ने उसको समझाया–"यह आदमी सूफी है, कलन्दर है। इसको कष्ट दोगे तो अल्लाह तुम्हारा बुरा करेगा।"

स्वयं सिपाही को भी मेघा भगत के लिए कदाचित् कुछ ऐसा ही आभास अपने मन में हो रहा था। कुछ सोचकर बोला–"इसका बोझा तुम लोग आपस में बाँट लो और इससे कहो कि कुलियों की कतार से निकलकर गाँव की ओर चला जाय।"

मेघा भगत पहले तो राजी न हुए किन्तु तुलसी और कैलास के आग्रह से अन्त में उन्हें यह करना ही पड़ा। उन्हें पीछे छोड़कर यह दोनों कुलियों के काफिले के साथ आगे बढ़ते गए। मेघा भगत बन्दियों से अलग होकर भी उसी दिशा में अकेले बढ़ चले।

तुलसी और कैलास दोनों कविबन्धु अपनी इस मुसीबत से बड़े ही विक्षुब्ध थे किन्तु उससे भी अधिक वे विवश थे। यह विवशता तुलसी को मथ रही थी। एक मन कहता, 'राम को बिसारकर नारी में रमा, यह उसी का दण्ड है।' दूसरा मन क्षुब्ध होकर कहता कि यह दुष्ट असुर जो कामिनी-काँचन-सत्ता और ऐश्वर्य के मद में आठों पहर डूबे रहते हैं, कभी एक क्षण के शतांश में भी जो ईश्वर को नहीं भजते, इनको दण्ड क्यों नहीं मिलता?

'दूसरों का क्या होगा या क्या हो रहा है, यह प्रश्न अप्रासंगिक और मिथ्या है।'

'मुझे नन्ददास को बचाना ही है। अपने स्नेही बन्धु को बचाए बिना मरना भी मेरे लिए बड़ा कठिन हो जाएगा।' 'मुक्ति का प्रयत्न करो। राम है, राम है।'

बोझ लादे, सिर और कमर झुकाए हुए जा रहे तुलसी के मुख पर छाई हुई कठोर गम्भीरता में मन की आस्था से तरावट आई। वे बोझ से बँधी पीठ को तनिक सीधा करने का प्रयत्न करते हुए एक क्षण के लिए थम गए। उसी समय संयोग से कुलियों का जमादार अब्दुल्ला बेग अपना कोड़ा लिए हुए वहाँ आ पहुँचा। उसने कड़ककर कहा–"क्यों बे, हरामखोरी सूझी है?"

तुलसी ने जमादार के मुँह खोलते ही उसके अक्षर गिनने आरम्भ कर दिए थे। अक्षरों से राशियाँ गिनीं और समय का अनुमान करके फुर्ती से लग्न बिचारी, फिर मुस्कराकर कहा–"जमादार जी, अगले पड़ाव पर आप जब पहुँचेंगे तो आपका

हाकिम आपको अपनी एक गर्भवती दासी से जबरदस्ती ब्याह देगा। अभी से सावधान होना हौ तो हो जाइए।''

जमादार का रौब तुलसी की बात सुनकर क्षण-भर के लिए तो चकरा गया परन्तु फिर अपनी अकड़ के सूत्र बटोरते हुए उसने कहा—''मेरी बात का यही जवाब है? लगाऊँ दो-चार?''

तुलसी मुस्कराए, कहा—''इस समय आपके ताबे में हूँ जमादार जी, मारिएगा तो वह भी सहना ही पड़ेगा। किन्तु मैं फिर कहता हूँ कि किस्मत की मार से अपने को बचाइयो।''

जमादार फिर चौंक से बँध गया, ठण्डे स्वर में पूछा—''तू नजूमी है?''

''जी हाँ।''

''अगर तेरी बात सच न हुई तो कोई न कोई इल्ज़ाम लगाकर मैं तेरा सिर कलम करवा दूँगा, याद रखना।''

''बात मेरी नहीं जमादार जी, ज्योतिष विद्या की है। यह झूठ हो ही नहीं सकती। मैं आपका दर्द विचार रहा हूँ।'' कहकर तुलसी बढ़ चले। कैलासनाथ उनसे लगभग बीस-पच्चीस कदम अपनी पीठ पर लदे बोझ के साथ रेंग चुके थे। जमादार विचार में खोया हुआ सिर झुकाए आगे बढ़ गया। तुलसी ने उत्साह से तेज़ कदम बढ़ाए। और जब तक वह अपने मित्र के पास पहुँचे कि जमादार फिर पलटकर उसके पास आया। पूछा—''नजूमी, तुम उस बाँदी का नाम बतला सकते हो?''

तुलसी ने फिर अक्षर गिने और मीन-मेष विचारकर कहा—''ग अक्षर से उसका नाम आरम्भ होगा, सरकार। वह सुन्दर होगी और कलाकार भी।''

जमादार की आँखें चमक उठीं, फिर सोच में पड़ गया, पूछा—''यह शादी मेरे हक में होगी?''

''नागिन नागों में ही अपना जोड़ा ढूँढ़ती है, जमादार जी। आपके हक में वह ज़हरीली है।''

''इससे बच निकलने का क्या मेरे लिए कोई रास्ता नहीं है?''

तुलसी ने अपनी पीठ का बोझ धम्म से धरती पर पटक दिया। अब्दुल्ला बेग यह देखकर चौंका। लेकिन बोला नहीं। तुलसी की मुख-मुद्रा गम्भीर थी और वह अपनी उँगलियों के पोरों को अँगूठे से गिन रहे थे। गणित करके उन्होंने कहा—

''एक बात पूछूँ? गुस्सा तो न होंगे?''

''पूछो।''

''यह स्त्री चोरी का माल है? आपके मालिक ने इसे कहीं से चुराया है?''

''हाँ, ठीक है।''

''जमादार जी, आग से न खेलिए, आपकी जान खतरे में पड़ जाएगी। अभी से जतन करें तो बच भी सकते हैं।''

''लेकिन वह औरत जिसके पास है वह बहुत ताकतवर आदमी है।''

''हो सकता है, लेकिन नियति का चक्र मनुष्यों से अधिक ताकतवर होता है।'' कहकर वे अपना बोझ फिर लादने लगे। अब्दुल्ला बेग पीछे की ओर लौट गया।

तुलसी फिर से कैलास के साथ हो लिए। कैलास ने पूछा–"यमदूत तुमसे क्या कह रहा था?"

"अरे वह हमारे लिए रामदूत सिद्ध होगा। मेरी ज्योतिष कहती है कि उसे राम ने ही हमें संकट से उबारने के लिए भेजा था।"

"बात क्या हुई?"

"उसका भविष्य मैंने विचारा था। गहरे संकट में है।"

"क्या वह तुमसे प्रभावित हुआ?"

"लगता तो है।"

"हाँ, मुक्ति का कुछ उपाय अब तो शीघ्र ही होना चाहिए। इतना बोझ उठाने का पहले कभी अवसर नहीं पड़ा था। कमर झुकी जाती है। पैर साधते-साधते भी लड़खड़ा जाते हैं। जाने कौन पाप किए थे, राम!" कहते हुए कैलासनाथ की आँखें भर आईं।

तुलसी ने सान्त्वना देते हुए कहा–"हारिए न हिम्मत बिसारिए न राम। हनुमान जी अवश्य ही हमारी रक्षा करने के लिए आएँगे। मेरा मन कहता है।"

"दूसरों के पापों की गठरी अपनी पीठ पर लादकर चलना मेरे मन को मर्मांतक कष्ट दे रहा है। तुलसी भाई दासता अति कठिन होती है। मृत्यु उसके सामने बहुत ही रमणीय लगती है। भगत जी की बात न मानकर हमने अच्छा नहीं किया।"

दुःख-सुख कहते, रोते-हँसते, राम-राम करते दोपहर में कुलियों के चने-चबेने का समय आ पहुँचा। एक बड़ी बावली के निकट सबने अपनी-अपनी पीठों पर लदे बोझों को उतारा। पीठ सीधी की और सबेरे चलते समय बाँटे गए गुड़-चने की अपनी-अपनी पोटलियाँ खोलने लगे। जमादार उसी समय फिर तुलसी के पास आ पहुँचा और कहा–"मेरे साथ चलो।"

"साहब, मेरे साथी को भी ले चलिए।"

"नहीं, तू अकेला चल।"

"तब तो आप मुझे मार भी डालें तो भी मैं नहीं जाऊँगा।"

"अच्छा, तुम दोनों चलो। मैं अभी तुम्हारे बोझों को ढोने का इन्तज़ाम करके आता हूँ।"

दोनों मित्र आगे बढ़कर एक जगह खड़े हो गए। कैलास का चेहरा खिल उठा था, कहने लगे--"लगता है कि राम जी हमारी रक्षा कर लेंगे।"

जमादार तुर्क था मगर दो पीढ़ी से हिन्दुस्तान मैं बसा हुआ था। ऊँचे उठने के लालच में वह एक कच्चा खेल खेल गया था जिसके अन्तिम परिणाम पर तुलसी की ज्योतिष के उजाले में नज़र जाते ही जमादार अपने होश में आ गया।

गुलनार ठेठ आजरबैजानी माल थी, कहीं कोहकाफ के आसपास की। कहते हैं कि गुलाब के आसपास की मिट्टी में भी महक आ जाती है, गुलनार में भी कोहकाफ की परियों का, ऐसे ही कुछ दूर-दराज़ का असर अवश्य दीख पड़ता था। नायब सूबेदार करीम खाँ ने उसे लाहौर के बाज़ार से खरीदा था।

अब्दुल्ला बेग का हाकिम नायब सूबेदार अदहम खाँ था। वह अकबर को दूध पिलाने वाली धाय माहमअनका का पुत्र था। स्वभाव से कुटिल, स्वार्थी और विलासी। आयु में वह अभी सोलह-सत्रह वर्ष से अधिक नहीं था। अकबर का उसके प्रति ममत्व था, यद्यपि वह उसके स्वभाव को पसन्द नहीं करता था। अकबर के संरक्षक बैरम खाँ ने माहमअनका के इस बेटे को कभी पसन्द नहीं किया। लेकिन बादशाह की सिफारिश से उसने शाही ज़नानखाने और मालखाने की रक्षक और प्रबन्धक सेना में उसे नायब का पद दे रखा था। करीम खाँ यद्यपि भारतीय पंजाबी मुसलमान था फिर भी बैरम खाँ उसकी स्वामिभक्ति और योग्यता से सन्तुष्ट था। अनेक ईरानी, तूरानी नायबों से अधिक वह उसका विश्वास करता था। बादशाह के दूधभाई अदहम खाँ को किसी हिन्दुस्तानी मुसलमान के आधीन रहकर काम करना बहुत अपमानजनक लगता था। लेकिन इस अपमान से न तो उसकी माँ उसे बचा सकती थी और न स्वयं बादशाह ही। करीम खाँ ने जिस दिन गुलनार को खरीदा था उसी दिन अदहम खाँ की कुदृष्टि उसपर पड़ गई थी। उसने अपने विश्वासपात्र अनुचर अब्दुल्ला से कहा कि करीम खाँ इस दासी का भोग न करने पाए। रात होने से पहले ही गुलनार उसके यहाँ से गायब होकर अदहम खाँ के पास पहुँच जाए।

अब्दुल्ला बेग महत्त्वाकांक्षी था। बादशाह के दूधभाई का महत्त्व जानता था। इसीलिए उसने अदहम खाँ से भी बड़े हाकिम की खरीदी हुई बाँदी को उड़ा लाने का दुस्साहस किया। करीम खाँ की एक दासी युवक और अविवाहित अब्दुल्ला बेग पर अनुराग रखती थी। अब्दुल्ला ने उसे अपने प्रेम और अदहम खाँ के पैसे से दबा लिया। झुटपुटे में गुलनार उड़ा ली गई और 'आदमखोर बाघ ले गया-ले गया' की धूम मच गई। दूसरे ही दिन संयोग से फौज को लाहौर से दिल्ली की ओर कूच करना पड़ा। सेना चूँकि तेज़ी से गति कर रही थी इसलिए करीम खाँ अपनी दासी के सम्बन्ध में गहरी खोजबीन न कर पाया। फिर भी पानीपत के करीब पहुँचने तक उसे यह मालूम हो चुका था कि गुलनार को आदमखोर बाघ नहीं बल्कि अधम अदहम खाँ उड़ा ले गया है। वह बड़े ही क्रोध में था। उसने अदहम खाँ के पास तक यह सूचना भेज दी कि वह उसकी आजर-बैजानी दासी को यदि शीघ्र ही लौटाकर उससे क्षमा नहीं माँगेगा तो युद्ध समाप्त होते ही वह बैरम खाँ अतालीकी से निश्चय ही इस बात की शिकायत करेगा। ऐसी हालत में उसे बादशाह का दूधभाई होने के बावजूद जो नतीजा भुगतना पड़ेगा अदहम खाँ उसे अच्छी तरह से जानता है।

अदहम खाँ करीम खाँ से क्षमा माँगने को किसी भी तरह तैयार न था। दूसरे गुलनार ने उससे यह भी कह दिया था कि वह उसका गर्भ धारण कर चुकी है। अदहम खाँ के लिए फिर यह सोचना तक असह्य था कि उसकी सन्तान उसके दुश्मन की दास कहलाए। गुलनार स्वयं भी अब अदहम खाँ को नहीं छोड़ना चाहती थी। लेकिन अदहम खाँ को अपनी नौकरी और जान भी प्यारी थी। अपनी आन और जान दोनों की रक्षा करने के लिए अदहम खाँ ने एक उपाय सोचा। उसने गुलनार का विवाह अब्दुल्ला बेग से कराने की युक्ति सोची। योजना बनी कि कह दिया जाएगा कि रात को यह औरत भागकर अब्दुल्ला के खेमे में घुस गई और गिड़गड़ाकर शरण

माँगने लगी। कहा कि हेमू बक्काल के महलों की दासी हूँ, हाल ही में खरीदी गई थी। अब्दुल्ला ने देखा कि औरत अच्छी है, मुसलमान है, बाप-दादों के इलाकों की है और वह चूँकि कुँवारा था इसलिए उसने जब अदहम खाँ से सारी बात कही तो उसने दोनों का निकाह पढ़वा दिया। अब वह एक तुर्की मुसलमान की ब्याहता बीवी है। उसे कोई नहीं छीन सकता। यह योजना बनाकर अदहम खाँ ने सोचा था कि कुछ दिनों के बाद मामला जब ठण्डा पड़ जाएगा और अगर उसे गुलनार से बेटा हुआ, तो अब्दुल्ला से तलाक दिलवाकर वह उसे अपने पास फिर से ले आएगा।

अदहम खाँ की इसी युक्ति में नियति ने तुलसी और कैलासनाथ के भाग्य का संयोग भी जोड़ दिया था। तुलसी की भविष्यवाणी सुनकर अब्दुल्ला जमादार अपनी जान बचाने के लिए मन में कुलाबे भिड़ाने लगा। अब्दुल्ला महत्त्वाकांक्षी अवश्य था, जीहुजूर भी था मगर पराया पाप बिना किसी लज़्ज़त के अपने सिर पर मढ़े जाना उसे तनिक भी स्वीकार न था। वह अदहम खाँ की सारी चतुराई भाँप गया था। झूठा निकाह पढ़वाकर हाकिम की धरोहर अपने पास रखने के लिए वह हरगिज़ तैयार नहीं था। मगर वह अदहम खाँ के सामने इनकार करने का साहस भी नहीं कर सकता था। हिन्दुस्तानी तुर्क अब्दुल्ला भी अपनी आन और जान बचाने के लिए खालिस तुर्क अदहम खाँ का दुश्मन बन गया। उसने नायब करीम खाँ को बतला दिया कि अगर वह इसी वक्त सरकारी दौड़ ले आए तो अदहम खाँ के खेमों से गुलनार बरामद की जा सकती है।

संयोग से अदहम खाँ ने तय की हुई योजना उसी दिन बदल दी। उसके एक साथी तुर्क मोनेम खाँ की फूफी शाहज़ादे की तातारी बेगम के महल की बाँदी थी। अदहम खाँ ने मोनेम खाँ की सलाह से गुलनार को शाही डोली पर चुपचाप शाही बान्दियों के महल्ले में भिजवा दिया था। जब नायब करीम खाँ सिपाहियों की दौड़ लेकर उसके यहाँ तलाशी लेने आया तो चिड़िया उड़ चुकी थी। अदहम खाँ ने त्योरियाँ चढ़ाकर करीम खाँ को सरेआम कहनी-न कहनी सुनाई।

बेचारे अब्दुल्ला की जान अब सीधी दो चक्कियों के पाटों में आ गई थी। उसका हाकिम नायब अदहम खाँ और आलाहाकिम नायब करीम खाँ दोनों ही उसपर शक कर रहे थे इसलिए तुलसी की भविष्यवाणी का उसपर तात्कालिक प्रभाव पड़ा था और उसने अपनी दौड़-धूप आरम्भ की थी।

कैलास और तुलसी को एक जगह अलग खड़ा करके तथा उनपर लदे माल को दूसरों पर लदवाने का प्रबन्ध करके अब्दुल्ला उन दोनों को लेकर एक सन्नाटे की जगह में चला गया। उसने घबराकर कहा—"नजूमी, तुम्हारी बतलाई हुई बात सच निकली, मगर उसका असर बड़ा भयानक हुआ जा रहा है। तनिक बिचारो कि मेरी जान को तो कोई खतरा नहीं है?"

तुलसीदास ने गणना करके कहा—"जमादार जी, आप लम्बी तान कर सोइए। आपके दोनों दुश्मनों का आज ही तबादला हो जाएगा। शाम के अगले पड़ाव तक आपका हाकिम बदल जायेगा।"

सुनकर अब्दुल्ला बहुत प्रसन्न हुआ, बोला—''नजूमी, अगर तुम्हारी बात सच निकली तो मैं आज रात में तुमको और तुम्हारे साथी को आज़ाद कर दूँगा और बाकी रास्ते में तुमसे अब बोझा ढोने की बेगार भी नहीं ली जाएगी। लेकिन तुम्हें मेरा एक काम करना होगा।''

''क्या करना होगा?''

''मैं तुमको अदहम खाँ के पास लिए चलता हूँ। तुम्हें किसी जुगत से यह बात अदहम खाँ के मन में बैठानी ही होगी कि उसके यहाँ तलाशी लाने में मेरा तनिक भी हाथ नहीं था। अदहम खाँ बादशाह का दूधभाई है। अब तक मुझसे खूब राज़ी भी रहा है, आगे भी वह मेरी मदद कर सकता है। मैं उससे बिगाड़ हरगिज़ नहीं करना चाहता।''

सुनकर तुलसीदास ने सलाह के लिए कैलासनाथ की ओर देखा। कैलास ने आँखों ही से संकेत करके अपनी सहमति प्रदान की और अब्दुल्ला एक मातहत को कुलियों का काफिला आगे बढ़ाने का हुकुम देकर उन दोनों के साथ नायब अदहम खाँ की ओर चल दिया।

शाही बेगमों, रखैलों, नाचनेवालियों, बाँदियों तथा दूसरे-तीसरे वर्ग तक के ओहदेदारों की स्त्रियों का काफिला एक साथ चलता था। उनकी रक्षा के लिए सेना की दो टुकड़ियाँ चलती थीं। अदहम खाँ उन्हीं के साथ पीछे आ रहा था। वह उस समय बहुत ही तैश में भरा हुआ था। अब्दुल्ला पर यद्यपि इस समय तक उसके मन में कोई खास शक तो पैदा नहीं हुआ था ताहम इस समय अपने सौभाग्य से दीपित आवेश में यह हर एक को अपने आगे तुच्छ बना रहा था। अब्दुल्ला तो मातहत होने की वजह से यों भी तुच्छ ही था। उसको देखते ही वह भड़क पड़ा—''तू अपना काम छोड़कर यहाँ क्यों आया?''

अब्दुल्ला गिड़गिड़ा कर बोला—''सरकार को मुबारकबाद देने आया हूँ। मुझे तो इस नजूमी ने बतला दिया था कि आप पर खुदा मेहरबान है, तनिक भी आँच नहीं आएगी। मैं इसीलिए इनको आपकी खिदमत में ले आया हूँ। मगर वल्लाह तारीफ है उस हुजूर की दूरंदेशी की जो पहले ही से उन आनेवाले खतरों को भाँप लेती है। कल तक तो हूज़ूर ने मुझसे कुछ और ही बात कह रखी थी।''

अदहम खाँ खुशामद से ढीला पड़ा, बोला—''अल्लाह का शुक्र है। वही दुश्मनों को तबाह करता है। नजूमी, यह बतलाओ कि अभी हाल में ही हमने जो काम किया है उसका आखिरी अन्जाम क्या होगा?''

तुलसी विचार करके बोले—''हुज़ूर, जिस वस्तु को आप अपने यहाँ से निकाल चुके वह अब आपके पास लौटकर नहीं आएगी।''

सुनकर अदहम खाँ की त्योरियाँ कुछ-कुछ चढ़ गईं। मन में इस समय अपने जीत के नशे में गुलनार बहुत ही प्यारी लग रही थी। वह उसे छोड़ने के लिए तैयार नहीं था। इसीलिए तुलसी की बात सुनकर उसका मिजाज बिगड़ने लगा।

कैलासनाथ का ध्यान उधर गया। उन्होंने तुरन्त ही हाथ जोड़कर कहा—''हुज़ूर, मेरे साथी अल्लाह-ईश्वर के बड़े भगत भी हैं। इनकी बात में आपकी भलाई के सिवा और कुछ नहीं हो सकता।''

अदहम खाँ के क्रोध के उबाल पर मानो ठण्डे पानी का छींटा-सा पड़ा। पलभर चुप रहकर उसने फिर पूछा–"वह माल कौन ले जाएगा?"

तुलसीदास ने विचार कर कहा–"किसी बहुत ऊँचे घराने का आदमी।"

"उसकी औलाद क्या होगी?"

"लड़का!" तुलसीदास ने विचार कर फिर कहा–"वह राजा बनेगा।"

"क्या उससे या उसकी वालिदा से मेरी फिर कभी मुलाकात होगी?"

"माँ से कभी नहीं किन्तु बेटे से होगी...। न होती तो अच्छा होता।"

"क्यों?"

"लड़ाई के मैदान में या तो वह आपकी हत्या करेगा या आप उसे मारेंगे।"

अदहम खाँ का तेहा फिर भड़का, आँखें लाल हुईं। वह तुलसी के प्रति कोई कड़ा आदेश देने ही जा रहा था कि अचानक कुछ विचार आते ही गम्भीर हो गया, बोला–"ऐ बिरहमन, मुझे तुम्हारी सच्चाई का इम्तहान लेना होगा। तुम मुझे कोई ऐसी बात बतलाओ जो घड़ी-आध घड़ी या सूरज ढले से पहले तक होने वाली हो।"

तुलसी ने तुरन्त उत्तर दिया–"थोड़ी ही देर में सरकार का तबादला दूसरी फौज में हो जाएगा।"

अदहम खाँ चौंका, फिर उसके चेहरे पर आश्चर्य-भरी खुशी झलकी, पूछा–"क्या मेरी तरक्की होगी?"

"जी हाँ।"

"मेरे दुश्मन का क्या अन्जाम होगा?"

"उसका भी तबादला होगा हुजूर, और आज ही होगा।"

"क्या उसकी भी तरक्की होगी?"

"हाँ, अन्नदाता! लेकिन वह शीघ्र ही मारा जाएगा।"

अदहम खाँ के चेहरे पर तुलसी की बात के पूर्वार्द्ध ने ईर्ष्या की भड़क उठाई और बाद की बात ने सन्तोष की झलक भी। वह दो पल चुप रहा, फिर कहा–"अब्दुल्ला, इन ब्रह्मनों को आज शाम तक अपनी निगरानी में रक्खो।"

शाम को पड़ाव पर पहुँचने तक जमादार अब्दुल्ला को अदहम और करीम खाँ के तबादले का समाचार मिल चुका था। करीम खाँ बैरम खाँ के अंगरक्षकों में नियुक्त हो गए थे और अदहम खाँ को सूबेदारी मिली थी। अब्दुल्ला का नया हाकिम एक अधेड़ तातारी था जो मदक पीने के लिए खासा बदनाम भी था। अपने ज्योतिषी बन्दी के प्रति अब्दुल्ला की आस्था अब बहुत बढ़ गई थी, इसलिए मुक्त करने से पहले वह तुलसी को अपने नए हाकिम के पास भी ले जाना चाहता था। उसने तुलसी से अपने नए हाकिम के सम्बन्ध में पूछा कि उसके साथ उसकी कैसी निभेगी?

तुलसी ने कहा–"सूर्यास्त के बाद मैं ज्योतिष की गणना नहीं करता। अपने बचन के अनुसार आप मुझे अब मुक्ति प्रदान करें।"

सुनकर अब्दुल्ला को क्रोध आ गया, उसने कहा–"तब फिर तुम्हें भी कल ही आज़ादी मिलेगी।"

दूसरे दिन नए हाकिम ने, जिसे सब लोग पीठपीछे मदकची बेग के नाम से पुकारते थे, कुलियों के जमादार अब्दुल्ला को सुबह मुँह अँधेरे ही बुलवा भेजा। उसके सामने पहुँचते ही मदकची बेग ने एकाएक भड़ककर कहा—"क्यों बे उल्लू के पट्ठे, ऐसी बेहूदा औरत कल रात तूने मेरे पास भेजी कि सोते में खुर्राटे भर-भरकर सारी रात मुझे परेशान करती रही।"

अब्दुल्ला जमादार डर के मारे थर-थर काँप उठा। उसने गाँव से पकड़ी गई हेमू के रसद व्यवस्थापक की रखैल को मदकची के पास भेजा था। वह अफीम, भंग आदि अमल तैयार करने और अपने बूढ़े मालिक को कोरी बातों से ही सन्तुष्ट करके सुला देने के लिए गाँव में सविनोद प्रख्यात थी। अब्दुल्ला ने तो उसकी यह मनोरंजक ख्याति सुनकर तथा उसका नाक-नक्शा सिजल देखकर ही भेजा था। मगर नरगिस आलसियों की सरदारिनी भी थी, यह उसे नहीं मालूम था। नरगिस से चूक यह हुई कि उसने मदकची बेग के अमल की मात्रा को कम समझा। आधी रात तक तो उसने मदकची बेग को रिझाने का अच्छा प्रयत्न किया, किन्तु उसके बाद वह सो गई। मदकची बेग का नशा जल्दी ही उचट गया। पिनक से होश में आने पर उसने देखा कि नरगिस खुर्राटे भर रही है। उसने जगाकर उसे अफीम घोलने का हुक्म दिया। नींद की मारी नरगिस अनख कर उठी और उसने दो कटोरियों में चटपट अफीम उंडेली। दुर्भाग्य से कम अफीम वाली कटोरी, जो कि उसने अपने वास्ते घोली थी, बूढ़े तातारी को दे गई और गहरी वाली खुद पी गई। इसके बाद वह तो अन्टागफील होकर खुर्राटे भरने लगी मदकची बेग थोड़ी देर के बाद ही फिर अपनी पिनक से जाग पड़ा और अपनी अंकशायिनी के खुर्राटों से परेशान होता रहा।

तातारी हाकिम के गुस्से का कारण उसी की उबलन-भरी बातों से जानकर अब्दुल्ला समझ गया कि नया हाकिम खासा बौड़म आदमी है। उसे अपने मातहतों पर हुकूमत करना नहीं आता। उसका भय कुछ-कुछ कम हुआ। उसने खुशामदाना अन्दाज़ में झुककर कहा—"हुजूरेआली, यह कम्बख्त हिन्दुस्तानी औरत हुजूर के अमल करने की ताकत को सही तरीके से आँक न सकी। मैं आज ही उसका कत्ल करवा दूँगा।"

"नहीं, नहीं, वह बेवकूफ भले ही हो मगर सेज पर मौजे-दरिया की तरह लहराती है। मैं उसको एक मौका और देना चाहता हूँ। तुम उसे सिर्फ इतना ही समझा दो कि मैं बहुत बड़ा हाकिम हूँ और अगर उसने मेरी खिदमत ठीक तरह से नहीं की तो मैं उसकी बोटी-बोटी नुचवा दूँगा।"

"जी बहुत अच्छा हुजूर।"

"उसे इसी वक्त जाकर जगा दो। कम्बख्त मुझसे जागती भी तो नहीं।"

अब्दुल्ला ने उसे भीतर जाकर चुटकियाँ काट-काटकर बाद में तमाचे मारकर जगाने की कोशिश की मगर वह मुर्दों से बाजी लगाकर सो रही थी। अब्दुल्ला को कुछ न सूझा तो तैश में आकर उसकी एक टाँग और हाथ पकड़कर धम्म से ज़मीन पर गिरा दिया। तब नरगिस की नींद टूटी।

धमाके की आवाज़ सुनकर मदकची बेग भीतर पहुँच गया और उसे ज़मीन पर गिरा हुआ देखकर अब्दुल्ला पर नाराज़ हुआ। अब्दुल्ला ने बात बनाई, कहा—"हुज़ूर

इसे मैंने नहीं गिराया बल्कि मौजे-दरिया की तरह यह इतनी ज़ोर से उठी कि आप ही आप उछलकर जमीन पर गिर पड़ी।''

नरगिस बड़बड़ाई। उसके चेहरे पर गिड़गिड़ाहट का अन्दाज़ था। मदकची बेग ने अब्दुल्ला से पूछा—''यह क्या कह रही है?''

अब्दुल्ला ने चूँकि नरगिस की बात को स्वयं भी न समझा था इसलिए बात बनाई, हाथ बाँधकर कहा—''हुजूरेआली, यह कहती है कि इसने आपको उड़न-खटोले की सैर कराने के ख्याल से छलाँग लगाई थी, लेकिन मुझे देखते ही शर्म और नफरत के मारे गिर पड़ी।''

''ठीक है, ठीक है। उससे कहो कि हमको यों ही खुश किया करे।''

अब्दुल्ला ने नरगिस को अमल तैयार करने की आज्ञा दी और हिन्दी में उससे कहा—''इसे गहरा नशा पिला, नहीं तो सबेरा होते ही यह तेरी और मेरी गर्दन उड़वा देगा।'' नरगिस ने फिर मदकची बेग को गहरी घोलकर ऐसी नशीली चितवन से पिलाई कि सुबह पड़ाव उठने तक वह जाग ही न पाया। सबेरे अब्दुल्ला ने आकर तुलसी से कहा—''बिरहमन फौरन मेरे साथ चलो। सूबेदार साहब ने तुम्हें याद फर्माया है।''

तुलसी और कैलासनाथ को लेकर अब्दुल्ला बेग चला। नया सूबेदार अदहम खाँ अपने खेमे के अन्दर बैठा हुआ एक मुगल बुज़ुर्ग से बातें कर रहा था। तुलसी को भीतर बुलवा लिया। कैलासनाथ खेमे से बाहर ही रहे। खेमे में प्रवेश करते हुए तुलसी को अब्दुल्ला बेग की तरह ही झुककर दोनों हाथों से सलाम करनी पड़ी। अदहम खाँ ने मुस्कराकर कहा—''बिरहमन तुम होशियार नजूमी हो, हम तुमसे खुश हैं।''

''तो श्रीमान् जी फिर मुझे और मेरे साथियों को मुक्त करें।''

''हमने तुम्हें एक जायचा देखने के लिए बुलवाया है।'' कहकर उसने तख़्ती और लिखने की बत्ती मँगवाई। उसके कोने पर मुगल बुज़ुर्ग ने एक राशि-चक्र खींचा। तुलसी को थोड़ी देर मुश्तरी को बृहस्पति और ज़ोहरा को शुक्र के रूप में समझने में लगी। ग्रहों और राशियों के भारतीय नाम समझकर तुलसी कुण्डली विचारने लग गए। कुछ ही पलों में वह प्रसन्न होकर बोले—''यह कुण्डली किसी बड़े ही चमत्कारी पुरुष की लगती है। ऐसे लोग कम देखने में आते हैं।...वाह! यह किसकी कुण्डली है, सूबेदार साहब?''

''इससे तुम्हें कोई वास्ता नहीं। तुम खुद ही बतलाओ कि यह कौन हो सकता है।''

अब्दुल्ला बेग ने अदहम खाँ और मुगल बुज़ुर्ग को तुलसी की हिन्दी में कही हुई बात को फारसी भाषा में समझाया। सुनकर मुगल बोला—''इसके कुछ गुज़िश्ता हालात बयान करो।''

''साहब, यह है तो अभी बालक ही परन्तु अद्भुत नक्षत्रधारी है। यह व्यक्ति परम अभागा और परम सौभाग्यवान एक साथ है। इसके जन्म के समय इसके माता-पिता पर बड़ा संकट आया होगा। बचपन में इसे अपने माता-पिता से अनेक

वर्षों तक अलग भी रहना पड़ा होगा। और इसने अपने माता-पिता का राज्य भी छोटी आयु में ही पाया होगा।''

अदहम खाँ ने पूछा–''इसकी मौत कब होगी?''

तुलसी कुण्डली देखते हुए हँसे, बोले–''जिसके राम रखवारे हों, उसे कोई मार नहीं सकता। इस बालक नृपति ने अब तक अनेक बार यमदूतों को पछाड़ा होगा। यह राम जी का आदमी है, इस संसार में उन्हीं का काम करने के लिए जन्मा है।'' तुलसी की बात सुनकर मुगल का चेहरा खिल उठा किन्तु अदहम खाँ का चेहरा कठोर हो गया। उसने पूछा–''मैं कब बादशाह बनूँगा, नजूमी?''

तुलसी ने विचारकर कहा–''इस जन्म में कदापि नहीं।''

खुशामदी अब्दुल्ला बेग अपनी स्वामी से ऐसी स्पष्ट बात कहने का साहस न कर सका। उसने अनुवाद करते हुए अदहम खाँ से कहा–''हज़रतेआली, यह कहता है, हुजूर बादशाह पर हुकूमत करेंगे।''

अदहम खाँ को बात सुनकर क्रोध तो न आया किन्तु सन्तोष भी न हुआ। उसने फिर पूछा–''बैरम खाँ कब मरेंगे?''

''चार वर्ष बाद।''

''क्या मुझे बादशाह से वही दर्जा मिलेगा जो बैरम खाँ को हासिल है?''

''हुज़ूर सिपहसालार बनेंगे, अच्छे दिन देखेंगे और अगर सम्भल कर चलेंगे तो इस कुण्डली वाले प्रतापी पुरुष की छत्रयाया में बड़ा सुख भोगेंगे। लेकिन जान पड़ता है, अन्नदाता वह सुख भोग नहीं पाएँगे।''

अब्दुल्ला बेग फिर उलझन में पड़ा। उसने तुलसी से हिन्दी में कहा–''नजूमी, अगर तुम्हें अपनी जान प्यारी हो तो ऐसी बातें मुँह से न निकालो।''

''मैं क्या करूँ जमादार जी, प्रश्न का समय इनके अनुकूल नहीं है। अपने दम्भ के कारण यह ऊँचे दिन देखकर गिरेंगे और सम्राट की ओर से इन्हें प्राणदण्ड भी दिया जाएगा।''

अदहम खाँ ने अब्दुल्ला से पूछा–''यह क्या कह रहा है?''

अब्दुल्ला ने सम्भलकर उत्तर दिया–''हुज़ूर इसका कहना है कि सरकार बादशाह को कभी नाखुश न करें। आपको जो कुछ भी हासिल होगा वह आखुन्दआलम की मेहरबानी से ही हासिल होगा।''

कुण्डली देखते-देखते एकाएक तुलसी बोले–''राजों-सम्राटों में भी ऐसी जन्मकुण्डली किसी बिरले पुरुष की ही होती है, सूबेदार जी! यह सम्राटों का सम्राट होगा। लेकिन पैदल चलने में इसके समान कोई दूसरा आदमी नहीं हो सकता। जब यह किसी पर दयालु होगा तो उसे निहाल कर देगा लेकिन क्रोध आने पर इसकी क्रूरता को देखकर स्वयं यमराज भी सिहर उठेंगे। यह परम धार्मिक और परम विलासी होगा।''

अदहम खाँ हँसा, बोला–''दीनपरस्त यह चाहे हो या न हो मगर नफसपरस्त तो यकीनन है। आफताब खाँ, यह काफिर नजूमी तुम्हें यकीनन खुश कर रहा होगा, क्योंकि तुम भी तो थोड़ी देर पहले यही सब कह रहे थे।''

आफताब खाँ बोले—"यकीनन यह जवान अपने फन में माहिर है। इसकी पेशानी देखकर मैं यह सोचता हूँ कि यह नजूमी भी अकबरशाह की तरह ही दुनिया में कुछ कर गुज़रने के लिए ही आया है। एक दिन सारी दुनिया इसके कदम चूमेगी और एक मानी में यह अकबरशाह से ज़्यादा बड़ी सल्तनत का मालिक बनेगा।"

अदहम खाँ की त्योरियाँ चढ़ गईं। घृणा-भरी दृष्टि में तुलसी की ओर देखकर उसने आफताब खाँ से कहा—"आफताब मियाँ, ज़रा यह तो बतलाइए कि इस नजूमी का सर अपने धड़ पर और कितनी देर कायम रहेगा?"

"यह काफिर जल्द मरने के लिए पैदा नहीं हुआ है खाँ साहब, इसे कोई नहीं मार सकता।"

अदहम खाँ को ताव आ गया, लाल आँखें निकालकर बोला—"अब्दुल्ला बेग, इस नजूमी को बाहर ले जाओ और इसकी गर्दन काटकर मेरे आगे पेश करो।"

लेकिन उसी समय एक दासी आई, उसने कहा—"हुजूरेआलिया ने हुजूर फ़ैज़ गंजूर को याद फर्माया है।"

अदहम खाँ के माथे पर बल पड़ा, पूछा—"ऐसा क्या काम आ पड़ा?"

"हुजूर मरियम मकानी ने हुजूरेआलिया को अभी अपने खेमे में बुलवाया था। वहाँ से तशरीफ लाते ही जनाबेआलिया ने इस कनीज़ को आपकी खिदमत में भेजा है।"

"अब्दुल्ला बेग इस नजूमी को फिलहाल अपनी नज़रबन्दी में रक्खो। कल सुबह यहाँ से कूच करने के पेश्तर मैं इसका सर धड़ से जुदा देखना चाहता हूँ। इसके कत्ल का कोई अच्छा-सा बहाना भी तुम्हें खोजना होगा।"

अब्दुल्ला ने सिर झुकाकर सूबेदार की आज्ञा सुन ली। आफताब मियाँ फिर हँसे, बोले—"आलीजनाब, मैं फिर अर्ज़ करता हूँ कि इस शख्स को कोई मार नहीं सकता।"

मसनद से उठते हुए नौजवान अदहम खाँ की त्योरियों में फिर बल पड़ा, बोला—"आफताब मिर्ज़ा, आप बुज़ुर्ग हैं, मुझे चुनौती मत दीजिए।"

आफताब मिर्ज़ा ने फिर उसी बेफिक्री से कहा—"जनाबेआली, अल्लाह से बड़े होने की कोशिश न करें।"

अदहम खाँ की आँखें क्रोध से लाल हो उठीं। खड़े होकर तलवार म्यान से निकालते हुए तुलसी की तरफ आवेश में झपटा। तुलसी एक पग पीछे हटे लेकिन अदहम खाँ का शरीर झपटते ही अचानक थरथराया और धड़ाम् से गिर पड़ा। वह बेहोश हो गया, उसका मुँह टेढ़ा पड़ने लगा था। उसके बाएँ अंग पर फालिज गिरा था।

बाँदी घबराकर अपनी स्वामिनी के पुत्र को देखने लगी। अब्दुल्ला भी नीचे झुका। आफताब मिर्ज़ा बोले—"अब्दुल्ला, खुदा से बैर मौल न लो। इसे फौरन ही आज़ाद कर दो। यह काफिर फकीरों का शाहंशाह है।"

तुलसी और कैलास ही नहीं वरन् उनके आग्रह से ब्रज की यात्री मण्डली भी छोड़ दी गई। अब्दुल्ला ने चलते समय तुलसी के प्रति बड़ा आदर-भाव दिखलाया और कहा—"नजूमी, हमारे हक में अपने खुदा से दुआ माँगना। आफताब मिर्ज़ा बहुत बड़े नजूमी हैं। माहमअनका इन्हें बहुत मानती हैं। लेकिन यह नालायक अदहम खाँ बड़ा मगरूर और बेवकूफ है।"

18

अब्दुल्ला ने मुक्त करते समय तुलसी को चाँदी के बीस दिरहम सिक्के भी नज़र किए थे। तुलसी अपने तथा अपने साथियों के मुक्त हो जाने के कारण बड़े ही प्रसन्न थे।

छूटते ही वे मेघा भगत की टोह में लगे। उन्हें खोजने में विशेष कठिनाई न हुई। सेना से लगभग पाव कोस अलग हटकर वे बराबर साथ ही साथ चल रहे थे पास पहुँचकर मेघा भगत के पैर छूकर कहा—"आपकी कृपा से ही यह संकट टला है। अद्भुत चमत्कार हुआ। मुझे ऐसा लगता है कि राम जी ने नन्ददास की रक्षा करने के लिए ही मुझे इस अकाल मृत्यु से बचाया है।"

भगत जी हँसे कहा—"राम जी को तुमसे अभी बड़ी सेवा लेनी है भइया। न जाने कितनी विपत्तियों से वे तुम्हें मुक्ति दिलाएँगे। किन्तु अब मैं काशी जाना चाहता हूँ। अब और कहीं नहीं जाऊँगा।"

"किन्तु..."

"चिन्ता की आवश्यकता नहीं। तुम्हें नन्ददास के पास जाना ही है। कैलासनाथ मेरे रक्षक बनेंगे।"

अब्दुल्ला बेग से पाए हुए रुपए तुलसी ने कैलासनाथ को दे दिए और ब्रज की यात्री मण्डली से सिंहपुर ग्राम का मार्ग पूछकर वे पीछे की ओर लौटकर चल दिए। तीसरे दिन दोपहर के समय वह सिंहपुर के निकट पहुँच गए।

"क्यों भाई इस गाँव में कोई ऐसा परेदशी पड़ा है जिसका मन बावला..."

"हाँ-हाँ, वह बावला क्या हुआ है महराज, सारे गाँव को बावला बना दिया है। आप उसे ढूँढते हुए आए हैं?"

"हाँ।"

"उसके नातेदार हैं?"

"हाँ।"

"भाई?"

"हाँ, गुरुभाई। वह इस समय कहाँ होगा?"

प्रौढ़ किसान ने फीकी हँसी हँसकर कहा—"वह हर समय नन्हेमल के घर के आगे ही पड़ा रहता है। उसे जे लाइए महराज, सारी बस्ती के लोग दुखी हैं। ब्राह्मन पण्डित, रूपवान, मीठा, भला, कोई ऐब नहीं। बाकी ऐबों का ऐब यही लग गया है कि उस भली खतरानी के रूप का दीवाना हो गया है। वहाँ भी कोई उत्पात नहीं करता, बस बैठा-बैठा या तो गाता है, या हँसता है, या रोता है। घर वालों की हँसी होती है। वह औरत बिचारी आप आठों पहर रो-रोकर घुली जाती है। नन्हेमल परदेस गए हैं। लोगों को करोध भी आता है, दया भी आती है...क्या करें, कुछ समझ में नहीं आता। उसके साथी छोड़कर चले गए। और यहाँ के लोग मुसीबत में पड़े हैं।"

सुनकर तुलसीदास अत्यन्त गम्भीर हो गए। वह व्यक्ति कहने लगा—"आप उसे जल्दी से जल्दी यहाँ से ले जाइए। आठ-आठ दस-दस दिन न खाता है, न पीता है। सास बिचारी झख मारके बहू के हाथों परोसी पत्तल भिजवाती रही, पर अब बहू बाहर नहीं आती। हठ करती है कि जो मुझे नाहक बदनाम करता है उसे खिलाने नहीं जाऊँगी, चाहे मरे चाहे जिए। आज कई दिनों से भूखा पड़ा है।"

तुलसीदास अब बातें नहीं सुनना चाहते थे, वे नन्ददास के पास पहुँचने के लिए उतावले हो उठे थे, पूछा—"उस ठिकाने तक क्या आप मुझे पहुँचा देंगे।"

"मैं पहुँचा तो ज़रूर देता महराज पर नन्हेमल के यहाँ जाना नहीं चाहता। एक असामी के कारण हम लोगों में दो बरस से खींचतान चल रही है। उनकी गैरहाजिरी में आपको लेकर मेरा वहाँ जाना ठीक नहीं होगा।"

"खैर कोई बात नहीं, आप उस जगह का अता-पता ही बतलाने की कृपा करें।"

"हाँ-हाँ, सामने चले जाइए। नरम-नरम आधा कोस है। वहीं भैंरोपुर बजार है। बस वहाँ पहुँचकर उत्तर की ओर मुड़ जाइएगा। हनुमान जी का मन्दिर पूछ लीजिएगा। बस, मन्दिर से लगी जो पगडंडी दिखाई पड़े पूरब की ओर, उसी पर चल पड़िएगा। जैसे वह घूमे वैसे आप भी घूमिए। सामने नन्हेमल का घर आ गया। उनका घर सबसे अलग कोने में है। बस उसी के सामने नीम के पेड़ तले आपको अपने गुरुभाई मिल जाएँगे।"

भद्र व्यक्ति के द्वारा बतलाए गए पते पर पहुँचने में तुलसीदास को कठिनाई न हुई। नन्ददास धूल में मुँह गड़ाए कराहते हुए स्वर में कुछ बड़बड़ा रहे थे। तुलसी को अपार पीड़ा हुई! वह सुन्दर गौरवर्ण कान्तियुक्त शरीर इस समय धूलभरा म्लान और दुर्बल हो रहा है। शिखा धूल-पसीने से सन-सनकर जटा हो गई है, दाढ़ी भी बढ़ी हुई है। तुलसीदास उसके पास बैठ गए, सिर पर हाथ फेरकर पुकारा—"नन्ददास!"

अपनी रुदन-भरी बड़बड़ाहट में ही नन्ददास ने उत्तर जोड़ दिया—"मर गया नन्ददास। अपनी राह लगो। मेरा जी अपने बस में नहीं है बाबा। मैं तो आप ही मरा जा रहा हूँ।" कहकर वैसे ही मुँह गड़ाए हुए रोने लगे।

"इधर देखो नन्ददास। मैं तुलसी हूँ।" तुलसीदास की बात ने नन्ददास पर इच्छित प्रभाव किया। उनका रोना-बड़बड़ाना रुक गया। तुलसीदास उनके सिर पर

हाथ फेरते हुए बोले—"काशी के बाद यहाँ इस दशा में तुमसे मिलना होगा, इसकी तो मैं कभी कल्पना भी नहीं कर सकता था।"

सिर उठा। चौंकी कनखियों से देखा, फिर काया में कुछ फुर्ती आई, गर्दन भी तनी, रूखी फीकी आँखों में स्निग्धता आई, जीवन चमका। होंठों पर ऐसी करुण मुस्कान थी कि देखकर तुलसीदास का हृदय भर आया। नन्ददास अपने-आपको सम्भालते हुए बोले—"तुम कैसे आ गए भैया?"

"प्रीति-डोर में बँधकर।"

नन्ददास की आँखें छलछला उठीं, भरे कण्ठे से कहा—"उसी में बँधकर तो मेरी ऐसी दशा हुई है।"

"कितने दिनों से यहाँ हो?"

प्रश्न सुनकर नन्ददास सामने वाले घर की ओर देखने लगे। द्वार की ओर देखा तो आँखें दोबारा उमड़ीं, काँपते स्वर में कहा—"पता नहीं।"

"तुम्हें क्या कष्ट है?"

"कुछ नहीं।"

"तुम फिर यहाँ क्यों पड़े हो?"

"पता नहीं।" कहते हुए नन्ददास की आँखें सामने द्वार से लगी रहीं। आँखें भरी तो थीं ही और भर उठीं। गोरे-मैले गालों पर धारें बह चलीं। तुलसी के कलेजे में मोहिनी को लेकर अपनी दीवानी टीस याद आई। एक बार तो बीते हुए क्षणों में एक साथ सिमट कर लीन हो गए, परन्तु वैसे ही मन के भीतर 'हर-हर' की आवाज़ सुनी। तुलसी को लगा कि यह स्वर उनके संरक्षक गुरु नरहरि बाबा का है। इस चेतावनी से मन और विकल हुआ; दृष्टि भी चंचल हुई, पर जिधर जाती थी उधर मोहिनी ही मोहिनी दिखलाई देती थी। बिम्ब में मोहिनी और ध्वनि में गुरु-स्वर एक-दूसरे के पीछे दौड़ते चले। 'हे राम' शब्द बड़ी करुणा से फूटे और आँखें मिच गईं।

ध्यान में युगल चरण देखने का उपक्रम चला। मोहिनी यहाँ भी धँसने का प्रयत्न करने लगी किन्तु तुलसी अब सचेत और सुस्थिर थे। ध्यान युगल चरणों को ही अपने में लाकर सन्तोष पाएगा। और वह सन्तोष अन्ततोगत्वा उन्हें मिलने लगा। मन की मुद्रा शान्त हुई। नन्ददास एक विरह-भरा पद गाने लगे थे। तुलसी का ध्यान उनके दर्द-भरे स्वर से भंग हुआ। वे नन्ददास को भावभीनी दृष्टि से देखने लगे। साक्षात् वेदनामूर्ति बने हुए नन्ददास बड़ी तड़प के साथ गा रहे थे। उनकी आँखें मुँदी हुई थीं और चेहरे पर अपार शान्ति विराज रही थी।

तुलसीदास को लगा कि राम को देखने की ऐसी अनन्य लगन जो मुझे लग जाय तो फिर बेड़ा ही पार हो जाय। धन्य है नन्ददास की यह प्रीति। धन्य है वह आलम्बन जिसके सहारे यह प्रीति बेल चढ़ी।

तुलसी की सराहना की तरंग अभी नीची भी नहीं हुई थी कि सामने का बन्द द्वार खुला। आधे घूँघट से ढँका एक सुन्दर शालीन मुखड़ा झलका। उसके हाथ में भोजन का थाल है। युवती के पीछे उसकी बुढ़िया सास भी आ रही है। तुलसी समझ गए कि नवयुवती नन्हेमल की तीसरी पत्नी है और नन्ददास की प्रिया है।

युवती ने नन्ददास के पास एक और व्यक्ति को बैठे देखा तो ठिठक गई। दोनों हाथ थाली में फँसे थे। वह अपने घूँघट को और गिरा नहीं सकती थी, हाथ केवल उचक कर फिर बेबसी की हालत में आ गए। आँखों की पुतलियों में एक नई ज्योति और चेहरे पर कसाव आया। झिझकते हुए पैर फिर तेज़ी से आगे बढ़ गए।

नन्ददास आँखें मूँदे अपने गीत में रमे हुए थे। उन्हें यह होश नहीं था कि उनके सामने उनकी इष्टदेवी आ गई है।

तुलसीदास ने एक बार फिर युवती को देखा। वह सचमुच सुन्दरी थी। उसका सौन्दर्य इस समय वेदना से तपकर और भी निखर उठा था। नन्ददास पर एक दृष्टि डालकर उसने तुलसीदास की ओर एक बार सतेज दृष्टि से देखा। फिर आँखें झुका लीं। कहा–"पालागन महाराज, क्या आप इनके कोई लगते हैं?"

"हाँ माई। आप इसे क्षमा करें। दरअसल इसे भक्ति का अचेत उन्माद हुआ है। मेरे भाई को आपके रूप में साक्षात् देवीशक्ति के दर्शन हुए हैं। यह अभी अपनी उपलब्धि को समझ नहीं पाया है। इसे कृपापूर्वक क्षमा कर दें।"

नन्ददास युवती का स्वर कानों में पड़ते ही गाना रोककर उसकी ओर अपलक दृष्टि से देखने लगे थे। उनकी आँखों की पुतलियों में तृप्ति और प्यास दोनों ही झलक रही थीं और दोनों ही अथाह थीं। रूखे गालों पर आनन्द की कान्ति विराज रही थी। भैया ने कहा कि दैवी रूप में दर्शन किए हैं। इस भाव संकेत को लेकर नन्ददास सचमुच ही अपनी चितचोर को देवी के रूप में देखने लगे और फिर स्वयं ही बड़बड़ा उठे–"भैया ने सच कहा–दैवी रूप है। मैं तुमसे कुछ नहीं माँगता भागवान्, बस यों ही दर्शन दे दिया करो।"

"दर्शन करने की अभिलाषा है तो मथुरा जाइए, जहाँ भगवान बसते हैं। यहाँ आदमी डरते हैं, उनकी अपनी समझ, अपना मान-सम्मान होता है।" युवती के स्वर में अंगारे भड़क रहे थे। सास ने समझाना चाहा तो और तेज़ हुई, कहा–"नहीं अम्माँ जी, इतने दिनों से घुटते-घुटते अब मैं पक गई हूँ। या तो ये भोजन करें और यहाँ से जायँ, अभी के अभी चले जायँ। नहीं तो मैं सच कहती हूँ, यही कटार मार कर आज मैं अपने प्राण तज दूँगी।"

सास जो पीछे गड्डुवा लेकर खड़ी थी, घबराकर बोली–"न-न बहू, ऐसा गजब न करना। तुम्हीं समझाओ महाराज! हे भगवान, यह तो कोई बड़ी बुरी गिरह-दशा आई है।"

"बुरी हो या भली, पर अम्माँ जी, आज या तो यह जहाँ से जाएँगे या फिर मेरी जान ही जाएगी। अब मैं नहीं सहूँगी। एक नहीं मानूँगी।"

नन्ददास यह सुनकर थरथर काँपने लगे, उनकी आँखें भर आईं, अश्रुकंपित स्वर में कहा–"मैंने ऐसा क्या अपराध किया है देवी?"

देवी क्रोध में अबोली ही रही। तुलसीदास ने नन्ददास की बाँह पकड़कर उठाते हुए कहा–"जो कुछ अपराध अनजाने में हुआ भी है उसके लिए इस देवी के चरणों में गिरकर क्षमा माँगो। मैं इसे अभी ले जाऊँगा, माई।"

अपनी बाँह छुड़ाकर नन्ददास दोनों हाथ जोड़कर और धरती पर अपना सिर झुकाकर बोले–"मैं तुमसे बार-बार क्षमा माँगता हूँ। तुम और जो चाहो, सो दण्ड

मुझे दो पर न तो अपने प्राण दो और...और न मुझसे जाने को कहो।''

तुलसीदास ने फिर झुककर नन्ददास का हाथ पकड़ लिया और कहा—''उठो नन्ददास, क्या एक भद्र महिला की आत्महत्या का कारण बनोगे? प्रेम क्या इसी का नाम है? फिर इस देवी के साथ मैं भी प्राण दूँगा।''

नन्ददास की बहकी आँखें यह धमकियाँ सुनकर इतने दिनों में पहली बार अपना सधाव पा सकीं। नन्ददास की नवजाग्रत लोक-चेतना को यह सारी बाहरी स्थिति अत्यन्त विचित्र लग रही थी। संयत, गम्भीर स्वर में उन्होंने कहा—''तुम सदा सुख से जियो, देवी, मैं जाता हूँ। मेरी चूक क्षमा करो। मेरे भइया मुझे लेने आ गए हैं।''

नन्ददास अपने बाएँ हाथ का पंजा धरती पर टेककर उठने का उपक्रम करने लगे। बुढ़िया सास बोली—''भोजन करके जाओ महाराज। मेरे द्वारे से बाँमन भूखा जायगा तो मेरा रोयाँ बहुत दुखेगा।''

तुलसी सुनकर एक क्षण चुप रहे, फिर कहा—''अब भोजन का आग्रह न करें। इसे मैं एक बार स्नान कराना चाहता हूँ।''

''तब भी भोजन की ज़रूरत पड़ेगी ही। कई दिनों से खाया नहीं है इन्होंने, आप भी भूखे जाएँगे।'' युवती के स्वर में अब शान्ति और सहजता आ गई थी। उसकी आँखें बातें करते हुए बराबर नीचे झुकी रहीं।

तुलसीदास ने नन्ददास की बाँह पकड़कर अपना डग बढ़ाते हुए कहा—''पड़ोस के गाँव में मेरे एक परिचित रहते हैं। वहीं इसके स्नान-भोजन आदि की व्यवस्था हो जाएगी। आओ, नन्ददास भाई। आशीर्वाद दीजिए कि इसे भगवत्‌शक्ति मिले। राम जी सदा आपका कल्याण करें।''

तुलसीदास अपने गुरुभाई की बाँह कसकर थामे हुए आगे बढ़ गए। नन्ददास की काया तुलसी के सहारे जा रही थी, वह स्वयं कहाँ थे इसका पता न था। कुछ डग चलने के बाद नन्ददास खड़े हो गए। तुलसी उन्हें देखने लगे। नन्ददास ने अपनी गर्दन युवती की ओर घुमाई फिर बिना उसे देखे ही पलट पड़े। नज़रें जो झुकीं तो फिर झुकी ही रहीं। तुलसीदास की दृष्टि ही नन्ददास की संरक्षिका थी।

युवती करुण दृष्टि से उन्हें जाते हुए देखती रही। उनके दोनों हाथों में अस्वीकृत भोजन का थाल था और आँखों में अयाचित आँसू उमड़ आए थे।

19

सुनाते हुए बाबा के वर्षों पहले बीते हुए क्षण अपनी अनुभूतियों के अणुओं को बटोर कर स्मृति में इतने सप्राण हो चुके थे कि उनसे उनका मन अब भी गूँज रहा था। वे कुछ क्षण आँखें मूँदे चित्त को सुस्थिर करने के लिए अपने भीतर निमग्न हो गए। भूत से वर्तमान में ध्यान को लाते हुए वे बोले—''भूतकाल के जीवन को देखते हुए

मुझे अपनी जवानी में एक अयोध्यावासी सन्त के मुख से सुनी हुई बात इस समय अचानक ही याद आ गई। हम उन दिनों बहुत दुखी थे। रामघाट पर एक दिन वे हमसे अपने-आप ही कहने लगे, 'तुलसीदास, यह कभी न भूलना कि जो देवमूर्ति मन्दिर में प्रतिष्ठित होकर लाखों के द्वारा पूजी जाती है वह पहले शिल्पी के हजारों हथौड़ों की चोटें भी सहती है।''

रामू बोल उठा—''पहले ही क्या प्रभु जी, इन कलिकाल के नराधमों ने आपको अब तक चैन नहीं लेने दिया। आप पुजते भी जा रहे हैं और हथौड़ों की मार भी सहते जा रहे हैं। ऐसा अनोखा देवता किसी देश ने किसी काल में अब तक नहीं देखा था।''

बेनीमाधव जी रामू की बात सुनकर गद्‌गद हो गए। रामू की पीठ पर हाथ रखकर वे कुछ कहने ही जा रहे थे कि बाबा मुस्कराकर बोल उठे—''अब वह हथौड़े मुझे फूलों जैसे ही लगते हैं। और सच बात तो यह है रामू कि साधक को सिद्ध होकर भी तप से नहीं चूकना चाहिए। तीर्थंकर महावीर वर्द्धमान का यह सिद्धान्त सत्य है। रामभद्र परम उदार हैं। निन्दकों की कटु आलोचना से प्रतिपल-प्रतिछिन मैल धुलता ही रहता है। एक जगह पर पीड़ा मेरे लिए रत्नावली के समान ही सचेतक बन जाती है। जैसे रत्ना का दाहकर्म करके मानव धर्म से उऋण हुआ था वैसे ही इस काया के धर्म से उऋण होकर अपने स्वामी की सेवा में जाऊँगा।''

मौका पाते ही तुलसी-कथा-प्रेमी बेनीमाधव ने बात को फिर अपने रस में बहाव देना चाहा। बाबा की बात पूरी होते-न होते बेनीमाधव जी बोल उठे—''मैं आपके वैवाहिक जीवन की कथाएँ सुनने को आतुर हो रहा हूँ गुरु जी।''

बाबा मुस्कराए, फिर कहा—''मेरा विवाह राजा ने कराया था। वह कथा इन्हीं से सुनो। रामू, मेरी जाँघ की गिल्टी बहुत कष्ट दे रही है। लेप लगा दे बेटा।''

रामू तुरन्त ही लेप लाने के लिए उठकर गया। राजा बोले—''भैया, तुम्हारी यह गिल्टियाँ हैं तो बलतोड़ जैसी ही, पर इतने बलतोड़ एक साथ भला कैसे हो सकते हैं? हमें तो कोई और ही रोग लगता है।''

रामू तब तक कोने में रखी लेप की कटोरी लेकर आ गया और उनके दाहिने घुटने के पास झुककर गिल्टी पर लेप लगाने लगा। बाबा बोले—''तुम्हारा अनुमान सही हो सकता है, राजा। एक बार सोरों में भी हमें ऐसे ही दो गिल्टियाँ निकली थीं। तब वहाँ लालमणि वैद्य ने इन्हें वात रोग का परिणाम ही बतलाया था। उन्होंने जाने कौन-सा चूर्ण दिया कि दो पुड़ियों में मुझे चैन पड़ गया।''

''तो किसी को सोरों भेजकर लालमणि का पता...''

''अरे वह तो मेरे सामने ही वैकुण्ठवासी हो गए थे। वह बूढ़े थे और बड़े भले थे।''

''तो नन्ददास जी को लेकर आप सीधे सोरों ही गए थे?'' बेनीमाधव जी ने पूछा।

''नहीं, पहले मथुरा गया था। बात यह है कि नन्ददास ने अपनी प्रिया की बात टेक-सी साध ली कि भइया मुझे मथुरा ले चलो। इसपर हमें भला क्या आपत्ति हो सकती थी। वहीं ले गए।''

राजा बोले—"पागल को साथ लेकर चलना भी अपने-आप में बड़ी कठिन तपस्या होती है। एक बार हमको भी एक पागल को लेकर चित्रकूट में बिकरमपुर तक आना पड़ा था। हम उस कष्ट को जानते हैं।"

बाबा बोले—"नहीं, वैसा कोई विशेष कष्ट नन्ददास ने मुझे नहीं दिया। वे प्रायः गुमसुम ही बने रहते थे। मैं जैसा कहता था वैसा वे कर लेते थे। उस स्त्री की फटकार से उनके दीवानेपन को एक करारा झटका लगा था। अजीब स्थिति थी, न इधर में थे-न उधर में। खैर, हम लोग मथुरा आ गए। नन्ददास वहाँ आकर मगन हुए। मुझे गोस्वामी गोकुलनाथ जी के यहाँ ले गए।"

रामू बोला—"उस समय उनकी क्या आयु रही होगी प्रभु जी, आप से तो छोटे ही होंगे?"

"गोस्वामी जी महाराज उस समय नौजवान थे। हमसे आयु में छोटे थे, पर प्रखर बुद्धि और समर्पित व्यक्तित्वशाली थे। उनसे मिलकर बड़ा सुख पाया, लेकिन सर्वाधिक सुख तो भक्तवर सूरदास जी के दर्शन पाकर हुआ था।"

× × ×

मन्दिर का एक दालान। पत्थर के एक मेहराबोंदार दालान में खम्भे से टिके एक छोटी-सी गुदड़ी बिछाए सूरदास जी बैठे हैं। उनका इकतारा दाहिने हाथ की ओर पास ही रखा हुआ है। बाईं ओर उनकी लठिया और लौंग-मिश्री की डिबिया रखी है। देह दुबली, मुँह पोपला, हजामत थोड़ी-थोड़ी बढ़ी हुई, बाल सफेद बुर्राक और देह मंजे हुए ताम्बे-सी दमकती हुई। उनकी आयु लगभग छियासी-सत्तासी वर्ष की होगी। सूरदास अपने उठे हुए दाहिने घुटने पर हाथ की उँगलियों से थपकियाँ देते हुए किसी भाव में मगन बैठे हुए हैं। उस बड़े दालान और आँगन में कई सेवक-सेविकाएँ काम करते दिखलाई दे रहे हैं। उनकी बातें भी चल रही हैं, परन्तु सूरदास जी सारे वातावरण से अलिप्त हैं। तुलसी और नन्ददास प्रवेश करते हैं। दोनों ही वयोवृद्ध सन्त-महाकवि के आगे भूमिष्ठ होकर प्रणाम करते हैं। सूरदास सजग होते हैं, पूछते हैं—"कौन है भैया?"

"मैं हूँ बाबा, रामपुर का नन्ददास!"

"अरे आओ-आओ नन्ददास, हमने सुना था कि तुम द्वारिकापुरी के दर्शन करने गए थे!"

नन्ददास के चेहरे पर एक बार लज्जा की लालिमा झलकी, फिर सम्भलकर उत्तर दिया—"हाँ, विचार तो यही था बाबा, पर श्रीनाथजी बीच रस्ते से घसीट लाए। और मेरे साथ मेरे एक पूज्य, प्रिय और अग्रज गुरुभाई पण्डित तुलसीदास जी शास्त्री भी आपके दर्शन करने के लिए पधारे हैं।"

शास्त्री उपाधि सुनकर सूरदास जी झटपट अदब से बैठ गए और हाथ जोड़कर कहा—"जै माखनचोर की, शास्त्री जी महाराज!"

"जै माखनचोर की, बाबा! जै सियाराम! आप मुझे यों हाथ न जोड़ें। मैं आपके बच्चे के समान हूँ।"

"अरे नहीं भैया, विद्या बड़ी चीज़ है। अब हमारे गोसाईं गोकुलनाथ जी महाराज को देख लो। आयु देखी जाए तो अभी निरे बालक ही हैं।"

"वे महात्मा और प्रखर प्रतिभाशाली हैं, बड़े बाप के बेटे हैं। मैंने तो बाबा, अपने को पालनेवाली भिखारिन अम्माँ से आपके पद सीखकर और उन्हें गा-गा कर भीख माँगी है...मैया मेरी कबहिं बढ़ेगी चोटी।"

'सूरदास अपने पोपले मुँह से खिलखिलाकर हँस पड़े, फिर कहा—"अरे तुम तो हमारे ही जी की बात कह गए भैया। मैं तरह-तरह से गीत गाकर उस बँसीवाले के द्वारे पर भीख ही माँगता हूँ। मेरा जनम इसी में बीत गया।"

नन्ददास बोले—"तुलसी भैया बड़े राम-भक्त और बड़े अच्छे कवि हैं। संस्कृत और भाषा दोनों ही में कविता करते हैं।"

सूरदास के चेहरे पर आनन्द छा गया, कहा—"भला! तब तो हमें कुछ ज़रूर सुनाओ भैया।"

× × ×

सूरदास की स्मृति से बाबा गद्गद थे, कहने लगे—"मुझे सूरदास जी के श्रीमुख से उनका एक पद सुनने का सौभाग्य भी मिला था। वाह, कैसा रसमय स्वर था उनका!"

(गाकर) अब मैं नाच्यों बहुत गोपाल।
काम-कोध को पहिर चोलना कंठविषय की माल।

गाते हुए बाबा तन्मय हो गए। यद्यपि उनकी आँखें खुली हुई थीं पर यह लगता था कि वह अपने सामने के दृश्य से अलिप्त हैं। राजा भगत ने बेनीमाधव को संकेत किया, दोनों चुपचाप उठे। रामू भी उनके साथ ही साथ उठा किन्तु द्वार पर आकर ठहर गया, कहा—"मैं यहीं रहूँगा। पर भगत जी, एक अरदास है, राजापुर की कथा अकेले संत जी को ही न सुनाइएगा।"

राजा भगत और बेनीमाधव जी दोनों ही मुस्कराए। भीतर कोठरी में ध्यानमग्न बाबा पर एक दृष्टि डालकर बेनीमाधव जी ने कहा—"अभी तो सोरोंप्रसंग भी सुनना है।"

20

उस रात बाबा की पीड़ा कुछ अधिक बढ़ गई थी। पीठ और बाईं बाँह में कुछ नई गिल्टियाँ उभर आई थीं। उनका तनाव उन्हें कष्ट दे रहा था। बार-बार वे करवट बदलकर कराह उठते थे। रामू दिए के उजाले में उन गिल्टियों पर लेप लगा रहा था। बाबा बोले—"अब हम अधिक दिनों तक इस जर्जर काया में रह नहीं

पाएँगे, रामू। इसमें रहने में अब हमें कष्ट हो रहा है। हे राम!''

रामू विचलित हो उठा, कण्ठ भर आया। उसने कहा–''आप इस तरह से हताश होंगे गुरु जी तो हमारी कौन गति होगी?''

''हताश नहीं होता पुत्र, मैं अपना यथार्थ बखान रहा हूँ। मेरे मन की नित्य बढ़ती हुई तरुणाई का साथ अब यह शरीर नहीं दे पाता।...मेरा काम वेग अति प्रखर रहा था। गार्हस्थ्य जीवन बिताने के बाद फिर से ब्रह्मचर्य व्रत धारण करना ही मेरे लिए अति कठिन चढ़ाई के समान सिद्ध हुआ। काम से सभी राग जागते हैं और उसी से समस्त विभूतियों का भी उदय होता है। मैंने अपने कामलौह को रामरसायन से सोना बना लिया है, यह सच है, पर शरीर को तो उसके आघात सहने ही पड़ेंगे। (कराह कर) हे राम! बजरंग! कहाँ हो प्रभु?''

रामू बोला–''मैं वैद्य जी के पास जाऊँ प्रभु जी?''

''क्या करोगे। मेरा वैद्य तो हुनमान बली हे। मेरे रोम-रोम में तनाव बढ़ रहा है। ऐसा लगता है कि अभी और गिल्टियाँ निकलेंगी। मैं कल्पना करता था कि ऐसा बन जाऊँ कि मेरे रोम-रोम में राम बस जाएँ। उनके अतिरिक्त और कुछ न सोचूँ, कुछ न कहूँ, कुछ न करूँ। पर लौकिक जीवन में रहकर ऐसा सम्भव नहीं हो सका। राग-विराग में पड़ते, लड़ते-जूझते आयु का बहुत-सा भाग नष्ट कर दिया। अब रोयाँ-रोयाँ अपने-आपको दिए गए विफल प्रलोभन से कुण्ठित और क्षुब्ध होकर मुझे यों दण्ड दे रहा है। राम! राम!''

''प्रभु जी, यों तो मैं आपके मर्म को समझने में समर्थ नहीं हूँ फिर भी लोक में आपके समान समर्पित जीवन का दूसरा दृष्टान्त नहीं दिखलाई देता। आपके क्रोध, शोक, लोभादि मानवीय विकार भी राम-स्वार्थ ही से जागते हैं, मैं स्वयं साक्षी हूँ। फिर आपका यह पछतावा, मुझे क्षमा करें प्रभु, स्वयं आपके प्रति अन्याय लगता है। मेरा कलेजा जब अधिक सह न पाया तो कह दिया।'' कहते-कहते रामू का कण्ठ भर आया। उसने उनकी बाँह पर अपना सिर टिका लिया।

बाबा शान्त स्वर में बोले–''अपने संकल्प और कर्म को सदा तौलते रहना मेरा धर्म है। इससे साधू को शक्ति मिलती है। छोड़ो इसे, तुम्हें एक विचित्र संयोग सुनाऊँ रामू। जिन दिनों मैं लंका काण्ड में लक्ष्मण-शक्ति वाला प्रसंग रच रहा था उन दिनों भी मुझे वातपीड़ा ने बहुत सताया था। मैंने अपनी पीड़ित बाँह से जूझकर श्रीराम के सन्ताप-विलाप वाली चौपाइयाँ लिखी थीं। मेरी पीड़ा राम के प्रलाप में घुल जाती थी। जितनी देर लिखता उतनी देर बाँह में दरद नहीं होता था। रामू, सुनाओ तो बेटा वह प्रसंग। राम रसायन ही मेरी वेदना हरेगा।''

रामू गाने लगा–

उहाँ राम लछिमनहिं निहारी। बोले बचन मनुज अनुसारी॥...

राम के स्वर के सहारे बाबा के बिम्ब सजग हो रहे थे। मूर्च्छित लक्ष्मण का सिर अपनी गोद में रखे हुए श्रीराम विलाप कर रहे हैं। सुग्रीव, अंगद, सुषेण वैद्य, विभीषण, आदि चिन्तामग्न मुद्रा में बैठे हैं। एकाएक हनुमान को पर्वत उठाए आकाश

मार्ग से आते हुए देखकर सबके मुखों पर उल्लास चमक उठता है। और उन मनोबिम्बों का सारा उल्लास सिमटकर बाबा के चेहरे पर आ जाता है। वे प्रार्थना करने लगते हैं—"आओ बजरंगी, मेरी बेर भी ऐसे ही राम संजीवनी बूटी लेकर आओ! धाओ नाथ! अन्तकाल में कष्ट न दो।"

बाबा फिर आँख मूँदकर ध्यानमग्न हो गए। प्राणगुफा में अखण्ड दिया जल रहा है। लौ में राम-कथा की अनेक झलकियाँ झिलमिलाती हैं। फिर दृश्य में स्थिरता आती है। लक्ष्मण और हनुमान-सेवित श्रीसीताराम मनधर तुलसी के सामने हैं। गुफा असंख्य मृदंग-वादन से गूँज रही है—राम-राम-राम। बाबा समाधिस्थ हो जाते हैं।

ब्राह्मवेला में बाबा ने आवाज़ दी—"रामू!"

रामू शायद तभी सोया था। बाबा ने दूसरी बार पुकारा। रामू चौंककर जागा। बाबा ने उसे सहारा देकर उठाने को कहा। जब उसने उनका हाथ छुआ तो बोला—"आपको तो ज्वर हो रहा है प्रभु जी!"

"हाँ, गिल्टियों के कारण है।"

"आज आप यदि स्नान न करें तो..."

"जब तक शरीर में शक्ति है तब तक अपनी चाकरी से चूकूँ? चल, उठा? मुझे।"

रामू हिचका, बोला—"वैद्य जी मेरे ऊपर चिल्लाएँगे।"

"शाही नौकर नहीं हूँ जो हराम की खाऊँ। जब तक शरीर में उठने की शक्ति रहेगी तब तक राम का यह चाकर अपने कर्तव्यों से विमुख न होगा। वैद्य चाहे जो कहें।"

बाबा ने स्नान किया। कसरत भी करनी चाही पर पहली ही डन्ड लगाते हुए वे गिर पड़े। रामू ने उन्हें उठाकर कहा—"अब कोठरी में चलिए प्रभु जी, सेवक की बात इस समय आपको माननी ही पड़ेगी। वहीं बैठकर ध्यान कीजिए।"

बाबा कराहते हुए बोले—"अरे हमने सोचा कि व्यायाम करने से शरीर में रक्त-संचार होगा तो यह गिल्टियाँ दबेंगी। राम जी की इच्छा।"

"धृष्टता क्षमा हो प्रभु जी, पर मैं समझता हूँ कि गिल्टियां तो आपके नियमित व्यायाम के कारण ही..."

"धत्तेरे की रामभगतवा, तू भी शिवचरण वैद्य की तरह से बोलने लगा। अरे, तुलसी के वैद्य रघुनाथ जी हैं। यह मूढ़ मतिमन्द चूँकि हठ के सहारे ही रामचरणानुगामी होता रहा है इसीलिए अँधेरे में चलने के समान इसे एकाध ठोकर बीच-बीच में लग जाती है। उसकी क्या चिन्ता?"

बाबा को आसन पर बिठाकर रामू फिर घाट पर पड़ी रह गई बाबा की लँगोटी और अँगोछे को धोने तथा एक गोता मारकर जल्दी से लौट आने के लिए लपका। राजा भगत और बेनीमाधव जी उस समय घाट की सीढ़ियाँ उतर रहे थे। रामू पंडित के रामजुहार करने पर राजा ने पूछा "भैया कहाँ हैं?"

"उन्हें कोठरी में बिठला के आ रहा हूँ। ज्वर में भी नहाने का आग्रह किया, फिर गिल्टियों-भरी बाँह से डन्ड लगाने लगे, सो गिर गए। मैं जल्दी में हूँ भगत जी, एक गोता मारके बाबा के पास पहुँचना चाहता हूँ।" कहकर रामू तेज़ी से नीचे उतर

गया। भगत जी बेनीमाधव से बोले—"भैया इतने बड़े ज्ञानी और महात्मा हैं पर कभी-कभी बच्चों जैसा हठ करने लगते हैं। क्या कहें?"

बेनीमाधव जी बोले—"खेल का दीवाना बच्चा कष्ट को महत्त्व नहीं देता, भगत जी। ऐसा शिशु बनना भी बड़ा कठिन होता है।"

सबेरे स्नान-पूजादि से निवृत्त होकर बाबा अपने अखाड़े के चबूतरे पर बैठते हैं। वहीं अपने रोग-शोक निवारण के लिए जनता उनके पास आती है। आज उनके न पहुँचने पर ज्वर का हाल सुनकर कुछ लड़के उनके पास पहुँचे। दण्डवत् प्रणाम आदि करने के बाद एक लड़के ने पूछा—"कैसी तबीयत है बाबा?"

हँसकर बाबा बोले—"अच्छे हैं। आओ, हमसे पंजा लड़ाओगे?"

सब लोग हँस पड़े, एक बोला—"अरे ये मंगलुआ आपसे हार जाएगा बाबा, आपके हजारों बार मना करने पर भी इसने अभी तक गाली बकना नहीं छोड़ा।"

पहला युवक मंगल, मित्र की बात सुनकर चिढ़ गया। उसकी ओर आँखें निकालकर देखता हुआ बोला—"कौन उल्लू का पट्ठा साला गाली बकता है?"

कोठरी में उपस्थित सभी लोग फिर हँस पड़े। बाबा हँसते हुए हाथ उठाकर बोले—"अरे भाई, ये गाली मंगल थोड़े बक रहा है। इसका कुसंस्कार बक रहा है।"

मंगल झेंपकर खोपड़ी खुजलाते हुए बोला—"क्या करें बाबा, लाख जतन करते हैं पर मुँह से निकल ही जाती है साली।"

एकाध लोग हँसने लगे, पर मंगल ने अपनी बात को स्वर में नया ज़ोर देकर आगे बढ़ाया, बोला—"आपका यह सारा कष्ट उस दुष्ट रवीदत्त के कारण ही है बाबा जी। वह मणिकर्णिका पर आपको मारने के लिए बड़ा भारी अनुष्ठान कर रहा है।"

"हाँ बाबा, मंगल ठीक ही कह रहा है। हमने भी कल सुना था। दस-बीस लोग उसकी पीठ पर हैं, रुपिया खरच कर रहे हैं। पर बाकी लोग उन पर थू-थू कर रहे हैं बाबा।"

बाबा हँसे, कहा—"भैया किसी के करने-धरने से कुछ भी नहीं होता, मैं अपने पापों का दण्ड भोग रहा हूँ।"

मंगल की त्योरियाँ फिर चढ़ गईं, बोला—"बाबा, जब तुम इन साले दुष्टों की बात लेकर अपने को पापी कहते हो तब मेरे रोएँ-रोएँ में आग लग जाती है। तुम्हारे विरुद्ध हम तुमसे भी नहीं सुनेंगे, बताए देते हैं।"

बाबा हँसकर चुप हो गए। मंगलू गरमाता रहा—"इतने बड़े महात्मा हैं, आप जरा एक सराप मुँह से निकाल देव कि मर ससुरे रवीदत्त भसम हुइ जा। काठ के उल्लू के पट्ठे।" बाबा बीच में हँसकर बोल उठे—"अरे भाई, उसका बाप काठ का नहीं, हाड़-माँस का था, उल्लू भी नहीं था। वह मेरा सहपाठी था।"

मंगल फिर गरमाया। हवा में मुक्का तानते हुए उसने कहा—"आप न सही पर मैं आज उस साले को उठाकर किसी जलती चिता में ज़रूर फेंक आऊँगा। मुझसे आपका यह कष्ट देखा नहीं जा रहा है।"

बाबा गम्भीर हो गए, बोले—"मंगल जा, व्यायाम कर, मैं इन संत बेनीमाधव जी से कुछ आवश्यक बात करना चाहता हूँ। विश्वास रखो, मैं अभी किसी के मारे

नहीं मरूँगा। रविदत्त के साथ कोई खिलवाड़ न करना। उसे अपना मन बहलाने दो। जाओ।" युवकों के चले जाने पर बाबा ने राजा भगत से कहा—"राजा, बेनीमाधव को हमारे राजापुर पहुँचने का प्रसंग तुम्हीं सुनाओ। हमें एकान्त दो, पर इसका आशय यह भी नहीं है कि मेरी सेवा चाहने वाला कोई दीन-दुखी मेरे पास आ नहीं पाएगा।"

सब लोग उठने लगे, तभी बेनीमाधव जी बोले—"हमने सुना था कि आप कुछ काल तक सोरों में भी रहे थे। फिर वहाँ से आपका कैसे आना हुआ? यह अंश भगत जी कदाचित् न सुना सकेंगे।"

"हाँ, पर वहाँ कोई विशेष प्रसंग नहीं घटा। वैसे सोरों रम्य स्थान है। भरत खण्ड के समीप, सुरसरि के तट पर बसी हुई संस्कार-सम्पन्न पुरी है। फिर हमें वहाँ संगति भी भली मिल गई थी। हम वहाँ कथा बाँचते, अध्यापन करते तथा अपनी साधना में रत रहते थे।...केवल एक ही विघ्न पड़ा। वहाँ हमारी राम-सेवा का जब थोड़ा-बहुत माहात्म्य फैला तो नन्ददास हमारे राम से अपने श्याम को लड़ाने लगे थे। वे स्वस्थ तो अवश्य हो गए थे पर उनकी श्याम-धुन बढ़ गई थी। उन्होंने बड़ा आन्दोलन मचाकर अपने गाँव का नाम रामपुर से बदलकर श्यामपुर कर दिया। मैंने सोचा कि मेरे सामने रहने से इनकी कृष्णभक्ति प्रतिद्वन्द्विता में केवल अखाड़िया बनकर ही रह जाएगी। यह अच्छा न होगा। नन्ददास उच्चकोटि के भावुक पुरुष थे। मैं उन्हें और स्वयं अपने को भी मार्गच्युत नहीं करना चाहता था। तभी एक रात हनुमान स्वामी ने स्वप्न में आदेश दिया कि अपनी जन्मभूमि में जाकर रह। सो चला आया। पहले अयोध्या गया फिर बाराह क्षेत्र में कुछ दिन उसी स्थान पर बिताए जहाँ नरहरि बाबा की कुटिया थी। मेरे काशी में अध्ययन करते समय बाबा जी के भक्तों ने वहाँ एक सीताराम जी का मन्दिर भी बनवा दिया था। फिर घूमते-घामते प्रयाग पहुँचा और वहाँ से राजापुर। वह दिन हमारी आँखों के सामने ऐसा स्पष्ट झलक रहा है जैसे आज अभी ही की बात हो।"

21

यमुना तट पर एक बड़ी नाव आकर घाट से लगती है। उस पर बैठे हुए यात्री उतरने की हड़बड़ाहट में आ जाते हैं। घाट पर बैठे हुए एक अधेड़ सज्जन अपने दुपट्टे को पंखे की तरह हिलाते हुए आगे बढ़कर नाव के मल्लाह से पूछते हैं—"यह नाव कहाँ से आई है भैया?"

"परयागराज से।"

"अरे हमारा माल लाए हो, जोराखन साहु का?"

"हाँ-हाँ, साहु जी, ये बोरियाँ रग्घूमल बटुकप्रसाद के यहाँ से आप ही के..."

"ठीक है, ठीक है।" आश्वस्त भाव से साहु जी ने पलटकर सीढ़ियों के ऊपर खड़े अपने नौकर पलटू को चिल्लाकर मज़दूरों को भेजने का आदेश दिया। तभी नाव से उतरकर कुछ क्षणों तक इधर-उधर देखने के बाद तुलसी ने अपने पास ही खड़े हुए साहु जी से पूछा—"यहाँ किसी साधु-सन्त के स्थान या किसी धर्मशाला का पता बतलाएँगे साव जी?"

"धरमशाला तो कोई नहीं, बाकी साधू! लेव, नाम मन में आते ही दिखाई पड़े। अरे भगत जी, यहाँ आओ।"

सीढ़ियाँ उतरते हुए एक बलिष्ठ और तेजस्वी श्याम वर्ण का युवक जोराखन साहु की बात पूरी होते ही बोला—"अरे हम तो आप ही तुम्हारे पास आ रहे हैं। हमारे बिनौले आए कि नहीं?"

"देखो, अब माल आया है। चार दिनों से रोज निरास लौट जाते थे हम। अबकी तो ऐसा कहत पड़ा है कि कोई चीज़ ही नहीं मिल रही है। सीढ़ियाँ उतरते हुए ही राजा भगत की आँखें तुलसीदास की आँखों से जा मिली थीं। दोनों व्यक्ति मानो एक-दूसरे को परख रहे थे और दोनों ही एक-दूसरे के लिए चुम्बक भी बन गए थे। पास आकर राजा ने तुलसीदास को झुककर प्रणाम किया। तब तक साहु जी बोल पड़े—"अरे भगत जी, यह ब्रह्मचारी जी हमसे साधू का अस्थान पूछ रहे थे। (तुलसीदास से) महराज, वैसे ये हैं तो गिरिस्त और चार पैसे वाले भी हैं—सौ-पचास गाएँ हैं, खेती है। ससुराल का माल भी इन्हीं को मिला है। बाकी हैं यह साधू ही।"

राजा की सरल आँखों में आँखें डालकर तुलसीदास ने प्रसन्न मुद्रा में कहा—"इनकी आँखों में राम झलक रहे हैं। मैं तो देखते ही पहचान गया।"

अपनी प्रशंसा से अति संकुचित होकर राजा भगत हाथ जोड़कर बोले—"मैं तो महराज साधू-सन्तों का सेवक हूँ। आइए, मेरी कुटिया में अपनी चरन-धूल डालिए।"

तुलसीदास एक डग आगे बढ़ाकर फिर मुड़े और साहु जी से राम-राम की।

साहु जी अपने कत्थे-रंगे दाँतों की बत्तीसी दिखाकर बोले—"हेः-हेः, मैं तो आपको अपने यहाँ ही ठहरा लेता पर आपने साधू का अस्थान पूछा..."

भगत ने सीढ़ी चढ़ते हुए कहा—"ठीक है, ठीक है, बातों में कौड़ी थोड़े ही खर्च होती है साहु जी। मीठी बातों का दान दे देते हो, यही क्या कम है!" सीढ़ियाँ चढ़ते हुए भगत ने तुलसी से पूछा—"कहाँ से पधारना हुआ महराज?"

"कई वर्षों से तीर्थाटन पर था भाई। पहले काशी में रहा और इस समय सोरों से आ रहा हूँ। बीच में अयोध्या-सूकरखेत आदि के भी दर्शन किए।"

"चित्रकूट जाने के लिए इधर आना हुआ है?"

"हाँ, चित्रकूट के दर्शन का प्रलोभन तो है ही, पर विशेष रूप से मैं अपनी जन्मभूमि के दर्शन करने आया हूँ।"

"आपकी जलमभूमी कहाँ है महराज?"

"यहीं, विक्रमपुर गाँव में।'

राजा भगत चलते-चलते थम गए और चकित दृष्टि से देखकर कहा—"यहाँ?"

"हाँ भाई, पर जन्मते ही यह स्थान मुझसे छूट गया था।"

"आपके पिता का क्या नाम था महराज?"

"पंडित आत्माराम!"

"अरे तो आप ही हैं जो मूल नछत्र में जन्मे रहे?"

"आपने ठीक पहचाना।"

"तब तो तुम हमारे भैया हो। हमसे एक दिन बड़े। हम अहिर हैं, नाम है राजा। औ, आपसे चार दिन बड़े बकरीदी भैया हैं। जुलाहे हैं। दस करघे चलते हैं और दर्जी का काम भी करते हैं। पुराने लोग सब बताते रहे, अब कोई नहीं रहा। पुराना बिक्रमपुर गाँव तो हमारे-तुम्हारे जलम के बखत ही उजड़ गया था। कुछ बरस हुए, वो पुरानी बस्ती भी जमना जी की बाढ़ में बह गई।"

"बह जाने दो राजा। मेरी जन्मभूमि के पुण्यस्वरूप तुम तो हो।"

"अरे हम तो सन्तों की चरनधूल हैं। बाकी भगवान ने तुम्हें यहाँ खूब भेज दिया। पहले हमारे गाँव में ब्राह्मनों के कई घर थे। अब सब इधर-उधर चले गए। ऐसा जी होता है भैया कि एक बार यह बस्ती फिर से बस जाय।"

राजा भगत के वाक्य के अक्षर गिनकर और मन ही मन मीन-मेख विचार कर तुलसी बोले—"तुम्हारी इच्छा अवश्य पूरी होगी, भाई। बड़े शुभ मुहूर्त में यह बात तुम्हारे मन में उदय हुई है।"

खेतों के किनारे चलते-चलते राजा भगत थमकर आनन्दचकित मुद्रा में तुलसीदास को देखने लगे—"बस्ती बसेगी तो तुम्हारे नाम पर ही अबकी उसका नाम रखा जायगा, तुम्हारा नाम क्या है भैया?"

"मेरा नाम तुलसी है, पर गाँव का नाम राजापुर होगा। तुम इस गाँव की आत्मा के रूप में ही मुझे मिले हो।"

दो-तीन दिनों में राजा तुलसी ऐसे घुल-मिल गए कि मानो अब तक वे साथ ही साथ रहे हों, तुलसी की ज्ञान-भक्ति-भरी बातें सुन-सुनकर राजा और उनके कुनबे के लोग बड़े ही प्रभावित हुए। राजा बोले—"अब तो भैया, हम तुम्हें कहीं जाने न देंगे। यहीं जमना जी के किनारे तुम्हारे लिए कुटिया बना देंगे। मजे से कथा बाँचना और सुख से रहना।"

"अरे, बहते पानी और रमते जोगी को कौन रोक पाया है, भगत? जन्मभूमि देखने की लालसा पूरी हो गई, अब चित्रकूट जाऊँगा।"

"चित्रकूट हम तुम्हें ले चलेंगे। चार दिन वहाँ रहना फिर यहीं आ जाना।"

राजा भगत की यह बात सुनकर तुलसीदास चिन्तामग्न मुद्रा में फीकी हँसी हँसकर बोले—"जान पड़ता है कि मैं जिस स्थिति से बचना चाहता हूँ उसमें फँसे बिना मेरी और कोई गति नहीं। फिर भी यह देखना है राजा कि हममें से कौन जीतता है।"

तुलसीदास की बात राजा भगत ठीक तरह से समझ न पाए। अचम्भे-भरी दृष्टि से पल-भर उनको देखते रहने के बाद राजा बोले—"मैं ठीक तरह से यह समझ नहीं पाया कि तुम काहे से बचना चाहते हो? साइत घर-गिरस्ती में फँसने का डर तुम्हारे मन में है, है न?"

"तुमने ठीक सोचा। असल में बात यह है राजा कि जन्मकुंडली के अनुसार मेरा विवाह यदि होगा तो मुझे दुःख सहना पड़ेगा। यह जानकर ही मैं उससे बचना चाहता हूँ। यह जीवन रामचरणानुरागी होकर ही बीत जाय, बस इससे अधिक मैं और कुछ भी नहीं चाहता।"

सुनकर भगत हँसने लगे, कहा—"साधू के लिए घर-गिरिस्ती का सपना बड़ा डरावना होता है। हम भी ब्याह नहीं करना चाहते थे भइया। चौदह बरस की उमिर में हम गाँव के कुछ लोगों के साथ चित्रकूट गए थे। वहीं एक साधू की संगत में हमारे मन में बैराग उपजा। यह देखकर हमारे बप्पा और काका ने झटपट हमारा ब्याह कर दिया। पहले तो हम दुःखी भए पर अब ऐसा लगता है कि अच्छा ही हुआ, घरैतिन मेरे जप-तप को अपने भगती-भाव से बढ़ावा देती है। हम दोनों के लिए घर-गिरिस्ती के काम भी भगवान की पूजा के समान ही हैं।"

"राम करे, तुम्हारे सुख में निरन्तर वृद्धि हो, पर मुझे यदि इस प्रलोभन से बाँधने का जतन करोगे राजा, तो विश्वास मानो, मैं यहाँ से ऐसा भागूँगा कि तुम मुझे फिर कभी खोज भी न पाओगे।"

राजा हँसने लगे, कहा—"सूत न कपास कोरियों से लट्ठमलट्ठा। अरे भइया, हम तुम्हारा ब्याव अभी थोड़ी ही रचा रहे हैं कि तुम भागने की सोचने लगे। हमने तुम्हारी कुटी बनाने के लिए एक ऐसी पवित्र जगह चुनी है कि तुम मगन हो जाओगे। चित्रकूट जाते समय राम जी जिस जगह नाव से उतरे थे और जहाँ उन्होंने जानकी मइया तथा लछमन जी के साथ बिसराम किया था वहीं तुम्हारी कुटी छवाऊँगा।"

"सच?"

"हाँ, हमारे गाँव के लोग पीढ़ी दर पीढ़ी से यह बात दोहराते चले आए हैं।"

"राजा, तुम मुझे शीघ्र से शीघ्र उस जगह पर ले चलो।"

"आज नहीं भैया। आज हम तुम्हारे लिए कुटी बनाने का लग्गा ज़रूर लगा लेंगे। दो दिनों में वहाँ सब कुछ तैयार हो जायगा। तेरस से पूनो तक बड़ी भारी पैंठ लगती है। हमारा विचार है कि आजकल में हम आस-पास के गाँव में सब जगह यह कहला दें कि तेरस से पूनो तक यहाँ कथा होगी। बस उसी दिन तुम्हें वह जगह दिखा ही नहीं देंगे, वहाँ तुम्हें बसा भी देंगे। वहीं कथा बाँचना और आनन्द से ध्यान रमाना।"

वे दो दिन तुलसीदास ने बच्चों जैसी अकुलाहट के साथ बिताए। वह स्थान जहाँ राम जी भाई और सहधर्मिणी के साथ उनकी जन्मभूमि के गाँव में कुछ देर रहे थे और जहाँ अब वे आठों याम रहेंगे, उनके मन को वैसा ही विरहाकुल बनाने लगा जैसा मोहिनी ने बनाया था। विरह-साम्य से मोहिनी दो-तीन बार ध्यान में झलकी, पर तुलसी के राम-प्रेम ने उसकी याद को दबा दिया। इस समय राम-बल अधिक था।

राजा भगत ने सचमुच ही बड़ी सुन्दर प्रचार-व्यवस्था की थी। काशी जी से एक बड़े भारी व्यास जी के पधारने की बात दो ही दिनों में दूर-दूर तक पहुँच गई। यह काशी के नाम का महात्म्य ही था कि पैंठ के दिन हर बार की औसत भीड़

से अधिक लोग विक्रमपुर आए थे। तीसरे पहर बालू पर, तुलसीदास की नई बनी हुई कुटी के आगे, खासी भीड़ बैठी हुई थी।

तुलसीदास ने अपने प्रवचन का आरम्भ इसी जगह श्रीराम-लक्ष्मण और जानकी के पधारने की बात ही से आरम्भ किया।

भूमि-प्रेम जगाते हुए उन्होंने सियाराम-लक्ष्मण के आगमन का शब्दचित्र खींचना आरम्भ किया। तीन लोक के नाथ, सचराचर के स्वामी अपनी ही लीला के वशीभूत होकर, बनवास करने के लिए पधार रहे हैं। आस-पास के गाँवों में धूम मच गई है कि अनोखे राजकुमार गा रहे हैं। कैसे हैं वे कुमार, कि—

जलजनयन, जलजानन, जटा है सिर,
जौवन-उमंग अंग उदित उदार हैं।
साँवने-गोरे के बीच भामिनी सुदामिनी-सी,
मुनिपट धारैं, उर फूलनि के हार हैं॥
करनि सरासन सितीमुख, निषंग कटि,
अति ही अनूप काहू भूप के कुमार हैं।
तुलसी बिलोकि कै तिलोक के तिलक तीनि,
रहे नरनारि ज्यों चितेरे चित्रसार हैं॥

राम जी उनके संकोच को दूर करके उनसे ऐसे प्रेमपूर्वक भेंट रहे हैं कि मानो अपने सगे-सम्बन्धियों को भेंट रहे हों। भगवान और जगदम्बा के दर्शन करके लोग निहाल हो रहे हैं। उसी समय एक तापस वहाँ पर आया। वह सबसे पीछे खड़ा हुआ अपलक दृष्टि से अपने आराध्य देव को देखता रहा। भगवान का ध्यान तापस की ओर गया। उन्होंने बड़े प्रेम से उसको अपने पास बुलाया और उसे हृदय से लगाया।

तापस के वेश में, तुलसीदास स्वयं अपनी ही कल्पना कर रहे थे। तुलसीदास इस तरह से तन्मय होकर सियाराम के शुभागमन का दर्शन कर रहे थे कि जैसे उनके सामने यह दृश्य प्रत्यक्ष हो और न देख पाने वालों के हित में वे उसे बखान रहे हों। उस दिन का प्रवचन उन्होंने यह कहकर समाप्त किया कि "राम दीनबन्धु हैं। जिसका कोई सहारा नहीं है उसके राम सहाय हैं।" तुलसी के स्वर में इतनी सचाई और वर्णन में इतनी सजीवता थी कि सभा में सम्मोहिनी बँध गई।

चार दिन की पैंठ में तुलसीदास के प्रवचनों की धूम मच गई। लोगों को यह भी मालूम हो गया कि यह ब्यास जी दरअसल इसी गाँव के हैं। वे काशी पढ़ने गए थे। बदरी-केदार-मानसरोवर के दर्शन करके अब यहीं बसने के विचार से आए हैं।

प्रवचन के इन तीन दिनों में आरती में चढ़त भी अच्छी हुई। चाँदी और ताँबे के टके चढ़े और पैंठ के अन्तिम दिन तुलसीदास जी की कुटी में अनाज और फल-फूलों का भी अच्छा ढेर लग गया। तुलसीदास सन्तुष्ट हुए। कुछ लोगों को अपनी ज्योतिष विद्या से भी उन्होंने प्रभावित किया। बस फिर तो धूम मच गई। कोई दिन ऐसा नहीं जाता था कि बाबा की कुटी में दस-पाँच आदमी न आते हों। तुलसीदास अपनी आय के बारे में तनिक भी चिन्ता नहीं करते थे। इधर आया और उधर किसी दीन-दुःखी

को दे दिया। राजा को यह रुचिकर न लगा, एक दिन कहा—"भैया आज से जो कौड़ी-टके सेवा में चढ़ें उन्हें तुम अपनी रकम मानकर खरच मत करो।"

"ठीक है, वह राशि तुम्हारी है।"

"मेरी भी नहीं है भैया, वह मेरी आनेवाली भौजी की है।"

तुलसी त्योरियाँ चढ़ाकर बोले—"देखो, राजा, तुम अपने मन से इस प्रकार के विचार निकाल दो। मैं इस माया में नहीं पड़ूँगा।"

राजा हँसे, कहा—"जमनापार एक बड़े पंडित जी रहते हैं, वो भी बड़े भारी जोतसी हैं। आपके पिता से उनका नेह-नाता रहा। वह हमसे कहते थे, रजिया, इस लड़के का ब्याह ज़रूर होगा।"

तुलसीदास खिलखिला कर हँस पड़े और बोले—"राजा, साधु जब हँसी में भी ठग बनने का स्वांग करता है तो वह तुरन्त पकड़ाई में आ जाता है।"

यह सुनकर राजा भी हँस पड़े, फिर कहा—"हँसी-मसखरी में हम कभी-कभी झूठ ज़रूर बोलते हैं भैया पर हमारी यह बात झूठी नहीं है।"

"खैर, हम आज से यहाँ चढ़ने वाला दमड़ी-टका अपने हाथ से न छुएँगे। वह तुम्हारा है, तुम्हीं खरच करना। बाकी हमको ब्याह के प्रलोभन में फँसाने का प्रयत्न मत करो।"

राजा बोले—"फंसाता तो प्रारब्ध है भैया। जोड़ियाँ पुरबले जनम के संस्कारों से बनती हैं और हमारे दीनबन्धु पाठक महराज कोई ऐसे-वैसे थोड़े ही हैं, एकदम राज-जोतसी हैं, भइया। पक्का घर है। बड़ी खेती-बारी है। एक राजा इन्हें हाथी भी दे रहे थे पर ये बोले कि आप लोग मुझे बुलाते हैं तो अपना हाथी भेज ही देते हैं और बाकी हमारे कोई लड़का तो है नहीं, एक बिटिया है। सो हम हाथी बाँध के क्या करेंगे? बड़े भले आदमी हैं।"

बात आई-गई हो गई। उस दिन से तुलसीदास ने पैसे को छूना भी बन्द कर दिया। यों, पैसे-टके चार दिनों की पैंठ के समय ही चढ़ा करते थे। बीच में राजा भगत की मार्फत जमनापार के पाठक महराज ने दो वर्षफल बनाने का काम भी तुलसीदास के पास भेजा था। ताजिक रमल शास्त्र के कुछ ही जानकार थे। उन वर्षफलों के बनाने की दक्षिणा में उन्हें ग्यारह स्वर्णमुद्राएँ मिलीं। तुलसीदास के जीवन में इतनी बड़ी कमाई पहली ही बार हुई थी। सोना छूकर प्रसन्न हुए। अशर्फियाँ अपने हाथ में उठाकर उन्होंने प्रसन्न भाव से उन्हें एक हथेली से दूसरी हथेली को दे-देने का बार-बार खिलवाड़ किया। फिर एकाएक चौंककर राजा से पूछा—"क्यों जी, दो यजमानों के यहाँ से आई होंगी तो पाँच-पाँच मोहरें आई होंगी, फिर यह एक ऊपर से हमारे पास कैसे आ गई?"

राजा हँसे, बोले—"हम तो समझते रहे भैया कि तुम एकदम भोलानाथ हो, तुम्हारा ध्यान ही नहीं जाएगा। यह बढ़ोत्तरी की असर्फी पाठक महराज ने अपनी तरफ से मिलाके भेंट भेजी है। कहने लगे, बड़े महराज का नाम लेके, कि उनका लड़का, सो हमारा लड़का। ऐसा बढ़िया काम करके उसने हमें जिजमानों से जस दिलाया तो हम भी उसे इनाम दे रहे हैं।"

तुलसी प्रसन्न हुए, कहा—"रजिया, एक दिन हमें पाठक जी महाराज के पास ले चलो। मैंने अपने पिता को नहीं देखा तो कम से कम अपने पिता के एक मित्र को ही देख लूँ।"

"अरे वह तो आप ही तुमसे मिलना चाहते हैं। कहने लगे कि हमारी रतना जो लड़की न होकर लड़का हुई होती तो मैं उसे तुलसीदास के पास ही सीखने के लिए भेजता। पाठक जी महाराज ने अपनी बिटिया को अपनी सारी विद्या दी है भैया। सब लोग रतना-रतना कहते हैं उसे। सुना है पूरी पण्डित हुई गई है।"

तुलसीदास ने हँसकर राजा का हाथ पकड़कर हल्के से घसीटते हुए कहा—"तुम हमसे चाँईपना न करो रजिया। हम ब्याह के फेर में नहीं पड़ेंगे, नहीं पड़ेंगे—बताए देते हैं। मैं कह नहीं सकता राजा कि इस जगह मेरी कुटी छवाकर तुमने मुझे क्या दे दिया है! जानते हो मैं यहाँ एक पल के लिए भी अकेला नहीं रहता। बिना जतन किए अति सहज भाव से मुझे सियाराम जी और लखनलाल के दर्शन सुलभ होते रहते हैं। मेरे मन पर यहाँ मैल जम ही नहीं सकता। तुमसे सच कहता हूँ।"

राजा हँसकर बोले—"तुम ऊँची आत्मा हो भइया। बाकी एक बात कहें, तुम्हारे आस-पास अब ऐसी भगतिनें मंडराने लगी हैं जो साधु-संन्यासियों का ही सिकार खेलती हैं।"

तुलसीदास खिलखिलाकर हँस पड़े और देर तक हँसते रहे, फिर कहा—"रजिया, नदी-नालों में डूब न जाऊँ इसलिए राम जी ने दया करके मुझे बहुत पहले ही समुद्र में डुबाकर फिर उबार लिया था। अब इन लंका की निशाचरियों के घेरे में भी मेरी आत्मा जनकदुलारी के साथ राम के ध्यान में ही रमती है। यह स्त्रियाँ आती हैं तो मानो मेरे ध्यान को और अधिक एकाग्र करने के लिए ही आती हैं। खैर, अब यह प्रसंग छोड़ो, यह धन तुम्हें सौंप रहा हूँ, पर यह मेरा है। रजिया, इस गाँव में संकटमोचन महावीर जी की स्थापना होगी। जब तक वह स्थापित नहीं होंगे तब तक यहाँ बस्ती भी नहीं बसेगी।"

यह सुनकर राजा उल्लास और आनन्द की सजीव मूर्ति बन गए। तुरन्त तुलसीदास के पैर छूकर कहा—"भैया, तुम्हारी यह इच्छा बहुत जल्दी पूरी होगी।"

राजापुर पहुँचकर तुलसीदास के जीवन में एक नया मोड़ आ गया था। यहाँ उनका अधिकांश समय अपने ध्यान-योग ही में बीतता था। बाज़ार के चार दिनों को छोड़कर दोपहर के बाद तुलसीदास की कुटी के द्वार बन्द हो जाते और वे एकान्त साधना में रम जाते थे। राजा भगत भोजन करने के उपरान्त बाबा की कुटी के आगे एक पेड़ के नीचे अपनी चटाई डालकर पड़े रहा करते थे। कुटी का द्वार बन्द हो जाने के बाद वे न तो स्वयं ही भीतर जाते और न किसी को भीतर जाने देते थे। कुछ राजा भगत ने इस प्रतिबन्ध के कारण और विशेष रूप से तुलसीदास की प्रवचन-कला तथा आकर्षक व्यक्तित्व के कारण आसपास के क्षेत्रों में उनकी महिमा बहुत बढ़ गई थी। स्त्रियाँ भी उनकी कथा सुनने तथा उनसे अपने दुख-सुख निवेदन करने के लिए आया ही करती थीं।

हाजीपुर की चम्मो सहुवाइन तुलसीदास शास्त्री पर बेपनाह रीझ उठी थी। वह पहली बार पैंठ में उनका प्रवचन होने पर आई थी। फिर जब-तब आने लगी। उसकी एक आँख ऐंचीतानी थी। काया भी भगवान की दया से घी के कुप्पे के समान थी। यों रंग गोरा और चेहरे का नक्शा एक हद तक सुन्दर और आकर्षक भी था। भरी जवानी में चार वर्ष पहले विधवा हो गई पर उछलते अरमानों और पैसे की गर्मी ने उसे कभी वैधव्य अनुभव न करने दिया। अपनी तेलघानी चलाती, खेतों में काम कराती और लोक-व्यवहार के सारे काम मर्दों की तरह बेझिझक होकर स्वयं ही कर लेती थी। जब से तुलसी पण्डित की तेजवान सूरत और गोरी-चिट्टी कसरती देह पर उसकी डेढ़ आँख गड़ी है तब से सहुवाइन को हाजीपुर में रहना तक अखरता है। पहले तो हफ्ते में एक बार और फिर तो दो-दो, तीन-तीन बार वह विक्रमपुर आने लगी। जब आती तब घी, अनाज, तेल आदि कुछ-न कुछ साथ लेकर ही आती थी। वह सदा इस जतन में रहती कि जहाँ तक बने तुलसी पण्डित से अकेले में कथा सुने या बातें करे। वह उन्हें ऐसी रसीली दृष्टि से टकटकी बाँधकर देखती कि तुलसीदास शास्त्री के मन का सारा रस ही सूख जाता था। कभी-कभी मौका पाकर चरण छूने के बहाने उसके हाथ बहककर घुटनों के ऊपर जाँघ तक पहुँच जाते और तुलसी को उलझन होने लगती थी, उन्होंने चम्मो सहुवाइन को कई बार इशारों में समझाया, उसे अपने से दूर रखने का जतन भी किया, यों एक बार झिड़क तक दिया पर सहुवाइन का प्रेम उसकी आँख की तरह ही ऐंचीताना था। तुलसी जितना ही उससे खिंचते थे वह उतनी ही उनके प्रति बावली होकर खिंचती चली जाती थी।

चम्मो सहुवाइन के समान ही एक राजकुँवरी भी तुलसी के प्रति आकृष्ट हो गई थी। वह भी विधवा थी, अपने मैके में ही रहती थी किन्तु अभी तक किसी पर-पुरुष के लगाव से उसका तन-मन अशुद्ध नहीं हुआ था। देखने में भी बुरी न थी। दो-एक बार ऐसा संयोग हुआ कि चम्मो सहुवाइन की उपस्थिति में ही राजकुँवरी भी अपनी भावनाओं का कंचनथाल सँजोए हुए आई। चम्मो के प्रेमपाश से सताया हुआ तुलसी का मन ऐसे मौकों पर सहज सुख के साथ राजकुँवरी को देखने लगा। और एक दिन तुलसी को यह लगा कि उनका सहज आनन्द राजकुमारी के लिए कुछ और अर्थ रखता है और वह अर्थ तुलसी के मन में अनर्थ करता है। 'नहीं, अब प्रपंच में कदापि नहीं पड़ूँगा।' मोहिनी, राजकुँवरी, ऐंचीतानी—आकर्षण-विकर्षण, ऊहापोह और उससे मुक्ति पाने के लिए ध्यानयोग की कठिन साधना में तुलसी के दिन गुज़रने लगे।

राजा भगत चम्मो और राजकुँवरी के व्यवहार को ध्यान से देख रहे थे। एक दिन सहुवाइन से उनकी कहा-सुनी भी हो गई। राजा ने अन्त में उसे डण्डे मारने की धमकी देकर भगा दिया। इस चीख-चिल्लाहट से तुलसीदास का ध्यान भंग हुआ, द्वार खोलकर उन्होंने पूछा—"क्या हुआ रजिया?"

राजा भगत ने कहा—"जब तक भौजी घर में न आएँगी तब तक मुझे तुम्हारी इच्छा के लिए ऐसियों से लड़ाई-झगड़े भी मोल लेने पड़ेंगे।"

तुलसी हँसे, कहा—"भाई, तुम्हारी भौजी तो मुझे इस कुटी में आती दिखलाई नहीं देतीं और रही चौकीदारी की बात, सो तुमने यह बेकार की चिन्ता ओढ़ रखी है। नदियाँ पहाड़ को बहा नहीं सकतीं, राजा।"

"हाँ, पर धीरे-धीरे उसे काटती जरूर हैं भइया। हम तो कहते हैं कि न हम तुम्हारी चौकीदारी करें न तुम्हें ही खुद अपनी चौकीदारी करनी पड़े। भौजी आ जाएँगी तो सब ठीक हो जाएगा।"

तुलसी बोले—"एक ओर तो विलासिनी स्त्रियाँ मुझे तंग करती हैं और दूसरी ओर तुम्हारी यह 'भौजी-भौजी' की रट पीछा नहीं छोड़ती। मैं यहाँ से चला जाऊँगा, राजा।"

राजा हँसे, बोले—"अब यहाँ से तुम्हारा निकलकर जाना सरल नहीं है भइया। महराज ने हमसे कह दिया है कि तुम्हारा ब्याह अवश्य होगा। देखो न, ब्याह की बात जब से उठी है तभी से तुम्हारे पास कितना काम आने लगा है।"

यह सच था कि तुलसी पण्डित को पाठक जी के कारण ही पहले-पहल ज्योतिष-सम्बन्धी काम मिला। फिर तो बाँदा से लेकर चित्रकूट तक राजे-रजवाड़े और साहूकारों में वे प्रायः बुलाए जाते थे। कथा और प्रवचन आदि के अलावा उनकी ज्योतिष विद्या तथा साहित्य-पाण्डित्य की ख्याति भी फैली हई थी। मान के साथ ही साथ धन भी धीरे-धीरे बढ़ने लगा था। आमदनी अच्छी होने लगी थी। वह सारा रुपया-पैसा राजा के पास ही रहता था। उस दिन तुलसीदास राजा की बात को सहसा काट न सके। उनके मन का संघर्ष इस स्थिति पर पहुँच गया था कि वे विवाह का प्रस्ताव हल्के-फुलके ढंग से टाल नहीं सकते थे।

संकटमोचन महावीर जी की स्थापना का आयोजन ज़ोर-शोर से होने लगा। मूर्ति की प्राणप्रतिष्ठा और हवन आदि कराने के लिए पण्डित मण्डली का चयन करने की बात उठी। राजा बोले—"तुम हमारे साथ पाठक महाराज के यहाँ चलो।"

तुलसी बोले—"तुम्हारी चालें मुझपर सफल नहीं होगी रजिया।"

राजा बोले—"अरे हमारी होयं चाहे न होंय, पर राम जी जो चाल चलेंगे उससे बचना तो तुम्हारे लिए भी कठिन होगा। खैर, ब्याह की बात करने के लिए मैं तुम्हें वहाँ नहीं ले जाऊँगा। पर पण्डितों के सम्बन्ध में सलाह-सूत लेने के लिए तुम्हें पाठक महराज से मिलना ही चाहिए।"

तुलसी पण्डित ने राजा भगत की बात मान ली।

पाठक जी ने तुलसीदास का बड़ा सत्कार किया। तुलसी पण्डित भी उनके सत्कार से बहुत सुखी हुए।

पाठक जी बोले—"आपको देखकर मुझे आपके पिता की याद आ गई। पहली बार जब मैंने आपको कथा सुनाते हुए देखा तो लगा कि पण्डित आत्माराज जी बैठे हैं। तभी तो मैंने भगत से आपके विषय में पूछताछ की थी।"

तुलसीदास गद्गद होकर बोले—"स्व. पिताजी के सम्बन्ध में कुछ बतलाने वाले आप पहले व्यक्ति हैं। ऐसा लगता है कि जैसे मैं उन्हीं से मिल रहा हूँ।"

"वे मुझसे साल-सवा साल बड़े थे। अभागे थे बेचारे, अन्यथा उनके समान ज्योतिषी इस क्षेत्र में दूसरा कोई न था। अपने यजमानों की जन्म-पत्रिकाएँ आपके पिता से बनवाकर कई पण्डित पण्डितराज बनकर पुज गए और वे बेचारे...राम-राम।"

"मैं भी अभागा ही हूँ। अपने पिता के साथ यहाँ मेरा भी साम्य है, मैं कदाचित् अधिक ही अभागा हूँ। मेरा जन्म अभुक्तमूल नक्षत्र में हुआ था।" तुलसीदास ने इस विचार से कहा कि पाठक जी यह सुनकर उनसे अपनी कन्या का विवाह करने की बात अपने मन से उतार देंगे, किन्तु पाठक जी हँसकर बोले—"आयुष्मन्, आपकी कुण्डली मैंने भी बनाई थी। अभुक्तमूल नक्षत्र में जन्मे बालक की ग्रह-दशा पर विचार करने का लोभ भला कौन ज्योतिषी छोड़ सकता था। मैं समझता हूँ कि इस क्षेत्र के तीन-चार पण्डितों के पास आपका टेवा अवश्य मिल जाएगा।"

तुलसी बोले—"तब तो आप मेरे सम्बन्ध में सभी कुछ विचार कर चुके होंगे। मैंने स्वयं अपनी कुण्डली पर कभी विचार नहीं किया। केवल पार्वती अम्माँ के मुख से यह सुना-भर था कि मेरे ग्रह-नक्षत्र विचारकर, मुझे मातृ-पितृ-घाती और महा अभागा जानकर ही पिताजी ने मुझे घर से निकाला था।"

पाठक जी बोले—"आपके जन्म के समय आपके गाँव पर घोर विपत्ति आई हुई थी। आपके पिताजी अपने बहनोई की धोखेबाजी के कारण उस समय अत्यन्त त्रस्त थे, उन्होंने कदाचित् सूक्ष्मरूप से आपकी कुण्डली पर विचार नहीं किया था।"

"आप बड़े हैं। मेरे पिता के परिचितों में से हैं। मैं आपकी बात काटने की धृष्टता नहीं कर रहा, फिर भी अपने अब तक के जीवन को देखते हुए स्वयं मुझे भी मानना पड़ता है कि मैं महा अभागा हूँ।"

"नहीं बेटा, भाग्य का चमत्कार केवल लौकिक स्तर पर ही नहीं दिखलाई देता। मेरी धारणा है कि आपके समान परम भाग्यशाली व्यक्ति जगत में कदाचित् ही कोई हो। जो सिद्धि किसी को नहीं मिलती वह आपके लिए सहज सुलभ होगी। अभी आपने जीवन में देखा ही क्या है। खैर, इस सम्बन्ध में हम लोग फिर कभी बातें करेंगे। आपके द्वारा मारुति मन्दिर की स्थापना का विचार अत्यन्त सराहनीय है। आप चिन्ता न करें, सब प्रबन्ध हो जाएगा।"

पाठक जी के द्वारा हनुमान जी की प्रतिष्ठापना का भार उठाने पर उत्सव सचमुच ही बड़ी धूमधाम से हुआ। अनेक कंगलों ने भोजन पाया, अनेक ब्राह्मणों को भूयसी दक्षिणा मिली, ब्रह्मभोज हुआ, तुलसीदास का प्रवचन भी हुआ। उस दिन उनकी प्रवचन कला ने अपने सहज उल्लास में ऐसा चमत्कार प्रकट किया कि चित्रकूट, बाँदा आदि के बड़े-बड़े सेठ-साहूकार और पण्डितगण उनकी प्रशंसा करने लगे। पाठक जी बेहद प्रसन्न थे। सायंकाल के समय जब वे जाने लगे तो तुलसीदास ने कहा—"आपने तो अभी तक भोजन भी नहीं किया। पहले प्रसाद ग्रहण कर लीजिए तब जाइएगा।"

पाठक जी मुस्कराकर बोले—"मेरे कई यजमानों ने मुझसे यहाँ पर एक पक्की हाट और बस्ती बसाने की बात कही है। बस्ती फिर से बस जाए तो कभी भोजन करने भी आ जाऊँगा। अभी जल्दी क्या है।" इस बात की आड़ में छिपी पाठक

जी की बात को तुलसीदास समझ न पाए। उन्होंने फिर आग्रह किया—"मुझे अपार कष्ट होगा..."

"बेटा, मैं आपसे प्रार्थना करता हूँ कि इस प्रसंग को यहीं तक रहने दें। मैं एक और प्रार्थना भी करना चाहता हूँ।"

"आप मेरे पिता समान हैं, कृपया लज्जित करनेवाले शब्दों का प्रयोग न करें।"

पाठक जी हँसे, तुलसीदास की पीठ पर हाथ रखकर उन्होंने कहा—"अच्छा, मैं तुम्हारी ही बात रखूँगा। तुमसे मुझे यह कहना है कि मेरे गाँव में श्रीमद्वाल्मीकीय रामायण बाँचो।"

"आपकी आज्ञा का निश्चय ही पालन करूँगा। आप जब भी मुझे आज्ञा देंगे, मैं आ जाऊँगा।"

22

संकटमोचन महावीर की स्थापना के उपरान्त शीघ्र ही पुराने विक्रमपुर के पास एक नया बाज़ार बनने लगा। राजा बहुत प्रसन्न थे। अपने उत्साह में वे अपना बहुत-सा समय नए बनते हुए बाज़ार में ही बिताने लगे। विधवा राजकुँवरी ने तब प्रायः नित्य ही दोपहर के बाद तुलसीदास की कुटी में आना आरम्भ कर दिया। वह अपने लिए भी एक मकान बनवा रही थी। वह आकर तुलसीदास के चरणों में अपना मस्तक झुकाती और फिर उनके कक्ष से अलग रसोईघर की आड़ में बैठ जाया करती थी। तुलसीदास के ध्यान में इससे व्याघात पड़ने लगा। सियाराम का बिम्ब उनके ध्यान-पट से मिट-मिट जाता था। राजकुँवरी के सुन्दर-सलोनेश्याम-मुख की छवि उनकी आँखों में बार-बार आने लगी। आँखों में राजकुँवरी और कानों में राम-राम की गूँज उनके मन में परस्पर-विरोधी तरंगें उठाने लगी। तुलसीदास इससे त्रस्त और भयभीत हो गए। वे अब मोहिनी के समान किसी स्त्री के ध्यान में अपना जीवन नष्ट नहीं करना चाहते थे। भक्तिरस और यौवन की तृष्णा उनके मन में फिर उथल-पुथल मचाने लगी।

एक रात स्वप्न में उन्होंने देखा कि वह माला जप रहे हैं और मोहिनीबाई राजकुँवरी का हाथ पकड़े मुस्कराती हुई आती है। माला थम जाती है, मोह आँखों में चंचल गति करता है। मोहिनी कहती है—"इसे तुम्हें सौंपती हूँ।"

तुलसी एक बार चाहत-भरी नज़रों से उन्हें देखते हैं। दोनों सुन्दरियाँ मुस्करा रही हैं। वे मूर्तिमान प्रलोभन बनी हुई उन्हें ताक रही हैं। मोहिनी कुँवरी का हाथ पकड़कर उनकी ओर बढ़ाती है। तुलसी की तृष्णामग्न आँखें उन्हें, विशेषरूप से राजकुँवरी को अपलक ताक रही हैं। तभी न जाने कहाँ से चम्मो सहुवाइन भी वहाँ

पहुँच गई। वह भी भैंगी आँखों में अपनी चाहत का सत निचोड़कर उन्हें देख रही है। रूप-कुरूप से बँधे एक ही लालच को सामने देखकर तुलसी के मन का सौन्दर्य-बोध बिखर जाता है। शरीर हिल उठता है। आँखें खुल जाती हैं। तुलसी 'राम' कहते हुए उठ बैठते हैं। कुछ पल साथ बैठे रहते हैं फिर आँखें भर आती हैं। करुण स्वर में आप ही आप कह उठते हैं–'बजरंगबली, मैंने ऐसा क्या पाप किया' है जो यह विघ्न-बाधाएँ अभी तक मेरा पीछा नहीं छोड़तीं?'

दिन का तीन चौथाई भाग आत्म-संघर्ष में ही बीत गया। सुबह नित्य नियमों में भी स्त्रियाँ उनके कल्पना-लोक में बार-बार धँसकर उनके मन को अपराध भावना से जड़ीभूत कर देती थीं। राम का ध्यान न सधा तो तड़पकर बजरंगबली से प्रार्थना करने लगे–"हे अंजनीकुमार, मेरी बाधाएँ हरो, मैं कुछ नहीं चाहता, केवल राम-चरणों में मेरी प्रीति को स्थिर कर दो। मैं मोहरूपी शक्ति से घायल और मूर्च्छित हो गया हूँ, मुझे राम-संजीवनी से जिला दो प्रभु। मेरी लाज रखो।"

उस दिन घाट पर प्रवचन करने में भी उनका ध्यान एकाग्र न हो पाया। तुलसीदास अपने भक्तों को जब राम के चरणों में अमल प्रीति रखने का उपदेश दे रहे थे तब उनकी आँखें सभास्थल में बैठी राजकुँवरी की ओर बरबस ही चली गईं। तुलसीदास का मन अपनी ही अपराधी वृत्ति से बौखला उठा। फिर उन्होंने व्याख्यान को बढ़ाने का बहुत प्रयत्न किया, परन्तु उनका मन इस समय तक बहुत बिखर चुका था। अपनी अस्वस्थता का बहाना साधकर उन्होंने उस दिन शीघ्र ही अपना प्रवचन समाप्त कर दिया। कुछ भक्तों ने उनके मुख से अस्वस्थता की बात सुनकर, उनके उतरे हुए चेहरे पर विशेष ध्यान दिया। तुलसीदास के प्रवचनों पर मुग्ध जनसमुदाय को आज उनकी कथा में रस नहीं मिला था, वे भी ब्रह्मचारी महराज के स्वास्थ्य के सम्बन्ध में चिन्ता करने लगे। वैद्य को दिखलाने की बात भी कई लोगों ने तुलसीदास से कही, परन्तु वे यह कहकर अपनी कुटी के भीतर चले कि राम स्वयं ही मेरा उपचार करेंगे।

सन्नाटा हो गया। तुलसी बन्द कुटी में आसन पर बैठे ध्यानमग्न होकर माला जप रहे हैं। उनके कानों की रामगूँज में टक-टक की आवाज़ व्याघात डालती है। ध्यान का सिमटा हुआ बिन्दु टक-टक की ध्वनि के साथ फैलने लगता है। उनके चेहरे पर कसाव आ जाता है। वे अपनी पूरी अंतःशक्ति के साथ इस व्याघात के विरुद्ध मोर्चा बाँधकर जप में एकाग्र हुए। फिर टक-टक...फिर चिड़चिड़ाहट–टक-टक टक-टक। क्रोध से आँखें खुल गईं। मूँदकर फिर अपने-आपको शान्त करके ध्यानमग्न होने का प्रयत्न करते हैं पर टक-टक टक-टक होती ही गई।

तुलसी आसन छोड़कर उठे, द्वार खोला। सामने ही राजकुँवरी की आँखों का प्यासा सागर लहरा रहा था। तुलसीदास उसे देखकर बोले–"बैठने आई हैं? बैठिए, मैं यहाँ से जाता हूँ।" कहकर तुलसीदास कुटी का पूरा द्वार खोलकर बाहर निकलने लगे।

राजकुँवरी ने गिड़गिड़ाकर पूछा–"आप कहाँ जाते हैं?"

"जहाँ मेरे भक्तिभाव को आपके काम-प्रलोभन न सता सकें। आप धनी हैं, धन से सब कुछ खरीद सकती हैं। आपकी इच्छाओं का पालन करने वाले अनेक पुरुष आपको मिल जाएँगे। कृपाकर मुझे शान्तिपूर्वक राम-चरणों में लीन होने दीजिए।"

सारी बातें एक साँस में कहकर तुलसीदास ने फिर अपनी कुटी के द्वार बन्द कर लिए।

राजकुँवरी तुलसीदास के क्रोध से आतंकित हो गई। बन्द कुटी के द्वार को वह कुछ क्षणों तक स्तब्ध देखती रही। उसकी दो दासियाँ भी पीछे खड़ी थीं। एक ने मुँह बनाकर कहा—"अजी कुँवरी जू, छोड़िए न इस साधु का मोह, इसे अपनी सुन्दरताई पर घमण्ड है। बड़ी भक्ती छाँटता है। अरे हम इससे अच्छा-सुन्दर साधू आपके लिए खोजकर ले आवेंगी। किसी दिन यह निगोड़ा अगर जोर से आपको डाँट देगा तो किरकिरी हो जायगी।" राजकुँवरी की आँखें कटोरियों जैसी भरी हुई थीं और तुलसीदास अपनी कुटी में पिंजरबद्ध सिंह की भाँति चक्कर लगा रहे थे।

तीसरे पहर राजा भगत आए। कुटी का बाँस खटखटाया। जब उत्तर न मिला तो पुकारा—"भैया!"

"हाँ राजा, आए।" तन्द्रा में लेटे हुए तुलसीदास ने राजा की आवाज़ सुनकर तुरन्त उत्तर दिया और उठकर कुटी का द्वार खोला।

"आज क्या बात है भइया कि दिन में सो गए? तबीयत तो ठीक है?"

"हाँ, तन ठीक पर मन बहुत अस्वस्थ है। आज तुम कहाँ चले गए थे, दिन में एक बार भी नहीं दिखलाई दिए?"

"उस पार चला गया था। पाठक महराज का बुलावा आया तो मैं घाट पर ही खड़ा था। सुनते ही नाव से चला गया। इसी से भेंट न हो पाई। अबकी सोमवार से तुम्हारी कथा वहाँ होगी भइया। बड़े महराज ने बड़ा परबन्ध किया है।"

"अब कहीं नहीं जाऊँगा, राजा।"

"क्यों?"

"मैं नारी के आकर्षण से दूर रहना चाहता हूँ। पाठक जी मुझे गृहस्थी के बन्धन में बाँधना चाहते हैं। मैं नहीं बँधूँगा—नहीं बँधूँगा।"

राजा भगत शान्तभाव से उनका चेहरा देखते रहे। जब वह चुप हो गए और कुछ देर तक वैसे ही टहलते रहे तो राजा ने कहा—"तन की अपनी कुछ चाहें होती हैं भइया। भूखा अगर परोसी हुई थाली छोड़कर जायगा तो भूख के मारे कहीं-न कहीं मुँह मारेगा ही।"

"इसी बात की तो परीक्षा लेना चाहता हूँ। राम-कृपा से मैं उस आकर्षण से मुक्त रहूँगा जिससे सारा संसार बँधता है।" तुलसी के स्वर में अहंकार बोल रहा था। यह उत्तर वह केवल सामने खड़े राजा भगत ही को नहीं वरन् अपनी मनबसी दुर्बलता को भी दे रहे थे।

राजा भगत कुछ देर चुप रहे, फिर कहा—"तुम्हारे ही दम पर तो मैं यह हार बसाने के काम में कूदा। बड़े महराज ने लोगों को समझा-बुझाकर यहाँ पूँजी लगवाई। उनके बुलावे पर तुम कथा बाँचने भी न जाओगे तो भला बताओ, हम कहीं मुँह दिखाने जोग रह जायेंगे!"

तुलसी पण्डित विचारमग्न हो गए, कहा—"हम कथा सुनाने जाएँगे। वह हमारी जीविका है और फिर वे हमारे पिता-समान हैं। किन्तु मैं तुम्हें चेताए देता हूँ राजा, विवाह के बन्धन में नहीं बँधूँगा, चाहे वे बुरा मानें या भला।"

मन्द-मन्द मुस्कराते हुए राजा ने कहा—"अच्छा यह बात हमने मान ली। सुन्दर देह, मनोहर रूप और सधुक्कड़ी राह में राम जी की दया से रसीली भगतिनों की कमी भी नहीं है, ऐसे ही रोज वो तुम्हें सताएँगी और तुम यों ही तपा करोगे। राम जी के लिए तपने का तुम्हारा समय यह ससुरियाँ खाया करेंगी। हमारा क्या है!"

तुलसीदास की आँखों की तपन मिटी, उनमें स्निग्धता आई, मुस्कराकर पूछा—"क्या तुम्हें मेरे आज तक के संकटों का पता है?"

"अरे हम ही नहीं, सब जानते हैं। तुम्हारा गुन गाते हैं और तुम्हारी सिधाई पर हँसते भी हैं।"

तुलसी को लगा कि उनका भीतर-बाहर सब कुछ शीशे की तरह साफ है, वह अपने समाज में सराहे जाते हैं। पिछली रात और सारा दिन सतत् संघर्षरत रहनेवाले मन को ठंडक पहुँची। 'जनता साक्षी है, मैं सच्चा हूँ'—इस विचार के उदय होने से मन जड़ीभूत अपराध-भावना के तनाव से मुक्त हुआ, पर अपनी इस स्थिति पर जग-हँसाई होने की बात उन्हें न सुहाई। बोले—"इसमें हँसने की क्या बात है?"

"तुम्हारी सिधाई। बुरा न मानना भैया, हम ऐसी-ऐसियों को अपने से कोस भर दूर झटककर फेंक चुके हैं और तुम ठहरे देउता मनई, जैसे तुम इन्हें समझाते होंगे उससे तो यह और उमंग में चढ़ती होंगी।"

तुलसी चुप। राजा जो कुछ कह रहे थे, सब सच था। तुलसी के आगे एक-एक बात स्पष्ट थी। तुलसी ने जब इन स्त्रियों को अनदेखा किया तो उन्होंने जान-बूझकर अपने को दिखलाने का प्रयत्न किया। ये कतराने लगे तो वे और घेरने लगीं। चम्मो के तरीके फूहड़ थे, उसने दो-तीन बार तुलसी से मीठी-कड़वी झिड़कियाँ पाईं। राजकुँवरी शालीन है, संयत ढंग से घेराव करती है। उसकी शालीनता ने कहीं पर तुलसी के मन को प्रभावित भी किया है और इसी छोटे-से धरातल पर कुँवरी का श्याम-सलोना मुखड़ा अब अपनी आकर्षणी मीनार खड़ी करके तुलसी के भक्ति-भाव को हलकान कर रहा है। तुलसी के इस मौन को लखकर राजा ने हँसते हुए कहा—"खैर, अब चिन्ता न करो भैया। कथा बाँचने के लिए तुम जब सात-आठ रोज उधर रहोगे न, तब हम तुम्हारे इन तपस्या-कंटकों को तुम्हारे रस्ते से हटा देंगे।"

सुनकर तुलसी भी हँसे, कहा—"हाँ, इधर की खाइयाँ पाट दोगे क्योंकि उधर तुमने हमारे लिए कुआँ खोद रखा है।" तुलसीदास अपने भीतरवाला वैचारिक बवण्डर रोक नहीं पा रहे थे। राम और रमणी दोनों ही मन पर ऐसे छाए हुए थे कि वे अपनी वास्तविक इच्छा को समझने में असमर्थ थे। उनकी बात के उत्तर में राजा ने मुस्कराकर कहा—"कुआँ नहीं समुद्र कहो समुद्र। रतन और कहाँ मिलेंगे?"

रविवार के दिन तुलसीदास को अपने साथ लिवा ले जाने के लिए पाठक जी स्वयं आ गए। तुलसीदास भीतर से चिड़चिड़ा गए, पर बाहरी तौर से अपने को संगत रखकर उन्होंने केवल इतना ही कहा—"कल दोपहर में मैं स्वयं ही आपके यहाँ पहुँच जाता। आपने बेकार ही कष्ट किया।"

"एक तो कल डेढ़ पहर तक मुहूर्त अच्छे नहीं है। दूसरे, आज हमारे यहाँ दो ज्योतिषाचार्य आने वाले हैं। हमने सोचा कि आप कदाचित् उस समाज में

अपने-आपको सुखी अनुभव करेंगे। यहाँ आसपास के पण्डित समाज से आपका जितना परिचय होता चले उतना ही अच्छा है। आपके पिता का नाम लोग अभी भूले नहीं हैं।''

तुलसी 'ना' नहीं कह सकते थे। यद्यपि उनके मन का ऊहापोह कुछ अधिक बढ़ गया था। वे अपनी ज्योतिष विद्या से भी यह जानते थे कि उनका विवाह होगा। किन्तु वे यह चाहते नहीं थे। स्त्री की भूख एक रहस्य बनकर उन्हें लुभा अवश्य रही थी किन्तु राम-भक्त कहलाना और मेघा भगत के समान जनसमाज में श्रद्धा का पात्र बनना ही उन्हें अभीष्ट था। वे अपने भक्ति के उत्साह और काम की भूख के परस्पर-विरोधी वातचक्रों में नाच रहे थे और अपने सहज धरातल से उखड़े हुए थे। मानसिक अनिश्चय के कारण तुलसीदास पाठक जी के साथ जाना नहीं चाहते थे किन्तु मना करने का नैतिक साहस भी उनके भीतर न था।

दीनबन्धु पाठक की अवाई का समाचार सुनकर राजा भगत भी आ पहुँचे। बातों के बीच तुलसी उन्हें कनखी से देखते कि मानो सारा षड्यन्त्र उन्हीं का रचा हुआ हो और राजा भगत की यह स्थिति भी कि जब-जब उनकी दृष्टि अपने भैया के मुख पर जाती तब-तब वे मुस्कराए बिना नहीं रह पाते थे। राजा दोनों को घाट तक पहुँचाने आए। नाव पर बैठने से पहले तुलसीदास ने राजा के कान में कहा—''तुमने आखिर मुझे बलिदान का बकरा बना ही दिया न! पर देखना, मैं भी तुम्हारे चक्रव्यूह को भेदकर कैसे बाहर निकलता हूँ।''

राजा भगत मुस्कराए, फिर कहा—''तुम्हारी तुम जानो भैया, बाकी हमने तुम्हारी यह कुटिया वाली जमीन कल बकरीदी भैया से खरीद ली है।'' तुलसीदास का चेहरा आनन्द से खिल उठा, बोले—''यह तुमने बहुत ही अच्छा किया, राजा। मैं परम प्रसन्न हुआ।''

नाव सवारियों से भर चुकी थी और जाने के लिए तैयार खड़ी थी। पाठक जी तुलसीदास की प्रतीक्षा कर रहे थे। जब कान की बात समाप्त होकर दोनों ज़ोर-ज़ोर से बतियाने लगे तब पाठक जी के कानों में भी उनकी बातें पड़ने लगी थीं। सुनकर बोले—''यह जमीन बकरीदी की रही राजा?''

''हाँ, महराज। अब उस हिस्से में हमने कई ब्राह्मन पण्डितों को घर बसाने के लिए राजी कर लिया है। जमीनें बिक रही थीं तो हमने इनके लिए भी ले ली है। आप अच्छा-सा महूरत निकाल देव तो हम इनके घर की नीव भी लगे हाथों डलवा ही दें।''

पाठक जी तुलसी के कन्धे पर स्नेह से हाथ रखकर राजा से बोले—''कल मध्याह्न में सूर्यनारायण जब ठीक तुम्हारे सिर पर आ जायँ तब तुम्हीं अपने हाथों इनके घर की नींव पूजा करना। इन्होंने इस गाँव को जिस पुरुष का नाम दिया है, वही इनके घर की नींव रखेगा। मैंने ठीक कहा न भैया?''

भैया इतनी देर से पाठक जी के हाथ का स्नेह स्पर्श अपने कन्धे पर अनुभव करते-करते उसके सम्मोहन में बँध चुके थे। कुछ अपनी मनभावनी भूमि के स्वामी हो जाने के कारण उपजे हुए उल्लास से भी उभचुभ थे। उन्हें पाठक जी की बात

का सहसा कोई उत्तर न सूझा, विनत होकर कहा—"मैं क्या कहूँ, आप जो उचित समझें करें।"

पाठक जी के घर पहुँचकर तुलसीदास मानो राजा हो गए। इतना अपनत्व, इतनी आवभगत और सम्मान तुलसीदास को कहीं प्राप्त नहीं हुआ था। पाठक जी गाँव के धनी-धोरियों में थे। आसपास के गाँवों में ही नहीं बल्कि बाँदा से चित्रकूट तक इस पार-उस पार उनकी बड़ी प्रतिष्ठा थी। इसलिए जिसकी अगवानी में स्वयं वे उत्साह के मारे थोड़े-थोड़े हुए जा रहे हों उसके लिए पलक पाँवड़े बिछाने वालों की भला क्या कमी हो सकती थी। तुलसीदास बहुत मग्न थे।

पाठक जी विधुर थे। उनकी इकलौती सन्तान चौदह वर्ष की हो चुकी थी। पण्डित जी ने अपनी पुत्री के प्रबल मोहवश अब तक उसका विवाह टालने का प्रयत्न किया किन्तु अब वे ऐसा कर नहीं सकते थे। उन्होंने रत्नावली को आरम्भ से उसी चाव से पढ़ाया था जिस चाव से कोई पुत्र को पढ़ाता है। वे कई वर्षों से किसी ऐसे सुपात्र की खोज में थे, जिसे वे घरजमाई बनाकर अपने पास रख सकें। किन्तु उन्हें अपनी लड़की के लायक कोई लड़का जँचता नहीं था। जब से विक्रमपुर की पैंठ में उन्होंने तुलसीदास की कथा सुनी थी और उनके सम्बन्ध में राजा से जानकारी पाई थी तभी से वे उन्हें अपना जामाता बनाने के लिए लालायित हो चुके थे। इन बीते महीनों में और भी निकट सम्पर्क में आने के कारण उन्होंने तुलसीदास को अपना दामाद बनाने का एक प्रकार से हठ ही ठान लिया था। स्वाभिमानी तुलसी को वे अपने घर में तो न रख सकेंगे पर यह दूरी भी केवल नदी के तटों की ही है। इतनी पास में ऐसा योग्य जमाई मिले तो समझो घर ही में है। उन्होंने तुलसीदास और रत्नावली की जन्म-पत्रिकाएँ भी मिला रखी थीं। संयोगवश रत्नावली के एक सुझाव के अनुसार वे उनके मूल नक्षत्र के सम्बन्ध में भी गहरा विचार कर चुके थे। रत्नावली उक्त कुण्डली के अभागेपन को नकार चुकी थी। वह नहीं जानती थी कि यह उसके भावी पति की जन्मकुण्डली है। उसके मतानुसार अभुक्तमूल नक्षत्र के चतुर्थ चरण में पैदा होने वाला व्यक्ति अलौकिक रूप से भाग्यवान होता है। बड़े-बड़े राजे-महराजे और पण्डितगण इनके चरणों में शीश झुकाएँगे। इसके बाद नियति ने ऐसे बानक बना दिए कि पाठक जी अपनी बेटी को देखते तभी उसके दक्षिणाँग की ओर खड़ी तुलसीदास की मूर्ति उनकी कल्पना में उभर आती थी। पाठक जी तुलसी को अपना बेटा बनाने के लिए दीवाने हो गए थे।

वाल्मीकीय रामायण कथा का श्रीगणेश हुआ। तुलसीदास जी का कथा कहने का ढंग ही निराला था। वे पण्डित समाज को अपनी विद्या और जन साधारण को अपने भक्ति रस के चमत्कार से एक-सा बाँधते थे। बीच-बीच में अपनी रची हुई भाषा की कविताएँ भी पढ़ने लगते तो सभा में समाँ-सा बँध जाता था। भाषा में चमत्कार, कण्ठ मधुर और सुरीला तथा इन सबके ऊपर सोने में सुहागे जैसा उनका सुन्दर रूप और बलिष्ठ काया भी देखने वालों पर अपना प्रभाव छोड़े बिना नहीं रहती थी। यों भी तुलसीदास आज कुछ अधिक उमंग में थे। अपनी भावुकता में वे यह मानते थे कि पाठक जी को सुनाकर वे मानो अपने पिता को ही रामायण सुना रहे

हों। वे अपनी कथावाचन कला का सारा निखार मानो आज ही दर्शा देना चाहते थे। ऐसे तन्मय होकर उन्होंने कथा बाँची कि निर्धारित पाठ पूरा होने पर अपनी वाणी के मौन से वे स्वयं ही सन्नाटे में आ गए।

पाठक जी के प्रचार और प्रभाववश दूर-दूर के लोग कथा सुनने के लिए आए थे। गाँव में कई तम्बू-खेमे पड़े हुए थे। बहुत-से घरों में अतिथि ठहरे थे। स्वयं पाठक जी के घर में भी तीन सम्बन्धियों के परिवार टिके हुए थे। तुलसीदास ने पहले ही दिन सबके हृदय जीत लिए।

घर आने पर उनके लिए एक अचम्भा अचानक आया। भोजन इत्यादि करके पाठक जी अपने छोटे भाई के पुत्र गंगेश्वर और साले के साथ तुलसीदास के सामने ही उनकी प्रशंसा करते हुए मगन मन बैठे थे। तभी अचानक ही उन्होंने कहा—"भैया, है तो मेरी बेटी, पर मैंने उसे बेटे की तरह से ही पढ़ाया-लिखाया है। जो पण्डित मुझे योग्य जँचा उसी से मैंने उसे शिक्षा दिलवाई है। देखो मैं बुलाता हूँ। उसने ही तुम्हारे अभुक्तमूल नक्षत्र की व्याख्या मुझसे की थी।...अरी रत्नू, ओ रत्नू, यहाँ आ बिटिया...वैसे उसे यह मालूम नहीं है कि वह कुण्डली आपकी है।"

तुलसीदास अचानक रत्ना के सामने आने की बात सुनकर धक्-से रह गए। उनका कलेजा धड़धड़ कर उठा—'राम प्रभु मेरी परीक्षा न लें। राम करे, वह न आए—न आए—न आए।' तुलसी तो अपने चेहरे पर चढ़ती धुकपुकाहट को सम्भालकर उसपर गम्भीरता का मुखौटा चढ़ाने में व्यस्त हो गए पर उनका मन भीतर ही भीतर सकपका रहा था।

भीतर के उढ़के हुए द्वार खुले। शुभ्र वर्ण की एक तन्वंगी सामने थी। तेजयुक्त ललाट, पतले होंठ, नाक और ठोड़ी नुकीली तथा आँखों में दर्प-भरी चमक थी। उसने एक बार तुलसीदास की ओर देखा। चार आँखें अनायास ही मिलीं। तुलसी के हृदय में मचती हुई हलचल दृष्टि मिलते ही थम गई। एकाएक उनके भीतर-बाहर मानो सन्नाटा छा गया। उन्हें लगा कि वे अब अपनी सम्पत्ति नहीं रहे। आँखें नीची हो गईं।

रत्नावली ने तुरन्त ही पिता की ओर देखकर पूछा—"क्या है बप्पा?"

स्वर था कि मानो गला हुआ सोना बह रहा हो। उसमें मिठास तो थी ही किन्तु अधिकार का तेज भी था। तुलसीदास उपस्थित मण्डली के सामने अपने-आप को कसे हुए बैठे थे। बिछे हुए गलीचे का एक रेशा तोड़कर अपनी चुटकी से मींजते हुए वे ऐसे गम्भीर और दत्तचित्त भाव से बैठे थे जैसे किसी महत्त्व के काम में व्यस्त हों। पाठक जी ने स्निग्ध दृष्टि से अपनी बेटी को देखकर कहा—"आओ बिटिया, आज तुमने हमारे तुलसीदास जी की कथा सुनी थी?"

तुलसीदास के कान खड़े हो गए। रत्ना ने छोटा-सा उत्तर दिया—"हूँ।" तुलसीदास को ऐसा लगा कि रत्नावली ने बड़ी अनिच्छा और दबाव से ही यह उत्तर दिया है।

पाठक जी ने पूछा—"तुम्हें कैसी लगी इनकी कथा?"

"कथा तो राम जी की थी।" रत्ना बोली

तुलसी को लगा कि मानो इस वाक्य के पीछे खिलखिलाहट भरी है। उसी समय रत्ना के मामा हँस पड़े और पाठक जी से कहा—"देखो, हमारी बिटिया कैसी बात पकड़ती है!"

पाठक जी मुस्कराकर बोले—"अरे ये बड़ी नटखट है। मैं इनके कथा कहने के ढंग और व्याख्या-पद्धति के सम्बन्ध में तेरा मत पूछ रहा था।"

तुलसीदास के कलेजे में फिर हलचल मची, किन्तु रत्ना चुप रही। मामा बोले—"क्या पूछ रहे हैं जीजा, बताती क्यों नहीं?"

रत्नावली के चचेरे बड़े भाई गंगेश्वर ने हँसकर कहा—"अरे यह बड़ी बुद्धू है मामा, इसे पंचगुट्टे खेलने से ही अवकाश नहीं मिलता, ये क्या बताएगी?"

रत्ना ने एक बार गंगेश्वर की ओर देखकर आँखें तरेरी। वह हँसने लगा। मामा बोले—"हमारी बिटिया बुद्धू नहीं है। छोटी होने पर भी यह तो अच्छे-अच्छे पण्डितों के कान काटती है।"

पाठक जी बोले—"बड़े भारी ज्योतिषी हैं हमारे तुलसीदास जी। इनसे ताजक ज्योतिष के लटके भी सीख लो।"

तुलसीदास ने एक बार नज़र उठाकर रत्नावली को यों देखा कि मानो वे उसका उत्तर सुनने के लिए उत्सुक हों। रत्नावली ने अपने पिता से कहा—"मुझे क्या आज ही सीखना है बप्पा?"

तुलसीदास अचानक ही हड़बड़ाकर बोल उठे—"नहीं-नहीं। फिर किसी दिन, अभी तो यहाँ पर एक सप्ताह ठहरूँगा।"

"अच्छा रत्नू, इन्हें अभुक्तमूल के सम्बन्ध में बतला। तुलसीदास जी कहते हैं कि तेरी व्याख्या गलत है। वह जातक निश्चय ही मूल के पहले-दूसरे चरण की सन्धि में हुआ होगा।"

"केवल माता-पिता की मृत्यु के प्रमाण से ही यह कह देना ठीक नहीं है बप्पा। प्रश्न यह है कि जातक को नव वर्ष की आयु से समुचित प्रतिष्ठा, विद्या और उन्नति के सोपान मिलते जा रहे हैं या नहीं?"

पाठक जी ने तुलसीदास की ओर देखकर पूछा—"कहिए, आपका क्या विचार है?"

"पहले इनका विचार सून लूँ।"

रत्नावली ने भी उचटती नजरों से अपने भावी पति को देखा, फिर पिता से पूछा—"बप्पा, वह टेवा आप ही का था न?"

"यह तूने कैसे कहा?"

पिता के इस प्रश्न से रत्ना झेंप गई। कुछ उत्तर न दिया। मामा जी बोले—"अच्छा मेरा एक प्रश्न विचार। हमारे इन शास्त्री जी का विवाह हो गया है या नहीं!"

तुलसीदास का चेहरा और कस गया। उन्हें पाठक जी के साले का यह प्रश्न करना अच्छा नहीं लगा। वे भीतर ही भीतर अनख उठे। रत्नावली भी यह प्रश्न सुनकर सहसा लज्जा से लाल हो उठी। उसने कहा—"घर में काम है बप्पा, मैं जाऊँ?" पिता के कुछ कहने से पहले ही वह तेज़ी से उठकर भीतर चली गई।

सात दिन तुलसीदास की ख्याति के सात सोपान बन गए। तुलसी के प्रति पाठक जी का ममत्त्व प्रतिक्षण गाढ़ा होता गया। तीसरे-चौथे दिन की बात है, दिन में भोजन करके पाठक जी तुलसीदास के साथ भीतर के कमरे में बैठे थे। टाँड़ों पर ग्रन्थों के बस्ते बँधे हुए रखे थे। ग्रन्थों का यह विशाल भण्डार देखकर तुलसी ने कहा—"काशी में गुरु जी का ग्रन्थ भण्डार इससे कदाचित् ही कुछ अधिक हो। आपके यहाँ बहुत अच्छा संग्रह है।"

पाठक जी सुनकर प्रसन्न हुए, बोले—"रत्ना इन्हें अपने प्राणों से भी अधिक सहेज कर रखती है।" फिर दबी ज़बान से बात को आगे बढ़ाते हुए कहा—"घर की सम्पत्ति का बहुत कुछ अंश तो मुझे अपने भतीजे को ही देना है। पर अपना यह ग्रन्थ भण्डार उसे मैं देना नहीं चाहता। उसे अध्ययन में रुचि नहीं है। वह केवल कामचलाऊ पण्डित ही है। कभी-कभी अपने ग्रन्थागार का भविष्य विचारकर रो पड़ता हूँ।"

तुलसी अपने सहज भोलेपन में बोल उठे—"इन्हें किसी सत्पात्र को सौंप दीजिए।"

"सुपात्र तो मिल गया है बेटा, बस अब यही मनाता हूँ कि उसे अपना सब-कुछ सौंपकर निश्चिन्त होने का क्षण भी पा जाऊँ।"

तुलसी सचेत हो गए। वे भाँप गए कि पाठक जी के सुपात्र और कोई नहीं वे स्वयं ही हैं। उनका मन फिर हलचल से भर गया। किन्तु यह हलचल पानी जैसी रंगहीन थी, न पक्ष-न विपक्ष। शब्दहीन भावों की तरंगें तेज़ी से चल रही थीं। तुलसी अपने-आप को समझ नहीं पा रहे थे। वे केवल सकपकाए हुए थे। उन्हें उनके भावी जीवन के सम्बन्ध में चिन्ता-भरी घबराहट थी।

अगला दिन कथा का अन्तिम दिन था। तुलसीदास आज सबेरे ही से प्रायः गुमसुम थे। यद्यपि उनकी ऊपरी चेतना में प्रायः सन्नाटा ही छाया हुआ था तथापि अपनी भीतरी तहों में चलनेवाली हलचल उनके लिए एकदम अनबूझी न थी।

ब्राह्ममुहूर्त में जब उन्होंने नित्य नियमानुसार ध्यान में लक्ष्मण, भरत, शत्रुघ्न और हनुमान-सेवित श्रीसीताराम का बिम्ब साधा तो आकार विशेष स्पष्ट नहीं हुए। अपनी इस असफलता से तुलसीदास को लगा कि मानो वे एक अति उन्नत शिखर पर चढ़ते-चढ़ते अचानक कोसों नीचे खड्ड में गिर गए हों। उन्हें अपने ऊपर बहुत खिसियानपन छूटा। मोहिनी प्रसंग के बाद तुलसीदास ने हठपूर्वक अपने इष्ट बिम्ब को साधा था। ध्यान अब न तो बिखरता था और न धूमिल होता था। इच्छित बिम्ब की सजीवता ही तुलसी की सफलता और उत्फुल्लता का कारण बनती थी। आज तुलसी को ध्यान में न तो सफलता ही मिली और न उत्फुल्लता। सच तो यह था कि वे कुंठित और हतप्रभ-से हो गए थे।

स्नान-ध्यान आदि नित्यकर्मों से निबटकर तुलसीदास जी जब पाठक जी के घर लौटे तो पता चला कि वे अपने साले के साथ किसी काम से पास के गाँव में गए हुए हैं। तुलसीदास अपने चौबारे में अकेले ही बैठ गए। उन्हें कुछ समझ नहीं पड़ रहा था। पछतावा, खिसियानपन, झुंझलाहट, नामस्मरण, प्रार्थना और संन्यास

को साधने का हठ उनके मन को तरह-तरह से रमा रहा था किन्तु वे रम नहीं पा रहे थे।

दासी आई, कोठरी के एक कोने में गोबराए हुए फर्श पर पानी छिड़का, फिर पीढ़ा लाई, पीढ़े पर रेशमी गद्दी बिछाई, चौकी सामने रखी। एक दासी चाँदी के लोटे-गिलास में पानी रख गई। फिर रत्नावली कलेवे के लिए थाली सजाकर लाई। अति संयत और गम्भीर भाव से तुलसी की ओर बिना देखे ही रत्नावली खाने की चौकी की ओर बढ़ गई। थाली रखी और सिर झुकाए हुए कहा—''बप्पा और मामा एक आवश्यक काम से गए हैं। मेरी मामी ज्वरग्रस्त है। इसलिए मुझे ही सब-कुछ तैयार करना पड़ा है। हो सकता है, आपकी रुचि के अनुकूल न बना हो।''

रत्नावली को देखते ही तुलसीदास का गुमसुमपना हवा हो गया था। वे किसी हद तक रत्नावली के रौब में आ गए। रत्ना का स्वर तुलसीदास के कानों में बड़ी मिठास घोल रहा था। पीढ़े पर बैठते ही रत्ना लोटा उठाकर उनके हाथ धुलाने के लिए उद्यत हो गई। तुलसीदास बोले—''आपकी मामी तो नित्य परोसते समय हम लोगों को यही बतलाती थीं कि अमुक वस्तु आपने बनाई है और वह वस्तु निश्चय ही स्वादिष्ट सिद्ध होती थी। मुझे विश्वास है कि आज भी मेरी रसना को निराश न होना पड़ेगा।''

रत्नावली चुप रही। तुलसीदास ने खाना आरम्भ किया। रत्नावली दीवाल से लगी नीची नज़र किए खड़ी रही। तुलसीदास को रत्नावली की उपस्थिति मन ही मन सुहा रही थी, यद्यपि उन्होंने फिर सिर उठाकर उसे देखने तक का प्रयत्न न किया।

एक दासी कोठरी के द्वार पर खड़ी हुई थी। रत्नावली ने और कुछ लाने के लिए पूछा। तुलसीदास बोले—''साधु यदि पेटू हो जाय तो फिर उसका निभाव भला क्योंकर हो सकता है?''

रत्नावली तुरन्त ही बोल उठी—''कुण्डली के अनुसार तो साधु बनने से पहले आप लक्ष्मीवान बनेंगे।''

यह सुनकर तुलसीदास की आँखें रत्नावली के मुख को देखे बिना रह न सकीं। कंचन-सा वर्ण, चेहरे पर आत्मतेज और वाणी में आत्मविश्वास की ऐसी दीप्ति थी कि तुलसीदास की आँखें शिष्टाचार भूलकर कुछ क्षणों के लिए रत्नावली के मुख को एकटक निहारने लगीं। रत्नावली की आँखें भी एक बार धोखे से ऊपर उठ गईं। आँखों से आँखें मिलीं, दोनों ओर पुतलियों से आनन्द के ज्योतिफूल चमके। दोनों के होंठों पर बरबस मुस्कान की रेखाएँ भी खिंच गईं और फिर दोनों को तुरन्त ही होश भी आ गया। रत्ना की आँखें फिर झुक गईं। चेहरे पर गम्भीरता लाने का प्रयत्न विफल हुआ। आनन्द जड़ होकर उसके चेहरे पर चिपक गया था। तुलसीदास के मन की सारी हलचलें भी रत्नावली के उस आनन्द में ही थिर हो गई थीं। उन्होंने मृदु स्वर में कहा—''देखता हूँ, मेरी जन्मपत्रिका पर आपने गहरा विचार किया है।''

रत्ना चुप रही। तुलसीदास ने फिर कहा—''साधु होने के लिए केवल वेश ही

तो आवश्यक नहीं होता।" कहने को तो यह कहा पर उन्हें स्पष्ट रूप से यह भासित हो चला था कि वे रत्नावली के प्रभाव-पाश में आबद्ध हैं।

तुलसीदास के अन्तिम दिन के कथावाचन में सहज रस कम और नाटकीयता अधिक थी। आज वे स्त्रियों की मण्डली में बैठी हुई रत्नावली को ही अधिक सुना रहे थे और इस सुनाने का कार्य रत्ना के मन में राम-बोध से अधिक तुलसीबोध कराना ही था।

आरती में अच्छा धन चढ़ा। सोने ही कुछ मोहरें, चाँदी के बहुत-से रुपए और ताँबे के ढेरों टके ही नहीं, गेहूँ और चावल भी इतना चढ़ा कि चलते समय उनके साथ अनाज के पाँच बोरे हो गए थे। एक दुशाला और रेशम के दो थान भी अर्पित किए गए थे। तुलसीदास पाठक जी से बोले—"यह सब वस्तुएँ ले जाकर मैं क्या करूँगा, मेरी समझ में नहीं आ रहा है।"

पाठक जी के साले यह सुनकर हँस पड़े। "उसकी चिन्ता आप क्यों करते हैं। मेरी भांजी आपके यहाँ पहुँचकर स्वयं ही उसका प्रबन्ध कर लेगी।"

अपने साले की बात सुनकर पाठक जी हँस पड़े। तुलसीदास का मन प्रतिवाद न कर सका, मौन रहा। तुलसीदास जी को नाव पर बैठाने के लिए गाँव से बहुत-से लोग आए थे। पाठक जी के भतीजे गंगेश्वर तुलसीदास को उनके गाँव तक छोड़ने के लिए नाव पर सवार हो चुके थे। सबसे मिल-भेंट कर तुलसीदास पाठक जी के चरण छूने के लिए झुके। उन्होंने तुरन्त ही उन्हें अपनी बाँहों में भरकर कलेजे से चिपका लिया और धीरे से कान में कहा—"मंगलवार को गंगेश्वर फलदान लेकर पहुँच रहा है। राजा से कहिएगा कि वे कल मुझसे आकर मिल जाएँ।"

"जो आज्ञा।" तुलसीदास ने आँखें झुकाकर दबे स्वर में उत्तर दिया। सुनकर पाठक जी गद्गद हो गए। उन्होंने तुलसीदास जी को फिर कलेजे से लगाया।

पहले से सूचना पाने के कारण राजा भगत नौका-घाट पर ही मिल गए। उन्होंने तुलसीदास का घर बनवाना आरम्भ कर दिया था। इसलिए वे उन्हें अपने घर लिवा ले गए। मार्ग में रत्नावली के चचेरे भाई ने उन्हें मंगल को फलदान लेकर आने की सूचना दी। राजा तुलसी को देखकर मुस्कराए और कहा—"तुम अनोखे कथावाचक हो भैया, कथा की चढ़त में इनकी बहन को भी ले आए!"

तुलसी की आँखों में पहले झेंप और फिर विनोद लहराया, बोले—"दलालों की माया तो राम जी ही समझ सकते हैं, बाक़ी हमें क्या, भिक्षुक ब्राह्मण ठहरे, जो दक्षिणा में मिला वही स्वीकार कर लिया।"

× × ×

राजा भगत से बाबा की कही यह पुरानी बात सुनकर बेनीमाधव ही नहीं, प्रायः गम्भीर रहनेवाला रामू भी हँस पड़ा। गद्गद स्वर में बोला—"हमारे प्रभु जी की हँसी भी अनोखी होती है। अरे वह जानकीजी से भी विनोद करने में न चूके...कोटि मनोज लजावनि हारे। सुमुखि कहहु को आहिं तुम्हारे। सुनि सनेहमय मंजुल बानी। सकुची सिय मन महुं मुसुकानी।" सुनकर सभी आनन्दित हुए।

23

बाबा की गिल्टियाँ कुछ और बढ़ गई थीं। अन्दर से टीसें मारती थीं। पीड़ा के कारण नींद उचट-उचट जाती थी। इधर दो दिनों से बाबा को कुछ ऐसी तरंग आई है कि रात के समय वे रामू को भी अपनी कोठरी में नहीं सोने देते। अपनी बढ़ी हुई वेदना को उन्होंने अब तक बाहरी तौर से व्यक्त नहीं होने दिया। रामू ने जब कारण पूछा तो वे बोले–''तेरा कोई दोष नहीं है रे। दिन में एकान्त मिल नहीं पाता इसलिए रात में अपने भीतर वाले हंस को अकेला ही अनुभव कराना चाहता हूँ।''

बाबा के चेहरे पर हठ की दृढ़ता देखकर रामू सकुचा गया। वह अब कोठरी के बाहर सोता है। कोठरी की देहली ही उसका तकिया है और उसके कान सदा भीतर की ओर ही लगे रहते हैं।

बाबा को नींद कम आती है, आती भी है तो बीच-बीच में किसी गिल्टी से ऐसे टीस उठती है कि उचट जाती है। तब पीड़ा को भुलाने के लिए प्रायः लेटे ही लेटे जपमग्न हो जाते हैं। आज रात भी ऐसा ही हुआ। बाईं कलाई पर नई गिल्टी निकल रही है। हड्डी के ऊपर की गाँठ बड़ी दुखदाई है। पूरी बाँह में तनाव है। उस तनाव के कारण बगल में एक और गिल्टी उभर आई। नींद में करवट ले ली तो वह दब जाने से खुर्राटे भरते-भरते सहसा हे राम!' कहके कराह उठे। बड़ी देर तक दाहिने हाथ के पंजे से अपनी बाईं बाँह दाबे हुए सीधे पड़े रहे। उनका चेहरा बड़े कठिन संयम से अपनी पीड़ा को पचा रहा था। मन की माला राम-राम जप रही थी।

थोड़ी देर के बाद बाबा ने अपनी आँखें खोलीं। दीवट पर रखे दीप के उजाले में दीवार पर रंगे देवचित्र की ओर ध्यान गया। हल्के उजाले में महावीर जी अपने मध्यम उभार के साथ ऐसे चमक रहे थे जैसे लोभी की लालसा चमकती है। बजरंगबली के चित्र पर दृष्टि जाते ही तुलसीदास के मन में एक ताज़गी आ गई। पीड़ा को पराजित करने के लिए भी आत्मबल जागा। मुस्कराकर चित्र से कहने लगे–''हे पवनतनय, तुम भले ही पीड़ा से मुक्ति न दो परन्तु यह तो बता दो कि किस पाप-शाप के कारण यह दुःख पा रहा हूँ? हे राम, अब तो अवश्य अपनी राम-रट में मुझे इतना रमा दो कि तन की पीड़ा को भूल जाऊँ।'' कानों में राम गूँज है पर गिल्टियों की टीसों के कारण बीच-बीच में राम-रट छूट जाती है। मन कराह-कराह उठता है। एक बार वे वेदना न सह पाने के कारण उठकर बैठ जाते हैं और कराहते हुए हनुमान जी के चित्र की ओर कातर दृष्टि से देखने लगते हैं। वेदना और प्रार्थना-भरे मन के ताने-बाने से काव्य-स्फूर्ति जागती है–

जानत जहान हनुमान को निवज्यो जन,
मन अनुमानि, बलि बोल न बिसारिए।

सेवा जोग तुलसी कबहुँ कहा चूक परी,
साहेब सुभाव कपि साहिबी सम्भारिए।
अपराधी जान कीजै सासति सहस भाँति,
मोदक मरै जो ताहि माहुर न मारिए।
साहसी समीर के दुलारे रघुवीरजू के,
बाँह पीर महाबीर बेगि ही निवारिए।

वे देर तक अपनी बाईं बाँह सहलाते रहे, फिर आँखें मूँद लीं और सोने का जतन करने लगे। फिर मन में कुछ ऐसा समा बँधा कि लगा मानो कोई उनकी पीड़ित बाँह को सहला रहा है। कल्पना की आँखें देखने लगीं कि जैसे रत्नावली उनके वामांग से प्रकट होकर उनकी कलाई सहला रही है। उन्हें लगा कि पीड़ा नहीं रही। उन्हें अब अच्छा लग रहा है। उन्हें लगा कि रत्ना नेह-पगी दृष्टि से उन्हें देख रही है। आप भी मुस्करा उठे, कहा—"मुझे अब भी नहीं छोड़तीं? अन्तकाल में तो अपनी ओर यों न खींचो।

"मैं कब खींचती हूँ? आप स्वयं ही मेरी ओर खिंचे चले आते हैं।"

तुलसीदास कुछ न बोले। उन्हें लगा कि रत्ना अपनी गोद में उनकी बाँह रखे सहला रही है और उन्हें यह अच्छा भी लग रहा है। सहसा रत्ना ने हँसकर कहा—"आजकल तो आप राजा लाला जी से चेलों को अपनी रामकहानी सुनवा रहे हैं।"

"बेनीमाधव तुलसी-रत्नावली के जीवनवृत्त को जानने के लिए दीवाना है। फिर क्या करता? उसे राजा को सौंप दिया। वही तो तुम्हारे विवाह का प्रस्ताव लेकर आया था मेरे पास!"

"बुरा किया?"

"नहीं! राम की प्रेमरूपी अटारी तक पहुँचने के लिए मुझे तुम्हारी प्रीति की सीढ़ियों पर चढ़ना ही था।"

"अच्छा, यदि मेरे बजाय मोहिनी से ही तुम्हारा विवाह हुआ होता तो?"

"सीताराम का चाकर परकीया प्रेम का पुजारी कदापि नहीं हो सकता था। वह स्त्री अपनी धुरी पर घूमती हुई मेरे जीवन-चक्र से आ टकराई थी। मेरे अन्धे भोलेपन को अनुभव की पकी दृष्टि मिल गई। बस इतना ही मेरा-उसका नाता हो सकता था।"

"और मेरा-तुम्हारा नाता?"

तुलसी हँस पड़े, कहा—"मेरे-तुम्हारे नाते को जग जानता है। हम तो चाखा प्रेमरस पतिनी के उपदेस।"

रत्नावली मान-भरा हुआ मुँह सिकोड़कर बोली—"मुझे त्यागने के बाद तुम्हारा यह बखान खोखला है।"

तुलसी चकित मुद्रा में बोले—"सियाराम का पुजारी अपने मानस की नारीशक्ति को भला कभी त्याग सकता है? तुम्हारे कारण मेरी लड़खड़ाती हुई रामभक्ति अंगद का पाँव बन गई।"

रत्ना ने फिर मान से फूले स्वर में कहा—"मेरे सहज हठ को तोड़कर तुमने अपना हठ बढ़ाया।"

"रत्ना, हम दोनों चक्की के दो पाटों की तरह हैं। इनके द्वन्द्व के बिना हम दोनों की लौकिक चेतना का गेहूँ पिसकर भला भक्तिरूपी मैदा बन सकता था? तुम्हारे हठ के आगे मैं टूट जाता था। जब टूटता था तभी पछतावा होता था कि तुम्हारे अनुपम सौन्दर्य और गुणों के आगे इतना विवश क्यों हो जाता हूँ। तुम्हारी सुन्दरता ने मुझे इस जीवन में जैसा नाच नचाया वैसा अपने बालपने के उस विरह-चक्र में भी नहीं नाचा था।"

रत्ना आत्मलीन दृष्टि से तुलसीदास को देख रही थी। तुलसीदास भी टकटकी बाँधकर उसे ही देख रहे थे। बोले—"तुम्हारी इस रस-डूबी दृष्टि ने तुम्हें छोड़ने के बाद भी मुझे वर्षों तक सताया है। जब राम में ध्यान लगाता था तो ये आँखें ही मुझे अपनी आकर्षण झील में डुबा देती थीं। कई बार जी चाहा कि घर लौट चलूँ और तुम्हारी इन आँखों की छाया तले अपना जीवन शेष कर दूँ।"

"फिर चले क्यों नहीं आए?"

"मेरा द्वन्द्व आरम्भ ही से काम वासना से था। मेरी अन्तर-बाह्य चेतना अपने भीतर वाले काम हठ से अपने राम हठ को श्रेष्ठ मानती थी। मैंने उसे ही जीतना चाहा था पर तुमने मुझे ऐसा रिझाया-भरमाया कि क्या कहूँ।"

"तुम्हारे रूप-गुण और पौरुष-पांडित्य पर मैं भी कुछ कम नहीं रीझी थी। यदि तुम आरम्भ में मेरे आगे इतने दीन न बने होते तो मैं ही तुम्हारे प्रति दीन बन जाती। मेरा हठ तो तुम्हारी दीनता ने जगाया।"

"सच है। मेरे जीवन की परिस्थितियों ने मुझे वह दीनता प्रदान की थी और तुम्हारे भीतर अभिजात्य दर्प था। जानती हो रत्ना, तुम्हारे उस सहज दर्पयुक्त सौन्दर्य को अपनाने के लिए ही मैं अपने वैराग्य से विरक्त हुआ था। जो मुझमें नहीं था वह तुममें था।"

रत्नावली की आँखें लाज और प्रेम-भार से झुक गईं। चेहरे पर सुहाग की ललाई दौड़ गई। हाथ से पैर के अँगूठे को मींजते हुए संकोच-भरे स्वर में बोली—"घर में बातें होती थीं, कानों में पड़ता था कि तुम ब्याह करने को राजी नहीं होते हो। सुन-सुनकर मेरा हठ बढ़ता जाता था कि तुम्हें पाकर ही रहूँगी। तुम जानते हो, मैं नित्य हर-गौरी पूजन करने गाँव के मन्दिर में जाने लगी थी।"

बाबा मुस्कराए, बोले—"और तुम जानती तो हो कि मैंने तुम्हें अपनी सखियों के साथ मन्दिर की ओर जाते हुए देखा था। तुम्हारी उस छवि पर ऐसा मुग्ध हुआ था कि राम-जानकी की पुष्प वाटिका में प्रथम मिलन वर्णन करते समय मैं वह मन्दिर और उसके पास वाले सरोवर तक को न भूल सका। तुम्हारी तो बात ही न्यारी थी..." हल्के-हल्के गाने लगे—

संग सखी सब सुभग सयानी। गावहिं गीत मनोहर बानी।
सर समीप गिरिजा गृह सोहा। बरनि न जाइ देखि मन मोहा।
मज्जनु करि कर सखिन्ह समेता। गई मुदित मन गौरि निकेता।

रीझ-भरी आँखों से पति को निहार कर रत्ना बोली—"अपना आपा बिसार कर रीझना मैंने तुम्हीं से सीखा है। यदि निसर्ग से मुझे यह गुण मिला होता तो भला तुम्हें इस जीवन में छोड़ती! तुम्हारा बखाना मेरा दर्प ही मेरा शत्रु बना।" कहते हुए रत्ना उदास हो गई।

तुलसीदास स्नेह से उसकी बाँह पर अपनी दाहिनी बाँह सहज भाव से रखकर बोले—"जिस दर्प ने मुझे रामदास बनने का गौरव और तुम्हें भक्ति का प्रसाद दिया, उसे अब बुरा न कहो रत्ना। पीड़ा के बिना शक्ति का जन्म नहीं होता। भूलो, भूलो वह काटों-भरी, धूल-भरी राह। अब तो हम ठिकाने पर पहुँच चुके हैं। ओ-ओ मेरी भक्ति, मेरी प्राण, हम-तुम मिलकर अपने विवाह की मोद-मंगलमयी छवि निहारें।"

"अपने, कि सियाराम जी के ब्याह की?"

"अब अपना क्या है पगली, मैंने अपने सारे लौकिक अनुभव और अन्दर की रसानुभूतियाँ राम-जानकी को सौंपकर ही तुम्हें और अपने को पाया है।...फेंक दो अपनी यह प्रश्नमाला। मेरा मन लहरा रहा है। देख, यह तेरा दिया हुआ उल्लास मेरी काया को पीड़ामुक्त कर रहा है। मेरा यह हाथ आज कितने दिनों के बाद सहज भाव से उठ रहा है। अरे, मैं ब्याह का बन्ना बन गया हूँ। और तू बन्नी बनी अपनी संग-सहेलियों से घिरी लाज की परतों में हर्ष-उल्लास का अंगार चमकाए बैठी है!"

पटी पर बीते दृश्य मांसल होकर उभरने लगे। रत्नावली का रूपाकार क्रमशः झीना होते हुए ज्योतिबिन्दु बन गया और वह बिन्दु नादयुक्त था। बाबा अपनी पूरी काया में चैतन्य-स्फूर्ति अनुभव करने लगे। उठकर बैठ गए। तभी बाहर मुर्गे ने बाँग दी। बाबा की वृद्ध काया में इस समय चैतन्य खेल रहा था। धीमे-धीमे ताली बजाते हुए वह मग्न मन 'रामलला नहछू' गाने लगे। उन्हें लगा कि उनके स्वर में एक नहीं दो स्वर लहरा रहे हैं, अपना और रत्ना का। और वह दो मिलकर एक में लय हो गए हैं। राम-विवाह के दृश्य आँखों के सामने चले जा रहे हैं। बाबा आत्मलीन हो गए हैं। रामू ने द्वार खोला, दबे पाँव भीतर आया। किन्तु बाबा को कुछ पता न था। वे गा रहे थे। जब उनकी भाव समाधि पूरी हुई तो रामू ने झुककर प्रणाम किया। अपने दोनों हाथ उत्साह से उसकी पीठ पर रखकर बाबा उल्लसित स्वर में बोले—"जियो बचवा, राम सदा तुम्हारे साथ रहें।" कहकर उन्होंने फिर उसकी पीठ को दोनों हाथों से थपथपाया।

"आज तो लगता है प्रभु जी कि आपके हाथों में पीड़ा नहीं है।"

रामू के कन्धे का सहारा लेकर उठते हुए बोले—"आज मैं बिलकुल स्वस्थ हूँ रे। तेरी गुरुआइन सपने में आकर मुझे चंगा कर गई है।"

24

सबेरे अपने नियमों से निवृत्त होकर बाबा आज कई दिनों के बाद अपने अखाड़े के चबूतरे पर बैठे थे। बाबा को स्वस्थ देखकर सभी लोग आनन्दमग्न थे। मंगलू बाबा की बाँह और पीठ को हाथ से छूकर बारीकी से देखते हुए बोला–"अरे बाबा, कल तो इत्ती गिल्टियाँ भरी थीं और आज एक्कौ नहीं! कमाल हुइ गया साला?" चट से जीभ मुँह से निकल आई और मंगलू के दोनों हाथ अपने कानों को पकड़ उठे। आस-पास सभी लोग हँसने लगे। झेंपकर अलग खड़े होते मंगलू ने कहा–"क्या करें बाबा, गाली स्सा..."

बाबा चटपट हाथ बढ़ाकर विनोद मुद्रा में बोले–"निकली-निकली, रोक" दुबारा हँसी का ठहाका मचा। मंगलू ताव खा गया, बोला–"अच्छा, अब मैं भी जोग साधूँगा। पर बाबा सच्ची बताओ, कोई टोना-टोटका किया था तुमने?"

बाबा गम्भीर हो गए, बोले–"हाँ भाई, किया तो था। हमने अपने मन की उस गाँठ को खोला जिसके कारण वैद्य जी की औषधि का प्रभाव पूरी तरह से नहीं होता था। तुम भी ध्यान करो मंगलू कि तुम्हारी यह गाली की आदत शुरू कहाँ से हुई। बात को अच्छी तरह से सोच लो। जब उसके मूल में पहुँच जाओगे तो उसे निर्मूल करने की युक्ति और शक्ति भी तुम्हें मिल जाएगी।"

बात सुनकर राजा भगत ने अपने पास बैठे हुए सन्त बेनीमाधव से धीरे से कहा–"भैया की इसी बात में उनकी जीत का भेद छिपा है।"

एक व्यक्ति ने बड़े उत्साह से रविदत्त-प्रसंग उठा दिया। वह कहने लगा–"बाबा, तुमने सुना, कल एक गँवार ने रविदत्त महाराज को बहुत मारा!"

"राम-राम, बात क्या थी?"

मंगलू तैश में हाथ बढ़ाकर बोला–"अरे बात वही रही जो हमरे मन में रही। इस समय बनारस में ऐसा कौन है जो आपका भक्त न हो। सुना हमने भी रहा कि सा-अ-अ। इसके दुइ दाँत टूट गए। सुना, हाथ-पैरों में भी बड़ी चोट आई है।"

"राम-राम!" बाबा उदास हो गए। एक क्षण चुप रहकर फिर रामू से कहा–"चल बेटा, रविदत्त को देख आवें।"

बाबा ज्योंही चबूतरे से उठने का उपक्रम करने लगे त्योंही राजा ने आँखें तरेरीं और तर्जनी उठाकर बोले–"चुपाय के बैठो भइया, अभी तुम इतने तगड़े नहीं हुए कि कहीं आ-जा सको। हम तुम्हें नहीं जाने देंगे।"

तुलसी बोले–"उसे इसी समय मेरी सहानुभूति की आवश्यकता है। नहीं तो उसका काशी में रहना दूभर कर दिया जाएगा।"

राजा ने फिर भी अपनी टेक न छोड़ी, कहा–"देखो भैया, जब तक तुम हमें पहुंचाय नहीं देओगे तब तक हम तुम्हें मरने नहीं देंगे।"

बाबा हँसते हुए चबूतरे से नीचे उतर आए, कहा–"भाई, जीना-मरना तो राम के हाथ है, पर इस समय मैं रविदत्त के यहाँ जाने से रुक नहीं सकता। बैरभाव

ही सही, पर बेचारा मुझे हरदम याद तो किया ही करता है।" यह सुनकर राजा फिर चुप हो गए।

आठ-दस चेले-चाँटियों और भक्तों की भीड़ से घिरे हुए महात्मा तुलसीदास जी महाराज एक गली के बाज़ार में प्रवेश कर रहे हैं। लोगबाग चबूतरों और दूकानों से उतर-उतरकर उनके चरण छूते हैं। बाबा सबको आशीर्वाद देते और राम-राम उच्चारते। परिचितों के हाल-चाल लेते हुए भीड़ के घेराव के कारण धीमे-धीमे ही बढ़ पा रहे थे। रविदत्त की गली में प्रवेश करते समय उनके पीछे एक छोटी-सी भीड़ इकट्ठी होकर चलने लगी थी। रविदत्त के द्वार पर पहुँचकर बाबा ने स्वयं ही आगे बढ़कर द्वार की कुण्डी खटखटाई। द्वार एक शोकमूर्ति युवती ने खोला। बाबा और भीड़ को देखते ही उसने चट से घूँघट डाला और दहलीज़ में चली गई। बाबा ने उसके मस्तक पर हाथ रखकर कहा—"अखण्ड सौभाग्यवती भव!" उसी समय घर के भीतर एक बुढ़िया का चीत्कार-भरा क्रन्दन सुनाई दिया—"हाय रोबू। तू आमा के छाँडिये कोथाय गेलो रे, आमार खोखा आमा शोनार बाछा।"

अखण्ड सौभाग्यवती का आशीर्वाद पाने वाली युवती ने एक बार सीधे होकर बाबा की ओर देखा और फिर पछाड़ खाकर गिर पड़ी।

"रामू, इस बेटी को सम्भाल। भगत, कोई भीतर न आने पाए।" कहकर बाबा ने घर में प्रवेश किया।

सामने वाले दालान में रविदत्त धरती पर लेटा हुआ था। दो बूढ़े और एक बूढ़ी सिरहाने पर बैठे हुए थे। बाबा को देखकर बुढ़िया का क्रन्दन और बढ़ गया। बाबा रविदत्त के पास बैठकर उसकी मुँदी हुई एक आँख खोलकर देखने लगे, फिर दूसरी भी खोलकर देखी। फिर एक वृद्ध से कहा—"कौन कहता है कि जीव इस काया से निकल चुका है! रोना-धोना बन्द करके राम-नाम कीर्तन करो। सब ठीक होगा, सब ठीक होगा।" कहते हुए वे फिर दहलीज़ की ओर आए और ऊँचे स्वर में कहा—"राजा, लोगों को भीतर बुला लो, जितना नाद गूँजेगा उतनी ही शीघ्र इसकी महामूर्च्छा भंग होगी।"

पं. रविदत्त के फिर से जी उठने की घटना ने काशी में शोर मचा दिया। गली-गली में बाबा की जय-जयकार होने लगी।

एक दिन रविदत्त सपत्नीक दर्शन करने आया। दोनों ने साष्टाँग प्रणाम किया। रविदत्त बोला—"आप हमें, खोमा कोर दीजिए बाबा। हाम जोगदोम्बा त्रिपुर-शुन्दरी के आदेश का ओबमानना किया, उशका दोण्ड भोगा। हामारा आर्धांगिनी भी हामको माना कोरता रहा, परन्तु हामको जोन्मजात क्रोध बहुत बेशी रहा महाराज। शाब लोग हामको आपका बिरुद्ध भोड़का दिया। हामशे बेड़ो-बेड़ो आपराध हुआ महाराज।"

"क्रोध का कारण अपने में खोजो वत्स! तुम्हारे पिता तुम पर अकारण ही क्रुद्ध हुआ करते थे इसीलिए तुम्हारे भीतर विद्रोहवश तमस् भड़का। अब तुम्हारी यह अर्द्धांगिनी जैसा कहे वैसा करो। देखो, मैंने अपनी पत्नी का कहा माना तो मुझे राम मिल गए।"

रात हुई, अकेले में फिर रत्नावली आई। बाबा मुस्कराए, कहा–"बोलो मेरी मानसग्रन्थि, आज तुम फिर क्यों आईं?"

"अभी तुम्हारे भीतर मेरे जीने के क्षण चुके नहीं हैं इसलिए आ गई। किन्तु चाहती हूँ कि शीघ्र से शीघ्र वे चुक जाएँ जिससे कि तुम्हारे अन्तिम क्षणों में तुम्हारे और राम-जानकी के बीच में और कोई भी बिम्ब शेष न रहे।"

बाबा गम्भीर हो गए, बोले–"खरी उपकारिणी हो। मुझे लगता है रत्ना, कि भक्ति और माया में कोई अन्तर नहीं है। भक्ति प्रेम है और माया प्रेम की परीक्षा। मैं तुम्हारी हर परीक्षा के लिए तैयार हूँ प्रिये।"

"तब हे मेरे सचेत अर्द्धांग, आप अपने बीते क्षणों की छनाई-बिनाई करें, आत्मालोचन रूपिणी अलकनन्दा जब चेतना भागीरथी से मिलेगी तो आप ही आप राम-रूप-गंगा बन जाएगी।" रत्नावली उनकी बाईं बाँह से सटकर ऐसे बैठ गई जैसे लता वृक्ष का शृंगार-भरा आधार ले लेती है। बाबा का चेहरा शान्त, किन्तु अधिक कांतियुक्त हो गया था। वे गम्भीर भाव से मुस्कराए, कहा–"अच्छा, तो फिर, जब ते राम ब्याहि घर आए...।"

"हाँ जिस दिन मुझे विदा कर लाए थे और सुहागकक्ष में जब हम-तुम पहली बार अकेले में मिले थे। याद करो, प्रिय वह रात!" शृंगारमूर्ति बन गईं थीं।

× × ×

सुहागकक्ष में नवयुवक तुलसी नई ब्याहुली का घूँघट उठाकर देख रहा है। रत्नावली के दिव्य सौन्दर्य ने उसकी दुष्टि स्तम्भित कर दी है। आँखें मूँदे, लज्जा में डूबी हुई रत्नावली अपने घूँघट को पति की चुटकी से खींचकर ढँकने के लिए उतावली हो उठी। तुलसी ने यह हाथ भी हाथ से दबोच लिया।

रत्ना हाथों में फँसी चिड़िया की तरह आँखें मीचे, निश्चल-निस्पंद मुद्रा धारण किए बैठी थी। सजीवता उसकी लज्जा में थी, वरना यों लगता था कि किसी कुशल मूर्तिकार ने लाजवन्ती की मूर्ति गढ़कर बैठा दी हो। मुग्ध आँखों से एकटक उसे देखते हुए तुलसी अपना आपा बिसार बैठे थे। सामने की सौन्दर्य राशि फूलों से लदी बगिया की तरह मोहक थी। गोटा-सितारे टँकी गुलाबी चूनर में रत्ना का मुख उन्हें आकाशगंगा और तारों के बीच चन्द्रमा-सा झलक रहा था। उन्हें लग रहा था जैसे उसके निश्चल चेहरे पर लाज सुमधुर स्वरों वाले पक्षियों के कलरव की तरह गूँज रही हो। भावमग्न होकर वह कह उठे–"लाखों रतियों को लजाने वाली यह रूप-रत्न-राशि पाकर जब बड़े वैभवशाली भी क्षण-भर में अपना आपा लुटाकर भिखारी हो सकते हैं, तो मैं जनम का भिखारी हूँ। मेरे प्राण भी इतने मूल्यवान नहीं कि उन्हें इस छवि पर निछावर करके अपने-आपको सन्तोष दे पाऊँ।"

तुलसीदास की बात रत्ना के लज्जा-मूर्च्छित भावों को सचेत कर गई। पलकें उठीं, पुतलियाँ चमकीं, मानो म्यान से तलवारें निकल पड़ी हों, स्वर भी लाज से बेलाग था, वह बोली–"आपके प्राण मेरी सौभाग्य निधि हैं। उन्हें अब आप निर्मूल्य न कहें।" बात पूरी होते-न होते आँखें कटोरियों-सी भर उठीं। इन आँसुओं ने मानो फिर से

लाज जगा दी। पलकें झुकीं, आँखों की सीपियों से गालों पर मोती लुढ़क पड़े। वह लाज-भरा सौन्दर्य तुलसीदास के लिए पहले से भी अधिक मोहक हो गया।

× × ×

रत्नावली बाबा के पास बैठी उलाहना दे रही थी—"मुझे अपनी बातों से इतना-इतना रिझाया, फिर छोड़कर चले गए!"

रत्ना के मान को देखकर बाबा मुस्कराए और उसके सिर पर हाथ फेरते हुए स्निग्ध स्वर में कहा—"तुम्हें छोड़ा कहाँ प्रिये! रत्ना के प्रति मेरी रीझ ही तो राम-भक्ति बनी। वह चिरतरुणी और अनन्त सौन्दर्यमयी है, मैं अपनी रामरिझवार के लिए आज तक तुम्हारी ऋणी हूँ। किसी पत्नी ने पति को ऐसा सौभाग्यवान नहीं बनाया होगा।"

चंचल-चपल नयनों से बाबा को निहारकर रत्ना बोली—"राजकुमारी विद्योत्तमा ने मूर्ख कालिदास को कवि-कुल-गुरु बना दिया, किन्तु तुम जो कुछ भी हो वह स्वेच्छा से बने हो। मैं बेचारी अपनी मूढ़ अहंता के आघातों के सिवा और तुम्हें क्या दे सकी?"

"तुम्हारा वह अहंकार मेरी चेतना-जड़ता को तोड़ने वाला हथौड़ा था। याद करो प्रिय, तुम्हीं ने मुझे मूलरूप से राम काव्य लिखने की प्रेरणा भी दी थी।"

रत्ना मुस्कराई, कहा—"याद है प्रिय, किन्तु मैं तो मात्र काव्यरचना की प्रेरणा ही दे सकती थी। यह रामचरितमानस तुम्हारी अन्तःप्रेरणा का फल है।"

"वह भी तो तुम्हीं हो रत्ना। सच कहता हूँ कि जब गृहस्थ था तब तुम रत्नावली थीं और जब विरक्त हुआ तब तुम्हीं मेरी रामरत्नावली बन गईं।"

"यह तुम्हारी महानता है, जो ऐसा कहते हो। मैं अपने दोष जानती हूँ। मुझे याद है जब मुसलमानधर्मियों के मेहदी अवतार की बहस छिड़ने वाले दिन मैंने तुम्हें गंगेश्वर भैया का पक्ष लेकर पहली बार मानसिक आघात पहुँचाया था।"

× × ×

तुलसीदास अपनी बैठक में विराजमान हैं। घुँघराले बालों और दाढ़ी-मूँछों भरा उनका गौर मुख ऐसा फबता है कि मानो कोई राजा बैठा हो। माथे पर वैष्णवी तिलक, गले में सोने की ज़ंजीर और तुलसी की माला सुशोभित है। दोनों हाथों की उँगलियाँ नग-जड़ी अँगूठियों से चमक रही हैं। वे रेशमी धोती, रेशमी बगलबन्दी और रेशमी चादर ओढ़े अपनी गद्दी पर विराजमान हैं। उनके पास दाहिनी ओर तख्ती और मिट्टी की बत्ती रखी हुई है। एक पतली सी बही में हाथ से लिखा हुआ पंचांग भी पास ही में रखा हुआ है। कमरे में चारों ओर दीवालों पर बने टाँडों पर ग्रन्थों के रंग-बिरंगे बस्ते ही बस्ते दिखलाई देते हैं। कमरे में बिछी चाँदनी पर चार लोग पण्डित तुलसीदास के सामने विराजमान हैं। उनमें दो व्यक्ति अपनी पोशाक से मुसलमान नज़र आते हैं। उनके अतिरिक्त राजा भगत और रत्नावली के चचेरे भाई गंगेश्वर बैठे हुए हैं। एक मुसलमान सज्जन तुलसीदास से कह रहे हैं—"हमारे नवाब साहब ने पुछवाया है कि हमारे मज़हब में इन दिनों जो मेहदी की आमद-आमद का शोर है वह क्या

सच साबित होगा? देखिए, ऐसा प्रश्न निकालिएगा पण्डज्जी जिसमें कोई चूक न हो।''

तुलसीदास ने अपनी लिखने की तख़्ती और बत्ती उठाते हुए कहा—''किसी एक फूल का नाम लीजिए।''

''गेंदा।''

पट्टी पर कुछ अंक लिखते हुए तुलसीदास बोले—''आपको भी बेफसल फूल ही याद आया? खैर...'' फिर कुछ गणना करके कहा—''मिर्ज़ा जी आपके प्रश्न का उत्तर बड़ा अटपटा है—ऐसी कोई शक्ति तो आ सकती है जो धर्म-ढोंगियों को दण्ड दे। पर किसी दिव्य अवतारी पुरुष के आने की बात मेरी समझ में नहीं आती।''

मिर्ज़ा जी बोले—''एक बार और बारीकी से विचार कर लीजिए पण्डित जी। तलवार की धार पर चलने जैसा मसला है। हमारे हुज़ूर नवाब साहब मखदूम उल् मुल्क मुल्ला सुल्तानपुरी के हिमायती बनें या मौलाना शेख अब्दुन्नबी के?''

तुलसीदास ने फिर गणना पर गौर करके कहा—''इन दोनों में से किसी के चक्कर में पड़ना उचित नहीं। यह दोनों ही डूबती नावें हैं।''

मिर्ज़ा जी ने चकित दृष्टि से तुलसीदास को देखकर फिर अपने साथी से भेद-भरी दृष्टि मिलाई। मिर्ज़ा जी के साथ वाले व्यक्ति अब्दुस्समद खाँ ने गम्भीर स्वर में पूछा—''और शेख मुबारक? तनिक इस नाम पर भी गौर कीजिए।''

तुलसीदास ने शेख मुबारक नाम के अक्षर गिनकर कुछ विचार किया और कहा—''यह व्यक्ति तपस्वी है। बड़ा अभागा और साथ ही बड़ा सौभाग्यशाली भी है।''

खाँ साहब चकित दृष्टि से तुलसीदास को देखने लगे, फिर कहा—''आपकी शुरू की दो बातें बिलकुल सच हैं। शेख साहब बड़े आलिम और तपस्वी हैं, अभागे भी हैं। मगर इनके नसीबे के चमकने वाली बात पर मुझे सन्देह है।''

तुलसीदास ने कुछ गौर करके कहा—''सन्देह की गुंजाइश नहीं। घटाटोप बादलों के बीच छिपा सूर्य भी अन्ततोगत्वा चमक ही उठता है।''

सुनकर मिर्ज़ा जी और अब्दुस्तमद खाँ के चेहरे चमक उठे, मिर्ज़ा जी ने झटपट अपना दाहिना हाथ बढ़ाया। उधर खाँ साहब के कलेजे में भी वही जोश उमंगा, खुशी में एक आँख और होंठ दबाकर हाथ मिलाते हुए कहा—''मैंने क्या कहा था मिर्ज़ा जी?''

मिर्ज़ा जी चटपट तुलसीदास के आगे सोने की एक मोहर रखकर बोले—''पंडज्जी, अब आप हमारी तरफ से कोई ऐसा पोंजा-पाठ कर दीजिए कि जिससे हुजूर नवाब साहब यह बात मान जायँ।''

गंगेश्वर ने सामने सोना देखा तो उनकी आँखों में ईर्ष्या की कनियाँ चमक उठीं। उनका अधीर लोभ चेहरे पर ही नहीं उनकी काया में भी चमक उठा। बैठे ही बैठे वे आगे बढ़ गए, मानो कई दिनों के भूखे ने भोजन देखा हो। फिर एक नई सूझ से सधकर कहा—''मिर्ज़ा जी पहले यह तो तय हो जाय कि शास्त्री जी ने आपके प्रश्न का ठीक उत्तर दिया है या नहीं।''

पण्डित तुलसीदास शास्त्री का चेहरा क्रोध से चमक उठा। मिर्ज़ा जी और अब्दुस्समदखाँ पलटकर गंगेश्वर को देखने लगे। चाँदनी पर रखी हुई मोहर लपककर उठाते हुए मिर्ज़ा जी ने गंगेश्वर से पूछा—"आपका क्या ख्याल है?"

"मेरा ख्याल है कि प्रश्नलग्न पृष्ठोदय सिंह की है इसलिए आपका काम विफल होगा।"

तुलसीदास ने गम्भीर स्वर में कहा—"गंगेश्वर, सावधानी से विचार करो। प्रश्नलग्न कर्क है और चन्द्रमा तथा वृहस्पति इस समय मेष में हैं। मेरा वचन झूठा नहीं हो सकता।"

"मैं आपकी बात से सहमत नहीं हो सकता शास्त्री जी।"

सुनते ही राजा भड़क उठे, झिड़ककर कहा—"पाठक जी पहले अपने विवेक की मीन-मेख मिटाओ, फिर भैया की चूक बताना। ये तुमसे ज़्यादा पढ़े हैं।"

मिर्ज़ा जी बोले—"हाँ, यही हमने भी सुना है। आजकल चारों तरफ इन्हीं का नाम फैल रहा है। हम दीनबन्धु महराज के पास जाते थे, पर अब तो वे भक्ति साधते हैं और ये उनके दामाद हैं।"

गंगेश्वर ने उनकी बात काटकर तीखे स्वर में कहा—"पर मैं उनका सगा भतीजा हूँ। उनका सारा कामकाज भी अब मैं ही देखता हूँ। यह भले ही हमारे वंश की इतनी सारी पोथियाँ पा गए हों पर तन्त्र-मन्त्र हमें ही सिद्ध हैं।"

गंगेश्वर का यह कमीनापन राजा भगत को बहुत खला, वे बोले—"मिर्ज़ा जी, हमारे तुलसी भैया काशी जी में पढ़ के आए हैं।" राजा भगत अभी कुछ और ही कहने के ताव में थे कि बीच ही में तुलसीदास बोल उठे—"मिर्ज़ा जी, आप गंगेश्वर जी से ही काम कराएँ। वे अच्छे तान्त्रिक हैं।"

अब्दुस्समद बोले—"यह तो ठीक है महराज, मगर मैं मुश्किल में फँस गया हूँ। यह तय होना ही चाहिए कि आप दोनों में किसकी बात ठीक है।"

तुलसीदास बोले—"अब ठीक यही है खाँ साहब, कि गंगेश्वर से काम करवाइए। प्रश्न की जो लग्न यह मानते हैं यदि वह सही होगी तो आपको इनसे काम कराने का लाभ भी अवश्य मिलेगा।" कहकर तुलसीदास तुरन्त अपने आसन से उठ पड़े और भीतर चले गए। उनके उठते ही राजा भगत भी बाहर चले गए।

गंगेश्वर अपने ग्राहकों को जिस समय तुलसीदास की बैठक में पटा रहे थे उस समय तुलसीदास रसोई में काम करती हुई रत्नावली के पास आए। दालान के खम्भे पर एक हाथ रखते हुए वे बोले—"सुनती हो, गंगेश्वर से कह देना कि अब वह मेरे यहाँ न आया करें।"

रत्ना ने चौंककर कहा—"क्यों?"

"वह भले ही तुम्हारा भाई हो, पर मैं अपने घर में बैठकर उस मूर्ख के द्वारा किया जाने वाला अपना अपमान भविष्य में नहीं सहूँगा।'

"आपका क्या अपमान किया मेरे भइया ने?"

"रत्नो, मैं जा रहा हूँ।" गंगेश्वर ने आँगन में प्रवेश करते हुए ज़ोर से कहा।

"अरे कहाँ, भइया? रसोई तैयार है। जीम के जाओ।"

"नहीं, वह ऐसा है कि मेरे हाथ में थोड़ा काम आ गया है। मुझे तुरन्त जाना है। नवाबी नाव में चला जाऊँगा।"

रत्नावली पल्ले से हाथ पोंछती हुई बाहर आई, उसने कहा—"भइया, तुमने इनका क्या अपमान किया?"

गंगेश्वर दोनों से नज़रें कतराकर ऊपर की ओर देखते हुए लापरवाही से बोला—"मैंने किसी का अपमान नहीं किया। बात पापी पेट की है। जब से काका अपना काम बन्द कर दिए हैं तब से मेरी समस्या यह है कि मैं अपना पेट कैसे भरूँ?"

"यदि यही बात थी तो मुझसे अलग ले जाकर कह सकते थे। एक झूठा टंटा उठाकर तुमने मेरे ही घर में मेरा अपमान करने का साहस क्यों किया?"

तुलसीदास की इस तेहे-भरी बात पर नाक सिकोड़कर लापरवाही से अपना सर झटकते हुए गंगेश्वर ने कहा—"मेरी समझ में जो आया सो किया, आगे भी जो आएगा करूँगा।"

"अब तुम कभी भी मेरे घर की देहली नहीं चढ़ सकोगे, गंगेश्वर!"

रत्नावली के चेहरे पर तुरन्त ही तमक आ गई। आगे बढ़कर भाई से कहा—"जब तक मैं जीवित हूँ तब तक इस घर में तुम बराबर आओगे भइया। इनकी बात का बुरा न मानना।"

लेकिन तुलसीदास को अपनी पत्नी की बात से और भी बुरा लगा। कड़क कर बोले—"गंगेश्वर, अब तुम मेरे घर क्या इस गाँव में भी आओगे तो बिना पिटे नहीं लौटोगे।"

गंगेश्वर अलगनी पर टँगी अपनी धोती-अँगोछा जल्दी से उठाकर बैठक वाले कमरे में भाग गया।

गंगेश्वर के जाने के बाद रत्नावली चकित मुद्रा में अपने पति का मुख देखने लगी। तुलसीदास का चेहरा अब भी आवेश में तमतमा रहा था। रत्नावली के मन पर तुलसीदास के इस क्रोध की प्रतिक्रिया क्रोध में ही हुई। उसकी सुन्दर आँखें दहकते अंगारों-सी चमक उठीं। उसने कहा—"आपने मेरे पीहर का अपमान किया है, मैं इसे नहीं सह सकती।" कहकर वह भीतर चली गई। तुलसीदास अपनी पत्नी को घूरकर देखने लगे।

उन्हें अपनी पत्नी का बड़ा ही रीझ-भरा और सुहावना रूप पहली बार असुन्दर लगा। उन्हें लगा कि जैसे वह चेहरा कालिख से पुत गया हो और उसमें लुभावनी आँखों की सफेदी भयावनी हो गई हो। तुलसीदास का सुन्दरता प्रेमी कविमानस स्वयं अपनी ही कल्पना से सिहर उठा। वे अपने मन में अपनी प्रिया का ऐसा विरूप बिम्ब उभरने के कारण स्वयं अपने से लज्जित भी हुए। उन्होंने अपना सिर उठाकर दुबारा अपनी पत्नी को देखा। चकले पर रोटी बेलते हुए रत्नावली की मेंहदी रची उँगलियों में बेलन मानो जानदार होकर किलोलें कर रहा था। दाहिने गाल पर लटक आई बालों की एक लट हवा में हल्की-हल्की हिल रही थी और इसी हिलने से तुलसीदास के भीतर वाली कालिख-पुती रत्नावली उजली, पूर्ववत् सुन्दर और सदा की तरह

मनोहारिणी बन गई। यही नहीं, मन के पश्चात्ताप में उन्हें वह अपनी प्रिया का लुभावनापन अतिरंजित होकर लुभाने लगा। लेकिन सौन्दर्य-बोध की यह सारी प्रक्रिया जब अपनी तह में बैठकर अपनी पूर्णता पाने का प्रयत्न करने लगी तो रोष से फूलता हुआ स्वाभिमान उसके आड़े आया। सारा सद्भाव होते हुए भी उन्हें अपनी पत्नी का अन्याय पक्ष की ओर जाना अच्छा नहीं लगा था। उनका न्याय-बोध उनकी सौन्दर्य-रीझ के बावजूद राजी नहीं हो पाता था। वे अपनी रीझ के कारण कुछ-कुछ शान्त तो हुए किन्तु न्याय से सतेज भी बने रहे। उन्होंने कहा—"तुम अशिक्षित स्त्री की तरह बिना समझे-बूझे अन्याय का पक्ष लोगी?"

मेंहदी रची उँगलियों में फँसा नाचता बेलन एकदम से थम गया। झुका सिर उठा और झटककर बालों की लट सरकाई, फिर सीधे देखकर कहा—"पीहर का पक्ष लेना नारी-मन का नैसर्गिक न्याय है। मैं यदि लड़का होती तो मेरे पितृ की पीढ़ियों से पुजती आ रही गद्दी आज यों सूनी न होती।" बेलन दूनी तेज़ी से मेंहदी रची उँगलियों में नाचने लगा।

तुलसीदास की आँखों के सामने रत्नावली अब यों झलकी कि सलोना-सुहाना मुखड़ा, मेंहदी रचे, मुन्दरी सजे नाजुक हाथ और महावर लगे पैर सब सुन्दर थे, केवल वक्षभाग काला था। वैसा ही कालिख पुता विरूप जैसा कि कुछ क्षणों पहले उन्हें रत्ना का मुख झलका था। बार-बार अपनी सुन्दरी प्रिया का विकृत बिम्ब झलकता उन्हें रुचिकर न लगा। लेकिन रत्ना की बात भी तो रुचिकर नहीं लग रही थी। वह बोले, स्वर में हृदय और बुद्धि दोनों ही की खिन्नता बात के साथ ही प्रकट होने लगी, कहा—"तुम्हें मेरी उन्नति अच्छी नहीं लगती?" रत्नावली का बेलन तनिक थमा और इसी थमाव के साथ चकले पर रोटी फेरने के लिए उँगलियाँ सकुचते हुए चलीं। हाथों और उँगलियों की यह गति मानो रत्नावली के मन की गति की प्रतिबिम्ब थी। संकोच-भरे संयत स्वर में आँखें झुकाए हुए कहा—"आपकी उन्नति न चाहने का प्रश्न ही नहीं उठता, दुखी तो इस बात से हूँ कि जिस द्वार पर बड़े-बड़े राजे-रजवाड़ों के हाथी आकर खड़े होते थे, उस द्वार पर अब केवल कुत्ते ही लोटा करते हैं। गंगेश्वर भैया अपनी वह साख न बना सके।"

"गंगेश्वर ने मेरे घर में बैठकर मेरा अपमान किया, इसे मैं कभी क्षमा नहीं करूँगा। वह निश्चय ही अब मेरे घर में कभी प्रवेश नहीं कर पाएगा।"

रोष से रोष की ज्योति जागी। रत्नावली का चेहरा फिर तमक उठा, बोली, "बप्पा यदि उन्हें किसी काम से यहाँ भेजें...मुझे बुलाने ही भेजें?"

"मैं बप्पा से भी स्पष्ट कह दूँगा। इस व्यक्ति को अब मैं अपने घर में कदापि नहीं घुसने दूँगा।"

"पुत्रहीन होने के कारण क्या उन्हें बुढ़ापे में यह अपमान भी सहना पड़ेगा?" कहते हुए रत्ना की आँखें छलछला उठीं, होंठ काँपने लगे।

तुलसीदास का न्याय पक्ष अपनी रीझ के आगे कुछ-कुछ अपराधी-सा अनुभव करने लगा। 'यह अनुभूति व्यर्थ की है, किन्तु है। क्या करूँ? रत्ना के आँसू कैसे देखूँ?' अपने मोह और न्याय में विचित्र-सा समझौता करते हुए वे बोले, "तुम स्वयं

भी दो-तीन बार मुझसे गंगेश्वर की बुराइयाँ बखान चुकी हो। बप्पा भी उससे सन्तुष्ट नहीं है, यह भी तुमने ही कहा है।''

''पीहर का कुत्ता भी प्यारा लगता है, यह तो मेरा भाई है।'' कहकर रत्नावली तेज़ी से रसोई में चली गई। तुलसीदास किंकर्तव्यविमूढ़ से सिर झुकाए खड़े रहे। उन्हें अपने वैवाहिक जीवन के इन थोड़े से दिनों में रत्नावली से यह पहला आघात लगा था। जिसकी विद्या, सूझ-बूझ, प्रबन्धपटुता और सर्वोपरि जिसके रूप और सौन्दर्य के प्रति तुलसीदास इतने अधिक अनुरक्त हो गए थे कि इसमें अब वह किसी भी बुराई को देखने की कल्पना तक नहीं कर सकते थे, वही रत्नावली तर्क और न्याय से परे हटकर उनका विरोध कर रही है। 'पति से अधिक उसे अपने पीहर का कुत्ता प्यारा लगता है। कैसी ठेस पहुँचाने वाली बात है। नहीं, इस बात पर मैं कदापि समझौता नहीं करूँगा। रत्नावली को यह समझना ही होगा कि विवाह के बाद स्त्री के लिए पति ही सर्वोपरि हैं। उसके कुतर्कों और अन्यायों के प्रति भी उसे सादर-सप्रेम सिर झुकाना चाहिए, फिर मैं तो न्याय की बात कर रहा हूँ। मेरे घर में बैठकर व्यर्थ में मेरा अपमान करके मेरी रोटी छीनने वाला व्यक्ति अब इस घर में कदापि नहीं आ पाएगा। रत्नावली मुझे भले ही प्राणों से अधिक प्यारी लगती हो, पर उसके इस कुरूप को मैं कदापि प्रश्रय नहीं दूँगा।' तुलसीदास इस निश्चय के साथ फिर अपने बैठके में चले गए।

25

थोड़ी देर तक कमरे में एक सिरे से दूसरे सिरे तक तेज़ी से चक्कर काटते रहे। उनके मन की उबलन थम नहीं पा रही थी। 'कुछ हो जाय मैं रत्नावली के इस हठ को प्रश्रय नहीं दूँगा, नहीं दूँगा, कदापि नहीं दूँगा। उन्हें अपने पति का मान रखना ही होगा।' तुलसीदास ने अपने बैठके के द्वार बन्द किए और भीतर के दालान में ज़ोर-ज़ोर से खड़ाऊँ खटकाते हुए वे दहलीज़ की ओर बढ़े। रसोई घर की ओर चोर कनखी से ताका। रत्ना अब भी रोटियाँ बेल रही थी। उनके मन ने चाहा कि रत्ना एक बार नज़र उठाकर उन्हें देखे और बाहर जाने के सम्बन्ध में कुछ पूछे या कहे, पर ऐसा कुछ भी न हुआ। तुलसीदास के पैरों में नया आवेश भर गया था। वह खट-खट करते दहलीज तक पल-भर में पहुँच गए। फिर ठिठके, कान भीतर की ओर लगाए, परन्तु आशा अब भी झूठी साबित हुई। रत्नावली ने उन्हें न पुकारा। वे घर से बाहर निकल आए और धीरे-धीरे संकट-मोचन महावीर की ओर बढ़ने लगे। बाज़ार के दिन थे। गाँव में भीड़-भड़क्का था। तुलसीदास अब तक इस क्षेत्र के नए गौरव बन चुके थे, उन्हें अनेक लोग झुक-झुककर प्रणाम कर रहे थे। सबको आशीर्वाद

देते, शिष्टाचार में मुस्कराते हुए ज्यों-ज्यों वे आगे बढ़ते गए त्यों-त्यों उनके मन का उत्ताप धीमा पड़ता गया। किन्तु यह ठण्डक गर्मी से भी अधिक गर्म थी। 'मेरी इस प्रतिष्ठा को गंगेश्वर ने आघात पहुँचाया। मैं यदि एक बार उसके आगे झुक गया तो वह मूढ़ दम्भी अपनी बहन का पल्ला पकड़कर मुझे चौपट ही कर डालेगा। यह मिर्ज़ा जी और खाँ साहब आदि फिर मेरे यहाँ कभी न आएँगे। और भी अनेक यजमान भ्रम में पड़कर आना छोड़ देंगे।' वह संकटमोचन तक पहुँच गए। भीड़ अच्छी थी। एक उपाध्याय जी को तुलसीदास जी से कहकर राजा भगत ने मन्दिर का पुजारी बनवा दिया था। दर्शनार्थी भीड़ से प्रसाद ग्रहण कर रहे थे। चढ़ावे में आए हुए बतासों और गुड़धानी का कुछ भाग मटकों में डालकर जल्दी-जल्दी वे प्रसाद के दोने लौटा रहे थे। उनका छः-सात वर्ष का लड़का भक्तों के कपालों पर सिन्दूर के टीके लगा रहा था। चारों ओर 'जय सीताराम, जय बजरंगबली' की जै-जैकारें उठ रही थीं। एक ज़ंजीर में बँधे चौरासी घण्टे एक के बजाने से एक साथ बजकर अविराम गूँज उठा रहे थे। तुलसीदास चबूतरे पर चढ़कर बजरंगबली को प्रणाम करके उपाध्याय जी के पास ही बैठने लगे। उपाध्याय जी ने झटपट अपने लड़के से कहा, "गनपतिया, पहले काका के लिए झटपट आसन बिछा दे।"

"नाहीं, क्या करना है!"

"नहीं भैया, ऐसे न बैठो," इसी बीच में सिन्दूर लगाना छोड़कर गणपति ने आसन बिछा दिया। तुलसीदास शान्तभाव से बैठकर हनुमान जी की ओर निहारने लगे। दर्शनार्थी संकटमोचन से अपने संकटों को मोचने के लिए गोहारें लगा रहे थे। रोगी आत्मीय अच्छा हो जाए, परदेश गया हुआ पति जल्दी लौट आए, अपना खेत ज़बरदस्ती उजाड़ने वालों को बजरंगबली दण्ड दें—आदि तरह-तरह की मानव दुर्बलताएँ और आकांक्षाएँ प्रार्थना के रूप में हनुमान जी के बहाने उनके सामने आ रही थीं। उनका जी चाहा कि वे भी गुहारकर कहें, 'बजरंग, मेरी रत्नावली को सुमति दो। गंगेश्वर की ईर्ष्या के उत्तर में मेरी प्रतिष्ठा को और बढ़ा दो।' पर अपने मन में शब्दहीन होकर लहरानेवाली इन बातों को तुलसीदास ने शब्दों की काया न दी। वे बड़ी देर तक बैठे दुनिया का तमाशा देखते रहे।

भूख ज़ोर की लग रही थी। चबूतरे पर संकटमोचन के मन्दिर की भीड़ अब प्रायः छंट गई थी। पुजारी जी मन्दिर की धोबाधाई करके रोटी खाने के लिए घर चलने लगे। तुलसीदास से पूछा—"भइया, क्या रोटी-वोटी खाके घर से निकले हो?"

तुलसीदास के मन में इस प्रश्न ने विचारों की लहरें उठा दीं। 'झूठ बोलूँ? बजरंगबली के स्थान पर बैठकर?...नहीं, राम बोला झूठ नहीं बोलेगा।' उत्तर दिया—"नहीं अब जाऊँगा।"

"भइया, हमारी एक अरदास है।"

"बोलो।"

"बात यह है भइया, कि हम तो, तुम जानो, न पढ़े न लिखे। हमारे बप्पा विचरऊ भी कुछ ऐसे ही रहे। बाबा हमारे बड़े भारी पंडित थे। सो एक बार तुर्कों ने गाँव लूटा तो उनसे लड़ते हुए बीरगति को प्रापत होइगे। सब पोथी-पत्तरे, घर-गोरू

नष्ट होइगे। बप्पा हमारे जो रहे सो का कहैं भइया, बजरंगबली स्वामी के सामने झूठ बोले मैं हमें बड़ा संकोच हुइ रहा है और बात कहते भी नीक नहीं लगती। वह जानत हौ का करते रहे?" कहते-कहते पुजारी जी अपनी पुजापे की गठरी रखकर तुलसी पंडित के सामने बैठ गए और कहने लगे—"बप्पा हमारे सच्चे-झूठे मन्त्र पढ़के किरिया-करम, ब्याह-जनेऊ कराते थे।"

तुलसी मुस्कराने लगे। पुजारी बोले—"हमारे पिता तो फिर भी भले रहे, हम आपको एक ऐसे ही पण्डित जी की आँखों देखी किहानी सुनाते हैं। वह हमरे गाँव के पड़ोस में ही रहता रहा। हमारे साथ-साथ उसने कई बार काम भी किया था। सो वो नशल घेल तिलक-उलक लागके झूठे पोथी-पत्रे बगल में दबाय के नित्त मरघटे में सारी किरिया-करम करवावै और मन्तर जानत ही कैसे पढ़ता रहा? (ऊँची आवाज़ में) ओम् नमो-नमो गरुड़ो-गरुड़ो गरुड़ोधुजा नारायनो केसवो हरीह (धीमे बुदबुदाते हुए) सार नरक जाय कि सरगै, हमारे ठेंगे से। (फिर तनिक ऊँचे स्वर में) ओम् नमामी नमः ओम् जमदूताय नमः (फिर धीमे स्वर में) औ जो यहिका बेटवा हमका अच्छी दच्छिना देय तौ सारे का सरग मिलै, नाहीं तौ (ऊँचे स्वर में) स्वाहा-स्वाहा-स्वाहा।"

पुजारी जी का ऊँचे-नीचे स्वर का ढंग और इन मन्त्रों के शब्द सुनकर हँसी के मारे तुलसीदास के पेट में बल पड़ने लगे। पुजारी जी का लड़का गणपति भी खिलखिला कर हँस पड़ा। तब पुजारी जी अपने अभिनय की गम्भीर मुद्रा उतारकर स्वयं भी हँसते हुए अपने बेटे से कहने लगे—"अरे हँसत का है बचवा, ये तो कहौ, कि संकटमोचन ने हमारी सुन ली, अपनी सरन में हियाँ बुलाय लिया,' नहीं तो बेटा तुझे भी मैं यही सब मन्तर रटवाता। पापी पेट जो ठग विद्या न सिखावै, और जो न करावै सो थोड़ा है।"

पुजारी की बातों की करुणा से प्रभावित होकर तुलसीदास की आँखें भर आईं, चेहरा गम्भीर हो गया। उन्होंने कहा—"बुभुक्षितं कि न करोति पापम्। अस्तु, यह सारा प्रसंग उठाने का तुम्हारा आशय मैं समझा चुका हूँ। गणपति, मेरे साथ चल! मैं आज ही तुझे तेरे गुरु को सौंप दूँगा और सुमूहूर्त में तेरा विद्यारम्भ हो जाएगा।"

पुजारी जी की आँखें आनन्दाश्रुओं से छलछला उठीं। सारा शरीर गद्‌गद हो गया था। वे तुलसीदास के पैरों में गिर पड़े, कहा—"तुलसी भैया, हमारे बाबा की आत्मा आपको ज़रूर असीसेगी।"

अपने दोनों हाथ उनके कन्धों पर रखकर उठाते हुए तुलसीदास बोले—"उठो-उठो, यह तो मेरा धर्म है। इसे दो गुरु मिलेंगे, मैं और तुम्हारी भौजी।"

संकटमोचन ने मानो गणपति के रूप में रुठे पति को अपनी रूठी पत्नी के पास लौटने का एक बहाना दे दिया था।

घर लौटे। रसोई के आगे वाले दालान में रत्नावली उदास बैठी श्यामो की बुआ की बातें सुन रही थीं। दहलीज में घुसते ही श्यामो की बुआ की बातें उनके कानों में पड़ने लगीं। वह कह रही थी—"आज जाने कहाँ भटक गए हमारे भइया। अपनी भले न रहे, पर तुम्हारी भूख-प्यास भी बिसर गई! हाय, भूख के मारे कैसा कुम्हिलाय गया है तुमका चेहरा।"

इस बात ने तुलसीदास के पैरों में बिजली भर दी। मन अपराधी अनुभव करने लगा। दहलीज़ के सामने दालान का हिस्सा पार करके आगे मुड़ते ही रसोई घर के आगे दीवार के सहारे हथेली पर गाल टिकाए बैठी हुई रत्नावली के मुख पर चिन्ता और उदासी के गहरे बादल छाए हुए दिखे, मगर...मगर अब कहाँ रही उदासी? चार आँखें मिलीं और दो चेहरे खिल उठे। गणपति का हाथ पकड़कर उसे आगे बढ़ाते हुए कहा—"लो, तुम्हारे लिए एक शिष्य लाया हूँ।"

श्यामो की बुआ उलाहना देती हुई बोली—"कहाँ चले गए थे भइया? सारा दिन निकल गया, भौजी बिचारी भूख के मारे कुम्हिलाय गईं।"

तब तक रत्नवली उठकर बाहर से आए हुए पति के पैर धुलाने के लिए ताँबे की कलसिया लेकर आँगन के कोने में खड़े पति के पास पहुँच चुकी थी। तुलसीदास स्वयं अपने पैर धोने के लिए झुके किन्तु उसके पहले ही रत्नावली के हाथ कलसिया से पानी डालने और पैरों की धूल धोने में लग चुके थे। एक बार झुके हुए पति की आँखों में आँखें डालकर सुहागिन ने मान और करुणा के अनोखे संगम वाली दृष्टि से पति को निहारा। तुलसीदास ने देखा और लजाकर दृष्टि फेर ली। बात का पक्ष बदलते हुए उन्होंने फिर बात उठाई, कहा—"पण्डितों के परिवार का लड़का है। दुर्भाग्यवश दो पीढ़ियों तक इसके पुरखे विद्यावंचित रहे। इसे समर्थ बनाकर तुम यश पाओगी।"

श्यामो की बुआ, केवल अपने पद से ही नहीं, काया से भी भारी भरकम थी। पन्द्रह-सोलह वर्ष की छोटी-सी आयु में भी वह अपनी मोटी काया के कारण आयु से पाँच-छः वर्ष अधिक बड़ी लगती थी। सालिगराम की बटिया जैसी गोल-गोल श्यामो की बुआ रसोई घर के दालान में आते हुए अपने भइया से आँखें नचाकर बोली—"सात जनम में भी हमारी भौजी जैसी घरवाली किसी को नहीं मिलती भइया, बताए देती हूँ।"

तुलसीदास मुस्करा कर बोले—"अरे सात क्या सत्तरह जन्मों में नहीं मिलेगी—न इन-सी भौजी, न तुम-सी ननदी।"

मुँह मटका कर, आँखें नचाकर श्यामो की बुआ बोली—"ऊँ, हम तो तुमरी बात कर रहे हैं। हमारी भौजी जैसी सुन्दर कोई बड़ी से बड़ी रानी-महारानी भी नहीं होयगी।"

दासी तब तक दालान में पीढ़ा और चौकी बिछा चुकी थी। तुलसीदास ने उसपर बैठते हुए बालक के लिए भी पास ही में पीढ़ा-चौकी लगाने की आज्ञा दी, फिर मुस्कराकर कहा—"भाई, हमारी जिजमानिनों में अनेक स्त्रियाँ तुम्हारी भौजी से अधिक सुन्दर हैं। हम तो उन्हें देख-देखकर लट्टू हो जाते हैं।"

"ऊँः, न कहीं। हमें भरमाने चले हैं। अरे हमीं नहीं सारी दुनिया जानती है कि शास्त्री महाराज हमारी भौजी के नचाए नचाते हैं। तुमरे आगे राजा इन्नर की अपछरा भी आ जाय तो तुम उसे भी भौजी के आगे छी कर दोगे।"

रसोई घर के भीतर चूल्हा फिर से दहक उठा था। तवा चढ़ चुका था। चकला-बेलन सरका कर फुरती से आटे की लोई बनाती हुई रत्नावली के चेहरे पर, बाहर दालान में चलनेवाली बातों को सुनकर, सुहागिन का अभिमान और अपने पति

के प्रति उल्लास-भरी आस्था दमक उठी थी। उस समय उसके चेहरे पर ऐसा रुआब आ गया था कि बड़ी-बड़ी रानी-बेगमें भी उसके आगे झेंप जातीं। उसके हाथ फुर्तीले सेवक से भी अधिक चुस्तीले चल रहे थे।

बाहर दालान में बैठे तुलसीदास भीतर बैठी अपनी प्रिया को सन्तोषमग्न होकर निहार रहे हैं। भीतर के अँधेरे में रत्नावली की मुखमुद्रा कुछ अधिक उभरकर नहीं आ रही, फिर भी जो झलक मिल रही है वह मानो प्राणों को भी प्राणान्वित करने की शक्ति रखती है। और उसी शक्ति से उल्लसित होकर तुलसीदास अपनी मुँहबोली बहन से विनोद करते हुए बोले—"अच्छा, यह बात है तो मैं भी तुम्हारे लिए दस-पाँच बड़ी सुन्दर-सुन्दर भौजियाँ बकरी-भेड़ो की तरह बटोर के ले आऊँगा। फिर तुम यह तो नहीं कहोगी कि एक ही भौजी हमें नचाती है!"

"अरे भइया, दस-पाँच क्या, तुम पूरा रनिवास बसाय लेव तो भी तुम रहोगे हमारी भौजी के ही बस में। ऐसी पढ़ी-लिखी बुधमान तुम्हें लाखों में क्या करोड़ों में भी ढूँढे नहीं मिलेगी।"

तुलसीदास गम्भीर होने लगे। श्यामो की बुआ के द्वारा कही गई रत्ना के पढ़े-लिखे होने की बात उन्हें सही लगी, पर रत्ना के बुद्धिमान होने की बात सुनकर उनका विवेक सहसा ठिठक गया। सबेरे पत्नी के निर्बुद्ध की भाँति बर्ताव करने की बात मन के चलते हुए आनन्द रूपी बुलबुलों में कुछ-कुछ खौलान भरने लगी। रत्नावली उस समय भीतर थालियाँ परोस रहीं थी। तवे पर चढ़ी रोटी सेंकने, नई बेलने और थाली परोसने के विविध कामों में उसके हाथ ऐसे सधाव और फुर्ती से चल रहे थे कि उसे निहारते हुए तुलसी को लगा कि ऐसी कर्म-कुशल और व्यवस्था-निपुण स्त्री भला अकस्मात् निर्बुद्ध क्योंकर हो जाती है? इसका क्या कारण है?

× × ×

बाबा के सिरहाने बैठी हुई रत्नावली बोली—"मेरा अहंकार ही मुझे निर्बुद्ध बनाता था। बचपन में मैंने अपने बप्पा के क्रोध, प्यार और रीझ-भरे क्षणों में अनेक अवसरों पर सुना कि यदि मैं लड़का होती तो इस घर की गद्दी कभी सूनी न होती। उनकी इस बात ने मेरे मन में लड़कों के लिए, विशेष रूप से उस लड़के के लिए, जो मेरा पति बनकर इस घर से मुझे निकालकर ले जाएगा, एक अनोखी चिढ़ भर दी थी। तुम्हें पाकर मैं रीझी अवश्य, पर जब किसी प्रसंगवश वह चुभन चुभ जाती थी तो मैं सहसा निर्बुद्ध हो उठती थी।"

"तुम्हारा वह दुर्भाग्य ही हम दोनों का सौभाग्य बन गया रत्ना।"

"पर हमें तपना कितना पड़ा स्वामी!"

"नर-नारी एक दूसरे के पूरक और भाग्यविधाता हैं, वे परस्पर की रीझ और खीझ में अपने-अपने अभावों और उनकी पूर्ति के लिए ही पूर्व कर्मानुसार मिलते हैं।"

रत्ना उदास हो गई, बोली—"यह माना कि इस जनम में राम जी ने हम दोनों को वह तो अवश्य दिया जो जीवन में हरेक को नहीं मिलता, पर बाहरी रूप से हम दोनों ही आजन्म कितना सहते रहे स्वामिन्?"

"हज़ार हथौड़ों की चोट खाकर ही पत्थर, शंकर बनकर पुजता है। मेरे सियाराम ने नर-तन धारण करके क्या कुछ न सहा! फिर भला हमारी बिसात ही क्या है रत्ना! हम तो चाकर हैं चाकर, जैसा मेरा साहब चाहेगा वैसा ही मुझे तपना पड़ेगा।"

बाबा ने आँखें मूँद लीं। शरीर ऐसा सधाव लेकर बैठा, जैसा कि कई दिनों से न बैठ पाया था।

"जो भी हो, मेरा सौन्दर्य और मेरे सारे गुण अपनी पूरी शक्ति के साथ तुम्हें बाँधते थे, पर मेरा एक दोष बार-बार त्रिशूल की तरह तुम्हारे कलेजे में चुभता था। हाय नाथ, मैंने तुम्हारे प्रति कितने पाप किए हैं।"

बाबा हँसे, मधुर स्वर में कहा—"तुम्हारा वह पाप ही तो मेरा पुण्य बना। वही तो मुझे रामरूपी 'कोटि मनोज लजावन हारे' सौन्दर्य की चाहत से बाँध सका। सत्यशील और सौन्दर्य के त्रिगुणात्मक स्तर पर मेरे भोले महाभाव को मोहिनी और रत्ना के सहारे ही बढ़ना था। तुमने मुझे रजोभाव भी दिया और सद्भाव भी। मोहिनी तो मात्र यौवन की अनबूझी हठ-भरी तपस्या ही थी किन्तु तुम्हारे बिना उसकी सिद्धि अर्थात् मेरा रामचैतन्य मुझे मिल नहीं सकता था प्रिया अर्धांगिनी।...मुझे याद आ रहा है वह दिन जो हमने चित्रकूट के जंगलों में बिताया था।"

× × ×

चित्रकूट क्षेत्र में एक झरने के पास बैठे तुलसी और रत्नावली किसी बात पर खिलखिला रहे हैं। चिड़िया चहक रही हैं। रत्नावली के पैर झरने के बहते हुए पानी में लटक रहे हैं। पैरों से हल्के-हल्के पानी को हिलाते हुए रत्ना कह रही है—"तुमने मुझे मीठी क्यों कहा?"

"अच्छा, तो इसीलिए तुम कड़वी बनकर आँखें तरेर रही हो? और ये जो तुम पानी में मगन मन तरंगे उठा रही हो यह तुम्हारे श्रृंगारप्रेरित आह्लाद का मधुर प्रणाम नहीं है तो और क्या है?"

रत्ना इतराहट-भरे स्वर में बोली—"मैं क्या जानूँ?"

"तुम इस प्रकृति के श्रृंगार की मधुरिमा का एक दिव्य अलंकार बन गई हो। तुम वह मधुर स्त्रोत हो जिससे मेरे मन में रस का सागर उमड़ता है। तुम..."

"बस-बस पण्डित जी, अपनी यह चाटुकारी-भरी बातें आगरे जाकर अकबर बादशाह को सुनाइए, कोई जागीर मिल जाएगी।"

"मुझे तुम्हारे रूप में यह रामदत्त अनन्त सुन्दर साम्राज्य मिला है, फिर नरदत्त छोटी-मोटी जागीरों की परवाह क्यों करूँ?"

"तो फिर मेरी क्यों करते हो?"

"यहाँ द्वैत का प्रश्न ही नहीं, मैं तो अपनी ही सुन्दरता पर रीझ रहा हूँ।"

रत्ना ने 'जाओ तुम बड़े वो हो' वाली भँगिमा में आँखें तरेर कर पति को देखा और अपना मुखड़ा पानी में हिलोरें लेते अपने पैरों की ओर मोड़ लिया। उस निर्मल जलधार में अलक्तक रंगे, बिछुए-पायल मण्डित गोरे पैर पिंडलियों तक चपलतावश डूब-उतरा रहे थे। तुलसीदास कोहनी के बल टिके, अधलेटे हुए प्रिया

के कीड़ारत चरणों को निहारने लगे। कुछ रुककर फिर बोले—"तुम्हारे नूपुरों में यदि आटा लगा होता तो ये सारी मछलियाँ अभी उसी में लटकती दिखलाई देतीं।"

रत्ना ने आँखें तरेर कर कहा—"मैं कोई मछेरन हूँ जो मछलियाँ फँसाऊँ?"

"और तुम हो क्या? अपने रूप को वंशी में गुणों का लासा लगाकर तुमने इस मच्छ को फाँस रखा है।"

रत्ना ने फिर आँखें तरेरीं—"हूँऽ-ऊँऽ, बड़े चतुर बनते हो। बहेलिया चिड़िया से कहे कि तुमने मुझे जाल में फँसाया है।"

विनोद मुद्रा में तुलसीदास रत्ना को चिढ़ाते हुए बोले—"मैंने कब फँसाया? तुम्हारे बप्पा कथा के बहाने मुझे ले गए और तुम्हारी इन रसीली अँखियों का चुग्गा चुगाकर मुझे अपने जाल में फँसा लिया।"

"ये नहीं कहते कि मेरे बप्पा ने तुम्हारा उपकार किया, नहीं तो जनम-भर कुँवारे ही पड़े रह जाते।"

"वह तो मैं चाहता ही था। सोचता था राम-चरणों में चित्त लगाऊँ।"

"तो अब कर लो न अपनी चाहत पूरी। मैं कहीं कुएँ-तालाब में डूबकर मर जाऊँगी, तुम्हें छुट्टी मिल जाएगी।"

"अरे तब तो और भी आफत आ जाएगी। तुम्हारे साथ-साथ मुझे भी डूबना पड़ेगा।"

"क्यों?"

"काँटे में फँसे मच्छ की भला दूसरी गति ही क्या है!"

"हाँऽऽ, मैं ही तो तुम्हारे मार्ग का कंटक हूँ। ऐसा करो कि मुझे पीहर भेज दो और छुट्टी पाओ।"

"तुम्हारे पीहर में है कौन? बप्पा तो क्षेत्र-संन्यासी होकर जमुना तट पर रहते हैं।"

"उससे तुम्हें क्या? मैं स्वयं किस पुरुष से कम हूँ? बाप-दादों की गद्दी सम्भालूँगी, खाने-पीने को बहुत मिल जाएगा।"

तुलसी खिलखिलाकर हँसे और कहा—"कोई लुटेरा आएगा और पण्डित जी को ही उठाकर ले जाएगा। कहेगा कि चलो हमारे घर पर ही हमारी और अपनी कुण्डली बिचारो।" कहकर तुलसीदास फिर अट्टहास कर उठे।

पति का यह अट्टहास रत्ना के अहंकार की कुण्ठा बना, मुँह फुलाकर झटके से उठ खड़ी हुई और तेज़ी से चल पड़ी। उसकी आँखों में आग और पानी दोनों ही चमक रहे थे।

तुलसीदास तुरन्त ही उठकर उसके पीछे लपके—"अरे तुम तो सचमुच ही रूठ गईं।"

रत्ना की चाल और तेज़ हो गई। तुलसीदास ने हल्के से दौड़कर उसे अपनी बाँहों में बाँध लिया। छूटने के प्रयत्न करते हुए वह बोली—"छोड़ो, तुम्हें मेरी..."

तुलसी का एक हाथ चटपट रत्ना के मुख पर चिपक गया, बोले—"झूठी सौगन्ध क्यों देती हो? **न तुम मुझे** छोड़ सकती हो और न मैं तुम्हें।"

रत्ना फूट-फूटकर रोने लगी। आश्चर्य और अपराधजनित भावना से तुलसीदास का चेहरा प्रश्नचिह्न बन गया। रत्ना के मुँह पर रखा हुआ उनका हाथ उसके गालों के आँसू पोंछने लगा और कहा—"अरे मैं तो हँसी कर रहा था रत्नू। पर ऐसी कोई

बात तो कही नहीं जो तुम्हें यों चुभ जाए।" रत्ना की ठोड़ी उठाकर उसे अपनी ओर देखने के लिए बाध्य किया। पति की आँखों से आँखें मिलते ही रत्ना ने अपना मुँह उनकी छाती में छिपा लिया और सुबकते हुए कहा—"पुरुष होती तो अपने पिता को बुढ़ापे में यों अनाथ छोड़कर तो न आना पड़ता।"

सुनकर तुलसीदास के हाथों के बन्धन ढीले पड़ने लगे। वे उदास और गम्भीर हो गए, बोले—"किन्तु यह मेरा दोष तो नहीं, फिर मुझे क्यों लाँछित करती हो?"

छिटककर अलग खड़ी होती हुई रत्नावली ने पल्ले से अपने आँसू पोंछकर रुँधे स्वर में कहा—"दोषी मेरा भाग्य है। तुम्हें पाकर एक जगह मैं अपने-आपको इतनी धन्य अनुभव करती हूँ कि अपने दुर्भाग्य पर बीच-बीच में बावली खीझ उठ पड़ती है। मैं अपने-आपसे विवश हूँ स्वामिन।" कहकर वह फिर पति की छाती में मुँह गड़ाकर फूट-फूटकर रोने लगी। नर की छाती पर नारी का रखा हुआ मुख नर का पौरुष बन गया। तुलसीदास शरणागत प्रतिपादक समर्थ स्वामी की तरह बड़े भाव से उस सौन्दर्य पर अपनी जान छिड़कने लगे। उसे कसकर कलेजे से चिपका लिया और उसके गाल पर हाथ फेरते-फेरते स्वयं उनकी आँखें भी प्रिया की न थमने वाली हिचकियों से उमड़ पड़ीं। वनक्रीड़ा का सहज उल्लास दोनों के लिए समाप्त हो चुका था।

सहसा एक गाय विकल रम्भाती और दौड़ती हुई उधर आई। रत्ना रोना भूलकर डर के मारे अपने पति की छाती में और भी सिमट गई।

गाय ने अपनी गहरी काली प्रश्न-भरी आँखों से उन्हें देखा और फिर वन में आगे दौड़ गई। तुलसी बोले—"कितनी विकल दृष्टि थी इसकी!"

"इसका बछड़ा खो गया है।" कहते हुए रत्ना पति से अलग होकर खड़ी हो गई। उसके चेहरे पर विकलता थी।

तुलसीदास उँगलियों पर गणना करने लगे, फिर कुछ विचार कर बोले—"अरे, वह यहीं किलोलें कर रहा है, अभी अपनी माँ को मिल जाएगा। चिन्ता न करो।"

रत्ना मुस्कराई। चेहरे पर नटखटपन झलका, फिर लाज-भरी आँखें नीचे झुकाकर धीमे स्वर में कहा—"बच्चे माँ को बड़ा कष्ट देते हैं।"

तुलसी बोले—"किन्तु तुम्हें उससे क्या?" फिर सहसा एक नए सोच से आँखें चमक उठीं। रत्ना का हाथ पकड़कर पूछा—"क्या तुम माँ बनने वाली हो रत्ना?"

रत्ना ने अपना लाज-भरा मुख फिर पति की छाती में छिपा लिया और नटखट स्वर में कहा—"आप प्रश्न विचार लीजिए न।"

तुलसीदास ने कसकर अपनी प्रिया को बाँध लिया। वह रम्य वन, सारा वातावरण उन्हें अपने मन के भीतर वाले समृद्ध सौन्दर्य के आगे फीका लग रहा था। प्रिया के सिर पर अपना सिर टेकते हुए उन्होंने अपनी आँखें मूँद लीं। भीतर सोने के सहस्त्रदल कमल-सा सौन्दर्य अपनी भावगंध से उन्हें लुब्ध कर रहा था।

26

सुबह का समय था। रत्नावली पूजा समाप्त करके ठाकुर जी के सामने दंडवत कर रही थी। पास ही दालान में हिंडोले पर दस महीने का नन्हा तारापति सो रहा था। एक दासी कन्या हिंडोले में लगी डोरी को एक हाथ से बीच-बीच में हिलाती हुई दूसरे हाथ से पंचगुट्टे खेल रही थी। इससे थोड़ी ही दूरी पर गणपति बैठा हुआ पट्टी पर लिखा छान्दोग्य उपनिषद् का उपदेश ज़ोर-ज़ोर से रट रहा था। उसका स्वर मानो नट के बन्दर-सा था जो सोंटे के भय से अपने कर्तब दिखलाने को बाध्य था। उसकी आँखें आकाश से लेकर ठाकुरद्वारे में पूजा के आसन पर बैठी गुरुआइन और पंचगुट्टे खेलती हुई दासी पुत्री तक दौड़-दौड़ कर तमाशा देखने में व्यस्त थीं। उसके दोनों हाथ मक्खियाँ उड़ाने और शरीर भर में जगह-जगह उठ आने वाली खुजली को मिटाने में फरवट चाकर की तरह व्यस्त थे–

गणपति पढ़ रहा था–"बलवाव विज्ञानाद् भय...विज्ञान से आत्मबल श्रेष्ठ है। अपि हि शतं विज्ञानवताम् एको बलवान् आकम्पयते। क्योंकि एक बलवान सौ विद्वानों को डराता है। स यदा बली भवति, अथोत्थाता भवति, उत्तिष्ठन परि चरिता भवति परिचरन् उपसत्ता भवति–बलवान होने पर मनुष्य उठ खड़ा होता है–वह जाता है गुरु के घर..."

ठाकुर जी के आगे दण्डवत् प्रणाम करके उठते हुए रत्नावली ने घुड़ककर गणपति से कहा–"फिर वही! तोड़-तोड़कर क्यों पढ़ता है?"

गुरुआइन जी की घुड़की सुनते ही गणपति का ध्यान सजग हो गया। शरीर भर में मचती हुई खुजली न जाने कहाँ गायब हो गई। स्वर पहरेदार-सा सजग हो गया। मन्त्र की तोतारटंत शैली जो कुछ देर पहले मरियल बुड्ढे-सी रेंग-रेंगकर चल रही थी अब धावक-सी दौड़ने लगी। रत्नावली पूजा वाले दालान से अपने मुन्ने के हिंडोलने के पास आई। अपने सोते हुए लाल तारापति को नयन भरके निहारा। दासी पुत्री मालकिन के आने से तनिक भी न चौंकी। उसके दोनों हाथ वैसे ही अपने दोनों कामों में दत्तचित्त थे। रत्नावली ने कहा–"चमेली, जाकर पूजा के बर्तन मांज डालो।" फिर हिंडोले से सोते हुए तारापति को गोद में उठाते हुए वह धीमे स्वर में अपने पति का रचा हुआ गीत गाने लगी–"जागिए रघुनाथ कुँवर, भोर भयो प्यारे।"

बच्चा अँगड़ाई ले रहा था कि तभी घर में रत्ना के चचेरे भाई गंगेश्वर ने प्रवेश किया। रत्ना ने हरखकर कहा–"आओ-आओ भइया, आज सबेरे-सबेरे इधर कैसे भूल पड़े? (स्वर ऊँचा करके) चमेली, पैर धुलाने के लिए पानी ला।"

आँगन के किनारे पैर धोने के लिए रखी हुई चौकी की ओर बढ़ते हुए गंगेश्वर बोले–"भूल क्या पड़े, हम जानत रहे कि शास्त्री जी महाराज अभी लौटें न होंगे, इसीलिए चले आए। घड़ी-आध घड़ी में उनके आने पर तो तुमसे बात करने का अवसर भी न मिल पाएगा।"

चमेली तबतक पानी का लोटा लाकर गंगेश्वर के पैर धुलाने के लिए तैयार खड़ी थी। रत्ना की आँखें भाई की बात सुनकर लज्जानत हुईं। गोद में आकर भी तारापति अभी चेता न था। उसे जगाना भूलकर रत्नावली ने दुखी स्वर में कहा—"उनसे तुम्हें यों डरने की आवश्यकता नहीं भैया, वे तो भोलेनाथ हैं।"

पड़ती हुई पानी की धार में अपने पैर रगड़ते हुए गंगेश्वर ने व्यंग-भरे स्वर में कहा—"हाँऽ, साक्षात भोलेनाथ हैं। इधर कहा जिजमान तुम्हारा है और फिर उधर भूलकर उसे अपना बना लाए। तेरा पति ठगशास्त्र में भी पूरा पारंगत है।"

रत्ना को भाई की बात अच्छी न लगी, स्वर सतेज हुआ, कहा—"आप बड़े हैं भइया, किसी को व्यर्थ ही दोष देना आपको शोभा नहीं देता। मिर्ज़ा जी को आप प्रभावित न कर सके तो फिर वही इन्हें घेरने के लिए आए। इसमें भला इनका क्या दोष है?"

गंगेश्वर को उत्तर न सूझा तो ज़ोर-ज़ोर से गला गड़गड़ाकर कुल्ला करने लगे। रत्ना कहे जा रही थी—"बप्पा ने आपको विद्या देने में कोई कसर नहीं रक्खी। पहले मुझसे जलते थे, अब इनसे जलते हैं।"

अँगोछे से हाथ-मुँह और पैर पोंछते हुए गंगेश्वर ने सहसा स्वर को विनम्र बनाकर कहा—"मैं न तुमसे ईर्ष्या करता हूँ और न शास्त्री जी से। पर पापी पेट तो मेरे साथ भी है न। छः बच्चे, फिर दो हम लोग और उसके ऊपर काका का भरण-पोषण भी..."

रत्ना फिर भड़की—"बप्पा खाते ही क्या हैं! अपनी दो समय की खिचड़ी के लिए उनके पास राम जी की कृपा से अब भी बहुत-कुछ है। मैं आज ही उन्हें कहला दूँगी कि तुम्हारे यहाँ से कुछ भी न मँगाया करें। मेरे बप्पा जैसा मनुष्य आज के समय में ढूँढे से भी नहीं दिखाई देता है और तुम..."

"मैं कुछ भी नहीं कहता। तुम मेरी बातों का गलत अर्थ न निकालो रत्नू। मिर्ज़ा जी और खाँ साहब दोनों ही मुझ पर अकारण ही बिगड़ पड़े। कहने लगे, 'आपको कुछ आता-जाता नहीं है। हम आपसे काम नहीं कराएँगे। हमारे दाम हमको फेर दीजिए। हम उस पार शास्त्री जी के पास ही जाएँगे।"

"पर तुमने उन्हें दाम फेरे कहाँ? रौने तो लगे थे उनके सामने। पण्डित होकर मूर्खों के समान पैसों के लिए रोना भला शोभा देता है। तुम्हारे स्वभाव में स्थिरता नहीं है भइया, बुरा न मानना। विवेक-बुद्धि से काम लेना तो तुम जानते ही नहीं हो। तुम स्वयं ही अपना दुर्भाग्य हो। उस दिन जब यहाँ मिर्ज़ा जी उन्हें बाँदा ले जाने के लिए आए तो मैंने उनकी सारी बातें यहाँ आड़ से सुनी थीं। यह जा थोड़े ही रहे थे, मैंने ही बुलाकर कहा कि चले जाइए, इतना आग्रह करके आती हुई लक्ष्मी को छोड़ना उचित नहीं। तब ये गए हैं बाँदा।"

गंगेश्वर चौकी पर बैठकर कान दबाए चुपचाप सुनते रहे। रत्ना ने बात पूरी करके बाँहों में लेटे अपने पुत्र को देखा। वह चकित दृष्टि से माँ को निहार रहा था। बेटे से आँखें मिलाकर माँ का खौखियाया मन हरखा। गंगेश्वर उदास स्वर में कहने लगे—"हाँ ठीक है। पर मैं क्या करूँ? अभागे का कहीं भी निबाह नहीं। हमारे

लिए तो अब यही एक मार्ग रह गया है कि एक दिन आटे में माहुर घोल के उसकी रोटियाँ सब बाल-बच्चों को खिला दें और हम पति-पत्नी भिखारी बनकर निकल जाएँ। तब शास्त्री जी महाराज हमारे यजमानों को ही नहीं बल्कि अपनी ससुराल की हवेली को भी हथिया के तुम्हारे साथ बैठकर मूछों पर ताव दिया करेंगे।''

तुलसीदास दबे पाँव आकर दालान में प्रवेश करते हैं। गंगेश्वर को देखकर कहते हैं—''मुझे ससुराल की हवेली का मोह नहीं गंगेश्वर। ससुर की दी हुई वहाँ की एक रत्नावली ही मेरे लिए यथेष्ट है। मैंने तुम्हारी सारी बातें दहलीज में खड़े होकर सुन ली हैं। इससे अधिक अच्छा होगा कि मैं रत्नावली और तारापति को लेकर इस क्षेत्र से कहीं और चला जाऊँ।''

पति के क्रोध को रत्नावली ने किसी हद तक समर्थन की दृष्टि से देखा।

गंगेश्वर पहले तो चूहे की तरह से दुबके पर दूसरे ही क्षण सिंह की तरह दहाड़कर बोले—''यह जो सारे ग्रन्थ आप हमारे यहाँ से उठा लाए हैं वह हमारे हवाले कर दीजिए। मैं चला जाऊँगा।''

''ग्रन्थ बप्पा ने मुझे दिए हैं। मैं नहीं लाया।''

''पर वे हमारी पैतृक सम्पत्ति हैं। मेरे पिता छोटी आयु में मर गए थे। पुस्तकों का बँटवारा नहीं हुआ था।''

बात काटकर रत्नावली तेज़ी से बोली—''इनके आगे बोलो तो बोलो पर मेरे आगे भी झूठ बोलोगे गंगे भैया? मेरे बप्पा को बेईमान बताते हो? यह ग्रन्थ तुम्हारी पैतृक सम्पत्ति हैं?''

''तारीगाँव के वासुदेव काका के हैं। पर उससे क्या होता है। (तुलसीदास की ओर देखकर) न्यायरत्न वासुदेव त्रिपाठी निःसन्तान थे इसलिए अपने ग्रन्थ हमारे यहाँ रखवा गए। इनका बंटवारा होना चाहिए कि नहीं?''

''कैसा बंटवारा?'' रत्नावली बच्चे को सीधा करके गोद में लेती हुई तेज पड़ी। दो डग आगे बढ़कर फिर कहा—''किसे दे गए थे त्रिपाठी जी?''

''हमारे कक्का को जिनका उत्तराधिकारी मैं हूँ?''

''झूठे कहीं के। मुझे दे गए थे। बप्पा को जो यों मिथ्या दोष लगाओगे तो बताए देती हूँ मुझसे बुरा और कोई न होगा। (पति की ओर देखकर) बप्पा इतने सतर्क रहे हैं कि पैतृक सम्पत्ति का एक लोटा तक मुझे नहीं दिया। पैतृक सम्पत्ति का अपना भाग भी उन्होंने इन्हें ही दे दिया।''

''और काकी के गहने, जो तुम्हें मिले?''

सुनकर तुलसी पंडित की त्यौरियाँ भी चढ़ गईं, वे बोले—''गंगेश्वर, अब तुम मेरे हाथों पिटकर ही मानोगे। अपनी माता के आभूषण यह न पाती तो कौन पाता?''

''अरे यह निर्लज्ज हैं। अपने झूठ का झण्डा ऊँचा किए रखना इनकी जन्म की आदत है। बचपन में इतनी-इतनी मार खाकर भी न सुधरे तो अब क्या सुधरेंगे। और मुझसे तो इन्हें ऐसा बैर है कि पाएँ तो कच्चा ही चबा जाएँ। अब तक तुमने ही कहा था अब मैं भी कहती हूँ कि भविष्य में गंगे भैया मेरे घर की देहरी फिर कभी न चढ़ें। पक गई हूँ इनके कुबोलों से। यह निर्लज्ज, मूढ़ और कुल-कलंकी हैं।''

"जाने दो रत्ना तुम्हारे बड़े..."

"बड़े हैं तो अपना बड़प्पन दिखाएँ। मैं अब इन्हें सहन नहीं करूँगी।" कहकर रत्नावली अपने बच्चे के साथ तेज़ी से ऊपर चली गई।

गंगेश्वर ने फिर नया पल्टा लिया, दुःखी स्वर और दार्शनिक मुद्रा धारण करके कहने लगे—"हाँऽ, अभागे को भला कौन सौभाग्यवती या सौभाग्यवान सहन करेगा। पण्डिता रत्नावली जी घर बैठकर यजमानों के लिए जन्म-पत्रिकाएँ बनाएँगी, पण्डित तुलसीदास जी दरबारों, साहूकारों में कथा बाँचेंगे, जन्म-पत्रिकाएँ विचारेंगे—लक्ष्मी चार हाथों से इनका ही घर भरेगी। हम जैसे टटपुँजियों की गुजर-बसर भला फिर क्योंकर हो सकती है। मेरे जैसे कुलीन स्वाभिमानी अभागे के लिए सपरिवार माहुर खाकर मर जाने के सिवा और कोई उपाय ही नहीं रहा। (निःश्वास, फिर सहसा स्वर ऊँचा करके) अच्छा रत्नू, तो फिर यह निर्लज्ज कुलाँगार अब तुमसे विदा लेता है। भविष्य में तुम इसका मुख अब कभी नहीं देख पाओगी। आशीर्वाद।" कहते हुए गंगेश्वर चले गए।

भोजनोपरान्त विश्राम कक्ष में पति-पत्नी पान चबाते हुए आमने-सामने बैठे थे। तारापति पिता के पास ही सो रहा था। तकिए के सहारे अधलेटे पिता का दाहिना हाथ पोले-पोले बड़े स्नेह से अपने बेटे के हाथ पर फिर रहा था और आँखें उसकी माँ के मुखचन्द्र की चकोरी हो रही थीं।

रत्ना ने मुस्कराकर कहा—"ऐसे घूरकर क्यों देख रहे हो मुझे? इन पाँच दिनों में क्या कोई विशेष परिवर्तन आ गया है मुझमें?"

"हाँ तुम, मुझे पहले से अधिक सुन्दर और प्रिय लग रही हो।"

"सुन्दरता मेरे रूप में है या तुम्हारे लोभ में?"

"पहले तुम बताओ, चन्द्रमा और चाँदनी में कौन सुन्दर है?"

सौभाग्यवती रत्नावली ने किंचित् इतराते हुए कहा—"तुम्हीं जानो, मेरे लिए यह प्रश्न अविचारणीय है।

"क्यों?"

"क्योंकि मेरा चन्द्र और चाँदनी अविभाज्य है। (बेटे की ओर देखकर) चाँदनी को देखती हूँ तो चन्द्र को बरबस ही देखने का लोभ होता है। इसी तरह चन्द्र को देखकर चाँदनी का।"

"तब रूप और लोभ में अन्तर ही क्या रह गया प्रिय? सुन्दरता दोनों छोरों तक एक-सी व्याप्त है। तुम्हें मन की बात बतलाऊँ, कई वर्ष पहले एक बार मेरे मन में यह प्रश्न जागा कि राम जी अधिक सुन्दर हैं अथवा उनके प्रति मेरी भक्ति।"

"फिर क्या निर्णय किया?"

"वही जो अभी तुमने कहा। यह दोनों ही अभिन्न-अविभाज्य हैं। रूप प्रेम है और लोभ उसे पाने का मार्ग। मार्ग न हो तो मनुष्य मंजिल तक कैसे पहुँचे?"

"मान लो, कल को मेरा यह रूप शव बनकर..."

तुलसी झपटकर आगे झुके और अपनी बाईं हथेली रत्ना के मुख पर रख दी, कहा—"फिर कभी ऐसी बात मुँह से न निकालना रत्ना। मेरा कलेजा धसकने लगता है।"

सुनकर रत्ना की आँखों में प्रेम की चमक और फिर इतराहट आई। पति का हाथ अपने मुँह से हटाकर मुस्कराती हुई वह बोली—"मैं अभी मरी नहीं जा रही हूँ कविराज, केवल एक यथार्थ सत्य का निरूपण भर किया था मैंने। मनुष्य का रूप, प्रकृति की शोभा सब नश्वर है। फिर ऐसे आधार पर टेका देने से लाभ ही क्या जो विश्वास का ठोसपन न लिए हुए हो?"

तुलसीदास गम्भीर हो गए, सीधे तनकर बैठ गए। क्षण-भर मौन रहकर फिर कहा—"सच है, टिकने वाला तो सियाराम रूप ही है। सच है वह नर-नारी के व्यक्त-अव्यक्त रूप का अनन्त प्रतीक है। उसी का लोभ अनन्त और अजर है।"

"तो उन्हीं के प्रति अपना लोभ बढ़ाओ। मुझे घूर-घूर कर क्यों सताते हो?"

पत्नी ने अपने मानाभिनय से गम्भीरता को जो रस-भरा मोड़ दिया वह तुलसी दास के भोले मन को छलने में सहज सफल हुआ। प्रसन्नता उनके चेहरे की कान्ति बन गई। बोले—"तुम बड़ी नटखट हो। सूत्रधार की भाँति मुझ कठपुतली को अपनी अँगुलियों पर मनमाने ढंग से नचाती हो।" कहकर उन्होंने रत्ना का हाथ पकड़कर अपनी ओर खींच लिया।

"यह क्या करते हो, हटो छोड़ो।" रत्ना के दबे स्वर वाले वाक्य पर अपनी बात आरोपित करते हुए तुलसीदास कहने लगे—"पहले अपनी बात का उत्तर सुनो। तुम्हारा आकर्षण ही मेरा राम-मार्ग है। तुम्हें और इस आँखों के तारे को श्री सीताराम ने ही अपने प्रति मेरी अनुरक्ति बढ़ाने के लिए कृपा करके मुझे दिया है। तुम दोनों मिलकर ऐसा दर्पण बन जाते हो जिसमें मुझे रामरूप की प्रतिछवि दिखलाई देती है।" बाएँ हाथ से पत्नी की बाँह दबाते और दाहिना तारापति के सिर पर फेरते हुए तुलसीदास भावमग्न हो गए। एक क्षण रुककर फिर कहने लगे—"एक बार बचपन में राजा जी की बगिया से ढेर सारे सुन्दर फूल बटोरकर मैंने उनके सहारे राम जी की सुन्दरता देखनी चाही थी। अब वही भाव सौन्दर्य अधिक मुखर होकर मुझे अपनी इस सोने-सी गृहस्थी में देखने को मिल रहा है। तुमसे सच कहता हूँ रत्नू, अब तो बाहर-भीतर कहीं जाता हूँ तो तुम्हारे बिना मेरा मन उचट-उचट जाता है। तुम दोनों को छोड़कर मैं अब जीवित नहीं रह सकता।"

"ऐसा न कहो। तुम्हारा जीवन मुझसे श्रेष्ठ है। तारा हमारी आँखों का तारा है। प्राणों का प्राण है। विवाह से पहले सोचती थी कि पति डाकू होता है जो कन्या को उसके माँ-बाप से छीनकर पराए घर की बन्दिनी बना देता है। और अब लगता है कि एक नारी की सर्वश्रेष्ठ आकांक्षा यही होती है। तुम दोनों बने रहो। बस, मुझे और कुछ न चाहिए।"

तुलसी ने भी मुस्कराकर यही कहा—"तुम दोनों बने रहो, बस मुझे कुछ न चाहिए।" चार आँखें आपस में अटककर मुस्करा उठीं। दो चेहरे खिल गए। फिर एकाएक रत्ना के चेहरे पर कठोरता आई, कहने लगी—"गंगे भैया मेरा यह सुख फूटी आँखों नहीं देख पाते। मुझसे तो वह ऐसा जलते हैं कि पूछो मत।"

"वह महामूर्ख और ईर्ष्यालु है।...पर क्या करे बेचारा, पेट पालने की समस्या सभी जीवधारियों के आगे होती है। मेरे यहाँ आ जाने से एक बेचारे गंगेश्वर ही

क्या कई गाँवों के ज्योतिषी मन्द पड़ गए हैं। उनकी ईर्ष्या स्वाभाविक है। किन्तु मैं भी क्या करूँ? तुम्हीं बताओ, मेरी भी तो गृहस्थी है।''

''ऊँह, ऐसों की चिन्ता छोड़ो। गंगे भइया की कुण्डली में पागल होना लिखा है। एक बार मैंने बप्पा को बतलाया तो वह बोले कि उसके आगे कभी न कहना।''

''पागल तो वह हो चला है। महत्ता न पाने के कारण उसमें इतनी हीनता आ गई है कि अब तो इतना अल्ल-बल्ल बकने लगा है।''

''क्या कोई बात तुमने सुनी है?''

''वह पगला अब तो यह कहता डोलता है कि मैं ज्योतिषाचार्य पण्डित दीनबन्धु पाठक का पुत्र हूँ। उन्होंने मेरी माता से अनैतिक सम्बन्ध स्थापित किया था।''

रत्ना ने थरथराकर अपने कान बन्द कर लिए। मुख क्रोध और लाज से लाल हो गया। कहने लगी—''बस-बस, बप्पा के समान महान् संयमी और तपस्वी व्यक्ति के लिए ऐसी अनर्गल बात मुख से निकालने वाले को मैं कभी क्षमा न कर पाऊँगी। कभी नहीं।'' आवेश की तेज़ी में उसकी आँखें छलछला उठीं।

प्रेम से पत्नी की बाँह दबाते हुए तुलसी ने शान्त स्वर में कहा—''पागल की बात का विचार करना व्यर्थ है प्रिये! सारी दुनिया बप्पा को भी जानती है और गंगेश्वर को भी।''

''पर बप्पा यदि यह सुन लें तो उनकी आत्मा को कितना कष्ट पहुँचेगा! बेचारों के अपना पुत्र नहीं था इसलिए बड़ी लगन से उन्होंने इन्हें पढ़ाया-लिखाया। मैं तो, तुमसे सच कहती हूँ कि, बिलकुल घेलुए में पढ़ गई। बप्पा इन्हें पढ़ाते थे तो मैं भी बैठ जाती थी। यह न पढ़े और मैं पढ़ गई। तुम सच्ची मानना, अच्छी शिष्या होने के नाते ही उन्होंने बाद में मेरी शिक्षा के सम्बन्ध में विशेष रुचि लेना आरम्भ किया था। गंगे भैया यदि तनिक भी उत्साह दिखलाते तो वे उन्हें ही अधिक रुचि से सिखलाते। मैं जानती हूँ, उन्हें अपनी चौदह पीढ़ियों की गद्दी सम्भालने की कितनी चिन्ता थी।''

तुलसी बोले—''मैं समझता हूँ। विवाह का प्रस्ताव करते हुए उन्होंने मुझसे भी यही कहा था। वे चाहते थे कि मैं उन्हीं के घर पर ही रहूँ।''

''वे गंगे भइया से मन ही मन में ऊब चुके थे। हमारे कक्का ने अपनी दुष्चरित्रता के कारण हमारे घर का बहुत पैसा बर्बाद किया। यह नई कमाई तो सब मेरे बप्पा की ही है। फिर भी वे कहा करते थे कि मैं यहीं गाँव में नया घर बनवा लूँगा और शेष पैतृक सम्पत्ति गंगे को सौंपकर उसे अपने से अलग कर दूँगा। कहते थे कि मैं अपने जीते जी अपने होनेवाले जामाता को अपनी गद्दी पर बिठला जाऊँगा।''

''स्वाभिमानवश मैं भले ही उस ग्राम में न रहा, तो भी यह मानता हूँ कि इस क्षेत्र के बड़े-बड़े लोगों में मेरी पहुँच का कारण मेरी कथावाचकता के अतिरिक्त बप्पा भी हैं। वे अब भी सबसे यही कहते हैं कि तुलसीदास के पास जाओ।''

रत्नावली सहसा तुलसीदास का अपने कन्धे पर धरा हाथ झटककर उठ खड़ी हुई, रूखे, दुख-भरे स्वर में कहा—''मैं अभागी यदि पुत्र होती, तो उन्हें कभी अपनी

गद्दी की चिन्ता न होती। अब कुछ भी कहा जाय, ज्योतिविद्यामार्तण्ड पाठकों की गद्दी उजड़ गई।'' कहकर रत्नावली तेज़ी से कमरे के बाहर निकलकर नीचे की सीढ़ियाँ उतरने लगी।

तुलसीदास हक्का-बक्का रह गए। पिछले दो वर्षों के अपने वैवाहिक जीवन में उन्होंने रत्नावली को कई बार इस हीन भावना से ग्रस्त होते हुए देखा है। जब यह हीनता उसे सताती है तो कभी-कभी वह मन ही मन में उग्र भी हो उठते हैं। अपनी पत्नी के रूप और गुणों पर प्राणपण से मुग्ध होकर भी तुलसीदास रत्ना के स्वभाव की इस तिक्तता से कहीं पर बहुत खिन्न भी हैं। इस हीनभाव के जागने पर रत्नावली कभी-कभी मन ही मन उग्र भी हो उठती हैं। अपनी पत्नी के रूप और गुणों पर प्राणपण से मुग्ध होकर भी तुलसीदास रत्ना के स्वभाव की इस तिक्तता से कहीं पर बहुत खिन्न भी हैं। इस हीनभाव के जागने पर रत्नावली कभी-कभी उनके प्रति ईर्ष्यालु भी हो जाती है। तुलसीदास के अन्तःसौन्दर्य-बोध को इससे धक्का लगता है। उस धक्के से अपने-आपको बचाने के लिए उनकी चेतना भीतर ही भीतर विकल हो उठती है। यथार्थ बाहर और भीतर दो स्तरों पर अपने-आपको समझने के लिए मचल उठता है। एक मन कहता है कि भगवान के प्रति रखा जाने वाला अनुराग ही टिकाऊ होता है किन्तु दूसरी ओर वे रत्ना और अब तारापति के प्रति अपना आकर्षण प्रतिपल बढ़ाने से नहीं चूकते। रत्ना का यह दोष भी उन्हें पूर्ण चन्द्र के कलंक-सा ही सुन्दर लगता है।

रात में उन्होंने अपनी पत्नी से कहा—''सुनो, मैंने यह निश्चय किया है कि अब काशी को अपनी कमाई का केन्द्र बनाऊँगा।''

''परन्तु मैं अपने बप्पा को अकेला छोड़कर कहीं नहीं जाऊँगी।''

''मैं जानता हूँ। बप्पा को ध्यान में रखते हुए तुम्हारी यह इच्छा मुझे अनुचित भी नहीं लगती। तुम कुछ दिनों अपने मैके में रह लोगी। बप्पा के संन्यासी मन को तारापति ब्रह्मानन्दवत् रिझाएगा। एक यह लाभ भी होगा कि यजमानों के लिए जो जन्मपत्रिकाएँ तुम इस समय तैयार कर रही हो उनकी दक्षिणा की राशि गंगेश्वर को मिल जाएगी। वह मूर्ख ईर्ष्यालु भी अपने बढ़ते पागलपन से बच जाएगा।''

''तुम मुझे इतने दिनों छोड़कर रह सकोगे?''

तुलसी का स्वर तुरन्त उदास हो गया, बोले—''बड़ी देर से मन को इसी ठाँव पोढ़ा कर रहा हूँ। पाँच-सात दिनों के लिए बाहर जाता हूँ तो तुम्हारे लिए मेरे प्राण बावले हो उठते हैं। काशी का यह फेरा कम से कम दो-तीन मास तो ले ही लेगा।''

''मैं समझती हूँ कि तुम्हें अपने मन को पोढ़ा करना ही चाहिए। काशी की कमाई को यहाँ वाले कूत न पाएँगे। हम लोग दूसरों की ईर्ष्या से बचेंगे। बप्पा के जीवन में भी रस आ जाएगा। मैं उनसे ज्योतिष चर्चा करूँगी, तारा उनके आसपास रहेगा। बेचारे कितने प्रसन्न हो जाएँगे।'' रत्नावली पिता के पास अपने मैके के घर में रहने के विचारमात्र ही से उल्लसित हो उठी थी किन्तु तुलसीदास का मन अभी कुछ भी निश्चय नहीं कर पा रहा था। एक ओर काशी की याद आती है, पुराने

साथियों से मिलने को जी चाहता है, घुमक्कड़ी की पुरानी आदत भी पैरों में खुजली मचा रही है किन्तु दूसरी ओर रत्ना के बिना अब उन्हें काशी क्या बैकुण्ठ में रहना भी सुहा नहीं सकता। रत्ना के बिना घर से बाहर रहने पर उन्हें रातों नींद नहीं आती। उसका मुखचन्द्र, उसकी बातें तुलसी का अहर्निशि अपने-आप में रमाए रहती हैं। रत्ना का बेटा ऐसा सम्मोहक जादू है कि वे चाहें तो भी उससे छूट नहीं सकते।

दूसरे दिन सबरे कलेऊ करने के उपरान्त तुलसीदास दालान में घुटनों दौड़ते अपने बेटे को 'पकड़ो-पकड़ो' करते हुए हँसा रहे थे। बच्चा अपने बाप को छकाने के लिए किलकारियाँ मारकर और भी तेज़ भागता था।

उसके पैरों में पड़ी चाँदी की पैजनियों के घुँघरू, पायलों के घुँघरू रुनझुन स्वर उठाकर पिता का आनन्द बढ़ा रहे थे। तभी रत्ना ने बैठक के कमरे से भीतर आते हुए कहा—"सुनते हो, मैंने प्रश्न कुण्डली बनाकर देख लिया। यह यात्रा तुम्हारे लिए बड़े महत्त्व की सिद्ध होगी। राम का नाम लेकर और अपना जी कड़ा करके तुम काशी चले जाओ।"

सुनकर तुलसीदास का आनन्द-भरा चेहरा कुम्हला गया। विचार में पड़ते हुए बोले—"हाँऽऽ, पर..."

"पर वर कुछ नहीं। इतनी भक्ति और वैराग्य की बातें करते हो और थोड़े दिनों के लिए मेरे बिना संयम से नहीं रह सकते? तुम्हारे जैसे व्यक्ति को यह शोभा नहीं देता।"

रत्नावली की बात सुनकर तुलसीदास को झटका लगा। लज्जा का बोध भी हुआ। वे बोले—"दूसरों को उपदेश देना सरल होता है पर स्वयं आचरण करना अति कठिन। फिर भी आत्म-संयम करना आवश्यक है। ठीक है, मैं काशी जाऊँगा।"

× × ×

आत्मालोचन का एक चक्र पूरा हुआ। बाबा स्थिर और परम शान्तिमग्न बैठे थे। मानस रत्नावली उनके चरणों पर झुकी। उसकी यौवनोल्लास-भरी चपल चन्दन-सी काया सहसा अपना वार्द्धक्य पा गई। अब रत्नावली वैसी ही थी जैसी कि बाबा ने अन्तिम क्षणों में उसे देखा था। बूढ़ी माई ने बूढ़े बाबा से हँसकर कहा—"अब तो कल से मेरे आत्मालोचन के दिन आ गए। तुम उबरे; मुझे अभी डूबकर उबरना शेष है। अच्छा, अब कल रात फिर आऊँगी।"

शान्त और सुस्थिर गति से अपना बायाँ हाथ बढ़ाकर बाबा ने मैया को अपने वामाँग में समेट लिया। उनकी आँखें मुँद गईं। बाबा और मैया के स्थान पर राम और जानकी दृश्यमान हुए। तुलसी की काया गद्‌गद हो उठी।

27

बाबा की चामत्करिक नीरोगता और उससे भी अधिक उनकी कृपा से उनके प्रबल शत्रु रविदत्त तान्त्रिक का मृत्यु के मुख में जाकर भी सकुशल बाहर निकल आने की बात दूसरे ही दिन काशी के बच्चे-बच्चे की ज़बान पर चामत्कारिक अतिशयोक्तियों के नगीनों से जड़कर फैल चुकी थी। बाबा के दर्शनों के लिए भक्तों का ताँता-सा लग गया। उन्हीं दिनों काशी और जौनपुर नगरों पर शाही उमरा आगानूर के रूप में एक बहुत बड़ी विपत्ति आई हुई थी। आगानूर ने काशी और जौनपुर के बड़े-बड़े जौहरियों-सर्राफों और कोठी वालों को एक दिन अपने यहाँ बुलाया। काशी के लोग पहले पकड़ बुलाए गए। बिना कारण बतलाए हुए ही आगानूर ने उन्हें बन्दीगृह में बन्द कर देने की आज्ञा दी। पहले दिन उन्हें अन्न-पानी तक के लिए तरसाया गया। दूसरे दिन भोजन और जल भेजा गया, किन्तु चाण्डालों के हाथ। धर्म के कारण किसी ने भी उसे छुआ तक नहीं। शाम को जब पानी बिना दो-चार सेठों के बेहोश होने की खबर आगानूर तक पहुँची, तो एक ब्राह्मण गर्म पानी लेकर सेठों के सूखे गले सींचने के लिए भेजा गया। तीन दिनों तक कैदखाने में बन्द सेठ-साहूकार, सर्राफ-दलाल आदि पीड़ा सहते रहे। बाहर परिवार के लोग चिन्ता के मारे पीले पड़ गए। कैद किए जाने का कारण न मालूम होने से सबके मन चिन्ता से घनीभूत थे।

तीसरे दिन जौनपुर के सेठ-साहूकार और दलाल भी पकड़कर आ गए। वे लोग भी बहुत घबड़ाए हुए थे। बन्दीगृह में बन्द सेठों ने वहाँ के कर्मचारियों की मार्फत रिश्वत का प्रलोभन देकर अपने पकड़े जाने का कारण जानना चाहा। बाहर उनके सगे-सम्बन्धी भी यही कर रहे थे। सरकारी चाकरों की जेबों में रिश्वत के पैसे पहुँचकर भी न तो बन्दियों को और न उनके घरवालों को ही पकड़े जाने का कारण ज्ञात हो सका। इन गिरफ्तारियों से नगर में बड़ा आतंक छाया हुआ था। लोग मुँह खोलकर आलोचना करने से भी डरते थे।

पं. गंगाराम यही चिन्ता लेकर बाबा के पास आए।

"कहो गंगाराम, चिन्तित क्यों दिखलाई पड़ रहे हो?"

"क्या कहे रामबोला, इस देश की ग्रह-दशा अभी बड़ी खराब है। नगर की घटना तो तुमने सुनी ही होगी।"

बाबा बोले—"हाँ, परन्तु क्या किया जाए। अकबर शाह के राज में फिर भी सुनवाई हो जाती थी, परन्तु जबसे यह जहाँगीर राज आया है, फिर असुरगण मदमत्त हो उठे हैं।"

"अरे चुप-चुप, दीवालों के भी कान होते हैं। तुलसी, यदि यह असुर तुम्हें भी पकड़ ले गए तो सच मानो नगर में बड़ी आफत आ जाएगी।"

"राम करे सो होय। लगता है तुम्हारे कुछ यजमान भी बन्दी हैं।"

"छः-सात। यहाँ के भी और जौनपुर के भी।"

"तुम्हारी गणना क्या कहती है?"

"इस समय मुझे अपने ऊपर विश्वास नहीं रहा तुलसी। इसी से घबराकर मैं तुम्हारे पास आया हूँ।"

"फिर भी तुमने कुछ विचार तो किया ही होगा।"

"मेरे हिसाब से तो आज इस संकट को टल जाना चाहिए।"

बाबा विचारमग्न हो गए, बोले—"राम-कृपा से तुम्हारा वचन निष्फल नहीं जाएगा, गंगा। मैं भी समझता हूँ कि यह संकट आज टल जाएगा। बल्कि समझो, टल ही गया। थोड़ी ही देर में तुम्हें यह शुभ संवाद अवश्य मिलेगा।"

गंगाराम के चेहरे पर चमक आ गई। बाबा के पास ही बैठे हुए बेनीमाधव और राजा भगत की ओर देखकर वे कहने लगे—"तुलसी ऐसा मित्र भी बड़े भाग्य से मिलता है भाई। एक बार जवानी में 'रामाज्ञा प्रश्न' रचकर इन्होंने मेरी जान बचाई थी और आज भी इनके कथन पर मुझे भरपूर विश्वास है। अब मैं स्वयं समझता हूँ कि पंडित के लिए केवल शास्त्र ही नहीं वरन् रामरूप आत्मविश्वास भी आवश्यक होता है।"

कथा का नया सूत्र मिलने की सम्भावना देखी तो बेनीमाधव ललचा उठे, दीनतापूर्वक पण्डित जी से कहा—"वह कौन-सी घटना थी महाराज?"

"अरे, एक राजकुमार आखेट खेलने गए थे। वे अपने साथियों से भटक गए। उनके खोने की सूचना जब राजा-रानी तक पहुँची तो वे पुत्र-शोक से दहल उठे। काशी-भर के ज्योतिषियों को उन्होंने अपने यहाँ बुलवाया। घोषित किया कि जो भी राजकुमार के सकुशल लौट आने की सही सूचना देगा उसे वे एक लाख मुद्राएँ भेंट करेंगे। एक ओर एक लाख का आकर्षण और दूसरी ओर पंडितों की भविष्यवाणियों में विरोधाभास के कारण बड़ी घबराहट हो रही थी। हम अपने घर में बड़ी चिन्ता में बैठे थे। तभी घर का कुंडा खड़का।"

× × ×

काशी के प्रह्लाद घाट की एक गली में युवा पंडित गंगाराम अपने बैठके के द्वार बन्द किए, दीवार का सहारा लगाए, गुमसुम, बड़ी चिन्ता में खोए हुए बैठे हैं। उनके सामने कई पोथी-पंचांग खुले रखे हैं। बाहर का कुंडा खड़क रहा है। गंगाराम इस समय अपने-आप में दुखी हैं। किसी से मिलने या बात करने की इच्छा नहीं होती है। जब कुछ देर कुंडी बराबर खड़कती रहती है तो खीझ-भरे स्वर में पूछते हैं—"कौन है?"

बाहर से आवाज़ आई—"हम तुलसीदास! पं. गंगाराम जी घर पर हैं?"

पं. गंगाराम के चेहरे पर उल्लास की किरणें फूट पड़ीं। सुस्त बेजान-सी चिन्ताग्रस्त काया में बिजली दौड़ गई। दौड़े, आकर द्वार खोले। चबूतरे पर तुलसीदास हँसते हुए खड़े थे। गली में इनकी दो गठरियाँ लादे हुए एक मजूर खड़ा था। गंगाराम ने झपटकर तुलसीदास को बाँहों में भरते हुए कहा—"वाह-वाह, तुम तो मानो शुभ शकुन बनकर इस समय मुझसे भेंटने आए हो।" फिर घर के भीतर की ओर मुँह करके नौकर को आवाज़ दी—"सुमेरू!"

सुमेरू कदाचित् किसी काम से बाहर ही आ रहा था। इसलिए पुकारते ही सामने आ गया।

"सामान भीतर पहुँचाओ। किसी शिष्य से कहो कि एक लोटा जल लेकर आए और मजूरे को थोड़ा पिसान लाकर दे दो।" जल्दी-जल्दी सब आदेश देते हुए भी गंगाराम तुलसीदास को अपनी बाँहों में बाँधे रहे। फिर तुरन्त ही उनकी ओर देखकर हँसने लगे। उन्हें खींचकर वे चबूतरे पर पड़े तखत पर बैठ गए। पूछा—"कहाँ से आ रहे हो?"

"घर—राजापुर से।"

गंगाराम ने उल्लसित स्वर में आँखें नचाते हुए कहा—"तुम्हारे इस घर शब्द में घरवाली की ध्वनि भी मुझे कहीं पर सुनाई पड़ती है।"

दोनों मित्र एक साथ ठहाका मारकर हँस पड़े। तभी भीतर से एक ब्राह्मण कुमार हाथ में जल का लोटा और अँगोछा लिए हुए आया। तुलसीदास ने लोटा लेने के लिए हाथ बढ़ाया किन्तु गंगाराम ने तुरन्त ही मना करते हुए कहा—"नहीं, यह सेवा इसे ही करने दो। इसे भला ऐसा सौभाग्य कहाँ मिलेगा!" हाथपैर धोए-पोंछे फिर दोनों मित्र बैठक में आकर बैठ गए।

तुलसीदास बोले—"बड़े पोथी-पन्ने फैलाए बैठे हो। लगता है बहुत व्यस्त हो।"

पं. गंगाराम ने उदासीन भाव से बात को टालते हुए रूखी हँसी हँसकर कहा—"जीविका जीव से भी अधिक प्यारी होती है न।"

"ठीक कहा, वही समस्या मुझे भी यहाँ घसीट लाई है। सोचा, अपनी काशी के भी इसी बहाने से दर्शन कर लूँगा।"

"भले आए। काशी के पंडित तो इस समय लाख के फेर में पड़ गए हैं। जीविका-प्रतिष्ठा और लक्ष्मी मिलकर हम सभी को तिगनी का नाच नचा रही है।"

तुलसीदास बोले—"सुन चुका हूँ।"

"कहाँ?"

"अभी-अभी इस गली में प्रवेश करने के कुछ पूर्व ही मार्ग में दो पंडित तम्बोली की दूकान पर बैठे यही चर्चा कर रहे थे। सुनकर लगा कि बुरे शासन की चक्की में पिस-पिसकर हमारा ज्ञान कुंठित हो चला है। तभी तो यह निस्तेजता छाई हुई है।"

लज्जावश सिर झुकाकर गंगाराम बोले—"ठीक कहते हो। सच तो यह है कि हम लोग लाख के लोभ में फँसकर भ्रमित बुद्धि हो गए हैं। वैसे भी ग्रह-सन्धि का फल विचारना कठिन कार्य है। हो सके तो हमारी लाज बचाओ भाई।"

"लाज बचानेवाले तो श्री सीताराम ही हैं, गंगा। अच्छा देखो, स्नान-ध्यानादि से निपटकर हम रामाज्ञा लेने का प्रयत्न अवश्य करेंगे।"

रात में चौकी के अगल-बगल दो दीपक जलाए हुए तुलसीदास बैठे लिख रहे हैं। आकाश में आधी रात के बाद चन्द्रमा उदय होता है, अपनी चाँदनी से रात को चमकाता है और फिर ढलने लगता है। तुलसीदास बीतते हुए समय की गति से अचेत लिखते ही चले जा रहे हैं। दियों में तेल कम होता है तो पास ही में रखे हुए पात्र से तेल डाल लेते हैं, कभी-कभी बत्ती सुधारने की भी आवश्यकता पड़ जाती है। बाहरी दुनिया से उनका बस इतना ही नाता बना हुआ है।

ब्राह्मवेला आ गयी। आकाश चिड़ियों की चहचहाहट से गूँज उठा और तुलसीदास का मुखमण्डल भी आनन्द तरंगों से लहर उठा। तभी ऊपर की सीढ़ियाँ चढ़कर अपने चौबारे की ओर आते हुए गंगाराम पर तुलसीदास की दृष्टि गई। वे बड़े उत्साह और आनन्द-भरे स्वर में चहके–"रामाज्ञा मिल चुकी गंगा, काशी की विजय होगी।"

गंगाराम के पैरों में फुर्ती आ गई। वे तेज़ी से डग बढ़ाते हुए कमरे में आए। तुलसीदास भी अपने आसन से खड़े होते हुए एक चैन-भरी मस्त अंगड़ाई लेकर अपने बदन को खोलने लगे।

गंगाराम ने फैले हुए कागज़ों को देखकर पूछा–"क्या पाया? जान पड़ता है सारी रात जगे हो?"

तुलसी बोले–"तुम लाख मुद्राओं के दरबार में नाचते रहे और मैं रात-भर राम जी के दरबार में उनकी चाकरी बाजाता रहा। गंगास्नान करके तुम सीधे राजा जी के यहाँ चले जाओ। कुँवर जी को न तो किसी वन्य पशु ने नुकसान पहुँचाया है और न वे किसी प्रकार के शत्रु-चक्र ही में फँसे हैं। दरअसल उन पर और काशी के पंडितों पर इन ढाई दिनों तक माया का प्रभाव रहा...सवा पहर दिन चढ़ने तक राजकुमार सकुशल घर लौट आएँगे।"

"सत्य कहते हो तुलसी?"

अपने लिखे हुए पत्रों को क्रम से संजोते हुए तुलसीदास ने एक बार मुख उठाकर पैनी दृष्टि से अपने मित्र को देखा और कहा–"हनुमान जी अब तक मेरे लिए कभी झूठे नहीं हुए गंगा। संकट पड़ने पर कपीश्वर को ही गोहराता हूँ। वे संकटमोचन ही मेरे लिए रामाज्ञा लेकर आए हैं।"

गंगाराम गद्गद स्वर में बोले–"तुम्हारी वाणी में संजीवनी है। यह श्रद्धा, यह विश्वास काशी के विद्वानों में अब कहीं देखने को भी नहीं मिलता। यदि तुम्हारी यह वाणी सफल हुई मित्र तो सच कहता हूँ इस नगर में तुम्हें..."

"बस-बस, मन के भावों को अभी मन ही में रहने दो। इन सब बातों पर फिर विचार हो जाएगा। एक वचन मैं तुमसे और भी लूंगा गंगा, किसी से यह कहने की आवश्यकता नहीं कि प्रश्न मैंने हल किया है।"

दोपहर के समय पालकी पर चढ़कर बाजे-गाजे और राजा के दंडधरों के साथ पंडित गंगाराम घर लौट रहे थे। गली चलते कई लोग उनकी प्रशंसा में उद्गार भी प्रकट कर देते थे–"जय हो महाराज, आपने काशी के पंडितों की लाज रख ली।"

"अरे सबेरे हमसे छुट्टन गुरु कहें कि महादेव, गंगाराम की मति भ्रमित हो गई है। इस समय तो ढाई पहर की भद्रा चल रही है और वह कहता है कि सवा पहर में लौट आएगा।...मगर वाह रे पंडित जी, आप तो वहीं आसन मारके बैठ गए और कहा कि या तो अपनी भविष्यवाणी के सफल होने पर उजला मुँह लेकर यहाँ से घर जाऊँगा, नहीं तो सीधे जाकर गंगाजी में डूब मरूँगा।"

"अरे यह महान् जोतसी हैं। इनकी विद्या बड़ी सच्ची है। तभी तो जै-जैकार मच रही है भाई।"

पण्डित गंगाराम की सवारी घर पहुँच चुकी थी, किन्तु गलियाँ उनकी कीर्ति से अब भी गूँज रही थीं।

गंगाराम जी की बैठक में दोनों मित्र झपटकर एक-दूसरे के प्रगाढ़ आलिंगन में बँध गए। गंगाराम ने कहा—"तुलसी, तुम मेरे खरे मित्र और भाई सिद्ध हुए।"

तुलसीदास का चेहरा शान्ति-तेज से चमक उठा। आलिंगन में बँधे ही बँधे उनकी आँखें मुँद गईं। भाव-भरी वाणी में उद्गार फूटे—"सब राम की कृपा है। हनुमान जी का प्रताप है।"

आलिंगन-मुक्त होकर अपने मित्र का हाथ पकड़कर बैठाने का उपक्रम करते हुए वे फिर बोले—"हाँ, अब सुचित्त होकर सारा विवरण मुझे सुनाओ।"

"भीतर चलो! यहाँ कोई-न कोई आता-जाता रहेगा। उससे हमारी बातों में व्यवधान पड़ सकता है।" दोनों मित्र घर के भीतर वाले आँगन की ओर बढ़ चले। चलते हुए तुलसीदास के कन्धे पर गंगाराम बड़े प्रेम से अपना हाथ रखकर बोले—"आज मान लिया मित्र कि श्रद्धा और विश्वास के बिना कोई विद्या, कोई कर्म अथवा वचन सफल सिद्ध नहीं हो सकता। अब तक तुम मेरे गुरुभाई ही थे किन्तु अब तो गुरु बन गए।"

"क्या बकते हो गंगा! मैं...तुम्हारे लिए वही का वही रामबोला हूँ। बचपन में तुमने भी मुझे कितना सहारा दिया था।"

घर के भीतर वाले दालान में वे चौकी पर रखे काठ के एक सन्दूक के पास पहुँच गए। तुलसी को आग्रहपूर्वक बैठाकर स्वयं भी बैठते हुए गंगाराम ने कहा—"मुझसे वचन लेकर तुमने सबेरे से अब तक मुझे इतना घुटाया है कि क्या कहूँ।" जनेऊ में बँधी हुई ताली बढ़ाकर सन्दूक का ताला खोलते-खोलते एकाएक रुककर गंगाराम ने फिर कहा—"लोग मेरी प्रशंसा करते थे और मेरा मन धिक्कारता था कि तू मित्र के यश का लुटेरा है।"

तुलसीदास ने दोबारा झिड़का, कहा—"अपने इन शब्दों से मुझे दुखी न करो गंगा। मैंने किया ही क्या है? फिर यह क्यों नहीं सोचते कि तुम मेरी एक काव्य-रात्रि के लिए बहाना बने।"

ताला तब तक खुल चुका था। सन्दूक का भारी ढकना उठ गया। सन्दूक के भीतर थैलियाँ ही थैलियाँ चुनी हुई थीं। पण्डित गंगाराम ने झुककर दोनों हाथों से एक थैली को उठाकर तखत पर रखा और फिर थैली का मुँह खोलकर चाँदी के रुपयों की अंजुली भरकर उन्हें तुलसीदास के सामने रखते हुए वे बोले—"राजा जी ने लाख घोषित किए थे किन्तु सवा लाख दिए। यह सब धन तुम्हारा है।...देखो, देखो तुलसी, अब तुम बोल नहीं सकते। तुम्हारे कहे से यश मैंने ग्रहण कर लिया किन्तु यह धन तो तुम्हें स्वीकार करना ही होगा।"

तुलसीदास ने शान्त किन्तु दृढ़ स्वर में कहा—"नहीं गंगा, यह धन तुम्हारा है। मुझे तो राम जी ने रात में ही पुरस्कृत कर दिया।"

"वह सब ठीक है किन्तु..."

"किन्तु-परन्तु कुछ भी नहीं, यह धन तुम्हारा है। मैं यदि इसे ग्रहण करूँगा तो मेरी निष्ठा में आँच आ जाएगी।"

किन्तु गंगाराम ने अपना हठ न छोड़ा तब तुलसी ने कहा—"अच्छा बढ़ोत्तरी के पच्चीस हज़ार मेरे हैं। यह एक लाख तुम रख लो।"

"नहीं, यह न होगा।"

"तब इस पेटी को ज्यों की त्यों बन्द करके गंगाजी में प्रवाहित कर दो।"

"मेरी बात मान लो मित्र। तुम भी आखिर गृहस्थ हो और जीविका के लिए यहाँ आए हो।"

थोड़ी-बहुत बहस के बाद अन्त में यह निश्चय हुआ कि एक लाख पण्डित गंगाराम ग्रहण करेंगे, एक हज़ार रुपया निर्धनों में बाँटा जाएगा, बारह हज़ार तुलसीदास ग्रहण करेंगे और शेष बारह हज़ार किसी साहूकार की कोठी में जमा करवा दिया जाएगा जो तुलसीदास की इच्छानुसार किसी भी अच्छे कार्य में सुविचार करके लगाया जाएगा।

× × ×

गंगाराम से यह कथा सुनकर बेनीमाधव जी बोले—"कलिकाल में यह त्याग भावना कम ही देखने को मिलती है। आप दोनों ही मित्र धन्य हैं।"

28

पण्डित गंगाराम के जाने के बाद बाबा की शान्ति से लहराती मन गंगा में एक मछली बार-बार उछल कर जल को चंचल बनाने लगी—और वह थी रत्नावली। रत्नावली के युवा और वृद्धावस्था के रूप कभी अलग-अलग और कभी प्रायः साथ ही साथ मन में उभरने लगे। 'मैंने कहीं न कहीं उसके प्रति अन्याय अवश्य किया है। उसके अन्तकाल में भले ही मैंने उसको पूर्ण सन्तोष देने की चेष्टा की परन्तु क्या वहीं मेरे कर्तव्य की इतिश्री हो जाती है? रत्ना की कठिन तपस्या की कसक मिट जाती यदि मैं उसके अन्तकाल से कुछ अधिक पहले पहुँच जाता। कुछ समय वह भी हरी-भरी रह लेती तो क्या मेरा कुछ बिगड़ जाता? पिछले माघ के महीने में दो बार रत्नावली को पास बुलाकर रखने की प्रेरणा हुई थी, पर दोनों बार माया-प्रबन्ध मानकर मैंने उसे झुठला दिया। मैंने यह क्यों किया? मैं रघुबर के दर्शन करने के लिए कराह रहा हूँ। वह बेचारी भी मेरे लिए वैसे ही सिसक रही थी। उन सिसकियों को मैंने अनसुना, क्यों कर दिया? राम को मानव-मन के मर्म में वहाँ देखने से चूक क्यों गया?'

स्नान करते, व्यायाम करते, किसी से बातें करते, पूरी सजगता बरतने के कारण केवल सायंकालीन सन्ध्यादि ब्रह्म-कर्मों और ध्यान के समय को छोड़कर, जब-तब

मन-गंगा में वह मछली उछलती ही रही और बाबा इन प्रश्नों में से एक न एक से बराबर टकराते ही रहे। इस तरह से वे प्रायः पूरी शाम सहज न रह सके। रात का निरालापन आया। पं. गंगाराम ने प्रसंगवश बीती बात सुनाकर आगे की कड़ी जोड़ दी थी। बाबा मन के प्रश्नों से उलझते-उलझते एकाएक स्वयं ही बोल उठे—"आओ रत्ना, आज हम तुम्हारा हिसाब-किताब चुकता कर ही डालें। रत्नावली-शक्ति जब तक पूर्णरूपेण राम-शक्ति न बनेगी तब तक वह मुझे छुटकारा न देगी।"

"छुटकारा कैसा जी? गंठजोड़े-से हम श्रीराम-जानकी के चरणों में लीन होंगे। अब अकेले उस दरबार में तुम्हारी रसाई नहीं हो सकती। जहाँ मुझे छोड़ा था वहाँ से साथ ले चलो।" बाबा के अन्तर में रत्ना मैया अपना त्रिया हठ साधे बोल रही थीं। बाबा कुछ क्षणों तक मौन रहे और फिर उनकी आँखों के आगे पुराने दृश्य लहराने लगे।

× × ×

राजापुर के नौका घाट पर नाव आकर लगी। आकाश घटाटोप हो रहा था। बीच-बीच में बिजली चमक उठती थी। सवारियाँ उतरने लगीं। बहुतों की आँखें बार-बार आकाश की ओर उठ जाती थीं। एक वृद्ध कृषक ने किनारे की ओर बढ़ते हुए नाव वाले के हाथ में टका रखकर कहा—"कैसी बेरुत की घटा है। पानी ज़रूर बरसेगा।"

नाव वाला बोला—"अरे बस बरसै चाहे न बरसै, हम तो अपने घर पहुँच गए।"

"तुम तो पहुँच गए पर हमें अभी डेढ़ कोस नापना पड़ेगा। हे राम जी! हे बजरंगबली! घड़ी-भर न बरसौ स्वामीनाथ, तौ हम घर पहुँच जायँ।"

तुलसीदास इसी वृद्ध के पीछे-पीछे बढ़ते हुए मल्लाह के पास आए और उसके हाथों में रुपया रखने लगे। केवट ने संकोच से हाथ सिकोड़ लिया और कहा—"अरे महाराज, आप न दें।"

"क्यों?"

"अरे आपके बैठे से तो हमारी नाव पवित्र हुई गई।"

"अरे भैया! आ गए?" किनारे से राजा भगत तुलसी को देखकर चिल्लाए। उन्हें देखते हुए तुलसीदास के मन की कली खिल गई। उत्साह से चिल्लाकर कहा—"ए राजा, किसी डोंगी वाले को पकड़ लो। (नाव वाले से) लो-लो रखो, संकोच न करो। जब हम कमाते हैं तो तुम्हारी कमाई क्यों छीनें?" नाव वाले के हाथ में रुपया रखकर अपनी गठरी उठाए हुए वे जल्दी-जल्दी किनारे पर उतरने लगे। राजा ने अपना एक हाथ बढ़ाकर गठरी ली और दूसरे से तुलसीदास का हाथ पकड़ लिया। किनारे पर आकर दोनों मित्रों ने एक दूसरे को स्नेह भरी दृष्टि से देखा। राजा बोले—"चंगे तो लग रहे हो भैया।"

"हाँ, खूब चंगे हैं। हम तो तुम्हारे लिए ही इधर आए हैं, नहीं तो उस पार से ही ससुराल चले जाते।"

"ऐसी क्या उतावली है, भला। भौजी और मुन्ना दोनों मजे में हैं। कल नाऊ को भेज के खबर पठाय देंगे।"

"हाँ, अच्छा, यही ठीक है।" तुलसी पण्डित ने कहने को तो हाँ कह दी पर उनका मन अभी इस निश्चय पर दरअसल पहुँचा नहीं था। राजा से बोले—"हम तो तुम्हें हुण्डी देने के लिए इधर आ गए। सोचा, कल चित्रकूट चले जाओगे तो हरजीमल सेठ के यहाँ से भुना लाओगे। होली पर खर्चा-पानी आ जाएगा।"

"अच्छा किया जो इस बहाने इधर ही चले आए। इस समै तो हमारे घर ही चले चलो। आओ।" कहकर राजा ने बाँह थामी और बढ़ चले।

"हम समझते हैं राजा, कि चले हि जायँ।" तुलसीदास के आगे बढ़ते हुए डग फिर किनारे की ओर मुड़ने लगे। राजा ने पलट कर फिर बाँह कसी, कहा—"देखते नहीं, पानी लदा है। हवा तेज़ चल रही है। फिर गंगेसुर और उनकी घरवाली का सुभाव तो जानते ही हो।...नहीं-नहीं, इस समै जाना उचित नहीं। आओ।"

"हमारा मन कहता है कि चले ही जायँ। वैसे गंगेश्वर का व्यवहार इस समय कैसा है?"

"व्योहार तो सब ठीक है। भौजी ने बड़ी मदद की है न उनकी। बाकी जमाईराज को बे बुलाए पहुँचना उचित नहीं। आगे फिर जैसा तुम समझो वैसा करो।"

कथावाचक कविवर पण्डित तुलसीदास शास्त्री के पैर राजा की बात से बंध गए—'लोक प्रचलित मान्यता के अनुसार अचानक ससुराल जाना उचित नहीं है।... पर इतने पास आकर रत्ना को बिना देखे मुझसे रहा कैसे जायगा? तारा को देखने के लिए भी जी ललचता है। पर पानी बरसा तो पहुँचते-पहुँचते एकदम भीग जाएँगे। सुवेश नहीं रहेगा।...न सही। गठरी लेता भी चलूँ। भीगने से तो बचेगी नहीं।...अब जो भी हो।...तुलसी, तू इतना काम-मातवाला हो रहा है? दूसरों को आत्मसंयम बरतने का उपदेश देता है। तेरा राम प्रेम बड़ा है या तेरी काम-वासना?' अपने ही प्रश्नों पर आप झुंझलाहट आ गई। मन चिढ़ गया, 'रामानुराग अपनी जगह है, पर मैं गृहस्थ हूँ। अपनी पत्नी के प्रति ऐसी चाह रखना न अधर्म है और न अस्वाभाविक ही। चाहे जो हो, मैं जाऊँगा।' मन के हठ ठानते ही स्वर निश्चयात्मक हो गया। राजा से कहा—"इतने पास आकर बच्चे को देखे बिना मुझसे रहा नहीं जायेगा राजा। तुम यह हुण्डी ले लो। सत्रह हज़ार की है। इसमें से दो हजार रुपये तुम्हारे हैं। देखो, नाहीं न करना, तुम्हें राम जी की सौंह।...पहले हमारी पूरी बात सुन लो, अपने दो हज़ार और हमारे एक शत मुद्राएँ ले आना। बाकी कोठी में ही अपनी भौजी और हमारे नाम से जमा कर आना।" अपनी ही बात ऊपर रखने के लिए तुलसी पण्डित ने वार्ता-क्रम ऐसा धाराप्रवाह रखा जिससे राजा कुछ बोल ही न सकें। उनके हाथ से गठरी लेकर कपड़ों के बीच में तहाकर रखी गई हुण्डी निकाल कर राजा को दी, फिर गठरी बाँधी और एक छोटी नाव वाले भगोले केवट को पहचान कर आवाज़ देने लगे।

नाव नदी में आधी दूर ही पहुँची होगी कि बिजली कहीं कड़कड़ाकर गिरी और हवा-पानी का तूफान आ गया। तेज़ हवा से लहराती, ऊँची-ऊँची लहरों के थपेड़े

खाती हुई उनकी नाव कभी-कभी तो अब उल्टी-अब उल्टी वाली स्थिति में आ जाती थी। जब केवट थकने लगा तो तुलसीदास ने पतवारें सम्भाल लीं। जीवन की चाह में वे मृत्यु को जीतने लगे।

ससुराल के द्वारे पर उन्हें बड़ी देर तक कुण्डी खटखटानी पड़ी। आवाज़ों पर आवाज़ें दीं तब जाके गंगेश्वर के कानों में भनक पड़ी।

"कौन है?"

"अरे खोलो भाई। हम हैं हम।"

"शास्त्री जी?" भीतर से अड़कना हटा, कुण्डी खड़की और द्वार खुल गया। आँधी और पानी के झोंके की तरह ही शास्त्री जी महाराज ने घर के भीतर प्रवेश किया और अब तक बेहद सताने वाले मेघशत्रु के अपराजेय प्रखर बाणों को निष्फल करने के लिए उन्होंने चट से द्वार बन्द कर लिए। गंगेश्वर बोले—"हटिए हम बन्द किए लेते हैं। आप तो बिलकुल भीग गए।"

तुलसीदास शास्त्री के चिपके हुए गीले वस्त्रों का पानी टपक-टपक कर दहलीज़ का फर्श गीला कर रहा था। वे सर्दी के मारे काँप रहे थे। एक हाथ में जलती कुप्पी थामे, दूसरे से झटपट कुण्डी और अड़कना लगाकर गंगेश्वर हल्की विद्रूप भरी खी-खी करते हुए बोले—"एकदम भीगी बिल्ली जैसे लग रहे हैं आप। हे-हे-हे।"

भीतर से गंगेश्वर की पत्नी की आवाज़ आई—"अरे कौन आया है?"

"बे-बुलाए मेहमान। हिः-हिः।"

तुलसी पण्डित को अपने साले की यह 'ही-ही खी-खी' भली न लगी। भीतर दालान में गंगेश्वर की पत्नी अपनी कोठरी के सामने खड़ी थी। तुलसीदास को देखकर बोली—"आप?"

"अरे अँगोछा लाइए पहले। आप और बाप को पीछे याद कीजिएगा।...बड़ी सर्दी है। राम-राम-राम।" तुलसीदास का स्वर और सारा शरीर काँप रहा था। तब तक पति का स्वर सुनकर रत्नावली भी ऊपर से झपड़-झपड़ सीढ़ियाँ उतरकर दालान में आई। पति को देखकर चेहरा खिला। प्रिया का धुँधला-सा आकार देखते ही प्रिय के बदन में उल्लास की गर्मी आ गई, बोले—"पुटलिया खोलो। बीच में धोती दबी है। स्यात् वह गीली नहीं हुई होगी।"

तखत पर रखी गीली पोटली उठाकर बहन की ओर बढ़ाते हुए गंगेश्वर ने कहा—"लेओ, देख लेओ, सूखी न होय तो अपनी भौजी से एक कोरी धोती निकलवा लो। पर फतुही और दुशाला भी तो गीला है। क्या ओढ़ोगे?"

गंगेश्वर की पत्नी अँगोछा लिए हुए तब तक आ पहुँची थी, हँसकर कहा—"जिस गर्माई के लिए आए हैं वह तो सामने खड़ी है, फिर ओढ़ने-बिछाने की चिन्ता ही क्या है?"

रत्ना लाज से गड़ी गीली पोटली को यों सरकाकर बैठ गई कि चेहरा आड़ में हो गया। गंगेश्वर मुस्कराए। सलहज से अँगोछा लेकर तुलसीदास सर्दी की सिसियाहट को खींची हुई खिलखिलाहट में मिश्रित करते हुए बोले—"हा-हा-हा, आपबीती सुना

रही हो भौजी? हम तो राम रसायन की गर्मी में रहते हैं, कहो तो रात-भर ऐसे ही खड़े रहें।''

आड़ में ही मुँह किए हुए रत्ना बोली—''धोती गीली तो नहीं है पर नीली सी है।''

गंगेश्वर अपनी पत्नी से बोले—''कहा तो, कोरी धोती निकाल लाओ। जमाइयों का तो काम ही है हाथ झुलाते आना और ससुराल से कुछ न कुछ झटक ले जाना।''

रत्नावली को बुरा लगा। खड़ी होकर धोती चुनते हुए ऊपर से भोली और भीतर से पैनी होकर बोली—''जमाइयों जमाइयों में भी अन्तर होता है। रावणों की आड़ लेकर राम को नकारने वाले, कभी पण्डितों की श्रेणी में नहीं गिने जाते भैया।'' धोती चुनकर पति की ओर बढ़ाकर कहा—''यह लो। दुशाला ऊपर से लाती हूँ।''

पिछले दो महीनों से सारे घर का चर्चा उठाने वाली बहन के बोल सुनते ही भैया-भौजी के विनोद को मानो साँप सूँघ गया। गंगे की बहू तुरन्त ही दूसरी दालान की ओर पग बढ़ाते हुए बोली—''धोती लाती हूँ न।''

''आवश्यकता नहीं।'' कहती हुई रत्नावली ऊपर चढ़ गई। तुलसीदास साले-सलहज के प्रति अपनी अर्द्धांगिनी के चढ़े तेवरों से ही तन-मन को प्रफुल्लित करने वाली गर्मी पा गए। उसी समय बड़ी भतीजी गोड़सी में अँगारे दहकाकर ले आई—''राम-राम, फूफा।''

''आशीर्वाद बिटिया। राम-राम।''

''कहाँ बैठेंगे?''

''इसे यहीं धर। ढिबरी उठाके पहले बैठक का दिया बाल। वहीं बैठेंगे।'' गंगेश्वर ने अपनी बेटी को आदेश दिया।

लड़की के हाथों से गोड़सी लेकर उसे जमीन पर रखकर उकड़ूँ बैठते हुए तुलसीदास बोले—''अब तो यह बड़ी हो गई है गंगेश्वर।''

लड़की ढिबरी उठाकर दहलीज की ओर बढ़ी। किन्तु जैसे ही वह ऊपर की सीढ़ियों के सामने से गुज़री वैसे ही उसने गोद में तारापति को लेकर अपनी बुआ को उतरते देखा। उन्हें दिया दिखाने के लिए वह वहीं खड़ी हो गई। बच्चे को देखकर पूछा—''मुन्ना सो रहा है बुआ?''

''हूँ।'' रत्नावली ने छोटा-सा उत्तर दिया। उसकी आँखें आग तापते बैठे पति की ओर थीं। बेटे के साथ आती हुई प्रिया को देखकर तुलसी पण्डित का हिया हरख उठा। बच्चे को गोद में लेने के लिए वे एक बार तो उचके, फिर पराए घर का विचार करके थम गए। रत्ना ने पास आकर अपने दाहिने हाथ में लटका हुआ लाल ज़रीदार दुशाला बढ़ा दिया। तुलसी उठकर आग से तनिक दूर खड़े हो गए। रत्ना की बाँह पर लटका दुशाला उठाते हुए स्पर्श का सुख भी इतने दिनों बाद अनुभव किया। चोला मदमस्त हो गया। ढिबरी का प्रकाश दहलीज़ की ओर बढ़ते हुए अब दूर हो गया था। फिर भी दुशाले पर दृष्टि डालते हुए पूछा—''यह मेरे दुशाले ही जैसा दूसरा कहाँ से आ गया?''

''बप्पा का है। वे इसे दे गए हैं।''

दुशाला ओढ़ते हुए तारापति की ओर भावभीनी दृष्टि से देख रहे तुलसीदास ने पत्नी की बात से चौंककर पूछा—"कहीं गए हैं बप्पा?"

बहन के कुछ कहने से पहले ही गंगेश्वर बोल उठे—"बसन्त पंचमी के दिन तीर्थयात्रा पर गए हैं। हमसे कह गए हैं कि लौटकर आने की सम्भावना अधिक नहीं है। अपनी विशेष जमा-पूँजी सब तारापति को ही दे गए हैं।"

रत्नावली को बुरा लगा, पूछा—"कौन-सी विशेष सम्पत्ति थी जो..."

"अरे बहिनी, गंजेड़ी-भंगेड़ी की बातों का बुरा क्यों मानती हो। यह तो जिस थाली में खाते हैं उसी में छेद करते हैं।" गंगेश्वर की पत्नी ने कहा।

"चुप कर, नहीं तो संन्यास लेके निकल जाऊँगा।"

अच्छी तरह से दुशाला ओढ़कर, पत्नी की गोद से अपने बेटे को लेने के लिए हाथ बढ़ाते हुए तुलसी पण्डित बोले—"संन्यासी बनकर फिर भौजी के आगे ही भीख माँगने आओगे।"

"वह तो सभी आते हैं। नारी बिना किसी की गति नहीं, न हमारे जैसे फक्कड़ों की, न तुम्हारे जैसे परमपवित्र शास्त्रियों की। यात्रा से आए तो सीधे भागे-भागे यहीं चले आए। एक रात भी तो सबर नहीं हुई। हा-हा-हा।" पति की बात सुनकर तुलसीदास की सलहज हँस पड़ी।

पिता की गोद में आते ही तारापति चौंककर जाग पड़ा। उसे देखने की खुशी में तुलसी ने साले के विनोद को झेल लिया। बात बनाते हुए बोले—"मैं तो इसके मोह में आया हूँ। चलो, चलके बैठें भाई। अरे वर्षा तो थम गई लगती है। (चलते हुए दालान से आकाश को झाँककर) तारे भी निकल आए।"

गंगेश्वर गोड़सी उठाते हुए तुलसी से बोला—"शास्त्री जी, थकान लग रही हो तो भाँग-वाँग घोंट दें तुम्हारे लिए?"

"अरे भैया, भाँग तो तुम्हारे जैसे परम पुरुषार्थियों के लिए ही शिवजी ने बनाई है। हम तो अपने कर्मानुसार साक्षात् भाँग बनकर ही पैदा हुए हैं, पिसते हैं, छनते हैं।"

"और उसका नशा हमारी ननदिया को चढ़ता है।" कहकर सलहज खिलखिला पड़ी। तुलसीदास और गंगेश्वर भी हँस पड़े। लाज-भरे क्रोध में रत्नावली अपनी भावज को धक्का देती हुई बोली—"जाओ भौजी तुम बड़ी वो हो।"

आधी-पौन घड़ी के बाद भोजन इत्यादि करके तुलसीदास और रत्नावली जब अपने कमरे में पहुँचे तो चहक रहे थे, तुलसी ने कहा—"विश्वामित्र सच कह गए हैं कि जाया ही घर होती है। आज मैं परम आनन्दमग्न हूँ।"

रत्नावली बच्चे को थपककर सुलाने और उसे अच्छी तरह उढ़ाने के बाद पति की खाट पर आकर बैठ गई और बोली—"अब बताओ, काशी में कैसी रही?"

तुलसीदास तकिए का सहारा लेकर मस्ती से बैठते हुए बोले—"शंकरपुरी मेरे लिए सदैव भाग्यशालिनी रही है। जानती हो, इस बीच में मैंने कितना कमाया?"

"मैं क्या जानूँ। मेरे हाथ में लाकर रखते तो मैं भी जानती।"

"तुम्हारे लिए ही तो कमाकर लाया हूँ। तुम और यह मेरा तारापति। मेरी कमाई की प्रेरणा ही तुम दोनों हो। अन्यथा भिखारी को क्या चाहिए।"

"बड़े भिखारी बेचारे! पण्डितों को मैंने बहुत देखा है। जब लक्ष्मी नहीं मिलती तो दार्शनिक बन जाते हैं और जब मिलती है तो राजा-महाराजा भी उनके आगे भला क्या ठाट करेंगे, ऐसे रहते हैं।"

पत्नी की बात सुनकर तुलसीदास हँस पड़े, फिर कहा—"लक्ष्मी जी ने इस बार मेरी अद्भुत परीक्षा ली, लेकिन राम-कृपा से सफल हुआ। लोभ से बचा और अर्थसिद्धि भी अच्छी हो गई।" कहकर तुलसीदास ने रामाज्ञा प्रश्न रचे जाने की कथा और सवा लाख का इनाम मिलने की बात सुनाई, फिर पूछा—"मैंने ठीक किया न?"

रत्नावली के मन में एक लाख रुपया निकल जाने की कचोट थी। उसने कोई उत्तर न दिया। तुलसी ने फिर पूछा—"क्या तुम इसे अनुचित मानती हो रत्ना?" पैंताने की ओर गुड़मुड़ी मारकर लेटे हुए, रत्ना बोली—"धन तो वास्तव में राम जी ने हमें ही दिया था।"

तुलसीदास गम्भीर हो गए, बोले—"स्वार्थ से तनिक ऊपर उठकर सोचो रत्ना। मैं अपने बालबन्धु का अधिकार हनन करता? मैंने तो उन्हें यह भी नहीं कहने दिया कि प्रश्न मैंने बिचारा था।"

"इसीलिए तो और भी कहती हूँ कि धन हमारा था। तुमने अपने मित्र की साख बढ़ा दी। एक नई विद्या दे आए, जिससे वे लाखों कमाएँगे। हमारे भाग्य में तो यह पहला सवा लाख आया था।"

रूठी पत्नी की ओर बढ़कर खुशामदी मुद्रा में उसकी बाँह पर बाँह रखकर तुलसी बोले—"जिसके पास अनमोल रत्नावली हो उसे सवा लाख की भला चिन्ता ही क्या हो सकती है। प्रिये! घबराओ मत, बहुत कमाऊँगा। मैं तुम्हें रत्नजड़ित हिंडोले पर बिठवाकर तुम्हारे लाड़ लड़ाऊँगा। और इतना कमाकर रख जाऊँगा कि वह धन पीढ़ियों न चुकेगा।"

पति का हाथ झटककर फुर्ती से बैठते हुए रत्नावली ने पूछा—"अच्छा, जाने दो उसे, लाख दे आए मगर बाकी रुपया कहाँ है?"

"बारह हजार रुपया तो मैं काशी में हनुमान जी का मन्दिर बनवाने के लिए एक कोठी में जमा कर आया हूँ। जिनकी कृपा से मुझे रामाज्ञा मिली और जीवन की सारी समस्याएँ हल होती हैं उनके प्रति अपनी निष्ठा को बनाए रखना मेरा कर्तव्य था। तीन हजार रुपया और धर्म-कार्यों में खर्च हुआ। दो पुराने सहपाठियों की कन्याओं का विवाह करवाया। एक दरिद्र ब्राह्मण को घर खरीदवा दिया। ऐसे ही धर्म-कर्म में दान किया। बाकी बचे दस हजार सो वह और फिर ऐसे ही दो-तीन तान्त्रिक अनुष्ठानों में, कुछ ज्योतिष विद्या की कृपा से सात हजार रुपया और मिला। वह सत्रह हजार की हुण्डी भुनाने के लिए राजा को देकर ही मैं यहाँ आया हूँ। घर चलो तो वह राशि तुम्हें सौंप दूँगा। हाँ, राजा के निमित्त भी मैंने दो हजार रुपए उसमें से अलग कर दिए हैं। बुरा तो नहीं किया?"

"मैं क्या जानूँ।" मान-भरे स्वर में रत्ना अपनी नकबेसर घुमाते हुए मुँह फुलाकर बोली, फिर कुछ रुककर कहने लगी—"लक्ष्मी कहती है कि जब मैं आऊँ तो पहले मुझे घर से निकालने की उतावली मत करो। हमारे बप्पा कहा करते थे कि दान-पुण्य

करना अच्छी बात है पर गृहस्थ को सोच-समझकर ही सब कुछ करना चाहिए।''

तुलसीदास ने रूठी प्रिया को बाँहों में भरते हुए कहा—''देखो प्रिये, तुम भी जानती हो और मैं भी जानता हूँ, मेरी जन्म-कुण्डली में संधि के ग्रह हैं। या तो करोड़पति बनूँगा या फिर विरक्त।''

''तो बन जाइए न विरक्त, कौन रोकता है आपको?''

''तुम रोकती हो!''

''मैं क्यों रोकने लगी। तुम्हीं लालची भौंरे से मेरे आसपास मंडराते हो।''

रत्नावली ने पति की बाँहों से छिटकना चाहा। किन्तु और कस गई। तुलसीदास बोले—''मैं स्वीकार करता हूँ कि तुम्हारे द्वार का भिखारी हूँ और सदा बना रहूँगा।''

''कामी पुरुष अपनी लालच में स्त्रियों के आगे ऐसी ही बातें बनाया करते हैं। कल को मैं मर जाऊँ...''

तुलसीदास ने चट से रत्नावली के मुख पर अपना हाथ रख दिया और गहराए कण्ठ से बोले—''अब कभी ऐसी बात मुँह से न निकालना। मैं इसे सह नहीं सकता।''

एक क्षण गम्भीर मौन का बीता। पत्नी जान गई कि पति रिसाने हैं। अपने मुँह पर रखा हाथ अपने हाथ में लेकर प्यार से उसे दबाते हुए पति के कन्धे पर अपना सिर डालकर बोली—''तुम तो हँसी का भी बुरा मान जाते हो।''

''मैं हँसी में भी यह बात नहीं सह सकता। रत्नावली के बिना अब तुलसीदास अपनी कल्पना ही नहीं कर सकता।''

पति का हाथ छोड़कर उनके गले में हाथ डालते हुए रत्नावली बोली—''अच्छा अब कभी नहीं कहूँगी, पर एक बात गम्भीरतापूर्वक पूछती हूँ, बुरा तो नहीं मानोगे?''

''मैं समझ गया, क्या कहना चाहती हो, किन्तु रत्नू तुम भी यह समझ लो कि तुम और केवल तुम ही मेरा मायापाश हो। एक जगह मुझे पुत्र से भी इतना अधिक मोह नहीं है। तुम न रहो तो किसी को उसे सौंप के मैं विरक्त हो जाऊँगा।''

सुनकर रत्नावली तन गई। तीखे स्वर में कहा—''स्त्री और पुरुष में यही तो अन्तर होता है। नारी भले ही कामवश माता क्यों न बने किन्तु माता बनकर वह एक जगह निष्काम भी हो जाती है। और पुरुष पिता बनकर भी दायित्व-बोध भली प्रकार से अनुभव नहीं करता। सच पूछो तो वह किसी के प्रति अपना दायित्व अनुभव नहीं करता। वह निरे चाम का लोभी है, जीव में रमे राम का नहीं।''

तुलसीदास के कलेजे पर मानो गाज गिरी। बँधे पानी में जैसे पत्थर गिरने से लहरें उठती हैं वैसे ही उनके शब्दहीन भाव तरंगित हो उठे। थोड़ी देर तक तो उन्हें अपने मस्तिष्क की सनसनाहट और हृदय की धड़कनों के आगे और कुछ सुनाई ही न पड़ा। फिर मन घबराने लगा, पत्नी की लुभावनी काया का स्पर्श उन्हें भीतर ही भीतर घुटाने लगा। 'मैं कामी हूँ, मैं कामी हूँ, पामर हूँ। राम को छोड़कर चाम चाहा। तो उसके लिए मुझे यह बातें सुननी पड़ रही है। और कहाँ तक सुनोगे तुलसी? कहाँ तक सुनोगे? क्यों सुनोगे? क्या कापुरुष हो?'

रत्नावली ने देखा कि पति मौन हो गए हैं। तो फिर बोली—''बुरा मान गए?'' तुलसीदास ने कोई उत्तर न दिया, रत्ना ने फिर कहा—''मैं क्षमा चाहती हूँ।''

तुलसीदास गम्भीर स्वर में बोले—"तुम्हें क्षमा माँगने की आवश्यकता नहीं। तुमने सच ही कहा, मैं कामी हूँ। काम के वश होकर ही कदाचित् मैंने दीवाने की तरह तुम्हें चाहा है। मैंने रत्नावली को नहीं चाहा, या चाहा है तो अपनी चाहत को ठीक से मैं पहचान नहीं पाया।"

रत्नावली ने देखा कि पति सचमुच दुखी हैं तो फिर उनसे लिपटते हुए बोली—"काम तो स्त्री-पुरुषों के बीच में प्रेम बढ़ाने का बहाना मात्र होता है। क्या मैं इच्छा नहीं करती। मैंने तो हँसी में ताना दिया था। तुम तो सचमुच रूठ गए।"

रत्नावली की आँखें भर आईं। इस मनावन से तुलसी कुछ नरम पड़े, कहा—"रूठा नहीं रत्ना, तुम्हारी वाणी से स्वयं सरस्वती ने जो ज्ञान-बोध दिया उससे मौन अवश्य हो गया था।"

"अरे भूलो यह बात, सारा जीवन पड़ा है, फिर यह बातें कर लेना। तुम लेटो, मैं पैर दबाऊँ।"

"नहीं, मैं गुरु से पैर नहीं दबवा सकता।"

रत्ना रूठ गई—"यह कैसा विनोद? मैं तुम्हारी गुरु कब से हो गई?"

रूखी हँसी हँसकर तुलसी ने कहा—"अभी कुछ ही क्षणों पहले तुमने मुझे गुरु मन्त्र दिया है। तुमने मुझे सच्चे प्रेम का मार्ग दिखलाया है। खरी गुरु हो।"

रत्ना रोने लगी। कहा—"इतना लज्जित करो, तो सच कहती हूँ, कुएँ में जाकर डूब मरूँगी।"

तारापति उसी समय चौंककर सहसा ज़ोर से रो उठा। रत्नावली उसके रोने पर भी ध्यान न दे सकी। आप ही बैठी रोती रही। जब बच्चे का रोना बढ़ा तब खाट से उठकर उस चौकी पर चली गई जहाँ बच्चा लेटा था।

तुलसीदास के मन में इस समय न तो रत्ना ही थी और न तारापति ही। उनके अन्तर में केवल एक ही गूँज बार-बार उठ रही थी, 'तुलसी तू झूठा है, झूठा है। कभी कहता था राम से प्रेम करता हूँ। राम को चाहते-चाहते मोहिनी का मतवाला बन बैठा, मोहिनी से मुक्त हुआ तो रत्नावली का दास बन गया। मुझे कामवश ही नारी प्यारी लगी। मैंने न उसे चाहा और न राम को ही। दोनों ही से दगादारी की। पण्डित-उपदेशक-भण्डा तुझे धिक्कार है। तू स्वार्थी है प्रेमी नहीं।'

यों आत्मदर्शन फूटा तो मन ने चाहा कि ढाँढस बाँध लें पर निचली तहों में धिक्-धिक् गूँज रहा था। तुलसीदास का मन और भारी हो गया। जल्दी-जल्दी दो-तीन मिसासें ढोली। मन की तह-तह में आत्मग्लानि की गूँज भरी थी। 'तू स्वार्थी है। प्रेमी नहीं...प्रेमी नहीं।'

बच्चे को दूध पिलाकर-सुलाकर रत्नावली फिर पति की खाट पर आ गई। रत्नावली के स्पर्शमात्र से ही तुलसीदास का मन ग्लानि से भर उठा—'मैंने इसे धोखा दिया। मैंने अपनी रामरूप सत्यनिष्ठा को भी धोखा दिया। मैं कुटिल, खल, कामी हूँ, धिक् तुलसीदास धिक्।'

तुलसीदास के मुख पर झुककर रत्नावली ने प्यार-भरे धीमे स्वर में पूछा—"सो गए?"

तुलसीदास ढोंग साधे आँखें मूँदे पड़े रहे। प्रिया के होंठ, उसकी गर्म साँसों का स्पर्श, अपने ऊपर उसके शरीर का हल्का-सा लदाव उन्हें फिर मतवाला बनाने लगा, किन्तु हठ उन्हें भीतर से कस रहा था। मन कहने लगा—'अब नहीं तुलसी, अब नहीं। अब लौं नसानी अब न नसैहौं।...चुम्बन उत्तेजक हैं, मादक हैं, किन्तु प्रलोभन छोड़कर तुलसी। चाम का लोभ तज, राम को भज! राम को भज! अब लौं नसानी अब न नसैहौं।' काव्यतरंग झख बन गई। रत्नावली धीरे-धीरे पति के पैर दबाने लगी। नारीरूपी बहेलिया अपने जाल से निकले हुए पंछी को फिर से फँसाने के लिए दाने डालने लगा। अपनी काया पर नारी का मचलता हुआ मादक हाथ पुरुष की काम-चेतना को रोष दिलाने लगा। काम की शक्ति के आगे राम हारने लगे। 'नहीं, मेरे राम अब नहीं हारेंगे। अब मैं प्रेम का निष्काम रूप देखकर ही रहूँगा।...

अब लौं नसानी अब न नसैहौं।
राम-कृपा भव-निसा सिरानी, जागे पुनि न डसैहौं॥

रत्नावली हारकर सो गई। अपने कलेजे पर रखे हुए उसके हाथ के बोझ को तुलसीदास असह्य भार मानकर सहते रहे। राम-राम जपता हुआ उनका मन बीच-बीच में बहुत उछलता-मचलता रहा। कई बार जी चाहा कि रत्नावली को अपने अंकपाश में भरकर चूम लें। किन्तु मचल-मचलकर वे फिर-फिर थम गए। तुलसी ने ठानी सो ठानी। 'नारी की आकर्षण शक्ति और सौन्दर्य ने दो बार हमें राम से विलग कर दिया, नहीं तो इतने वर्षों में यह अभागा तुलसी सौभाग्यवान बन गया होता। शंकराचार्य सच ही कह गए हैं, मोक्षार्थी के लिए नारी नरक का द्वार है। आयु प्रतिक्षण छीज रही है। यौवन दिनोंदिन बासी पड़ता चला जाएगा। जो दिन जाता है वह फिर लौटकर नहीं आता। यह काल जगत्‌भक्षक है। रत्ना ने उस समय ठीक ही कहा था, यह भी किसी दिन मर जाएगी। सभी जीवधारी मरते हैं, फिर ऐसे से क्यों न प्रेम करें जो अजर-अमर हो, जो हँसी में भी कभी ताने न दे। ना-ना अब तो—

'करे एक रघुनाथ संग, बाँध जटा सिर केस।
हम तो चाखा प्रेम रस, पतिनी के उपदेस॥

आधी रात बीत चुकी थी। रत्नावली सो रही थी। मन में एकाएक आदेशों के ढोल-से बजने लगे—'मत जा, प्रेम-मार्ग कठिन है। मत जा।' किन्तु दूसरा मन अपनी ही आन साधे रहा। काव्यतरंग झख बनकर लहरा रही थी। 'नहीं। राम-कृपा भव-निसा सिरानी, जागे पुनि न डसैहौं।'

दबे पाँव उठे। बच्चे के पास जाकर एक बार उसे देखा, पत्नी को अपना ओढ़ा हुआ दुशाला उढ़ाया। पत्नी के सिरहाने रखी ऊनी चदरिया उठाई, ओढ़ी, मौनभाव से हाथ जोड़े, दबे पाँव नीचे उतरे। चोर की तरह चुपके से द्वार खोला, फिर उसे धीरे से खींचकर बन्द किया। और अब एक मुक्त संसार तुलसीदास के सामने था। सनसनाती हवा की तरह ही वे अपने नए भावों में बहे चले जा रहे थे। काव्यतरंग झख बनकर लहराती ही रही, 'अब लौं नसानी अब न नसैहों। अब लौं नसानी अब न नसैहौं।'

29

सारी रात बीत गई, तुलसी के पैर थके और न मन। ऐसा लगता था कि घर और घरवालों की पकड़ाई से दूर होने के लिए वे पृथ्वी के दूसरे छोर तक चलते ही चले जाएँगे। हृदय और मस्तिष्क में राम को पाने के लिए मानो पूरा समझौता हो चुका था। अब वे राम के सिवा और कुछ नहीं चाहते हैं। धन-वैभव, पत्नी-पुत्र, मित्र, नाते-गोतिए उन्हें किसी से भी सरोकार नहीं रहा।

एक भरोसो एक बल, एक आस बिस्वास।
रामरूप स्वाती जलद, चातक तुलसीदास॥

यमुना के किनारे-किनारे वे रात-भर में कितने कोस चले यह कहना स्वयं उनके लिए भी असम्भव था। हाँ, ब्राह्म वेला में मुर्गों की बाँगें उन्हें इतना होश अवश्य दे गईं कि प्रातःकालीन कर्मों से निवृत्त हो जाने का समय आ लगा है। एक जगह वे स्नानादि कर्मों के लिए रुक गए। धरती पर बैठने लगे तो लगा कि उनसे बैठा न जाएगा। कमर एकदम से अकड़ गई थी। किसी तरह बैठे तो लगा कि टाँगें पिरा रही हैं। तुलसीदास को अपने ऊपर दया आई। उन्हें लगा कि बचपन से लेकर अब तक केवल कष्ट ही कष्ट सहा है। जेठ की चिलचिलाती धूप-सा उनका दुर्भाग्य उन्हें तपाता ही रहा है। कहीं भी तो छाँव नहीं मिली और जो मिली वह भी इतने कम समय तक ही सुलभ रही कि उन्हें ऐहिक सुख की तृप्ति का अनुभव न हो पाया।...अपने हाथों से अपने पैर दबाते हुए तुलसीदास की आँखों में आँसू आ गए। आँसुओं ने निकलते ही उनके वैराग्य को सचेत कर दिया, 'तू क्या राजगद्दी पर बैठकर सुख से राम-दर्शन करने निकला है रे? कबीरदास कितनी सच्ची बात कहते थे कि तीस काटि भुंइ माँ धरै, तापर राखै पाँव। अहंकार और उससे उत्पन्न होने वाले सुखों-दुखों की ओर ध्यान देने से अब काम नहीं चलेगा तुलसीदास। चाकर की अपनी कोई इच्छा नहीं होती। साहब की मर्ज़ी ही उसकी मर्ज़ी है। 'चल, उठ रे मूढ़, आत्मसेवा का यह स्वांग छोड़ और अपने नित्य कर्मों में लग। उठ-उठ, तू तनिक भी नहीं थका है और यदि थका भी है तो क्या इस कारण से तू अपने नियम-कर्मादि भी छोड़ देगा? उठ-उठ!' उत्तेजित किए गए उत्साह ने शरीर की अकड़न खोल दी। कर्तव्य की निष्ठा ने पीड़ा की चेतना दबा दी। सबसे अधिक अखरन तो उन्हें व्यायाम करने में हुई। परन्तु व्यायाम भी चूँकि उनका नित्य नियम था इसलिए आज उसका पालन करना उनके हठ के वास्ते मानो एक धार्मिक आवश्यकता-सी बन गया था। 'रे मन तू छाँव चाहता है न, अब मैं तुझे वही न लेने दूँगा। मिलेगी तो तुझे श्री जानकी-जीवन के वरदहस्त की छत्रछाया ही मिलेगी, नहीं तो दुखों से पिस-पिसकर तू यों ही मिट जाएगा।'

स्नान-ध्यान, व्यायाम, सन्ध्या वन्दन आदि सभी कर्मों से छुट्टी पाकर तुलसीदास ने हठपूर्वक चलना आरम्भ कर दिया। पैर अब उतने तेज़ नहीं चल पा रहे थे।

मन में चलने का हठ तो था किन्तु काया विश्राम पाने के लिए अधीर थी। कहाँ जाएँ, यह प्रश्न अभी उनके मन में ठीक तरह से उभर तो नहीं रहा था किन्तु यह कामना अवश्य कुनमुनाने लगी थी कि कहीं ऐसी जगह चलकर बैठें जहाँ उनके और राम के बीच में तीसरा न आ सके। चूँकि हठ के मोटे पर्दे के नीचे थकन के अतिरिक्त उनकी भूख भी दबी-दबी भड़क रही थी इसलिए उनका हठ-प्रेरित चेतन मन यह भी सोच रहा था कि वह ऐसी जगह जाएँ जहाँ उन्हें कुछ भोजन मिल सके। मन में चित्रकूट के शान्त वनप्रान्तर की सुखद स्मृतियाँ भी उभर रही थीं किन्तु वहाँ वे जाने से हिचक रहे थे।

पैर चलते हुए लड़खड़ा रहे थे किन्तु हठ अदमनीय था। आँखों की पुतलियाँ हठ के शिकंजे में कसी हुई अचल-अडिग थीं किन्तु उनके भीतर भयंकर दीवानापन भी चल रहा था। उन आँखों में रामहठ तो था किन्तु राम नहीं था। पुराने बीते हुए जीवन के क्षणों को लौटकर न देखने की कसम तो चमक रही थी किन्तु रत्नावली बरबस बीच-बीच में झाँक जाती थी। इसी से उनका दीवानापन उग्र होता चला जा रहा था। रात-भर की जागी आँखें यों भी लाल थीं किन्तु उस लाली में मन का दीवानापन मानो अंगार सुलगा रहा था।

बीच में दो छोटी-छोटी बस्तियाँ भी पड़ीं किन्तु वहाँ वे न रुके। उनकी लड़खड़ाती चाल, उनकी अँगारे जैसी आँखें और कसा हुआ मुख देखकर पहली बस्ती के पास खेलते हुए बच्चों ने उन्हें पागल समझकर छेड़ना आरम्भ कर दिया। तुलसीदास की चलती हुई मानसिक स्थिति में उनके स्वाभिमान को स्वाभाविक रूप से ठेस लगी और वे वहाँ न ठहरे। दूसरी बस्ती दूर से ही झलकी, पर वे उधर से कतराकर फिर नदी किनारे के जंगल की ओर मुड़ गए।

दोपहर हो गई। सूरज ठीक सिर पर आ गया। पैर इतने लड़खड़ाने लगे कि चलते-चलते एक जगह ठोकर खाकर गिरे। शरीर की चोट ने मन को धमक दी। 'क्यों नहीं मानता रे मन, ज्ञानी होकर भी अज्ञानी बनता है। विश्राम कर, फिर चल।'

'पर कहाँ विश्राम करें? उठकर बैठ गए। आँखों के अंगारे अब राख की गुदड़ी ओढ़कर चमक रहे थे, उनमें थकन और हताशा की पर्तें-सी जम गई थीं। कण्ठ भी सूख रहा था। अपने गले को सहलाते हुए उन्होंने नदी की ओर देखा। पेड़ों के झुरमुट से पानी झाँक रहा था। बस, उठकर वहाँ तक चले भर जाएँ तो प्यास बुझ जाए। लेकिन चलें कैसे, काया उठ ही नहीं पा रही थी। पानी है, प्यास है, पर प्यासे के पास पानी तक पहुँचने की शक्ति नहीं है। मृगमरीचिका की मनःस्थिति में रत्नावली पानी की लुटिया लिए बार-बार साग्रह सामने आ जाती है। कानों में उसका स्वर गूँजता है, "पी लो-पी लो, अपने को मत सताओ। आ जाओ। लौट जाओ।' नहीं। अब लौं नसानी अब न नसैहों। अब न नसैहों। अब तो राम को ही लूँगा। राम ही मेरी तृष्णा हरेंगे।'

"राम-राम-राम" सूने में उनका स्वर मुक्त होकर राम-राम की बावली पुकार कर रहा था। आँखों के अँगारे अपनी राख झाड़कर फिर चमकने लगे। पेड़ों के झुरमुट से झाँकता हुआ पानी भी ललचाने लगा। गला सूख रहा था। दीवानगी ने पूरी शक्ति

लगाकर एक बार उन्हें फिर खड़ा कर दिया। वे नदी की ओर चले। प्यासे की आस लहरा रही थी। बस है कितनी दूर। वो झलक रहे हैं राम, नदी किनारे बैठे हुए अपनी हथेली का चल्लू बनाकर जानकी जी को पानी पिला रहे हैं। आँखों ने ऐसा साफ दृश्य देखा कि मन में आनन्द के शतशत झरने फूट पड़े। उनकी काया में सहसा ऐसी स्फूर्ति आ गई कि वह दौड़ने का प्रयत्न करने लगे आँखें जमुना तट पर टिकी थीं, पैर लड़खड़ाते हुए भी जोश-भरे थे। मन की दीवानगी ने केवल अपना चोला बदला था किन्तु वह अपनी सशक्त स्थिति में ज्यों की त्यों अब भी कायम थी। दौड़ में देखा नहीं, सामने वाले पेड़ की झुकी टहनी से उनका सिर सीधा टकराया। आँखों के आगे अँधेरा छा गया। मत्थे पर लगी करारी खरोंच से खून उभर आया था। पैरों ने जवाब दे दिया। शरीर निर्जीव-सा होकर गिर पड़ा।

जब आँखें खुलीं तो देखा कि एक काली, गोल मुखवाली, नाक-नक्शे से सुहानी स्त्री अपनी गोद में उनका सिर रखे हुए दोने में भरे पानी से उनके सिर का घाव धो रही है।

तुलसी के मन में न नारी आई और न नर। वह स्त्री एक सहारा थी, भरोसा था, निर्बल का बल थी। मन को बड़ा अच्छा लगा। देनेवाले से माँगने की चाह जागी—"पानी-पानी।" तुलसीदास फिर मूर्च्छित हो गए थे।

आदिम जाति की उस युवती ने उनका उपचार किया, पानी लाई, पिलाया, फिर उन्हें सहारा देकर बैठाया। नारी के गदराए शरीर का स्पर्श विराग की चेतना के साथ भी बुरा न लगा। टूटे को इस समय सहारा चाहिए, मन रे, कोई तर्क न कर, चुप बैठ, सुख ले। यह न नारी है, न नर है, केवल निराधार का आधार है। तुलसीदास के मन को इस समय सहारे की इतनी अधिक आवश्यकता थी कि वे उसे स्वीकार करने के लिए हर तर्क को उसी हठ से नकार सकते थे, जिसके बूते पर वह रात-भर और अब तक चलते चले आए थे, दुख सहते चले आए थे। पानी पिलाकर पेड़ के सहारे उसने उन्हें बिठला दिया, फिर कहा—"मेरा घर दूर नहीं। तुम्हारी देह जर से तप रही है। वहाँ चले चलो तो मैं तुम्हारे घाव पर लेप करूँगी। तुम्हें दूध गरम करके पिला दूँगी।"

घर शब्द कान में टकराया, आँखों मैं फिर हठ की ज्योति बढ़ी, कहा—"नहीं।"

"कोई तुम्हें मारेगा नहीं। मेरे घर में कोई मरद-मानुस है ही नहीं। मैं अपनी मालकिन आप हूँ। कोई कुछ न कहेगा। आओ-आओ, उठो।" युवती उन्हें उठाने के लिए झुकी, काया से काया लगी। तुलसीदास सिहर उठे। उसे हाथ से झटककर कहा—"जाओ माई, मुझे अकेला छोड़ दो।"

युवती झटका खाकर उठ खड़ी हुई, आँखें तरेरकर कहा—"नहीं चलते तो न सही, पर मुझे माई क्यों कहते हो? मैं क्या तुम्हारी माई जैसी हूँ?"

तुलसीदास को इस समय तर्कों से चिढ़ थी, पर अपनी उपकारिणी के प्रति वे कठोर नहीं होना चाहते थे, विनम्र स्वर में कहा—'वैरागी के लिए सभी स्त्रियाँ माँ और बहन होती हैं। तुमने मेरा उपकार किया है, मैं तुम्हें बहन कह कर पुकारूँगा।"

"न माई, न बहिनी, हम हैं रामकली! तुम्हारे मन में औरत को लेकर अब भी पाप जागता होगा, सो माई-बहिनी कहके उसे बाड़े में घेरते हो। मेरे मरद को मरे पाँच बरस हो गए पर मेरा मरद मेरे मन में अब भी बैठा है। बाकी सारे मदद मेरे लिए वैसे ही हैं जैसे कंकड़-पत्थर, गाय-बैल, संग-संगाती। तुम अपने को बड़ा मरद समझते हो न तो चलो। मैं कोई तुम्हारे साथ घर-बैठउवा करने तो जा नहीं रही हूँ। आए बड़े बैरागी कहीं के।" रामकली गुस्से के मारे पैर पटकती हुई चली गई। बाबा पुकारते ही रहे–"रामकली! रामकली!" फिर ऊपर का स्वर तो मौन हो गया पर मन पुकारता रहा, 'रामकली-रामकली।' उनका ज्वर बढ़ गया था। वे सारी ध्वनियों और गूँजों की गठरी समेटकर मूर्च्छित हो चुके थे।

दोपहरी ढली, किसी के झिंझोड़ने और बैरागी-बैरागी कहने से आँखें खुलीं। रामकली सामने थी। उनसे कह रही थी–"लो, दूध पी लो।"

तुलसीदास की आँखों में श्रद्धा जाग उठी। कुछ न कहा। उसने उन्हें अपने शरीर का सहारा देकर बिठलाया और अपने हाथों मिट्टी के तौले से दूध पिलाने लगी। तुलसीदास आँखें मूँदे सुख से दूध पीते रहे। दूध पीने के बाद आँखें खोलकर तृप्ति एवं कृतज्ञता की दृष्टि से रामकली को देखा। वह बोली–"देखो तुम्हारा जर बढ़ गया है। तुम तप रहे हो। अब धूप ढल रही है। थोड़ी देर में ठंडक बढ़ेगी तो जड़ाने लगोगे। मेरे घर चले आओ, दो दिनों में चंगे हो जाओगे, फिर चले जाना।"

तुलसीदास के मन में संकोच जागा, रामकली के शरीर का स्पर्श-बोध भी जागा और वे तुरन्त ज्वर के आवेश में तनकर बैठ गए।

रामकली हँसी, कहा–"पाप जागा? कैसे बैरागी हो! मेरे मन में तो मेरा मरद बैठा है पर तुम्हारा मन साइत सूना है। सूने घर में तो भूत रहते हैं भूत।" कहकर रामकली खिलखिला उठी।

ज्वर के आक्रोश में मैली-कुचैली कृष्णसुन्दरी रामकली की खिलखिलाहट ने मानो आस्था की चाँदनी बिछा दी। झोंक में बोले–"राम जाने क्या लीला है, पर तू खरी रामकली है। चल, मुझे सहारा दे। अब मेरे मन में राम हैं, वहाँ कोई भूत नहीं है।" रामकली ने तुरन्त उन्हें उठाया, सहारा दिया और वे सुख से उसकी झोंपड़ी की ओर चल दिए। वन के वृक्षों के पत्ते हवा में हिलकर तुलसी के मन में रामगूँज उठा रहे थे। ऐसे लगता था कि हिलती डालें एक झोंका 'रा' का लेती हैं और दूसरा 'म' का। रामकली का एक डग 'रा' बनकर बढ़ता है और दूसरा 'म' बनकर। स्वयं अपनी चाल भी उन्हें ऐसी ही लगी। जो कुछ भी गतिमान है सबकी एक ही लय है–राम-राम-राम।

30

सन्त बेनीमाधव उस दिन बड़े ही दुखी और उदास थे। बाबा अखाड़े में कुछ लड़कों को कुश्ती के दाँव-पेंच सिखा रहे थे। शत्रु यदि शक्ति में प्रबल हो तो उसे किन-किन दाँव-पेंचों से पराजित करना चाहिए, इसी का प्रदर्शन कर रहे थे। अखाड़े में जोश और उल्लास का वातावरण था। एक तगड़े जवान पट्ठे को, जो उनसे स्वाभाविक रूप में कहीं अधिक शक्तिशाली लगता था, बाबा ने ऐसी तरकीब से पछाड़ा कि लड़के 'वाह बाबा, वाह बाबा' करने लगे। राजा भगत भी वहीं खड़े हुए मज़ा ले रहे थे, बाबा बोले—"आओ बुढ़ऊ, एक पकड़ हमारी-तुम्हारी भी हो जाए।"

सब लोग हँस पड़े। राजा ने हँसते हुए कहा—"अरे अब तुमसे क्या लड़ें। जिन दाँव-पेंचों से तुम हमें मारोगे भैया, उन्हीं से हम भी तुम्हें पछाड़ेंगे। दोनों पहलवान चित्त होकर गिरेंगे और यह लड़के हँसेंगे।" बाबा हँसते हुए अखाड़े से बाहर चले आए और राजा के कन्धे पर हाथ थपथपाकर कहा—"ठीक ही है, हम दोनों जन्म-भर एक ही शत्रु से लड़ते रहे हैं, अब आपस में क्या लड़ें। वैसे राजा, एक दिन इस अखाड़े में बुढ़वा दंगल हो जाए। नगर-भर के बुड्ढों को बुलाया जाए कि आओ कुश्ती लड़ो। देखें तो सही कि बुड्ढों में अब तक कितने जवान हैं।"

मंगलू बड़े ज़ोर से हँसा, कहने लगा—"वाह बाबा, बड़ा मजा आएगा। हमसे कहो तो कल ही दंगल करवाय दें साला। मजा आ जाएगा।"

बाबा बोले—"अरे भाई, दंगल और मजा तुम्हारे साले हैं फिर हम क्या बोलें।"

लड़के खिलखिलाकर हँस पड़े। मंगलू लज्जा से जीभ निकालकर अपने दोनों कान पकड़ते हुए ऐसी मुद्रा में खड़ा हो गया कि अखाड़े की हँसी दोबाला हो गई। बाबा अखाड़े के अहाते से बाहर निकलने के लिए राजा के साथ बढ़ते हुए एकाएक रुक गए और मुड़कर गम्भीर स्वर में मंगलू से बोले—"मंगलू, हम तुम्हें इस गालीरूपी शत्रु को पछाड़ने की एक तरकीब बतावें?"

"हाँ, बताय देव बाबा।" मंगलू दौड़कर बाबा के चरण पकड़कर बैठ गया, गिड़गिड़ाकर बोला—"अरे बाबा जो तुम हमरी यह आदत छुड़ाय देव तौ क्या कहें, तुम्हारे यह चरन धोय-धोय के पिएँगे साले।"

इस बार तो अट्टहास के बादल ही गड़गड़ा उठे। अखाड़े के द्वार पर खड़े सन्त बेनीमाधव से लेकर अखाड़े से अहाते में नहाते-धोते, मालिश करते, मुग्दर हिलाते और अपने वातावरण से बँधी हुई नित्य की सारी क्रियाओं में व्यस्त दस-पन्द्रह आदमियों की भीड़ अपने सब काम छोड़कर हँस पड़ी। यहाँ तक कि बाबा भी उस मुक्त अट्टहास की लहर से बच न सके। लेकिन उनके चरणों में बैठे हुए मंगलू की आँखें विवशता से छलछला उठी थीं।

बाबा ने उसे देखा और तुरन्त अपनी सहज गम्भीर मुद्रा में आ गए। झुककर अपने दोनों हाथों से मंगलू को उठाया और उससे बोले—"इस लोक-हँसाई की चिन्ता

न कर रे पहलवान। तू अपने शत्रु से लड़े जा। अच्छा, मैं तुझे एक तरकीब बताता हूँ सुन, जैसे तेरे मुँह से गाली निकले, तू राम-राम कहके तुरन्त दुइ बैठकें लगाय लिया कर। लोग हँसें तो परवाह न करना, समझा रे।''

मंगलू की आँसुओं-डूबी आँखों में आस्था की ऐसी चमक आई मानो काले बादलों को छेदकर सूर्य चमकने लगा हो। दूसरे लोग भी इस बात से अपनी सहज गम्भीर मनःस्थिति में आने लगे। मंगलू बोला—''सच बाबा, आदत छूट जाएगी?''

''आदत? अरे, जहाँ राम-नाम की हुँकार भरके तू बैठकें लगावेगा तो आदत क्या भूत-पिशाच-ब्रह्मराक्षस तक तुझे हाथ जोड़ते हुए दुम दबाकर भाग जाएँगे।''

द्वार पर खड़े सन्त बेनीमाधव के मुख पर बाबा की बात मन्त्र-सी छप गई थी।

अखाड़े से अपनी कोठरी की तरफ़ आते मार्ग में राजा बोले—''हमने तुम्हारे भीतर एक खूबी देखी भैया। तुम दवाई तो सब रोगों में एक ही बाँटते हो पर इसके अनोपान मैं हरएक के हिसाब से ऐसा उलट-फेर करते हो कि तुम्हारी दवाई अचूक हुई जाती है। हमें मरकही गायों के पैर छूने का नुस्खा बताया रहा।''

भगत जी के कन्धे पर बाबा की एक बाँह तो पहले ही से टिकी हुई थी, अब चलते-चलते दूसरी से गम्भीर-उदास सन्त बेनीमाधव की बाँह को ही घेरते हुए बाबा भगत जी से बोले—''इन्द्रियरूपी गौवों को वश में करने वाला ही गोस्वामी बनता है राजा। इसीलिए मठ के गोस्वामी पद का त्याग करने के बाद भी मैंने लोगों के द्वारा आदरपूर्वक कहे जाने वाले इस शब्द पर कभी संकोच नहीं किया। मुझे गोस्वामी बनना अच्छा लगता है। जब तुम्हारी गोशाला देखता था तब बार-बार यह शब्द मुझे अपने यथार्थ से प्रेरित करता था। लेकिन तुम्हें जो नुस्खा उस समय बताया, राजा, उस पर मैं तब स्वयं पूरी तरह से अमल नहीं कर पाया था।'' कहते हुए सहसा बेनीमाधव की ओर मुँह करके उन्होंने अपनी बात जारी रखी, कहने लगे—''कथनी और करनी में बड़ा अन्तर होता है बेनीमाधव, दूर से पहाड़ देखो तो लुभाता है; मन में ललक होती है कि इसकी चोटी पर चढ़ें और ऐसा लगता है कि उस चोटी पर पहुँचना बस बाएँ हाथ का खेल है, यों सोचा और वो पहुँच गए।''

एक घुटी साँस की उभरन के साथ-साथ ही सन्त बेनीमाधव का रुँधा हुआ कण्ठ-स्वर अकस्मात् फूटा। वे बोले—''हाँ गुरु जी, इस मृगमरीचिका ने ही मुझे अब तक दौड़ाया है। आदर्श भोले मन के विश्वास को लेकर इतना तेज़ दौड़ पड़ता है कि मैं उसके साथ नहीं दौड़ पाता। इस आगे-पीछे के संघर्ष से मथते-मथते कभी अत्यधिक निराश हो जाता हूँ। लगता है, जितना सोचा था उसका एक चौथाई भी इस जीवन में न कर पाऊँगा।''

बाबा अपनी कोठरी के सामने पहुँच चुके थे। रामू घाट पर बैठा कुछ पंडितों से बतिया रहा था। बाबा को आया देखकर तुरन्त आगे बढ़कर कोठरी की कुण्डी और द्वार खोले। प्रवेश करते हुए बाबा ने बेनीमाधव से कहा—''आओ बैठो, हम तुम्हें एक पुरानी बात सुनाते हैं। घर त्यागकर जब हम निकले तो कुछ दिन तक बनवासिनी शबरी के घर पर ज्वरग्रस्त होकर हमें रहना पड़ा था। बेनीमाधव, इस

कामपीड़ित उपदेशक तुलसीदास की अहंता को धो-धोकर स्वच्छ करने के लिए ही बजरंगबली ने रामकली के रूप में मेरी परीक्षा ली थी। अपने मैले-कुचैलेपन में गदराया यौवन और सौन्दर्य छिपाए हुए थी वह रामकली। उसकी बातों के कोड़े खा-खाकर ही तीन दिनों में मैं अपने भीतर ही भीतर हीन भावना से बावला हो उठा था। कितनी महत्ता थी उस जय-योग-साधन में हीन सिद्ध-योगिनी में कि देख-देखकर लगता था कि मेरा सारा पाण्डित्य नितान्त खोखला है। उसके यहाँ से विदा होने के कई दिन के बाद चित्रकूट में पर्वत की चोटी पर एक दिन मैं बड़ा ही उदास बैठा था। थोड़ी देर पहले तुम्हारे चेहरे की गम्भीर उदासी देखकर मुझे अपनी उस दिन की उदासी सहसा याद आ गई।''

× × ×

चित्रकूट में पर्वत के एक सूने स्थल पर तुलसी गहरी उदास मुद्रा में बैठे सूनी आँखों से शून्य को ही देख रहे हैं। एक साधु पीछे से आता है, उनके सिर पर अपना हाथ रखता है, तुलसी चौंककर, मुड़कर उसे देखते हैं। साधु मुस्कराता है, शान्त स्वर में कहता है—''केवल चाहने से ही सब कुछ नहीं मिलता भगत। अपनी चाहना को पूरी करने के लिए भगवान को भी नर देह धरकर हाथ-पैर और मन-बुद्धि चलानी पड़ती है।''

तुलसी की आँखें छलछला आईं। साधु के पैर पकड़कर बोले—''मेरा यही तो अभिशाप है, महात्मा जी, कि जो जानता हूँ उसे मानता नहीं। मेरे पढ़े हुए सारे अक्षर और तोते की तरह रटा हुआ अर्थ-बोध निःसार है। समझ में नहीं आता, क्या करूँ!''

''कहो और सुनो।'' साधु का स्वर शान्त और सधा हुआ था। तुलसीदास को ऐसा लगा कि साधु का स्वर नरहरि बाबा के स्वर से बहुत मिलता-जुलता है। वे कह रहे थे—''राम कहो, राम सुनो। तुम कुछ दिनों तक हठपूर्वक अपने पोथियों के ज्ञान को, अपनी सारी चिन्तन पद्धति को बन्द कर दो।''

''क्या ज्ञान-विज्ञान झूठा है?'' तुलसी ने सहसा पूछा।

''नहीं, किन्तु उसका तोतारटंत प्रयोग अर्थहीन है। भ्रामक है।''

''किन्तु हठ की प्रबल पहरेदारी में भी मन के प्रपंच अपने राग-विराग को लेकर षड्यन्त्र करते ही रहते हैं, उनका क्या करूँ?''

''अपने हठ का पहरा और कड़ा करो बेटा। राम कहो, राम सुनो और कुछ न कहो, कुछ न सुनो। सतत् अभ्यास से तुम्हारी साँस-साँस में यह गूँज भर जाएगी और फिर अपने-आप ही तुम्हें अपने सारे अध्ययन और पांडित्य का खरा अर्थबोध हो जायेगा। राम कहो और राम सुनो। कहो और सुनो।''

× × ×

''कहो और सुनो, राम कहो, राम सुनो।'' कहकर बाबा ने बड़े स्नेह से संत जी को देखा और उनके कन्धे को थपथपाकर आँखों से ऐसा स्नेह वर्षण किया कि सन्त जी हरे हो गए।

31

बेनीमाधव जी का मन पिछले कुछ दिनों से बड़ा तरंगी हो रहा था। गुरु जी के जीवन-प्रसंग सुनते-सुनते उनका अपनापन स्वयं अपने ही प्रश्नों का कंटीला जंगल बनकर दुखदाई हो गया था। 'पचपन पार हो गए, साठे की लपेट में आ चले, पर बेनीमाधव, तुमने अब तक पाया क्या? पाने की बात केवल सोचते ही रह गए।'

मन कुछ पाने के लिए तड़प रहा है। उस 'कुछ' का हल्का-सा आभास मन को होता है, पर उसे स्पष्ट न देख पाने की उलझन, देखने की लालसा, अपनी सामर्थ्य की सीमा पहचान लेने से उपजा हुआ लज्जा-बोध, विवशता और चिढ़ की भट्ठियों में तपते हुए अंततोगत्वा अपनी शक्ति की सीमा के भीतर ही उस 'कुछ' की उपलब्धियों को उपलब्ध करने के लिए मचलने लगता है। राम-मिलन यदि इस जन्म में सम्भव नहीं तो फिर (लाज अपने ही से लज्जित हो उठती है) कामसुख ही सही...ब्रह्मानन्द सहोदर है।

लेकिन बेनीमाधव यह सुख भी अपने-आपको नहीं दे पाते। उनका मन बड़ा शील और संकोच-भरा है। कुछ ब्रह्मचारी होने का डंका बजने के कारण, कुछ धर्म-बोध वश और कुछ अपनी भीतरी तहों से उठने वाली राम-मिलन की चाह के मोह में। ऐसे मौके आने पर अक्सर वे कामतृप्ति के लिए आए हुए अवसर की तरह दे जाते हैं और फिर पछताते हैं। पछतावे में राम-राम की उत्ताल तरंगें भी उठती हैं और काम-सुख-साधन खोजने की दबी-ढँकी लालसा भी। साधूबाज भक्तिनों की यों तो कहीं कमी नहीं, पर उनके साथ मिलने से संतमण्डली में बात बड़ी तेज़ी से फैल जाती है। ऐसी कोई समवयस्थ विधवा भक्तिन मिले जिसके बारे में किसी की बुरी राय न बनी हो, जैसे स्वयं उनकी साख बँधी है, फिर वह भी अपनी ओर से इसी भूख की मारी हो तो बात बन जाए। पर ऐसे अवसर जीवन में जल्दी-जल्दी नहीं आते। कभी-कभार ऐसी हरियाली मिलती अवश्य रही है, पर यों सारी उमर रेगिस्तान-सी ही बीती। अब मन में पलटने की चाह होती है। उनका जी करता है कि अब दो में से एक घाट पर ही उनकी इच्छा की नाव लग जाए।

इधर कई महीनों से गुरु जी के साथ रहते हुए उनकी रामचाहना को सतत् बल अवश्य मिला है, पर केवल इस रूप में कि अब वे नारी के सम्बन्ध में नहीं सोचते। काम-वासना की ओर बढ़ते हुए मन पर निषेध की अर्गला लगाने में वे सफल हुए हैं पर एक दिशा के बन्द हो जाने पर चूँकि उनकी दूसरी दिशा नहीं खुली इसलिए मन में कचोट है।

बाबा से 'कहो और सुनो' मन्त्र पाकर वैसा ही हठ साधकर वे जैसे-जैसे राम को पाने का हठ करने लगे वैसे-वैसे ही दिन बीतने पर फिर से उनकी काम-तृष्णा सहसा उस हठ की जड़ काटने में सक्रिय होने लगी। जिस शत्रु को मरा हुआ मान लिया था, वह फिर से सजीव हो उठा। इससे वे अधिक अनमने हो गए। संयोग

से एक दिन उन्हें बाबा के साथ बिताने के लिए एकान्त क्षण मिल गए। बात बाबा ने ही आरम्भ की। बाहर से प्रसन्न पर भीतर से उदास बेनीमाधव जी की मुख-भंगिमाएँ निहारकर बाबा एकाएक अपने पाल्थी बँधे पैर का दाहिना तलवा सहलाते हुए बोले—"हाँफो मत बेनीमाधव और हँफाई चढ़े भी तो अपनी दया विचार के रुको मत। मन में राम-राम की दौड़ लगाते ही चले जावो। जब काया थक-थक कर हारेगी तो तुम्हारे मनोलोक का सूर्य अपने-आप ही उदित हो जाएगा।"

बेनीमाधव जी का सिर मन की लज्जा और गम्भीर विचार से झुक गया, आँखें भी छलछला आईं। उन्हें पोंछते हुए बोले—"क्या कहूँ, गुरु जी, इतने वर्षों से पारस के साथ रहकर भी यह लोहा-लोहा ही रहा। मुझपर राम जी की कृपा ही नहीं होती। बड़ा अभागा हूँ।"

प्यार से झिड़कते हुए बाबा बोले—"दौड़ तो लगाते नहीं और फिर राम जी को कोसते हो! ध्यान, उत्साह के बिना थोड़े ही जम पाता है। जब तक यह नहीं समझोगे, तब तक तुम्हारा ध्यान एकाग्र कैसे होगा?"

"क्या करूँ गुरु जी, प्रयत्न तो बहुत करता हूँ पर..." कहते-कहते बेनीमाधव चुप हो गए।

बाबा ने हँसकर कहा—"पर, पर क्या, मैं बहुरी ढूँढन गई रही किनारे बैठ क्यों? यही हाल है न तुम्हारा? बेटा, पहले अपने उत्साह को चेताओ। देखो मैं तुम्हें अपने ही जीवन के दृष्टान्त देता हूँ।"

× × ×

चित्रकूट में ब्रह्मदत्त घटवाले के घर अपनी कोठरी में तुलसीदास पद्मासन साधे माला जप रहे हैं। सामने दीवार पर सफेदी से एक सूर्य अंकित है और उस पर गेरू से 'राम' लिखा है। तुलसीदास की आँखें शब्द को देख रही हैं। होंठ निश्चल हैं, मन में राम गूँज रहे हैं।

गूँजते-गूँजते सहसा आँखों से भानु-कुल-मणि राम का नाम लोप जाता है। आँखों के आगे सफेदी छा जाती है और उस सफेदी से एक आकार उभरता है। स्पष्ट होती है शोकमूर्ति रत्नावली। मर से भी राम शब्द लोप हो गया है और एकाग्रता ही सधी ज्योति पवन झकोले झेलती दिए की लौ के समान काँप उठी। फिर मन में चेतावनी की हुँकार, चेहरे और आँखों में सधाव के लिए प्रयत्न आरम्भ होता है और फिर दीवार पर लिखे तथा मन में गूँजते राम शब्द की झलकें स्पष्ट हो जाती हैं। क्रम चलता है, फिर गूँज से तारापति उठता है और आँखों में स्पष्ट झलक पड़ता है। मन प्रसन्न होकर ललकता है; फिर अन्तर की हुंकार भरी चेतावनी; फिर रामधुन और शब्द का दर्शन।

इसी तरह जप की प्रक्रिया में ध्यान को बिम्ब में रमाने में मन बार-बार बिछल बिछल जाता था। कभी मोहिनी, कभी नन्ददास की प्रेयसी, कभी नरहरि स्वामी, पार्वती अम्माँ, शेष सनातन गुरु जी और भी अनेक भूले-बिसरे चित्र मन में उभर आते और उन चित्रों में निहित भावों की तरंगें कलेजे में संगीत-सी बज उठती थीं। मन समानान्तर

गति पर दौड़ता था। जप भी चलता था और जप की तह में पुराने प्रसंग भी आप ही आप उभरते थे। कभी भोजन का स्वाद, कभी नारी की झलक, कभी दर्शन-अध्यात्म की कोई बात और कभी-कभी ऐसी गहरी उदासी भी अपने-आप ही उन पर छा जाती थी कि राम जप का छकड़ा दलदल में अटक-अटक जाता था। तुलसीदास उदास होकर उठ खड़े हुए, कोठरी से बाहर चले आए। दालान के दूसरे सिरे पर ब्रह्मदत्त का 5-6 वर्ष का बेटा बैठा हुआ पहाड़े रट रहा था—"पन्द्रा दूनी तीऽत्तियाँ पैंताला चक्को साठ पना पीछोत्तर छाका नब्बे सत्ते पंजे अट्ठे बीसे नौ पैंतीसे दाहम डेऽऽढ़ सौ।"

बच्चा बड़े उत्साह से रट रहा है। फिर वह उत्साह मन्द पड़ जाता है। फिर 'दाहम डेढ़ सौ' कहते-कहते तक जमुहाई आती है, फिर उसे जल्दी-जल्दी जमुहाइयाँ आती हैं। पहाड़ा रटता हुआ स्वर मन्द पड़ने लगता है, कभी सिर, कभी गाल, बाँह और जाँघ में खुजली मचने लगती है। फिर आकाश में उड़ती चील को देखते-देखते स्वर ही मौन हो जाता है। घर के भीतर से किसी बुड्ढे की आवाज़ आती है—"क्यों बे। चुप हो गया?" बच्चा फिर चौंककर ऊँचे स्वर में "पन्द्रह दूना तीस तियों पैंताला' की धुन पकड़ लेता है। तुलसीदास खड़े-खड़े देख रहे हैं, मुस्कराते हैं, स्वयं अपने से ही कहने लगते हैं—"भय के बिना भी प्रीति नहीं होती। पर मैं किसका भय करूँ, राम का? नहीं, जिस मालिक का चाकर बनने की चाह है उसके प्रति निरर्थक भय रखकर चलना उचित नहीं।"

× × ×

बेनीमाधव को बाबा सुना रहे थे—"राम घाट पर एक लंगड़ी बुढ़िया रहती थी। वह बड़ी ही लोभी थी। अपने आस-पास बैठे अन्धे फकीरों के आगे पड़ने वाले अनाज या टकों की चोरी करने में सदा उसकी नीयत रहती थी। वह उचक-उचककर ऐसे अन्धों के पैसे और अनाज चुराती थी कि देखने वाले हँस-हँस पड़ते थे। न जाने कितने बार वह मारी-पीटी गई, कितनी-कितनी कलहें हुई, निकाली गई परन्तु वह फिर वहीं की वहीं आ जमती थी और वही का वही काम करती थी। जब वह मरी तो उसके पास पूरे पाँच हज़ार रुपए निकले। मैं सोचने लगा कि जैसे इस बुढ़िया को अर्थ संचय के लोभ ने लुभाया था, वैसे ही मुझे राम-नाम संचय का लोभ होना चाहिए। जैसे वह दूसरों की चोरी करती थी, वैसे ही मुझे भी अपने मन में उठने वाले दूसरे भावों से अर्थ संचय करना चाहिए। मान लो, मन में रत्नावली झाँकी तो मैंने उससे उत्पन्न मन के आनन्द को रामार्पित कर दिया। किसी भोजन का स्वाद जागा तो उसका लालच भी राम ही को सौंपने लगा। बस्ती में एक पण्डित जी रहा करते थे। उन्होंने कामशास्त्र का गहरा अध्ययन किया था। वे पद्मिनी-चित्रणी-शंखिनी-हस्तिनी आदि नारी के चारों प्रकारों को पहचानते थे और अपने यार तमोली की दूकान के चबूतरे पर बैठे हुए प्रायः इन्हीं की चर्चा किया करते थे।"

× × ×

छैला पण्डित गली के बाजार में तमोली की दूकान के चबूतरे पर बैठे हैं। एक-दो और निठल्ले चुहलिए उनके पास ही खड़े या बैठे हैं। बातें चल रही हैं। एक कह रहा है—"अरे गुरु, इस बस्ती में पद्मिनी, चित्रिनी एकौ नहीं हैं, सभी हथिनियाँ, संखिनियाँ ही हैं।"

छैला पण्डित पान की पीक गली में टप से थूककर मुस्कराते हुए शान्त स्वर में बोले—"अरे बेटा, शंखिनियाँ और हस्तिनियाँ तो हैं ही पर उनका भी अपना एक आनन्द होता है। मैंने यहाँ की एक सुन्दरी चित्रणी को भी बड़े दन्द-फन्द से पाया था। हाँ, पद्मिनी एक भी नहीं मिली।"

चबूतरे पर छैला पण्डित के पास ही बैठे हुए एक व्यक्ति ने कहा—"गुरु, तुम तो खैर पहुँचे हुए लोग हो, बाकी हमने तुम्हारे मुख से पद्मिनी का जैसा बखाना सुना है वैसी एक लड़की हमारी नज़र में पड़ी ज़रूर है।"

छैला पण्डित के सारे शरीर में उत्साह आ गया। कहने वाले के हाथ पर हाथ रखकर धीमे किन्तु उतावली-भरे स्वर में पूछा—"कहाँ!...कहाँ देखी, पद्मिनी?"

तीनों बात करने वाले व्यक्ति पास-पास सिमट आए। बात उठाने वाले व्यक्ति ने धीरे से कहा—"गेंदिया भंगिन की लड़की अनारो।"

गली में खड़े-खड़े सुन रहे युवा ने उदास होकर अपना मुँह बिचकाया, बोला—"छिः, मैले का टोकरा।"

छैला पण्डित झुंझला गए, कहा—"रसज्ञ भौंरा फूलों की जात नहीं देखता। फूल सुन्दर हो, पराग-भरा हो, श्रेष्ठ हो, बस और क्या चाहिए।"

"सिरेठ ही तो नहीं है गुरु।"

"जब ये बताते हैं कि पद्मिनी है तब श्रेष्ठ नहीं हुई तो क्या हुई? चलो बिरजू, एक बार हमें दिखलाओ।" छैला पण्डित अपने साथ बैठे हुए व्यक्ति को हाथ पकड़कर उठाते हुए आप भी उठकर खड़े हो गए।

× × ×

बाबा कह रहे थे—"मैं उसका उत्साह देखकर दंग हो गया। उसकी बातें जितनी घिनौनी थीं उसका उत्साह उतना ही तेजस्वी था। मैंने उस छैला पण्डित की अनेक झलकें देखी थीं। वह मूँछें मरोड़ता हुआ आँखों में रस के हण्डे उंड़ेलकर कभी इस और कभी उस स्त्री का पीछा करता ही रहता था। एक बार एक सूनी गली में किसी कृष्णसुन्दरी को घेरकर बर्फी का दोना दिखाकर प्रणय निवेदन कर रहा था। उसने दोना झटककर ज़मीन में गिरा दिया है। छैला उसे बाँहों में घेरता है। स्त्री द्वन्द्व करते हुए छैला को उठाकर पटक देती है और उसका गला घोंटने लगी। छैला माई-माई की गुहार लगाने लगा। इतना भोगने के बाद भी काम-लिप्सा के प्रति उसका उत्साह तनिक भी मन्द नहीं पड़ता। वह फिर किसी स्त्री को उसी तरह घेरता है और अपनी टेंट में खुँसे पैसे दिखाता। लड़के हँसते, आवाज़ें कसते, 'पटाए जाओ गुरु, पटाए जाओ।' मैं सोचता, इसकी काम-लिप्सा अत्यन्त घिनौनी भले हो पर उसके प्रति इसकी बावली निष्ठा प्रणम्य है। श्रीराम के लिए मेरे मन में ऐसा ही उत्साह जग जाए।

बजरंगवीर, अतुल उत्साह के धनी, मेरी भी राम-लगन ऐसी ही प्रबल बना दो। मैंने काम, क्रोध, मोह, लोभ सब में अपने राम को रमाने का खेलना आरम्भ किया, पापी के पाप में भी भक्तिकामी को अपने आराध्य के प्रति दिव्य प्रेरणा मिल सकती है। मैंने चित्रकूट में अथक भाव से इस प्रेरणा को साधा। रामनाम मेरी साँस-साँस में गूँजने लगा। और अब फिर परीक्षा की घड़ी आई।''

× × ×

ब्रह्मदत्त घटवाले के घर में अपनी कोठरी में तुलसीदास बैठे जप कर रहे हैं। राजा भगत कोठरी में प्रवेश करते हैं। तुलसीदास का ध्यान विचलित नहीं होता। राजा कुछ देर खड़े रहने के बाद उनकी चौकी के पास बैठ जाते हैं किन्तु तुलसी का ध्यान भंग नहीं होता है। उनके कानों में मृदंगों और झाँझों का सम्मिलित स्वर राम-राम बनकर गूँज रहा है। राजा को खाँसी आ जाती है और वह खाँसी तुलसी के मन की एकरसता में व्याघात पहुँचाती है। आँखें खुलती तो हैं पर उनमें उजाला क्रमशः ही आता है। राजा को देखकर वे प्रसन्न होते हैं, कहते हैं—''कहो राजन् फिर वही आग्रह लेकर आए हो?''

उदास स्वर में राजा ने नख से धरती खुरचते हुए कहा—''हम तुमसे कुछ भी कहने नहीं आए भइया, तुम अब राम जी के हो, हमारे थोड़े ही रहे।''

तुलसी ने शान्तभाव से कहा—''राम जी सबके हैं, फिर उनका चाकर भला सबका चेरा क्यों न होगा?''

''तो भौजी में राम को क्यों नहीं देखते हो? और कितना दण्ड देओगे बिचारी को?'' राजा के स्वर में आक्रोश था।

तुलसीदास ने अपना सिर झुका लिया, फिर गम्भीर स्वर में उत्तर दिया—''तुम्हारी भौजी के प्रति मेरे मन में कोई दुर्भावना नहीं है, राजा। उन्होंने मेरे प्रति अनन्त उपकार किया है।''

''और तुम राम रूपी छुरी लेकर कसाई की तरह उस बेचारी को मारने पर ही तुल गए हो। ये तुम्हारी भगती है या स्वारथ? तुम्हारा पुन्न है या पाप? ऐसी औरत लाखों-करोड़ों में ढूँढे नहीं मिल सकती। तुम्हारे लिए मेरे मन में जैसा अच्छा भाव था वैसा ही अब करोध हरदम बना रहता है। सारी बस्ती, आर-पार के गाँव भौजी बिचारी का कष्ट देखकर हाय-हाय कर रहे हैं और एक तुम हो जो हमारे बार-बार आने पर भी हमसे कतराते रहे। जो ऐसे ही हमसे मुँह फेरना था तो नेह क्यों लगाया था?''

तुलसीदास ने अपनी शान्ति तब भी न खोई। वे सरककर चौकी के कोने पर आ गए और राजा के कन्धे पर अपना हाथ रखकर कहा—''तुम्हारे आक्रोश के लिए मेरे मन में सहानुभूति है, रत्नावली के लिए तो मेरा मन अनन्त शुभ कामनाओं से भरा हुआ है।''

राजा ने उनकी बात पर अपनी बात चढ़ाते हुए उत्तेजित स्वर में कहा—''तो फिर भौजी से ही यह सब कहो। एक बार उनसे मिल लोगे...''

बात काटकर तुलसी ने दृढ़ स्वर में कहा—"यह असम्भव है।"

"क्यों?"

"मैं अब विरक्त हो चुका। मेरा मार्ग बदल नहीं सकता। मिलकर क्या करूँगा?"

राजा ने गम्भीर उदास स्वर में कहा—"तुम्हें मालूम है भैया, मुन्ना नहीं रहा।"

तुलसीदास के मन में महीनों के श्रम से जमाई हुई शान्ति पल के हज़ारवें अंश में ही बालू की दीवार की तरह ढहने लगी। अचानक मुँह से निकला—"मेरा तारापति! कहाँ गया?"

"राम जी के घर।"

"राम जी के घर।" स्वगत बड़बड़ाते हुए तुलसीदास की आँखों के आगे अँधेरा छा गया। मन में ऐसा आभास हुआ कि जैसे उनके भीतर रमी हुई लय बिखर रही हो और कलेजे में छुरा भुँकता चला जा रहा हो। खोए-लड़खड़ाए स्वर में आप ही आप पूछ बैठे—"क्या हुआ था उसे?"

"बड़ी माता निकली थी, उसी में चला गया।"

तुलसीदास की आँखें छलछला उठीं। मन करुण होकर अपने राम को गुहारने लगा—"यह तुमने क्या किया राम? यह कैसी परीक्षा ली?" और अबकी तह में दबा अपना ही एक और आदेश-भरा स्वर गूँजा। हानि, लाभ, जीवन, मरण, यश, अपयश यह सब विधि के हाथ में है। अपना जप न छोड़। राम की माया में तू बोलने वाला कौन है?"

राजा धीमे, करुण स्वर में कह रहे थे—"भौजी तुमसे कुछ नहीं चाहतीं, बस एक बार तुमसे मिल लेना चाहती हैं। तुम्हारे दरसन करके उन्हें सब कुछ मिल जाएगा।"

तुलसी के आँसू थम गए। कराहता कलेजा सहसा कठोर हो गया, बोले—"अब मैं चित्रकूट से कहीं नहीं जाऊँगा।"

"भौजी यहीं आई हैं।"

राजा की इस बात से तुलसीदास फिर चौंके, चौकी से उठकर कोठरी में चक्कर लगाने लगे। एकाएक दीवार पर लिखे हुए राम शब्द से उनकी दृष्टि जुड़ी। ठिठककर खड़े हो गए और शब्द की ओर देखते हुए राजा से कहा—"मैं विरक्त हूँ। मेरे न कोई स्त्री है न कोई बेटा।"

बाहर दालान में बैठी हुई रत्नावली सिर झुकाए सब चुपचाप सुन रही थी। एकाएक उठी और भीतर आ गई। तुलसीदास ने द्वार पर पत्नी को खड़े देखा। आँखों से आँखें मिलीं। कुछ क्षण बँधी रहीं। फिर एकाएक तुलसी ने सिर झुकाकर रूखे स्वर में कहा—"यह तुमने उचित नहीं किया, रत्ना।"

"दुःख में उचित-अनुचित का ध्यान नहीं रह जाता। सहारा माँगने आई हूँ।"

"सहारा राम से माँगो।"

"मैं तुम्हारे हृदय में रमते हुए राम ही से सहारा लेने आई हूँ।"

तुलसीदास चुप, जिस दीवार पर राम लिखा था उसीसे सटकर खड़े हो गए। रत्नावली उनकी चौकी के पास आकर खड़ी हो गई थी। राजा उसके भीतर आते

ही उठकर बाहर चले गए थे। रत्ना ने रोते हुए कहा—"मेरा मुन्ना नहीं रहा, उसमें तुम्हें देख लेती थी, अब किसके सहारे जिऊँ?"

"सहारा केवल राम का है रत्ना।"

"मैं तुम्हारे जप-तप-ध्यान में तनिक भी बाधा न बनूँगी।"

"यह माना परन्तु नारी पुरुष के लिए प्रलोभन होती है।"

"मैं राम जी की सौंह खाती हूँ, तुम्हें किसी भी प्रकार से लुभाने का प्रयत्न नहीं करूँगी। कहोगे तो मैं तुम्हारे सामने तक नहीं आऊँगी। मुझे केवल अपने पास रहने दो। तुम निकट से अपने राम को निहारा करना, और मैं दूर से तुम्हें देखा करूँगी।"

"बात कहने-सुनने में बड़ी अच्छी लगती है, किन्तु हवा रहेगी तो आग अपने-आप ही भड़केगी।"

"मुझे तो अपने ऊपर विश्वास है। क्या तुम्हें अपने ऊपर विश्वास नहीं है?"

"अब यह प्रश्न ही नहीं उठता देवी, जो त्याग चुका सो त्याग चुका।"

"तुम्हारी झोली में यह खरी-कपूर, सब कुछ तो झलक रहा है। इनको अपनाओगे और पत्नी को त्यागोगे, क्या यह उचित है? अग्नि को साक्षी देकर विधिवत् तुमने जिसकी बाँह गही थी..."

"उसी ने तो मेरी वह बाँह रामजी को पकड़ा दी। तुम्हारा आजीवन उपकार मानूँगा रत्नावली। जो दिया है उसे अब मुझसे वापस न माँगो। आज से यह चन्दन-कपूर आदि झोली का स्वांग भी छोड़ता हूँ। जितना निःसंग रह सकूँ उतना ही भला है।"

रत्नावली सहसा उठकर उनके पास आ गई, उनकी टाँगों को अपनी बाँहों से बाँधकर, उनके चरणों पर अपना सिर रखकर वह बिलख-बिलखकर रोने लगी—"मुझे न त्यागो स्वामिन्। मुझे न त्यागो।"

तुलसी अपने कलेजे में तूफान छिपाए पत्थर से खड़े रहे। मन कह रहा था—'माया में न बँधना तुलसी। आज नहीं तो कल नारी का संग तुम्हें फिर से कामानुरक्त बना ही देगा। हे जानकी मैया, मेरी रक्षा करो। हे बजरंग, मेरी बाँह गहो, मुझे अब राम-पथ से विलग न करो।'

रत्नावली का करुण क्रन्दन और प्रलाप चलता रहा। तुलसी बोले—"मैं खड़े-खड़े थक गया हूँ, रत्नावली, मुझे बैठने दो।"

रत्नावली ने धीरे-धीरे अपने हाथ सरका लिए। मुक्त होकर तुलसीदास ने डग आगे बढ़ाते हुए कहा—"तुम्हारे और अपने भोजन की व्यवस्था कर आऊँ। आता हूँ।"

रत्नावली सहसा घबराकर बोली—"तुम जा रहे हो?"

"आता हूँ।" कहकर तुलसीदास तेज़ी से द्वार के बाहर निकल गए। राजा भगत दालान में खड़े थे, तुलसी को देखकर पूछा—"कहाँ जा रहे हो भइया?"

"फिर बताऊँगा।" कहकर तुलसी बिना रुके ही मुख्य द्वार की ओर तेज़ी से बढ़ गए और गली में निकलकर उन्होंने दौड़ना आरम्भ कर दिया।

× × ×

"मैंने राम की ऐसी लगन साधी कि फिर जो कुछ भी राह में आया उसे हटाकर भाग चला।"

बेनीमाधव जी ने उत्सुक होकर पूछा—"तो आपने चित्रकूट भी त्याग दिया?"

"मेरे लिए वह अनिवार्य था।"

"फिर कहाँ गए आप?"

"सीता माई के माहरे, जगदम्बा के बिना मेरे मोहाकुल मन को और कौन शान्त कर सकता था?"

बाबा अपनी कोठरी की दीवार पर चित्रित श्रीराम-जानकी की छवि को निहारने लगे। क्रमशः वे छवियाँ सजीव-सी हो उठीं। बाबा उन्हें देखते हुए गद्‌गद आनन्दलीन हो गए।"

बेनीमाधव अपने गुरु की यह अपूर्व तेजोमयी छवि निहार रहे थे। उनका मन कह रहा था—'राम यों मिलते हैं बेनीमाधव—यों मिलते हैं।'

32

गुरु जी के संस्मरण सन्त बेनीमाधव की विचार प्रतिक्रिया को तीव्र गति प्रदान कर गए। मन में जो विकार थे, अपनी प्रभुसत्ता स्थापित करने के लिए मानो पूरी सेना सजाकर मोर्चे पर आ डटे। विकार डँके की चोट पर न्याय की दुहाई देकर उनके मन में गरजने लगे, 'हमारी भूख मरे बिना तुम एक डग भी आगे नहीं बढ़ सकोगे सन्त जी, हमारी माँग समझो। हमारा तप परखो। हम बार-बार हठ नहीं करते, तुम्हारे प्रार्थना-मार्ग में हम रोज़-रोज़ रोड़े नहीं अटकाते...किन्तु काया का धर्म कभी न कभी आखिर पुकार ही उठेगा। और उसमें भी हम तुम्हारे लिए कितनी उदारता बरतकर कितना त्याग कर चुके हैं। हम तुमसे दूसरे साधू-सन्तों की तरह आठों पहर चेलियाँ फँसाने की चिन्ता भी नहीं कराते। हम तो आप प्रतिष्ठा के लिए बदनाम भक्तिनों और साधुनियों के सम्पर्क में अपने को सतर्कतापूर्वक सदा दूर रखते हैं। हम मात्र इतना ही तो चाहते हैं कि बरस-छः महीने में कभी हमको भी ऐसा अवसर दे दिया करो जिससे लोक-समाज में तुम्हारे राम पंथगामी की मान-प्रतिष्ठा को भी आँच न आए और हमारा काया-धर्म भी निभ जाए। हे राम, कितने संयम से सधी इस एकमात्र कायिक कामना की लाज भी तुम नहीं निभा सकते? देखो तुम्हारी दुनिया में इस समय कैसी-कैसी दुष्प्रवृत्तियों का सफल प्रचार हो रहा है। दुष्टजन, परदारा परधन-लोलुप हर तरह से फल-फूल रहे हैं। राज कर रहे हैं। हमारे साधु-महन्त, सन्त-वैरागी-गुसाइयों आदि में जो जितने अधिक बुरे काम करते हैं वे उतने अधिक पुजते भी हैं। सज्जनों को कोई नहीं पूछता। ऐसे कठिन कलिकाल में कम से कम

पाप कामना करने वाले अपने इस दास की क्या एक छोटी-सी माँग भी पूरी नहीं कर सकते?'

अहं के इस तर्जन-गर्जन के बीच में कई बार मन की भीतरी तह से एक और स्वर उठने का प्रयत्न करता था, पर जब भी विकारशील अहम् को यह आभास होता तभी वह और भी अधिक बिफरकर बोलने लगता। अन्त में उसकी बात समाप्त हो गई और भीतर वाला स्वर गूँज ही उठा, 'लाखों ऊँचे-ऊँचे वृक्षों की ओर न देखो बेनीमाधव, धरती पर जमकर फैली हुई दूब को देखो। ये ऊँचे-ऊँचे वृक्ष किसी भी आँधी में उखड़कर गिर सकते हैं। पर दूब को चाहे जितना भी रौंदो या काटो वह धरती पर उतनी ही गहरी जड़ें जमाकर फैलती चली जाती है। तुम्हारे गुरु दूब हैं बेनीमाधव। उन्होंने अपनी दीनता में ही यह वैभव सिद्ध किया है। इतने वर्षों तक इतने निकट रहकर भी क्या तुमने अपने गुरु में किसी भी प्रकार का विकार उभरता देखा है?'

'हाँ, देखा है, पूज्यपाद गुरु जी महाराज अब भी—मोसों कौन कुटिल खल कामो...गाया करते हैं।'

'उनकी खलता-कुटिलता और काम-प्रवृत्ति किस सतह पर छनकर किस रूप में बोल रही है, क्या इसको कभी तुमने पहचानने का प्रयत्न किया है बेनीमाधव? जल की लहरें दिखलाई देती हैं परन्तु हवा की अदृश्यमान लहरें केवल स्पर्श से ही अनुभव की जाती हैं। अपने-आपको खोजो बेनीमाधव, नादान न बनो। जितना कामानन्द तुमने प्राप्त किया है वह अपने अनुभव में क्या एक-सा नहीं है? फिर उससे उच्चतर अनुभव की ओर क्यों नहीं बढ़ते? एक सुख देखा, अब दूसरा देखो, जो इससे भी अधिक सुन्दर और दिव्य सन्तोषकारी है।'

अहं का स्वर विनम्र हुआ। गिड़गिड़ाकर बोला—'वही तो चाहता हूँ नाथ। असल में मैं वही चाहता हूँ। पर क्या करूँ, दुर्बल हूँ। तुम्हारे सहारे के लिए गिड़गिड़ाता हूँ। एक बार मुझे फिर वही प्रकाश दिखला दो, जो मेरी उन्नीस वर्ष की आयु में तुमने मुझे दिखलाया था। नारी के द्वारा ही मेरे उर-अन्तर में वह प्रकाश आलोकित किया और उसी के हाथों वह ज्योति बुझवा भी दी। यह तुम्हारा कैसा अन्याय है राम कि मुझे एक साथ दो सिरों पर नचा-नचाकर बावला करते चलते हो। मुझे चैन नहीं देते। जैसा भी हूँ तुम्हारा शरणागत हूँ। मेरी बाँह गहो प्रभु।'

सन्त जी अपनी कोठरी में बैठे शान्तभाव से आँसू बहाने लगे। तभी रामू ने धीरे से द्वार खोलकर दबे पाँव कोठरी में प्रवेश करने का भरसक जतन किया, पर सन्त जी का चुटीला-चौकन्ना मन तनिक-सी आहट पाकर ही सजग हो गया। जुड़े हुए हाथों को अलग-अलग करके दोनों आँखों के आँसू पोंछने के काम में लगा दिया और अपने भरे स्वर को सम्भालते हुए वे चटपट बोल उठे—"कहो रामू कैसे आए?"

"प्रभु जी ने आपका स्मरण किया है। आप किसी कारणवश उदास हैं सन्त जी?"

उठकर सन्त बेनीमाधव ने अँगोछे से फिर एक बार अपना मुँह पोंछा और आगे बढ़ते हुए कहा—"मनुष्य का मन है भैया, जब कभी भटक जाता है तो रो पड़ता है।"

"मैंने प्रभु जी को उनके करुण क्षणों में अनेक बार देखा है। उनकी आँखें कभी-कभी सील तो जाती हैं पर आँसू बहाते मैंने उन्हें कभी नहीं देखा।"

सन्त जी सुनकर गम्भीर हो गए। सीढ़ियाँ उतरकर नीचे आते हुए रामू के कन्धे पर हाथ रखकर बड़े स्नेह से उन्होंने पूछा—"क्यों रामू भैया, तुम्हारे मन को क्या कभी विकार नहीं घेरते?"

सहजभाव से हँसकर रामू ने कहा—"विकार और संस्कार तो मन की तरंगें हैं सन्त जी, अपने-अपने ढंग से सभी के मन को घेरती हैं, पर मुझे उनके सम्बन्ध में सोचने का अभी तक अवकाश नहीं मिल पाया।"

"क्यों? आत्मालोचन करना ब्रह्मचारी का काम है।"

"मुझे अभी तक एक बार भी उसकी आवश्यकता नहीं पड़ी। प्रभु जी के ध्यान से अवकाश ही नहीं मिल पाता। वह पढ़ने-पढ़ाने का काम भी उन्हीं की आज्ञा से करता हूँ।"

"कभी थकते नहीं रामू?"

रामू एक क्षण मौन रहा, फिर कहा—"अभी तक यह सब बातें मैंने कभी सोची नहीं है सन्त जी। प्रभु जी ने एक बार कहा था, मुझे गृहस्थ बनना है। समय आने पर वे बतलाएँगे। बस यही चिन्ता कभी-कभी सता जाती है कि जाने कब प्रभु जी आदेश करें, अन्यथा अभी तक उन्हें छोड़कर और किसी का ध्यान मेरे मन में प्रायः नहीं रहा।"

सन्त जी ने रामू को अपनी बाँह में भर लिया और कहा—"तुम आयु में छोटे हो पर योग में मुझसे बड़े हो रामू। मुझे तुमसे ईर्ष्या हो रही है।"

रामू हँस पड़ा, बोला—"दीनों के प्रति सज्जनों की ईर्ष्या भी वरदान होती है सन्त जी। आप हर रूप में मेरा मंगल ही करेंगे।"

बाबा अपनी कोठरी के आगे राजा भगत के साथ बैठे बातें कर रहे थे। बेनीमाधव जी को देखकर बोले—"आओ बेनीमाधव, आज हम एक कन्या को देखने और बात पक्की करने जा रहे हैं।"

"किसका विवाह कराएँगे गुरु जी?" सन्त जी ने हँसकर पूछा। स्वयं उन्हें ही अपनी हँसी खोखली लगी।

राजा भगत बोले—"अपना ब्याह रचाएँगे बाबा। अब सौ बरस के होने आए, उनकी जवानी फिर से फूटने वाली है न।"

बाबा खिलखिलाकर हँस पड़े, कहा—"अरे हमारे ब्याह की चिन्ता तो पहले भी तुम्हीं ने की थी और अब भी चिता से तुम्हीं कराओगे। हम तो अपने रामू के लिए जानकी मैया की एक चेरी लाने जा रहे हैं।"

सुनकर रामू लज्जित हो गया। वह बाबा की कोठरी में चला गया। राजा भगत के कन्धे पर हाथ रखकर जाने के लिए बढ़ते हुए बाबा ने ऊँचे स्वर में रामू को आदेश दिया—"अरे रामू बेटा, टोडर का भतीजा आवे तो कहना, कल चौथे पहर हम उससे मिलेंगे। कल दिन में भी हमें चेतराम साहु के यहाँ निमन्त्रण पर जाना है।"

मार्ग में चलते हुए बेनीमाधव जी ने बाबा से एकाएक पूछा—"आप अपने मन के मोह-विकारों को शान्त करने के लिए ही मिथिला गए थे अथवा यों ही मन की साधारण तरंग में?"

"सच तो यह है कि चित्रकूट से इतनी दूर भाग जाना चाहता था जहाँ राजा अथवा रत्नावली फिर न पहुँच सकें। चलते-चलते एक जगह पता चला कि जगदम्बा का नैहर पास में है। प्राचीन जनकपुरी, धनुषभंग का पवित्र स्थल देखने की ललक में हम उधर ही चल पड़े।"

"वहाँ आपको क्या अनुभव मिला?"

"मेरा काव्य पुरुष वहाँ जाकर सचेत हुआ।"

" 'जानकी मंगल' की रचना कदाचित् आपने वहीं की थी?"

आगे वाली गली के नुक्कड़ पर कुछ भीड़ थी। हँसी के ठहाके भी गूँज रहे थे। किसी ने रामबोला बाबा को आते हुए देख लिया। फुसफुसाहट शुरू हुई, "बाबा आ रहे हैं, बाबा।" बहुत-से चेहरे पलटकर बाबा को देखने लगे और हुजूम छँट गया। सामने मंगलू डण्ड लगा रहा था। बाबा उसे देखकर खिल उठे। बेनीमाधव से कहा—"मेरे काव्य पुरुष ने ऐसी ही डण्ड-बैठकें जनकपुरी में लगाईं थीं।"

"जै सियाराम बाबा।" कई लोगों ने तेज़ डग बढ़ाते हुए आकर बाबा के चरण छूना शुरू किया।

"जै सियाराम, जै सियाराम! अरे, मंगलू, काहे की भीड़ लगाए हो भैया?"

मंगलू स्वयं भी बाबा के पास आ पहुँचा था। उनके चरणस्पर्श करते हुए उसने स्वयं ही उत्तर दिया—"कुछ नहीं बाबा ये गाली स्स...।" मुँह से गाली का पहला शब्द निकलते ही मंगलू ने बात करना बन्द करके तुरन्त अपने दोनों कान पकड़े और जल्दी-जल्दी पाँच बैठकें राम-नाम करते हुए लगा डालीं।

लोग-बाग फिर हँस पड़े, बाबा ने मुस्कराते हुए मंगलू को हौसला दिया—"डटे रहो पहलवान, राम जी तुम्हें अवश्य विजय देंगे।"

आत्मसंघर्ष-भरे उत्तेजित चेहरे को ऊँचा उठाकर तेजस्वी दृष्टि से बाबा को देखते हुए मंगलू बोला—"अरे राम जी तो जब दया करेंगे तब करेंगे, पहले तो हम ही अपनी इस आदत साली..." मुँह से गाली निकलते ही मंगलू की बैठकें और लोगों की हँसी फिर शुरू हो गईं। बाबा मुस्कराते हुए आगे बढ़ चले। बेनीमाधव से कहा—"इसकी हठ शक्ति ठीक मेरे ही जैसी है किन्तु मैंने अपना मन साधने के लिए दूसरा उपाय किया था।"

राजा बोले—"तुमने क्या उपाय किया था भैया?"

"हमने कुछ नहीं किया, जानकी मैया ने रास्ता बतलाया।"

× × ×

मिथिला क्षेत्र में पण्डे यात्रियों को प्राचीन स्थलों का विवरण दे रहे हैं—यहाँ राजा जनक ने हल चलाते हुए सीता जी को पाया था। यहाँ राम जी ने धनुषभंग किया था। जानकी मैया ने उनके गले में जयमाला डाली थी, सीता स्वयंवर हुआ

था। यहाँ राजा जनक की फुलवारी थी। यात्रियों के पीछे-पीछे तुलसीदास यह सारे विवरण सुनते चले जा रहे हैं। सारा हरा-भरा क्षेत्र और मन्दिरों की इमारतें अपना वर्तमान रूप खोकर तुलसीदास की कल्पना में पुराने दृश्य उमंगाने लगीं। राजा का महल, राम जी की बरात के तम्बुओं का नगर, स्वयम्बर, जनकदुलारी के द्वारा श्रीराम जी के गले में जयमाला डाले जाने का दृश्य, विवाह मण्डप की हलचल, ज्योनार और उत्साह से गाई जानेवाली स्त्रियों की गालियाँ, सारे दृश्य भावुक तुलसीदास के आँखों के आगे आने लगे।

× × ×

"मैंने उल्लसित होकर गीत गाए। जानकी मैया के दरबार में सारी नारियों की कल्पना की। लुहारिन-अहीरिन-तमोलिन-दर्जिन-मोचिन-बारिन-नाइन आदि हर स्त्री के रूप में विवाह के अवसर का उल्लास निहारा। राजा दशरथ के राजसी ठाट के अनुरूप ही उनका विलास वर्णन किया। राम-जानकी की भक्ति के प्रभाव से मेरे मन का शृंगार उमंगकर भी विकाररहित हुआ। मन के घोड़े पर संयम की लगाम कसी। हर स्त्री जानकी मैया की दासी थी, फिर भला मैं उनके प्रति कोई कलुषित भाव अपने मन में कैसे आने देता? मानव-मन बड़ा अद्भुत होता है बेनीमाधव। जब तक वह संस्कार धारता नहीं तभी तक विकारग्रस्त रहता है और एक बार वह निश्चय कर ले तो जादू की तरह उसकी दृष्टि बदलकर कुछ और की और ही हो जाती है।"

× × ×

दक्षेश्वर के पास एक गली में, एक कच्चे-पक्के छोटे-से घर में बाबा तखत पर बिराजमान हैं। पण्डित गंगाराम भी उन्हीं के पास बैठे हैं। महल्लेवालों की छोटी-सी भीड़ उन्हें घेरे खड़ी है। एक प्रौढ़ा उनकी चौकी के पास बैठी हुई हाथ जोड़कर कह रही है—"मेरे पास दान-दहेज देने को कुछ नहीं है महराज। खाली कुश-कन्या सौपूँगी।"

"अरी राम-भक्तिन, तेरे पास कन्या है। कन्यादान तथा विद्यादान से बड़ा और कौन-सा दान होता है?"

बेनीमाधव जी बाबा की चौकी के पीछे खड़े थे। उनकी दृष्टि बाबा के सामने काला लूगा पहने हुई उस प्रौढ़ा स्त्री की ओर ही लगी थी। अपनी कच्ची-पक्की दाढ़ी पर धीरे-धीरे हाथ फेरते हुए उनका मन तरंगित हो रहा था, 'सुन्दर है। यदि मेरी पत्नी होती तो लगभग इसी आयु की होती।...धत्-धत्, हट रे मन यहाँ से।' बेनीमाधव जी ने उधर से अपना मुँह हटा लिया।

उसी समय कुछ स्त्रियाँ एक नवयुवती को लेकर आती हैं। बाबा उस लड़की को देखकर प्रसन्न होते हैं। लाज-संकोच से भरी वह नवयुवती आकर बाबा के चरणों में अपना मत्था टेकती है। उसकी पीठ थपथपाकर बाबा कहते हैं—"ठीक है, ठीक है।"

बाबा रामू के लिए बहू पसन्द कर रहे थे और बेनीमाधव अपने मन के खिलवाड़ की प्रस्तावित संगिनी को फिर रसीली दृष्टि से निरख रहे थे।

बाबा ने बहू को कंगन पहनाया, उसके सिर पर अक्षत डाले और प्रेम से अपना हाथ फेरा। फिर आस-पास खड़ी भीड़ की ओर देखकर बोले—"कित्ती बड़ी बरात लावें?"

एक बूढ़ा हाथ जोड़कर बोला—"आपसे क्या छिपाव है महराज, ये चमेलो तो अभी बतला ही चुकी कि इसके पास कुश-कन्या है। बिचारी ने घर के बर्तन बेच-बेच के खा डाले हैं।"

'बिचारी चमेलो' के लिए सहानुभूति के शब्द सुनकर बेनीमाधव ने एक बार फिर उस प्रौढ़ा को देखा—देखना तो सहानुभूति से चाहा पर भूखी दृष्टि रसीली हो गई। मन फिर लहराने लगा, 'दुखी है बेचारी। इसके चेहरे पर मदन की वह मार भी है जो भली और लोकभीरु विधवा स्त्री के चेहरे पर दिखलाई पड़ा करती है। स्वयं मेरे मुख पर भी तो मन की सूनी उदासी-धत्-धत् रे मन, फिर बहका!' बेनीमाधव ने फिर अपना मुख फेर लिया। बाबा उस समय कह रहे थे—"घबराओ मत, समधिन, जैराम साव तुम्हारी तरफ का सब खर्चा उठावेंगे। और हमारा खर्चा टोडर का बेटा आनन्दराम और पोता कन्हई मिलकर उठाएँगे।"

पण्डित गंगाराम बोले—"खर्चे की चिन्ता तुम्हें नहीं करनी होगी, तुलसीदास। मैंने कन्या पक्ष की यह व्यवस्था अपने जिम्मे ले ली है। हमारा एक यजमान इस घर की मरम्मत कराने का भार ग्रहण करना स्वीकार कर चुका है। बात यह है कि यह तुम्हारी होनेवाली समधिन चाहती हैं कि उनकी बेटी और दामाद उनके साथ ही रहें। तुम्हारे यहाँ तो नई गृहस्थी बसाने की जगह है नहीं, इसलिए हमें भी यह प्रस्ताव कुछ बुरा नहीं लगता।"

बाबा बोले—"चलो यह भी ठीक है। वैसे ब्रह्मनाल में रामू का पैतृक घर भी है। उसकी पुरानी गृहस्थी का कुछ सामान और गहने इत्यादि हैं जो मैंने टोडर के यहाँ रखवा दिए हैं, किन्तु तुम्हारा प्रस्ताव रुचिकर है।" घर से लगे हुए एक खण्डहर की ओर दृष्टि डालकर बाबा ने पूछा—"गंगाराम, यह पास वाली जमीन क्या बिकाऊ है?"

समधिन बोली—"हाँ महराज, यह घर दीनदयाल दुबे का था। उनका पोता अब जौनपुर में रहता है। एक बार आया था तो हमसे कह गया था कि सौ रुपए में वह बेचने को राजी है। कोई ग्राहक हो तो वह तैयार हो जायेगा।"

बाबा बोले—"हम तैयार हैं। हमें उस घर के सौ रुपए मिल रहे हैं। बाकी जो कमी-बेशी होगी सो भी पूरी कर दी जाएगी। गंगाराम, तुम इस जमीन को भी इस घर में मिला लो।"

प्रौढ़ा बोली—"हमें तो महराज जैसे आपकी आज्ञा होयगी वैसा करेंगे। इस गरीबनी की कन्या आपने अपनी सरन में ले ली यही मेरा सबसे बड़ा भाग है। हम गंगा काका से कभी उरिन नहीं हो सकेंगी।"

रसीली दृष्टि से देखते हुए बेनीमाधव का मन कह रहा था—'तू मेरे विकल मन का सहारा बन जा। तू मेरे कलेजे में फाँस-सी चुभ गई है। तेरे बिना अब मुझसे रहा नहीं जायगा।'

बेनीमाधव कामना-भरा लहराता मन लेकर लौटे। रास्ते-भर उनके मन में भय और कामना की लुकाछिपी चलती रही। भय लगता था कि बाबा उनके मन को

भाँपकर फटकारेंगे। कामना होती थी कि लोक-लाज के निभाव के साथ उनका यह काम ज्वर इस स्त्री की कृपा से उतर जाय। रास्ते चलते हुए उनकी खोई आँखें अपनी मनभावती कल्पना के चित्र देखती चली जा रही थीं। कल्पना में बेनीमाधव और वह स्त्री आमने-सामने होते, एक-दूसरे को रसमग्न होकर निहारते, बेनीमाधव उसके कन्धे पर हाथ रखकर दूसरे हाथ से उसकी ठोड़ी ऊँची उठाते...

''धत् तेरी की राम भगतिनियाँ!'' अपनी नाक पर बार-बार बैठती हुई एक मक्खी को हटाते हुए गुरु जी ने जैसे ही धत् कहा वैसे ही बेनीमाधव भय से चौंककर उनकी ओर देखने लगे।

बाबा की दृष्टि भी उनकी ओर मुड़ी, बोले—''मक्खी भी बड़ी हठीली होती है बेनीमाधव, जहाँ से उड़ाओ वहीं आ-आकर बैठती है।''

बेनीमाधव का सहमा हुआ कलेजा धड़का, मन ने कहा—''गुरुजी ने तेरे चोर को पकड़ लिया है।'

बाबा कह रहे थे—''रामू का विवाह करके मुझे ऐसा ही लगेगा राजा, कि जैसे तारापति को गृहस्थ बना रहा हूँ।''

राजा के मुँह से एक ठंडी साँस निकल गई, बोले—''अब उन पुरानी बातों का ध्यान हमें न दिलाओ भैया। कलेजा मुँह को आने लगता है।''

बाबा बोले—''क्यों? अरे मैं तो अपने रहे-सहे मोह-विकारों को इसी प्रकार से धोता हूँ। बहू देखने गया तो स्वाभाविक रूप से अपने बेटे की याद आई। मेरा वह बेटा ही तो अब रामू बनकर मेरे पास है। तारापति के ध्यान से उपजी उदासी क्षण के एक छोटे अंश में ही रामू के ध्यान से मेरा आनन्द बन गई। (बेनीमाधव की ओर देखकर) विचारवान पुरुषों के लिए मन से सदा लड़ना भी अच्छी बात नहीं होती बेनीमाधव। मंगलू जैसे अविकसित बुद्धि के लोगों का मन ही उस उपाय से सुधर सकता है, हमारा-तुम्हारा नहीं। समझे?''

बेनीमाधव समझ गए, लज्जित भी हुए। मुँह से केवल एक धीमा-सा शब्द फूटा—''हाँ गुरु जी।''

तुलसीदास कह रहे थे—''मैंने अभी बतलाया था न कि मैं अपने विकारों को भी राम-रंग में रंग लेता था। राम प्रसंग से जुड़ते ही विकार भी संस्कार बनने लगते हैं। किसी भी स्त्री को देखो और तुरन्त ही यह ध्यान करो कि यह जगदम्बा की दासी है।''

बेनीमाधव का मन लज्जा और दुख से अभिभूत हो रहा था। उनकी आँखें छलक आईं। रुंधे हुए कंठ से कहा—''मन बड़ा प्रबल शत्रु होता है गुरु जी, मेरे अपराधों का अन्त नहीं।''

''तुम अपने मन को खाली क्यों छोड़ते हो? उसे अपने आराध्य की विभिन्न लीलाओं के चिन्तन से भरा रखो न। मैंने मिथिला में अपने विकारों को जानकी मंगल मनाकर धोया था। यह जीवरूपी सीता सुहागिन आत्मरूपी राम पर रीझ उठी है। उस रिझवार के ध्यान से मन भयमुक्त होकर विकसित हुआ। मन मैली चाँदी-सा काला था, ध्यान से मंजते-मंजते उजला हो गया। भाँग से भी भोंडा यह तुलसी राम कृपा से मुनिराज कहलाने लगा।''

"आप समर्थ हैं गुरु जी, मैं बहुत दुर्बल हूँ। आजीवन मन से लड़ते हुए भी अब तक उसे जीत नहीं पाया।"

"हार-जीत की चिन्ता छोड़ो वत्स, चावल का दाना मुख में दबाकर बार-बार दीवार पर चढ़ने और गिरनेवाली उस चींटी के समान अपराजेय उत्साही बनो, जो सात बार गिरकर भी अपने निर्दिष्ट स्थान पर पहुँचकर ही मानी। पछतावे से बुरा और कोई शत्रु नहीं होता। पछतावे में बिताए जानेवाले अपने अनमोल क्षणों को राम धुन से भर दो।"

"गुरु जी मेरे लिए राम से अधिक बड़ा सहारा आप हैं।"

"तो मेरा ही ध्यान किया करो, वैसे ही सोचो जैसे मैं सोचता था। मिथिला में अहर्निशि मैंने कवेल राम जी की ब्याह-बरात का ही ध्यान किया। सारे पकवानों का स्वाद मन में आ गया। सारा राम-रंग-आनन्द और आमोद मैंने राम जी की बरात में एक अत्यन्त दीन बराती के समान मनाया। 'जानकी मंगल' काव्य की रचना उसी उत्साह में हुई। और तुम जानो कि इतना बड़ा प्रबन्ध काव्य मैंने उससे पहले नहीं लिखा था।" सहसा कहते-कहते वे राजा की ओर मुड़ गए और बोले—"राजा!"

"हाँ भैया।"

"हमारी ओर से बेनीमाधव को समधी बनाय के बेटा ब्याहने भेज दिया जाय?"

"तुम्हीं चलना भैया, बरात की शोभा कुछ और ही हो जायगी।"

"नहीं हम जायेंगे तो भीड़-भाड़ बहुत बढ़ जायेगी। बेनीमाधव हमारी समधिन के जोड़ीदार समधी जचेंगे। ज्योनार के साथ गालियाँ खाएँगे तो इनकी बुद्धि ठिकाने आ जायेगी।" बेनीमाधव नतशिर, भारी मन लेकर चले जा रहे थे। लज्जा उनके रोम-रोम में शूल-सी चुभ रही थी। मन कर रहा था, 'ऐसे त्रिकालज्ञ गुरु की उपस्थिति में भी मेरे मन में पाप-विकार आया? गुरु जी सब जान जाते हैं। मैं बड़ा ही नीच हूँ, पतित हूँ।'

मैदान से गुज़र रहे थे। दूर तक दूब-घास फैली हुई थी। देखकर बाबा बोले—"देखो बेनीमाधव, इस ऊबड़-खाबड़ धरती को पकड़कर भी दूब जमी है और फैलती ही चली जाती है। राम भक्ति रूपी धरती तो बड़ी समतल है। उस पर अपनी मति रूपी दूब जमाओ। बहुत दूर तक पहुँच जाओगे।"

33

विवाह के उपरान्त बाबा ने जब रामू को ससुराल वाले घर में रहने की आज्ञा दी तो वह रोने लगा, बोला—"प्रभु जी मेरे लिए इन चरणों से दूर रहना कठिन है। इनकी सेवा के अतिरिक्त मैंने आज तक कभी कुछ सोचा ही नहीं है। आप मुझे यह दण्ड न दें।"

"यह दण्ड नहीं है पुत्र। मैं चाहता हूँ कि मेरे जीवनकाल में तू व्यवस्थित होकर बैठ जा। अपनी पाठशाला चला और मानस की कथा सुनाया कर। उससे तेरी जीविका सुचारु रूप से चलेगी। बेनीमाधव मेरे पास हैं। राजा के लिए भी हमारी इच्छा तो यही है कि वे अब अपने गाँव लौट जायँ।"

पास बैठे हुए राजा बोले—"अब अन्तकाल में तुम काहे को हमें अपने से दूर करते हो भैया?"

बाबा बोले, "बाल-बच्चों में जाओ, राजा, हम..."

"नहीं भैया, अब हमें कोई मोह नहीं रहा। तुम्हारा साथ नहीं छोड़ेंगे। इस सम्बन्ध में अब कुछ न कहो।"

रामू अपने नए घर में रहने के लिए चला गया। राजा भगत और संत जी बाबा के पास ही रहे। बेनीमाधव का मन अभी पूरी तरह से अपने वश में न हो पाया था। अधिक श्रम करने का अभ्यास भी उन्हें नहीं था। बाबा की नियमित सेवा करने के लिए उन्हें अपनी इस ढलती आयु में अधिक कायिक श्रम और मानसिक सतर्कता बरतनी पड़ी। इससे उनकी थकान और बढ़ गई थी। रामू की सास अब प्रायः बाबा के दर्शनार्थ आती थी। बेनीमाधव के लिए वे क्षण आग की लपटों से गुज़रनेवाले हुआ करते थे। उनका मन लड़खड़ा उठता था। वे जानते थे कि बाबा को उनके मन की हलचलों की थाह मालूम है। एक दिन समधिन के सामने ही बाबा ने कहा—"मन को वश में करना कोई हमारी समधिन से सीखे।"

बाबा के आगे भूमि पर मत्था टेककर समधिन गद्गद स्वर में बोलीं—"अरे महराज, हमारे में इत्ता बल कहाँ? राम जी निभाते हैं।"

"तेरे चेहरे पर आत्मसंयम की छाप छपी है। तू अब मेरा एक कहा मान ले तो सत्य कहता हूँ तर जायेगी।"

"आज्ञा होय महराज, आप जो कहेंगे तो मेरे भले के लिए ही कहेंगे।"

"अपने बेटी-दामाद को तू राम-जानकी मान और नित्य सबेरे यहाँ आकर हम तीन प्राणियों का भोजन बना जाया कर। जो सिद्धि औरों को जप से प्राप्त होती है वह तुझे इस भाव से आप ही आप मिल जाएगी।"

रामू की सास का प्रतिदिन आना बेनीमाधव के जीवन में एक नए सधाव का कारण बना। जिस स्त्री के प्रति उनका मनोविकार जागा था वह एक तो ऊँचे दर्जे की चरित्रवान थी और दूसरे उन्हें बाबा की पैनी अन्तर्दृष्टि का भय भी सताता था। भय से राम-प्रीति जागी। स्त्री-मोह दबने लगा। गुरु जी अपनी समधिन का इतना मान करते थे कि बेनीमाधव के मन में भी उनके प्रति आदरभाव बढ़ने लगा था। गुरु जी की समधिन के प्रति अपने मन में कलुष लाने से वे स्वयं ही डरने लगे और यह डर उन्हें सँवारने लगा। एक दिन एकान्त में बेनीमाधव गुरु जी के पास बैठे हुए थे। गुरु जी बोले—"विचारों की निर्मलता मनुष्य के चेहरे पर छा जाती है। जब हम जानकी मैया के दरबार में रहे तो हमें बराबर यह भय बना रहता था कि यहाँ यदि किसी पर कुदुष्टि डालेंगे तो जगज्जननी हमसे कुपित हो जाएँगी। इस भय

ने ही हमारे मन को साध दिया। यों ही सचेत रहोगे तो तुम्हें मनचाही सिद्धि अवश्य प्राप्त होगी।"

कई महीनों के बाद गुरुमुख से अपने प्रति सराहना का यह वाक्य सुनकर बेनीमाधव के हृदय को अपार हर्ष हुआ। उनके चरणों में मस्तक नवाकर वे बोले—"मैं अब, राम-श्याम-शंकर-बजरंग-गुरु-पिता-माता सब कुछ आपको ही मानता हूँ। आपके जीवन-चरित को ही निरन्तर अपने ध्यान में रखता हूँ। आपका ध्यान ही मुझे सद्गति प्रदान करता है और करेगा।"

"हाँ, अब तो मुझे भी ऐसा ही लगने लगा है। वत्स, आत्मकथा सुनाकर मैं तुम्हारी सेवा करूँगा। कल से नियमित रूप से दिन में तुम्हें अपने जीवन-प्रसंग सुनाऊँगा। मेरा आत्मालोचन होगा और तुम्हें आत्मालोचन के लिए स्फूर्ति प्राप्त होगी।"

दूसरे दिन लगभग पचास वर्ष पूर्व के अपने अनुभव सुनाते हुए बाबा बोले—"मिथिला से हम सचमुच खूब भरे-पूरे होकर लौटे थे। काशी और प्रयाग के बीच में एक स्थान सीतामढ़ी के नाम से प्रसिद्ध है। वहाँ वाल्मीकि जी का आश्रम बखाना जाता है। राम जी की आज्ञा से लखनलाल जगदम्बा को वहीं छोड़ गए थे। लव-कुश कुमारों ने वहीं जन्म पाया। वहाँ एक सीतावट है, बेनीमाधव। तपस्विनी जानकी प्रायः उसी वट वृक्ष के नीचे बैठकर राम जी का ध्यान किया करती थीं।"

× × ×

गंगा के समीप वृक्षराज सीतावट के नीचे जगदम्बा के चरण कमलों का ध्यान करके तुलसीदास आनन्दविभोर हो गए। प्रणाम करने के बाद कुछ देर तक टकटकी बाँधकर तुलसीदास उस वृक्ष के तने की ओर देखते रहे। कल्पना सजीव हो उठी। वट के नीचे तापसवेशधारिणी जगज्जननी रामवल्लभा हथेली पर ठोड़ी टेके हुए बालक लव-कुश का धनुष चलाना देख रही हैं। महर्षि वाल्मीकि उन्हें लक्ष्य बतला रहे हैं।

कल्पना का दृश्य ओझल हो जाता है। वृक्ष की परिक्रमा और प्रणाम करके तुलसीदास गंगा तट की ओर चलते हुए एकाएक पलटकर फिर वटवृक्ष को देखने लगे। लटकती हुई बरगद की जटाओं ने उनकी कल्पना को फिर स्फूर्त किया। वटवृक्ष उन्हें जटाजूटधारी शिव जी के रूप में दिखाई दिया। तुलसीदास मुग्ध होकर काव्यतरंग में चढ़ गए।

मरकत बरन परन, फल मानिक-से,
लसै जटाजूट जनु रूखवेष हरु है।
सुषमा को ढेर कैधौं, सुकृत-सुमेरु कैधौं,
सम्पदा सकल मुद मंगल को घरु है।
देत अभिमत जो समेत प्रीति सेइये,
प्रतीति मानि तुलसी, विचारि काको थरु है॥
सुरसरि निकट सुहावनी अवनि सोहै,
रामरमनी को बटु कलि कामतरु है॥

रात में तुलसीदास गंगातट पर एक तखत पर सो रहे थे। उन्हें स्वप्न में वटवृक्ष के नीचे जानकी मैया विराजमान दिखाई दीं। स्वप्न में तुलसी उनके चरणों में झुके हुए कह रहे हैं—"मेरा मार्ग मुझे दिखाओ अब। अब मैं भी तुम्हारे ही समान राम-दर्शन की चाह लिए बैठा हूँ।"

स्वप्न में सीता जी तुलसीदास से कहती हैं—"अयोध्या जाओ, तुम्हारी मनोकामना पूरी होगी।" कहकर वे अदृश्य हो गईं। फिर उन्हें गंगातट के पास खड़े हनुमान जी दिखलाई दिए। आकाश से लेकर धरती तक उनका विराट रूप स्वप्न में देखकर सोते हुए तुलसी सहसा चौंक गए। चरणों में प्रणाम किया और फिर हाथ जोड़कर आनन्द मुद्रा में अपने परम सहायक और आराध्य बजरंगबली को निहारने लगे। मूर्ति क्रमशः छोटी होती जाती है। हनुमान जी मनुष्य के आकार में आ जाते हैं, वाल्मीकि बन जाते हैं। तुलसीदास कपीश्वर के स्थान पर कवीश्वर को देखकर गद्गद हो उठते हैं। हाथ जोड़कर कहते हैं—"हे कविता-शाखा पर विराजमान मधुर-मधुर अक्षरों में राम-राम की कुहुक भरने वाले कोकिल, तुम्हें प्रणाम है।"

वाल्मीकि कहते हैं—"इस कलिकाल के निराशा अन्धकार में मेरा काम क्या तू कर सकेगा, तुलसी?"

"आज्ञा करें आदिकवि।"

"भाषा में रामायण की रचना कर! इससे तेरा और लोक का कल्याण होगा।" कवीश्वर फिर कपीश्वर के रूप में दिखलाई देते हैं। गगन स्वर गूँजता है—"अयोध्या जा, रामयाण की रचना कर।"

स्वप्न आलोप हो जाता है। तुलसीदास की आँख खुल जाती है। ब्राह्मवेला आ चुकी थी। विचारमग्न होकर दूर धुँधले में झलकते हुए सीतावट और वाल्मीकि आश्रम को प्रणाम करके तुलसीदास बोले—"अब, क्या यह सचमुच ही तुम्हारी आज्ञा थी या मेरे भावुक मन का छलावा-भर है? मैं क्या सचमुच वह काम कर सकता हूँ जो महर्षि वाल्मीकि कर गए?"

प्रश्न उठकर रह गया किन्तु उत्तर न मिला। तुलसीदास गम्भीर सोच और असमंजस में पड़ गए।

अपने ब्राह्मकर्मों से मुक्त होने पर तुलसीदास एक बार फिर सीतावट के पास गए। वहाँ उन्हें एक हट्टे-कट्टे पहलवान जैसे बलशाली और तेजस्वी साधु मिले। जगदम्बा के चरण चिह्नों के सामने घुटने टेककर बैठे तुलसीदास की आत्मानन्दलीन छवि देखकर वे बड़े मुग्ध हो गए और एकटक एक होकर उन्हें देखने लगे। आत्मनिवेदन करके थोड़ी देर बाद तुलसीदास जब उठे तो उन्होंने आगे बढ़कर पूछा—"महात्मन्, आप किस सम्प्रदाय के हैं?"

तुलसीदास ने झुककर साधु को प्रणाम किया और कहा—"मैं किसी सम्प्रदाय में दीक्षित नहीं हुआ, स्वामी जी। राम जी का चेरा हूँ, उन्हीं का नाम जानता हूँ। नाम भी रामबोला ही है।"

साधु जी उनका कन्धा थपथपाते हुए बोले—"यों तो विरक्तों का कोई सगा सम्बन्धी नहीं होता पर तुम तो मेरे किसी जन्म के भाई समान लगते हो। मैं अयोध्या जा रहा हूँ। क्या तुम मेरे साथ चलोगे?"

तुलसीदास स्तब्ध और आश्चर्यचकित होकर उस साधु को देखने लगे। मन में प्रश्न उठा, 'क्या यह संयोगमात्र है अथवा जगदम्बा का आदेश?'

तुलसी को मौन देखकर साधु ने मीठे स्वर में कहा—"यदि इच्छा न हो तो मेरा कोई विशेष आग्रह नहीं है। तुम्हारी भावुक भक्ति से प्रभावित होकर मैंने सहजभाव से यह प्रस्ताव कर दिया, और कोई बात न थी।"

"आपकी यह सहज बात मेरे लिए साक्षात् हनुमान जी का आदेश बन गई है। यह प्रस्ताव करने के लिए मैं आपका बड़ा कृतज्ञ हूँ।"

× × ×

"प्रयाग तक तो हमारा उनका साथ रहा और फिर एक दिन हम जो सबेरे उठे तो साधु जी का कहीं पता ही नहीं था। अस्तु हम तो निश्चय कर ही चुके थे। अयोध्या की ओर पयान किया। जिस मार्ग में तापसवेशधारी श्रीराम, जानकी और माखनलाल सुमन्त के साथ अयोध्या से प्रयाग आए थे उसी पर चले। सारा मार्ग मेरी कल्पना के लिए हरा-भरा रहा। और जब मैंने अयोध्या में प्रवेश किया तब तक मैं राम-विह्वल हो चुका था।" कहते-कहते बाबा का चेहरा एक अलौकिक तेज से दमकने लगा था। बेनीमाधव चकित होकर उन्हें देखने लगे। दो पल मौन रहकर बाबा फिर कहने लगे—"मैंने कभी किसी प्रकार का नशा नहीं किया है। पर दूसरों से नशे का विवरण सुनकर मैं यह अनुभव कर सकता हूँ कि मेरा अन्तर्मन उस समय राम-मतवाला हो गया था। ऊपर की काया तुलसीदास थी पर उसके भीतर राम थे। मैंने अयोध्या में प्रवेश क्या किया मानो राम ने मेरे उर अन्तर में प्रवेश किया।"

× × ×

खण्डहरों-टीलों-भरी अयोध्या। बीच-बीच में खण्डित मूर्तियाँ भी देखने को मिल जाती थीं। तुलसीदास को दिखलाई दिया कि दक्षिणांग में हनुमान और लक्ष्मण के साथ श्रीराम-जानकी अयोध्या के आकाश में खड़े हुए हैं। तुलसी मुग्ध होकर आकाश की ओर देख रहे हैं और बढ़ते चले जाते हैं। थोड़ी दूर पर बन्दरों की आपसी लड़ाई का शोर उन्हें होश में ले आता है। अपने-आप ही कह उठते हैं—"सब कुछ वैसा अद्भुत् उल्लासप्रद है, आनन्द है भय भी है।...बजरंगबली सहाय होंगे। वही मेरा भाग्य-निर्देश करेंगे।"

चलते हुए तुलसीदास उसी मठ पर आए जहाँ पंच संस्कार कराने के लिए नरहरि बाबा उन्हें लेकर आए थे।

मठ में अनेक साधु थे। कोई भाँग घोट रहा था, कोई खीर-मालपुए की चर्चा छेड़ रहा था। एक साधु दूसरे पर अपनी लँगोटी चुराने का आरोप लगाकर लड़ रहा था। तुलसी को वहाँ किसी के भी हृदय में राम न दिखलाई दिए। भाँग घोटते हुए साधु से कहा—"जै सियाराम महाराज।"

"जै सियाराम, कहाँ शे आवना भया?"

"इस समय तो सीतावट के दर्शन करके आया हूँ। लगभग छत्तीस-सैंत्तीस वर्षों के बाद यहाँ आया हूँ। पहले पूज्यपाद नरहरि बाबा के साथ आया था।"

"भला, भला। बड़ी पुरानी बात है। हमने नरहरि बाबा का नाम-भर ही शुना है।" कहकर वह फिर भाँग घोटने में दत्त-चित्त हो गया।

तुलसीदास ने सविनय कहा—"इस मठ में क्या मुझे रहने का स्थान मिल सकेगा?"

सिल पर बट्टा रगड़ते हुए साधु बोला—"मिल क्यों नहीं शकता। शाधुओं की सेवा करो तो मैं महन्त जी शे कह दूँगा।"

"आपकी बड़ी कृपा है।"

"किरपा-उरपा कुछ नहीं, तुम्हें हमारा चेला बनना पड़ेगा। भोरहरे की कागा बीशी और दोपहर की शत्यानाशी तथा शायंकाल की भोग-बिलाशी भाँग तुम्हें ही पीशनी होगी। राजी हो तो महन्त जी शे जगह दिला देंगे।"

तुलसीदास बोले—"मैं यथासाध्य आपकी यह सेवा कर दूँगा।"

"और देखो, जितनी देर हमारी भाँग घोटोगे उतनी देर राम-राम जरूर जपो।"

तुलसीदास ने गद्गद होकर कुछ कहना चाहा, पर भंगघोटने साधु जी अपने स्वर को और ऊँचा चढ़ाकर बोलने लगे—"हम एकै घूँट में परख जाते हैं कि ए राम-राम जप के पीशी गई है या नहीं।...नहीं-नहीं, पहले हमारी बात शुनो, जित्ती बादाम, कालीमिर्च इत्यादि-इत्यादि हम तुम्हें देंगे उत्ती शब हमारी भाँग में बोलै। और जो एक भी कम हुई तो बच्चू कमर पै दुइ लात मारकर हम तुम्हें यहाँ शे निकाल बाहर करेंगे, याद रखना।"

तुलसीदास ने हाथ जोड़कर कहा—"मैं बड़े प्रेम से राम-राम जपूँगा और जो सामग्री आप मुझे देंगे उसमें से एक भी पत्ती भाँग या एक भी दाना काली-मिर्च आपको कम नहीं मिलेगी।"

"और शुनो," स्वर धीमा करके और फिर से संकेत देकर तुलसीदास को अपने पास बुलाकर साधु जी बोले—"महन्त जी जो हैं न, वो जब हमशे अपनी भाँग घुटवाएँ तो लपक के उनके शामने कहना कि गुरु जी, हम महन्त जी की भाँग घोटेंगे।"

"अच्छा महाराज।"

"महराज-वहराज कुछ नहीं। हमें गुरु जी कहके पुकारा करो। और शुनो, यहाँ जो चेलियाँ आवैं तो उनके शामने तुम्हें हमारे गोड़ भी दबाने होंगे।"

तुलसीदास संकोच में पड़ गए, कहा—"आपने मुझे अपनी भाँग घोटते समय राम जपने का मन्त्र दिया इसलिए आपको गुरु जी कहूँगा। आपके चरण भी राम-राम जपकर ही चापूँगा। परन्तु स्त्रियों की उपस्थिति में मैं आपके पास नहीं आऊँगा।"

भंगघोटने साधु ने आँखें तरेरीं, फिर पूछा—"क्या तुम शचमुच के ब्रह्मचारी हो?"

"हाँ गुरु जी।"

"राम जी की शौगन्ध खाके कहो कि ब्रह्मचारी हूँ।"

"रामजी साक्षी हैं, मैं ब्रह्मचर्य व्रतधारी हूँ।"

"तो भागो यहाँ शे। एकदम दूर चले जावो। हियाँ जो शशुर अशली ब्रह्मचारी

रहेगा वह आज नहीं तो कल, नहीं तो परशों शारी की शारी चेलियाँ अपनी ओर खींचकर ले जायेगा। शाला। रांडें शशुरियाँ तो अशली ब्रह्मचारी को ही अपना खशम बनावे के फेर में रहती हैं। तुम देखने में भी शुन्दर हो। भागो-भागो अशली ब्रह्मचारी का कलयुग के मठों में काम नहीं है।" कहकर साधु जी बड़े ज़ोर से अपनी भाँग घोटने लगे।

तुलसीदास साधु की बातें सुनकर विचित्र मनस्थिति में पड़ गए। एक तरफ तो यह साधु राम-राम जपने का मन्त्र देता है और दूसरी ओर असली ब्रह्मचारी का निन्दक भी है। सब मिलाकर इसकी बातें बहकी-बहकी-सी हैं। वे उठ खड़े हुए, हाथ जोड़कर कहा—"अच्छा तो चलता हूँ। राम-राम।" तुलसीदास चलने लगे तो साधु ने आँखें तरेरकर कहा—"हियाँ तौ शब शाधू महात्मा तर माल चाभते हैं और भगतिनन शे रशजोग शाधते हैं। और ये शरऊ हियाँ ब्रह्मचर्य फैलइहैं। कलयुग का शतयुग बनावें चले हैं। घोघाबशंत नहीं तो।"

साधु का बड़बड़ाना चलता रहा। तुलसीदास बाहर आए। एक अन्य प्रौढ़ साधु फाटक पर मिले। इन्हें देखकर कहा—"जै सियाराम।"

"जै सियाराम, महाराज।"

"अयोध्या में नए आए हैं कदाचित्?"

"हाँ महाराज, गोलोकवासी नरहरि बाबा के साथ बचपन में एक बार यहाँ आया था। यहीं मैंने पंच संस्कार पाए थे। इसीलिए यहाँ शरण लेने आया था।"

"भंगड़ गुरु से आप की क्या बातें हुईं?"

तुलसीदास खिसियानी हँसी हँस्कर बोले—"क्या कहूँ महाराज, विचित्र महात्मा हैं।"

"हाँ, बातें अवश्य विचित्र करते हैं पर इस मठरूपी जल में कमलवत् रहने वाले एक वही व्यक्ति हैं, पर भला ही होगा जो आप यहाँ न ठहरें। बाहर आइए।"

प्रौढ़ साधु ने अपनी बातों से तुलसीदास के मन में हल्की-सी उत्कंठा जगा दी। गली में मठ के फाटक से दस कदम आगे बढ़कर साधु बोले—"यह झंगड़ अखण्ड ब्रह्मचारी है। सिद्ध पुरुष है। इस मठ का वातावरण अब पहले जैसा नहीं रहा। नरहरि बाबा का आगमन मुझे याद है। आपके संस्कारादि होने का प्रसंग भी अब मुझे याद आ रहा है। मैं तब यहीं रहता था। उस समय मेरी आयु पन्द्रह-सोलह वर्ष की रही होगी। बड़े महन्त जी के गोलोकवासी होने के बाद अब यहाँ कोई सच्चा साधक नहीं रह पाता। यह राम जी की अयोध्या अब विचित्र हो गई है।"

तुलसीदास उदास हो गए, बोले—"यहाँ चिन्तन-मनन के क्षण बिताने के लिए बड़े भाव से आया था किन्तु पापी पेट को सहारा तो चाहिए ही।"

साधु बोले—"आप लिखना-पढ़ना जानते हैं?"

"हाँ, महाराज। राम-कृपा से काशी में शिक्षा पाई है।"

"तो आइए, मैं आपको रामानुजी सम्प्रदाय के मठ में ले चलता हूँ। उनका हिसाब-किताब रखनेवाला कोठारी बीमार है, मरणासन्न है। वहाँ के महन्त जी अभी दो दिनों पहले ही हमारे आगे हिसाब-किताब के सम्बन्ध में दुखी हो रहे थे।"

तुलसीदास फिर संकोच में पड़ गए, कहा—"महाराज, यह रुपिया-टका और साज-सामानों की चिन्ता में पड़ूँगा तो..."

"अरे यह मठ का हिसाब-किताब है, कोई महाजन की कोठी का तो है नहीं। व्यर्थ में भावुक न बनो। दुनिया साधे बिना दीन नहीं सधता। राम सरकार भी जब दुनिया में आते हैं तो उसके समान ही व्योहार करते हैं।"

"आपकी इस बात ने मुझे प्रभावित किया, ठीक है, मैं कोठारी का काम सम्भाल लूँगा।"

× × ×

34

बाबा सन्त जी को सुना रहे थे—"रामानुजी सम्प्रदाय के मठ में मैं कोठारी बन गया। महन्त जी यों तो भले थे। कुशल, लोक-व्यवहारी थे। हाकिम-हुक्कामों, धनी मानियों से प्रायः मिलते-जुलते रहते थे परन्तु चापलूसी बहुत पसन्द करते थे। जो व्यक्ति हर समय उनके दरबार में बैठा रहे, उनकी हाँ में हाँ मिलाता रहे, उनकी रक्षिता-प्रिया को सराहे और मान दे, वही उनका स्नेहभाजन बन सकता था। वे मेरे काम से तो सन्तुष्ट थे परन्तु दरबारदारी न कर पाने के कारण वे असन्तुष्ट भी रहते थे। मैं जब हिसाब-किताब लिखता तो मन में ऐसा अनुभव करता था कि राम जी की कचहरी में ही काम कर रहा हूँ। और बाकी समय अयोध्या के विभिन्न स्थलों पर डोला करता था। पंडे तीर्थयात्रियों को बतलाते...यहाँ सीताराम का महल था, यहाँ सीता जी रसोई बनाती थीं, यहाँ राम जी का दरबार लगता था, इस कुण्ड पर दतुवन-कुल्ला करने आते थे। यहाँ गुरु से पढ़ते थे। यहाँ भरत जी ने राम बनवास के दिनों में निवास किया था।"

× × ×

अयोध्या के विभिन्न स्थलों के दृश्य पर दृश्य आते चले जाते। उजड़े टीलों में अथवा खण्डहर मन्दिरों के आस-पास राम जी की अयोध्या की कल्पना करते हुए तुलसीदास गद्गद हो जाते थे। अयोध्या की भूमि में चलता-फिरता हर चेहरा उनकी दृष्टि में अपना वर्तमान रूप खोकर रामकालीन बन जाता था। वे अपने काम के समय को छोड़कर प्रायः हर समय अपनी कल्पना की अयोध्या में ही रहा करते थे। राजा दशरथ, उनकी तीनों रानियाँ, भरत-लक्ष्मण-शत्रुघ्न, वशिष्ठ, विश्वामित्र सभी प्राचीन पुरुष उन्हें किसी न किसी चेहरे में झलक उठते, पर राम जी का बिम्ब एक

बार भी उनके सामने न आया। वे एकान्त में बैठकर बार-बार रूप का ध्यान करते थे किन्तु राम न प्रकट हुए। उनकी जगह हनुमान जी का आकार उनके मनोलोक में मुस्कराता हुआ झलक उठता था। हनुमान जी की कल्पना उन्हें इतनी सिद्ध हो गई थी कि कभी-कभी तो उन्हें लगता कि वे उनके सामने माँसल रूप में दृश्यमान हैं।

राम को ध्यान में लाने का आग्रह दिनोंदिन बढ़ता ही गया। 'राम बाम दिशि जानकी लखन दाहिनी ओर' यह छवि वह अपने ध्यान में आँकते। मन का आग्रह बढ़ने पर उन्हें गोरे लखनलाल और गोरी सीता जी तो बहुत हद तक झलक जाती थीं परन्तु उनके बीच में राम का श्यामल बिम्ब उभरते-उभरते ही अदृश्य हो जाता था। राम के रूप के बजाय कभी कोई दीन-हीन दाढ़ी वाले कंगले की छवि, कभी कोई क्रूर राक्षसाकार चेहरा, कभी सूर्य, कभी नृत्य-मुद्रा में नारी। इसी तरह अनचाहे बिम्ब-झलकते, पर मनचाहे राम का ध्यान नहीं सधता था। तुलसीदास अपने मन में बहुत ही खिन्न रहने लगे—'हे प्रभु, आप ध्यान में भी अपने इस दास पर कृपा नहीं करते। तब क्या उसकी प्रत्यक्ष दर्शन की कामना अधूरी ही रह जाएगी? यह दास कुछ नहीं चाहता, केवल आपके निकट रहने को भीख माँगता है।'

अपनी असफलता पर तुलसीदास एकान्त में आँसू बहाते थे। जल से विलग मछली के समान छटपटाते थे। बजरंगबली से लड़ते थे, 'केसरीकिशोर, बड़े-बड़े दरबारों के ऊँचे ओहदेदार मुंहलगे सेवक अपने स्वामियों से हम जैसे दीन-दुखियों का भला कराने की कला दिखलाने में सफल हो जाते हैं। आप कहें और रघुकुल-मुकुट-मणि रामभद्र न मानें यह बात हर प्रकार से अविश्वसनीय है। आप मेरे लिए राम जी से क्यों नहीं कहते? आप मेरे ध्यान में आते हैं, मुस्कराते हैं, अभयमुद्रा में आश्वस्त भी करते हैं पर राम जी से मेरे लिए कहते क्यों नहीं? हनुमान हठीले, इस अकिंचन ने अपने धुर बचपन से आप ही की बाँह गही है, फिर भी आप उसकी नहीं सुनते हैं।'

अपनी असफलता से तुलसीदास में एक जगह खिसियान और हीन भावना भी आने लगी, 'मैं इतने संयम-नियम से रहता हूँ किन्तु तब भी भगवान मुझसे प्रसन्न नहीं होते। और काले हृदय वाले भक्त, विरक्त होने का ढोंग करनेवाले मानवीय दृष्टि से हीनतम लोग इस समाज में श्रेष्ठ भक्त माने जाकर पूजा पाते हैं। उनमें से अनेकों के विषय में यहाँ तक बखाना जाता है कि आप उन्हें प्रत्यक्ष दर्शन देते हैं। यह क्या इस दीन सेवक के प्रति आपका अन्याय नहीं है प्रभु?...नहीं है। राम सो भलो कौन, मो सों कौन खोटो। मैं दुर्मति अपने ही परम करुणामय स्वामी के लिए ऐसे कुटिल विचार रखता हूँ। जिन्होंने अहल्या के साथ न्याय किया, शबरी के अज्ञान को न देखकर उसके प्रेम को सराहा, लोक-कल्याण के लिए रावण और राक्षस कुल का वध किया, उस परम न्यायी और अनन्त करुणामय साहब को मैं अपने मोहवश अन्यायी कह रहा हूँ, यह क्या मेरा छोटा अपराध है? मुझे धिक्कार है, धिक्कार है। रामभद्र, मुझे क्षमा करो। जगदम्बा, राम वल्लभा, बच्चे की खोट को माँ क्षमा कर दिया करती है। मालिक के मन से तुम्हीं मेरे प्रति रोष को हटा सकती हो। मैया, जो सीधे साहब से कहने में आपको संकोच हो तो लखन जी से

कह दीजिए। वह तो मुँहफट हैं, राम उन्हें चाहते भी अधिक हैं वह कह देंगे तो मेरा भला हो जाएगा। कह दो माँ, कह दो।'

भोली भावुकता में बहते-बहते तुलसीदास ऐसे आत्मविभोर हो जाते थे कि उनके लौकिक कर्तव्यों पर कभी-कभी आँच आ जाया करती थी। उन्हें महन्त जी की डाँट सुनने को मिलती। ईर्ष्यालु साधुओं की खोटी निन्दा और झिड़कियाँ भी मिलतीं। वे इससे दुखी होकर और भी अधिक क्रोध में राम-रट लगाते। परन्तु इसका प्रभाव भी अच्छा न हुआ। जिस दिन बहुत आग्रह बढ़ता उस दिन उनके ध्यान में रत्नावली बार-बार झलक उठती थी। गली-सड़क में स्त्रियों को देखना उनके लिए भारी पड़ जाता था। तुलसी एकान्त में भूमि पर मत्था रगड़-रगड़कर गुहारते हैं—'हे राम, मेरी यह परीक्षा न लो प्रभु , मुझे इस धुंधले प्रकाश से तीव्र आलोक के लोक में ले चलो। अब कामांधकाल के पाताल में न ढकेलो नाथ, दया करो।'

× × ×

"काम और राम के बीच में चुनाव के क्षण आने पर निश्चय ही मेरी चेतना उठकर मुझे काम-प्रलोभनों से बचा लेती थी। दर्शन-साहित्य और कला के संस्कारों से जिस सौन्दर्य की चाह राम-रूप लेकर मेरे मन में जागी थी, उससे लुभावने से लुभावना नारी-सौन्दर्य भी मेरे मन की कसौटी पर चढ़कर फीका पड़ जाता था। कुछ भक्तिनों ने मुझे अपने प्रलोभन में फाँसना चाहा किन्तु राम ने बचा लिया। मेरी भक्ति-निष्ठा दूसरे साधुओं के मन में ईर्ष्या जगाने लगी।"

× × ×

एक दिन छबीली मालिन फूलों की डलिया लिए मठ में प्रवेश करती है। आँगन में बाबा मुक्तानन्द कहीं से आई हुई सब्ज़ियों को डले से छाँट-छाँट कर उन्हें अलग-अलग रख रहे थे। छबीली को देखते ही उनकी बाँछें खिल गईं, बोले—"जै सियाराम छबीलो।"

छबीली ने कोई उत्तर न दिया, मुँह घुमाकर देखा तक नहीं, भारी चाल से आँगन पार करने लगी। मुक्तानन्द उसके पीछे-पीछे दौड़े। पास पहुँचकर कहा—"छबीलो महारानी, महन्त जी से आज हमें दस टके दिलवाय देव। तुम्हारा बड़ा उपकार होगा। उसमें से दो तुम ले लेना।"

बड़ी अदा से अपनी मुट्ठी बँधा बायाँ हाथ कमर पर टेककर खड़ी होते हुए छबीली ने कहा—"बाकी आठ का क्या करोगे?"

मुक्तानन्द ने धीमे उदास स्वर में कहा—"हमारी चेली का मरद बीमार पड़ा है, बहुत बीमार है। जगतू वैद्य साला ऐसा लालची है कि मुफ्त में औषध देने को तैयार नहीं।"

"तो तुम्हें चेली के मरद से क्या मतलब? यह मरेगा तो चेली आठों पहर तुम्हारी सेवा में रहेगी।"

"छबीलो, तुम तो समझदार होकर भी नासमझी की बात करती हो।"

"क्यों?"

"अरे मरद रहेगा, तभी तो वह उसे धोखा देकर हमारे साथ प्रेम निबाहेगी, और जो वह मर गया तो फिर जग में मेरा पाप उजागर होने से बच न पाएगा। इसीलिए उसके मरद को जिलाए रखना चाहता हूँ।"

"तुम्हारे पापों को अजुध्या जी में कौन नहीं जानता?"

"वैसे तो छबीलो रानी तुम्हारे पाप को भी सब बखानते हैं। जिसको हमारे महन्त जी से काम कराना होता है वह तुम्हारे ही पैर पकड़ता है।"

छबीली के होंठों पर गुमान-भरी मुस्कराहट खेल गई, फिर ठुनककर कहा—"मेरा तो मरद तक जानता है। हजारों बार निगोड़े ने मुझे मारा-पीटा भी पर महन्त जी की सेवा से मोहे अलग नहीं कर पाया। मेरा पिरेम-भाव सच्चा है।"

"अरे प्रेम नहीं, तुम तो साकछात भग्ती करती हो भग्ती। एक महात्मा ने प्रेम-भग्ती का जो अरथ हमको समझाया रहा तो प्रतच्छ प्रमाण में उसे हमने तुम्हीं में देखा। ऐसा प्रेम तो किसी गोपी ने भी कृष्ण भगवान से नहीं किया होगा, जैसा तुम महन्त जी से करती हो। दस टके दिलाय देव, तुम्हारे लिए कौन बड़ी बात है।"

छबीली इठलाती हुई खड़ी रही। वह इस मुद्रा में मुक्तानन्ददास को देख रही थी कि हम तुम्हारी खुशामद से खुश हैं, पर थोड़ी-सी चिरौरी और करो तो हम सन्तुष्ट होकर तुम्हारा काम करा दें। मुस्कराकर बोली—"गनेसी महराज कहते रहे कि तुम सुहागा के पैर दबाते हो।"

मुक्तानन्ददास सुनकर उत्तेजित हो गए, बोले—"गनेशी साला बड़ा दुष्ट है। अरे, मेरी चेलिन तो फिर भी तेलिन है पर गनेशी तो नीच से नीच जाति की स्त्रियों के पैर दबाता है। सूप बोले तो बोले, चलनी क्या बोले जिसमें बहत्तर छेद। (खुशामद में मुस्कराकर) और वैसे तो जो हनुमानशरणदास हमसे कहता रहा कि महन्त जी भी तुम्हारे पैर..."

"धत्! आओ, हम कुठारी जी से तुम्हें पैसे दिलवा दें। तुम्हें ताँबे के टके ही तो चाहिए न?"

"मुझे सोने, चाँदी, जवाहरात का मोह नहीं है छबीलो भक्तिन।"

भीतर के छोटे आँगन में प्रवेश करते हुए छबीली ने धीमे स्वर में मुक्तानन्द से पूछा—"बाबा, ये कुठारी जी का भेद अभी तक नहीं खुला। इसके पास कौन है?"

मुक्तानन्द बोले—"अरे छबीलो, वो खरा भगत है।"

"हटो भी, कलयुग में कोई खरा भगत नहीं होता। ये दिन में कहीं जाता-आता तो जरूर है। बाबा-बैरागियों में कोठारी जी जैसा सुन्दर कोई नहीं है। जरूर किसी बड़े घर की औरत से इसका नाता होगा।"

"रामजाने छबीलो, बाकी हमने तो जिस-तिस से यही सुना है कि जलमभूमि वाली महजिद के पास इकंत में बैठा-बैठा माला जपा करता है। इसका जोग किसी तरह से भिरष्ट हो तो हमारे मन को चैन पड़े। हम सब पुराने-पुराने पहुँचे हुए सिद्ध-बैरागी लोग और महन्त जी जैसे महत्तमा बिना दर्शन के रह जाएँ। और यह

ससुरा माला जप-जप के दर्शन पा जाए, ई तो बड़ा अन्याय होगा छबीली। देखो साला बही-खाता छोड़के आँखें मूँदे माला जप रहा है।"

सामने कोठरी में तुलसीदास ध्यानमग्न होकर गोमुखी में हाथ डाले माला जप रहे थे। उनके सामने बही, कलम-दावात और कुछ छुट्टे लिखे हुए कागज़ रखे थे। कोठरी में आर-पार दो द्वार थे। महन्त जी के कक्ष में जाने का रास्ता भी उधर ही से था। छबीली ने इठलाते हुए कोठरी से प्रवेश किया और कहा—"जै सियाराम कोठारी जी।"

जपते-जपते तुलसीदास ने अपनी आँखें खोलीं, आँखों ही आँखों में उसके सियाराम का प्रति उत्तर दिया।

"कोठारी जी, इन्हें ताँबे के दस टके दे देव। इन्हें जरूरी काम है।"

अपनी ओर देखती छबीली की प्यासी आँखों और कामुक मुद्राओं से दृष्टि हटाकर मुक्तानन्ददास की ओर देखते हुए तुलसीदास ने कहा—"महन्त जी की आज्ञा के बिना मैं आपको धन नहीं दे सकूँगा।"

तुलसी के द्वारा अपने को नज़रन्दाज़ किए जाने से छबीलो चिढ़ गई, बोली—"हम कह रहे हैं। इन्हें दस टके देव।"

छबीलो की ओर बिना देखे ही तुलसीदास ने कहा—"बिना महन्त जी की आज्ञा के मैं ऐसा नहीं करूँगा। क्षमा चाहता हूँ।"

छबीलो का मिज़ाज घमण्ड की अटारी पर चढ़ गया, बोली—"मेरी बात काटते हो? अपने को बड़ा सुन्दर, बड़ा भगत मानते हो? मैं बड़े-बड़े राजे-महराजों की अकड़ भी नहीं सह सकती, तुम कौन चीज हो!"

तुलसी ने शान्त स्वर में आँखें नीची करके कहा—"महन्त जी की आज्ञा के बिना मैं मठ का एक तिनका भी किसी को नहीं दे सकता। मुझे क्षमा करो।"

छबीलो गुस्से में भरी धमधम पैर पटकती हुई भीतर चली गई। मुक्तानन्द वहीं खड़े रहे, कहा—"कोठारी जी, ये बड़ी दुष्टा है, अभी जाके महन्त जी के उल्टे-सीधे कान भरेगी।"

तुलसी बोले—"मुझे सच की परवाह है झूठ की नहीं। आपको पैसों की आवश्यकता क्यों पड़ी?"

मुक्तानन्द जी झेंप गए , कहा—"आप सन्त हैं, आपसे झूठ बोलने को जी नहीं चाहता, पर कहने में भी संकोच लगता है।"

"तो महन्त जी से कह देते। धन के लिए एक कुलटा स्त्री का सहारा लेना आप जैसों को शोभा नहीं देता।"

तभी भीतर से एक गर्जन-भरी पुकार आई—"तुलसीदास!"

"आया महाराज!" तुलसीदास गोमुखी वहीं रखकर झटपट भीतर गए। छोटा-सा दालान पार करके उन्होंने महन्त जी के कमरे में प्रवेश किया। सजा-बजा गुलाबी कक्ष था। चादर-तकिया, यहाँ तक कि कमरे की दीवारें भी, बसन्ती रंग से पुती हुई थीं। महन्त जी गोल तकिए के सहारे छबीली के द्वारा लिया हुआ गजरा पहने बैठे दाहिने हाथ से फूलों का गुच्छा उठाए, उसे अपनी नाक के सामने घुमा रहे थे। मालिन चौकी से हटकर नीचे बैठी हुई पानदान खोल रही थी। कमरे के भीतर प्रवेश करते

हुए तुलसीदास का मन घृणा से कस गया। उन्होंने द्वार के पास ही खड़े होकर महन्त जी से पूछा—"आज्ञा महाराज!"

"तुमने हमारी छबीलो भक्तिन का अपमान क्यों किया जो है सो?"

"मैं जाने-अनजाने किसी का अपमान नहीं करता महाराज।"

"तुमने उसकी बात क्यों नहीं मानी?"

"किस अधिकार से मानता?"

"जब इस भक्तिन की बात मैं मानता हूँ तो तू कानी कौड़ी का मनई भला कैसे नहीं मानेगा?" महन्त जी झपटकर बोले।

"देवार्पित सम्पत्ति की एक कानी-कौड़ी भी व्यर्थ खर्च करने का अधिकार न्यायतः स्वयं आपको भी नहीं है, पर आपकी फिर भी सुन लेता हूँ। इसकी आज्ञा नहीं मानूँगा।"

"मेरे सामने कहते हो कि नहीं मानोगे? कृष्ण भगवान रुकमिणी आदि सोलह हजार एक सौ आठ पत्नियों का अपमान सह सकते थे जो है सो प्रन्तु अपनी प्रिया राधा का अपमान उन्हें एक क्षण के लिए भी सहन नहीं हो सकता था जो है सो। प्रेम का आदर्श बहुत ऊँचा है। तुम्हारे जैसे मालाफिराऊ व्यक्ति प्रेम की महिमा का पार नहीं पा सकते, समझे?"

तुलसीदास सिर झुकाए चुप खड़े रहे।

छबीलो बड़े सुहाग, सन्तोष और ठसक के साथ बैठी पान लगा रही थी। महन्त जी ने कहा—"यह न समझना कि अपनी भक्ती से तुम लोक-दृष्टि में भी हम लोगों से ऊँचे उठ गए हो।"

"मैं इस प्रकार की बातें स्वप्न में भी नहीं सोचता महाराज, और न परकीया प्रेम के महात्म्य पर ही विचार करता हूँ। मेरे मर्यादा पुरुषोत्तम सरकार तो एकपत्नीव्रती हैं। यदि आपकी पत्नी होती तो कदाचित् उनकी आज्ञा शिरोधार्य कर लेता।"

लगाया हुआ पान का बीड़ा उठकर महन्त जी को देते समय छबीलो ने आँखें तरेरकर तुलसीदास को देखा और तीखे स्वर में कहा—"मुझे नीचा दिखाय के कोई मठ में रह नहीं सकेगा। बड़े महराज, इससे कह देव।"

पान लेते समय अपनी परकीया प्रिया का हाथ स्पर्श करते हुए महन्त जी भी साथ ही साथ गरजे—"हाँ, मैं यह सहन नहीं करूँगा जो है सो।"

तुलसीदास ने हाथ जोड़कर कहा—"तब महाराज तालियों का गुच्छा लाकर मैं सौंपे देता हूँ। आप एकबार भण्डार घर सम्भालने की कृपा करें। मुझसे आपकी सेवा न हो सकेगी।"

सुनकर महन्त जी की आँखें लाल हो गईं, बोले—"मैं तुम्हारा अजुध्या जी में टिकना असम्भव कर दूँगा जो है सो।"

"वह आपके हाथ में नहीं है महाराज, जब तक अयोध्यापति की दृष्टि मुझ अकिंचन पर सीधी रहेगी तब तक कोई लम्पट, कुचाली, व्यभिचारी, चाहे वह कितना ही बड़ा सत्तावान हो, तुलसीदास को यहाँ से नहीं निकाल सकता। जै सियाराम।" शान्त भाव से बात उठाकर भी तुलसीदास अपना सात्विक आक्रोश रोक न पाए।

पुण्यात्मा का स्वाभिमान पापियों के दम्भ के आगे झुक न पाया। वह तेज़ी से द्वार के बाहर निकल गए, फिर पलटकर कहा—''ताली, कूँजी सम्भाल ले, मैं अब यहाँ एक क्षण भी नहीं ठहरूँगा।''

× × ×

''हमारे मन में उस समय बड़ा क्रोध उपजा। एक बात और कहूँ, व्यभिचारिणी स्त्रियों के लिए मेरे मन में ऐसी घृणा बैठ गई कि पूछो मत। कभी-कभी तो ऐसा लगता था कि मैं प्रतिक्रियावश स्त्री जाति से ही घृणा करने लगा हूँ, पर वस्तुतः ऐसा नहीं था। रत्नावली अब भी मेरे मन पर अनेक प्रकार के सुन्दर संस्कारों का प्रतिबिम्ब बनकर छाई हुई थी। उसके गुणों के प्रति अनुराग रखकर भी मन में अलिप्त रहूँ इसलिए जगज्जननी का ध्यान करता था।''

''मठ को छोड़कर फिर आप कहाँ गए गुरु जी?''

''अयोध्या में ही रहा और कहाँ जाता। माँग के खाना और रात में मस्जिद के बाहर फकीरों के बीच में सोना, यही मेरा क्रम बन गया।'' कहते हुए बाबा की आँखें झीनी होकर किसी अलक्ष्य केन्द्रबिन्दु पर ठिक गईं। कुछ रुककर फिर कहने लगे—''उन दिनों अयोध्या से लेकर काशी तक भीषण अकाल फैला हुआ था। प्रायः हर समय बस्ती में भूखे ग्रामीणों के झुण्ड के झुण्ड आते हुए दिखलाई दिया करते थे।''

35

फटेहाल, काल की कठोर मार से पिटे हुए चेहरों वालों की सैकड़ों करुण आँखें इधर-उधर हर गली-कूँचे में, हर द्वार पर आशा की एक बुझी-सी चमक लिए हुए हर समय दिखलाई पड़ा करती हैं। ''येऽम्माराज!'' येऽम्माई-बाप! दया हुई जाय—बहुत भूखे हम।''

बड़ी-बड़ी हवेलियों के दरबान भीड़ को डण्डों से धमकाकर पीछे हटाते हुए नज़र आ रहे हैं। भूखे जन रोटी के बजाय मार और गालियाँ खा रहे हैं। कहीं-कहीं सदाब्रत भी बँट रहा है। दो मुट्ठी लैया, चना या मोटा अनाज पाने के लिए भूखी भीड़ इस उतावली से आगे बढ़ती है कि आपस में धक्का-मुक्की हो जाती है। जगह-जगह गाली-गलौज, मार-पीट। बच्चे कुचल जाते हैं। कमज़ोर बूढ़े-बूढ़ियाँ उतावले जवानों के धक्कों से चुटीले हो जाते हैं। कभी-कभी पीछे रह जानेवाले स्त्री-पुरुष गिरे हुए बूढ़ों के ऊपर से फलाँगते हुए ऐसे अन्धाधुन्ध भागते हैं कि उनकी ठोकरों से गिरे हुए दुर्बलों की चीत्कारें वातावरण को भी करुण बना देती हैं।

तुलसीदास दर्द से छलकती आँखों से यत्र-तत्र यह सारे दृश्य देख रहे हैं।

एक जनेऊधारी फटेहाल ब्राह्मण ने अपनी रोटी खा लेने के बाद अपने सामने की पंगत में बैठे हुए एक डोम की अधखाई रोटी को लालच-भरी दृष्टि से ताका और सयाने कौवे की तरह घात लगाकर वह उसकी रोटी उसके हाथ से छीनकर ले भागा। एक देहाती खाते-खाते गरजा—"ए दूबे, अरे ई का करयै? अरे नीच कौम की जूठी ले भागा?"

उतावली से जूठी रोटी का टुकड़ा अपने मुँह की ओर बढ़ाते हुए वह बोला—"पेट की जात एक है।" और रोटी का टुकड़ा जल्दी से अपने मुँह में ठूँस लिया। वह व्यक्ति, जिसकी रोटी छीनी गई थी, खूनी आँखें लिए बावला बनकर झपटता हुआ आया। उसने खाते हुए ब्राह्मण को धक्का मारकर गिरा दिया और उसकी छाती पर पैर रखकर उसका गला दबाने लगा। ब्राह्मण के मुँह से कौर छूट गया। डोम ने उसे उठाने के लिए ब्राह्मण का गला छोड़कर हाथ बढ़ाया ही था कि तीसरा भूखा उस उगले कौर को उठा ले भागा। तुलसीदास 'हे राम!' कहकर रो पड़े।

दो तगड़े लठैत मुच्छाड़िए जवान दस-पन्द्रह फटेहाल, जर्जर किन्तु सलोने नाक-नक्शोंवाली जवान लड़कियों को लिए हुए पीपल के तले बैठे हैं। एक सफेदपोश अधेड़ उन लड़कियों का निरीक्षण कर रहा है। किसी की ठोढ़ी ऊपर उठाकर चेहरा देखता है, किसी के गाल पर चुटकी काटता है। उसकी सुरमीली आँखें किसी-किसी को देख-देखकर भूखे भेड़िए की जीभ जैसी बाहर निकल पड़ती हैं। वह एक लठैत से कहता है—"झब्बूलाल, माल बहुत उम्दा नहीं लाए। ये सबकी-सब ससुरियाँ बस चौका-बासन और झाड़ू-बुहारू करने लायक ही हैं। इन्हें कोई नहीं खरीदेगा।"

लठैत मुस्कराकर बोला—"इनमें से कितनी को देखकर तुम ललचाए हो। तुम्हारी आँखें हमसे छिपी थोड़े हैं। सौदा कायदे से करौ कल्लू खाँ। हम तुम्हारी बातों में नहीं आवेंगे। महजिद में कई सिपाही हमसे घर बसाने के लिए औरतें माँग चुके हैं। हम इनका अलग-अलग सौदा करेंगे तो ज्यादा लाभ पाएँगे।"

"ज्यादा बक-बक मत करो। अजुध्या में कल्लू खाँ के रहते तुम्हारे बाप-दादों की भी यह मजाल नहीं है कि किसी दूसरे से इनका सौदा कर सको। मैं इन सबके आठ रुपए दूँगा। सबको मेरे हाते में छोड़ आओ।"

"आठ तो बहुत ही कम हैं कल्लू खाँ। रुपए में दो औरतें खरीदोगे? हमारी मेहनत देखो। आज की महँगाई देखो।"

"सब देखा-भाला है। पन्द्रह लड़कियाँ हैं। मैं तुम्हें आठ आने ज्यादा दे रहा हूँ। इनको खिला-पिलाकर किसी को दिखाने लायक बनाने में मेरी कितनी लागत लगेगी, यह भी तो सोचो। तुम्हारा क्या, देस में इतने कहत-अकाल पड़ रहे हैं, ससुरी चींटियों की तरह गली गली में औरतें रेंगती दिखलाई पड़ रही हैं। इन्हें बटोरने में भला कोई कोई मेहनत पड़ती है?"

अलग खड़ा लठैत झड़पकर बोला—"आठ रुपए में हम सौदा नहीं करेंगे झब्बू।" कहकर उसने अपने पास बैठी हुई लड़की को हल्की-सी ठोकर लगाकर कहा—"उठो, हम सीधे महजिद के बाजार में जा रहे थे। इन्होंने बीच में ही अटका लिया।"

"तेरी साले की ऐसी-तैसी, (आवाज ऊँची उठाकर) ओरे उसमान खाँ! बकरीदी! आ तो जाओ सब जने। साले, तेरी इन सारी भेड़-बकरियों को अभी लँगड़ी-लूली बनवाए देता हूँ और तुम दोनों की तो हड्डी-पसलियों का चूरन बनवा दूँगा। कल्लू खाँ के महल्ले से लेकर निकल जाना आसान काम नहीं है बेट्टा।"

झब्बूबाल गिड़गिड़ा कर हाथ जोड़ते हुए बोला—"खाँ साहेब, हम तो तुम्हारी परजा हैं परजा। दिल्ली के बास्साय औरों के होंगे हमारे तो तुम्हीं बास्साय सलामत हौ। ये सुकुरुवा बड़ा बेअक्ल है, चुप नहीं रहता साला। (सुकुरु से) देखता क्या है छिमा माँग, खाँ साहेब से।"

खाँ साहब बोले—"मैं अपनी खुशी से आठ दे रहा था, अब सात ही दूँगा। और फिर हुज्जत की तो..."

"नहीं-नहीं खाँ साहेब, हम आपसे हुज्जत-तकरार थोड़े ही करेंगे। हम तो आपकी परजा हैं।"

तुलसीदास देख रहे हैं। उनका मुख गम्भीर, विचारमग्न है।

रामघाट पर कंगलों की भीड़ रात में सो रही है। कुत्ते भूँक रहे हैं। तुलसी दास को नींद नहीं आ रही, टहलते हुए वहाँ चले आए हैं। एक घटवाले के सूने तखत पर बैठ जाते हैं। वे दुःखाभिभूत हैं। तखत से कुछ दूर पर ही गुड़मुड़ी मारकर लेटे हुए एक कंगले ने सिर उठाकर तुलसीदास की ओर देखा, पूछा—"को आय?"

सांत्वना-भरे स्वर में आगे बढ़कर उससे कहा—"घबराओ मत रामभगत, तुम लोगों को कोई हानि पहुँचाने के लिए नहीं आया हूँ। राम जी की लीला देख रहा हूँ।"

वह व्यक्ति उठकर बैठ गया और काँपती हुई आवाज़ में बोला—"हाँ भैया, हम लोग अब बस देखने-भर को ही रह गए हैं। सुनते थे कि कभी यहाँ रामराज रहा। अब तो राम जी की अयुध्या में भी रावण का राज है। हम पंचों की कौन सुनेगा। (साँस भरकर) भेड़-बकरियाँ भी ऐसे नहीं हँकाईं जातीं जैसे हम अपने गाँव से हाँके गए। क्या कहें!"

"किसी ने तुम लोगों को गाँव से निकाल दिया?"

"अरे, भइया, जब राजा ही लुटेरा हुइ जाय तब परजा का भला कहीं ठिकाना लग सकता है। हमारा दस बीघे का खेत रहा, राजा जी ने जबरदस्ती जुतवाय लिया।"

"वह राजा है या भूमिचोर? हे राम! राम-राम। इस कलिकाल में सारा समाज, क्या छोटे क्या बड़े सब एक ही लाठी से हाँके जा रहे हैं। गोंड-गवाँर-नृपाल, महामहिपाल सबके साथ अब साम-दाम-भेदादि की नीति नहीं रही। दंड—केवल कराल दण्ड! हे राम! कैसे जिए ये दुनिया?"

× × ×

पुरानी पीड़ाओं का तीव्र ध्यानाकर्षण इस समय भी बाबा के मुखतेज को अपने भीतर खींच रहा था। उनके चेहरे पर और स्वर पर गम्भीर उदासी छाई हुई थी। बेनीमाधव जी के चेहरे पर भी करुणा बरस रही थी। बाबा कह रहे थे—"मैंने इतने भयानक दृश्य देखे कि जी पक गया। इन अकालों का कारण इन्द्र का कोप नहीं

था बल्कि राम-समाज की ऐश्वर्य-लिप्सा थी। क्या हिन्दू राजे-महाराजे, क्या मुगल-पठान, सभी बड़े पाप-परायण हैं। उनकी चेतना से धर्म शब्द का ही लोप हो गया था। जो जितना बड़ा हाकिम उसे उतनी ही औरतों का रनिवास चाहिए। किसी की दस; किसी की पचास; दो सौ, पाँच सौ और दिल्ली के रनिवास में तो सुना कि पाँच हज़ार रमणियाँ थीं। इनके खरच के लिए नित्य ही प्रजा के प्राण खींचे जाते थे। राजा विलासी, तो उनके चाकर उनसे भी दस हाथ आगे। खड़ी फसल काट ले जायँ, गाय-बैल आदि पशु हाँक लें, कौन-सा ऐसा आसुरी कर्म था जो ये कर्मचारी नहीं करते।''

सन्त जी कहने लगे—''आपका वो कवित्त—खेती न किसान को, भिखारी को न भीख बलि...''

बाबा की स्मृति सुनते ही जाग उठी। उत्साह में आ गए, लेकिन चेहरे पर विचारों का कसाव और गम्भीरता वैसी ही विराजमान थी। स्मृति की स्फूर्ति केवल वाणी की उतावली बनकर ही सामने आई, कहने लगे—''इसी रचना से तो मुझे मानस-रचना की स्फूर्ति मिली थी। महर्षि वाल्मीकि ने क्रौंचमिथुन का वध देखकर अपने उर अन्तर में जो करुणा का स्रोत पाया था वह राम जी ने असंख्य निरीह जन की यातनाएँ दिखा-दिखाकर मेरे मन में फोड़ दिया।''

सन्त जी ने पूछा—''रामायण-रचना के हेतु तात्कालिक कारण क्या था गुरु जी?''

''रामघाट पर एक छोटी-सी कोठरी में एक बूढ़े पंडित जी रहा करते थे। ठिगने से दुबले-पतले, मुँह में एक दाँत नहीं।''

× × ×

सबेरे का समय है। रामघाट पर स्नान करने वाले भद्र वर्ग के नर-नारियों की भीड़ है। आज बसन्त पंचमी का दिन है। सरयू तट के मैदान में कई सौ मरभुखों की भीड़ एकत्र है। धनी नर-नारियाँ रामघाट पर नहाकर इन मरभुखों के आगे मुट्ठी-दो मुट्ठी अन्न डालकर स्वर्ग में अपना स्थान बनाएँगे और इस धरती-पर आज के दिन सैकड़ों का पेट भरेगा। तट पर आसन बिछाए और आगे एक कपड़े पर रोली-अक्षत-फूल रखकर अनेक बैरागी और भिक्षुक ब्राह्मण धर्म कथाएँ सुनाकर अपनी जीविका कमा रहे थे। पोपले पंडित जी घाट के बहुत निकट ही अपनी कोठरी के सामने बैठे थे। तुलसी भगत उन्हीं के पास गुमसुम आती-जाती-नहाती, भीख देती-लेती भीड़ के दृश्यों में खोए हुए बैठे थे। बेचारे पण्डित जी का स्वर बुढ़ापे के कारण इतना कमज़ोर हो गया था कि दूर तक पहँच ही न पाता था। रही-सही शक्ति मुख की दन्तविहीनता ने समाप्त कर दी थी।

बेचारे का प्रवचन कोई नहीं सुन रहा था। आगे थोड़ी दूर पर बेसुरे किन्तु मस्त लहकदार स्वर में एक बैरागी ज़ोर-ज़ोर से राम जी की रसोई में बने छप्पन भोगों का विवरण देकर अपने आस-पास बैठी भक्तों की भीड़ को हँसा रहा था, उनके मुँहों में पानी ला रहा था। इन बैरागी जी के सामने बिछे हुए कपड़े पर अनाज और पैसे बरस रहे थे। बूढ़े पण्डित जी की चद्दर पर अक्षत-फूल को छोड़कर और कुछ भी नहीं पड़ा था। एक लाला जी और उनके साथ व्यापार कर्म करने वाले पण्डित

जी स्नान करके बूढ़े पण्डित जी के पास आए। ''पण्डित जी चरन छुवैं, गुरु पाँय लागी।'' करने के बाद लाला बोले—''अरे पण्डित जी, अभी तक तुम्हारा टाट सूना पड़ा है। किसी ने बोहनी नहीं कराई?''

पण्डित जी अपनी सफेद बुर्राक खोपड़ी पर हाथ फेरकर उदास स्वर में बोले—''अरे बेटा, वाणी में बसा मेरा भाग्य अब दुर्बल हो गया है।''

लाला ने अपनी टेन्ट से ताम्बे का एक टका निकालकर फूलों पर रखा। पंडित जी ने अपने झोले से आधी मुट्ठी खिचड़ी के दाने डाल दिए, बोले—''हाँ, तुम्हारी आवाज ने ही भाग्य मन्द किया है पर कालिकाल में किसी का भी धन्धा चल ही नहीं रहा। रोज की लूटपाट रोज का दंगा। ये देखो कंगलों की भीड़। ससुरे हम बस्ती वालों के ऊपर ऐसे टूटते हैं जैसे मुरदे के ऊपर गिद्ध-कौवे।''

लाला बोले—''पण्डित जी, हम तो तुमसे कई बार कह चुके कि अपनी ये कोठरी और जमीन तुम हमारे हाथ बेच देवे। पचास रुपए हम कुछ कम नहीं दे रहे हैं। चलो तुम ब्राह्मण देवता हो तो हम इक्यावन में भी खुशी से सौदा कर लेंगे।''

बूढ़े पण्डित जी चुप रहे। बैपारी पण्डित ने लाला से पूछा—''इस जमीन का क्या करोगे, शिवदीन?''

''अरे हम अपने बाप के नाम से यहाँ एक छतरी बनवाना चाहते हैं। साधु-बैरागी आवैं, बैठे ध्यान करें, पुन्न होय। मगर ये महाराज जी सुनते ही नहीं।''

बूढ़े पण्डित जी हँसे, बोले—''मेरे बाप-दादों की जगह पर तुम्हारे बाप-दादों का नाम लिखा जाएगा? यह सौदा हम जीते जी न करेंगे, लाला।''

लाला मुँह फुलाकर उठे, बोले—''ये इक्यावन जो तुम्हें दे रहा हूँ उतने में तो किसी कंगले किसान के दस-पाँच बीघे खेत कानूनगो को पटायके अपने नाम चढ़वा लूँगा। तुम्हारी उल्टी मति है पण्डित जी, तभी दुख भोगते हो।''

लाला और उसके साथी चले गए। पण्डित जी अपने-आप ही तेहे में बड़बड़ाने लगे—''रुपए का मोह दिखाय रहा है। अरे कभी मेरे स्वर में भी शक्ति थी। ऐसी कथा बाँचता था कि पैसों और अनाज का ढेर लगा चाहता था मेरे आगे। हमें पैसों का मोह दिखाय रहा है। भूखा मर जाऊँगा पर तेरे जैसे दुष्टों का पैसा नहीं खाऊँगा, जो असुरों से दूसरों की लूटी गई जमीनों का सौदा करता है।'' दुबले-पतले पण्डित जी ने क्रोध में अपने मसूढ़े भींचे। उनके मन पर फिर दूसरा ताव चढ़ा तो फूलों के ऊपर रखा हुआ लाला का टका क्रोध-भरे काँपते हाथ से उठाकर बालू पर फेंक दिया—''नहीं रखूँगा इसका पैसा, चाहे आज मुझे भूखा ही रहना पड़े।''

तुलसी भगत जी पास ही में बैठे हुए यह तमाशा देख रहे थे। एकाएक सहानुभूति से भरकर खिसक आए और कहा—''पण्डित जी, आप पिता मैं पुत्र, इस भाव से एक प्रस्ताव करूँ, सुनिएगा?''

पण्डित जी उन्हें ध्यान से देखने लगे, बोले—''तुम्हें हम देखते तो नित्य हैं किन्तु पहचानते नहीं।''

''मैं भी अब राम-शरण में आ गया हूँ महाराज। यहीं अहिरौने में सरजू ग्वाले के चबूतरे पर रोटी बनाता हूँ और मसीत में सोता हूँ। आप मुझे अपने स्थान पर

प्रवचन करने दें। जो चढ़त चढ़े सौ आपकी। ब्राह्मण हूँ, आपके लिए खिचड़ी बना दूँगा, मेरा भी पेट भर जाएगा।"

पण्डित जी कुछ अकड़-भरे स्वर में बोले—"भक्ती कर लेना और बात है किन्तु कथा बाँचना और प्रवचन करना हर एक के बस की बात नहीं होती। यह भी एक कला है।"

तुलसी मुस्कराए, कहा—"आपको मेरा प्रस्ताव यदि बुरा लगा हो तो जाने दें। मैंने तो आपके सात्विक तपोभाव का सम्मान करने के कारण ही यह प्रस्ताव किया था।"

पण्डित जी तुलसी भगत की मीठी बातों से शान्त हुए, बोले—"कभी कथा बाँची है?"

"हाँ महाराज, गृहस्थाश्रम में इसी कर्म से मेरी जीविका चलती थी।"

"अच्छा तो आओ, हमारे आसन पर बैठो और अपना हुनर हमें दिखलाओ।" कहकर पण्डित जी काँपते हुए अपने आसन से उठने लगे। तुलसी भगत ने चट से आगे बढ़कर उन्हें सहारा दिया और कन्धे से अपना अँगोछा उतार उनके बैठने के लिए बिछा दिया, फिर कहा—"आपको हृदय में राम रूप श्रोता मानकर मैं अपना हुनर दिखलाऊँगा। आज्ञा है?"

"हाँ, हाँ। बैठो-बैठो। जै सिद्धिदाता गणेश। जै कोशलपति रामचन्द्र।" कह कर पण्डित जी अपने होंठों ही होंठों में कुछ बुदबुदाने लगे। तुलसी भगत ने उनके पैर छुए और पण्डित जी के टूटे कुशासन के टुकड़े पर पाल्थी मारकर बैठ गए। दस-पाँच पल अपने इष्टदेव का ध्यान किया और फिर अपने मधुर-सुरीले कण्ठ से कवित्त पढ़ना आरम्भ किया—

"खेती न किसान को, भिखारी को न भीख, बलि, बनिक को बनिज, न चाकर को चाकरी। जीविका विहीन लोग सीद्यमान सोचबस, कहैं एक एकन सों कहाँ जाई का करी। बेदहूँ पुरान कही लोकहूँ बिलोकियत, साँकरे सबै पै, राम रावरे कृपा करी। दारिद दसानन दबाई दुनी दीनबन्धु दुरित दहन देखि तुलसी हहाकारी।"

स्वर के जादू ने भीड़ को बाँध लिया। इस कवित्त में काल का ऐसा यथार्थ और करुण चित्रण था कि लोग-बाग वाह-वाह कर उठे। तुलसी ने और भी तन्मय होकर पूरे दरबारी ढंग से अनादि-अनन्त परब्रह्म राजाराम की वन्दना करते हुए उनकी उम्रदराज़ होने का आशीर्वाद दिया। प्रवचन आरम्भ हुआ—इतना दुःख-दैन्य-अत्याचार पृथ्वी पर है, यह माना, किन्तु राम करुणा के सागर हैं। राम सर्व समर्थ हैं। दशरथनन्दन राम अपने जन की विपदा हरने के लिए इस धरती पर फिर आएँगे। वे दीनों का दुःख हरण करेंगे। पापियों को डण्ड देंगे और पुण्यात्माओं का सब प्रकार से मंगल करेंगे। यह अयोध्या बड़ी पावन नगरी है। यहाँ स्वयं भगवान ने नर-देह धारण करके संसार-भर के पापियों का संहार किया था। इसी अयोध्या में महाराज दशरथ के महलों में अवध के जन-जन का प्राण मोहने वाले चार राजकुमार आँगन में खेल रहे हैं...। तुलसी भगत वर्तमान के दुखों से भरी अयोध्या से भूतकाल की वैभवशालिनी अयोध्या

में अपने श्रोताओं का मन खींच ले गए। थोड़ी ही देर में उनके आगे खासी भीड़ जुड़कर श्रोता रूप में बैठ गई।

दूसरे कथावाचकों, विशेष रूप से उस बेसुरे किन्तु मस्त बैरागी को जलन हुई कि यह नया कथावाचक कौन आ गया। तुलसीदास पुराणों की कथाएँ और राम जी के बखान सुनाते हुए अपने दोहे-कविता सुनाते, बीच-बीच में वाल्मीकीय रामायण के श्लोक भी गाते चलते थे। उनका प्रवचन ऐसा जमा कि जो नहाकर लौटता वही उनकी श्रोतामण्डली में जुड़ जाता था। जब प्रवचन समाप्त हुआ तो बूढ़े पण्डित जी के छोटे-से अँगोछे पर इतना अनाज और पैसे पड़ चुके थे कि वे उनके फटे अँगोछे की छोटी-सी सीमा लाँघकर बालू तक पर फैल गए थे। भक्तमण्डली बहुत प्रसन्न थी। कइयों ने कहा कि महाराज कल फिर कथा सुनाइएगा।

दोपहर के समय पैसे और अनाज बटोरते हुए बूढ़े पण्डित जी के हाथों में जवानी आ गई थी। गद्‌गद् भाव से बोले—"बेटा तुम तो बड़े मंजे हुए, बड़े ही सिद्ध कथावाचक हो! वाह, वाह, आनन्द आ गया। कैसी मधुर वाणी है कि वाह! सुन्दर शुद्ध उच्चारण और भाव तो ऐसे हैं कि बस क्या कहैं। ये भाषा के कवित्त क्या तुम्हारे रचे हुए हैं या किसी और के?"

बालू में बिखरे अन्न के दानों को बटोरते हुए तुलसीदास ने विनीत किन्तु उल्लसित स्वर में कहा—"हमारे हैं। और किसके हो सकते हैं!"

"धन्य हो, धन्य हो तुम भैया, नित्य हमारे आसन पर बैठके कथा सुनाओ।"

"नहीं महाराज, फिर तो वही दैनिक जीविका का प्रपंच गले मढ़ जाएगा जो छोड़के आया हूँ।"

पैसे बटोरते-बटोरते पण्डित जी के हाथ रुक गए। कुछ तीखेपन से झिड़कते हुए कहा—"अरे पेट तो चाहे साधु बैरागी हो या घर-गृहस्थी वाला, सभी को भरना पड़ता है। पेट की माया से भला कौन मुक्त भया है! आखिर माँग के ही खाते हो न!"

गम्भीर होकर तुलसी बोले—"हाँ महाराज, सरयू ग्वाला हमें नित्य सायंकाल को आधा सेर दूध पिला देता है। राम उसका भला करें।"

"तुम्हारा नाम क्या है?"

"तुलसी। लोग मुझे रामबोला कहकर भी पुकारते हैं।"

"तुमने हमें पिता कहकर सम्बोधित किया रहा। अब हमारी आज्ञा है कि यहीं बैठो और हमारी कोठरी में ही रहा भी करो। मूर्ख हमारी पैतृक कोठरी खरीदना चाहता है। अरे, जो इतने पैसे नित्य आवेंगे तो छः महीने के भीतर मैं अपनी इस सारी जमीन पर हाता घेरवाय लूँगा। मरते समय मुझे यह सन्तोष तो होगा कि मेरे स्थान पर एक सद्‌ब्राह्मण राम-कथा सुनाता है।"

तुलसी चुप रहे। अपने अँगोछे को झाड़कर शेष अनाज उसमें बाँधते रहे। पण्डित जी फिर बोले—"जो इतना अन्न हमारी चढ़त में नित्य चढ़ेगा तो हम तुम भी खाएँगे तथा दो-चार और भूखों का पेट भी भर जाया करेगा। हमारी बात मान लो रामबोला।"

तुलसीदास बोले—"आपका यह आदेश मेरे लिए सब प्रकार से मंगलकारी है। आज के प्रवचन का जनता के ऊपर भी सुप्रभाव पड़ा है। अच्छा तो आज से जब लग अयोध्या जी में रहूँगा मैं आपके साथ ही रहूँगा।"

36

दूसरे-तीसरे-चौथे दिन और इसी प्रकार हर दिन रामघाट पर तुलसीदास की राम-कथा आरम्भ हो गई। वे अपने रचे हुए राम सम्बन्धी काव्य सुनाकर अयोध्यावासियों का मन मोहने लगे। अयोध्या में एक नया स्वर आया था जो पण्डितों और अपढ़ गँवारों के लिए समान रूप से आकर्षक था। उसके शब्दों से अमृत बरसता था। तुलसी भगत की कथावाचन शैली ने घाट पर बैठने वाले भिक्षुक, कथावाचकों की ही नहीं बल्कि अयोध्या के जाने-माने रामायणियों की साख भी गिरा दी। लोग-बाग कहते कि ऐसी कथा और कोई नहीं बाँचता। होली तक तुलसीदास की ऐसी धूम मच चुकी थी कि अयोध्या का बच्चा-बच्चा उन्हें पहचान गया था।

पंडितों में चर्चा छिड़ी। एक ने कहा—"कौन है ये तुलसी भगत? कहाँ से आ गया यह दुष्ट?"

"अरे रामानुजियों के अखाड़े में कोठारी था, वहाँ कुछ माल-वाल मारा, सो निकाला गया।"

इसपर एक तीसरे पण्डित जी बीच में बोल उठे, कहा—"बैदेहीबल्लभ, यह बात सवा सोलह गंडे मिथ्या है। मैंने उस मठ के लोगों से सुना था कि छबीलो मालिन के आदेशों की अवहेलना करने पर ही महन्त जी इससे बिगड़ गए, सो छोड़कर चला आया। आदमी चरित्रवान है।"

वैदेहीवल्लभचरणकमलरजधूलिदास जी त्योरियाँ चढ़ाकर बोले—"तो यहाँ ही कौन दुष्चरित्र बैठा है! हाकिम की विधवा भौजाई हम पर रीझ गई, कहा कि घड़ी-घड़ी में मेरा ग्रह-नक्षत्र विचारो और यहीं पड़े रहो। मैं अन्न-धन से तुम्हारा घर भर दूँगी। कहा कि यदि मुसलमान हो जाओ तो तुम्हें सरकारी ओहदेदार बनवा दूँगी। मैंने कहा कि न मुसलमान बनूँगा और न नित्यप्रति तुम्हारे यहां आऊँगा। मैं निर्लोभी ब्राह्मण हूँ।"

पहले पण्डित जी मुस्कराकर बोले—"पर बेदेहीबल्लभचरण, तुम जाते तो वहाँ रोज हो। और हमने सुना है कि वह तुम्हें अपने हाथ से मिष्टान्न खिलाती है और तुम उसके पैर भी दबाते हो।"

"रामदत्त, देखो यदि तुम इस प्रकार मेरे सम्बन्ध में झूठी-सच्ची उड़ाओगे तो मैं भी, क्या नाम के, तुम्हारी पोल खोल दूँगा। तुम भी तो गंगू तेली की सातवीं सुहागिन के पैर दबाते हो। हे-हे-हे..."

रामदत्त ने हेकड़ी-भरे स्वर में उत्तर दिया—"मैं नहीं, वही मेरे पैर दबाती है। पर इससे क्या, हम दुष्चरित्र थोड़े ही हैं। अरे यह तो कलिकाल में जीविका के लिए सभी को करना पड़ता है। पैसा तो इस समय ब्राह्मण को रमणी ही देती है भाई। उन्हीं में प्रेम और भक्ति-भाव है। बाकी तो घोर कलिकाल आ गया है समझो।"

तीसरे पण्डित सुदर्शन बोले—"कुछ भी कहो, हमारी नगरी के सभी सम्पन्न ब्राह्मण दुराचारी है। मैं ही मन्द भाग्य हूँ, कोई ऐसी चेली फँसी नहीं, सो कहो तो अपने-आपको सदाचारी कह लूँ।"

श्री वैदेहीवल्लभचरणकमलरजधूलिदास जी समझाते हुए बोले—"अरे भैया, बात हमारी-तुम्हारी नहीं, तुलसी की चली थी। यदि उसकी ख्याति ऐसे ही बढ़ती चली तो एक दिन निश्चय ही वह सभी विलासिनी पैसेवालियों को अपनी चेली बनाकर मूंड़ लेगा। हम सब टापते ही रह जाएँगे।"

सुदर्शन बोले—"सबको अपने ही समान न समझो। मैंने तुलसी को अपनी आँखों से देखा है। उसके मुख पर तेज बरसता है तेज, उसे जानने वाले सभी लोग कहते हैं कि वह खरा राम-भक्त है।"

रामदत्त यह सुनकर चिढ़ गए, कहा—"जब तुम भी ऐसे बढ़-चढ़कर उसकी प्रशंसा करोगे तो फिर छुट्टी हो गई हमारी। अरे कोई ऐसा षड्यन्त्र रचो कि जिससे उसका मुख काला हो, यहाँ से जाय। नहीं तो किसी दिन यह अवश्य ही हमारी निन्दा का कारण बनेगा।"

वैदेहीवल्लभचरणकमलरजधूलिदास जी षड्यन्त्रकारी के दबे स्वर में बोले—"राम जी की किरपा से हमारे उर, अन्तःकरण में अभी-अभी एक विचार प्रगटाय-मान भया है महाराज।"

"क्या?"

"महन्त रामलोचनशरणदास जी बिचारे उस बदनाम गेंदिया दाई के पंजे में फँस गए हैं। वह उनसे गर्भवती हो गई है और अब कहती है कि जाहिर जहान में हमें अपनी रखैल बनाकर रखो। बेचारे आजकल बड़े दुखी हैं।"

"तो इससे हम तुलसी का क्या बिगाड़ सकते हैं?" सुदर्शन ने पूछा।

"हम महन्त जी से कहेंगे कि गेंदा को कुछ पैसे देकर यह पट्टी पढ़ावें कि तुलसी जब कथा कहता हो तभी वह जाकर कहे कि हमें गर्भवती बनाकर अब आप राम-भक्ति का ढोंग रचा रहे हो!"

रामदत्त की आँखें चमक उठीं, बोले—"तुम्हारी योजना बड़ी अच्छी है। सुना है कि आजकल वह 'जानकी मंगल' नामक अपना भाषा में लिखा काव्य सुनावता है। इसी बीच में गेंदा यदि यह नाटक रचावै और उसे कलंकित कर दे तो हमारा सबका ही मंगल हो।"

सुदर्शन बोले—"ठीक है, रामलोचनशरण जी। उसे जो द्रव्य कहें वह तो उसका होगा ही, मैं भी उसके हाथ थोड़े-बहुत पूज दूँगा। यह बैदेहीबल्लभ भी पोढ़े असामी हैं, कुछ न कुछ यह भी उसकी नजर-भेंट कर देंगे।"

"तो सुदर्शन, तुम आज ही गेंदिया को पटा लो।"

सुदर्शन पण्डित बोले—"जिस दिन आप लोगों के समान मुझे स्त्रियों को पटाने का ज्ञान सिद्ध हो जाएगा, उस दिन मैं भी आप लोगों के समान ही सम्पन्न बन जाऊँगा।"

वैदेहीवल्लभचरणकमलरजधूलिदास जी का मुँह फूल गया। झुंझलाकर बोले—"तुम बार-बार हमारे चरित्रों पर उंगली क्यों उठावते हो जी? अरे यह तो हमारी जीविका कमावने की नीति है। इसका वास्तौ में दुश्चरित्रता से तनिक भी सम्बन्ध नहीं है।"

सुदर्शन ने कहा—"स्त्रियों से बात करते मुझे बड़ी लज्जा आती है। मैं तो अपनी घरवाली से भी खुलकर बात नहीं कर पाता।"

रामदत्त बोले—"अच्छा तो यह काम हमीं करवा देंगे। हो सका तो कल, नहीं तो परसों गेंदिया उसकी कथा में अपनी कथा जोड़ने को पहुच जाएगी।"

पण्डितों की यह बातें होने के तीसरे ही दिन गेंदा तुलसीदास की प्रवचन सभा में पहुँच गई। राम-जानकी के विवाह का वर्णन सुनते हुए सभा तन्मय हो रही थी। एकाएक गेंदिया आगे की पंक्ति में धंसकर हाथ बढ़ाकर बोली—"अरे वाह रे मरदुए, हमें (अपने बढ़े हुए पेट की ओर संकेत करके) इस झमेले में डालकर यहाँ बैठे भगतबाजी कर रहे हो? वाह रे ढोंगी, वाह!"

कथा में विघ्न पड़ने से कुछ व्यक्ति नाराज़ हो गए, बोले—"निकालो इस दुष्टा को। ये कौन आ गई यहाँ?"

पीछे से कोई बोला—"अरे यह तो गेंदिया है, गेंदिया। अजुध्याजी के रिसयों के हाथों में सचमुच गेंद की तरह उछलती है। इस दुष्टा को जरूर ही किसी ने हमारे भगत जी को कलंकित करने के लिए भेजा है।"

गेंदा आँखें मटकाकर और हाथ बढ़ाकर बोली—"मुझे कोई क्यों भेजने लगा! अरे आप ही मेरे पास घुस-घुसकर यह आता था, झूठ-मूठ कहै कि रोटी देंगे, कपड़ा देंगे और अब यहाँ दूसरी चेलियों को फँसाने के लिए ढोंग की दुकान लगाए बैठा है, नीच कही का।"

कथा में विघ्न पड़ गया। तुलसीदास शान्त स्वर में सबको चुप कराते हुए बोले—"सज्जनों, मैं आठों पहर आपकी दृष्टि में रहता हूँ। यहाँ के बाद मेरा अधिक समय जन्मभूमि के पास बैठे ही बीतता है। जिसको शंका हो, वह कहीं भी किसी भी समय परीक्षा ले सकता है।"

बड़ी चेंचामेंची मची। गेंदिया ने बड़ा नाटक साधा, पर उसका जादू चल न सका। एक जवान व्यक्ति ने उठकर जब उसके झोंटे पकड़कर खींचा और धरती पर धक्का देने लगा तो तुलसी घबराकर अपने आसन से खड़े हो गए और कहा—"ना भैया ना, नारी पर हाथ उठाने से सीता महारानी दुखी होंगी। वे आप इसे दण्ड देंगी। छोड़ो, इसे छोड़ो।" कहते हुए वे उस व्यक्ति के पास आ गए और गेंदा को मारने के लिए उसका उठा हुआ हाथ पकड़ लिया।

गर्भावस्था में इस धक्का-मुक्की से गेंदा ज़ोर से कराहकर मूर्च्छित हो गई। तुलसीदास आँखें मूँदकर हाथ जोड़ते हुए प्रार्थनारत हो गए, "हे जगदम्ब, यदि स्वप्न में भी अयोध्या की किसी नारी के लिए मेरे मन में विकार आया हो तो मुझे अवश्य दण्ड देना।"

इस घटना के बाद से अयोध्या में तुलसी भगत की महिमा अनायास ही बहुत बढ़ गई। लोगों में यह बात भी फैल गई कि रामलोचनशरण और वैदेहीवल्लभचरणकमलरजधूलिदास आदि ने षड्यन्त्र करके तुलसीदास को अपमानित कराना चाहा था। यही नहीं, यह खबर भी फैली कि गेंदिया के पति ने उसे अपने घर से निकाल दिया है।

पूजे जानेवाले व्यक्तियों के चरित्र पर अयोध्या में दबी-ढँकी बातें तो गली-गली में हुआ ही करती थीं किन्तु इस घटना के बाद अयोध्या के जवान मुखर हो उठे थे। तुलसीदास का व्यक्तित्व, सदाचार के प्रति आस्था का प्रतीक बन गया। उनके प्रवचन में अधिक भीड़ होने लगी। होली के तीन दिन पहले जब 'जानकी मंगल' पूरा हुआ तब अन्तिम दिन आरती में इतना अन्न-धन चढ़ा, जितना पहले कभी किसी कथावाचक की आरती में नहीं चढ़ा था।

एक प्रौढ़ श्रोता ने कहा—"भगत जी अब तो रामनौमी तक कथा-वार्ताएँ सब बन्द रहेंगी, पर रामनौमी के बाद आप फिर बराबर कथा सुनाइए। जैसा भाव आपकी कथा सुनकर हमारे मन में आता है वैसा और किसी की कथा में नहीं आता।"

कई लोगों ने प्रायः एक साथ ही इस प्रस्ताव का साग्रह समर्थन किया। तुलसीदास सुनकर आनन्दाभिभूत हो गए, बोले—"अच्छा, रामनवमी के दिन अवश्य सुनाएँगे।"

"उस दिन तो महाराज यहाँ कथा कहने की मनाही है।"

तुलसीदास के मन में यह बात चुभ गई। बूढ़े पण्डित जी से बोले—"पिताजी, राम जी के विवाह के उपलक्ष्य में अयोध्यावासियों की ज्योनार होनी चाहिए। जगदम्बा अन्नपूर्णा ने भण्डार भर दिया है।"

बूढ़े पण्डित जी ने उल्लसित होकर कहा—"हाँ बेटा, हो जाय। अयोध्या में मंगल तो मनाना ही चाहिए।"

एक विरक्त प्रौढ़वय के ब्राह्मण वहाँ बैठे हुए थे, बोले—"भगत जी एक अरदास मैं भी करूँगा। आज्ञा है?"

"कहिए, कहिए, महाराज।" तुलसी ने मीठी वाणी में उनका उत्साह बढ़ाते हुए कहा।

"कहना यह है भगत जी, कि हमारे चारों राजकुमारों का ब्याह तो भया, पर अब बहुओं को अयोध्या भी तो लाइए, तभी ज्यौनार होय।" एक वृद्ध वणिक सुनकर गद्गद हो गए, बोले—"वाह बाबा जी, धन्य हो, हमारे मन में भी उठ तो रही थी यह बात, पर हम कह नहीं पा रहे थे। भगत जी की कबिताई सुनकर चोला मगन हो जाता है। हमीं नहीं, सब लोग यही कहते हैं।"

बूढ़े पण्डित जी उल्लसित स्वर में बोले—"बड़ी शुभ बात है। सुनकर बड़ा हर्ष हो रहा है, तुलसी बेटा।"

"हाँ, पिताजी।"

"देखो पुत्र, हम अयोध्यावासियों की यह इच्छा है। समझ लो कि साक्षात् राम जी की ही इच्छा है। राम जी के घर की बोली में रामायण की रचना होनी ही चाहिए। हमने सुना है कि बंगभाषा में और द्राविड़ी भाषा में भी रामायणें लिखी गई हैं।"

"हाँ पिताजी, यह सत्य है। काशी में पढ़ते समय मुझे महात्मा कम्बन और कृत्तिवास जी की रामायणों के कुछ अंश सुनने को मिले थे।"

"बस तो महाराज, आप हमारी भी इच्छा पूरी कीजिए। अरे जब आन गाँव के लोग अपनी-अपनी बोली में गाते हैं तो हमें भी ऐसा औसर जरूर मिलना चाहिए महाराज।" लाला जी ने गद्गद भाव से कहा।

विरक्त जी भी बोल उठे—"हमारे भगत जी को राम जी ने भगती भी दी है और काव्यकला भी। सोने में सुहागा है। आपको रामायण-रचना करनी ही चाहिए महाराज। उससे बड़ा लोक-मंगल होयगा।"

"स्वयं मेरा भी मंगल होगा महाराज। पिताजी ने सच ही कहा कि यह राम जी की आज्ञा है। सीतामढ़ी में स्वयं जगज्जननी ने मुझे यह आदेश दिया, बजरंग वीर और वाल्मीकिजी भी मुझे यही आदेश दे चुके हैं।" कहते हुए तुलसीदास की आँखें मुँद गईं; चेहरे पर मधुर भाव-कम्प आ गया। हाथ जोड़कर बैठे-ही-बैठे सबके सामने भूमि पर मस्तक नवाया, फिर शान्त आनन्दमय मुद्रा में कहा—"रामायण रचकर मेरी मुक्ति होगी। आठों पहर राम के ध्यान में रमे रहने का बहाना मिल जायेगा। मेरी भक्ति का रूप भी संवरेगा।"

स्वयं तुलसी के मन में कई दिनों से बड़ा ऊहा-पोह मचता रहा था, लेकिन सबेरे जब उनके प्रवचन सुनने वाला भक्त समाज जुटता तो वे सब कुछ भूल जाते और तन्मय रामभक्ति रसमग्न होकर काव्य और प्रवचन सुनाते हुए स्वयं भी आत्मविभोर हो जाते थे। अपने मुख्य श्रोता के रूप में उन्होंने बूढ़े पण्डित जी को बैठाया था। आरम्भ में वे केवल उन्हीं को सुनाते थे। पण्डित जी में उन्होंने अपनी भावना विशुद्ध ज्ञान-स्वरूप कपीश्वर के रूप में परिलक्षित की थी। पंडित जी सचमुच सच्चे श्रोता थे। उनकी तन्मयता तुलसी को प्रेरित करती थी। फिर जनता भी उनके ध्यान में सुखद प्रेरणा बनकर समाने लगी। कथा सुनाने से अर्जित आत्मलीनता का दिव्य सुख पाया। खाली समय में अपने बौद्धिक मन से लड़ते-झगड़ते, हारते-जीतते हुए वे मन के उस धरातल पर पहुँच गए जहाँ कहनेवाला और सुननेवाला एक ही हो गया था। तुलसी कहते और तुलसी ही सुनते थे। यह स्थिति उन्हें दिनोंदिन अधिकाधिक तन्मय बनाने लगी थी।

एक दिन राम-जन्म-भूमि-स्थल पर बनी हुई बाबरी मस्जिद की ओर चले गए। एक सूफी सन्त सिपाहियों और जनसाधारण की भीड़ को मलिक मुहम्मद जायसी का 'पद्मावत' काव्य सुना रहे थे। दोहे-चौपाइयों में रची हुई वह दिव्य प्रेम कथा सूफी महात्मा के सुमधुर कण्ठ से सुनाई जाकर ऐसी मनोहर बन गई थी कि स्वयं तुलसी भी उस रस में बह गए और बड़ी देर तक सुनते रहे। वहाँ से लौटते हुए उनके मन में पहला विचार यही आया कि यदि रामायण रचूँगा तो दोहे-चौपाइयों में ही। जन-मन को बाँधने की शक्ति उनमें बहुत है।

छन्द से मन बंध जाने पर रामकथा आठों पहर तुलसी के मन में घुमड़ने लगी। मिथिला और सीतामढ़ी में उमंगे हुए भावदृश्य और भी अधिक उमंग के साथ उभरकर

तुलसी के मन को बाँधने लगे। चूँकि 'जानकी मंगल' रच चुके थे इसलिए स्वयंवर मण्डप से ही रामकथा के दृश्य उनके मन में उभर रहे थे। राम-लक्ष्मण जब स्वयंवर सभा में आते हैं तो उसका वर्णन किस प्रकार हो? श्रीमद्भागवत में कृष्ण जी जब कंस के अखाड़े में उतरते हैं तब का वर्णन बड़े ही आलंकारिक ढंग से किया गया है। बड़ा सुन्दर लगता है। मुझे भी ऐसा वर्णन करना चाहिए। मुझे कथातत्त्व मूलरूप से वाल्मीकि रचित रामायण से ही ग्रहण करना चाहिए और अध्यात्म रामायण का प्रतीक तत्त्व भी उसमें जोड़ना चाहिए।

आठों पहर तुलसी की आँखों के आगे रामचरित्र के विभिन्न दृश्य ही दिखलाई पड़ते थे। इस प्रक्रिया में उन्हें यह अनुभव होने लगा कि राम का बिम्ब भी अब कभी-कभी उनके मन में स्पष्ट होकर झलकता है। कितने सुन्दर हैं राम! सौन्दर्य उनकी काया में, बल में, गुणों में है। हाय, जो कहीं यह रूप साकार होकर पृथ्वी पर उतर आए तो पृथ्वी पर कैसा आनन्द छा जाय। हे राम जी पधारो, एक बार दीन-दुखियों को दर्शन देकर कृतार्थ करो। आओ राम, आओ। बस अब आ ही जाओ।

रामनवमी की तिथि निकट थी। अयोध्या में उसे लेकर हलचल भी आरम्भ हो गई थी। जब से जन्मभूमि के मन्दिर को तोड़कर मस्जिद बनाई गई है, तब से भावुक भक्त अपने आराध्य की जन्मभूमि में प्रवेश करने से रोक दिए गए हैं। प्रतिवर्ष यों तो सारे भारत में रामनवमी का पावन दिन आनन्द से आता है पर अयोध्या में वह तिथि मानो तलवार की धार पर चलकर ही आती है। भावुक भक्तों की विह्वलता और शूरवीरों का रणबांकुरापन प्रतिवर्ष होली बीतते ही बढ़ने लगता है। गाँव दर गाँव के लड़वैये न्योते जाते हैं, उनकी बड़ी-बड़ी गुप्त योजनाएँ बनती हैं, आक्रमण होते हैं। राम-जन्मभूमि का क्षेत्र शहीदों के लहू से हर साल सींचा जाता है। ऐसी मान्यता है कि विजेताओं के हाथों से अपने परब्रह्म की पावन अवतार भूमि को मुक्त कराने में जो अपने प्राण निछावर करते हैं, उनके लिए स्वर्ग के द्वार खुल जाते हैं। इसलिए शासकों के द्वारा नवरात्रि आरम्भ होते ही किसी भी सार्वजनिक स्थान पर राम-कथा सुनाने पर पाबन्दी लगा दी जाती है। राम जी का जन्मदिन भक्तों के घरों में गुपचुप मनाया जाता है। पहले तो वर्ष में किसी भी समय नगर में खुलेआम कोई धार्मिक कृत्य करना एकदम मना था पर शेरशाह के पुत्र के समय जब हेमचन्द्र बक्काल उनके प्रमुख सहायक थे तब से अयोध्यावासियों को थोड़ी-सी छूट मिल गई थी। तुलसी के मन में यह बातें चुभीं, खौलन बन गईं। राम की जन्मभूमि में रामकथा न कही जाए वह अन्याय उन्हें सहन नहीं होता था।

तुलसीदास के कानों में आगामी रामनवमी के दिन होनेवाले संघर्ष की बातें पड़ने लगीं। उस दिन अयोध्या में बढ़ा बखेड़ा होगा। ऐसा लगता था कि अबकी या तो राम जी की अयोध्या में उनकी भक्त जनता ही रहेगी या फिर बाबर की मस्जिद ही। लोगबाग अक्सर निडर और मुखर होकर यह कहते हुए सुनाई पड़ते थे कि उन्हें इस बार कोई भी शक्ति राम-जन्मभूमि में जाकर पूजा करने से रोक नहीं सकेगी।

बस्ती में फैली हुई यह दबी-दबी अफवाहें तुलसीदास को एक विचित्र स्फूर्ति देती थीं। वे प्रतिदिन ठीक मध्याह्न के समय बाबरी मस्जिद की ओर अवश्य जाया करते थे। मस्जिद के पीछे कुछ दूर पर उजड़ा हुआ एक प्राचीन टीला और था। तुलसी भगत उसपर एक ऐसी जगह बैठा करते थे जहाँ से जन्मभूमि वाली मस्जिद उन्हें स्पष्ट दिखलाई दिया करती थी। वे बड़ी देर तक वहाँ बैठे रहा करते थे। यों मस्जिद के सामने बैठनेवाले मुसलमान फकीरों से भी उनका मेलजोल था। टीले से लौटते समय वे एक बार उनसे मिलने के लिए आते थे।

इन दिनों मस्जिद के आसपास, उनके बैठने के स्थान, उस टीले तक मुगल फौज की छावनियाँ लगी हुई थीं। तुलसीदास एक सिपाही के द्वारा घुड़के जाकर अपने नित्य के ध्यान-स्थान से हटा दिए गए। मस्जिद के सामने जाने का तो प्रश्न ही नहीं उठता था। भावुक तुलसीदास को यह बहुत अखरा। इस प्रतिबन्ध के विरुद्ध उनका मन खौलने लगा, 'रामभद्र, आप साक्षी हैं, मैंने इस मस्जिद से अपने मन में कभी कोई दुर्भाव नहीं रखा। पूजा भूमि इस रूप में भी पूज्य है। अब भी वहाँ निर्गुण निराकार परब्रह्म के प्रति ही माथा झुकाया जाता है। रामानुजीय मठ से हटने पर मैं यहीं सोने आता था। यहाँ के लोगों से घुल-मिलकर रहता था, तब मैं फकीर था, अब हिन्दू हो गया! हे राम जी, इस अन्याय को मिटाने के लिए एक बार आप फिर अवतार लीजिए।' प्रार्थना करते-करते ही लोभ लगा, 'मेरे जीवनकाल में ही पधारिए नाथ! एक बार मैं अपनी आँखों से आपको देख लूँ। आपके द्वारा छोड़े गए ताजे पदचिह्नों से अपने मस्तक का स्पर्श करने का अवसर पा जाऊँ...।'

मन ऐसा तड़प उठा कि फिर चैन ही नहीं आता था। 'राम जी आ जायँ...एक बार आ जायँ।...प्रत्यक्ष न आएँ तो काव्य रूप में ही मेरे मन में प्रकट हो जायँ। भाषा में रामकाव्य का लोकमंगलमय रूप प्रकट हो।' इस प्रार्थना ही से यह विचार उमंगा कि मैं रामनवमी के दिन ही अपनी काव्यरचना आरम्भ करूँगा।

अयोध्या में बुधवार के दिन रामनवमी मनाई जानेवाली थी। तुलसीदास एक पण्डित जी के यहाँ पंचांग देखने गए। उन्होंने देखा कि नवमी मंगल के दिन मध्याह्न वेला में ही आ जाती है। उन्होंने ज्योतिषी से कहा—"राम जी का जन्म मध्याह्न में हुआ था। तिथि जब उस समय आ जाती है और फिर लोग मंगल को ही रामनवमी क्यों नहीं मनाते?"

ज्योतिषी पंडित जी बड़ी ठसक के साथ बोले—"जिस दिन सूर्योदय से ही नवमी रहे उसी दिन हमें उसे मनाना चाहिए।" तुलसी ने अपने मन में कहा—'तुम किसी दिन मनाओ, मैं तो मंगल को ही अपने राम का काव्यावतार होते हुए देखूँगा। बजरंगबली का वार है, उन्हीं की आज्ञा से यह काव्यरचना करूँगा। अतः मेरी रामनवमी मंगल को ही मनेगी। उस दिन अयोध्या में मंगल ही मंगल होगा।' तुलसीदास ने मंगल के दिन ही रामायण-रचना का शुभ संकल्प किया।

37

दुर्गा अष्टमी के दिन तुलसीदास लिखने के लिए कागज़, कलम, दवात आदि सामान खरीदने शृंगारहाट गए। नगर में सनसनी थी। दुकानें खुली थीं पर ग्राहक बहुत कम थे। हर दुकानदार अपनी दुकान के एक-आध पट ही खोले हुए बैठा था। हरेक के चेहरे पर भय की आशंका और गुमसुमपन की छाप थी। लोगबाग आँखों-आँखों में ही अधिक बात करते थे।

यह दृश्य तुलसीदास के मन में चलते हुए चित्रों से एकदम विपरीत था। 'जानकी मंगल' काव्य का रचयिता रामकथा का अगला प्रकरण जोड़ते हुए अपने मन में देख रहा था कि राम, भरत, लक्ष्मण और शत्रुघ्न, दशरथ के चारों कुमार अपनी वधुओं के साथ राजधानी में प्रवेश कर रहे हैं। लौटती बरात का स्वागत करने के लिए पूरे नगर में सजावट हो रही है। तोरण सजे हैं। जगह-जगह बन्दनवार सजे हैं। घर-घर के आगे मंगल कलश लिए नारियाँ खड़ी हैं। जनता में अपार हर्षोल्लास है। और उसके विपरीत यह मुर्दनी, यह सन्नाटा! हे राम! पीड़ा भीतर दर भीतर घुटी और उतनी ही गहराई से आशा का एक नया स्वर भी फूटा—"सब मंगल होगा, अवश्य मंगल होगा।" तुलसीदास के मन पर अपनी आस्था का एक अजीब नशा-सा छा गया। उन्हें उस समय किसी भय अथवा अमंगल की छाया तक नहीं छू सकती थी। एक कागज़ वाले की दुकान पर गए।

"जै सियाराम, साहु जी।"

"आइए, महराज पधारिए, पधारिए। मेरे बड़े भाग जो आप आए। कहिए क्या आज्ञा है?"

टेन्ट में बँधी चाँदी की एक मुहर निकालकर उसे दुकानदार की ओर बढ़ाते हुए उन्होंने कहा—"हमें कागज़, कलम, स्याही और मिट्टी की एक दवात दे दीजिए। इस राशि में जितने का कागज़ मिल सके उतना दे दीजिए, कागज़ घुटा हुआ चिकना दीजिएगा।"

दुकानदार उठकर पेटी से कागज़ निकालते हुए एकाएक सिर घुमाकर पूछने लगा—"भगत जी, कविताई में कथा लिखेंगे न!"

तुलसी मुस्कराए, कहा—"हाँ, साहु जी, यही विचार है।"

"जरूर लिखिए महराज। जब आप सियाराम जी के ब्याह की कथा बाँच रहे थे तो हम पहले के दो दिनों तक सुनने गए थे। फिर भाई को जर आ गया सो दुकान से मेरा उठना न हो सका। आप तो ऐसी कथा बाँचते हैं महराज कि रस बरस-बरस पड़ता है।"

तुलसीदास बोले—"रामकथा का सच्चा भाव तो आप सबके मन में है साव जी। मुझे उसीको देख-देखकर तो सुनाने की स्फूर्ति मिलती है।"

दुकानदार ने कागज़ के पन्ने, और उसकी नाप की दो लकड़ी की पट्टियाँ,

लाल खारुवे का एक बस्ता, पीतल की दवात, स्याही की पुड़िया और सेंठे की दो कलम के साथ उनकी चाँदी की मुहर भी लौटा दी।

"अरे, यह क्या साव जी।"

दुकानदार हाथ जोड़कर बोला—"महराज, ग्राहक तो बीसियों आते हैं पर मेरा खरा लाभ तो आप ही कराएँगे। इन पर आप राम की कथा लिखेंगे। उसे मैं भी सुनूँगा और सैंकड़ों दूसरे लोग भी रस पाएँगे। आप मेरी यह छोटी-सी भेंट सकारें भगत जी।"

कागज़ आदि लेकर जब वे अपनी कोठरी में लौटे तो उन्हें लगा कि जैसे सामने सरयूजी से नहाकर राम जी घाट की तरफ बढ़ रहे हैं। उनका बलिष्ठ सुन्दर शरीर, उनका दिव्य तेजवान मुख, जल से भीगी हुई केशराशि, सब कुछ इतना स्पष्ट था कि तुलसीदास को लगता था जैसे राम सचमुच ही सामने खड़े हों। लाख प्रयत्न करने पर भी आज से पहले तुलसीदास राम का बिम्ब अपने मन में इतने स्पष्ट रूप से कभी नहीं देख सके थे। वे आत्ममोहित होकर खड़े हो गए, उन्हें अपना भान तक नहीं रह गया था।

उसी समय किसी कारण से बूढ़े पण्डित जी अपनी कोठरी से बाहर निकले। सामने तुलसीदास को खड़े देखा, धीरे-धीरे चलकर वे पास आए , कहा, "अरे, तुलसी, यों क्यों खड़ा है, बेटा?"

पोपले मुँह से निकली अस्पष्ट आवाज़ तुलसी के ध्यान में धक्के सी-लगी, आँखों की स्थिर पुतलियाँ एकाएक डगमगा गईं। आँखों के आगे एक बार अँधेरा सा छा गया और जब उनमें फिर से देखने की शक्ति लौटी तो घाट के राम अलोप हो चुके थे, सामने बूढ़े पण्डित जी खड़े थे। उस दिन वे प्रायः गुमसुम ही रहे, अपने में तन्मय। रह-रहकर उनके चेहरे पर आनन्द की लहरें-सी दौड़ जाती थीं। वे एक धुन में रम गए थे। मंगलवार के दिन सबेरे से तुलसीदास ऐसे सचेत भाव से मध्याह्न वेला के आने की प्रतीक्षा कर रहे थे, जैसे बहुत दिनों बाद अपनी हवेली में लौटने वाले मालिक की अगवानी के लिए चतुर चाकर फुर्तीला और चाक-चौबन्द होता है।

कोठरी के पास ही एक छोटा-सा चबूतरा था। तुलसीदास ने सबेरे ही से उसे अपने हाथ से लीपा-पोता था। वहाँ उन्होंने कागज़-कलम-दवात और कुशासन भी लाकर रख दिया था। काव्यतरंग सबेरे ही से हल्की-हल्की लहराने लगी थी, लेकिन कवि संयमी-साधक भी था। मध्याह्न से पहले वह अपने शब्दों को उभरने न देगा। राम जी स्वयं शब्द के रूप में अवतरित होंगे।

मध्याह्न वेला के लगभग आधी-पौन घड़ी पहले ही अयोध्या में जगह-जगह डौंढ़ी पिटी—"खल्क खुदा का, मुल्क हिन्दोस्तान का, अमल शहंशाह जलालुद्दीन अकबर शाह का... ।" दिल्ली से सरकारी आदेश आया था कि बाबरी मस्जिद के भीतर मैदान में चबूतरा बनाकर लोग उस पर नवमी के दिन राम जी की पूजा कर सकते हैं। अयोध्या की गली-गली में आनन्द छा गया था। भगवान रामचन्द्र की जयकारों के साथ-साथ अकबर शाह की जय-जयकार भी सुनाई पड़ जा रही थी। तुलसी आनन्द से भर उठे।

सूर्य ठीक सिर पर आ गया था। मौसम गरम हो चुका था। धूप अब कुछ-कुछ तपाने लगी थी, किन्तु तुलसीदास के लिए तो वह दिव्य आनन्द से भरी हुई थी। वे चबूतरे पर बैठ गए। गुरु वन्दना का दोहा लिखा और फिर कलम दौड़ चली...

जबते राम ब्याहि घर आए। नित नव मंगल मोद बधाए॥...

38

काव्य तेज़ी से गतिमान था। अयोध्या में ऋद्धि-सिद्धि-भरे सुखद दिन बीतने लगे। राजा दशरथ के दरबार की रौनक चौगुनी हो गई। भरत जी और शत्रुघ्न जी अपने मामा के साथ अपनी ननिहाल कैकय देश की सैर को चले गए। तभी एक दिन राजा दशरथ ने अपने कान के पास पके हुए केश को देखा। तुरन्त ही उन्होंने राम को युवराज पद देने का निश्चय कर लिया। प्रजा में यह समाचार सुनकर आनन्द छा गया। रनिवास में रामचन्द्र की तीनों माताएँ हर्ष और उछाह में भर कंचन थाल भर-भर मोती-मानिक लुटाने लगीं। गुरु वशिष्ठ ने तिलक की लगन शोधी।...काव्यगंगा मन्थर गति से बह रही थी।

तुलसीदास इन दिनों सबेरे से ही लिखने बैठ जाते और मध्याह्न तक उसी तरंग में डूबते-उतराते रमते रहते थे।

बूढ़े पण्डित जी कोठरी के बाहर अपने चबूतरे पर बैठते और तुलसीदास के नए भक्तों को कोठरी के पास जाकर उनके दर्शन करने से रोकते थे। बस्ती में यह बात बड़ी तेज़ी से फैली थी कि 'जानकी मंगल' कथा के अन्तिम दिन जब भगत जी को यह बात मालूम हुई कि अयोध्या में रामनवमी पर प्रतिबन्ध लगा है तो वे तड़प उठे और उन्होंने ध्यान लगाकर कहा कि घबराओ मत, सब मंगल ही मंगल होगा। सच्चे भगत के वरदानस्वरूप ही दिल्ली से रामनवमी मनाने का शाही हुकुम आ गया। तुलसी सच्चे भगत हैं। अब वे रामायण लिख रहे हैं जिसके पूरे होते ही राम जी फिर से अवतार लेंगे। तुलसी भगत की सच्ची-झूठी महिमा भी उनके काव्य के साथ ही साथ क्रमशः आगे बढ़ रही थी।

रामनवमी के तीन-चार दिनों के बाद ही दुष्टों की सभा फिर जुड़ी। इस बार सब लोग महन्त वैदेहीवल्लभचरणकमलरजधुलिदास जी महाराज के ऊपर वाले चौबारे में एकत्र हुए। महात्मा वैदहीवल्लभ बोले—"महन्त जी, यह तुलसी भगत हम सबकी मान-मर्यादाओं को फलांगता भया और, क्या नाम करके, अयोध्यावासियों के सिर पर चढ़ायमान होता भया चला जा रहा है। ये वास्तौ में बड़ी चिन्ता का विषै है।"

कथावाचस्पति पण्डित शिवदीन बोले—"और तो सब ठीक ही है, पर वह जो अब रामायण लिख रहा है सो समझ लो कि हमारे विरुद्ध एक भीसणतम खड्यन्त्र रच रहा है। उस दम्भी का दुस्साहस तो देखिए। आदिकवि महर्सि वाल्मीकि जी के परमपुनीत काव्य के रहते भए भाखा में काव्य रचना क्या उचित बात है? मतलब यह कि वह तो कथा बाँचने की सारी परिपाटी ही बदल डालेगा।"

महन्त वैदेहीवल्लभचरणकमलरजधूलिदास जी ने कहा—"अभी से इतना अधिक भयभीत होने की आवश्यकता नहीं है शिउदीन जी। क्या नाम करके, देखना चाहिए कि वह काव्य सफल भी होता है या नहीं।"

पण्डित रामदत्त बोले—"कवि वह निःसन्देह उच्च श्रेणी का है। इसमें दो मत कदापि नहीं हो सकते। अरे, अपनी कवित्व शक्ति ही से तो उसने अयोध्यावासियों को आकर्षित किया है।"

वैदेहीवल्लभ जी ने मुँह बिचकाकर कहा—"हाँऽऽ, सत्य में वह गाता मधुर ढंग से है। सारा जादू उसके गले में है।"

शिवदीन बोले—"अरे, तो फिर तिकड़म से उसको सिन्दूर खिलाय देव, गला आप ही बैठ जाएगा।"

सुदर्शन पण्डित बोले—"यह असम्भव है, हमने सुना है कि वह आजकल केवल फलाहार करता है। दूध पीता है।"

रामदत्त बोले—"देखिए, आप लोग तो घर बैठे बातें कर रहे हैं। मैंने उसे स्वयं सुना है। एक दिन बातें कर चुका हूँ। वह कवि श्रेष्ठ तो है ही किन्तु प्रकाण्ड पंडित भी है। अरे आचार्य शेष सनातन जी का शिष्य है, भाई।"

शिवदीन बोले—"तुम तो उसके बड़े प्रसंसक बन गए हो जी। एक ज़रा-से भुनगे को हाथी बनाकर हमारे सामने खड़ा कर रहे हो। यदि वह सास्त्रार्थ से ही उखाड़ा जा सके तो मैं उसका सामना करने को सहर्स तैयार हूँ। मेरी तर्क सक्ति के आगे वह मच्छर भला कहाँ तक भनभना पाएगा।"

"आपके तर्कों का आधार क्या होगा?" महन्त जी ने पूछा।

"राम के सगुण और निर्गुण रूप। मैं कबीर वाली चाल पकडूँगा—'दशरथ सुत तिहुं लोक बखाना। राम नाम का मरम है आना।' अर्थात जो दशरथ-नन्दन रघुनाथ को सुमिरे सो अज्ञानी है।"

रामदत्त हाथ बढ़ाकर बोले—"कथावाचस्पति जी महराज, अयोध्या में बैठके यह तर्क दोगे? तुम्हारी खोपड़ी में जितने बाल बचे हैं वे सभी एक ही दिन में झड़ जाएँगे।"

"तुमने हमें क्या पागल समझ रखा है जी? अरे, मैं इस अयोध्या को एकदम आध्यात्मिक रूप दे दूँगा। राजा दसरथ दस इन्द्रियों के प्रतीक बन जाएँगे और उनकी तीनों रानियाँ सतोगुण, रजोगुण, तमोगुण के रूप में बखानी जाएँगी। तुम समझते क्या हो?"

प्रायः उसी समय तुलसी भगत कुब्जा मंथरा की कुटिलाई का वर्णन कर रहे थे—

देखि मंथरा नगर बनावा। मंजुल बाज बधावा।
पूंछेसि लोगन्ह काह उछाहू। राम-तिलक सुनि भा उर दाहू॥
करै बिचारु कुबुद्धि कुजाती। होइ अकाज कवनि विधि राती।
देखि लागि मधु कुटिल किराती। जिमि गंव तकहिं लेउ केहि भाँती॥

राम-जन्मभूमि वाली मस्जिद में जब से राम जी का चबूतरा बन गया था और लोगों को वहाँ जाने दिया जाता था, तब से अयोध्यावासियों को थोड़ा-बहुत सन्तोष तो अवश्य ही हो गया था। मस्जिद के सिपाहियों का व्यवहार भी अब पहले से अधिक सुधर गया था। हिन्दू-मुसलमानों में कटुता कम हो गई थी। यद्यपि कुछ कट्टरपंथी मुसलमान अकबर की इस नीति के घोर विरोधी थे, पर उनकी चल नहीं पाती थी। तुलसीदास अब नियम से, लिखने के पहले, मस्जिद के भीतर चबूतरे पर विराजमान रघुनाथ जी के दर्शन करने जाया करते थे। एक दिन एक नागरिक ने उनसे कहा—"भगत जी, बहुत दिनों से आपने कथा नहीं बाँची। हमने रामघाट पर आपकी कथा जब से सुनी है तब से ही आपका गुणगान किया करता हूँ।"

तुलसी मुस्कराकर बोले—"मैं तो राम के ही गुणगान करता हूँ, भाई। आपको जो अच्छा लगता है वह राम का नाम ही है।"

"अरे राम-राम तो सभी करते हैं, भगत जी, पर जैसा भाव आप में है वैसा और किसी में नहीं है।"

पास में खड़े हुए कुछ अन्य व्यक्ति भी जोश के साथ इस बात का समर्थन करने लगे। बातों ही बातों में लोगों का यह आग्रह बढ़ा कि एक दिन फिर कथा सुनाइए। आप जो नया काव्य लिख रहे हैं, हम उसी को सुनना चाहते हैं।

"अच्छा गंगा दशहरे के दिन रामघाट पर सुनाऊँगा।"

× × ×

"गंगा दशहरे के दिन वाली कथा ने एक ओर जहाँ मुझे अपार प्रोत्साहन दिया वहीं दूसरी ओर वह मेरे संकटों का कारण भी बन गई।"

"वह कैसे गुरु जी?" सन्त बेनीमाधव ने पूछा।

बाबा बोले—"उसकी कुछ चौपाइयाँ और दोहे अयोध्या में जगह-जगह गाए-गुनगुनाए जाने लगे। मेरे विरोधियों को इससे कष्ट होना स्वाभाविक ही था। इसमें किसी का दोष न मानो बेनीमाधव, यह मनुष्य की प्रकृति ही है। आगे बढ़नेवाली शक्ति को ईर्ष्यालु लोग पीछे ढकेलने का प्रयत्न करते ही हैं। रामघाट पर जहाँ मैं रहता था वहाँ कुछ बन्दर भी रहते थे। उनसे मेरा बड़ा नेहनाता था। जब मैं चबूतरे पर बैठता था तो बन्दरों के बच्चे मेरे आस-पास ही ऊधम मचाया करते थे। एक दिन रात को मैं और मेरे धर्मपिता कोठरी के बाहर सो रहे थे।"

× × ×

आधी रात का समय है, तुलसी और बूढ़े पण्डित धरती पर चटाई बिछाए सो रहे हैं। कोठरी के पीछे वाले भाग में एकाएक मनुष्यों की चीत्कारों और बन्दरों

के चिंचियाने-खौखियाने के स्वर एक साथ उठे। तुलसी और बूढ़े पण्डित जी की नींद खुल गई। वे उसी ओर भागे, देखा कि कोठरी की दीवार के पीछे एक व्यक्ति बेहोश पड़ा है। बन्दरों का सरदार दीवाल से सटकर बैठा हुआ गुर्रा रहा है और कुछ बन्दर चीं-चीं करते हुए दूर भागे जा रहे हैं। उनके साथ ही भागते हुए मनुष्यों के पैरों की आहट भी आ रही है।

मनुष्यों और बन्दरों की चीख-पुकार ने घाट पर सोने वाले कुछ और लोगों को भी जगा दिया। "क्या हुआ? क्या हुआ?" कहते वे लोग भी पास आ गए। तुलसी भगत तब तक मूर्च्छित व्यक्ति के पास पहुँच चुके थे। उसका सिर और धड़ का कुछ भाग कोठरी के अन्दर था। वह निश्चेष्ट पड़ा था और बन्दर उसके पास ही बैठा गुर्रा रहा था।

तुलसीदास ने उसके सिर पर दो बार हाथ फेरा—"शान्त हो जाओ भूरे, शान्त हो!" कहकर तुलसीदास ने अपना बायाँ हाथ, जो पड़े हुए व्यक्ति की बाँह पर रखा तो वह खून से चिपचिपा उठा। तब तक दो-तीन लोग वहाँ आ गए थे। भूरा वहाँ से हटकर अलग बैठ गया।

एक बोला—"चोर है, ससुरा सेंध काटिसि है।"

तुलसी बोले—"तभी तो भूरे ने इस पर आक्रमण किया। इसकी कलाई में बड़ी ज़ोर से काटा है, उससे बड़ा लहू बह रहा है। मूर्च्छित भी हो गया है। दीया लाओ गुरुबचन।"

दीया आया, सेंध के अन्दर घुसी हुई चोर की गर्दन बाहर निकाली गई। कोई सेंघ की काट देखने लगा, किसी ने पास ही पड़ी कुदाल भी खोज निकाली। कोई इसी मसले पर विचार करता रहा कि इस कोठरी में सेंघ लगाने का भला अर्थ ही क्या है। चढ़त में चढ़ी हुई धनराशि तो उसी समय कंगलों को बाँट दी गई जबकि गंगा दशहरे के दिन दो सम्पन्न भक्तों ने बूढ़े पण्डित जी की इच्छानुसार वहाँ एक छोटा-सा कथामण्डप और हाता बनवा देने का भार अपने ऊपर ले लिया था।

तुलसी उस समय चोर का उपचार कर रहे थे। उसके मुँह पर पानी के छींटे मार रहे थे। चोर होश में आया, पीड़ा से कराहा। तुलसी शान्त स्वर में उससे बोले, "डरो मत, अब तुमसे कोई मार-पीट नहीं करेगा। भूरे ने तुम्हें काफी दण्ड दे दिया है। लेकिन यहाँ क्या चुराने आए थे भाई? फकीरों के घर में भला क्या धरा है?"

चोर रोने लगा—"हमसे बड़ा पाप भया महाराज, बैदेहीबल्लभ महाराज ने हमें आपकी पोथी चुराने भेजा था, सो ये बन्दर जाने कहाँ से कूद पड़े। मेरा एक साथी, लगता है, भाग गया और मेरी ये दुर्गत भई। मुझे छिमा कीजिए महाराज, मैंने बड़ा पाप किया।"

गुरुबचन घटवाला यह सुनकर चिढ़-भरे स्वर में बोला—"ये वैदेहीवल्लभवा सार महा लम्पट और कुचाली है। गेंदिया से भी उसीने नाटक कराया था।"

"अजुध्या जी में कुछ लोग तो सारे बड़े ही दुष्ट हैं। चार बुरों के कारण और सब साधुओं को कलंक लगता है।"

"भला बताओ, पोथी चुराने का क्या तुक है?"

बूढ़े पण्डित जी बोले—"ये पोथी रच जाएगी तो इन जैसों को कानी कौड़ी को भी कोई न पूछेगा। अरे कलयुग की माया बड़ी विचित्र है भइया।"

तुलसी गम्भीर विचारमग्न मुद्रा में बैठे थे। उनका मन एक नए निश्चय पर पहुँच रहा था। वे बोले—"जब मधूकरी माँगकर खाता और पड़ा रहता था तब कोई बात न थी पर जबसे यह प्रतिष्ठा पापिनी बढ़ चली है तभी से रार भी बढ़ चली है...मैं अब यहाँ रहूँगा नहीं। काशी चला जाऊँगा।"

"क्यों भैया, क्यों? अरे हम सबके रहते ये दुष्ट तुम्हारा एक बाल तक बाँका नहीं कर सकते।" गुरुबचन बोला।

"चिन्ता अपनी नहीं गुरुबचन, इस रचे जानेवाले महाकाव्य की है। सरस्वती ने मेरे जीवन में ऐसा अमृतवर्षण पहले कभी नहीं किया, अब तो इसी मोह में फँसा रहना चाहता हूँ भाई। रामायण रचते समय मैं पूर्ण शान्ति चाहता हूँ। यह झगड़ा-झंझट चोरी-चकारी का भय मुझसे सहन नहीं होगा। आज हनुमान जी ने भूरे के रूप में इसकी रक्षा कर ली किन्तु कभी धोखा भी हो सकता है। मेरी विपत्ति पिताजी को भी घेर सकती है।"

बूढ़े पण्डित जी बोले—"तुम तनिक भी चिन्ता मत करो बेटा, मैं किसी से मिल-जुल कर सुरक्षा का चौकस प्रबन्ध कर लूँगा।"

"नहीं पिताजी, मेरा मन कहता है कि कुछ दिनों के लिए मुझे यहाँ से टल जाना चाहिए। राम जी के घर में ईर्ष्या-द्वेषादि की आँधियाँ उठाना उचित नहीं। शंकर जी विषपायी हैं। वहाँ कवियों और पण्डितों का समाज बड़ा होने के कारण कदाचित् मुझे ऐसी निम्नकोटि के ईर्ष्या-द्वेष का सामना न करना पड़े। मैं कल भोरहरे ही काशी चला जाऊँगा।"

39

जिस समय तुलसी भगत प्रह्लाद घाट पर अपने मित्र पण्डित गंगाराम के यहाँ पहुँचे उस समय डेढ़ पहर दिन चढ़ चुका था। गंगाराम जी का घर रंगापुता, पहले से कुछ बदला हुआ, अधिक भव्य लग रहा था। द्वार पर एक दरबान भी खड़ा था। कन्धे पर अपनी रचनाओं का झोला लटकाए थके-माँदे तुलसीदास को देखकर दरबान ने हाथ जोड़कर कहा—"दानसाला बाईं ओर है बाबा, चले जाइए।"

"मुझे पंडित गंगाराम जी से मिलना है, दान लेने नहीं आया हूँ।"

"वो तो महाराज जी, इस समै काम कर रहे हैं। कोई बड़े जमींदार आए हैं, उनका।"

तुलसी की अहंता फूली। दरबान की बात काटकर यथासाध्य शान्त स्वर में कहा—"ठीक है, परन्तु तुम उनसे जाकर इतना अवश्य कह दो कि तुलसीदास आए हैं।"

दरबान विनय दिखाकर तुरन्त चला गया और उसकी विनय ने तुलसीदास को धक्का दिया। मन बोला, 'रे मूढ़, तुलसी, अभी तेरा अहंकार नहीं गया! बेचारे दरबान पर रोब दिखाता है।' अपने अपराध के प्रायश्चित स्वरूप तुलसीदास वहीं चबूतरे पर बैठकर राम-राम जपने लगे। राम नाम उनकी मति को सही राह पर हाँकने वाला डण्डा था। कभी आनन्द गंगा बनकर वह उन्हें अपने भीतर किलोलें भी कराता था; वही उनका मोह भी बन चला था। जपानुशासित होते ही तुलसी का मन शान्त हुआ। तभी भीतर से गंगाराम तेज़ी से डग भरते आते दिखाई दिए। तुलसीदास का चेहरा खिल उठा। वे अपने मित्र के सम्मानार्थ उठकर खड़े हो गए और दो डग आगे बढ़ आए।

"अरे, तुलसी!" दोनों मित्र एक-दूसरे से आलिंगनबद्ध हो गए, फिर बाँहों से उनकी पीठ बाँधे हुए ही चेहरे से चेहरा मिलाकर अपना विस्मय झलकाते हुए गंगाराम ने पूछा—"यह क्या वेश बना रखा है?"

तुलसी की दोनों बाँहें गंगाराम की पीठ पर थीं, दाहिनी हट गई। बाईं के दबाव से उन्हें आगे बढ़ने का संकेत देकर स्वयं एक डग बढ़ाते हुए वे मुस्कराकर बोले—"भीतर चलो। सब बतलाऊँगा।"

दालान में नौकर खड़ा था। गंगाराम ने उसे उंगली और आँखों से तुलसीदास के पैर धुलाने का आदेश दिया और भीतर बैठके की ओर मुँह करके बोले—"अभी आया टोडरमल जी।"

भीतर से आवाज़ आई—"हाँ, हाँ, महाराज, हमें जल्दी नहीं है।"

तुलसी बोले—"तुम भीतर चलो, मैं आया।" आँगन में दालान के खम्भे से लगी संगमरमर की चौकी पर बैठकर तुलसीदास स्वयं अपने पाँव धोने के लिए उद्यत हुए किन्तु नौकर ने उन्हें ऐसा न करने दिया। हाथ-मुँह धोकर ताज़े हुए, फिर अपनी झोली उठाने लगे। नौकर स्वयं उसे उठाने लपका किन्तु तुलसी ने बरज दिया—"मैं स्वयं ले जाऊँगा।" भीतर प्रवेश किया तो गंगाराम अपनी गद्दी पर बैठे-बैठे ही हिले और टोडर जी उनके सम्मान में हाथ जोड़कर खड़े हो गए। तुलसीदास की आँखें टोडर से मिलीं। दोनों ओर नेह की कनी पुतलियों में चमकी। टोडर देखने में सुदर्शन थे। बड़ी-बड़ी भव्य मूँछे, गले में सोने का कण्ठा और मोती माला पड़ी थी। उंगलियाँ अँगूठियों से जड़ी थीं—दुपट्टा-अंगरखा भी कीमती था।

पण्डित गंगाराम ने हाथ बढ़ाकर तुलसी को अपने पास ही बुला लिया। एक ही गावतकिए का टेका लेकर दोनों मित्र बैठ गए। गंगाराम ने कहा—"ये हमारे टोडर जी यहां के एक बड़े सम्पन्न और धर्मनिष्ठ व्यक्ति हैं। इनसे मेरा परिचय अब पुराना हो चुका है।"

फिर टोडर से तुलसी का परिचय कराते हुए कहा—"टोडर जी, ये हमारे बचपन के साथी और सहपाठी सुकवि पण्डित तुलसीदास जी शास्त्री कथावाचस्पति हैं। और ज्योतिष विद्या में तो मैं इन्हें अपने से श्रेष्ठ विद्वान मानता हूँ।"

"राम, राम! टोडर जी, हमारे मित्र की अतिशयोक्तियों पर ध्यान न दें। मैं यदि गंगा हूँ तो यह गंगासागर हैं।"

गंगाराम हँस पड़े और बोले—"तब तो मैं भी तुम्हारी तरह से कहूँगा कि मैं यदि तुलसीदास हूँ तो तुम साक्षात् तुलसी का बिरवा हो।"

हँसी-विनोद के क्षण बीतने के बाद टोडर ने पूछा—"महाराज, कहाँ से पधारे हैं?"

"अयोध्या से आ रहा हूँ। अब यहीं रहने का विचार है।" फिर गंगाराम की ओर देखकर कहा—"आजकल सरस्वती देवी की मुझ पर असीम कृपा है। मुझे राममहिमामय बनाने के लिए वे मेरे सुमिरन करते ही दौड़ी चली आती हैं।"

"कोई बड़ा काव्य लिख रहे हो तुलसी?"

"हाँ, जब से तुम्हारे यहाँ बैठकर रामाज्ञा प्रश्न रचा था तभी से सरस्वती मैया मुझ पर दयालु बनी हुई हैं। कई फुटकर छन्द लिखे, 'जानकी मंगल' नाम से एक प्रबन्ध काव्य की रचना भी कर डाली। और इन दिनों सम्पूर्ण राम-कथा लिखने की प्रेरणा मुझे बाँधे हुए है।"

टोडर प्रसन्न होकर बोले, "अरे वाह महाराज, यह तो हमारे लिए बड़े ही आनन्द की बात है। कहाँ तक लिख डाली?"

"अभी एक सोपान चढ़ा हूँ। विवाह के बाद राम-जानकी अयोध्या आए तब से लेकर उनके बनवास लेने और राजा दशरथ की मृत्यु के बाद चित्रकूट में भरत भेंट होने तक का प्रसंग पूरा कर लिया।"

"तो फिर यह प्रथम सोपान कैसे हुआ?" गंगाराम ने पूछा और फिर कहा—"अरे भाई, राम-जन्म से लेकर राम-विवाह तक की कथा कायदे से प्रथम सोपान कही जानी चाहिए।"

"हाँ, तुम्हारी बात ठीक है। असल में जानकी-मंगल की कथा सुनाते-सुनाते राम-भक्तों के आग्रह से मैं आगे की कथा लिखने बैठ गया। अब स्वयं भी सोचने लगा हूँ कि इस महाकाव्य को 'जानकी मंगल' से अलग कर दूँ और इसका एक बालकाण्ड भी रच डालूँ। अयोध्या में इस समय मुझे अनुकूल वातावरण न मिला। दुर्दैववश इस समय वहाँ कोई श्रेष्ठ विद्वान अथवा कवि न होने से मुझे हीन प्रकार की ईर्ष्या-द्वेष-दम्भादि वृत्तियों से लड़ना पड़ता था। काव्यरचना के आनन्द में विघ्न पड़ता था। इसलिए यहाँ चला आया।"

पण्डित गंगाराम बोले—"बस तो अब तुम मौज से अपने उसी चौबारे में बैठकर काव्यरस सिद्ध करो, जिसमें तुम्हें रामाज्ञा मिली थी।"

टोडर तुरन्त आग्रह दिखलाते हुए बोल उठे—"पण्डित जी, आपके तो मित्र हैं, जब जी चाहे इन्हें अपने पास रख सकते हैं, पर इस समय तो मेरी इच्छा है कि मुझे इनकी सेवा करने का मौका मिले। आपको मैं परम शान्त और रम्य स्थान दूँगा महाराज।"

तुलसी बोले—"आपके प्रस्ताव के लिए कृतज्ञ हूँ टोडर जी। यों गंगाराम का घर मेरा अपना ही घर है, पर इस समय मैं गृहस्थी के वातावरण में नहीं रहना चाहता।

मुझे एक ऐसी स्वतन्त्र कोठरी दिला दीजिए जिसमें मैं अपना काव्य-साधन भी करूँ और बैराग-साधन भी।''

गंगाराम गम्भीर हो गए, बोले—''तुलसी, तुम्हारा यह नया रूप मेरे लिए अभी रहस्यमय है। तुम अभी से वैराग्य क्यों धारण कर रहे हो?''

तुलसी ने मुस्कराकर कहा—''जब तक राम-कृपा नहीं होती, वैराग्य नहीं आता। मैं अभी पूर्ण विरक्त नहीं बन सका। काव्य के सहारे अपने को वैसा बना अवश्य रहा हूँ। मुझे आप कोई स्वतन्त्र एकान्त कोठरी दिला दें टोडर जी।''

''ऐसा स्थान मेरी नज़र में है महाराज। हनुमान फाटक पर मैं चौकस प्रबन्ध कर दूँगा। चाहें तो आज ही कर दूँ। वह स्थान मेरे एक नातेदार का है, मेरा ही समझिए।''

गंगाराम बोले—''अरे भाई, तुम इन्हें अभी से चंग पर न चढ़ाओ टोडर जी, अभी कुछ दिनों तो मैं इन्हें अपने ही पास रखूँगा।''

दो क्षण मौन रहा, फिर बात को नए सिरे से उठाते हुए गंगाराम टोडर से बोले—''तो भाई, हमारा प्रश्न विचार तो यही ठहरता है कि तुम्हारा और मंगल भगत का समझौता हो जाएगा। टोडर, मार-पीट, खून-खराबे की नौबत नहीं आएगी।''

''यही बात मेरी समझ में नहीं आती है महाराज, यों तो मंगल भी भला है और मैं भी भला हूँ पर हठ में न वह कम है और न मैं। वही किस्सा है कि नाले के आर-पार जाते हुए दो बकरे बीच में रखे छोटे से पटरे पर खड़े हैं और जब तक एक बकरा दूसरे को टक्कर देकर नाले में गिरा न दे तब तक वह आगे नहीं बढ़ सकता।''

तुलसी बोले—''बात पूरी न जानने के कारण मैं ठीक तरह से भी नहीं कह सकता, पर मुझे भाई गंगाराम की बात उचित ही जान पड़ती है। बकरे तो पशु थे किन्तु आप मानव हैं, राम-चेतना-युक्त हैं। आप दोनों को बकरों जैसी टकराने की स्थिति से बचना ही चाहिए।''

गंगाराम बोले—''उचित बात कही। और बात भी कुछ नहीं, मंगलू अहिर भृगु आश्रम के पास रहता है। वहाँ उसकी दो-चार एकड़ भूमि है। इनके यहाँ बँधक पड़ी है। वह इनका रुपया चुका नहीं पाया। मियाद निकल चुकी है। अब मन में मोह है कि अपना यश बढ़ाने के लिए यह उस स्थान पर एक धर्मशाला बनवा दें और फलों का बगीचा भी लगवा दें। इधर मंगलू इनसे और मियाद चाहता है। वह स्वयं भी उस भूमि पर अपने यश के लिए कोई काम करना चाहता है।''

टोडर बोले—''मैं जानता हूँ महाराज कि उसे चाहे जितनी मियाद दे दी जाए, वह अब मेरा ऋण चुकाने लायक नहीं रहा। पिछले साल पशुओं की बीमारी में उसकी आधी से अधिक गाएँ मर चुकी हैं। परन्तु वह अपनी हेकड़ी नहीं छोड़ता।''

तुलसी ने टोडर से कहा—''टोडर जी, मेरा विचार यह कहता है कि आपको किसी महात्मा की कृपा से अक्षय यश मिलेगा। मेरे कहने से आप यह तकरार छोड़ दें।''

टोडर थोड़ा असमंजस में पड़े, फिर बोले—"आपकी जैसी आज्ञा हो महाराज, पर..."

"अब पर-वर न निकालो टोडर। तुलसी की इस बात का समर्थन तुम्हारी जन्मकुण्डली से भी होता है। मेरा ध्यान अब इस बात पर गया। मंगलू से लड़ना ठीक नहीं होगा। वह हठी ज़रूर है पर बड़ा ही भला और परोपकारी व्यक्ति है।"

"जब दो पण्डित एक ही मत के हों तो मुझे मानना ही चाहिए।"

पण्डित गंगाराम जी उत्साह भरे स्वर में बोले—"अरे ये कोरे पण्डित ज्योतिषी या कवि ही नहीं बड़े राम-भक्त भी हैं। हो सकता है कि हमारे ये तुलसी ही आगे चलकर महात्मा सिद्ध हों और तुम्हें इनकी कृपा से यश मिले।"

तुलसी खिलखिलाकर हँस पड़े। पण्डित गंगाराम के हाथ पर हाथ मारकर कहा—"तुम्हारी विनोद वृत्ति अभी वैसी ही बनी हुई है। मुझे याद है टोडर जी कि गंगाराम हम लोगों के साथ पढ़नेवाले एक भोजनभट्ट छात्र धोंडू फाटक को भी मेरे सम्बन्ध में ऐसे ही बहकाया करते थे।"

गंगाराम भी हँसे परन्तु फिर गम्भीर होकर बोले—"तुलसी, जब मनुष्य चाहता है तब कुछ नहीं होता है। जब ईश्वर चाहता है तब सब कुछ सिद्ध हो जाता है। और जब मनुष्य और ईश्वर दोनों मिलकर चाहते हैं तब कुछ भी असम्भव नहीं होता। तुम्हारे सम्बन्ध में मेरी भविष्यवाणी गलत नहीं होगी। अरे, इसी प्रसंग में याद आया, टोडर, हम अपने मित्र के सम्मान में यहाँ के प्रसिद्ध पण्डितों और कवियों की एक गोष्ठी करना चाहते हैं।"

"मैं सारा प्रबन्ध कर दूँगा महाराज और जहाँ तक हो सके मंगल को यहाँ बुलवाकर आप ही समझौता करवा दीजिए।" "तब तो भाई तुम्हें आठ दस दिन ठहरना पड़ेगा। मैं कल सबेरे चुनार जा रहा हूँ।"

तुलसीदास एकाएक बोल उठे—"जब वह भी भला है और आप भी भले हैं तब बीच में बात चलाने के लिए आवश्यकता केवल एक तीसरे भले आदमी की ही है, चाहे उसकी जान-पहचान हो या न हो। मैं आपके साथ चलने को तैयार हूँ टोडर जी। अनेक वर्षों से भृगु आश्रम की ओर गया भी नहीं हूँ। फिर यह निश्चित है कि रामकृपा से मेरी बात खाली नहीं जाएगी क्योंकि आप अपना दावा छोड़ रहे हैं।"

टोडर कुछ सोचकर बोले—"अच्छा, तो फिर मैं कल पहर-भर दिन चढ़े तक यहाँ आकर आपको साथ ले चलूँगा। पण्डित जी तो उस समय यहाँ होंगे नहीं।"

"हाँ, इसी कारण से आप मेरे लिए, हनुमान फाटक वाले उस स्थान का प्रबन्ध भी आज ही कर लीजिएगा।"

आश्वासन मिलने पर तुलसीदास को लगा कि अब वे एक अत्यन्त अनुकूल वातावरण में पहुँच गए हैं। उनका काव्य निश्चय ही अब सुख से आगे बढ़ सकेगा। उन्हें संस्कृत भाषा के कवि समाज में अपनी संस्कृत-काव्य-रचनाएँ सुनाने का अवसर मिलेगा। यह सब कल्पनाएँ उनके अहम् को बड़ी तुष्टि दे रही थीं।

× × ×

बेमीमाधव को अपनी पूर्व कथा सुनाते-सुनाते तुलसीदास मौन हो गए। फिर कहा—"देखो, नियति कैसा खेल खेलती है। हम चाहते थे कि काशी में अपनी कथा आरम्भ करने से पहले वहाँ के पण्डित समाज में एक बार अपना सिक्का जमा लें तो उसका परिणाम शुभ होगा। अयोध्या में पहले पण्डित समाज में हेल-मेल नहीं बढ़ाया इसीलिए उस समाज के कुटिल पुरुषों को हमारे विरुद्ध पैर जमाने का अवसर मिल गया। काशी में यह न क़रेंगे। परन्तु प्रभु की वैसी इच्छा न थी। हम टोडर के साथ जो भृगु आश्रम गए तो वहाँ मंगलू अहिर से बड़ा प्रेम हो गया। वह सचमुच भक्त आदमी था। फैसला तो खैर तुरन्त ही हो गया, कोई बात न थी। फिर उसने हम दोनों को रोक लिया। उसने हमसे कहा कि आपकी बातें बड़ी सुन्दर हैं। हम गाँव-जवार के लोगों को बुलाए लेते हैं। कल सबेरे प्रवचन कीजिए तब जाइएगा। और मेरा वह राम-कथा प्रवचन ही काशी और उसके आस-पास के क्षेत्रों में मेरे यश का कारण बन गया। बहुतों ने पूछा कि आप कहाँ कथा बाँचेंगे। हम आया करेंगे। टोडर चट से बोल दिए कि हनुमान फाटक पर महात्मा जी रहेंगे और वहीं इनकी कथा होगी। लौटते समय हमने टोडर से कहा—

"टोडर ज़ी, आपने कथा का न्योता देकर मुझे बड़े असमंजस में डाल दिया है।"

"क्यों महात्मा जी?"

"कृपा करके आप मुझे महात्मा न कहें। मैं साधारण मनुष्य हूँ। थोड़ा-बहुत राम जी का नाम जप लेता हूँ। बस इससे अधिक और मेरी कुछ पहुँच नहीं है।"

टोडर हाथ जोड़कर बोले—"यदि मैंने आज आपका प्रवचन न सुना होता तो मैं मुख से यह शब्द आपके लिए एकाएक कभी न निकालता। महाराज, मैं ठहरा दुनियादार, लोक-व्यवहार में दिन-रात लगा रहता हूँ। भले-बुरे सभी मिलते हैं। मैं सम्भलकर मुँह से शब्द निकाला करता हूँ, पर कथा के लिए स्थान बतलाकर मैंने क्या कुछ गलती की महात्मा जी?"

"नहीं, वैसे तो कथा बाँचना ही मेरी जीविका है और उसे छोड़ना भी नहीं चाहता। विरक्त के हेतु भी आज के समय में स्वाभिमान से जीने के लिए यह आवश्यक है कि वह अपनी जीविका अवश्य कमाए। कबीर साहेब अपने चरखे-करघे के धन्धे से बँधे थे इसलिए उनकी वाणी मुक्त थी। मैंने भी अयोध्या में यही सबक सीखा। पर अभी कुछ दिनों यह करना नहीं चाहता था। उसी उद्देश्य से अयोध्या से कुछ धन भी ले आया हूँ।"

"अब अपनी दो रोटियों की चिन्ता का भार दया करके अपने इस दास पर ही छोड़ दें। आप आनन्द से अपनी रामायण लिखें और आपसे मेरी अरदास तो यही है कि कथा अवश्य सुनाएँ। हम जैसे प्राणियों का भी उद्धार होना चाहिए महात्मा जी।"

× × ×

"मैं भला टोडर से यह कैसे कहता बेनीमाधव कि मेरा अहंकार सिद्ध कथावाचक और भाषा के कवि के रूप में विख्यात होने से पहले काशी के पण्डित समाज में

प्रतिष्ठित होने के लिए तड़प रहा है। देखी यह विडम्बना कि एक ओर राम-भक्ति पाने के लिए मन तड़पता है और दूसरी ओर पण्डितों से संस्कृत के कवि के रूप में वाहवाही पाने की छटपटाहट भी है। एक ओर दुनिया से विराग भी है और दूसरी ओर वह वाहवाही का लोभ भी। इसी द्वन्द्व से मेरी सच्ची चाहना को निकालने के हेतु नियति ने मानो मेरे लिए काशी में भी संघर्ष का एक वातावरण प्रस्तुत कर दिया।''

''कैसा संघर्ष हुआ गुरु जी?''

''टोडर ने अपने भुंइहार समाज में मेरी बड़ी प्रशंसा की। उधर मंगलू भगत और उनकी तरफ के लोग दूसरे दिन ही मेरे हनुमान फाटक वाले नए स्थान पर पहुँच गए। स्वाभाविक रूप से प्रवचन का आयोजन हुआ। बस, फिर तो तुलसी भगत तुलसी भगत की धूम मचने लगी।''

× × ×

हनुमान फाटक पर तुलसी के निवासस्थान पर बड़ी भीड़ जमा है। तुलसीदास अभी कहीं आस ही पास में गए हुए हैं। जनता उनकी प्रतीक्षा में है। लोगों में बातें चल रही हैं।

''भाई, बहुत देखे, पर इनके जैसा कोई नहीं देखा।''

''कैसा सरूप है और कैसा मधुर कण्ठ पाया है। अरे प्रेम देखो उनका, सुनाते-सुनाते कैसा अपने में रम जाते हैं। इनको राम जी ज़रूर दर्शन देते होंगे भइया। हाँ भाई, जिसकी जैसी करनी, उसको वैसा ही फल मिलता है। हम तो इसी महल्ले में रहते हैं। आठों पहर देखते हैं। या तो बैठे-बैठे लिखा करते हैं या फिर धर्म-उपदेश दिया करते हैं। कोई ऐब नहीं। औरतों की ओर तो आँखें उठाकर भी नहीं देखते। काशी में ऐसे महात्मा हैं तो ज़रूर, पर बहुत कम दिखाई देते हैं।''

थोड़ी ही देर में तुलसीदास टोडर को साथ लिए आ गए। मजमा उनके सम्मान में उठ खड़ा हुआ। जै-जै सियाराम और हर-हर महादेव की जयकारें गूँजीं और वैसे ही जाने कहाँ से ढेले आने लगे। तड़ातड़-तड़ातड़ ढेलों की बौछार होने लगी। भीड़ में कई लोग घायल हुए। कइयों ने उत्तेजनावश चीखना-पुकारना आरम्भ कर दिया। थोड़ी ही देर में भीड़ ढेलों की बौछार से त्रस्त होकर भागी। ढेले आसपास की छतों से आ रहे थे। तुलसीदास शान्त खड़े देखते रहे। उनके बाएँ कन्धे पर एक लखौरी ईंट चोट करती हुई निकल गई थी। खून बह रहा था। टोडर अपने रूमाल से उसे पोंछते हुए बोले—''यहाँ कुछ लोगों ने अपना धर्म परिवर्तन कर लिया है। यह दुष्टता उन्होंने ही दिखलाई है।'' तुलसीदास मौन रहे।

दूसरे दिन सबेरे ही सबेरे तुलसीदास जब गंगास्नान से लौटकर आए तो उन्हें अपनी कोठरी की चौखट के आगे एक मरा हुआ कुत्ता, कुछ हड्डी के टुकड़े आदि पड़े दिखाई दिए। तुलसीदास के पैर झिझककर थम गए। मुँह से राम-राम शब्द निकला। तीसरे दिन जब भी कोई तुलसीदास के द्वार पर आता तभी उसके ऊपर ढेले बरसने

लगते। चौथे दिन तुलसीदास टोडर से बोले–"भाई मैं यहाँ नहीं रहूँगा। हनुमान जी मुझे यहाँ रहने की आज्ञा नहीं देते।"

टोडर अकड़कर बोले–"अरे महात्मा जी, चार दिन इन्होंने उत्पात मचा लिया, अब देखिए, मैं भी अपना तमाशा दिखाऊँगा। अकबर बादशाह का राज है, सबको अपने धरम--करम की छूट है। ये लोग कोई सचमुच मुसलमान थोड़े ही हुए थे। बिरादरी में फूट पड़ गई, बस इन लोगों ने धर्म बदल दिया। बदला लेने के लिए हमें सताते हैं। मैं कल ही यहाँ के हाकिमों से मिलकर सारा प्रबन्ध कर लूँगा। आप यही डटे रहें।"

तुलसी रात में अपनी कोठरी बन्द करके दीए के सामने बैठे लिख रहे हैं : अत्रि ऋषि के आश्रम में सीता सहित राम-लखन, दोनों भाई, विराजमान हैं। तुलसीदास दोहा लिख रहे हैं–

प्रभु आसन आसीन, भरि लोचन शोभा निरखि।
मुनिवर बचन प्रबीन, जोरि पानि अस्तुति करत।

तुलसीदास तन्मय होकर लिख रहे हैं। अचानक देखते हैं कि बन्द किवाड़ों के भीतर धुवाँ और आग घुसी चली आ रही है। तुलसीदास घबराकर उठ खड़े होते हैं। 'हे राम, यह कैसी परीक्षा। मेरी सारी काव्य रचनाएँ नष्ट हो जाएँगी।' तुलसीदास क्षण-भर तो मूढ़वत खड़े रहे, फिर झटपट अपनी झोली उतारी, अपने आगे फैले हुए कागज़-पत्र जल्दी-जल्दी समेटकर उसमें रखे, उस पर अपना धोती-अंगोछा रखा और लोटे में दवात कलम डालकर झोली तैयार करके रखी। चौखट के एक कोने से लपटें भी निकलने लगीं और बन्द कोठरी में धुवाँ तो दम घोंटने वाला हो गया था। कोने में पानी का घड़ा रखा था। पूरी चौखट धीरे-धीरे आग पकड़ रही थी। तुलसीदास ने घड़े का पानी डालकर उसे बुझाया। अपनी झोली उठाई, बाहर निकलकर चौकन्नी दृष्टि से इधर-इधर देखने लगे, फिर प्रार्थना की : "हनुमान जी, मैं आपकी ही आज्ञा से यह काव्यरचना कर रहा हूँ। मुझे सुचित्त होकर लिखने दें।" कहकर वे अँधेरी गलियों में चल पड़े।

रात अभी पहर-भर ही चढ़ी थी। नगर की सब गलियों में अभी पूरी तरह से सन्नाटा नहीं हुआ था। जिस समय वे गोपाल मन्दिर की गली से गुज़र रहे थे, उस समय मन्दिर में आरती के घण्टे-घड़ियाल बज रहे थे। तुलसीदास मन्दिर में चले गए।

आरती समाप्त हुई। पट बन्द हुए। भक्तजन अपने-अपने घरों को चले। तुलसीदास ने तब वहाँ के एक कर्मचारी से कहा–"मैं अयोध्या जी से आया हूँ। यहाँ हनुमान फाटक पर ठहरा था। कुछ दुष्ट प्रकृति के लोगों ने धर्म के नाम पर वहाँ मुझे तंग करना आरम्भ किया और आज तो कोठरी के किवाड़ों में आग तक लगा दी। क्या मुझ निराश्रित को यहाँ रात-भर टिकने के लिए स्थान मिल सकेगा?"

एक क्षण तक तो पुजारी उन्हें देखता रहा, फिर कहा–"आवो हम तुम्हें सोने की जगह बतला दें।"

× × ×

"गोपाल मन्दिर में अधिक दिनों तक टिक न सका।"

"क्या उन लोगों ने आपका विरोध किया गुरु जी।"

"हाँ, परन्तु मैं किसी को दोष नहीं देता। बात यह कि मेरी कथा के प्रशंसक शीघ्र ही मुझे खोजते हुए वहाँ पहुँच गए। उनमें टोडर सबसे पहले पहुँचे।"

"हाँ गुरु जी, मैं उन्हीं के बारे में सोच रहा था। वे बेचारे तो बहुत ही दुखी हुए होंगे।"

"पूछो मत, बहुत दुखी थे। अस्तु यह भीड़-भाड़ और एक अपरिचित शरणार्थी का यह महत्त्व स्वाभाविक रूप से मेरे प्रति ईर्ष्या का कारण बना। मैं उस समय अरण्यकाण्ड के लेखन में इतना तन्मय था कि तुमसे क्या कहूँ। मेरे सामने रामकथा के बिम्बों को छोड़कर एक और भी चित्र आता था। और वह था, कथा सुनने वाले भक्त नर-नारियों का। काल से पिटे, शासन से दुरदुराए, अपने भीतर से टूटे हुए निरीह नर-नारियों का समाज जब मेरी आँखों के सामने आता था तो ऐसा अनुभव करता था कि जब अपने साथ ही साथ इन मनुष्यों में रामभद्र के अवतार की कामना करूँगा, तभी मुझे श्री युगल कमल चरणों में खरी भक्ति मिलेगी।"

"आप ऐसा क्यों अनुभव करते थे गुरु जी?"

बाबा हँसे, बोले—"जिसके पैरों में बिवाइयाँ फटती हैं न, वही दूसरों के दर्द को समझ सकता है। जीवन तत्व और है ही क्या। उदारता और स्वाधीनता मिलकर ही जीवन तत्व है। इन दोनों के मेल से प्रेम तत्व आप ही आप उमंगता और निखरता है।"

"क्या फिर गोपाल मन्दिर वाली कोठरी भी आपको छोड़नी पड़ी?"

"हाँ, टोडर बड़े ही प्रेमी जीव थे। यों तो केवल चार गाँवों के ही ठाकुर थे पर उनका कलेजा किसी बड़े से बड़े साम्राज्य के विस्तार से कम न था। उन्होंने अस्सी घाट पर तुरन्त ही यह जमीन खरीद ली। मेरे लिए पहले तो एक मड़ैया छवा दी। फिर धीरे-धीरे मन्दिर-इमारत इत्यादि भी उन दिनों में बनवाई जब हम अगली रामनवमी पर कुछ महीनों के लिए अयोध्या चले गए थे। परन्तु वह आगे की बात है। कथा-प्रेमी भीड़ वहाँ भी पहुँच गई। नगर में किसी तरह से यह किंवदंती फैल गई कि मेरे शत्रुओं द्वारा सताए जाने पर हनुमान जी अपना विराट रूप धारण करके प्रकट हो गए थे, जिससे दुष्टों की भीड़ भाग गई। मेरे सम्बन्ध में इतनी चामत्कारिक कथाएँ नगर में फैल गईं कि वहाँ पहुँचने के चौथे-पाँचवें दिन एक विशाल समुदाय मेरे सामने था। मैं भूल गया पंडितों के ईर्ष्या-द्वेष की बात, भूल गया आने वाले संकटों की बात, अरण्यकाण्ड रच ही रहा था, उसे ही तन्मय होकर सुनाने लगा।"

× × ×

तुलसीदास अरण्यकाण्ड सुना रहे हैं। जनता मन्त्रमुग्ध होकर सुन रही है। उनके स्वर में ऐसा आकर्षण और वर्णन में ऐसी चित्रमयता है कि लोगों को लगता है कि मानो सारे दृश्य उनकी आँखों के आगे घट रहे हैं। महर्षि अत्रि के आश्रम में सीता-राम-लक्ष्मण का स्वागत होता है। अनुसूया सीता को उपदेश देती है। वन में रहने वाले ऋषि-मुनि और तापस उनका अलौकिक रूप और बल देखकर उनमें परब्रह्म

के दर्शन पाते हैं। तुलसीदास ने राम का ऐसा मार्मिक रूप आँका कि सुनने वालों के मन में उस सुन्दरता को देखने की ललक उनके प्राणों की सारी शक्ति समेटकर उन्हें भाव रूप राम का दर्शन कराने लगी। टोडर तो ध्यानलीन हो गए थे।

कथा में फल-फूल-अनाज, पैसे चढ़ने लगे। तुलसीदास भीड़ के जाने के बाद टोडर से बोले—"आज और कल सबेरे के लिए इतने दाल-चावल रखे लेता हूँ। बाकी सब गरीबों को बँटवाने की व्यवस्था आप कर दें और इन रुपए-टकों का उपयोग कुछ निःसहाय विधवाओं और दीन-दुखियों में बाँट कर करें।"

टोडर बोले—"महात्मा जी, आप तो बस लिखिए और सुनाइए। बाकी सारी चिन्ताएँ मेरे ऊपर छोड़ दीजिए। हमने एक और प्रबन्ध भी कर दिया है, कुछ पहलवान यहाँ रहेंगे। उनके लिए अखाड़ा भी बनवा दूँगा। फिर कोई टिर्रपिर्र करेगा तो..."

"तुम मेरी सुरक्षा की चिन्ता छोड़ो। मेरे बल राम हैं और सहायक बजरंगबली। बाकी अखाड़ा बन जाने से हमें सचमुच बड़ी प्रेरणा मिलेगी। हम तो सोचते हैं कि नगर में जगह-जगह अखाड़े बन जाएँ, अखाड़ों में हनुमान जी की मूर्तियाँ स्थापित हो जाएँ और चारों वर्णों के तरुण सबल बनें। एक बार राम जी की बानरसेना तैयार हो जाएँ तो फिर उन्हें प्रगट होते देर नहीं लगेगी। (बच्चों की तरह मचलकर) टोडर, अखाड़ा तुम जल्दी से जल्दी बनवा दो मित्र। पहले एक अखाड़ा मेरे यहाँ बन जाए, हमारे जवान तगड़े बनने लगें तो फिर मैं इस शंकर जी के शहर में चारों ओर हनुमान अखाड़ों की गुहार लगाऊँ। राम जी की सच्ची पूजा न्याय पक्ष की पूजा है। जब हमारे जवान हनुमान बली का आदर्श लेकर बली बनेंगे तभी न्याय की प्रतिष्ठा और रक्षा भी हो सकेगी।" तुलसीदास के मन में बड़ा उल्लास था। कुछ देर वे अपने ही में मग्न रहे फिर एकाएक पूछा, "अरे भाई, हमारे गंगाराम की कुछ खैर-खबर मिली? आठ-दस दिन को कह गए थे। अब लगभग डेढ़ महीना पूरा होने को आया..."

"पण्डित जी चुनार में बीमार पड़ गए थे महात्मा जी। मैंने कल ही उनके घर आदमी भेजकर पुछवाया था। अब स्वस्थ हैं और बस दस-पाँच दिनों के भीतर आने ही वाले हैं।"

"हाँ, हमारा विचार है कि एक बार यहाँ के विद्वत् समाज से भी हमारा नेह-नाता बँध जाय। हमें न जानें क्यों भीतर ही भीतर यह आभास होता है कि वह वर्ग हमारे लिए व्यर्थ ही में संकटकारी भी हो सकता है।"

"अरे नहीं, महात्मा जी, आप चिन्ता न कीजिए। एक दिन जहाँ सबको दिव्य ठंडई-बूटी छनवाई, स्वादिष्ट भोजन छकाए, जरा इतर-फुलेल, हार-गजरे से मस्त किया नहीं कि सब हाँ जी-हाँ जी कहते डोलने लगेंगे।"

तुलसी मुस्कराए , कहा—"बात इतनी सरल नहीं है टोडर। खैर होगा, राम करैं सो होय।" टोडर के जाने के बाद एकान्त में चूल्हे पर अपनी खिचड़ी पकाते हुए ध्यानमग्न बैठे थे। मन कह रहा था—'यश की चाह, धन की चाह और कामिनी की चाह, यह तीनों एक ही हैं तुलसी। इनमें अन्तर मत समझ। केवल स्त्री को ध्यान से हटा देने मात्र ही से तू निष्काम नहीं हुआ। यश की लालसा भी काम ही है। तू कुछ दिनों तक अपना कथा-व्यापार बन्द कर, नहीं तो तेरा दम्भ फूल उठेगा।'

'कथा-व्यापार क्यों छोड़ू? क्या इससे मेरी कीर्ति ही बढ़ती है? नहीं, टूटे हुए त्रस्त नर-नारियों को आस्था भी मिलती है। उनके जीवन में रस आता है। मैं जो काम केवल अपनी प्रतिष्ठा बढ़ाने की कामना से ही करूँगा वह कदापि सफलीभूत न होगा। मेरी भी ऐसे ही नाक कटेगी जैसे कथा प्रसंग में सूर्पनखा की नाक कटनेवाली है।'

तुलसीदास के चेहरे पर हँसी आ गई। हंड़िया का ढक्कन उठाकर खिचड़ी की स्थिति देखी और उसे कलछुल से हिलाते-हिलाते सहसा मन फिर बोला—'अच्छा, सूर्पनखा प्रसंग में राम जी जो जरा-सी चकल्लस करें तो क्या बेजा होगा? मर्यादा पुरुषोत्तम जगदम्बा के सामने स्वयं तो हँसी में भी किसी अन्य स्त्री को प्रोत्साहन न देंगे।'...तुलसी गुनगुनाने लगे—

"सीतहिं चितइ कही प्रभु बाता।
अहइ कुमार मोर लघु भ्राता॥
गइ लछिमन रिपु-भगिनी जानी।
प्रभु बिलोकि बोले मृदु बानी॥"

आँखों के सामने दृश्य आने लगे। कुटी के बाहर एक ओर सियाराम जी बैठे हैं उनसे थोड़ी दूर पर लक्ष्मण जी वीरासन पर बैठे हैं। कामिनी शूर्पणखा रीझी और ललचाई हुई दृष्टि से लक्ष्मण को देख रही है। लक्ष्मण कहते हैं—

"सुन्दरि सुनु मैं उन्ह कर दासा।
पराधीन नहिं तोर सुपासा॥"

गुनगुनाहट में पंक्तियों पर पंक्तियाँ बनती गईं—

सीतहिं सभय देखि रघुराई।...

राम लक्ष्मण को संकेत करते हैं। लक्ष्मण आगे बढ़कर सूर्पनखा को पकड़कर गिरा देते और उसके नाक-कान काट लेते हैं।

एकाएक तुलसी का ध्यान टूटता है। झोंपड़ी की फूस से बनी दीवारों का कोना, उसके आगे बना हुआ चूल्हा, उसके ऊपर चढ़ी हुई मिट्टी मढ़ी हंड़िया आँखों के सामने आ जाती है। तुलसी की नाक में अप्रिय गन्ध आ रही है। खिचड़ी से जलांध उठने लगी थी। झट से हंड़िया उतारी, उसका ढकना खोलकर देखा। खिचड़ी की स्थिति देखकर हँसे और आप ही आप बोल उठे—"अच्छी सूर्पनखा की नाक की चिन्ता की, मेरी खिचड़ी ही जल गई। खैर अब इसकी चिन्ता छोड़कर इन चौपाइयों को लिख डालूँ, फिर याद से उतर जाएँगी तो कठिनाई होगी।"

× × ×

बेनीमाधव के बोलने से बाबा का ध्यान भूतकाल से वर्तमान में आ गया। सन्त जी ने पूछा—"पण्डितों की वह सभा जो आप चाहते थे...?"

बाबा हँसे और बोले—"वह न हो पाई। पण्डितों ने पण्डित गंगाराम और टोडर दोनों ही को, हमारा पक्ष लेने के कारण निंदित किया। वही अयोध्या जैसी दशा हुई। हमारी लोकप्रियता कवि-पण्डित समाज की ईर्ष्या का कारण बन गई।"

"इस प्रतिकूल वातावरण का प्रभाव आपके काम में निश्चय ही बाधक सिद्ध हुआ होगा गुरु जी।"

"बाधक नहीं साधक सिद्ध हुआ, क्योंकि हम खरे अर्थ में विरक्त होना सीख गए।"

बेनीमाधव बोले—"गुरु जी, इतना त्याग कर चुकने के बाद भी आपने अपने को क्या उस समय तक विरक्त नहीं माना था?"

"कैसे मानता बेनीमाधव, मैं अपने राम के प्रति अनुरक्त होते हुए भी अपनी काव्य प्रतिभा से ही अधिक लगाव रखता था। मुझे साधारण जन समाज से मिलनेवाला स्नेह उतना नहीं रिझाता था जितना कि अभिजात वर्ग से प्रतिष्ठा पाने की लालसा। फिर भला बतलाओ कि मैं अपने-आपको खरा रामानुरागी, वीतरागी क्योंकर मानता? यह तो अरण्यकाण्ड रचते हुए जब सीता जी के विरह में रामजी के विलाप का वर्णन करने लगा तो सहसा मुझे लगा कि—

× × ×

रामायण रचते-रचते तुलसीदास ने एकाएक अपनी कलम रख दी और गहरी चिन्ता की मुद्रा में सूनी उदास दृष्टि से अपनी कोठरी के बाहर चमकते प्रकाश को देखने लगे। मन कहता है, 'रे तुलसी, प्रतिष्ठा का दशानन तेरी भक्ति को हर ले गया है। तू काव्य में जिस असीम भक्ति की बातें कर रहा है वह क्या सचमुच तेरे पास है?'

'नहीं...हाँ है। मैं सूने मन से भक्ति की बात नहीं कर रहा हूँ। मैं जनजन में राम के दर्शन करने के लिए सतत् प्रयत्नशील रहता हूँ।'

'फिर दम्भी रावण-समाज में प्रतिष्ठा पाने की लालसा तुझे क्यों सताती है?'

तुलसीदास की प्रश्न-भरी आँखों में लज्जा का बोध झलका, आँखें नीची हो गईं। एक गर्म उसांस मुँह से निकल गई। वे अनमने होकर एकाएक उठ खड़े हुए और अपनी कोठरी में बावले चक्कर काटने लगे। मन झिड़क रहा था, 'कहाँ है तेरी राम-दर्शन की चाह? तू झूठा है, लबार है।'

'मैं काव्य रचते हुए राम जी का ही तो ध्यान धरता हूँ।'

'झूठा है। तू केवल कथा प्रसंगों को जोड़ने की चिन्ता करता है। तेरे मन में राम का वास्तविक स्वरूप अब भी नहीं आया।'

'कैसा है वह रूप? कहाँ देखूँ, कहाँ खोजूँ, कहाँ पाऊँ?'

बाहर से कैलास जी का स्वर सुनाई पड़ने लगा। वह किसी से कह रहे थे—"मैं आपसे सच कहता हूँ कि अब मेघा भगत वह पहले के मेघा भगत नहीं रहे।"

जैराम साव और कैलास कवि बातें करते हुए भीतर आ चुके थे। जैराम हाथ जोड़कर जै सियाराम कहते हुए आगे बढ़े और तुलसी के चरण छूने को झुके।

कैलासनाथ बड़ी आत्मीयता-भरी दृष्टि से अपने बाल्य-बन्धु को देखते हुए बोले—'जै, श्री शिवराम।'

"जै सियाराम, जै शंकर।" दोनों मित्र मुस्कराने लगे। बैठने पर तुलसीदास ने पूछा—"भाई जी के लिए तुम अभी क्या कह रहे थे कैलास?"

"मैं झूठ नहीं कहता तुलसी, मैं इधर कई महीनों से भगत जी के स्वभाव में अन्तर पा रहा हूँ।"

"अभी कुछ ही दिन पहले मैं उनसे मिल आया हूँ। वे मुझे स्वस्थ दिखे। मन से भी चंगे लगे। उनकी बातों में रस था, प्राण थे।"

"हाँ, यह सब है, पर मैं अनुभव से कहता हूँ। मैं कवि हूँ। मैं जब चाहूँ किसी भी छन्द में रस और भावों को समान शक्ति से बखान दूँगा। परन्तु वह शक्ति मेरी पहले की कमाई हुई सिद्धि है, आज की नहीं। यदि मैं अपने काव्य के भीतर कोई नई बात नहीं कहता, अपनी थकी हुई शब्द-योजना को ताजापन नहीं दे पाता तो सब कुछ बेकार है। मेघा भगत भी अब वैसे ही भगत हो गए हैं।"

तुलसी का चेहरा झुक गया। मन कह रहा था, 'तेरा भी यही हाल होने वाला है। तुलसीदास पहले उछाह के झरने में भक्तिरूपिणी विद्युत संचार करने वाली जिस जलधार से तू नहाया था वह अब तुझसे दूर हो चुकी है।"

'नहीं, नहीं, नहीं!' तुलसी के चेहरे पर कम्प आ गया। जैराम साहु कैलास जी से कह रहे थे—"भाई मुझे तो उनकी भक्ति अब ऊँची बढ़ गई मालूम होती है। भक्ति न होती तो भला वे रामलीला की सोच सकते थे?"

"कैसी रामलीला, साव जी?" तुलसी ने उत्सुक होकर पूछा।

कैलास बोले—"अरे उसी का तो निमन्त्रण देने आए हैं हम। वाल्मीकीय रामायण के आधार पर उन्होंने नटों से रामलीला का प्रसंग प्रस्तुत कराया है। कहते हैं प्राचीन काल में लीलाएँ होती थीं। उनका अब फिर से प्रचलन होना चाहिए। कल राम-जन्म होगा।"

सुनकर तुलसी की सच्ची ललक सहसा जागी। उत्सुकता-भरे आत्मलीन स्वर में पूछा—"राम-जन्म होगा?"

"अरे आगरे वाले राजा टोडरमल हैं न, उनके बेटे राजा गोवर्धनधारी आजकल नगर में आए हुए हैं, सो उनको दिखलाने के लिए वह स्वांग हो रहा है।"

कैलास जी की इस बात से जैराम साहु के मुख पर खिन्नता चढ़ी, बोले—"कवि जी, आप तो जिसके विरुद्ध हो जाते हैं उसमें फिर किसी अच्छाई को देख ही नहीं पाते। (तुलसी की ओर देखकर) महाराज जी, गुण-दोषों पर हमारी नजर जब तक काँटा-तोल न सधे तब तक क्या हम सच को परख सकते हैं?"

"वाह, वाह, यह खरी वैश्य बुद्धि की बात है। काँटे-तोल बात आप ही कर सकते थे। मैं स्वयं अपने भीतर इस समदृष्टि को पाने के लिए तड़प रहा हूँ। कल किस समय होगा राम-जन्म?"

स्नेह से अपने मित्र की ओर देखकर हँसकर कैलासनाथ ने कहा—"तुम्हारे अन्तर में तो प्रतिक्षण हो ही रहा है। उस दिव्य छवि की झाँकी मैं तुम्हारे नेत्रों में

पा रहा हूँ किन्तु मेघा भगत...''

''अरे अब झक छोड़कर बात कर भाई।'' तुलसी ने प्यार से झिड़कते हुए कहा—''जैराम जी ठीक कहते हैं। तुम अब झक्की हो गए हो कैलास।''

कैलासनाथ ने मौन होकर सिर झुका लिया, पल-दो पल के बाद ठण्डे स्वर में कहा—''झक्की क्या, अब मैं अपनी-पराई, सारी लोक-लीला से ऊब उठा हूँ बन्धु। जो तुमको अपने बीच में न पाता तो सच कहता हूँ कि मैं अब तक गंगा में कूदकर अपने प्राण दे चुका होता। एक बड़े मनसबदार आ रहे हैं तो मेघा भाई लीला दिखला रहे हैं। बाहरी भक्ति ढोंग की रजाई ओढ़...''

तुलसी हल्के-हल्के चिढ़ गए, कहा—''बस बहुत बक लिए भाई, अब तुम्हारी यह झक मुझे चिढ़ाती है।''

कैलास कवि अपने स्वर को यथासाध्य शान्त बनाकर बोले—''देखो तुलसी, तुम हमारे बहुत पुराने साथी हो। यही मेघा भगत जी हमारे-तुम्हारे साथ का कारण बने। उनके प्रति मेरी श्रद्धा तुमसे छिपी नहीं है। पिछले बीस-बाईस वर्षों में तुम्हें भी देखा है और उन्हें भी। कहो, हाँ।''

तुलसीदास ने हाँ तो न कहा किन्तु गम्भीर भाव से हाँ सूचक सिर हिलाया। कैलास जी बोले—''भगत जी की भक्ति-भावना तुमसे पहले चमकी। तुम्हारी चमक के बढ़ते चरण मैंने आरम्भ के दिनों में भी देखे और अब यह विकसित रूप भी देख रहा हूँ...कहो, हाँ।''

तुलसीदास गम्भीर रहे किन्तु मुस्कराहट की एक रेखा होंठों पर खिंच ही गई। आँखों में विनोद की चमक भी आई, कहा—''हाँ।''

''इत्ते वर्षों में हमारे परमपूज्य मेघा भगत जी कोल्हू के बैल की तरह राजे, रजबाड़े, सेठ, साहूकार इन्हीं के घेरे में नाच रहे हैं और तुम गली-गली बावले की तरह डोल-डोलकर सबके अन्दर नैतिकता की आँधी उठा रहे हो। उठा रहे हो कि नहीं?''

''हाँ।''

''क्यों?''

''मैं व्यक्ति की भीतर वाली सगुण-निर्गुण खण्डित आस्था को दशरथनन्दन राम की भक्ति से जोड़कर फिर खड़ा कर देना चाहता हूँ। मैं अकेले नहीं, पूरे समाज के साथ राममय होना चाहता हूँ। मेघा भाई का भी उद्देश्य यही है, पर मार्ग दूसरा है।''

जैराम साहु और कैलास दोनों ही तन्मय होकर तुलसीदास की बातें सुन रहे थे, उनके स्वर के उतार-चढ़ाव उनकी शान्त गम्भीर उत्तेजना के बहाव को देख रहे थे। बात समाप्त होने पर कैलास तुलसी के पैर छूने के लिए आगे बढ़े।

'हैं हैं, ये क्या करते हो जी?'' के उत्तर में तुलसी के हाथों से अपना हाथ छुड़ाकर पैर छूने का हठ ठानते हुए श्रद्धा विगलित स्वर में कहा—''तुम हमारे मित्र भले हो पर तुम सचमुच महान आत्मा हो। तुम्हारी कथनी और करनी में भेद नहीं है। यह सबसे बड़ी बात है। भगत जी बैठे-बैठे तो जीवमात्र को अपने कलेजे का बूँद-बूँद भाव अर्पित कर देंगे, पर कहो कि उठकर जाएँ तो नहीं। तुम्हारी तरह गली-गली

डोलना उन्हें एक अप्रतिष्ठित कार्य लगता है।" अपनी बात कहते-कहते उत्तेजनावश कैलास जी तुलसी के पैर छूने का स्वयं अपना ही आग्रह विसार कर सीधे खड़े हो गए। उनकी बाँहें छोड़कर तुलसी ने मुस्कराकर कहा—"देखो, कैलास, मनुष्य अपनी सामर्थ्य के अनुसार ही आगे बढ़ता है। फिर हरएक की प्रकृति में थोड़ा-बहुत अन्तर भी होता ही है। तुम कवि हो, बेलाग बात कहना तुम्हारी प्रकृति में है। किन्तु तुम्हें यह भी देखना चाहिए कि आलोच्य व्यक्ति अपनी सामर्थ्य-भर सत्य को अपने जीवन में निभा रहा है या नहीं। यदि निभा रहा है तो उसके सत्य को देखो, उसकी सामर्थ्य को नहीं। और यदि सामर्थ्य की आलोचना करना ही चाहते हो तो रचनात्मक दृष्टि से देखो।"

"खरी आलोचना करने में कबीरदास जी मेरे आदर्श हैं। जहाँ झूठ को देखा वहीं खींच के ऐसा झापड़ मारते थे कि थोथे अहंकार की चमड़ी उतर जाती थी।"

"मैं महात्मा कबीरदास जी को उच्चतम आत्माओं में से एक मानता हूँ। उन्होंने पराई बुराइयों की तीव्र आलोचना करके अपने को सँवारा। परन्तु मैं अपनी और समाज की खरी आलोचना करके दोनों को एक निष्ठा से बाँधकर उठाना चाहता हूँ। टूटी झोंपड़ियों के बीच में अकेले महल की कोई शोभा नहीं होती है। वह अपनी सारी भव्यता और कलात्मकता में क्रूर और गँवार लगता है। फिर भी सच्चे सन्तों की बातों को हमें औसत स्तर पर लाकर नहीं सोचना चाहिए।"

"क्यों? न्याय की तुला पर सभी बराबर होते हैं।"

"तुम्हें देशकाल का भी ध्यान रखना होगा कैलासनाथ। कबीरदास जी ने जिस समय निर्गुण निराकार की वन्दना की थी उस समय नगर-नगर, गाँव-गाँव में हमारे मन्दिर तोड़े जा रहे थे, लोक समाज की आस्था तोड़ी जा रही थी। कबीर ने रामरूपी आस्था को निर्गुण बखानकर लोक मानस को पोढ़ा बनाए रखा। यह क्या छोटी बात है। मैं कबीरदास जी का बड़ा आदर करता हूँ।"

"लेकिन उनके चेलों के पीछे तो लट्ठ लेकर डोलते हो।" कैलास ने मुस्कराकर कहा।

"हाँ, आज के वातावरण में उनके गाल बजाऊ समर्थकों के पाखण्ड पर मैं अवश्य प्रहार करूँगा। ये लोग टूटे हुए समाज की पीड़ा को नहीं पहचानते। पेड़ से गिरे दम तोड़ते हुए प्राणी को यह क्रूर दो लातें और मारते हैं।"

"तब मेघा भगत पर यदि मैं वही आक्षेप करता हूँ तो तुम चिढ़ते क्यों हो?"

"बुरा इसलिए लगता है कि तुम मेघा भाई का गलत मूल्यांकन करते हो। उनकी सामर्थ्य की सीमा कुछ छोटी भले ही हो पर वे पूर्ण भावनिष्ठ हैं। खैर छोड़ो यह प्रसंग, बोलो लीला किस समय होगी?"

उत्तर जैराम साहु ने दिया—"ब्यालू जीमने के बाद होगी महराज जी। मेरे ही बगीचे में आयोजन है। राजा गोवर्धनधारी और उनके गुरु पूज्यपाद नारायण भट्ट जी भी आपके इस दास के घर पर जूठन गिराने की कृपा करेंगे। हम लोग आपको लेने के लिए जल्दी चले आएँगे। भैया कैलास जी आपको लिवाने इसी समय चले आएँगे। कहीं चले न जाइएगा। आपको अपनी बगीची में देखने के बाद फिर चाहे हाकिमों, साहूकारों की दुनियादारी में रहूँ तो भी मेरे मन में सब हरा-भरा रहेगा।"

जैराम साहु की बात ने तुलसीदास के मन को कहीं गहरे में स्पर्श किया, बोले—"जैराम जी, अपने प्रति आपके इस प्रेम भाव से मैं बड़ा ही आनन्दित हुआ हूँ। राम आपका भला करें।"

जैराम साहु हाथ जोड़कर बोले—"महराज जी, सच्चा भाव आप ही में देखने को मिलता है। मैं पण्डित कैलासनाथ जी की इस बात से सहमत हूँ। आपके बिना अब मुझे चैन नहीं आता।"

सुनकर तुलसीदास सचेत हो गए, मन कहने लगा, 'सुन रे तुलसी, जब तक तेरे हृदय की बगिया में राम जी ऐसे ही नहीं रमेंगे तब तक तुझे अपनी काव्य और कथा आदि बाहरी क्रिया-कलापों में खरी निश्चिन्तता नहीं प्राप्त होगी।' उन्होंने उठकर खड़े होते हुए जैराम साहु के कन्धे पर हाथ रखा और बोले—"जैराम जी, आप और कैलास इस समय मेरे लिए गुरुवत् सिद्ध हुए हैं, मैं आप दोनों के हृदयों में विराजमान ज्योतिस्वरूप सियाराम को प्रणाम करता हूँ।"

40

उसी दिन झुटपुटे बखत में तुलसीदास अपनी कुटिया के आगे चबूतरे पर आठ-दस आदमियों के बीच में घिरे बैठे बातें कर रहे थे। इतने में तनिक दूर पर एक आवाज़ सुनाई दी—"है कोई राम का प्यारा, जो इस बरमत्तिया के पातकी को भोजन कराय दे? मैं तीन दिन से भूखा हूँ। है कोई राम का प्यारा?"

किसी की बात सुनते-सुनते लपककर तुलसीदास उठे और तेज़ी से उस आवाज़ की ओर चल पड़े।

"है कोई राम का प्यारा जो इस बरमहत्तिया के पातकी को..."

"आओ, भइया, मैं तुम्हें भोजन कराऊँगा।"

थके लड़खड़ाते पैर, सूखा-पिटा हुआ चेहरा और बुझी हुई आँखें, फिर से अपने भीतर उमड़ती हुई विश्वास गंगा का बोझ सहसा न उठा पाईं। चाहा हुआ जीवन जब मिल रहा है तब काया में उसका भार उठाने की मानो शक्ति ही नहीं बची थी। तुलसीदास की बात सुनकर, उन्हें देखकर वह इतना आह्लादित हुआ कि गिरने-गिरने को हुआ। तुलसीदास ने उसे दोनों हाथों से सम्भाल लिया और कहा—"आओ, आओ।" झोंपड़ी के द्वार तक तुलसीदास के सहारे चलते हुए वह व्यक्ति रुदन-भरे धीमे स्वर में यही दो वाक्य दोहराता चला गया—"राम तुम बड़े दयालु हो, मैं बड़ा नीच हूँ। राम तुम बड़े दयालु हो।..."

चबूतरे पर बैठे लोगबाग अचरज से तमाशा देख रहे थे। तुलसीदास ने उसे अपनी झोंपड़ी के द्वार पर बैठाया और कहा—"यहाँ बैठो मैं पानी ले आऊँ, हाथ-मुँह धो लो तो रोटी दूँ।"

तुलसी भगत भीतर से लोटा भरकर जल लाए, उसके हाथ-पैर धुलाए। अपने काँपते हाथों से, चूँकि वह लोटा पकड़ नहीं सकता था तुलसी ने स्वयं उसके हाथ धोए-पैर धोए, कुल्ला कराया, जैसे माँ छोटे बच्चे की सेवा करती है, फिर लाकर बिठलाया। भीतर गए। रोटी और दूध लाकर उसे दिया। आप ही उसे मींजकर उसके सामने रखी। वह खाता रहा और यह सामने बैठकर उसे देखते रहे। चबूतरे पर बैठे प्रायः सभी लोग अब इधर ही आकर खड़े हो गए थे। तुलसी भगत के इस काम पर कानों-कान कुछ आपसी बातें भी होने लगी थीं। एक व्यक्ति के मन की उबलन बाहर निकलने को आतुर हो गई। वह तुलसी भगत के पास आकर बोला—"ये कौन जात है महराज?"

तुलसीदास मुस्कराए, कहा—"अभी तो यह केवल रामजन है, जब खा लेगा तब जात और पाप का कारण पूछूँगा।"

पेट में कुछ पड़ चुका था। मन में सन्तोष छाने लगा था। अपराधी के हाथ भी काँप नहीं रहे थे, वे सध गए थे। खाते-खाते रुककर उस ब्रह्महत्यारे ने कहा—"मैं रैदास जी की बिरादरी का हूँ साहबो।"

"और ब्रह्महत्या करके फिर ब्राह्मणो से ही सेवा लेता है?"

तुलसी ने दोनों हाथ उठाकर कहने वाले को शान्त किया, कहा—"भूख और निराशा की ऐसी स्थिति में तुम ज़रा अपनी कल्पना करके देखो, सुखदीन। जाति पाँति, वर्ण-वर्ण आदि सब कुछ अपनी जगह पर ठीक हैं, पर एक जगह मनुष्य केवल मनुष्य होता है। घट-घट में एक ही राम रमते हैं। अभी सब जने चुप रहो। चबूतरे पर चलकर बैठो। यह पहले सन्तोष से खा-पी ले तो इसके पाप का कारण पूछेंगे।" सो चुप तो हो गए किन्तु हर एक को यह बात थोड़ी या बहुत अखरी अवश्य थी। तुलसी भगत ने एक ब्रह्महत्यारे चमार को अपने कटोरे में भोजन परोसा, उसके पैर धुलाए, यह धर्म और समाज के विरुद्ध काम किया। इसके बाद लोग सम्भवतः चले भी जाते किन्तु अपने मन की घृणा के बावजूद हरएक व्यक्ति अपराधी के अपराध की कथा सुनने को भी उत्सुक था, इसलिए सब लोग चबूतरे पर बैठ गए। आपस में धीरे-धीरे बतियाने लगे—"यह अच्छी बात नहीं हुई। भूखा भले ही हो पर है तो अखिर ब्रह्महत्यारा ही।"

"और फिर ब्राह्मण ही पैर धोवै!"

"और ब्राह्मणों में भी इनके जैसा भगत-महात्मा। साला हौसला पा जाएगा तो दो-चार ब्राह्मणों की हत्या और कर आवेगा।"

"ठीक कहते हो, अरे हमारे ऋषि-मुनि जो धरम-नियम बनाय गए वह कोई गलत थोड़े ही हैं। बरमहत्या का पातकी जब तक ऐसे डोल-डोलकर न मरे तब तलक उसका परासचितै पूरा नहीं हुइ सकत है।"

आगे-आगे तुलसी भगत और पीछे-पीछे वह ब्रह्महत्यारा चबूतरे की तरफ आते दिखलाई दिए। सब लोग चुप हो गए। चबूतरे पर चढ़कर तुलसीदास ने उसे नीचे ही खड़े रहने का आदेश दिया और कहा—"अब तुम हम सबको अपने अपराध का कारण बताओ।" कहकर तुलसी बैठ गए।

हत्यारा हाथ जोड़कर कुछ कहने से पहले रो पड़ा, बोला—"क्या कहै पंचौ, आप समझौ कि दवत है तौ हिउंटी भी काट लेत है। हमारे गाँव में दातादीन महराज रहे। ब्याज-बट्टा भी करते रहे। तौ महराज, हम विपता में उनके रिनियाँ भए। ई हमारी जवानी की बात है। तौ उन्हें जैसे हमारी घर वाली पर हक्क मिल गया। हम चुपाए रहे पंचौ, सबल से निबल कैसे बोले? फिर हमरी बिटेवा बड़ी भई। उहौ पर हक्क जमावै का जतन किहिन, तब क्या कहै पंचौ। हमको करोध आय गया। करोध में हमरी उँगलियाँ तनिक सकत पड़ गईं। उनका गला दब गया। हम बड़े दुखी हैं महराज।" कहकर वह फिर रोने लगा।

तुलसीदास बोले—"वह जन्म से ब्राह्मण होते हुए भी कर्म से अधम था। तुम्हारी जगह और भी कोई व्यक्ति होता तो वह आवेश में ऐसा काम कर सकता था। खैर, अब तुम जाओ, कहीं दूर देश निकल जाओ। समझ लो कि तुम नया जन्म पा रहे हो। राम-राम जपो, मेहनत-मजूरी करो और जीवन में जो खोया है उसे फिर से पा लो।"

उसके जाने के बाद एक व्यक्ति ने कहा—"उस बरामण का पाप तो बहुत बड़ा था, भगत जी, पर बरमहत्या तो उससे भी बड़ा पाप है।"

"मर्यादा पुरुषोत्तम रामभद्र ने भी ब्राह्मण रावण को मारा था। असुरधर्मी अपना वर्ण खो देता है। पापी सदा दण्ड के योग्य है।"

सबेरे घाट पर यह चर्चा फैलते-फैलते दिन चढ़े तक प्रायः नगर-भरे में फैल गई। क्या छोटे क्या बड़े सभी इसी की चर्चा कर रहे थे। काशी की जनता में तुलसीदास के इस काम के आलोचक अधिक निकले, प्रंशसक कम। उड़ते-उड़ते दोपहर तक तुलसीदास को भी यह समाचार मिल गया कि काशी के महान तान्त्रिक बटेश्वर मिश्र तुलसीदास को दण्ड देने के लिए कोई योजना बना रहे हैं।

टोडर ने भी यह सूचना पाई और सब काम छोड़कर तुलसीदास के पास आए। उन्होंने कहा—"महात्मा जी, मैं और मेरी सारी बिरादरी आपकी सेवा में हाजिर है। हमारे रहते काशी में कोई आपका बाल भी बाँका नहीं कर सकता।"

तुलसीदास मुस्कराए, कहा—"अरे भाई तान्त्रिक तो मूठ मारेगा। तुम लोग मुझे उससे कैसे बचाओगे?"

"अरे मैं उसी का सफाया कर डालूँगा। ऐसे नीच को मारने से मुझे ब्रह्महत्या का पाप भी नहीं लगेगा।"

तुलसीदास खिलखिलाकर हँस पड़े, कहा—"कौन ब्राह्मण तुम्हारे पक्ष में व्यवस्था देगा?"

"कोई न दे। राम जी की दृष्टि में मैं निष्पाप रहूँगा, यह जानता हूँ। मैं आज ही बटेसुर गटराज के यहाँ कहला दूँगा कि..."

"नहीं, बटेश्वर मेरे गुरु भाई हैं। खैर, छोड़ो इस प्रसंग को। गंगाराम कब आ रहे हैं?"

"जोतशी जी आज कल में ही आने वाले थे, यहाँ से लौटते समय मैं उनके घर जाकर पता लगा लूँगा।"

कवि कैलास ने उसी समय आँधी के झोंके की तरह प्रवेश किया और बड़े आवेश में कहने लगे—"वह वैशाखनन्दन बटेश्वर तुम्हारे विरुद्ध जनमत को संगठित कर रहा है। वह तुम्हें यहाँ से निकलवाने के सपने देख रहा है। मैं अभी-अभी उसके घर जाकर चलती गली में सबके सामने उसे चुनौती दे आया हूँ। मूर्ख कहीं का...दम्भी!" उत्तेजनावश कैलास जी काँपने लगे।

तुलसीदास ने उनका हाथ पकड़कर बैठाया। उन्हें शान्त होने को कहा, बोले—"तुम तो जानते ही हो कैलास कि बटेश्वर मेरे अग्रज गुरु भाई हैं। मेरे प्रति उनका रोष पुराना है। यह भी तुम जानते ही हो।"

"मैं सब जानता हूँ और वह भी जानेगा कि किसी कड़े से पाला पड़ा है। आज सबेरे जब भगत जी के यहाँ बटेश्वर की यह खबर आई तभी से मैं क्रोध में उबल रहा हूँ।"

टोडर बोले—"पण्डित जी, मेरी भी सचमुच यही दशा है। यदि उन्होंने पण्डितों की पंचायत करके नगर की कुछ बिरादरियों के ज़ोर पर महात्मा जी को यहाँ से निकलवाया तो नगर में हत्याकांड मच जाएगा। बहुत-सी छोटी-बड़ी जातियों के चौधरी मेरे भी साथ होंगे।"

कैलास फिर उत्तेजित हो गए, बोले—"मैं उसके मुँह पर कह आया हूँ, टोडर जी, कि तू अपने बाप-दादे के सात पीढ़ियों के पोथी-पत्रे निकालकर हमें और हमारे तुलसीदास को मारने का उपाय सोच ले। हे वैशाखनन्दन, कवि की भविष्यवाणी भी याद रखना कि तू जो करेगा वह तेरे ही ऊपर उलटकर पड़ेगा।"

दो उत्तेजित व्यक्तियों के बीच में तुलसीदास अपने-आपको संयत रखने के लिए अपने मन में गूँजता राम शब्द सुनते रहे। जब कैलास अपने जी का उबाल निकालकर थमे तब उन्होंने दोनों को सम्बोधित करते हुए कहा—"आप दोनों ही मेरे मित्र और शुभचिन्तक हैं। आप दोनों ही कृपा करके ध्यान से सुनें। बेचारे बटेश्वर स्वयं ही अपने अन्त के निकट आ गए हैं। आप उनके विरुद्ध कार्य करके व्यर्थ में अपने-आपको कलंकित न करें। आप दोनों ही मित्र मेरे हाथ पर हाथ रखकर यह वचन दें कि इस सम्बन्ध में शान्त रहेंगे। कुछ न करेंगे।" तुलसी ने अपने दाहिने हाथ का पंजा आगे बढ़ाया। टोडर को अपना मन अनुशासित करते देर न लगी, किन्तु कैलासनाथ के चेहरे पर अभी ताप चढ़ ही रहा था। तुलसी की स्नेह दृष्टि से आँखें मिलते ही उन्होंने आँखें झुका लीं और भुनभुनाते हुए कहा—"तुम्हारी यह भद्रता मुझे अच्छी नहीं लग रही है। पापी और दम्भी को दण्ड मिलना ही चाहिए।"

तुलसी बोले—"कल तुम जिस मानव-मर्म को सहज भाव से मेरे भीतर पहचान कर सराह सके थे उसी को आज बुरा बतला रहे हो? कवि बड़ा लहरी होता है। अपनी ही समर्थित तरंग को काटते हुए भी उसे देर नहीं लगती।" कहकर तुलसीदास खिलखिलाकर हँस पड़े। उनकी बच्चों जैसी मुक्त हँसी ने गम्भीर और क्रुद्ध वातावरण पर वैसा ही प्रभाव डाला जैसे जेठ की धूप से तपी हुई धरती पर आषाढ़ के दौगड़े का पड़ता है।

टोडर सहज की हँस पड़े। कैलास के क्रोध ने आँखों में एक बार फिर पल्टा लेना चाहा, पर तुलसी की स्नेह और विनोद-भरी मुद्रा ने उन्हें हल्का कर दिया; स्वयं भी व्यंग्य विनोद साधकर बोले—"तुम भी तो कवि हो। तुम क्या कुछ कम लहरी हो।"

"हाँ, किन्तु मेरी लहरें अब राम समीरण से अधिक संचालित होती हैं, यद्यपि अब भी वे पूरी तरह से मेरे वश में नहीं आईं। अच्छा छोड़ो यह प्रसंग। यह बताओ कि मेरे इस पाप से मेरा रामलीला देखने का पुण्य तो क्षीण नहीं हो गया?"

कैलास थोड़ा अकड़कर बोले—"मेरा मेघा भगत और चाहे जो हो पर इस सम्बन्ध में बड़ा शेर निकला। मैं कल तक जितना खिन्न था उतना ही आज उनसे सन्तुष्ट हूँ।"

सुखी मन से तुलसी बोले—"मैं तुम्हारी आज की इस मन मुद्रा से बड़ा सन्तुष्ट हूँ। किन्तु यह बतलाओ कि नारायण भट्ट और राजा गोवर्धनधारी जैसे बड़े-बड़े लोग आ रहे हैं या..."

"वह भी बतला रहा हूँ। आज जैसे ही उनके पास यह सूचना आई, वैसे ही उन्होंने मुझसे कहा, कैलास, नारायण भट्ट जी से तुम स्वयं जाकर पूछो। तुम स्वानुभव से उन्हें यह बतला सकोगे कि तुलसी कैसा व्यक्ति है। फिर आगे उनकी जो हाँ-ना हो सो मुझे बतलाना।"

टोडर ने उत्सुकतापूर्वक पूछा—"भट्ट जी महराज क्या बोले?"

"उन्होंने कहा कि सन्तों-विरक्तों पर कोई सामाजिक प्रतिबन्ध नहीं लगाया जा सकता। संन्यासी शिखा और सूत्र का त्याग करके भी शूद्र नहीं कहलाता। तुलसीदास आनन्द से हमारे साथ ही साथ रामलीला देखें। हमें कोई आपत्ति नहीं है।"

सुनकर तुलसीदास के मुख पर आनन्द और सन्तोष की आभा आ गई। कैलासनाथ अपने उत्साह के शिखर पर चढ़ने लगे, बोले—"तभी तो मैं सीधा उस वैशाखनन्दन के घर सुनाने जा पहुँचा।"

तुलसी ने तुरन्त ही अपने मित्र के उत्साह की यह दिशा काटी, कहा—"अब बटेश्वर के पीछे पड़ गए हो! घूम-फिरकर तुम्हारी झक वहीं की वहीं पहुँच रही है।"

कैलास हँसकर बोले—"मैंने आज उसे खूब-खूब तपाया। मैंने कहा, तू अपने आपको बटेश्वर समझता है। अरे तू तो इमली के चिए बराबर भी नहीं है। वह उठकर मुझे गालियाँ देने लगा। (हँसी)...पर वाह रे मेरे मेघा भगत, जब हमने उनसे प्रश्न किया कि मान लीजिए नारायण भट्ट ने आना अस्वीकार किया तो क्या आप रामलीला नहीं दिखाएँगे? वे बोले—मैं और मेरा रामबोला देखेगा। तुम लोग तो साथ रहोगे ही! रामलीला के प्रेमियों की कमी नहीं रहेगी।"

तुलसी बोले—"कैलास, नारायण भट्ट जी का सन्देश तुमने अभी तक मेघा भाई को पहुँचाया है अथवा कोरगबोर बरगदनाथ को इमली का चिया बना करके ही चले आए हो?"

"अब जाऊँगा वहाँ, तुम्हारे यहाँ भी आए बिना मुझे चैन थोड़े ही पड़ सकता था। चलो साथ ही साथ चलें। जैराम साव के रथ की बाट देखना बेकार है। बाहर हमारे टोडर जी का रथ तो खड़ा ही हुआ है।"

टोडर बोले—"हाँ, हाँ, हम महात्मा जी तथा आपको भदैनी छोड़ आएँगे।"

सब लोग उठ पड़े। कुटिया से बाहर निकलकर कैलास ने उत्साह से टोडर की बाँह पकड़कर प्रेम से दबाई और कहा—"देखो राम जी की लीला, जो देश के सम्राट हैं उनका दीवान भी टोडर है और जो हृदय के सम्राट हैं उनके दीवान का नाम भी..."

"टोडर ही है।" टोडर ने स्वयं ही कहा, और खिलखिलाकर हँस पड़े। कुटी का टट्टर बन्द करते हुए तुलसीदास भी हँसी के इस वातावरण में घुले बिना रह न पाए।

41

दोपहर ढलते ही भदैनी स्थित जैराम साहु की बगीची के सामने रथों और पालकियों का आगमन आरम्भ हो गया। नगर के चुने हुए चालीस-पचास सेठ-महाजन, हाकिम-अमले और सुकवि-पण्डित समाज के लोग वहाँ पर आमन्त्रित थे। नौकरों-चाकरों की सेना आमन्त्रित अतिथियों की संख्या से लगभग ढाई गुनी अधिक थी। द्वार पर केले के खम्भों से बनाए गए कलात्मक तोरण और भीतर की सजावट आदि देखते ही बनती थी। चुनार के पत्थर की बनी हुई कलात्मक बारहदरी में मखमली तोशक-तकिए-गलीचे बिछे थे। सजावट और धूपगंध से महकते हुए इस स्थान में मेघा भगत का आसन सबसे अलग लगा था। तुलसी को उन्होंने अपने पास ही बिठला रखा था। नगर के सम्भ्रान्त नागरिक आते, मेघा भगत को प्रणाम करते और फिर अपनी जगह पर बैठ जाते। कइयों ने मेघा भगत के साथ तुलसीदास भगत को भी प्रणाम किया; कई उन्हें बिना पहचाने ही निकल गए। अपनी-अपनी जगहों पर बैठकर उनमें तुलसी के सम्बन्ध की ताजा चर्चा ही स्वाभाविक रूप से चल पड़ी। कुछ लोग आपस में कुछ बात पकाकर मेघा भगत के पास आए और बड़ी विनय से कहा—"भगत जी, हमारा यही भाग्य है कि आप दो-दो महात्माओं के दर्शन एक साथ पा रहे हैं। हम तुलसीदास जी से कुछ बातें करना चाहते हैं।'

मेघा भगत बोले—"आज के बाद भी काशी में तुलसीदास तथा आप लोग रहेंगे। जब चाहें तब मिल सकते हैं। आज भरत को राम के पास ही रहने दीजिए।"

एक तगड़े-से पण्डित युवक ने, जिसकी सम्पन्नता का परिचय उसके गले में पड़ी सोने की अठलड़ी ज़ंजीर, बाँहों का जोशन और हाथ की नगीने जड़ी अँगूठियाँ करा रही थीं, बोला—"तो इसका तात्पर्य यह भया कि आप अपने को राम का अवतार मानते हैं?"

मेघा भगत शान्त रहे, मुस्कराकर कहा—"मैंने उपमा दी थी। वैसे राम तो मुझे आप में भी दिखलाई देते हैं।"

वह युवक फिर बोला—"हमें आपके भगत जी से उस ब्रह्महत्यारे की चकल्लस नहीं करनी है। हमें तो ऐसे ही थोड़ा-बहुत परिचय बढ़ाना है। सुना है, प्रातःस्मरणीय आचार्यपाद शेष सनातन जी महाराज के शिष्य हैं और अब महात्मा के रूप में निवास करने के लिए यहाँ आए हैं, तो आलाप-संलाप करके अपना परिचय बढ़ाना चाहते हैं।"

मेघा भगत की ओर देखकर तुलसी ने कुछ कहना चाहा किन्तु भगत जी पहले ही बोल पड़े—"आज के दिन वाद-विवाद नहीं होगा। अभी थोड़ी देर में भट्ट जी राजा टोडरमल के साथ आएँगे।"

"वह टोडरमल नहीं टोडरमल जी के पुत्र हैं महात्मा जी।"

"पुत्र ही सही, उनके आने पर यहाँ सरस काव्य सुनिए-सुनाइएगा, फिर रामलीला देखिएगा।"

युवा पंडित-मंडली निराश हुई। वे लोग अपनी जगह पर लौट गए। पर मन नहीं मान रहा था। मेघा के पास बैठे तुलसी को वे उसी तरह ललचाई दृष्टि से देख रहे थे जैसे बिल्ली कबूतर को ताकती है। तुलसी को देखकर उनके मन में पिछले बहुत दिनों से काफी रोष और उपेक्षा का भाव भरा था। कुछ ही दिनों में यह अनजाना व्यक्ति आकर काशी की जनता के हिये का हार बन गया है, अच्छे-अच्छे, संस्कृतज्ञों में भी कई लोग उसे श्रेष्ठ कवि मानते हैं। सम्पन्न घरों के युवा कवि-पंडित इस नए नामवर कवि से दो-दो चोंचें लड़ाने के लिए मचल रहे थे। एक ने कहा—"अरे अब तो रहा नहीं जाता। उसको मेघा भगत के पास से हटाकर यहाँ लाना ही चाहिए। कुछ मज़ा लेना चाहिए। फिर तो बड़े लोग जहाँ आए तहाँ मजा गया सरवा।"

एक दुबला-पतला चालाक-सा युवक बोला—"अच्छा ठहरो। मैं लेके आता हूँ।"

वह युवक फुर्ती से उठकर फिर मेघा भगत के पास गया और हाथ जोड़कर बोला—"महात्माजी, हमारी महात्मा तुलसीदास से वार्तालाप करने की तीव्र इच्छा है, यदि आप हमारी इस सदेच्छा को फलीभूत न होने देंगे तो हम लोग फिर भोजन नहीं करेंगे महाप्रभु।"

मेघा ने तुलसी को देखा, तुलसी मुस्कराकर बोले—"आज्ञा प्रदान करें। ब्राह्मणों को भूखे रखना उचित नहीं।"

"जैसी तुम्हारी इच्छा। शान्ति रखना।" मेघा भगत से स्वीकृति पाते ही तुलसीदास उठकर वहाँ आ गए जहाँ युवक मण्डली बैठी थी। इन्हें इधर आया देखकर बैठे हुए प्रौढ़ वृद्ध भद्रजन भी आस-पास खिसक आए।

एक ने कहा—"महाराज इन दिनों आपका बड़ा यश फैला हआ है। नाम तो नित्य ही सुनते थे, आज दर्शन का सौभाग्य भी मिल गया।"

तुलसी सविनय बोले—"भाई, यश राम जी का है, मैं तो उनका एक अकिंचन सेवक मात्र हूँ।"

युवकों में से एक ने चहकने वाला अन्दाज़ साधकर दबे विनोद और ऊपरी गम्भीरता के स्वर में कहा—"सेवक तो आप अवश्य हैं। हमने सुना है कि आपने किसी अलखनिरंजनवादी साधु को उसकी राम के प्रति अवज्ञा के कारण लट्ठ मारा था।"

तुलसी हँसे, कहा–"मेरे पास राम नाम की लाठी है, उसीसे मारा होगा।"

"हाँ-हाँ, जब जड़-चेतन सभी में राम हैं तब लट्ठ में भी हैं।"

"आपके इस व्यंग्य में भी राम ही बोल रहे हैं।"

"कैसे?"

"मूढ़ में जैसे चेतना बोलती है और मूढ़ उसे सुनकर भी नहीं सुन पाता।" तुलसीदास का मीठा व्यंग्य-भरा प्रत्युत्तर सुनकर वह युवक चुप हो गया। किन्तु एक और व्यक्ति तुरन्त ही बोल पड़ा–"हाँ महराज, आप की बात खरी है। युग का प्रभाव देखिए, लोग मुर्दों की सड़ी-गली हड्डियों को पूजने लगे हैं, पर आपकी दृष्टि से देखा जाए तो वह भी राम ही का एक रूप है।"

"राम तो रावण में भी कहीं उसकी अन्तश्चेतना बनकर विराजमान थे। मूढ़ ने उसे न सुना और अपनी हाड़-माँस की काया का रव ही सुनता रहा। इसीलिए वैसा अन्त पाया।"

एक छोटे-मोटे हाकिम, एक प्रौढ़ व्यक्ति आगे बढ़कर त्यौरियों पर बल डालते हुए बोले–"तब तो महराज इन रूपों के झगड़े से वो अपने कबीरदास जी का सिद्धान्त ही क्या बुरा है? साकार के इतने भेद हैं कि हम लोगों के लिए भूल-भुलैया-सी बन गई है। किस रूप में राम हैं किस रूप में नहीं हैं, किस रूप में कहाँ राम छिपे हैं–भला बतलाइए, इन सब बातों को सोचते रहें तो अपनी रोजी-रोटी किस समय कमाएँ?"

एक उद्धत ब्राह्मण युवक ठठाकर हँस पड़ा, बोला–"हुलासराय जी, ये इनसे न पूछिए, बेपढ़ी-लिखी गंवार भीड़ ही इनके जैसों को और कबीरदास जैसे सधुक्कड़ों को अपनी ठगहरी विद्या का चमत्कार दिखलाने के लिए मिलती है। ये कबीरदास को मान लेंगे तो इनका धन्धा कैसे चलेगा। हः-हः-हः।" उसके साथ ही साथ सारी युवक मण्डली हँस पड़ी।

तुलसीदास अन्दर से तपे तो अवश्य किन्तु क्षणमात्र में अपने को अनुशासित कर लिया। लोक व्यवहार में इधर-उधर खो जानेवाला राम शब्द उनकी छाती में बीचोंबीच ऐसे आकर जड़ गया जैसे अंगूठी में नगीना। वे भी युवकों के साथ ही खुलकर हँस पड़े, कहा–"ये आपने धन्धे वाली बात अच्छी कही। आजकल धर्म के पास राज तो है नहीं, इसलिए बेचारा छोटे-मोटे धन्धे करके ही जी पा रहा है। आप लोग सभी धर्म के धन्धेदार हैं, मुझसे बढ़कर रहस्य जानते हैं। हम और कबीरदास जी महाराज तो राम जी की दुकान के चाकर हैं। पहले जमाने में आस्था से नंगी अपनी प्रजा को कपड़े पहनाने के लिए श्रीराम ने कबीरदास जी को भेजा। अब कपड़ों के साथ जेवर-गहने पहनने के दिन भी आ गए हैं, तो राम जी की दुकान में हमारे मेघा भगत जैसी विभूतियाँ भी चाकरी बजा रही हैं।"

हाकिम हुलासराय जी बोले–"ये आपकी वस्त्र और गहने वाली बात हमारी समझ में नहीं आई। महराज, तनिक फिर से समझाने की कृपा करें।"

तुलसीदास बोले–"देश काल के अनुरूप ही धर्म-बोध ढलता है। कबीर साहब ने जिस समय निर्गुण राम का प्रचार किया उस समय कैसा घोर अत्याचार हो रहा था। सारी मूर्तियाँ और मन्दिर ध्वस्त कर दिए गए थे। भद्र समाज कायर बनकर

विजेताओं के तलवे चाटने लगा था। और निर्धन-दीन-दुर्बल जन-समाज बेचारा हाहाकार कर उठा था। अनास्था के ऐसे गहन शून्य-भरे भारत रूपी महल के खण्डहर में कबीरदास यदि निर्गुनियाँ राम का दीया न बारते तो आज उसमें भूत ही भूत समा चुके होते।''

''तब आप गली-गली में उनका तीव्र विरोध और सगुण का अन्ध प्रचार क्यों करते हैं।'' एक बुद्धिवन्त और सौम्य लगने वाले युवक ने पूरी शिष्टता में अपना तीखापन मिलाकर पूछा।

''मैं निर्गुण का विरोध कभी नहीं करता। सगुण-निर्गुण दोनों एक ही ब्रह्म के स्वरूप हैं। वे अकथ, अगाध, अनादि और अनूप हैं। मैं तो केवल उन लोगों का विरोध करता हूँ जो कबीर साहब के बचनों की आड़ लेकर समाज की धार्मिक आस्थाओं के निकम्मे आलोचक हैं। कबीर साहब को राम-धाम-लाभ हुए सौ-डेढ़ सौ वर्ष बीत गए किन्तु तब से लेकर अब तक वे और उनके पथगामी तीव्र प्रहार करके भी जन-जन के हृदयमन्दिर से रावणहन्ता रामभद्र की मूर्ति भंजित नहीं कर पाए। त्रस्त जनमानस के अडिग आधार-सी उस सगुण भक्ति पर निकम्मे प्रहार करके बेचारी जनता को सताते हैं, मरे हुओं को मारते हैं। ऐसे निकम्मे आलोचक लोक-देश-समाज के शत्रु होते हैं। मैं इसका विरोध करता हूँ।''

''आप कृष्ण जी के भी तो विरोधी है?''

''मैंने कृष्ण प्रेम में गीत गाए हैं। राम-श्याम में भेद नहीं है। पर इस समय मुझे इनका मुरलीधर गोपीरमण रूप नहीं लुभाता। मैं उन्हें धर्नुधारी, असुर संहारक और रामराज्य प्रतिष्ठापक के रूप में निहारना चाहता हूँ।''

एक युवक ने बात का रंग बदलते हुए पूछा—''हमने सुना है महराज कि विद्यार्थी काल में पण्डित बटेश्वर जी मिश्र से आपका कोई झगड़ा हुआ था?''

''हमसे उनका कोई झगड़ा कभी नहीं हुआ। हमारे हनुमान जी से उनके भूत अवश्य डरकर भाग खड़े हुए थे।'' तुलसीदास के कहने के विनोदी ढंग से कुछ और लोग भी हँस पड़े।

युवक ने फिर कहा—''वह आपके ऊपर कोई मारण प्रयोग कर सकते हैं। महान तान्त्रिक हैं।''

''मारने और जिलाने वाले तो राम हैं। फिर यह सब बातें निरर्थक हैं।''

फिर उसी युवक ने प्रश्न किया—''अच्छा इसे छोड़िए, हमने सुना है कि इन्हीं मेघा भगत के दरबार में आपकी और यहाँ की किसी वेश्या की गायन कला में होड़ जागी थी?''

तुलसीदास का चेहरा लज्जा और क्रोध से लाल हो गया, परन्तु अपने को संयत रखकर वे मुस्कराते हुए बोले—''हाँ, मेरे भीतर कला प्रदर्शन की होड़ जागी थी।

''फिर कुछ इसक-मुहब्बत की कलाबाजियाँ भी बाई जी के साथ लगाई थीं आपने?'' युवकों में से कई निर्लज्जतापूर्वक हँसे।

हुलासराय ने तुरन्त टोका—''आप लोगों को एक महात्मा से ऐसे भद्दे सवाल नहीं करने चाहिए।''

एक युवक बोला—"इसमें भद्दा कुछ नहीं है। हमारी सहज जिज्ञासा है। महात्मा जी, क्या बतला सकते हैं कि वह मोहिनीबाई अब कहाँ रहती है?"

तुलसी के मन में वर्षों पहले की अंकित मोहिनी की छवि उभर उठी। परन्तु यह छवि उनके लिए इस समय मोहक न थी वरन् अपमान की आशंकाएँ उभारने वाली बन गई थी। फिर भी तुलसीदास ने अपने मन को संयत रखा। भय और क्रोध को दबाकर स्थिर स्वर में कहा—"नहीं।"

"मिलेंगे उससे? मैं मिला सकता हूँ।"

इस प्रश्न के साथ हर युवक के चेहरे पर हिंसात्मक आनन्द की चमक आ गई। तुलसीदास ने चतुर कनखियों से हर चेहरा भाँप लिया। चट से मुस्कराकर प्रश्न का उत्तर बड़ी दीनतापूर्वक दिया—"मिला सकें तो मुझे राम से मिला दें।"

"राम से तो वह राम का प्यारा ब्रह्मपातकी चमार ही मिला सकता है। सुना है आपने उस ब्रह्महत्यारे के पैर भी धुलाए थे?"

"हाँ, दीन-दुर्बल और रोगी की सेवा करना मैं राम की सेवा करना ही मानता हूँ।"

"सुना है, आप जाति-पांति नहीं मानते?"

"मानता हूँ और नहीं भी मानता।"

"कैसे?"

"वर्णाश्रम धर्म को मानता हूँ परन्तु प्रेम धर्म को वर्णाश्रम से भी ऊपर मानता हूँ।"

युवक मण्डली तुलसी की हाजिर जवाबी से अब चिढ़ उठी थी। उनमें से एक तीखा पड़ा, बोला—"आप क्या अवधूत हैं?"

दूसरा बोला—"अजी अवधूत-वौधूत कुछ भी नहीं। विशुद्ध पाखण्डी हैं ये। जो एक नीच-हत्यारे के पैर धोए, उसे भोजन कराए, वह ब्राह्मण भी कदापि नहीं हो सकता।"

"तो इनको ब्राह्मण कहता ही कौन है। यह किसी ब्राह्मणी कुलटा के गर्भ से उत्पन्न राजपूत हैं।"

तुलसी भीतर ही भीतर उबलने लगे किन्तु चुप रहे। राम शब्द उनका सहारा था।

दूसरे युवक ने तीसरे युवक की जांघ में चिकोटी काटकर आँख मारी, फिर वह बोला—"भई, राजपूत-वाजपूत की तो हम नहीं जानते, पर सुना है कि ये कबीरदास की कौम के हैं।"

तुलसीदास उठ खड़े हुए। मन हाथ से छूट चला। उनका चेहरा क्रोध से तमतमा उठा था, वे बोले—"धूत, अवधूत, रजपूत, जुलाहा जो जिसके मन में आए जी भरके कहे। मुझे न किसी की बेटी से अपना बेटा ब्याहना है और न किसी की जात ही बिगाड़नी है। तुलसी अपने राम का सरनाम गुलाम है, बाकी और जो जिसके मन में आए कहता फिरे। फकीर आदमी, माँग के खाना मस्जिद में सोना। न लेना एक न देना दो। फिर आप लोगों के फेर में क्यों पड़ूँ?" कहकर वे उठ खड़े हुए।

एक युवक तुरन्त उठा और उनकी राह रोक हाथ जोड़कर बोला—"हममें से कुछ लोगों ने निःसन्देह आपको अपमानित करने के लिए ही यहाँ बुलाया था, मैं जानता हूँ। आपके मत से मेरा विरोध भले ही हो पर मैं आपका सम्मान करता हूँ। हमारी मूर्खतापूर्ण और विद्रूप-भरी बातों का बुरा न मानें।"

तुलसी शान्त स्वर में बोले—"भैया, बुरा मानकर मेरा कुछ लाभ तो होने से रहा जो मानूँ। आप लोगों ने मेरे बहाने अपना थोड़ा-सा मनोरंजन कर लिया, इसलिए अपने-आपको धन्य मानता हूँ।" तुलसीदास तेज़ी से चले आए और भगत जी के पास आकर शान्तिपूर्वक बैठ गए। सम्भ्रान्तों की भीड़ अब पहले से अधिक जुड़ चुकी थी। तुलसीदास के उत्तेजित हो जाने से सभा में एक प्रकार का सनाका-सा छा गया था और सम्भ्रान्त समाज को बहुत रुचिकर नहीं लग रहा था। फिर भी दोषी प्रायः युवकों को ही बतलाया गया। संयोग से अधिक समय न बीत पाया था और जयराम साहु तथा काशी के दो-चार बड़े-बड़े धनी-धोरियों के साथ महान् पण्डित नारायण भट्ट और उनके महामहिम शिष्य राजा गोवर्धनधारी दास टण्डन बारह दरी में पधारे। सभा में बड़ी रौनक आ गई।

भोजनोपरान्त सभा फिर जुड़ी। कुछ कवियों ने अपनी संस्कृत भाषा की कविताएँ सुनाईं। मेघा भगत ने किसी दूसरे कवि का नाम लिए जाने से पूर्व ही नारायण भट्ट जी को सम्बोधित करते हुए कहा—"आचार्य प्रवर, हमारे अनुज-सम प्रिय रामभक्त तुलसीदास की कविता अब सुनने की कृपा करें। आज हमारी रामलीला का प्रथम प्रदर्शन भी श्रीराम-जन्म-प्रसंग को लेकर ही आरम्भ हो रहा है। तुलसीदास कृपा करके सभा को अपनी कोई रम्य रम्य रचना सुनाएँ।"

नारायण भट्ट जैसे उद्‌भट और परम प्रतिष्ठित विद्वान के लिए काशी के कवि समाज में एक नया चेहरा कोई विशेष आकर्षण नहीं रखता था। किन्तु तुलसी के स्वर और काव्य प्रतिभा ने उन्हें क्रमशः अपनी ओर खींच लिया। तुलसीदास सभा में तन्मय होकर गा रहे थे—

"श्रीरामचन्द्र कृपालु भजमन हरण भव भय दारुणम्॥..."

भजन के समाप्त होने पर सभा कुछ क्षणों तक तुलसी के जादू से बंधी हुई मौन बैठी रह गई। सामने मंच से उसी समय जवनिका हटा दी गई और रामलीला का प्रदर्शन आरम्भ हो गया।

लीला प्रदर्शन के बाद लौटते समय दुष्ट युवक मण्डली में से एक बोला—"भई, कुछ भी कहो, सब मिलाकर यह तुलसीदास नाम का प्राणी है चमत्कारी और दमदार भी है।"

"इसीलिए इसे शीघ्र उखाड़ फेंकना चाहिए।"

"इसकी एक चाभी तो आज हम लोगों को मिल ही गई है, जात-पांत पूछने से चिढ़ता है। घर चलो, बैठकर इसके मुण्डन संस्कार पर विचार किया जाएगा।"

42

गुरु कथा धीरे-धीरे बेनीमाधव जी के लिए एक ऐसी प्रेरणा-भरी चुनौती बनती जा रही थी, जिसका सामना करने में उनका दिल दहलता था। उन्हें अपने लौकिक जीवन में अपने गुरु के समान विकट संघर्ष कभी नहीं झेलना पड़ा था। वे अभी तक काम को ही राम नहीं बना पाए और गुरु जी काम-क्रोध-लोभ-मोहादि की शक्तियों को खींचकर कितने मनोयोग से अपनी रामनिष्ठा को प्रबल बना चुके हैं और अधिकाधिक बनाते रहे हैं। यह उनके लिए आश्चर्यजनक तो था ही, साथ ही उनका रहा-सहा हौसला भी दिनोंदिन पस्त होता चला जा रहा था। बेनीमाधव अपने भीतर बराबर लघुता अनुभव करते जा रहे थे। वर्षों पहले जब वे इसी काशी में गुरु-आश्रम के अंतेवासी थे तब भी गुरु जी के व्यक्तित्व के आगे उन्हें अपनी हीनता ने बेहद सताया था। इन दिनों भी उनका एक मन फिर से भाग जाने को होता था। परन्तु दूसरे मन से वे अपनी इस इच्छा को बरजकर पीछे हटते थे।

एक दिन जेठ की लू-भरी दुपहरी में अपनी कोठरी में बेनीमाधव जी उदास बैठे थे। आकाश उनके मन के आकाश के समान ही दूर-दूर तक सूना था। कोठरी उनके अन्तर की तरह ही तप रही थी। माला जपने में मन नहीं लग रहा था, वे अपने आप से उबरना चाहते थे। गर्म हवा के तेज़ थपेड़ों से कोठरी का पुराना पर्दा फट गया था, हवा आ-आकर आग की लपटों-सी काया को छू जाती थी। पर्दे के निचले बाँस का दाहिना कोना सुतली टूट जाने से दीवाल में जड़े कुण्डे से मुक्त होकर बार-बार उड़कर दीवार से फटाफट लगता था। वह ध्वनि सीधे उनके मस्तिष्क की शिराओं पर ही वार करती थी। बेनीमाधव बाहर-भीतर से झुंझलाकर उठे, अपनी छोटी-सी कोठरी से बाहर निकल आए।

बगलवाली कोठरी में पर्दे की झिर्री से झांककर देखा, राजा भगत सीधे तने बैठे गोमुखी में हाथ डाले माला जप रहे थे। उनकी आँखें मुंदी हुई थीं। किसी साधक की यह तल्लीनता इस समय बेनीमाधव के लिए शान्तिदायक न होकर लघुता, चिढ़ और झुन्झलाहट उपजाने वाली थी। वे वहाँ से हट आए। नीचे उतरे, कुएँ वाले दालान में रामू दो विद्यार्थियों को पढ़ा रहा था। रामू से वे अब ईर्ष्या नहीं करना चाहते, किन्तु क्या करें, हो ही जाती है। राजा भगत तो खैर गुरु जी के सखा हैं, ऊँचे साधक हैं, किन्तु रामू आयु में उनके पुत्र समान होते हुए भी आत्मसंयम की दृष्टि से उनसे कहीं अधिक कसा हुआ है। वह छोटी सी आयु में ही ऐसा सध गया है और वे अब भी मानसिक झकोलों से नहीं उबरे। हीनतावश एक ठण्डी साँस उनके कलेजे से फूटकर निकल गई। भवन के बाहर निकल आए। एक बार जी चाहा कि घाट की ओर निकल जाएँ और किसी सीढ़ी पर गंगा में गले-गले डूबकर बैठ जाएँ, फिर गुरु जी की कोठरी की ओर देखा। टोडर ने कोठरी के आगे छप्पर छवा दिया था, जो चारों ओर से एक प्रवेश द्वार को छोड़कर बन्द था, इसीलिए लू की तपन बाबा की कोठरी में सीधे नहीं पहुँच पाती थी। बेनीमाधव उसी ओर चले गए। छप्पर

में प्रवेश करने पर देखा कि कोठरी के दोनों द्वार खुले हुए थे और अन्धेरे में उनके गुरु जी चौकी पर बैठे अपने घुटने पर थाप देते हुए आँखें मींचे कुछ गुनगुनाते हुए झूम रहे थे। वह शुभ्रवसन-गौरवर्ण की तेजस्वी काया कोठरी के अन्धेरे को प्रकाशवान कर रही थी। बेनीमाधव बाहर ही बाहर खड़े-खड़े अपने गुरु जी को देखते रहे। उनके मन के नाचते बवण्डर बाबा को देखते हुए मानो थम गए थे। मरुस्थल में चलते-चलते मानो वे हरियाली के सामने आ गए थे।

बाबा ने सहसा आँखें खोलीं, बेनीमाधव को देखा, बोले—"आओ वत्स, बड़े समय से आए। अभी कुछ देर पहले मुझे तुम्हारी याद भी आई थी। तुम आज अपने से बहुत उखड़े हुए हो, है न?"

बेनीमाधव जी के मन में एक क्षण के लिए भी झिझक न आई, वे बोले—"हाँ गुरु जी, लगता है कि एक यथार्थ को झुठलाया नहीं जा सकता।" कहकर बेनीमाधव रुके। उन्होंने सोचा कि शायद गुरु जी प्रश्न करें, किन्तु वे मौन बैठे रहे। बेनीमाधव ने आप ही आप फिर बात को आगे बढ़ाया, कहने लगे—"भोजन और कामसुख यह दो अनुभव ऐसे हैं कि जिन्हें मनुष्य क्या प्राणिमात्र बार-बार अनुभव करके भी जनम भर नहीं अघाता। जब यह इतना व्यापक सत्य है तब इसे नकारना क्या उचित है?" अपने बेझिझकपन से बेनीमाधव स्वयं ही कुछ-कुछ भय स्तम्भित होकर भी बड़ा हल्कापन अनुभव कर रहे थे। जो बात गुरु जी के सामने उनके मुख से कभी निकल ही न पाती थी वह आज अकस्मात् फूट पड़ी।

बाबा बोले—"मेरा यथार्थ तुम्हारे यथार्थ से भिन्न है। तुम गली में खड़े होकर जहाँ तक देख पा रहे हो, मैं छत पर खड़े होकर उससे कहीं अधिक दूर तक देख रहा हूँ। यह कहो कि तुम या तो कायर हो अथवा आलसी।"

बेनीमाधव का माथा फिर झुक गया, बोले—"मैं दोनों हूँ। मैंने एक मिथ्या मान की चादर में अपना मुँह लपेटकर अपने-आप को अन्धा भी बना लिया है गुरु जी। मैं महामूर्ख हूँ।"

बाबा ने स्नेहपूर्वक कहा—"यदि यह चेतना तुम्हारे भीतर व्यापक रूप से प्रकट हुई है तो तुमने कुछ नहीं गंवाया।...मैं जानता हूँ कि तुम आजकल अपने से हार रहे हो, पर मैं नहीं चाहता कि तुम हारो। अपने को उठाओ। तनिक अपने विराट स्वरूप को देखो तो सही! वह अपने-आप में ही एक ऐसा अनुभव है जिसे पाकर मनुष्य को और कुछ पाने की चाह नहीं रह जाती।" कुछ क्षण चुप रहकर वे फिर कहने लगे—"मैं जिन दिनों मानस रचना कर रहा था उन दिनों बराबर इसी उत्साह में रहा करता था कि यदि मैं निष्ठापूर्वक इस महाकाव्य को लिख गया तो राम जी मुझे निश्चय ही प्रत्यक्ष दर्शन देंगे। काशी में जब मेरी जाति-पाँति को लेकर मिथ्या प्रचार बड़े ज़ोर से चला तो मुझे यह होता था कि अपने-आपको सत्ता, कुल अथवा धन के मद में माता किए हुए जो लोग आज मेरी निन्दा में व्यस्त हैं वे यहीं के यहीं रह जाएँगे और मैं राम सान्निध्य पा जाऊँगा। इस विचार ने मुझे कभी भी हीन बोध का अनुभव नहीं होने दिया। हीन-दीन जो कुछ था वह केवल अपने राम के सम्मुख था और किसी के आगे नहीं।"

गुरु जी की बातों से बेनीमाधव फिर अपनी पकड़ में आ गए। भोला मन अब फिर से सधने लगा था। बोले—"उस ब्रह्महत्यारे को भोजन कराने के कारण आपको बहुत निन्दा सहनी पड़ी। पहले जब मैं यहाँ रहता था, कइयों से सुना था कि आप यह अस्सी घाट का स्थान छोड़कर कहीं गुप्तवास करने लगे थे?"

तुलसी बोले—"यहाँ से उठकर भदैनी चला गया था।"

× × ×

तुलसी के लिए अस्सी घाट पर रहना दूभर हो गया था। उनके विरोधियों के द्वारा भेजे जानेवाले भाड़े के निन्दक दिन-रात उनकी कोठरी के आसपास मँडराया ही करते थे। निन्दक ऐसे मंजे हुए लोग थे कि टोडर के पहलवान और हनुमान अखाड़े के नौजवान ऐसा मौका खोजते ही रह गए जब वे लोग कोई उत्पात या गालीगलौज करें और यह लोग उनकी ठुकम्मस कर पाएँ। किन्तु निन्दा बड़े भक्तिभाव के आडम्बर के साथ की जाती थी। ब्रह्महत्यारे के चरण पखार कर उसे भोजन कराने की बात ने इतना तूल पकड़ लिया था कि बहुत से भक्त भी तुलसीदास के ब्राह्मण होने में थोड़ा-बहुत सन्देह करने लगे थे।

तुलसीदास ने बड़े धैर्य और संयम से काम लिया, पर वे कहाँ तक एक ही बात को रांड के चरखे की तरह चलाते रहते। उनकी मानस रचना के काम में व्याघात पड़ता था। अरण्यकाण्ड की रचना लगभग पूरी हो चुकी थी। सीताहरण की योजना में रावण कपट मृग का जाल फैला चुका था, किन्तु यहीं आकर तुलसीदास की लेखनी स्तम्भित हो गई थी। न लिखने का अवकाश मिलता है, न सोचने का। एक दिन वे दुखी हो गए। बड़ी शान्ति बरतते हुए भी मन की खीझ आखिर उभर ही पड़ी। उन्होंने अपने छद्म निन्दकों और प्रशंसकों की भीड़ से कहा—"भाई, अब इस प्रश्न को समाप्त कीजिए। समझ लीजिए कि न तो कोई मेरी जाति-पाँति है और न मैं किसी की जाति-पाँति से कोई प्रयोजन ही रखना चाहता हूँ। न मैं किसी के काम का हूँ और न कोई मेरे काम का है। मेरा लोक-परलोक सब कुछ रघुनाथ जी के हाथ है। उन्हीं के नाम का भारी भरोसा है।"

बात चल ही रही थी कि एक शहद लिपटी हुई छुरी-सा प्रश्न फिर उनके कलेजे के आर-पार हुआ। एक व्यक्ति ने हाथ जोड़कर सविनय कहा—"अरे महाराज, आपकी अटल राम भक्ति पर भला कौन सन्देह कर सकता है? और मैं समझता हूँ कि यहाँ बैठे हुए किसी भी जन के मन में आपके ब्राह्मण होने में भी सन्देह नहीं है। ब्राह्मण आप अवश्य हैं, बाकी रहा कुल-गोत्र वगैरा सो..."

निन्दा की नई चाल के इस ज़हर को तुलसी नीलकंठ की तरह पचाने का प्रयत्न करते-करते भी बिफर ही पड़े, बोले—"अरे आप बड़े नासमझ हैं। इत्ती-सी बात भी नहीं जानते कि गुलाम का गोत्र भी वही होता है जो उसके साहब का गोत्र होता है।...पर अब दया करके मेरी भी एक विनय सुन लें, मैं साधु होऊँ या असाधु, भला आदमी होऊँ या बुरा आदमी, आपको इसकी चिन्ता क्यों सताती है? क्या मैं

किसी के द्वार पर जाके पड़ा हूँ, जो यह प्रश्न पंवारे फैलाते ही चले जाते हैं। अरे मैं जैसा भी हूँ अपने राम का हूँ।''

उसी दिन शाम को संयोग से कैलाशनाथ आ गए। टोडर भी बैठे हुए थे। तुलसी बोले—''कैलासनाथ, अब हम यहाँ से चले जाएँगे।''

''कहाँ?''

''दो ही जगहें मन में आ रही हैं, या अयोध्या जाऊँगा या फिर चित्रकूट। समझ में नहीं आता कहाँ जाऊँ।''

''परन्तु तुम यहाँ से जाना ही क्यों चाहते हो? क्या नगर के कुत्तों की भौं-भौं से डर गए?''

''डरा तो नहीं पर दुखी अवश्य हो गया हूँ। इन निन्दकों और प्रशंसकों की चकल्लस में मेरा जप-तप-ध्यान-लेखन कार्य, सब कुछ चौपट हो रहा है। मन को चैन ही नहीं मिलता तो स्फूर्ति कैसे आए?''

''महात्मा जी, आप कहें तो कपिलधारा पर आपके रहने का प्रबन्ध करा दूँ?'' टोडर ने कहा।

''वहाँ जाने से भी मुझे कोई लाभ न होगा। आसपास के गाँवों की भीड़ आएगी और इन चकल्लसियों को भी पहुँचते देर न लगेगी। फिर तो जैसा अस्सी घाट वैसी ही कपिलधारा।''

''हम कहते हैं कि तुम मेघा भाई के साथ क्यों नहीं रहते? भदैनी में जयराम साव की बगीची में रहो। और निश्चिन्त होकर अपना महाकाव्य रचो। वहाँ तुम्हें कोई सता नहीं सकेगा।''

कुछ देर तक विचार करने के बाद तुलसी ने कहा—''तुम्हारे इस प्रस्ताव में दम है। मेरा लेखन कार्य वहाँ शान्तिपूर्वक हो सकेगा। तब फिर तुम एक बार भदैनी चले जाओ। कैलास, मेघा भाई से सही स्थिति बतलाना और कहना कि कल ब्राह्मवेला में मैं भदैनी पहुँच जाऊँगा। कोई यह जान भी न पाएगा कि तुलसी कहाँ गया।''

तुलसी के भदैनी आ जाने से मेघा भगत बड़े ही प्रसन्न हुए। ऐसा लगता था कि उनके आगमन की प्रतीक्षा में वे रात भर नींद सो भी नहीं पाए थे। देखते ही बड़े उन्मत्त उल्लास से भगत जी ने उन्हें आलिंगनबद्ध कर लिया, फिर एकाएक फूट-फूटकर रो पड़े। उस रुदन में तुलसी को भगत जी के अन्तर्मन की शान्ति और आनन्द का अनुभव ही अधिक हुआ। उन्हें लगा जैसे लू-भरे मैदान में कोसों चलकर वे ऐसी घनी अमराई में आ गए हों जहाँ आम के बौरों की गन्ध से लदी शीतल बयार डोल रही है। आलिंगन में बन्धे-बन्धे ही वे बोले—''राम जी ने इस बार कठिन परीक्षा ली मेघा भाई, परन्तु उन्हीं की कृपा से उबर भी गया।''

धीरे-धीरे आलिंगन मुक्त होकर अपने-आपको संयत करते-करते मेघा भाई फिर रो पड़े, कहा—''अरे अभी तेरी परीक्षाओं का अन्त कहाँ आया है भैया, यही सोच-सोचकर तो दुःखी हो रहा हूँ।''

तुलसी हँसे, बोले—''आपके इस दुःख में भी सुख ही झलक रहा है भाई।''

सुनकर रोते-रोते ही मेघा हँस पड़े, कहा—''एक जगह पर अब मुझे दुःख-सुख

में अन्तर नहीं दिखलाई पड़ता। वासना, बिम्ब-ध्वनि और उनका बर्हिप्रसार त्रिआयामी है, जितना गहन उतना ही विस्तृत और उतना ही उच्च। कहाँ भेद करूँ। पहले तीनों अलग-अलग समझ पड़ते थे—अब सब एकाकार हैं।''

तुलसी गम्भीर हो गए, कुछ क्षणों तक चुप रहकर कहा—''एक राम, एक कवि, एक रामबोला—तुलसीदास—परन्तु राम तुलसी तक आते-आते अनेक रूपरूपाय हो जाते हैं। मेरे जप-तप सारे साधन अभी तक आपके समान एकाकार नहीं हो सके। क्या करूँ?'' तुलसी के स्वर में उदासी छा गई।

''माली सींचे सौ घड़ा ऋतु आए फल होय।'' कहकर वे भीतर की ओर बढ़ चले। चौखट पर रुककर तुलसी के कन्धे पर हाथ रखकर कहा—''घास के फूल जल्दी विकसित हो जाते हैं, चंपक देर से खिलता है। इतिहास मेघा को कहाँ देख पाएगा रे? मेरा तुलसी तो राम बनकर घट-घट में रमेगा...ना, ना, संकोच न करो भैया। अपने यथार्थ को पहचानो। तुम्हारे अहंकार की बर्हिचेतना और तुम्हारा अन्तर्कवि दोनों ही राममय बनने की उत्कट लालसा में एक सिरे पर तप रहे हैं, और दूसरे सिरे पर तुम्हें अपनाने के हेतु स्वयं राम। तुम्हारे महाकाव्य की रचना के लिए यही अन्तर्द्वन्द्व कदाचित आवश्यक है। तपे जाओ मेरे भैया, यही तो दुःख में सुख है।''

× × ×

'एक राम, एक कवि और एक रामबोला।' बेनीमाधव जी अपने भीतर इस गुरु वाक्य को धुनते रहे। असल में उनके राम और काम में ही द्वन्द्व है। उनका कवि और बेनीमाधव दोनों ही चाहते राम को हैं, वही तो महिमा की वस्तु है। लेकिन कामेच्छा राह में रोड़े डाल देती है। 'क्यों?'' तृप्ति पाई तो है फिर अतृप्ति क्यों? गुरु जी को भी ब्रह्मचर्य धारण करने के बाद वर्षों तक काम से संघर्ष करना पड़ा है। तब मैं क्यों डरता हूँ? गुरु जी ने अपने भक्त और कवि के अन्तर्द्वन्द्व का भी सुन्दर निरूपण उस दिन मेरे सामने किया था। अयोध्याकाण्ड की रचना करते समय वे अपनी काव्यकला निपुणता के प्रति जितने निष्ठावान रहे उतने राम भक्ति में लय न रहे। उन्होंने अयोध्या में अपनी रचना के चुराए जानेवाले प्रसंग से यों अर्थबोध ग्रहण किया था। अपने काशी के अनुभवों में भी उनके लिए नियति से तीखी टकराहटें ही मिलीं। फिर भी वे अपने महाकाव्य की रचना में लगन के साथ लगे रहे। वह निष्ठा जो इनके मन को व्यर्थ संघर्षरत न बनाकर रचनात्मक कार्य में जुटाए रखती है मुझे क्यों नहीं मिलती? कैसे पाऊँ?'' बेनीमाधव का सरल बाल मन चन्दखिलौना पाने के लिए मचल रहा था। गुरुजी की बात पूरी हो जाने के बाद वे अपने ही गुंताड़े में लवलीन हो गए।

बाबा बोले—''अच्छा जाओ, बाहर देख आओ, स्नानादि का समय हुआ कि नहीं। कल फिर तुम्हें आगे की कथा सुनाऊँगा। तुम्हें अपने प्रश्न का उत्तर मिल जाएगा।''

दूसरे दिन फिर वे अपनी कथा सुनाने लगे—''मैंने एक को ले लिया और उस एक के पीछे ही दीवाना बन गया। धन-वैभव-सत्ता आदि लोक में लुभाने वाला सब

कुछ मेरे राम के पास था और इतना था जितना कि मनुष्य की कल्पना में आने वाले कोटि-कोटि ब्रह्माण्डों में किसी भी जीव के पास नहीं था। मैं उसे ठेठ भाषा में कहूँ, बेनीमाधव, कि अपने आदर्श की ऊँचाई के आगे मुझे ये बादशाह, सिपहसालार, राजे-महाराजे, सेठ-साहूकार मिट्टी के खिलौनों के समान लगते थे। मेरे सृजनशील अहं को जो शक्तियाँ हीनता का बोध करा सकती थीं वे तुच्छ बन गईं। ऐसे ही कामादि वृत्ति रूपी असुर भी मेरे सृजनशील अहं को तुच्छ नहीं बना सकता था। मेरे कवि का साहब परम न्यायी और करुणानिधान है, फिर मैं भला लोक की रावणी व्यवस्था में क्यों घबराता? मुझे परस्पर विरोधों के बीच से चलकर अपना राममार्ग प्रशस्त बनाना था। इसके बिना मैं अपनी सृजनशीलता को जिस धरातल पर ढालना चाहता था वह ढल न पाती। मेरा कवि अपने साहब के प्रति निष्ठावान था और मेरा साहब घट-घट में रमा हुआ है इसलिए मैं मानव मन के दर्शन करने का योग ही जीवन-भर साधता रहा।"

बेनीमाधव बोले—"आपने क्या राम के प्रत्यक्ष दर्शन पाए गुरु जी?"

बाबा हँसे, कहा—"जानते हो, रामचरितमानस लिखते समय मुझे बराबर यही विश्वास होता था कि जिस महाकाव्य को स्वप्न में जगदम्बा जानकी, कपीश्वर और कवीश्वर की आज्ञा पाकर रच रहा हूँ उसके पूरा होते ही राम जी मुझे अवश्य ही प्रत्यक्ष दर्शन देंगे। मुझे प्रत्यक्ष दर्शन मिले किन्तु जन-जन के रूप में। यों रामचरितमानस रचकर मेरे घट-घट व्यापी राम मुझे निश्चय ही मिल गए। मैंने उन्हें निराकार-साकार रूप में बहुत सीमा तक पहचान लिया। उनको पूर्ण रूप से देखने की लालसा यों मुझमें अब भी शेष है। कदाचित् अन्तिम साँस के साथ ही पूरी हो कि न हो। नहीं-नहीं, राम कृपा से होगी। इस कलिकाल में तुलसी जैसी लगन से प्रीति निभाने वाले अधिक नहीं है। मेरे साहब अब मुझे नवाजेंगे।"

बाबा का अडिग-अगाध आत्म-विश्वास-भरा और गौरमुख बेनीमाधव के मन में उत्साह का संचार करने लगा। कैसा साहसी है यह रणबांकुरा। भाव से उभ-चुभ होकर प्रश्न कर बैठे—"अरण्यकाण्ड तो आपने अस्सीघाट पर ही रच डाला था न गुरु जी?"

बाबा की स्मृति झनझना उठी, संघर्ष-भरे, रचना की लीला-भरे वे पुराने दिन बेनीमाधव को दिखाने के लिए उनकी वाणी पर शब्द चित्र बनकर सँवरने लगे।

× × ×

अरण्यकाण्ड अति संघर्ष के क्षणों में रचा गया। हनुमान फाटक और अस्सी पर विशेष रूप से ब्रह्महत्यारे को भोजन कराने के बाद उन्हें अत्यधिक त्रस्त होना पड़ा। तुलसी आठों पहर सतर्क रहकर अपनी वीतरागता को सिद्ध करते रहते थे और इसके लिए अरण्यवासी तापस श्रीराम का ध्यान उन्हें बल देता था...बल ही नहीं वे आनन्द और एक अवर्णनीय तरावट-सी पाते थे। उनके मानसरोवर में बिम्ब शब्दों के कमल बनकर खिलने लगते थे और फिर वे लिखे बिना रह नहीं पाते थे। किन्तु कितने विघ्नों के झटके उन्हें लगते थे! लिखने का तार बार-बार टूटता था।

यहाँ भी तुलसी को अब तक अयोध्या से कुछ कम संघर्ष नहीं झेलना पड़ा था। अहंता पर चोटें-सी पड़ीं। यह सचमुच रामकृपा ही थी कि अपने आध्यात्मिक जीवन के प्रथम संघर्ष काल में उन्हें महाकाव्य रचने की प्रेरणा मिली। अयोध्याकाण्ड फिर भी निर्बाध गति से लिखा, यद्यपि भक्ति से अधिक वे काव्यनिष्ठा से बन्धे। काशी में काव्य और भक्ति दोनों के प्रति वे अपनी निष्ठा को वैराग्य से सन्तुलित रखने में सतत् जागरूक रहे, यह महाकाव्य तुलसी का होकर भी उसका नहीं था, स्वयं हनुमान जी उससे लिखा रहे हैं। वह जितने सुघढ़ ढंग से काम करेगा, जितनी सच्ची लगन से करेगा उतने ही उसके मालिक सन्तुष्ट होंगे। जाति प्रपंच, निन्दात्मक प्रचार आदि विरोधी पक्ष के तीखे से तीखे प्रहार तुलसी ऊपर से तो सफलतापूर्वक झेल जाते थे पर भीतर कहीं कचोट लगती थी, 'सद्‌चिन्ता विहीन शुद्ध दम्भयुक्त सत्ता या धन से मंडित दुश्चरित्र लोग मुझे नीचा कहें और मुझे सुनना पड़े! पीतल सोने को मुँह चिढ़ाए और सोना चुप रह जाए, यह विडम्बना न्याययुक्त मानकर कैसे सही जाए? पर सहनी ही पड़ेगी। रामबोला, राम तेरी परीक्षा ले रहे हैं। इधर से वीतराग बन। महाकाव्य पूरा करते ही राम तुझे प्रत्यक्ष दर्शन देंगे। अपने को अभागा न समझ। ऊपरी मानापमान के चोंचले छोड़कर रामकथा-रस में डूब—गहरे से गहरा डूब।'

भदैनी में घायल गृद्धराज जटायु से राम की भेंट होने का प्रसंग उठाया। गृद्धराज के बहाने राम-वन्दना की ओर फिर बह चले। किष्किन्धाकाण्ड में, रामकथा में हनुमान के प्रवेश करते ही तुलसी का कार्यभार मानो मन से हल्का हो गया। काव्य रचना में उनकी तन्मयता और गति स्फूर्तिवत् हो उठी। सारा सुन्दरकाण्ड एकरस होकर लिखा। हनुमान जी इस काण्ड के नायक थे। काण्ड रचते समय जब स्वयं राम-सीता अथवा राम के भाइयों के प्रसंग आ जाते हैं, तब तो उन्हें समुद्री तैराक की तरह अधिक सचेत रहना पड़ता है परन्तु हनुमान तो निरे बचपन से ही उनके लिए गंगा के समान हैं। वे उनके बड़े भाई हैं, सखा हैं, आड़े समय में सहारे हैं इसलिए उनका शौर्य और उनकी दूत-कर्म-कुशलता का बखान करते हुए उनका काव्य चातुर्य्य लगन-भरे चाकर की तरह उनकी हनुमद्‌भक्ति की सेवा में ऐसा लीन रहा कि जैसा पहले कभी इतने दिनों तक नहीं हुआ था। यों घड़ी-दो घड़ी, अधिक से अधिक एकाध दिन तक ऐसी तल्लीन तरंगों के बहाव में तो प्रायः ही बहते रहे थे। सुन्दरकाण्ड की रचना करते हुए उन्हें अपने प्रति नया विश्वास सिद्ध हुआ।

यों भी मेघा भगत से वे अपने लिए हनुमद्‌वत् संकेत पाया ही करते थे। मेघा भगत ने उन्हें स्वच्छन्द जीवन बिताने के लिए व्यवस्था भी बहुत अच्छी कर रखी थी। केवल सायंकाल को छोड़कर कोई उनसे मिलता न था। टोडर और कैलास नित्य, गंगाराम कभी-कभी और जयराम साव तीसरे-चौथे दिन एक चक्कर लगा जाया करते थे। सबेरे स्नान-पूजा से छुट्टी पाकर तुलसीदास एक बार मेघा भगत से मिलने के लिए अवश्य जाते थे। अशोक वाटिका में हनुमान और जगदम्बा की भेंट का चित्रण करते हुए उन्हें एक गुप-चुप आनन्द यह रहा कि वे हनुमान जी की कृपा से जानकी मैया को देख रहे हैं। उनके मुख से राम जी की बातें सुन रहे हैं। जैसे-जैसे इस कथा प्रसंग का शब्दचित्र उभरता आता था वैसे-वैसे ही उनका आत्म-विश्वास अपनी

सरल-भोली निष्ठा में प्रबल और प्रौढ़ होता जा रहा था। भक्ति के क्षेत्र में उन्होंने पहली बार अपने-आपको वयस्क अनुभव किया। पहली बार रत्नावली के प्रति अपनी अनन्य चाह वे राम जी के बहाने सीता जी को अर्पित करके अपने भीतर की अतिरंजित झिझक तोड़कर मन के नातों में सहज हुए।

43

बेनीमाधव ने पूछा—"किसी जीवन-चरित को लिखते समय प्रत्येक पात्र या पात्री की कल्पना आप कैसे करते थे गुरु जी? मैं पहले अपना उदाहरण दूँ, मैं जिस जीवनचरित की रचना कर रहा हूँ उसमें केवल आप ही नायक के रूप में मेरे जाने-पहचाने हैं, किन्तु रामकथा रचते समय आपके पास एक भी ऐसा पात्र नहीं था जिसे आपने मेरे समान प्रत्यक्ष देखा और भोगा हो, फिर उनके भाव चित्रों को..।"

"क्या बचपने का प्रश्न करते हो बेनीमाधव, मैंने अपने राम को तुम्हारे तुलसी दास से कहीं अधिक प्रत्यक्ष देखा है। मानस रचते समय मैं जिस ललक के साथ अपने जीवन मूल्यों के पूर्ण समुच्चय स्वरूप श्रीराम की कल्पना के साथ आठों पहर तल्लीन रहता था, तुम अपने तुलसीदास में क्या रह पाते हो! सभी पात्रों में जीवन के देखे हुए अनेक चरित्र अपनी व्यक्तिगत छाप मेरे आग्रह से अवश्य ही छोड़ते थे। मंथरा के रूप में मेरे बचपन की भिखारी बस्ती में रहनेवाली कुबड़ी भैंसिया की बहू बरबस अपनी चाल-ढाल के साथ उभरकर मेरी लेखनी पर आ जाती थी। कौशल्या के रूप में कहीं न कहीं पर सूकर खेत की बड़ी रानी का चरित्र मन में आ जाता था। बेचारी बड़ी दयालु और बड़ी दानी थी। उनको और राजा साहब की रखैल को एक ही दिन और प्रायः आस ही पास के समय में बालक हुए। रानी जी का लड़का पहले हुआ परन्तु दरबार में रखैल की चतुराई से उसके बेटे के जन्म की खबर पहले पहुँची। राजा ने रखैल के बेटे को ही अपना उत्तराधिकारी घोषित किया। रानी बेचारी जीवन-भर तपस्या ही करती रह गई। इसी प्रकार जीवन में देखे-सुने अनेक दृश्य और चरित्र रामचरित रचना में घुलमिल जाते थे।"

"भरत के चरित्र में गुरु जी स्वयं आप हैं?"

बाबा हँसे, कहने लगे—"अरे भइया, जहाँ राम-पद-वन्दन का छोटा-सा अवसर भी मिलता था मैं वहीं अपने आपको रमा देता था। भरत में, लक्ष्मण और हनुमान में, अत्रि-जटायु-शिव-शबरी, प्रत्येक पात्र या पात्री के रामलीन क्षणों में तुलसी अवश्य हैं। श्रीराम के अयोध्या त्याग के चित्रों की पृष्ठभूमि में मेरे अपने गृहत्याग की पीड़ा भी कहीं पर समाई है। सीता के विरह में, राम की मनोदशा के चित्रण में, कहीं न कहीं तो मैं अपनी रत्नावली के साथ समा ही गया हूँ। छोड़ो इसे, मेरे मन में

इस समय मेघा भगत के अन्तिम दिनों की स्मृति उभर रही है। उस समय मैं लंकाकाण्ड की रचना कर था।''

× × ×

युद्ध-क्षेत्र में लक्ष्मण, मेघनाद लड़ रहे थे। तुलसीदास अपनी कुटी में बैठे इस प्रसंग को लिख रहे हैं। तभी एक सेवक दौड़ा हुआ आता है और सूचना देता है कि मेघा भगत बगीचे में चबूतरे से अचानक लड़खड़ाकर नीचे गिर गए। उनको सिर में घाव लगा है, खून बह रहा है, वे अचेत हैं। तुलसीदास लिखना छोड़कर भागते हैं।

मेघा भगत को भीतर के कमरे में ले जाया गया। तुलसी पहुँचते ही उनका सिर अपनी गोद में लेकर घाव की धोवाधाई करने का काम नौकर के बजाय स्वयं करने लगते हैं। थोड़ी देर में जयराम साहु , कैलास, दो-तीन वैद्य और भगत जी के कई भक्तों का जमाव जुट जाता है। औषधि उपचार होता है। किन्तु भगत जी की चेतना नहीं लौटती है। उन्हें तीव्र ज्वर चढ़ आया है। वैद्य जी जौनपुर के किसी वैद्य का पता बतलाते हैं। जयराम साहु के खर्चे पर कैलासनाथ उन्हें बुलाने के लिए जौनपुर भेजे जाते हैं।

यह दिन तुलसीदास के लिए अत्यन्त विकलता-भरे थे। उसी समय दुर्योग से उनकी बाईं बाँह में भी बादी का दर्द आरम्भ हो गया। बाँह में टीसें-सी उठती थीं पर वे मेघा भगत को छोड़कर स्वयं विश्राम नहीं करना चाहते थे।

रात का समय था। वैद्य की प्रतीक्षा में व्याकुल तुलसी अचेत मेघा भगत के सिरहाने बैठे हुए उनकी बाँह अपनी गोद में रखे सहलाते हुए आँखें मूँदे हुए युद्ध-क्षेत्र में राम की गोद में अचेत पड़े लक्ष्मण को देख रहे थे। उनकी व्याकुलता राम के मुखारविन्द से काव्य बनकर फूटने लगी।

× × ×

''लक्ष्मण के प्रति विलाप करते समय राम के वे भाव मेरे विकल क्षणों से ही उमंगे थे। श्रीलक्ष्मण के वैद्य को आना था, हनुमान जी की संजीवनी बूटी का प्रभाव उनपर होना था क्योंकि वह तो अवतारी पुरुषों की कथा थी, परन्तु मेरे मेघा भाई बच न सके। उसी अचेतावस्था में वे दो दिन बाद रामलीन हो गए। मेरा रामचरितमानस उनके सामने पूरा नहीं हो सका, इसका मुझे दुःख है।

''संवत् 1635 में जेठ की तीज को रामचरितमानस का लेखन कार्य पूरा हुआ। उस दिन हमारे मन में अपार सन्तोष था। तुमसे सत्य कहता हूँ बेनीमाधव, जब अन्तिम दोहा रचते समय मैंने प्रार्थना की कि—

कामिहि नारि पियारि जिमि, लोभहिं प्रिय जिमि दाम।
ऐसे ही रघुवंश महिं, प्रिय लागहु मोहिं राम॥

''उस समय मुझे ऐसा लगा कि राम मेरे आगे ऐसे खड़े हैं जैसे प्रत्यक्ष आ गए हों। मैं भावाभिभूत होकर लेखनी-पोथी छोड़कर उनके चरणों में नत हुआ और

ऐसा करते ही मेरे राम अन्तर्धान हो गए। काशी के भदैनी क्षेत्र में वह कुटिया, जहाँ बैठकर मैंने रामायण पूरी की थी ऐसी दिव्य-भीनी सुगन्ध से भर गई कि वर्षों बाद आज भी स्मरणमात्र से वह मेरे मन में महक उठी है। पर उस स्वरूप-दर्शन की चाह, जो एक बार देखा था, अभी तक शेष बनी है। मेरे मरते-मरते राम एक बार अपना मुख दिखला दें। हे राम, आपके स्वभाव, गुण, शील, महिमा और प्रभाव को शिव, हनुमान, भरत और लखनलाल ने ही भली-भाँति पहचाना था। मैंने भी आज पहचान लिया। तुम्हारे नाम के प्रताप से तुलसी जैसा दीन-अभागा भी रामायण रचना का यह कार्य सम्पन्न कर सका। अब एक बार और उदार हो जाइए। मरते-मरते आँखों में आपकी दिव्य छवि भरकर जी छककर जाऊँ, अपने लिए आपसे केवल यही मांग करता हूँ।'' बाबा इतने भावाभिभूत हो गए थे कि बेनीमाधव देखते ही रह गए। उन्हें स्पष्ट लग रहा था कि गुरुजी इस समय अपनी काया में नहीं है। उनका ध्यान सब ओर से निकलकर एक में केन्द्रित है। बन्द आँखों से पहले तो आँसू निकलते रहे फिर शान्ति छा गई। बेनीमाधव को लगता था कि सामने कोई व्यक्ति नहीं बल्कि एक दिव्य प्रकाशपुंज बैठा है।

उस समय फिर कोई बात न हो सकी। रात में बाबा के पैर दबाते समय सन्त बेनीमाधव ने उनसे प्रश्न किया—''गुरुजी, एक बात पूँछूँ?''

''पूछो।''

''रत्ना मैया फिर आपसे मिली थीं?''

तुलसीदास पल भर चुप रहे, फिर कहा—''हूँ।''

''यहीं काशी में?''

''हाँ।''

''क्या उस प्रसंग के सम्बन्ध में कुछ बतलाने की कृपा करेंगे?''

बाबा चुप रहे। उनके मौन को तोड़ने का साहस सन्त जी में नहीं था। इसलिए मन मारकर गुरु-पद सेवा में तल्लीन हो गए।

थोड़ी देर के बाद अनायास ही बाबा बोले—''आज भी सोचता हूँ कि मैंने जीवन में एक महत् अपराध किया। किन्तु उस समय ऐसा करने के लिए मैं विवश था।''

× × ×

तुलसी अपनी कोठरी के आगे फुलवारी में गम्भीर किन्तु सन्तोष-भरी मुद्रा में टहल रहे हैं। रह-रहकर उनका सिर उठकर कुछ देखने लगता है मानो उन्हें किसी की प्रतीक्षा है। वे कभी-कभी विकल होकर आकाश की ओर देखते हुए गिड़गिड़ाते हैं, मुखमुद्रा दीन बन जाती है। उनका चेहरा देखकर लगता है कि मन में कुछ तरंगें मचल-मचलकर आपस में मिलकर कोई भंवर-सा बना रही हैं। सहसा झाड़ी के पीछे किसी की पदचाप सुनाई दी। तुलसी के कान बातले होकर ऊँचे उठे। झुरमुट के पीछे से एक मनुष्याकार आता हुआ दिखलाई दिया। आँखों की चमक झलक देखते ही मन्द पड़ गई। मुँह से हल्की निराशा के साथ आप ही आप निकल पड़ा—''अरे यह तो टोडर हैं।'' पीछे और भी लोग थे।

जयराम साहु , पंडित गंगाराम और टोडर साथ-साथ आए थे। नमस्कार, प्रणाम, आशीर्वाद आदि की क्रिया सम्पन्न हो जाने पर टोडर बोले—"हम एक प्रस्ताव लेकर आपकी सेवा में आए हैं।"

"क्या प्रस्ताव है?"

इस बार गंगाराम बोले—"तुमने रामचरितमानस ऐसा महाकाव्य रचने में सचमुच अथक परिश्रम किया है और राम जी की कृपा से रससिद्ध हुए हो। अब हमारा यह विचार है कि तुम्हें कुछ विश्राम भी मिलना चाहिए।"

तुलसी हँसे, कहा—"इन बीते चार वर्षों में मानस रचना के क्षण ही मेरे खरे विश्राम के क्षण रहे हैं। मेरा मन इस समय हरा-भरा है गंगाराम।"

जयराम बोले—"फिर भी विश्राम तो आपको अवश्य ही करना चाहिए महाराज। आपने हमसे इन दिनों में कोई सेवा नहीं ली, केवल फलाहार और दुग्ध-पान करके ही रहे। मैं समझता हूँ कि अब तो आपको अन्न ग्रहण करना चाहिए। थोड़ी सेवा भी स्वीकार करनी चाहिए।"

"अरे, तब तो मैं मोटा जाऊँगा। मेरा तप ही मेरा आनन्द है भाई, उसे मुझसे क्यों छीनते हो? ना-ना, यह सब बातें छोड़िए। अब चातुर्मास लगनेवाला है। मैं सद्‌गृहस्थों के बीच में कहीं मानस कथा सुनाना चाहता हूँ। उसी में मुझे आनन्द आएगा।"

टोडर बोले—"मैं जो प्रस्ताव लेकर आया हूँ, उसके पीछे आपकी रामायण कथा वाली बात मूल रूप से मेरे मन में है, महात्मा जी।"

"तुम्हारा प्रस्ताव क्या है?"

टोडर सावधान होकर कहने लगे—"बात यह है कि...(पंडित गंगाराम की ओर देखकर) आप ही बतलाएँ ज्योतिषी जी।"

तुलसीदास बोले—"ऐसी क्या बात है भाई? कहने में इतना संकोच क्यों?"

गंगाराम बोले—"संकोच इसलिए है कि तुम कदाचित् प्रस्ताव सुनकर बिगड़ न जाओ। पर हम लोगों ने जब बात को हर तरह से मथ लिया है, तभी कहने आए हैं। बात ये है कि लोकार्क कुण्ड पर एक वैष्णव मठ है, मठ क्या है, हमारे टोडर की एक नातेदार बुढ़िया थी, वह एक गोसाईं जी को अपना घर पुन्न कर गई थी। गोसाईं जी बड़े भक्त और विद्वान पुरुष थे। उन्होंने चार-पाँच शिष्यों को भी रख छोड़ा था। अब वे तो गोलोकवासी हो चुके हैं। मठ में गोस्वामी पद के लिए झगड़ा है। वहाँ जो कुछ पैसा आता है वह प्रायः टोडर की बिरादरी वालों से आता है। वे गोसाईं जी के शिष्यों में किसी को उस पद के योग्य नहीं समझते। अब या तो मठ बन्द कर दिया जाए या फिर किसी योग्य व्यक्ति को उस पद पर बिठलाया जाए।"

"तो तुम लोगों ने मुझे चुना? मैं राम कृपा से गोस्वामी बन तो रहा हूँ किन्तु अभी इस पद को सिद्ध नहीं कर पाया। अतः तुम्हारा प्रस्ताव मुझे अमान्य है।"

जयराम बोले—"देखिए, महराज, अपने मन से आप चाहे वहाँ तक पहुँचे हों या न पहुँचे हों, पर काशी के लोग आपको पुराने जमाने के बड़े-बड़े ऋषि-मुनियों

के समान ही मानते हैं। टोडरराम जी ने तो औचक में आपका नाम अपनी बिरादरी वालों के सामने ले दिया, पर सबके-सब तब से इनके पीछे पड़ गए हैं। लोलार्क कुण्ड महल्ले में यह खबर फैल चुकी है कि आप आ रहे हैं। और क्या छोटा, क्या बड़ा, महराज, सबके मनों में इस समाचार से बड़ी खुशी छा गई है।''

''यह सब ठीक है किन्तु मैं इस प्रपंच में नहीं पड़ूँगा। मठ में मन्दिर भी होगा?''

''हाँ, महात्मा जी।''

''स्वाभाविक रूप से कृष्ण मन्दिर होगा।''

''हाँ, टोडर के मन में भी यह संकोच आया था और इन्होंने मेरे सामने यह प्रश्न उठाया भी था, पर मैंने कहा कि तुम्हारे मन में राम-कृष्ण का भेदभाव नहीं है। तुम कृष्ण-पूजन कराके भी रामभक्त बने रह सकते हो।''

''तुमने ठीक कहा गंगाराम, परन्तु...''

''देखो तुलसी, दीन-दुखी जन समाज में तुम्हारा महत्त्व अवश्य बढ़ गया, पर यहाँ का प्रतिष्ठित नागरिक वर्ग यहाँ के दुष्टों के प्रचार के कारण अभी तुम्हारे सम्पर्क में आने से संकोच करता है। देखो बुरा न मानना तुलसी, भद्रवर्गीय दृष्टि से तुम अभी प्रतिष्ठित नहीं हो।''

सुनकर तुलसी उखड़े, कुछ-कुछ तीखे स्वर में कहा—''तो? मुझे भला उसकी चिन्ता है? राम करे तुम सब लोग, यहाँ का सारा भद्र समाज धन और पदों का ऐश्वर्य भोगता हुआ चिर प्रतिष्ठित रहे। पर तुलसी भी क्या किसी से कम है? तीन गांठ कौपीन में बिन भाजी बिन लौन। तुलसी मन सन्तोष जो इन्द्र बापुरो कौन?''

तुलसीदास के चेहरे की तमक देख टोडर हाथ जोड़कर बोले—''देखिए महात्मा जी, प्रश्न आपका नहीं, आपके रचे इस महाकाव्य का है। दुष्टों के कुप्रचार से इसकी प्रतिष्ठा को आँच नहीं आनी चाहिए।''

''तो क्या चाहते हो तुम लोग? मैं गोसाईं बन जाऊँ?''

''हाँ महाराज।'' जयराम बोले।

''देखिए महात्मा जी, शंकराचार्य महाराज ने भी, सुना है, मठ स्थापित किए थे। उनकी परम्परा के शंकराचार्य संन्यासी होकर भी सोने के सिंहासन पर विराजते हैं। सोने की खड़ाऊँ पहनते हैं। इससे लोक पर उचित प्रभाव पड़ता है।''

गंगाराम बोले—''हमारा कहना मान लो तुलसी, तुम इस मठ के गुसाईं बन जाव। गोसाई तुलसी की रामायण का प्रभाव सन्त तुलसीदास की रामायण से अधिक अच्छा पड़ेगा।''

तुलसीदास सिर झुकाकर चुप हो गए, मन बोला—''भाग तुलसी, यहाँ से भाग।''

गंगाराम बोले—''सामाजिक प्रतिष्ठा नितान्त आवश्यक है तुलसीदास। किसी लोकधर्मी व्यक्ति को उसकी अवहेलना नहीं करनी चाहिए। नीति यही कहती है।''

तुलसी चुप।

टोडर बोले—''साल में लगभग छः-सात हजार रुपए ही चढ़त वहाँ हो ही जाती है। आपके पहुँचने से निश्चय ही उस स्थान की महिमा बढ़ेगी। आप मठ के धन का कोई सुन्दर उपयोग कर सकेंगे।''

जयराम बोले—"अरे, मैं और मेरे कई नातेदार आपकी यहाँ नियमित रूप से सेवा करेंगे। काशी में और भी लोग राजी हो जाएँगे। हम सबकी ही अरदास है महाराज कि आप यह पद स्वीकार कर लें।" कुछ रुककर जयराम ने फिर कहा—"इससे पाखंडियों के विरुद्ध मोर्चा लेने में हम सभी को बड़ी मदद मिलेगी। काशी से अब यह पापलीला तो समाप्त होनी ही चाहिए महराज।"

गम्भीर स्वर में तुलसीदास बोले—"भाई, मैं अब भी अपने मन में स्पष्ट नहीं हो पा रहा हूँ कि मुझे यह पद स्वीकार करना चाहिए या नहीं। एक मन हाँ कहता है और दूसरा ना। ऊपर से आग्रह ऐसे लोग कर रहे हैं जो मेरे श्रेष्ठतम शुभचिन्तक हैं। राम करैं सो होगा, आगे आ ही जाएगा।"

तीनों सज्जनों के चेहरे आनन्द से खिल उठे। और चातुर्मास आरम्भ होने से पहले ही एक शुभ तिथि पर महाकवि भक्त शिरोमणि तुलसी भगत गोस्वामी तुलसीदास हो गए। दाढ़ी-मूँछें और सिर के लहराते केश मुड़ गए।

44

गोस्वामी जी लोलार्क कुण्ड के मठ में भगवान श्रीकृष्ण की आरती करते हुए कृष्ण भक्ति का एक पद गा रहे हैं। मठ के आंगन में सम्भ्रान्त भक्तों की भीड़ है। सभी उनके भजन पर मुग्ध हैं। आरती के बाद दर्शनार्थियों को गोस्वामी जी कृष्ण भक्ति का महत्त्व बतलाते हैं। सभी अवतारों के प्रति श्रद्धा प्रकट करते हैं। 'जाकी रही भावना जैसी, प्रभु मूरति देखी तिन तैसी' वाली अपनी चौपाई का भाव अपने प्रवचन में निरूपित करते हैं। शिव के गुणगान करते हैं। लोगों को समझाते हैं—"जैसे चुटकी में डोर सधी होने पर पतंग को, आकाश में चाहे कहीं भी विचरे, कोई बाधा नहीं पहुँचती वैसे ही अपने इष्ट से सधकर भाव की डोर में बन्धी हुई मन पतंग को सारे आकाश में उड़ाओ, सब देवों के प्रति अपनी श्रद्धा अर्पित करो तो तुम्हारा इष्ट भी सर्वव्यापी और सर्वसामर्थ्यवान के रूप में अपने-आपको प्रकट करेगा।"

भक्त गए, एकान्त हुआ। अपना प्रवचन आप ही खाने लगा, "हे राम जी, मैंने सब कुछ किया और कर रहा हूँ। वेद, पुराण, शास्त्र और सन्तों की वाणी में आप को पाने के लिए जो-जो साधन बतलाए गए हैं वह सब मैं बड़ी ललक के साथ करता हूँ, फिर भी आप मुझे प्रत्यक्ष दर्शन क्यों नहीं देते? मेरे ध्यान में जैसे कभी-कभी हनुमान जी प्रकट हो जाते हैं वैसे आप क्यों नहीं आते? मैं प्रीति तो बढ़ाता चलता हूँ पर प्रतीति क्यों नहीं होती?" गोस्वामी तुलसीदास अपने-आप में

उदास थे। अपने दुखमय जीवन के सारे क्षण सन्ताप के झरने में दृश्यधार बनकर तेज़ी से उतरते गए और उनके सामने सन्ताप को अधिक गहरा कर दिया।

एक शिष्य पूछने आया कि आज भगवान के भोग के लिए भोजन में कौन-कौन व्यंजन बनें। इस प्रश्न ने गोस्वामी जी को अधिक खिन्न बना दिया। कहा—"जो भगवान को रुचता हो वही बनवाओ।"

शिष्य बोला—"गोलोकवासी गोस्वामी जी बड़े कुशल पाकशास्त्री भी थे। वे स्वयं अपने हाथ से नाना प्रकार के व्यंजन भगवान के लिए तैयार करते थे।"

"उन्होंने निश्चय ही अपनी स्वाद शक्ति प्रभु की स्वाद शक्ति बना ली होगी। मेरी स्वाद रूपिणी गऊ अभी भड़कती है। जाओ, जो रुचे सो बनाओ।"

शिष्य निश्चय ही कुछ खिन्न मन होकर चला गया। दालान में मन्दिर की चौखट का टेका लगाकर वे राधा-मुरलीधर की मूर्तियाँ निहारने लगे, 'हे कृष्ण रूप राम जी, मेरा मन अभी सधा भी नहीं था कि आपने मुझे इस वैभव की भट्ठी में डालकर और अधिक तपाना आरम्भ कर दिया है। हे हरि, मुझ दीन-दुर्बल की इतनी कठिन परीक्षा आप क्यों ले रहे हैं! एक ओर तो दुनिया मुझे महामुनि और दूसरी ओर कपटी-कुचाली कहती है। केशव, यह दोनों परस्पर विरोधी विशेषताएँ तो मुझमें कदापि नहीं हो सकतीं। फिर भी लगता है कि मैं अति अधम प्राणी हूँ तभी आप मुझे अपनी प्रतीति नहीं देते। मुझे एक बार भरोसा दिला दो राम जी। एक बार यह कक्ष तुम्हारे आश्वासन-भरे स्वर से गूँज उठे, तुम कह दो कि तुलसी तू मेरा है, तो बस, फिर मुझे कुछ नहीं चाहिए। मुझे केवल आपका भरोसा, आपका सान्निध्य चाहिए।' इस प्रतीक्षा में कि भगवान अब अवश्य बोलेंगे, भोले भावुक गोस्वामी जी युगल मूर्ति की ओर टकटकी लगाकर भिखारी जैसी दीन मुद्रा में देखने लगे।

"विक्रमपुर से राजा भगत पधारे हैं।"

नाम सुनते ही तुलसीदास का उदास भाव तिरोहित हो गया। प्रसन्न और उत्साहित होकर बोले—"कहाँ हैं राजा?" कहकर वे मन्दिर वाले दालान से बाहर आए और आँगन पार करते हुए फाटक की ओर तेज़ी से बढ़ चले। देहली की चौखट पर पैर रखते ही उत्साह ठिठक गया। राजा तो सामने थे ही, रत्नावली भी थी। उनका तपोपूत मुख पहले से अधिक दिव्य लग रहा था। रत्नावली ने एक बार पति की आँखों से आँखें मिलाईं। राजा भगत दाढ़ी-केश विहीन तुलसीदास के नए रूप को चकित दृष्टि से देखते हुए हाथ फैलाकर आगे बढ़े—"अरे, भैया, तुम तो एकदम बदल गए।" परन्तु तुलसीदास का उत्साह अब ठंडा पड़ चुका था। औपचारिक आलिंगन करके तुरन्त अपने-आपको मुक्त कर लिया; किंचित् रूखे स्वर में पूछा—"इन्हें क्यों लाए?"

रत्नावली तब तक तेज़ी से आगे बढ़कर उनके पैरों में गिर चुकी थी। तुलसीदास ने अपने पैरों पर रत्नावली की उँगलियों का स्पर्श अनुभव किया। उस स्पर्श में इतनी तृप्ति थी कि पल-भर के लिए मन से राम बिसर गए। रोष ठहर न पाया। मृदुल स्वर में राजा से कहा—"भीतर चलो, विश्राम करो, फिर बातें होंगी। (शिष्य की ओर देखकर) प्रभुदत्त!"

"आज्ञा सरकार।"

"अपनी माता जी को ऊपर के कक्ष में पहुँचा दो। भगत जी के रहने की व्यवस्था मेरी बगल वाली कोठरी में करो। माता जी यदि गंगा स्नान के लिए जाना चाहें तो किसी को उनके साथ भेज दो।"

रत्नावली जी के चेहरे पर पति के इन शब्दों ने सन्तोष की आभा प्रदान कर दी।

नहा-धोकर रत्नावली मठ में लौट आईं। राजा भगत गंगा जी से ही अपने एक काशी स्थित नातेदार हिरदै अहिर से मिलने के लिए चले गए।

मठ के सारे शिष्यों और सेवकों को तब तक मालूम हो चुका था कि गोस्वामी जी की पत्नी आई हैं। सभी उनके प्रति अपना आदर प्रकट कर रहे थे। एक बार तुलसीदास ने किसी भृत्य से 'माता जी' के सम्बन्ध में पूछा तो पता चला कि वे रसोईघर में रसोइए को सहायता दे रही हैं। तुलसीदास के मन पर सन्तोष के भाव ने छाना चाहा पर छा न सका; लेकिन किसी प्रकार का असन्तोष भी मन में न जागा। वे भागवत बांचते रहे।

भोजन के समय रसोई में वर्षों पूर्व नित्य मिलनेवाला स्वाद आज फिर मिला। सन्तोष हुआ। राजा से उन्होंने गाँव-जवार में सबकी खैर-खबर पूछी। अपने रामायण रचने की बात, अयोध्या, मिथिला और सीतामढ़ी और यात्राओं की चर्चा भी उनसे की, पर रत्नावली के सम्बन्ध में एक शब्द भी न पूछा।

दूसरे दिन टोडर आए। तुलसीदास ने उनसे राजा भगत का परिचय कराया और पत्नी के आने की सूचना भी दी। तुलसीदास बोले—"गंगाराम को इस बात की सूचना दे देना। हम चाहेंगे कि रत्नावली हमारे बाल मित्र की धर्मपत्नी के प्रति अपना आदर प्रकट करने जाएँ।"

टोडर उल्लसित स्वर में बोले—"हाँ, हाँ, वहाँ जाएँगी और मेरे यहाँ भी पधारेंगी। जिस दिन गठजोड़े से महात्मा जी की झूठन गिरने का सौभाग्य मेरे घर को मिलेगा, उस दिन मेरा जन्म सार्थक हो जाएगा।"

दो-चार दिन बीत गए। इस बीच में तुलसी और रत्ना का आमना-सामना एक बार भी न हुआ। तुलसी चाहते थे कि उन्हें हिरते-फिरते रत्नावली की सूरत देखने का मौका मिल जाए पर रत्नावली ने सतर्कतापूर्वक अपने-आपको उनकी दृष्टि से बचाया। हाँ, भोजन के समय उन्हें अपनी थाली में हर व्यंजन में रत्नावली के हाथ का स्पर्श मालूम पड़ता था। वे थाली के सामने बैठकर बार-बार रत्नावली की छवि के साथ अपने मन में बन्ध जाते थे।

पण्डित गंगाराम के यहाँ सूचना पहुँची तो रत्नावली को लिवा जाने के लिए, तुरन्त उनके यहाँ से पालकी आ गई। रत्नावली प्रह्लाद घाट गईं तो भोजन का वह स्वाद भी चला गया। रात के समय वे और राजा बैठे हुए धर्म चर्चा कर रहे थे। रसोइया दो गिलासों में दूध लेकर आया। तुलसीदास बोले—"अरे भाई, गोसाईं क्या बना हूँ कि आठों पहर तर माल चाभते-चाभते दुखी हो गया हूँ।" एक घूँट पिया, मलाई चाभते हुए मुँह बनाया, फिर मुस्कराए, कहा—"वाह रे राम जी, कहाँ तो एक वह दिन था कि कटोरी-भर छांछ पाने के लिए मैं ललाता था और कहाँ अब इस सोंधे दूध की मलाई को खाते ही खुनस लगती है।"

राजा बोले—"काहे खुनसाते हो भइया। तुम्हारी जिभ्या से भगवान जी स्वाद लेते हैं। गोसाईंयों में हमें यही बात तो अच्छी लगती है कि गोसाईं लोग दुनिया का हर भोग राजी होकर ग्रहण करते हैं पर अपने स्वाद और सुख को वे भगवान का मान कर ही चलते हैं।"

गोस्वामी जी महाराज चुप रहे, दूध पीते रहे। बात में उन्हें राजा के मन का हल्का-सा संकेत मिल गया था। उन्होंने तुरन्त ही राजा भगत की मनोधारा का मुहाना बन्द करने का निश्चय किया, कहा—"है तो यह ऊँची बात, पर खरा गोस्वामी ही इस पानी पर बिना पैर भिगोए चल सकता है। पूर्ण गोस्वामीत्व पाने के लिए मैं अभी तक राम जी की ड्योढ़ी का भिखारी हूँ।"

राजा तुलसी का पैंतरा समझ गए। उन्होंने भी अपने पक्ष को दृढ़ता से प्रस्तुत करने की ठानी, कहने लगे—"दो तपसी जब मिल जाते हैं तब दोनों को एक-दूसरे से आगे बढ़ने का हौंसला मिलता है। तुम्हारी तपस्या तो भइया सारा जग देख रहा है पर हम तो भौजी का तप देख-देखकर ही अपने मन को ठिकाने पर ला पाए हैं। इस कलिकाल में ऐसा कठिन जोग साधनेवाली जोगिन मैंने नहीं देखी।"

तुलसी चुप रहे, रत्नावली की कठिन साधना के प्रति अपने मित्र के यह उद्‌गार सुनकर उन्हें भला लगा, उन्हें वैसा ही सन्तोष हुआ जैसाकि अपने सम्बन्ध में सुनकर होता। और यह सन्तोष जिस तेज़ी से अपने चरम बिन्दु पर पहुँचा उससे ही मन का परदा फड़फड़ाकर पलट भी गया। उन्होंने अपने-आपको कस लिया। कुछ क्षणों के लिए भूला हुआ रामनाम फिर से घट में गुंजाना आरम्भ कर दिया। राजा कह रहे थे—"गाँव में तुम्हारी रुचि की रसोई बनाती रहीं और किसी भूखे कंगले को खिलाती थीं। आप बिना चुपड़ी, बिना सागभाजी के दो रोटी खाकर अपने दिन बिताती हैं। रोज तुम्हारी धोती धोना, तुम्हारी पूजा की सामग्री लगाना, तुम्हारे बैठके में झाड़ू लगाना, तुम्हारी एक-एक चीज को सहेज-सम्भालकर रखना, कहाँ तक कहें भैया, भौजी जैसी तपसिन हमने देखी नहीं। तुम घर से निकल गए पर उन्होंने अपनी भक्ति से तुम्हें अभी तक घर में ही बांध रखा है।"

मन का राम शब्द राजा की बातों से उपजे सन्तोष से बीच-बीच में फिर बिसरने लगा। यहाँ आने पर रत्नावली की देखी हुई एक झलक उनके मन के दृश्य पट पर बार-बार आने लगी। परदा दर परदा मन में यह इच्छा भी होने लगी कि एक बार उन्हें फिर देखें, बातें करें। मन की इस गुदगुदाहट से राम शब्द फिर प्रबल हुआ। वे दूध का गिलास रखकर कुल्ला करने के बहाने उठ पड़े। एक मन कह रहा था, चेत! और दूसरा रत्नावली की मनोछवि निहारने में ही अटका हुआ था। कुल्ला करके दोनों जने जब फिर अपनी-अपनी चौकियों पर बैठे तो राजा ने कहा—"सीता जी के बिना राम जी कभी सुखी नहीं रह पाए। तुमसे अधिक भला और कौन समझ सकता है। तुमने तो सारी रामायन रच डाली है। जब रावण उन्हें हर ले गया तो भी और जब उन्होंने उन्हें धोबी की निन्दा के कारण बाल्मीकी मुनी के आसरम में भेज दिया तब भी, राम जी सुखी न रह पाए। बायाँ अंग जब कट जाए तब दायाँ भला कैसे सुख पा सकता है?"

तुलसीदास को यह बातें कहीं पर अच्छी लग रही थीं और कहीं वे इस ओर से उचटने का प्रयत्न भी कर रहे थे। थाली का बैंगन कभी इधर लढ़कता और कभी उधर। तुलसी ने लेटकर चादर तानते हुए राजा की वाग्धारा को आगे बढ़ने से रोकने के लिए कहा—"अच्छा, अब हम विश्राम करेंगे।" लेट गए। चद्दर तान ली। करवट बदल ली, राम-राम भी जपना आरम्भ कर दिया, पर रत्नावली उनके मन से न हटीं। इच्छा होने लगी कि रत्नावली उनके पास आएँ, उनसे अपनी दुःख-सुख-कहें। 'मैं राम के लिए तड़पता हूँ वह मेरे लिए। राम जी कदाचित मुझे इसीलिए दर्शन नहीं दे रहे हैं कि मैं रत्नावली से निठुराई बरत रहा हूँ। रख लूँ अपने पास! उसे सन्तोष मिलेगा तो कदाचित राम जी भी मेरे प्रति दयालु हो जाएँगे।' तुलसी का मन कभी ऊहापोह में रहता और कभी झटके के साथ उस मोह से अपने को उबारकर राम शब्द में लीन होने का प्रयत्न करता। उन्हें रात में अच्छी नींद न आई। सबेरे पण्डित गंगाराम के यहाँ से न्योता आया, उन्होंने कहला दिया कि वे नहीं आएँगे। टोडर आए तो उन्होंने भी अपना प्रस्ताव दोहराया, कहा—"महात्मा जी आप दोनों ही एक दिन मेरी कुटिया पर अवश्य पधारेंगे।"

तुलसीदास को लगा कि राम उनकी परीक्षा लेने के लिए ही यह प्रस्ताव टोडर के मुख से कर रहे हैं। वे बोले—"विरक्त अब फिर से राग के बन्धनों में नहीं बन्ध सकता।"

"आप उन्हें अब यहीं रहनें दें महात्मा जी..."

बात पूरी भी न हो पाई थी कि गोस्वामी जी ने उसे झटके से काट दिया और उत्तेजित स्वर में बोले—"क्या तुम चाहते हो कि मैं अपने अथवा अपनी पत्नी के सुख के लिए समाज की आस्था को अधर ही में लटका दूँ? यह असम्भव है टोडर।"

"क्षमा करें महात्मा जी, किन्तु इससे लोगों की आस्था क्यों बिखरेगी? वल्लभ गोस्वामी की घर-गृहस्थी उनके साथ रहती थी, फिर भी उन्होंने मोक्ष लाभ किया।"

तुलसी ने मीठी झिड़की देते हुए कहा—"तुम समझते क्यों नहीं हो टोडर, आज का समय वल्लभाचार्य जी के दिनों जैसा नहीं है। कबीरदास जी वाला समय भी बीत गया। यह घोर कलिकाल है। नैतिकता का इतना ह्रास हो गया है कि उसे यदि एक स्तर तक उठाए न रखा जाएगा तो फिर सारा संसार अनैतिकता की लपेट में आए बिना कदापि न रह सकेगा।"

टोडर चुप हो गए। राजा भगत ने इस बार तुलसी-रत्नावली का मेल कराने के लिए पूरा षड्यन्त्र रचा था। उन्होंने पंडित गंगाराम, टोडर, यहाँ तक कि कैलास कवि को भी, अपने पक्ष में कर लिया था। गंगाराम आए उन्होंने कहा। कैलास आए उन्होंने कहा। मठ में रहनेवाले शिष्यों ने भी कहा—"माता जी परम विदुषी हैं, उनके यहाँ रहने से हमारे अध्ययन में बड़ी सहायता मिलेगी।"

तुलसी सुनते, ऊपर से विरोध भी करते परन्तु उनका मन कहता कि रत्नावली को पास रखकर यदि अपना ध्यान साधो तो अधिक सुगम रहेगा। 'काम विकार

कभी न कभी मुझे सता तो जाता ही है। उससे कहीं अच्छा है कि मेरा यह विकार धर्म सम्मत होकर ही शान्त रहे।' मन का हाला-डोला उन्हें तरह-तरह से मथित करने लगा।

एक दिन नाथू नाऊ जब उनके बाल बनाने आया तो उसी समय मठ के द्वार पर रत्नावली जी की पालकी भी आ लगी। रत्नावली जी पालकी से उतरकर ऊपर चली गईं। नाथू गोसाईं जी की सेवा में पहुँचा। उनके चरणों में ढोका देकर उसने अपनी किस्वत से उस्तरा और पत्थर निकालकर उस्तरे को पैनाना शुरू किया। एक भृत्य ने आकर गोसाईं जी को पंडित गंगाराम के घर से माता जी के लौट आने का समाचार दिया। तुलसीदास के चेहरे पर सन्तोष की आभा चमकी। बोले—"सरवन, उनसे बराबर पूछताछ करते रहना। उनकी सेवा में कोई कमी न आए।"

भृत्य सरवन के 'अच्छा महराज जी', कहकर जाते ही पानी की कटोरी लेकर गोस्वामी जी के पास आते हुए नाथू बोला—"माता जी आ गईं सरकार, यह बड़ा सुभ भया।"

तुलसीदास चुप रहे। उन्हें भी उस समय सुख का अनुभव हो रहा था। गोसाईं जी की ठोड़ी को पानी से तर करके मींजते हुए नाथू ने फिर अपना राग अलापा—"ये दुनिया वाले बड़े कमीने होते हैं महराज। कलजुग में सबका मन काला हो गया है।"

तुलसी आँखें मींचे मौन बैठे सुखानुभव करते रहे। नाथू ने बात को फिर आगे बढ़ाया—"जब से माता जी कासी आई हैं तब से रोज लोग-बाग हमसे पूछते हैं कि नत्थू, माता जी अब क्या यहीं रहेंगी? अब हम क्या कहें सरकार जी? अरे माता जी यहाँ रहें चाहें न रहें, पूछो, भला तुम्हारे बाप का क्या आता-जाता है? बड़ी हवेली के गोसाईं महराज भी तो गिरहस्त हैं। पर नहीं, उनको कोई कुछ न कहेगा। आपके लिए लोग रोक-टोक करते हैं। कहते हैं, चार दिन की चाँदनी फिर अँधेरा पाख है। अब ये भी तपिस्या छोड़कर भोग-बिलास में..."

तुलसीदास के मन में सन्तोष और सुख का महल बालू की दीवार-सा ढह पड़ा। वे उत्तेजित हो गए, बोले—"इस प्रसंग को अब यहीं पर समाप्त कर दो नत्थू।"

सयाना नाऊ गोस्वामी जी का रुख देखकर सहमकर चुपचाप अपने काम में लग गया। तुलसीदास के मनोलोक में अन्धड़ उठने लगे। कभी अपने ऊपर, कभी दुनिया पर और कभी रत्नावली तथा राजा का क्रोध आता कि वे उनकी शांति भंग करने के लिए यहाँ क्यों आए।

हजामत बनती रही, सिर और गालों पर उस्तरा चलता रहा, बार-बार पानी मींजा जाता रहा पर तुलसीदास का मन इन सब बाहरी क्रियाओं से अलिप्त होकर अपनी करुणा से आप ही विगलित होने लगा। मन जब अपनी विकलता को सह न पाया तो अपनी आदत के अनुसार राम जी के चरणों में शान्ति पाने के लिए दौड़ पड़ा—'हे दीनबन्धु सुखसिन्धु कृपाकर , कारुणीक रघुराई! सुनिए नाथ, मेरा मन त्रिविध ताप से जल रहा है। वह बौरा गया है। कभी योगाभ्यास करता है तो कभी वह शठ भोग-विलास में फँस जाता है। वह कभी कठोर और कभी दयावान बन जाता है। कभी दीन, कभी मूर्ख-कंगाल और कभी घमण्डी राजा बन जाता है। वह कभी पाखण्डी बनता है और कभी ज्ञानी। हे देव, मेरे मन को यह संसार विविध

प्रकार से सता रहा है। कभी धन का लालच सताता है, कभी शत्रुभय सताता है, और कभी जगत को नारीमय देखने लगता है मैं अपने मन से बड़ा ही दुःखी हूँ रघुनाथ। संयम जप, तप, नियम, धर्म, व्रत आदि सारी औषधियाँ करके हार चुका किन्तु वह मेरे काबू में नहीं आ रहा है। कृपा करके उसे निरोगी बनाइए। अपने चरणों की अटल भक्ति देकर उसे शान्त कीजिए, नाथ। मैं अब बहुत-बहुत तप चुका हूँ।' बन्द आँखों से आँसू टपकने लगे।

नाथू ने जो यह देखा तो अपना उस्तरा रोक दिया। उसके उस्तरे और हाथ का स्पर्श हटते ही तुलसीदास बाहरी होश में आ गए। भरी हुई आँखें खोलकर एक बार देखा, फिर पास रखे हुए अँगोछे से आँखें पोंछकर बोले—'तुम अपना काम करो नत्थू, मेरा मन तो राम बावला है, कभी हँसता है कभी रोता है।'

नाथू जब अपना काम करके जाने लगा तो तुलसीदास बोले—'अब जो कोई तुझसे पूछे तो कह देना कि माता जी अपने मोहवश चार दिन के लिए आई हैं, शीघ्र ही चली जाएँगी।'

''काहे महराज, रहैं ना। दो ही दिनों में मठ के सारे लोग उनकी बड़ाई करने लगे। गोसाईं लोग तो घिरस्तास्रमी होते ही हैं।''

''मैं दूसरे गोसाइयों की तरह अनीति की चाल पर कदापि नहीं चल सकता। मैंने गृहस्थाश्रम का त्याग किया सो किया।'' उनके चेहरे पर हठ-भरी अहंता दमक उठी। थोड़ी देर के बाद ही उन्होंने नौकर को बुलाकर रत्नावली जी को कहलाया कि वे शीघ्र से शीघ्र राजापुर लौट जाएँ।

रत्नावली ने उसी दास के द्वारा कहलाया कि वे उनसे मिलना चाहती हैं।

एक बाद तुलसी का जी हुआ कि मना कर दें फिर कहते-कहते थम गए और कहा—''भेज दो। कोठरी का पर्दा गिरा दो और उनके बैठने के लिए बाहर आसन भी बिछा दो।''

रत्नावली आईं। अपने और पतिदेव के बीच में टँगे हुए पर्दे को देखा, सिर झुका खड़ी हो गईं; पल-भर बाद हल्के-से खखारा, धीमे स्वर में कहा—'जै सियाराम।''

''जय सियाराम। बाहर आसन बिछा होगा, विराजो।''

''मैं आपके दर्शन भी नहीं कर सकती?''

तुलसी एकाएक उत्तर न दे सके, कुछ रुककर शान्त स्वर में कहा—''लोक धर्म बड़ा कठिन होता है देवी। व्यर्थ निन्दा से बचने के लिए राम जी को जगदम्बा का त्याग करना पड़ा था।...तुम घर कब लौट रही हो?''

''मैं अब काशी में ही रहना चाहती हूँ।''

''नहीं।''

''मैं मठ में नहीं रहूँगी। पण्डित गंगाराम जी की गृहिणी ने मुझे...''

''गंगाराम या टोडर के यहाँ तुम्हारा रहना उचित नहीं होगा।''

''मैं स्वयं भी यह उचित नहीं समझती। अलग घर लेकर रहूँगी।''

''नहीं।''

रत्नावली का टूटता मन उनके चेहरे पर दिखलाई पड़ने लगा। गिड़गिड़ाकर बोलीं–"मैं यहाँ आपको कष्ट देने के लिए कभी नहीं आऊँगी। कभी आपके सामने नहीं पड़ूँगी। आपके तप में कोई बाधा न डालूँगी।"

"नहीं, तब भी नहीं।"

"आप राम जी का सन्निध्य चाहते हैं, यदि वे भी इसी तरह आपसे ना कह दें तो?"

सुनकर तुलसी एक बार निरुत्तर हो गए, मन लड़खड़ाया, परन्तु तुरन्त ही उसे कसकर कहा–"श्री राम और इस अधम तुलसी में अन्तर है। लोक का चरित्र गिरा हुआ है। उसे उठाने की कामना रखने वाले को कठिन त्याग करना होगा। लोक कल्याण के लिए तुम भी तपो, देवी। अब इस जन्म में हमारा-तुम्हारा साथ नहीं हो सकता।"

पर्दे के दोनों ओर कुछ देर तक चुप्पी रही। फिर रत्नावली ने रुँधे हुए स्वर में कहा–"जो आज्ञा। मैं कल ही चली जाऊँगी।" पर्दे के उस पार फिर चुप्पी छा गई। कुछ पलों के बाद रत्नावली ने कहा–"जाने से पहले एक बार चरण-स्पर्श करने की..."

"मेरा मन अभी दुर्बल है देवी! तुम्हारे स्पर्श से मेरी तपस्या पर आँच आ जाएगी।"

"जो आज्ञा।" गला रुँध गया। पर्दे के आगे झुककर धरती पर मस्तक टेक दिया। आँसू उमड़ पड़े। भीतर से तुलसीदास ने पूछा–"गईं?"

"जा रही हूँ...एक भीख माँगती हूँ।"

"बोलो।"

"पंडित गंगाराम जी के घर पर मैंने आपके द्वारा रचित रामचरितमानस का परायण किया था। मैंने उसे वाल्मीकि जी की कृति से श्रेष्ठ भक्ति-प्रदायक ग्रन्थ पाया।"

तुलसी को सुनकर संतोष हुआ। बोले–"आदिकवि के परम पावन ग्रन्थ से उसकी तुलना न करो, देवी। वैसे यह जानकर मैं सन्तुष्ट हुआ कि तुमने वह ग्रन्थ पढ़ लिया।"

"रामचरितमानस की एक प्रति..."

"शीघ्र ही तुम्हारे पास पहुँच जाएगी। टोडर प्रतिलिपियाँ कराने की व्यवस्था कर रहे हैं।"

"एक बात और पूछना चाहती हूँ। आज्ञा है?"

"पूछो देवी।"

"महर्षि ने उत्तरकाण्ड में धोबी की निन्दा सुनकर श्रीराम के द्वारा सीता जी का त्याग कराया है। आपने मानस में वह प्रसंग क्यों नहीं उठाया?"

तुलसीदास सुनकर चुप। चुप्पी लम्बी रही।

"यदि मेरा प्रश्न अनुचित हो तो क्षमा करें।"

"नहीं, तुम्हारा प्रश्न जितना सहज है मेरे लिए उसका उत्तर देना उतना सरल नहीं है।"

"कोई बात नहीं, जाती हूँ।"

"उत्तर सुन जाओ, देवी, मैं तुमसे कुछ न छिपाऊँगा। जो अन्याय मैं तुम्हारे प्रति कर सका, वह मेरे रामचन्द्र जगदम्बा के प्रति नहीं कर सकते थे।"

रत्नावली की आँखें बरस पड़ीं। कुछ देर रुककर तुलसी गोसाईं ने पूछा—"गईं?"

रुदन कम्पित स्वर में रत्ना बोली—"जा रही हूँ।"

"रो रही हो रत्ना?'

"संतोष के आंसू हैं।"

"अब न बहाओ, देवी, नहीं तो मेरे मन का धैर्य और संतोष बँट जाएगा। सेवक का धर्म कठिन होता है।" कहकर गोसाईं जी ने एक गहरी ठण्डी साँस ढील दी।

"जाती हूँ। एक भिक्षा और माँग लूँ?"

"माँगो।"

"मेरी मृत्यु से पहले एक बार मुझे अपना श्रीमुख दिखलाने की कृपा करें।"

"वचन देता हूँ, आऊँगा।"

45

"रत्ना चली गई। उसका जाना मुझसे शत्रुता रखनेवाले लोगों की रोषवृद्धि का एक और प्रबल कारण बन गया।"

"क्यों गुरु जी?" बेनीमाधव ने पूछा।

"गृहस्थ गोस्वामियों को लगा कि ऐसा करके मैंने उनकी मान-प्रतिष्ठा को गिराया है।"

"उनके लिए यह सब सोचना कदाचित् स्वाभाविक ही था। पापी लोग पुण्य शील महात्माओं के नैसर्गिक शत्रु होते ही हैं। तो उन्होंने किस प्रकार से आपको विरोध किया गुरु जी?"

"पहला विरोध मठ की अर्थव्यवस्था को भंग करने की चेष्टा के रूप में हुआ।"

× × ×

मठ के द्वार पर दो सण्ड-मुसण्ड वैरागी चौखट के दोनों ओर बैठे थे। उनमें से एक प्रातःकाल दर्शन करने और प्रवचन सुनने के लिए आई हुई नर-नारियों की छोटी-सी भीड़ को बड़े रोब के साथ सम्बोधित कर रहा था—"यहाँ कोई मत आओ। यह धर्म का नहीं वरन् अधर्म का मठ है। नए गोस्वामी के आगमन से यहाँ पापाचार बहुत अधिक बढ़ गया है।"

एक सम्भ्रान्त भक्त सविनय हाथ जोड़कर सतेज स्वर में बोला—"यहाँ तो मैंने एक दिन भी पापाचार नहीं देखा गुसाईं जी। महात्मा तुलसीदास जी पर आप जैसे पूज्य पुरुषों का मिथ्या दोष लगाना अच्छी बात नहीं है।"

कई अधेड़-बूढ़ी स्त्रियाँ प्रायः एक साथ ही चेंचा-मेंची कर उठीं—"अरे इत्ती अच्छी कथा सुनाते हैं। ऐसा भजन-भाव करते हैं। उनके मुँह पर ऐसा तेज टपकता है कि बनारस-भर में किसी साधु-महात्मा के मुँह पर वैसा तेज देखने को नहीं मिलता।"

युवक गोसाईं उत्तेजनावश उठकर खड़ा हो गया, चिल्ला-चिल्लाकर कहने लगा—"उसके मुँह पर तेज देखती हो? तेल-फुलेल से अपना मुँह चमका के ढोंग रचानेवाला पापी जिसे तेजवान महात्मा दिखाई पड़े वह मूर्ख है। जो ढोंगी हमारे इष्टदेव नन्दनन्दन गोपीवल्लभ राधारमण श्री कृष्ण परमात्मा को गौण बताकर अपने इष्टदेव को ऊँचा बताए, उससे बड़ा ढोंगी और पापाचारी भला और कौन होगा? भागवत् जैसे परम पवित्र ग्रन्थ को छोड़कर वह यहाँ अपनी रची हुई रामायण सुनाएगा! कहाँ तो महर्षि वेदव्यास रचित श्रीमद्भागवत्, जो अठारह पुराणों से भी श्रेष्ठ है और कहाँ एक ढोंगी तुक्कड़ की भ्रष्ट कविता! न उसे मात्राओं का ज्ञान है न छन्द का। हम यहाँ अनशन-पाटी लेकर पड़ेंगे। हम अपने जीते-जी ऐसा पापाचार कदापि नहीं होने देंगे।"

उनके धरना देने से गोस्वामी तुलसीदास जी की क्रोधरूपी गौ भड़क उठी। उन्हें लगता था कि जैसे लंका पर चढ़ाई करने के लिए राम जी सेना सहित समुद्र के तट पर खड़े थे और समुद्र उन्हें जाने की राह नहीं दे रहा था वैसे ही यह दुष्ट उनके राम-कथा-प्रसार में बाधक बने हैं। वे टोडर तक को मन्दिर के भीतर नहीं आने देते थे। एक दिन क्रोध को अपने वश में न रख सकने के कारण तुलसी बाहर निकल आए। टोडर से कहा—"कथा मैं अवश्य सुनाऊँगा। तुम डुग्गी पिटवा दो कि कथा अब अस्सी घाट पर होगी।"

एक गोसाईं युवक उत्तेजित हो गया, बोला—"कथा तुम्हारे बाप-दादे भी नहीं सुना सकते। हमारे जीते जी काशी में यह अनाचार नहीं होगा। अपनी रामायण को गंगा जी में डुबा दो।"

"मेरी रामायण जन-जन की हृदय गंगा में तरी बनकर तैरेगी। राम कृपा से यह कथा अवश्य होगी। शंकर भोलानाथ स्वयं मेरी कथा सुनेंगे।"

× × ×

"डुग्गी पिटी। वैष्णवों और शैवों में कुटिल प्राणियों का प्रबल संगठन मेरे विरुद्ध बन गया। कहाँ तो वे लोग आपस में एक-दूसरे को गालियाँ देते फिरा करते थे और कहाँ अब दोनों मिलकर मेरे विरुद्ध प्रचार करने लगे। मेरे पुराने विरोधी बटेश्वर मिश्र कुछ पण्डितों की ओर से यह निर्णय ले आए कि गोस्वामी तुलसीदास रचित रामचरितमानस एक अत्यन्त निकृष्ट काव्य है। इसमें धर्म, दर्शन तथा भक्ति का गलत निरूपण हुआ है। काव्य की दृष्टि से यह एकदम हीन ओर अशुद्ध है। इसे सुनने वाले को घोर रौरव-नरक भोगना पड़ेगा। यमदूत उसके कानों में खौलता हुआ

तेल डालकर उसे दंडित करेंगे।...मेरे लिए वे दिन बड़े ही दुखदाई सिद्ध हुए, किन्तु गंगाराम तथा टोडर की दौड़-धूप से काशी के पण्डितों का एक और निर्णय भी गली-गली में प्रचारित होने लगा। इन पण्डितों ने पहले प्रचारित किए निर्णय को भ्रामक बतलाया। कुछ पण्डितगण, जिन्होंने कि रामायण के थोड़े-बहुत अंश सुन रखे थे, यह कहने लगे कि यह तुलसी के प्रति मिथ्या प्रचार है। नगर का जनमत भी पहले वाले निर्णय के विरुद्ध था। स्वयं पण्डितों में ही विकट द्वन्द्व मचने लगा। उन दिनों काशी में मेरा बाहर निकलना दूभर हो गया था। जिधर जाओ उधर ही निन्दक भी मिलते और प्रशंसक भी। मैंने सोचा कि रामकथा को लेकर ऐसा राग-द्वेष बढ़ाना उचित नहीं। स्वामी मधुसूदन जी सरस्वती काशी के सभी पण्डितों को मान्य थे। मैंने उनसे जाकर निवेदन किया कि महाराज, आप रामचरितमानस सुनें, यदि आपकी दृष्टि में वह ग्रन्थ हीन सिद्ध हुआ तो मैं उसे तुरन्त जाकर गंगा जी में प्रवाहित कर दूँगा। वे राजी हो गए।''

''यह सभा तो विश्वनाथ जी के मन्दिर में हुई थी न गुरुजी?''

''विश्वनाथ जी का मन्दिर उन दिनों निर्माणाधीन था। किन्तु उसके पास ही यह पण्डित सभा जड़ी। मैंने रामायण बांचना आरम्भ कर दिया। राम जी का ऐसा स्नेहवर्षण हुआ बेनीमाधव, कि ज्यों-ज्यों कथा आगे बढ़ती जाती थी। त्यों-त्यों पण्डित मण्डली पर उसका प्रभाव भी बढ़ता जाता था। कथा के अन्तिम दिन...

× × ×

राम कथा गिरिजा मैं बरनी।
कलि मल हरनि मनोमल हरनी।
संसृति रोग सजीवन मूरी।
राम कथा गावहिं स्रुति भूरी॥

पण्डित सभा में सभी के चेहरे मंत्रमुग्ध-से लग रहे थे। स्वर की मधुरता, शब्दों का जादू और भक्ति रस की अजस्त्र निर्मल धार काशी के प्रमुखतम शंकरमतानुयायी सर्वमान्य महापण्डित परम चरित्रवान संन्यासी मधुसूदन जी सरस्वती के रोम-रोम को आनन्दप्लावित कर रही थीं। केवल बटेश्वर मिश्र और उनके जैसे कुछ लोग ही जले-भुने जा रहे थे। मधुसूदन सरस्वती से लेकर सभा में बैठा हुआ प्रत्येक बोधवान संन्यासी और पण्डित का चेहरा उन्हें शत्रुवत् लग रहा था। वे और उनके पक्ष के अन्ध शिवभक्त और कुटिल वैष्णव एक-दूसरे को देख-देखकर आँखें मिचमिचा रहे थे। खीझ, हार और क्रोध की चढ़ती-उतरती लहरें उनके चेहरों को विरूप बना रही थीं।

कथा चलती रही। गोस्वामी जी ने अन्तिम दोहा पढ़ा और पढ़ते-पढ़ते राम के ध्यान में वे ऐसे मग्न हो गए कि उन्हें अपने तन-बदन का होश तक न रहा। हाथ जोड़े बैठे हुए तुलसीदास की गौर काया संगमरमर की सजीव मूर्ति-सी लग रही थी। उनके मुख पर परम सन्तोष और आपार आनन्द छाया हुआ था।

कथा समाप्त हुई, मधुसूदन जी सरस्वती भी कुछ देर तक आँखें मूँदे आनन्दमग्न बैठे रहे, फिर धीरे-धीरे उनकी आँखें खुलीं। वे बड़े प्रेम से ध्यानावस्थित तुलसीदास को देखने लगे, फिर अपने आसन से उठे, तुलसीदास के पास आए और बड़े स्नेह से उनके सिर पर हाथ फेरने लगे। तुलसीदास की आँखें खुलीं, सिर उठाकर देखा, उन्हें लगा कि गंगा-चन्द्र-सर्पों और बाघम्बर से विभूषित साक्षात् शिव उनके सिर पर हाथ फेर रहे हैं। जटाशंकरी गंगा की धारा उनके ग्रन्थ पर पड़ रही है। पृष्ठों की चौहद्दी अपना रूप परिवर्तित करके सात सीढ़ियों वाले एक विशाल सरोवर के रूप में बढ़ती ही चली जा रही है। उसमें गंगा भरती ही चली जा रही है। धारा में, सरोवर की उठती लहरों में, जहाँ देखो वहीं सियाराम की छवि ही दिखलाई पड़ रही है। तुलसी गद्गद हो उठे।

मधुसूदन जी सरस्वती ने सभा को सम्बोधित करते हुए कहा—

''आनन्द कानने ह्यस्मिन् जंगमस्तुलसीतरुः।
कविता मंजरी यस्य रामभ्रमरभूषिता॥''

सभा मण्डप से निकलकर भीड़ गली के बाहर आ रही थी। रामचरितमानस ग्रन्थ काठ की पेटी में बन्द था। टोडर पेटी को अपने हाथों में लेकर तुलसी और गंगाराम के पीछे-पीछे चल रहे थे। अनेक पण्डित तुलसीदास जी के साथ ही साथ चलते हुए उनकी प्रशंसा का सुमेरु भी खड़ा करते चल रहे थे। सभा मण्डप के बाहर पचास लठैत खड़े थे। टोडर के पास पहुँचते ही वे लठैत उनके आगे-पीछे, चारों ओर मज़बूत दीवार बनकर चलने लगे। बटेश्वर मिश्र और उनकी दुष्ट मण्डली बड़ी तेज़ी के साथ लठैतों की भीड़ में धँसकर उन्हें बिखेरने का प्रयत्न करने लगी किन्तु सफल न हो सकी। बटेश्वर के सामने पड़नेवाला अहिर उनके बढ़ने पर जब तनिक-सा भी इधर-उधर न हुआ तो लाल-लाल आँखें निकालकर वे बोले—''सरक उधर, रस्ता दे।''

लठैत बोला—'इत्ता तो रस्ता पड़ा है महराज, चले काहे नहीं जाते?''

बटेश्वर जी गरज उठे—''सरऊ, जानता है हम कौन हैं? मैं अभी का अभी तुमको भस्म कर सकता हूँ।''

अहिर युवक भी तेज़ पड़ा, वह भी आँखें निकालकर बोला—''ए बटेसुर महराज, जो तोहे आपन इज्जत प्यारी होय तो चुप्पे ते निकल जाओ। नाहीं तो ई जान लेव कि चाहे हमें बरहम हतिया का दोख लगे, चाहे जो हुइ जाय, हम तोहरी ई तन्त्र-मन्त्र भरी खोपड़िया एक ते दुइ बनाइ देबे। समझयौ कि नाहीं!''

लड़ाई-झगड़े की आवाज़ों से तुलसीदास और उनके साथ चलने वाली भीड़ इधर देखने लगी। ''क्या बात है, क्या बात है?'' की गुहार पड़ी। तुलसीदास के साथ वाली भीड़ गली में ज्योंही एक ओर सिमटी त्योंही रामायण की पेटी लिए टोडर ने अपने आगे के लठैत अहिर से कहा—''बढ़े चलो हिरदय, हम लोग रुकेंगे नहीं।''

लठैतों की अगली पंक्ति बढ़ी तो पिछली स्वाभाविक रूप से अपने साथियों के पीछे चली। तुलसीदास के साथ वाले पण्डित उन्हें रास्ता देने के लिए गली में और सिमट आए। अब तुलसीदास और बटेश्वर आमने-सामने थे। बटेश्वर तुलसीदास

को देखते ही क्रोध के मारे बौरा गए। लाल आँखें दिखलाते हुए हाथ बढ़ाकर वे गरजने लगे—"रे नीच नराधम, सम्मोहिनी मन्त्र से मधुसूदन जी महाराज को तथा इन सारे पण्डितों को बाँधकर तूने अपने दम्भ का जो जाल फैलाया है उसे मैं निश्चय ही तोड़-फोड़कर नष्ट-भ्रष्ट कर डालूँगा। अरे नीच मैं तेरी हत्या कर डालूँगा।"

लठैतों की भीड़ पोथी लेकर आगे-आगे बढ़ गई थी। तुलसी हाथ जोड़कर बोले—"मिश्र जी, आप मुझसे बड़े हैं, गुरुभाई हैं, आपके इन वचनों को मैं प्रसाद के रूप में ग्रहण करता हूँ।"

एक बूढ़े पण्डित बोले—"अरे बटेश्वर, मिथ्या क्रोध और दम्भ को बढ़ाकर क्यों अपनी फजीहत करते हो? सूर्य पर थूकोगे तो वह तुम्हारे ही ऊपर गिरेगा भैया।"

अपने साथ के कुछ लोगों के द्वारा शान्त करके आगे बढ़ाए जाने पर बटेश्वर बढ़े तो अवश्य किन्तु तुलसीदास और गंगाराम के पास से गुज़रते-गुज़रते वे एक बार फिर भड़के बिना न रह सके। अपनी तर्जनी हिला-हिलाकर वे कहने लगे—"अरे, मैं पन्द्रह दिनों के भीतर ही तुमको, इस नीच गंगाराम को, टोडर को तुम्हारे सभी पक्षधरों से भरी सारी काशी का सत्यानाश कर डालूँगा।"

उन लोगों के आगे बढ़ जाने के बाद पण्डित घनश्याम शुक्ल ने कहा—"गोस्वामी जी, भाषा में काव्य रचने के लिए मैं अनेक वर्षो से अपने मन ही मन में तड़प रहा था। किन्तु साथी पण्डित सदा मुझे भाषा में कविता लिखने से निरुत्साहित करते रहे। आपके मानस महाकाव्य से आज मुझे अपार मनोबल और स्फूर्ति मिली है। मैं भी अब भाषा में काव्य रचूँगा।"

तुलसी बोले—"भैया,...

"का भाषा का संस्कृत, प्रेम चाहिए सांच।
काम जो आवे कामरी, का लै करै कुमाच॥

"भाषा लाखों लोग समझते हैं। भाषा की शक्ति राम-शक्ति है।"

एक पण्डित ने पूछा—"अब तो आप काशी में कहीं अवश्य ही जन-जनार्दन को पूरी रामायण सुनाएँगे?"

"हाँ, विचार तो यही है।"

"परन्तु इस बार आपको कथा सुनाते समय लठैतों और धनुर्धरों की पूरी सेना ही अपनी और ग्रन्थ की सुरक्षा के लिए रखनी होगी। काशी के अनेक धनी-मानी सज्जन और उनके पिट्ठू, बहुत-से हाकिम-हुक्काम भी इन लोगों के साथ हैं। आपके द्वारा गली-गली में ये जो अखाड़े खुलवाए गए हैं और युवकों का दल जिस तरह आपके साथ संगठित हो रहा है उसे यह लोग फूटी आँखों से भी नहीं देख पा रहे।"

"हाँ महराज, सावधान रहिएगा, ये दुष्ट लोग जो न कर डालें सो थोड़ा है।"

"मैं सावधान हूँ घनश्याम। सदा सावधान रहने के लिए ही मैं राम को अपने मन में समाए रखता हूँ। चिन्ता न करो बन्धु, इस बार काशी में मैं नए ढंग से रामायण सुनाऊँगा।"

46

मठ के अपने वाले दालान में गोस्वामी तुलसीदास अपनी मित्रमण्डली टोडर, कैलासनाथ और गंगाराम के साथ विराजमान हैं। तुलसीदास बात आरम्भ करते हुए बोले–"मैंने आपको आज एक विशेष कारण से बुलाया है। मैंने खूब दत्तचित्त होके सोच-विचार कर एक निर्णय लिया है। मैं यह मठाधीशता अब छोड़ना चाहता हूँ।"

टोडर बोलने की विकलता में आगे बढ़ आए और अपने दोनों हाथ आगे की ओर बढ़ाकर बोले–"कोई निर्णय लेने से पहले तनिक मेरी भी सुन लीजिएगा यह माना कि गोसाइयों के प्रबल विरोध से इस मठ की आमदनी को धक्का पहुँचा है पर आप चिन्तित न हों। चाहे इस मठ के सारे सहायक उन दुष्टों के बहकावे में आकर सहायता देना बन्द कर दें, तब भी आपका यह सेवक अपने जीते-जी कुल खर्चा उठाने को तैयार है।"

कैलास बोले–"टोडर जी, जहाँ तक मैं समझता हूँ, तुलसीदास का दृष्टिकोण आपके दृष्टिकोण से सर्वथा अलग है। इन्होंने किसी दूसरे कारण से यह निर्णय लिया है। क्यों तुलसी, मैं गलत तो नहीं कह रहा हूँ?"

तुलसी बोले–"जो कारण टोडर के ध्यान में आया है वह अंशतया ठीक है, पर, तुमने सही कहा, मूल कारण और है। मैं यह रजोगुणी परिवेश अब सह नहीं पाता गंगाराम। यह मुझे आठों याम खलता है। टोडर, मैं अस्सी घाट पर तुम्हारे बनवाए हुए अपने उसी प्राचीन स्थान पर लौट जाना चाहता हूँ। वहाँ हर प्रकार का आदमी आठों याम मेरे पास स्वतन्त्रतापूर्वक आ सकेगा। मेरी वह गली-गली घूमने और नाम प्रचार करने की पुरानी परिपाटी जब फिर से आरम्भ होगी, तभी मुझे सुख मिलेगा।"

गंगाराम बोले–"टोडर, सूर्य को कोठरी में बन्द नहीं किया जा सकता। यह जैसा जीवन बिताना चाहते हैं वैसा ही बिताने दो।"

कैलास बोले–"यह जब तक अपने घट-घट व्यापी राम से न मिलते रहें तब तक इनका योग पूरा नहीं होता। मैं इन्हें सदा से जानता हूँ।"

तुलसीदास मुसकराए, बोले–"कवि के साथ प्रारब्ध ने मुझे कथावाचक भी बनाया है। मैं रामायण सुनाना चाहता हूँ और नाम प्रचार करना चाहता हूँ। आज के हारे-थके, हर तरह से टूटे-बुझे हुए जनजीवन को इस आस्था से भर देना चाहता हूँ कि न्याय, धर्म, त्याग, और शील आज भी इस जग में विद्यमान हैं। कोई चिनगारी को छोटा न समझे, वह किसी भी समय अनुकूल परिस्थितियाँ पाकर निश्चय ही महाज्वाला बन जाएगी। राम थे, राम हैं, राम सदा रहेंगे–और इस पृथ्वी पर एक दिन रामराज्य आकर रहेग॥।"

टोडर, बोले–"आपकी इच्छा ही मेरे लिए वेद वाक्य है महात्मा जी, परन्तु मेरे सामने फिर वही की वही समस्या आ जाती है, इस मठ का गोस्वामी पद किसे प्रदान किया जाए?"

गंगाराम बोले—"तुलसीदास, मैं जब-जब तुम्हारे इस मठ में आया हूँ, मुझे इस मठ का तुम्हारा वह शिष्य, जिसके छोटी-सी दाढ़ी है, क्या नाम है उसका..."

"हरेकृष्णदास।" कहते हुए तुलसीदास की आँखों में चमक आ गई, कहा—"तुमने ठीक सोचा। मूल मथुरावासी है, शान्त-शिष्ट और भावुक है।"

टोडर बोले—"यह तो पहले भी था महात्मा जी, किन्तु लोग कहते हैं कि वह अभी बहुत युवक है।"

तुलसी हल्की झिड़की-सी देते हुए बोले—"यह बेकार का तर्क है। उसकी आयु पैंतीस-छत्तीस वर्ष से कम तो है नहीं। तुम चिन्ता न करो, मैं तुम्हारी बिरादरी वालों को समझ लूँगा। मेरे जाने से कुछ लोग जो अन्य गोसांइयों के प्रभाव में हैं, निश्चय ही सन्तुष्ट होंगे और हरेकृष्णदास का नाम सहर्ष स्वीकार कर लेंगे।"

× × ×

"मैं फिर से अस्सी घाट पर आ गया। अखाड़े पर अब पहले से अधिक जमाव होता था। टोडर ने एक भवन में मेरे लिए रहने की सुखद व्यवस्था कर दी। मैं जो पहुँचा तो पुराने लोग बड़े प्रसन्न हुए। नगर में अपने सभी पुराने परिचितों से स्वच्छन्दतापूर्वक घूम-घूमकर मिलना आरम्भ किया।"

× × ×

विश्वनाथ मन्दिर की गली में तुलसीदास एक बर्तनवाले की दूकान पर बैठे हैं। गली में आते-जाते लोगों की एक छोटी-सी भीड़ उनके आसपास खड़ी है। सब लोग बड़े प्रसन्न हैं। गोस्वामी जी हँसकर कह रहे हैं—"बन के पन्छी को चाहे सोने के पिंजड़े में क्यों न बिठा दो, हीरे-मोती-मानिक जड़ी कटोरियों में दाना-पानी क्यों न दो, पर उसे वह सुख नहीं मिलता जो डाल-डाल पर डोल-डालकर चहकने में मिलता है।"

एक निर्धन, फटेहाल-सा आदमी, जो गली में खड़ा हुआ था, बोला—"ठीक कहा, गुसांईं जी, अरे नामी-गिरामी बड़े-बड़े दिग्गजों में एक आपै तो रहे जिन्हें हम अपना समझते रहे। और आप भी नालकी पालकी में चढ़कर तुरही-नरसिंघे के साथ आने-जाने लगे तो हमारा, सच्ची मानो, मन का सारा, मजा चौपट हुई गया रहा गुसांईं जी। अब हमें फिर से लगा कि नहीं जो हमारा है सो हमारा ही है। जियो महराज, जुग-जुग जियो महराज।"

दूसरा बोला—"महराज जी, अब कहीं अपनी वह रामायण बांचिए न, जिसके पीछे पण्डितों में इतने अखाड़े-दंगल हुए।" सभी ने एक साथ उल्लसित होकर "हाँ, हाँ कहा।

गोसाईं जी बोले—"हम भी रामायण बांचना चाहते हैं। हमारे मन में यह विचार हो रहा है कि इस कथा में सभी लोग सम्मिलित हों। पूरे नगर में यह कथा बांची जाए।"

जिनकी दूकान पर तुलसीदास जी विराजमान थे, वह लाला जी आश्चर्यचकित मुद्रा से गोस्वामी जी को देखते हुए बोले—"बड़ी अनोखी बात कह रहे हैं महराज जी। सारे नगर में कथा कैसे बांचेंगे आप? आज यहाँ कल वहाँ?"

तुलसीदास हँसे, कहा—"और क्या करेंगे...हम रामचरितमानस सुनाने के साथ तुम लोगों को रामलीला भी दिखाएँगे। बोलिए, आज के समय में पूरी रामलीला का खर्चा कौन उठाएगा भला?"

लाला भी गम्भीर भाव से सिर हिलाकर बोले—"आप बिलकुल ठीक कहते हैं। आजकल बजार बहुत मन्दा है। दिन-दिन-भर दुकान खोले बैठे रहते हैं और किसी-किसी दिन तो गाहक भगवान के दर्शन भी नहीं होते हैं। क्या धनी, क्या निर्धन सभी एक-से दुखी हैं। और देखिए फिर अकाल पड़ रहा है। जब गाँव में प्रलै आती है तो वहाँ की परजा सीधे शहरों की ओर ही दौड़ती है। और शहरों में भी कोई कहाँ ते भीख दे महराज? बुरे समय में बड़े-बड़े लछमीवानों की लछमी भी लजवन्ती हो जाती है, बाहर नहीं निकलती।"

"इसीलिए तो हम बिन टके का महायज्ञ रचाएँगे। यह अकाल की स्थिति ही हमें इस समय विशेष रूप से रामलीला रचाने की प्रेरणा दे रही है। जन करुणा को करुणासागर राम की लीलाओं को देख-देखकर अपनी शक्ति की थाह मिलेगी। देखो, राम जी ने चाहा तो अगले पितृ पक्ष के बाद नवरात्र में रामलीला प्रदर्शन के साथ-साथ तुम्हें रामचरितमानस सुनाई जाएगी।"

गली में खड़ा हुआ एक बोला—"बात बहुत ऊँची कह रहे हो बाबा। नटबाजीगरी तो बहुत होती है और भद्दे-भद्दे स्वांग भी गली-गली में होते हैं। अच्छी लीला होगी तो अच्छा। मन भी अच्छा बनेगा।"

"हाँ, यही बात है। देखो, राम ने चाहा तो उनकी लीला बड़ी धूमधाम से होगी।"

× × ×

बेनीमाधव जी बड़े ध्यानमग्न होकर बाबा के संस्मरण सुन रहे थे। एकाएक पूछा—"गुरु जी, ये आपकी सारी योजना बिना पैसे-कौड़ी के सफल कैसे हो सकी?"

"जो काम धनबल नहीं कर सकता वह जनबल से सहज सम्भव हो जाता है। हम नगर में जहाँ-कहीं डोलते हुए पहुँच जाते वहीं हमसे रामायन बांचने का आग्रह किया जाता। हम भी फिर अपनी जुगाड़ में लग गए। ठठेरों-कसेरों से कहा...

× × ×

"चौधरी, अबकी नौरातों में हम रामलीला करना चाहते हैं।"

बनारसी चौधरी बोला—"यह तो बड़ी अच्छी बात है महाराज। फिर हमारे लिए क्या अग्या होती है?"

"देखो चौधरी, जब लीला होगी तो राम जी, सीता जी, लछमन जी आदि देवी-देवताओं के लिए मुकुट होने चाहिए। रावण का दस सिर वाला मुखौटा होना चाहिए और भी देवी-देवताओं-असुरों के मुखौटे होने चाहिए।"

"महाराज जी, मुखौटे हम बनवा देंगे। सियाराम, लछिमन, चारों भाइयों के ताँबे के मुकुट हम बनाए देंगे। बाकी और सजावट का सामान आप गोटे-वालों से

कहके बनवाइए। हम अपनी बिरादरी के हर आदमी को एक-एक मुखौटा बनाने का जिम्मा सौंप देंगे। जैसे आप कहेंगे वैसे बन जाएँगे, और किसी पर बोझ भी नहीं पड़ेगा। बर्तन बनाते हुए पत्तरों की काट-तरास और छीजन में ही आपके काम लायक-पीतल ताँबा निकल आएगा।''

तुलसी बोले—''तुम्हारी बिरादरी में जो लोग उत्साही हों उनको कहो कि लीला भी खेलें। धर्म का काम है, दूसरे अपना और सबका मन बहलेगा। ठीक कहता हूँ न चौधरी?''

चौधरी हाथ जोड़कर बोला—''अरे, हमरी बिरादरीवालों में यह सुनके उमंग भर जाएगी। सोचेंगे हमें ही लीला भी करनी है। घबराइए नहीं, बड़ी जल्दी ही सबको इकट्ठा करके मैं ले आऊँगा।''

केवटों के चौधरी रामा से बातें करने के लिए जब गोसाई जी नौका घाट पर पहुँच तो वहाँ उत्पात मचा हुआ था। लड़के एक बजरे को घेरे खड़े थे और उसके बन्द कमरे के सामने ललकार रहे थे—''सीधी तरह निकल आओ, लाला, तो थोड़ा-सा दण्ड देकर ही छोड़ देंगे। नहीं तो कुठरिया का दरवाजा तोड़के मारते-मारते तुम्हारा और उस निगोड़ी झुनिया का कचूमर निकाल डालेंगे, जिसने हमारी बिरादरी की नाक कटा रखी है।''

तट के ऊपर बड़े-बूढ़े केवटों की भीड़ खड़ी चुपचाप तमाशा देख रही थी। गोस्वामी जी के पहुँचते ही सब पैर छूने आगे बढ़े। उन्होंने पूछा—''यह किस बात का उत्पात हो रहा है, भइया?''

रामा बोला—''क्या कहें महराज, कलिकाल है। झूरन साहु हम लोगों को कर्जा क्या देता है कि ब्याज में हमारी आबरू भी लूटता है। इसी बस्ती की एक चुड़ैल है महराज, वही हर घर से उसके सिकार पकड़-पकड़कर लाती है। आज लड़कों ने पकड़ लिया है सो दण्ड दे रहे हैं।''

लड़के तब तक कोठरी का द्वार तोड़कर झूरन और झुनिया को अन्दर से बाहर घसीट लाए और उनकी मरम्मत करने लगे। तुलसी ने कहा—''अच्छा है, जब सेर पर सवा सेर पड़ता है तभी दुष्ट मानते हैं। जैसे कृष्ण ने नागनथैया की थी वैसे ही हमारे युवकों को दुष्टों की नागनथैया भी करनी चाहिए।''

थोड़ी देर तक झूरन की धुनाई होती रही, फिर गोसाई जी ने ही आगे बढ़कर उसे और झुनिया को कुछ युवकों के घेरे से मुक्त कराया। आदेश देकर सबको शान्त किया, फिर केवटों के चौधरी से कहा—''रामा भइया, हम रामलीला करवाना चाहते हैं।''

''यह कैसे होएगी गुसाई जी?''

''ये ऐसे होगी कि जब सियाराम जी, लछमन जी गंगा पार करके बन को जाएँगे तो तुम्हीं उन्हें पार उतारोगे और राम जी के चरण पखार के अपना जीवन सार्थक करोगे।''

''सच्ची महराज?''

''हाँ, रामा, तुम यहाँ के केवटों के चौधरी हो, निषादराज से क्या कम हो?''

"अरे, गोसाई जी, हम औ हमारी सारी बिरादरी आपके साथ है। जैसे कहोगे वैसे करेंगे।"

हिरदै अहिर की गौशाला के तखत पर गोस्वामी जी विराजमान हैं। हिरदै तखत के नीचे सविनय बैठा हुआ कह रहा है—"इत्ती-सी बात कहने के लिए आप दौड़के आए! अरे, हमें कहलाए दिया होता तो हम आपे आ जाते। बाकी हमारे जवान तो यह सुनते ही फड़क-फड़क उठेंगे महराज। स्वांग भरने का चाव किसे नहीं होता और फिर राम जी के बानर बनने की बात सुनकर तो लड़के ऐसे मगन होंगे कि कुछ न पूछिए।"

"उन्हें बानर तो बनना ही है हिरदै, बाकी यह है कि स्वरूपों की सुरक्षा के लिए भी तुम्हें कुछ लठैत देने होंगे। यहाँ कुछ लोग अकारण ही हमारे शत्रु हैं। हमारी रामायण की रक्षा के लिए भी टोडर ने तुम्हीं लोगों को कष्ट दिया था।"

"कस्ट महाराज? अरे ई तौ हम पंचों का सुख है, जो आपकी सेवा करने का औसर मिलेगा। आप निसाखातिर रहैं। हमारी बिरादरी का एक-एक लठैत आपकी सेवा में हाजिर रहेगा। जिसे चाहें बानर बनाए लें और जिसे चाहें पहरेदार। बाकी एक हमारी अरदास है। अज्ञा होए तो अरज करूँ?"

"कहो, कहो।"

"पहले इस बीच में एकाध-दुइ छोटी-छोटी लीलाएँ आप करवाए लें तो फिर बड़े काम में हाथ डालने पर और आनन्द आएगा।"

तुलसीदास इस सुझाव से खिल उठे, बोले—"तुमने बहुत अच्छी बात कही है हिरदै। अच्छा, पहले दो छोटी-छोटी लीलाएँ करेंगे, एक नागनथैया लीला और दूसरी नरसिंह लीला।"

× × ×

अन्यायी कालिय नाग और क्रूर हिरण्यकशिपु, दोनों ही के अत्याचारों का सामना नवयुवक ही करते हैं। एक में कृष्ण की गोप मण्डली है, दूसरे में सत्यनिष्ठ प्रहलाद। मेरी इन लीलाओं का नगर में, विशेष रूप से युवकों की टोली में, बड़ा ही असर पड़ा बेनीमाधव। अब रामलीला के लिए हर वर्ग में बड़ी उत्सुकता और उत्साह बढ़ गया था। एक दिन...

× × ×

टोडर के साथ अपने अस्सी घाट वाले स्थान पर गोसाईं जी बैठे बातें कर रहे हैं। वे कह रहे थे—"हमने हर बिरादरी में और हर महल्ले में सबसे बात कर ली है टोडर। जिस महल्ले में जो लीला होगी उसका खर्चा और प्रबन्ध उसी महल्ले वाले करेंगे और रामायण मैं सुनाऊँगा।"

टोडर बोले—"महात्मा जी, आप जो चाहेंगे वह अवश्य होगा, लेकिन यह न भूलें कि इस नगर के कट्टर शैवपन्थी, वल्लभ सम्प्रदाय वाले और उनके साथ ही

साथ बटेसुर महराज जैसे प्रभावाशाली दुर्जन आपकी सभाओं में तरह-तरह से विघ्न डालने में कोई कसर न उठा रखेंगे।''

गोसाईं जी शान्त स्वर में बोले—''टोडर, अबकी यह विघ्न डालेंगे तो राम जी की दया से सारा नगर इनके विरुद्ध जाएगा। मैं इसीलिए रामलीला प्रदर्शन के साथ रामचरितमानस सुना रहा हूँ। मेरे बानर सब प्रकार के असुरों को दण्ड देने के लिए तैयार रहेंगे।''

उसी समय घाट के एक अधेड़ व्यक्ति घबराए हुए तुलसीदास जी के पास आए, कहा—''अरे बड़ा गजब हुइ गया गुसाईं जी महराज। पूरा कलिकाल आ गया। चारों चरन टेक के कलजुग खड़ा होइ गवा है ससुरा। कुछ न पूछौं।''

''क्या हुआ श्रीधर?''

''अरे एक कौनो सरवा वैरागी रहा, वह तान्त्रिकी रहा, तौन किसी बड़े हाकिम की बड़ी पतुरिया को लैके भाग गवा। अब जित्ते छोटे-बड़े साधू-बैरागी हैं सब पकड़े जाए रहे हैं। भला बताओ इ कहाँ का न्याव है महराज?''

''तो तान्त्रिकों को कौन पहिचनवा रहा है भाई?''

''सब मिली भगत है, महराज। बटेसुअर मिसिर को किसी ने नहीं पकड़ा महराज, उन्होंने सुना है कि पाँच सौ रुपए रुसवत चटाय दी औ...''

मुँह की बात मुँह में ही रह गई और आठ-दस सरकारी प्यादों को लेकर जमादार और एक ब्राह्मण युवक तुलसीदास की कोठरी के सामने आ पहुँचा। टोडर ने इस ब्राह्मण को बटेश्वर मिश्र के साथ कई बार देखा था। उनके कान ठनके। वह युवक वैसी ही शान और शेखी के साथ, जैसी केवल मूर्ख और दम्भी दिखला सकते हैं, आगे बढ़ा और चिल्लाकर बोला—''यही हैं तुलसीदास। इन्हें सम्मोहिनी विद्या सिद्ध है। बड़ी-बड़ी सुन्दर स्त्रियों को नित्य फँसाना ही इनका काम है। आज इस सठ के पाप का घड़ा भर गया सो आए फँसा है।'' कहकर अपने कन्धे पर लटकी हुई लाल झोली से एक काठ की डिबिया निकाली और जल्दी-जल्दी मन्त्र बुदबुदाते हुए उसका सिन्दूर बिजली की फुर्ती से तुलसीदास की छाती पर उछाल दिया। 'हे-हे-हे-हे' बकरे की मिमियाहट की तर्ज पर भैंस की डकराहट जैसी वह हँसी उस कायर-वीर के गले से निकलने लगी। टोडर का हाथ अपनी तलवार की मूठ पर चला गया। तुलसीदास ने दृढ़तापूर्वक उनका हाथ पकड़ लिया। उनके चेहरे पर परम शान्ति विराज रही थी।

बटेश्वर का यह कायर-वीर शिष्य अपने इस भीषण तान्त्रिक प्रहार के बाद भी अपने गुरु जी के गुरुभाई को वैसी ही शान्त मुद्रा में देखकर कुछ-कुछ भयभीत तो अवश्य हुआ पर दस सिपाहियों की शक्ति उसे अपने गुरु की तन्त्र शक्ति से अधिक बल दे रही थी। हँसते हुए बोला—''हेः-हेः-हेः-हेः-, हमारे गुरु जी से टक्कर लेने चला था! जाने ससुर कौन नीच जात, ठगहारी विद्या करके दो-चार मन्त्रों के बल पर सच्चे गुरुओं से होड़ ले रहा था। जाओ बेटा, अब चक्की पीसो हेः-हेः-हेः-हेः- ।''

सिपाहियों में दो पठान तुलसीदास को अयोध्या की बाबरी मस्जिद के पास

फकीरों के बीच में नित्य रात को देखा करते थे। उनसे बातें भी हुआ करती थीं। उन दिनों यह दोनों पठान अपने सरदार के साथ अयोध्या की मस्जिद पर तैनात थे। दोनों ने आपस में एक-दूसरे से बातें कीं और फिर एक ने तुलसीदास से पूछा—"खो बाबा, पहला तुम्हारा दाढ़ी-मुच्छा था?"

तुलसीदास ने पठान को ध्यान से देखा, पूछा : "आप नूर खाँ पठान हैं और ये वली खाँ हैं? कैसे हैं?

तुलसीदास का स्वर इतना सहज और शान्त था कि जैसे यह सिपाही उन्हें पकड़ने नहीं वरन् साधारण आगन्तुकों की तरह बोलने-बतियाने आए हैं। वली खां ने जमादार से कहा—"हुज़ूर, हम दोनों इनको अजुध्या से जानता है, ये बाबरी मस्जिद में रोज हमारे फकीरों के साथ उठता-बैठता-सोता था। बहुत उम्दा गाता है हुज़ूर! ऊपर वाले का सच्चा, दुनिया वाले का दोस्त है।"

जमादार ही नहीं, साथ आया हुआ हर सिपाही इस बात में एक मत था कि अब तक जितने वैरागी पकड़े हैं उनमें यह निराला है। जमादार बोला—"इनके लिए खासतौर से कोतवाल साहब का हुक्म है। इस बरहमन के गुरु ने कोतवाल साहब की बेगम का कुछ काम किया था। उसकी पहुँच थी, उसी ने इनका पता दिया है।"

"हूँ!" फिर तुलसी की ओर देखकर जमादार ने विनीत स्वर में कहा—"साईं, हम खतावार नहीं, महज हुक्म के बन्दे हैं।"

तुलसीदास मुस्कराए, कहा—"चलिए-चलिए, आप अपना फर्ज अदा कीजिए और हमें भी अपने मालिक की मर्जी पूरी करने दीजिए।

"तुलसी जस भवितव्यता तैसी मिलै सहाइ।
आपुनु आवइ ताहि पै ताहि तहां लै जाइ॥"

जब कोतवाल के सामने तुलसीदास पेश किए गए तो उनकी बेगम साहबा भी पर्दे के पीछे मौजूद थीं। कोतवाल ने उन्हें सर से पैर तक घूरकर देखा और पूछा—"सुना है, तुमने बहुत शोहरत हासिल की है। तुम बड़े-बड़े पण्डितों को भी अपने जादू से बाँध लेते हो।"

तुलसीदास बोले—"मैं जादू-टोने नहीं करता, केवल रामनाम जपता हूँ और इसीका प्रचार करता हूँ।"

पर्दे के पीछे से बेगम साहबा ने कोतवाल साहब के कानों में फरमाया—"मेरी बान्दी बतलाती है, यह बहुत बड़ा फकीर है। इससे कोई करिश्मा दिखलाने को कहिए।"

कोतवाल ने तुलसीदास से कहा—"हमें अपना कोई कमाल दिखला सकते हो?"

तुलसीदास हँसे, बोले—"कमाली तो एक ही है या फिर उसका सिपहसालार है।"

"कौन है उसका सिपहसालार?"

"हनुमान बजरंगबली।" यह कहकर वे सहसा आवेश में आ गए। ऊँचे सशक्त स्वर में उनके मुख से एक छप्पय सोते-सा उमड़कर बह चला; आँखें सामने वाले खम्भे पर ऐसी सध गईं जैसे वहाँ उनका हनुमान हठीला दृढ़ आस्था का स्तम्भ बनकर

प्रत्यक्ष खड़ा हो। वे उसे ही अपना छप्पय सुना रहे थे–

सिंधु-तरन, सिय सोच-हरन, रवि बालबरन-तनु।
भुज विशाल, मूरति कराल कालहुको काल जनु॥
गहन - दहन - निरदहन - लंक निःसंक, बंक, भुव।
जातुधान - बलवान - मान - मद - दवन पवन सुव॥
कह तुलसिदास सेवत सुलभ, सेवक हिम संतत निकट।
गुन गनत, नमरत सुमिरत, जपत, समन सकल-संकट विकट॥

नगर में गोस्वामी तुलसीदास जी के पकड़े जाने की खबर बिजली-सी फैली। काशी की ऐसीं कौन-सी गली थी, जिसे तुलसीदास ने अपना न बना लिया हो। शहर में सैंकड़ों ऐसे युवक थे जिन्होंने उन्हीं की प्रेरणा से हनुमान अखाड़े आयोजित किए थे। ब्राह्मण, राजपूत, गोप, अहिर, गोंड, कहार, केवट, नाऊ, जुलाहे, छोटी कौमों के मुसलमान, तमोली, छोटे-छोटे सौदागर सभी तो रामबोला बाबा को अपना मानते थे। उनके पकड़े जाने के समाचार ने क्या छोटे, क्या बड़े सभी के मनों में बड़ी कड़वाहट उत्पन्न कर दी। सारी काशी में बटेश्वर मिश्र की थू-थू हो रही थी। टोडर ने भूख-प्यास सब बिसार कर दौड़-धूप आरम्भ की। जयराम साहु बोले–"अबकी भिड़के ही दिखा दो टोडर। अकबर जैसे न्यायप्रिय बादशाह के राज्य में भी ऐसी मनमानियाँ हो रही हैं। मिश्र जी जैसे घमण्डी-स्वार्थी आपसी ईर्ष्या-द्वेष के सारे नगर की नाक कटा रहे हैं। एक बार इनसे निबटे बिना निस्तार नहीं। आगे जो होगा सो भुगत लेंगे।"

टोडर बोले–"हिरदै अहीर महात्मा जी का बड़ा भक्त है। अच्छे लड़वैये ठाकुर समरसिंह भी दे देंगे।"

जयराम बोले–"दो सौ लठैत मैं भी दूँगा। ये कोतवाल बड़ा ही दुष्ट आदमी है और ये बक्शी, जिसकी पतुरिया भागी है, एक नम्बर का धूर्त है। इन लोगों ने हमें दुखी कर रखा है।"

"ठीक है, अब आपकी सलाह मिल गई है तो आज रात तक हम भी कुछ कर दिखाएँगे।"

टोडर हिरदै से मिले तो वह बोला–"भैया, कासी जी का अहिर खून उबल रहा है। जब आप सब लोग पीठ पर हों तो हम भी आज इन्हें ऐसा सबक सिखाएँगे की छठी का दूध याद आ जाएगा। हमारे गुसाईं बाबा हमारे लड़कों को रामलीला में बानर सेना बनाने वाले थे, सो आज कोतवाल की कोतवाली पर हमारी बानर सेना ही टूटेगी। देख लेना। पहली रामलीला बानर लीला से ही होएगी।"

टोडर बोले–"ठीक है, पर हमला खूब सोच-विचार के बड़े संगठित ढंग से होना चाहिए, हिरदै। सिपाहियों पर ऐसे अचानक टूटो कि उनसे कुछ करते-धरते न बने। फिर कहीं पर अहिर टूटेंगे, कहीं पर केवट और कहीं पर ठाकुर भुँइहार धमकेंगे। और हिरदै, कल सबेरे काशी जी में बटेश्वर मिश्र कहीं चलता-फिरता न दिखाई दे।"

"भैया, हम बरमहत्या न करेंगे। उस बरमराकस को हनुमान जी आप ही समझेंगे।"

रात पहर-भर भी न बीती थी कि छावनी में हुल्लड़ मच गया। मुगल पठान सिपाही अचानक में घिर गए। कइयों की मुश्कें कस गईं। सैकड़ों तुपकचियाँ विद्रोहियों के कब्जे में आ गईं। लठैतों का आक्रमण इतना व्यापक और फुर्तीला था कि सिपाही बिना लड़े ही उनके जादू में बन्धकर परास्त हो गए।

कोतवाली पर सारे शरीर में सेंदुर लगाए लाल लंगोटधारी अहिर युवा बानर टूट पड़े थे। हरम में ऐसा हाय-तोबा मचा कि बेगम बांदियाँ बेहोश हो-हो गईं। अफीम की पिनक में गाना सुनते और झूमते हुए कोतवाल साहब की दाढ़ी नुची। उन्होंने कैदखाने के जमादार को बुला के हुक्म दिया कि तुलसीदास को फौरन छोड़ दो। तुलसीदास बोले—"जब तक सब बैरागी नहीं छोड़े जाएँगे तब तक मैं बन्दीगृह से नहीं निकलूँगा।"

सारे बैरागी छोड़े गए। नगर में रात के तीसरे पहर सैंकड़ों मशालों के साथ तुलसीबाबा और सारे बैरागियों का जुलूस निकला। पूरा नगर जाग पड़ा। एक विचित्र उत्साह काशी, के जन-जन में लहरा उठा था। तुलसीदास और काशी उस रात सदा के लिए एक हो गए।

टोडर की इच्छा भी पूरी हुई। बटेश्वर मिश्र नया सूर्योदय न देख पाया। कोतवाली के सिपाहियों ने अपनी इस अपमान-भरी पराजय का बदला लेने के लिए रात ही में बटेश्वर मिश्र के घर जाकर उन्हें सोते से जगाया, बाहर बुलाया और कत्ल कर डाला।

47

नगर में इस विद्रोह से जहाँ युवकों में जान आई, वहाँ दूसरी ओर शासन तन्त्र भी चूर-चूर हो गया। सभी आला हाकिम इस बात से चिन्तित थे कि आगरे के किले में जब यह समाचार पहुँचेगा तो बादशाह न जाने हमारी क्या दुर्गति करे। इस घबराहट में बख्शी, दीवान, मीर अदल, कोतवाल, छोटे-बड़े सिपहसालार सब आपस में एक-दूसरे को दोषी तथा अपने को सतर्क स्वामिभक्त सेवक सिद्ध करने के लिए आगरे में अपने पक्ष के आला हाकिमों के पास मूल्यवान भेंटें और सन्देश भिजवाने लगे। अकबर के दरबार में काशी के इस युवक विद्रोह की इतनी और इतनी प्रकार की सूचनाएँ पहुँचीं कि बादशाह ने काशी-जौनपुर सूबे के लिए पुराने सूबेदार का तबादला करके अब्दुर्रहीम खानखाना को सूबेदार बनाकर व्यवस्था सम्भालने के लिए भेजा।

खानखाना अभी आगरे से चल भी न पाए थे कि उनके आने की सूचना काशी

में पहुँच गई। उस समय नगर में अकालग्रस्त जनसमूह मारा-मारा डोल रहा था। श्रमजीवी, किसान आदि सभी भिखारी बन गए थे। पेट भरने के लिए लोग अपने बेटे-बेटियों तक को बेच देते थे। भूतभावन भोलानाथ की नगरी करुणा से चीत्कार कर रही थी और प्रायः उसी समय राजा टोडरमल के पुत्र राजा गोवर्धनधारी काशी के पण्डित शिरोमणि नारायण भट्ट जी की प्रेरणा से विश्वनाथ जी का नया मन्दिर बनवाकर शिवलिंग की प्रतिष्ठा कराने आए थे।

मन्दिर में बड़ी धूमधाम थी। पण्डित मण्डली में हर जगह राजा गोवर्धन धारीदास टंडन की जै-जैकार हो रही थी। फकीरों को अन्न दिया जा रहा था। नगर में सबको शान्त किया जा रहा था। एक भिखारी बोला—"यहाँ सब बड़े-बड़े पण्डित दिखाई दिए पर हमारे रामबोलवा बाबा के दरसन नहीं भये।"

"अरे भइया, जो गरीबों का साथ दे उसे बड़े लोग अपने बीच में नहीं बैठाते हैं। बाबा हमारे-तुम्हारे हैं कि इनके हैं।"

"सच्ची कहा मंगलू, बाबा हमारे हैं।"

"सुना है बिचारों की बाँह में गिल्टी निकल आई है। आजकल वे बहुत पीड़ा पाय रहे हैं।"

तुलसीदास की कोठरी में टोडर आदि कई भक्तों की भीड़ जमा थी। तुलसी अपनी पीड़ा से विकल थे। बार-बार हनुमान को गोहराते थे—"हे हनुमान हठीले, तुमने पहाड़ उठाया, लंका जलाई, बड़े-बड़े बलशाली राक्षसों को चुटकी बजाते मसल डाला, मेरी यह जरा-सी पीर नहीं हरी जाती? मेरी ही सहायता करते समय क्या तुम बूढ़े हो गए हो? तुम्हारी शक्ति क्षीण हो गई है? आओ मेरे साहब, मेरा कष्ट हरो। बड़ा काम है हनुमान हठीले, मेरी लाज रखो।"

एक सरकारी ओहदेदार के आने की सूचना मिली। टोडर उठकर बाहर गए। हाकिम को मुजरा इत्यादि करने के बाद उससे बातें करने पर टोडर ने जाना कि नए सूबेदार बनारस आए हैं और गोसाईं जी से मिलना चाहते हैं।

टोडर ने कहा—"हुजूर, भीतर चलकर महात्मा जी की हालत अपनी आँखों से देख लें। इस समय तो गिल्टी में बड़ी पीड़ा होने से वे कराह रहे हैं।"

हाकिम टोडर के साथ भीतर आया, सब लोग अदब से उठ खड़े हुए। हाकिम ने गोसाईं जी को झुककर सलाम की और कहा—"हुजूरेआली खानखाना साहब ने मुझे आपकी मिज़ाजपुर्सी के लिए भेजा है।"

"उनसे हमारा सलाम कहिएगा। उनके कुछ दोहे हमने सुने हैं। उन्हें हमारी सराहना की सूचना दीजिएगा और इस कृपा के लिए मेरा आभार भी प्रकट कीजिएगा।"

दूसरे दिन पैदलों और घुड़सवारों की सेना के साथ हाथी पर सूबेदार अब्दुर्रहीम खानखाना गोस्वामी तुलसीदास जी के दर्शनार्थ पधारे। उनके आने की सूचना पहले ही भेज दी गई थी। बड़ा सरकारी प्रबन्ध हुआ था। सूबेदार को देखने के लिए बाबा के निवास-स्थान के आस-पास बड़ी भीड़ इकट्ठी हो गई थी।

तुलसी और रहीम बड़े प्रेम से मिले। तुलसी और खानखाना साधारण आसन

पर बैठकर एक-दूसरे से बातें करने लगे। उनके बन्दी बनाए जाने के कारण रहीम ने क्षमा मांगी। उनके उपचार के लिए अपने खास हकीम को भिजवाने की बात भी कही। रहीम ने अकबर बादशाह के सम्बन्ध में कहा—"महाबली सब प्रकार के अन्यायियों को कुचल रहे हैं। वे ऐसे धर्म का प्रतिपादन करते हैं जो मानव-मात्र को एक कर सके।।"

तुलसी बोले—"इसमें कोई सन्देह नहीं कि अकबर शाह के काल में बड़ी व्यवस्था आई है। फिर भी समाज और शासन को और अधिक संगठित और न्यायशील होना चाहिए।"

"आपका कहना यथार्थ है गोस्वामी जी, अच्छा, तो अब आज्ञा लूँगा। स्वस्थ हो जाएँ तो एक दिन मुझे दर्शन देने की कृपा अवश्य करें। एक और निवेदन भी करना चाहता हूँ। मेरी इच्छा है कि आप जैसे महात्मा महाकवि को राज्य संरक्षण मिलना चाहिए। मैं यदि शहंशाह सलामत को आपको कोई जागीर प्रदान करने के लिए लिखूँ तो क्या आप उसे स्वीकार करेंगे?"

तुलसी हँसे, बोले—"आपकी बड़ी कृपा है खानखाना साहब, परन्तु...

"हम चाकर रघुबीर के, पटो लिखो दरबार।
तुलसी अब का होहिंगे, नर के मनसबदार॥"

48

काशी की अंधेरी गलियों दर गलियों का जाल अपने कुतरे जाने की आशंका से सहसा चौकन्ना हो उठा था और उसे कुतरने वाले थे चूहे। घरों, खंडहरों और मैदानों के अन्धेरे बिलों में रेंगते-लड़खड़ाते चूहे निकलते, दो-चार डग भरते और मर जाते थे बिल्लियाँ तक अब उन्हें बिलों से निकलते देखकर नहीं झपटती थीं।

एक घर से एक लड़का मरा हुआ चूहा दुम से पकड़कर हिलाता हुआ बाहर निकला और घूरे पर छोड़ आया। लौटकर घर पहुँचा तो माँ ने कहा—"अरे सिबुआ, तुम्हें बेटा एक बार और जाना पड़ेगा।"

"क्यों माँ?"

"अरे बेटा, भंडारे वाली कोठरी के भीतर पाँच-सात चूहे एक के पीछे एक लड़खड़ाते भए निकले और मर-मर गए। ये क्या हुइ गया है राम?"

दूसरे दिन घर-घर में तेज़ बुखार फ़ैल गया था। नगर के छोटे-बड़े किसी भी वैद्य-हकीम को दम मारने का अवकाश नहीं था। गिरजादत्त वैद्य के बैठके और चबूतरे पर भीड़ जमा थी। एक कह रहा था—"ये तो भगवानै का कोप भया है भैया।'

दूसरा बोला–"पण्डित गंगाराम ज्योतिषी हमारे लाला से कहते रहे, भैरो, कि ये रुद्र बीसी पड़ी है। जो न हुइ जाए सो थोड़ा है।"

तीसरे ने कुछ सोच भरी मुद्रा में कहा–"भाई, हमने तो इन दुइ-तीन दिनों में यह आजमाया कि जिस घर में चूहे मरते हैं उसी घर में ये जानलेवा जर आता है। हमारे पड़ोस में एक बुढ़िया, उसकी बहुरिया और पोते-पोती, चारों के चारों पड़े है। चारों की बांहन में गिल्टियाँ निकली भई हैं। हमसे बिचारी का दुख न देखा गया सो दवा लेवै आए हैं। यहां तो पानी देनेवाला भी कोई नहीं है।"

पहले ने चिंतित-दुखी स्वर में कहा–"हमरी-घर में से बुखार में पड़ी है। अब हम भी जाने किसी दिन पड़ जाएँ। कौन ठिकाना।"

श्मशानों की ओर लाशें जा रही हैं। किसी के मुंह से बोल नहीं निकलता। किसी भी गली में घुसो, दो-चार घरों से आती रोने-चिल्लाने की आवाज़ें सुनने वाले के कलेजे पर आरियाँ चलाए बिना नहीं रहती। तुलसीदास रात के समय अकेले उदास गलियों से गुज़रते हुए कहीं जा रहे हैं।

एक द्वार की कुण्डी खटखटाते हैं। एक तगड़ा-सा युवक कुप्पी लिए बाहर निकलता है।

गोस्वामी जी को देखते ही आश्चर्यचकित होकर जल्दी से कुप्पी चौखट पर रखकर चरण छूने को झुककर पूछता है–"अरे बाबा, आप इतनी रात में?"

"जटाशंकर, मैं तुमसे एक भिक्षा मांगने आया हूँ।"

"पहले भीतर तो चलें। हुकुम करें बाबा।"

"मैं बैठने नहीं, तुम्हें उठाने के लिए आया हूँ पुत्र। काशी में राम कृपा से अब हनुमान अखाड़ों की कमी नहीं रही।"

"नहीं, बाबा, अरे पचास से ऊपर अखाड़े वालों को तो मैं जानता हूँ। इनके सारे दंगल मैं ही कराता हूँ। तभी..."

गोसाईं जी ने बातों की जटा बढ़ाने वाले जटाशंकर को बीच में ही टोककर कहा–"बेटा, इस शंकरशहर सरोवर के नर-नारी रूपी मच्छ-मछलियाँ इस समय बड़े ही व्याकुल हैं। जैसे नदी के जीवों में माजा की बीमारी पड़ती है न, और उनके शव उतरा-उतरा कर तट पर ढेर के ढेर आकर बिछ जाते हैं, वैसी ही दशा है।"

"हां बाबा, बचपन में अपने गांव के तालाव में देखा था। आज वही हाल काशी के नर-नारियों का है, आपने ठीक कहा।"

"पुत्र, व्यायामप्रिय युवकों के एक बहुत बड़े दल को तुम जानते हो। इसलिए मैं तुम्हारे पास आया हूँ।"

"आज्ञा करें बाबा।'

'क्या कहें जटाशंकर। अपनी इस परम पावन पुरी की दशा तो देख ही रहे हो। घूरों पर चूहों के ढेर पड़े हैं। कहने को तो महामारी का आज दसवां दिन है पर नगर में ऐसे कितने ही घर हैं, जहां मरे हुए शवों की सद्‌गति करनेवाला भी कोई नहीं बचा है। बेटा, तुम हनुमान अखाड़े के युवा लोग इस समय यदि राम जी

की सेवा करोगे तो तुम्हें अपार पुण्य मिलेगा। बोलो, हनुमान जी के नाम की लाज रखोगे? है तुममें राम सेवा करने का साहस?"

हट्टा-कट्टा पहलवान जटाशंकर यह सुनकर एक बार तो सिर से पाँव तक सिहर उठा परन्तु दूसरे ही क्षण वह सिरहन स्फूर्ति बनने लगी, बोला—'यों तो बाबा, यह काम आग से खेलने जैसा है। पर,जब आपकी आज्ञा है तो फिर कुछ सोचने का सवाल ही नहीं उठता।"

"जीते रहो पुत्र, राम तुम्हारा सब विधि भला करेंगे। मैं आठों पहर रामरक्षा कवच मंत्र का पाठ करता रहूँगा। हनुमान जी की कृपा से कोई भी युवक ज्वर से पीड़ित नहीं हो पाएगा।"

जटाशंकर बोला—'हम तो आपका नाम लेके आग में भी कूद पड़ेंगे। बाकी औरों के जी की बात मैं कैसे कहूँ। दो-चार लोगों से बातें करके बताऊंगा।"

"मैं देखना चाहता हूँ कि परम योगेश्वर महामृत्युंजय की इस नगरी में अभी कितना पुण्य शेष है।"

"अरे बाबा, यों कहने को तो राम-राम शिव-शिव सभी जपते हैं पर आप जैसी भक्ति न हम जवानों में है और न बूढ़ों में। बाकी, मैं आपकी सेवा में हाजिर हूँ।"

"हाँ, यहाँ तो ऊँचे-नीचे, बीच में धनिक, रंक, राजा, राय सब श्रेणियों के लोगों को एक करके मैंने इतने दिनों में देख लिया। जब पीड़ा देखते हैं तो पीठ फेर लेते हैं। देखना चाहता हूँ कि इन पीड़ितों की सहायता करने का उत्साह तुम्हारे समान ओर कितने लोगों के मनों में उमंगता है।"

जटाशंकर बोला—"अच्छा तो ठहरिए, मैं घर में अम्मां से कह आऊं कि द्वार बन्द कर लें। आपको लेके कुछ अखाड़ों के गुरुओं के यहाँ चलूँगा। पहले एक बालक सरदार के यहाँ चलूँगा! आपके प्रभाव से लोगों को राज़ी करने में सुभीता होगा।" जटाशंकर कुप्पी के लिए अपने घर की दहलीज़ तक गया और ज़ोर से आवाज़ दी—"अम्मां, कुण्डी लगवाए लेव। हम गुसाईं बाबा के साथ एक काम से जाए रहे हैं।" कहकर वह उल्टे पांव लौट आया। बाहर से किवाड़ उढ़का दिए और गुसाईं जी के साथ तीन-चार छोटी-छोटी गलियों को पार करके एक घर के सामने पहुंचा और ज़ोर से आवाज़ लगाई, 'ऐ रामू! रामचन्द्र! ओ रामचन्द्र!'

तुलसीदास का मन मुदित हुआ। जब जटाशंकर के सहायक रामचन्द्र हैं तो काम बना समझो।

उसी सभय भीतर से किसी पुरुष का स्वर आता है—"अरे कौन है?"

"हम हैं, बाबा, जटाशंकर, जरा रामू को जगाय दीजै।"

अन्दर से खाँसते हुए पुरुष स्वर ने कहा—"अच्छा।"

इतनी देर में जटाशंकर गोसाईं जी से कहने लगा—"है तो बाबा यह रामू चौदह-पन्द्रह बरस का लड़का ही पर ऐसा तेज और फुर्तीला है कि जब आपके सामने आवेगा तो आप भी कहेंगे कि वाह जटाशंकर क्या ततैया भिड़ छांट के लाए हैं।"

गोसाईं जी ततैया भिड़ की उपमा सुनकर हँस पड़े।

जटाशंकर बोला—"आपके चरणों की सौं, बाबा, मैं झूठ नहीं कहता। ये लड़का दस-बारह टोलों के लड़कों का मुखिया है समझ लीजिए। यदि यह हिम्मत दिखा जाए तो..."

कुण्डी खुली, एक कसरती बदन का चौदह-पन्द्रह वर्ष की आयु का बालक मिट्टी की ढिबरी लिए एक हाथ से आँखें मींजते हुए आया।

"जै बजरंग दादा अरे! अरे! अऽरे!!" कहकर ढिबरी वहीं पर रखकर दो सीढ़ियाँ उतरने के बजाय सीधे गली में कूद पड़ा और गोसाईं जी के चरणों में साष्टांग प्रणाम किया।

झुककर उसे उठाते हुए, गोसाईं जी बोले—"राम-राम! आयुष्मान निष्ठवान हो। सुखी हो। अरे बस-बस, अब उठो बेटा। अभी जाड़ा गया नहीं, तुम उघाड़े बदन हो। गली ठंडी है।"

गोसाईं जी के पीठ थपथपाकर उठने का आदेश देने से जिस समय रामू उठ रहा था उसी समय जटाशंकर हँसकर कहने लगा—"आपके सामने विनय दिखा रहा है, हमको भी मानता है पर ऐसा विकट है कि जिससे भिड़ जाए..."

"जाओ, दादा, पर गोसाईं बाबा हमारे घर आए! कैसा अचम्भा-सा लग रहा है। भी-भीतर पधारें महाराज। घर में हमारे बाबा को छोड़कर और कोई नहीं है।" कहकर वह चौखट से ढिबरी उठाकर मुस्तैदी से खड़ा हो गया। उन्हें प्रकाश दिखाते हुए भीतर एक अंधेरे दालान को पार कर एक कोठरी में ले गया। वहां दिया जल रहा था और एक दमे का रोगी अंधा वृद्ध बैठा दोनों हाथों से अपनी छाती दबाए हुए धीरे-धीरे हांफ रहा था।

रामू बोला—"बाबा, गोसाईं जी महाराज पधारे हैं।"

"कौन गुसाईं, रामू? हम दीन-दरिद्रन के यहाँ तो बस एक गोसाईं धोखे से आए सकते हैं।"

जटाशंकर ने पूछा—"कौन से गोसाईं आ सकते हैं बाबा?"

रामू ने तब तक चटाई बिछा दी थी और गोसाईं जी को जब बैठने का सविनय संकेत कर रहा था तभी अन्धे बाबा अपने दम को बाँधकर धीरे-धीरे बोले—"हम दीन-दुखियन का गुसाईं तो एकै है भइया, रामायण वाला।"

रामू सोत्साह बोला—"वही आए हैं बाबा।"

उत्साह के आवेग में जब कलेजे में हलचल मची तो अन्धे बाबा का दम फूल गया। वे खटिया से उठने का उपक्रम कर रहे थे कि तुलसीदास उनके पास पहुँच गए। एक हाथ पीठ और उनकी छाती पर रखकर धीरे-धीरे सहलाते हुए वे बोले—"आप आयु में मुझसे बड़े हैं, ब्राह्मण हैं, बैठे-बैठे मेरा प्रणाम स्वीकार करें। बस-बस, आपको आनन्द अवश्य हुआ है, यह माना, पर उसे रोग का कारण न बनाएँ। शान्त हो जाइए। मेरे लिए तो सबका घर अपना ही घर है। सहज रूप से सबके घर पहुँच जाता हूँ। इसमें आश्चर्य की क्या बात है।"

बुड्ढा रो पड़ा, उनके हाथ पर अपने दोनों हाथ रखकर बोला—"जैसा, सुना था वैसा ही आपको पाया। सुना है गंगा आपके सहपाठी रहे!"

"हाँ," महाराज।"

"तनिक दूर के नाते से वे हमारे भाई लगते हैं।"

"यह जानकर प्रसन्न हुआ। मैं आपसे आज एक भिक्षा माँगने आया हूँ। मुझे घर दिखाने के लिए जटाशंकर मिल गए हैं। उन्हीं के साथ यहाँ तक आ सका।"

"अरे महाराज, मैं निर्धन ब्राह्मण, अन्धा अभागा। भला आपको क्या दे सकता हूँ? पुत्र-पतोहू नौका से गंगा पार कर रहे थे सो गंगा जी में ही समा गए। उसके छह महीने बाद ही मैं अन्धा हो गया। यह पौत्र है, इसे थोड़ा-बहुत पढ़ाता हूँ। यह मेरी सेवा करके फिर श्याम जी शास्त्री के यहाँ वेद पढ़ने जाता है। बस यही मेरा धन है, बल है, सहारा है।"

"मैं इसी बालक को आपसे माँगने आया हूँ।"

अन्धे बाबा चौंके, कहा—"काहे के लिए महाराज?"

"राम जी की सेबा कराने के लिए। आज्ञा है? आपकी सेवा के समय यह सदा आपके पास रहेगा। या आप चाहें तो मेरे साथ अस्सी घाट चलें, वहीं रहें, मैं स्वयं आपकी सेवा करूँगा।" कहकर तुलसीदास बाबा की खाट पर ही बैठ गए।

बाबा गद्‌गद् हो गए, बोले—"आपकी मैं क्या बड़ाई करूँ गोसाईं जी महाराज, आप ऐसा प्रस्ताव लेकर इस समय पधारे हैं कि मेरी वाणी बोल करके भी भीतर से गूँगी हो गई है। पहले मैं अपने मन की बात आपसे कहना चाहता हूँ?"

"आप बड़े हैं महाराज, कहिए-कहिए।"

"पिछले एक पखवारे से मेरा मन मुझे सचेत कर रहा है कि मेरा अन्तकाल अब निकट है। अपने जाने की चिन्ता नहीं किन्तु तब से रामू की चिन्ता मुझे अवश्य सता रही है। यही मेरे वंश का एकमात्र आशा दीप है।"

सुनकर तुलसीदास गम्भीर हो गए, फिर उनके घुटने पर टिका हाथ अपने दोनों हाथों में दबाकर उन्होंने कहा—"पण्डित जी, हानि-लाभ जीवन-मरण यश-अपयश विधि हाथ, फिर भी मैं वचन देता हूँ, कि ऐसी स्थिति में यह बालक मेरे पास रहेगा और मैं स्वयं इसे पढ़ाऊँगा।"

कृतज्ञता के भावावेश में बुड्‌ढा बैठे ही बैठे उनके घुटने पर झुक के रो पड़ा, कहने लगा—'साक्षात् परमात्मा ही मेरी चिन्ता हरने के लिए आ गए हैं। बस अब मुझे कुछ नहीं कहना है। रामू, इधर आ पूत।"

रामू आगे बढ़ा, उनके घुटने पर हाथ रखकर कहा—"हाँ बाबा।"

उसका हाथ तुलसीदास के हाथ में रखते हुए गद्‌गद वाणी में वृद्ध बोला—"अब आज से यही तेरे माता-पिता गुरु सभी कुछ हैं। मैं नहीं जानता कि यह तुझे अपने किस काम के लिए मुझसे माँगने आए, पर अब तू इन्हीं का है। अब चाहे जितने दिन जिऊँ मुझे चिन्ता नहीं है।"

× × ×

जिन क्षेत्रों में ताऊन की महामारी फैली हुई थी उनमें लगभग पाँच सौ लड़के काम कर रहे थे। उनमें से अधिकांश बारह से पन्द्रह वर्ष तक की आयु के थे।

घूरे साफ हो रहे हैं। नीम के काढ़े से रोगियों का उपचार हो रहा है। शव उठाए जा रहे हैं। लड़के बारी-बारी से परिश्रम कर रहे हैं; बड़ी लगन से सेवा कर रहे हैं। इस समय सभी का डेरा अस्सी के पास खुले मैदान में झोंपड़ियों में पड़ा है। नियम से सबके व्यायाम, विश्राम और खाने का प्रबन्ध स्वयं गोस्वामी जी की देख-रेख में उनके बरसों पहले गंगाराम के द्वारा जमा करवाए गए धन से हो रहा है। टोडर ओर जयराम साहु प्रबन्धक हैं। बालकों के पुण्य ने नगर के अधबुझे पुण्यशीलों के भीतर भी उत्साह जगाया और तभी एकाएक गली-गली में अफवाह उड़ी...

"अरे, मोहना, कुछ सुना?"

"क्या भया भगेलू?"

"हमने सुना है कि किसी जादूगर ने अपने चेले छोड़े हैं। वो भैया, कुप्पों में भरकर कोई रसायन अपने साथ लाते हैं और जहाँ छोड़ा नहीं, वहीं चूहे मरने लगे। और बस बीमारी फैलती चली जाती हैं।"

"अरे, नहीं भगेलू, किसी की उड़ाई हुई बात है।"

"उड़ाई हुई? अरे, मैं अपने आँखों देखी कह रहा हूँ। मेरे सामने चार कुप्पे वाले पकड़े गए। उन्होंने सब कबूल किया।"

"क्या कबूला?"

"यही कि हमारे जादूगर-उस्ताद ने कहा है कि बनारस-भर में ये दवा छिड़क आओ, जिससे वहाँ के सब लोग मर जाएँ और उनके घरों का रुपया-टका माल-मता आसानी से लूट लें।'

"अरे नहीं, गप्प है।

गप्प। अच्छा तो गप्प ही सही। नाई-नाई बाल कितने; कि जिजमान आगे आएँगे। दो-चार दिनों में आप ही देख लेना। अब किसी की जिन्दगी का कोई भरोसा नहीं है।"

सामने से एक खोमचेवाले को जाते देखकर भगेलू ने आवाज़ लगाई—"अरे ओ कचौड़ी वाले, यहाँ आना भाई। कौन जाने कल जियैं कि मरैं, आज कचौड़ी तो खा ही लें।"

जादूगर के कुप्पों की अफवाह काशी में बड़ी तेज़ी से फैली। गली-गली में घबराहट फैल गई। महल्ले-महल्ले में रातों में पहरे बैठने लगे। दिन और रात में पचासों बार जहाँ-तहाँ 'वो आए' की भेड़िया-गुहार मच जाती थी। बेचारे कई निरपराधी लोग जादूगर के शिष्य माने जाकर पीटे गए। नगर में एक आंतक-सा छा गया।

तुलसीदास ने सुना, वे उत्तेजित हो गए। कहा—"यह निश्चय ही किसी दुष्ट बुद्धि के द्वारा उपजी हुई बात है। अपने क्रूर विनोद से इन बेचारे मरे हुओं को मार रहा है।" लोगों को भयातंक देखकर तुलसीदास विचार में पड़े। जन-जन की असीम निराशाजनित घोर अनास्था का उचित उपचार होना ही चाहिए। आस्थाहीन मनुष्य का जीवन ही उसका असह्य बोझ बन जाता है। यह स्थिति भयावह है। गोस्वामी जी ने टोडर और जयराम साहु को बुलाकर कहा—मैं अब इस महामारी को बांधूँगा।

काशी की दसों दिशाओं में संकट-मोचन हनुमान जी की मूर्तियाँ स्थापित करूँगा। इसके निमित्त भी धन चाहिए। कैसे जोगाड़ होगा साव जी?'

"यह चिन्ता हमारी है महाराज। आप तो बस आज्ञा-भर दें, काम हो जाएगा। मेरा धन और किस दिन काम आएगा! वैसे आपके रुपयों में भी बड़ी राशि बाकी है।'

मित्रों से आश्वासन पाकर तुलसीदास उत्साह में आ गए। उन्होंने एक नए उत्साह क़ी धूम बाँध दी। जगह-जगह हनुमान जी के मन्दिरों की प्रतिष्ठा होती। पूजा-पाठ से वहाँ के लोगों में उत्साह आता और तुलसी कहते—"घबराओ, मत, हनुमान जी हर दिशा के पहरेदार बने बैठे हैं। वे हर जादूगर भूत-प्रेत-यक्षादि को मार डालेंगे। राम जी ने हनुमान जी को अब तुम्हारी सेवा के लिए यहाँ नियुक्त कर दिया है। घबराओ मत।"

मानसिक यन्त्रणाओं से जड़ीभूत पागलों को होश में लाने वाला यह आस्था का महायज्ञ रचने में तुलसीदास स्वयं अपना आपा खोकर रमे हुए थे।

एक दिन टोडर और गंगाराम दोनों ने उनसे विनय की। गंगाराम ने कहा—"तुलसीदास, तुम निश्चय ही सिद्ध महात्मा हो, किन्तु तुम और तुम्हारा यह हनुमान दल जो इतना अधिक परिश्रम कर रहा है वह यदि..."

"मुस्कराते हुए तुलसी ने बात काटकर कहा—"ज्योतिषाचार्य जी, तनिक प्रश्न कुण्डल बनाकर देख लो न। अरे यह राम का काम है। मेरी तो छोड़ दो, इन बच्चों का भी बाल बांका न होगा। श्रद्धा और विश्वास ऐसी संजीवन बूटी है कि जो एक बार घोलकर पी लेता है वह चाहने पर मृत्यु को भी पीछे ढकेल देता है। फिर भी देखते हो मैं कितना सतर्क हूँ, मैंने केवल उन्हीं बालकों और युवाओं को लिया है जो कसरत करते हैं। जब तक रक्त शुद्ध है तब तक कोई रोग छू नहीं सकता। यह भी देख रहे हो कि मैं नीम के काढ़े और पत्ती का कितना उपयोग करता हूँ।"

टोडर बोले—"राम जाने यह महामारी कब तक चलेगी। अभी तो इसका अन्त नहीं दीखता।"

"अरे, चार दिन में गर्मी की ऋतु आते ही यह महामारी अपने-आप चली जाएगी और हनुमान जी की कृपा मानकर नर-नारियों का श्रद्धा और विश्वास बढ़ेगा। राम रूपी नैतिकता का झण्डा भूत भावन की इस परम पावन नगरी से ही एक बार आसेतु हिमाचल फिर फहराएगा। देख लेना।"

× × ×

बेनीमाधव गद्गद होकर बोले—"पं. गंगाराम जी ने स्वयं एक बार आपकी उस समय की भविष्यवाणी मुझे बतलाई थी। सचमुच शिव की काशी से ही इस बार राम की ज्योति जागी है।"

"बस, अब कोई विशेष बात तो हमारे जीवन में कहने की रह नहीं जाती पुत्र, फिर तो स्वयं तुम लोगों के देखते ही देखते जो तुलसी भांग से भी भोंडा था

वह रामनाम के प्रताप से गोस्वामी तुलसीदास बनकर पुज रहा है। चलो, आज मैं तुमसे भी उऋण हुआ। हमारी जीवनी कदाचित् तुम्हें आस्था के संघर्ष की कथा बनकर प्रेरित करे। तुम्हारा उपकार होगा। किन्तु एक बात ज्योतिषी तुलसीदास की भी गांठ में बांध लो।''

''वह क्या गुरु जी?''

''कालान्तर में तुम्हारा ग्रन्थ मेरे भक्तों के द्वारा वह न रह जाएगा जो तुम लिखोगे। वह कुछ का कुछ हो जाएगा। हाँ तुम अवश्य अमर हो जाओगे।''

गुरु जी के चरणों में श्रद्धापूर्वक मस्तक नवाकर बेनीमाधव बोले–'अमरता मिलेगी तो मैं देखने नहीं आऊँगा महाराज, किन्तु इस जीवन में आपके इस आस्था के महायज्ञ से प्रेरणा लेकर मैं अपने मन की काली छायाओं से मुक्त हो सका तो अपना अहोभाग्य मानूँगा। मैं एक बार अपने भीतर वह मन देखने के लिए तड़प रहा हूँ गुरु जी। जिसकी निर्मलता से परम ज्योति आभासित होती है। आशीर्वाद दें कि इस जन्म में यदि उस दिव्य ज्योति को देख पाऊँ तो भी मेरा मन निर्मल हो जाए। मेरे आस्था दुर्ग की नींव आपके चरणों के प्रताप से दृढ़ हो जाए।''

सन्त जी के माथे पर हाथ फेरते हुए बाबा ने स्नेहपूर्वक कहा–''होगा, अवश्य होगा। जैसे ठग साहूकार के पीछे पड़ता है न, वैसे ही तुम राम जी के पीछे लग जाओ बेनीमाधव। उनका प्रसाद तुम्हें अवश्य मिलेगा। सत्य, आस्था और लगन जीवन सिद्धि के मूल है।''

''आपके कथा प्रसंग में केवल एक जिज्ञासा और है गुरु जी, आपके मित्र टोडर जी का क्या हुआ?

प्रश्न सुनते ही बाबा की आँखें भर आईं। कुछ क्षणों के लिए वे भाव-विगलित हो गए। फिर एक दीर्घ निःश्वास छोड़ते हुए 'राम' कहा और कुछ रुककर फिर बोले–''महामारी शान्त होने के बाद मैं कुछ समय के लिए मथुरा चला गया था। लौटकर जाना कि कुचाली गोस्वामियों ने मेरे उपकारी को दण्ड देने के लिए धोखा देकर उसका वध कर डाला था। टोडर जैसा परोपकारी मनुष्य इस कलिकाल में कम ही देखने में आता है। टोडर के स्मरणमात्र से ही मैं अब भी अपने आँसू नहीं रोक पाता भैया!'' बाबा की आँखें फिर छलछला उठीं।

49

गोस्वामी तुलसीदास जी रोग-शैया पर पड़े हैं। उनके सारे शरीर में फुंसियाँ ही फुंसियाँ निकल आई हैं। मवाद की कीलें-सी पड़ जाती हैं। शरीर-भर से निकलती

हैं। आज चार दिन हो गए, न रातों को नींद आती है और न चैन पड़ता है। बीच-बीच में मूर्च्छित हो जाते हैं। राजा, गंगाराम, कैलास, जयराम साहु, स्व. टोडर के पुत्र और पौत्र तथा काशी के दो नामी वैद्य कोठरी के भीतर उन्हें घेरकर बैठे हैं। रामू नीम के उबाले पानी से उनके घाव धोता और एक लेप लगाता चल रहा है। झोंपड़ी के बाहर दर्शनार्थियों की भीड़ खड़ी है। लोग उत्सुकतावश मना किए जाने पर भी दरवाज़े से झाँक-झाँककर गोस्वामी जी के दर्शन करते हैं। कभी-कभी ज़ोर से कराहकर वे राम-राम कह उठते हैं, फिर पीड़ा शान्त होने पर मुस्कराकर कहते हैं—"सुख से दुःख भला जो राम को याद तो कराता रहता है।"

दरवाज़े से झाँकते कई दर्शनार्थियों की आँखों से आँसू बह रहे थे। बाबा उन्हें मुस्कराकर देखने लगे, कुछ देर तक टकटकी बाँधकर देखते रहे फिर गर्दन घुमाकर दीवार पर बनी सीताराम की छवि को देखते हुए हाथ बढ़ाकर कहते हैं—"यह भी इनकी असीम करुणा है...

"असन-बसन हीन विषम-विषाद-लीन,
देखि दीन दूबरो करै न हाय-हाय को?
तुलसी अनाथ सों सनाथ रघुनाथ कियो,
दियो फल सील सिंधु आपने सुभाय को॥
नीच यहि बीच पति पाइ भरुहाइगो,
बिहाय प्रभु-भजन बचन मन काय को।
तातें तनु पेखियत घोर बरतोर मिस,
फूटि-फूटि निकसत लोन राम राय को।"

कैलास फड़क उठे, बोले—"मित्र, तुम महात्मा तो हो ही पर खरे कवि पहले हो। वाह-वाह-वाह।"

तुलसी मुस्कराए, कहा—"कविर्मनीषी परिभू स्वयंभू। अब तो दो होकर भी दो नहीं रहा कैलास।" कहते-कहते फिर एकाएक टीस उठी। आगे कुछ और कहने जा रहे थे कि एकाएक कराह कर राम-राम पुकार उठे और फिर अचेत हो गए।

आँखों में आँसू भरकर राजा भगत ने गंगाराम से कहा—"हमें लगता है कि अब तो भैया का दरसन मेला ही रह गया है।"

गंगाराम ने कुछ न कहकर एक गहरी निसांस ढील दी। राजा बोले—"भौजी गई, इनके बेटे को भी अपने हाथों से ही मसान में ले गया था और अब ये भी जा रहे हैं।" कहकर वे रोने लगे।

गंगाराम ने उन्हें सान्त्वना देते हुए कहा—"अपने हृदय में मेरा भी हृदय देखो राजा। क्या किया जाए। कल सन्ध्या तक इनका मारकेश और है। वह समय बीत जाए तो फिर सब मंगल होगा।"

राजा टूटे हुए स्वर में बोले—"हाँ, वैसे तो जब तक सांसा तब तक आसा। बाकी...क्या कहें?"

रात में प्रायः सन्नाटा हो चुका था। सावन का महीना था, बादल गरज रहे थे। राजा, कैलास, बेनीमाधव और गंगाराम चुपचाप दीवार से टेका लगाए थके-हारे बैठे थे। रामू अपने प्रभु जी की चौकी के पास बैठा टकटकी लगाकर उन्हें देख रहा था।

और....

तुलसीदास स्वप्न देख रहे थे। हाथ में अरज़ी का लम्बा कागज़ लिए तुलसीदास राम जी के महलों की ओर जा रहे हैं। पहले गणेश जी मिलते हैं, उन्हें प्रणाम करते हैं; फिर क्रमशः सूर्य, शिव-पार्वती, गंगा-यमुना, काशी, चित्रकूट आदि की झलकियाँ एक के बाद एक खुलती ही चली जाती हैं। भीतर की ड्यौढ़ी पर खास दरबार के आगे हनुमान जी खड़े हैं। तुलसी उन्हें देखकर प्रसन्न होते हैं और अपनी अर्ज़ी का कागज़ उनकी ओर बढ़ाते हुए कहते हैं–"इसे राम जी तक पहुँचा दीजिए।"

हनुमान जी मुस्कराकर लक्ष्मण, भरत, शत्रुघ्न की ओर इशारा करके कहते हैं–"इनकी स्तुति करो। जगदम्बा को प्रणाम करो। उन्हीं की चिरौरी करने से तुम्हारी विनयपत्रिका साहब की सेवा में पहुँच सकती है।"

तुलसी तीनों भाइयों की वन्दना करते हैं। माँ के चरणों में नत होते हैं। सीता जी प्रसन्न होकर मुस्कराती हैं। हनुमान का मन और भरत का रुख देख-कर लक्ष्मण तुलसीदास के हाथ से विनयपत्रिका ले लेते हैं और राम जी के सम्मुख उसे सविनय बढ़ाकर कहते हैं–हे नाथ, इस कलिकाल में भी आपके एक अकिंचन सेवक ने अपने नाम के प्रति, अपनी प्रीति और प्रतीति को निबाहा है। गरीब-निवाज, अब इसपर कृपा करें।" भगवान रामचन्द्र विनीत भाव से हाथ बाँध खड़े हुए तुलसीदास को बड़े स्नेह से देखकर कहते हैं–"हाँ, मेरे भी ध्यान में यह बात आई है।" यह कहकर राम जी हाथ बढ़ाते हैं। लक्ष्मण जी उन्हें कलम-दवाते देते हैं, राम जी अपने हाथ से कलम लेकर तुलसीदास की 'विनयपत्रिका' पर सही कर देते हैं।

उसी समय आकाश में बादल गड़गड़ा उठते हैं, मानो रामकिंकर तुलसीदास का जयघोष कर रहे हों। बिजली बार-बार कड़क उठती है। मानो राम की भक्ति माया के अन्धकार को मिटा रही हो। पानी ऐसे बरसता है कि जैसे भक्त के मन में अविरल राम-रस-धारा बहती है।"

राम के पत्रिका पर सही करते ही स्वप्न भंग हो गया। बादलों की गड़गड़ाहट से तुलसीदास की आँखें खुल गईं–"रामू!"

"हाँ प्रभु जी!

"आज कौन तिथि है?"

गंगाराम मित्र को बातें करते देखकर तुरन्त बोल उठे–"श्रावण कृष्ण तीज। अब तो ब्राह्म वेला आ गई।"

तुलसीदास एक क्षण चुप रहे, फिर कहा–"पिछले वर्ष रत्नावली आज ही के दिन गई थी।"

राजा पास आ गए। उनके हाथ पर पोले से अपना हाथ रखकर कहा–"अब कैसा जी है भइया?"

'निर्मल गंगा जल जैसा। गाने को जी चाहता है, रामू।''

''जी, प्रभु जी!''

''आज स्वप्न में मैंने 'विनयपत्रिका' के अन्तिम छन्द को दृश्य रूप से देखा है। मेरी काव्य स्फूर्ति अन्तिम बार उसे अंकित करने को ललक रही है।...एक बार मुझे सब जने सहारा देकर बैठा तो दो।'' झटपट सहारा दिया गया। रामू तत्पर बैठ गया। बाबा धीरे-धीरे गाने लगे—

''मारुति-मन, रुचि भरत की लखि लषन कही है।
कलिकालहु नाथ, नाम सों प्रतीति-प्रीति—
एक किंकर की निबही है ॥1॥
सकल सभा सुनि लै उठी, जानी रीति रही है।
कृपा गरीब निवाज की, देखत
गरीब को साहब बाँह गही है ॥2॥
बिहँसि राम कह्यो, 'सत्य है, सुधि मैं हूँ लही है।'
मुदित माथ नावत, बनी तुलसी अनाथ की,
परी रघुनाथ-हाथ सही है। ॥3॥

अन्तिम पंक्ति उन्होंने स्वर खींचकर गाई, उसके पूरे होते ही गर्दन निढाल हो गई। रामू उनके सिर को सहारा देने के लिए लपका। बेनीमाधव पैर के तलवे सहलाने लगे। कैलास ने नाड़ी पर हाथ रखा। बोले—''इन्हें धरती पर लो भगत जी, जल्दी करो। मेरा यार चला।'' कहते हुए उनका गला भर आया।

उसी भाव में फिर कहा—

''राम नाम जस बरनि कै, भयो चहत अब मौन।
तुलसी के मुख दीजिए, अबहीं तुलसी सोन॥''

रामू ने जल्दी-जल्दी धरती पर कोने में पहले ही से रखा हुआ गोबर उठाकर लीपा। गोस्वामी जी धरती पर ले लिए गए। तुलसी दल, सोना और गंगा जल उनके घरघराते कण्ठ में डाला गया। सब लोग मौन होकर उन्हीं की ओर दृष्टि लगाए बैठे थे। गले की घरघराहट में भी मानो राम शब्द ही गूँज रहा था। आँखें एकाएक खुल गई, सबके चेहरों को देखा, दीवार पर अंकित हनुमान और सियाराम के चित्रों की ओर देखा। देखते ही रहे...देखते ही रह गए। बाहर ऐसी बिजली चमकी की उसकी कौंध भीतर तक आ पहुँची। पानी ज़ोर से बरस रहा था। सबकी आँखें भी वैसा ही बरसा रही थीं।

श्री रामनवमी, गुरुवार
23 मार्च, 1972 ई. रात्रि, 9.34

अमृतलाल नागर

❑❑❑